COLLECTION TEXTE ET CONTEXTES

BALZAC
LE PÈRE GORIOT

par Gérard GENGEMBRE
E.N.S. FONTENAY-AUX-ROSES

MAGNARD

Avertissement

Un texte intégral et ses enjeux

Face à la continuité d'un texte soigneusement annoté, des contextes toujours encadrés dans la mise en page, véritables ouvertures, conduisent dans les replis du texte pour faire apparaître ce qui s'y trouve voilé, implicite ou allusif. Tableaux, textes critiques, articles journalistiques ou jugements de la postérité sont là pour rendre à l'œuvre initiale sa vie et ses enjeux.

Des exemples d'explications et de commentaires pour les candidats au baccalauréat, des bibliographies pour ceux qui veulent aller plus loin dans leur lecture complètent ces premiers éclairages.

Enfin, des index (auteurs cités, thèmes, etc.) proposent des lectures transversales.

Christian Biet, Jean-Paul Brighelli,
Jean-Luc Rispail
Directeurs de collection

Table des matières

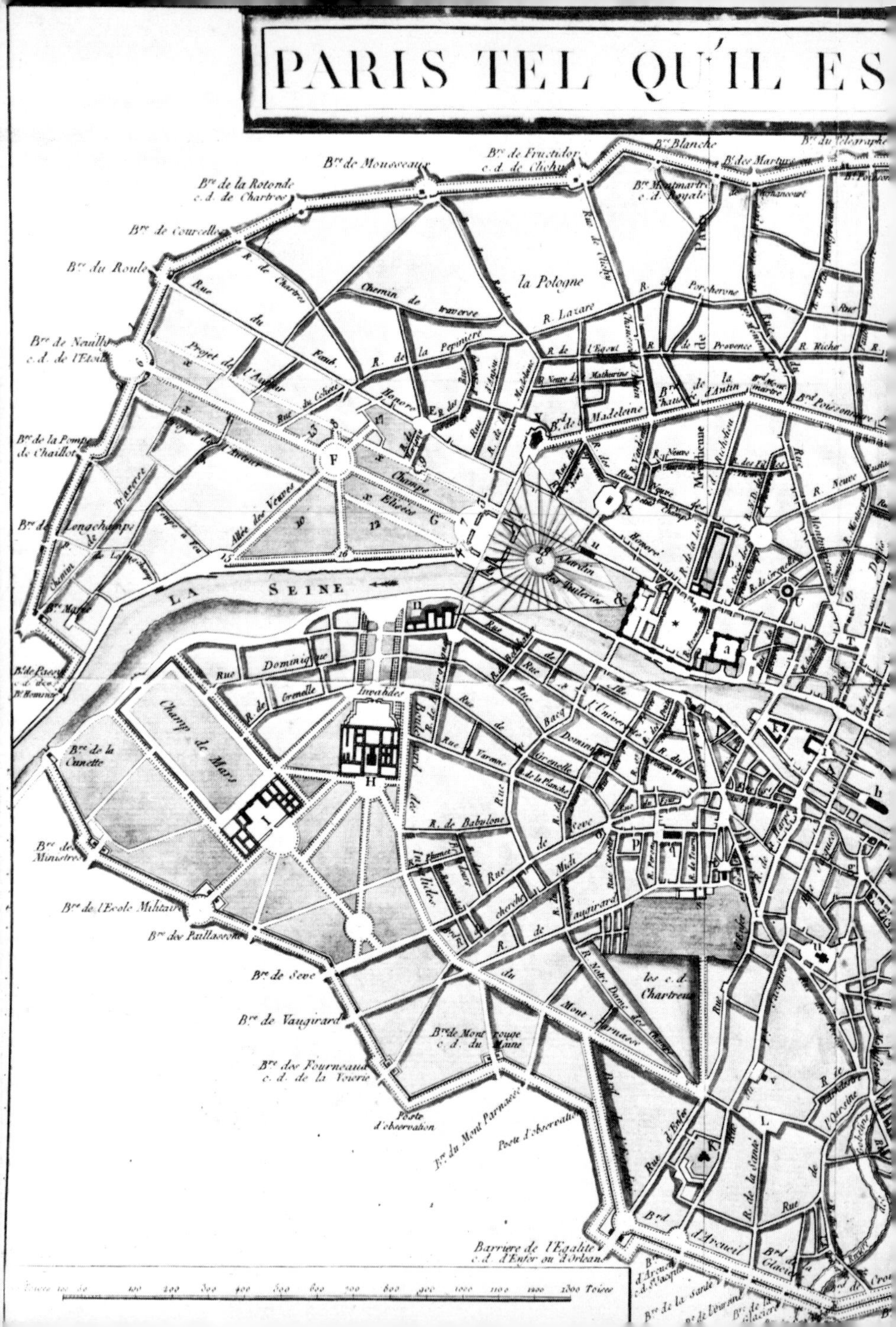
PARIS TEL QU'IL ES
Bre de Mousseaux
Bre de Fructidor c. d. de Clichy
Bre Blanche
Bd des Martyrs
Bre de la Rotonde c. d. de Chartres
Bre Montmartre c. d. Royale
Bre de Courcelles
Bre du Roule
la Pologne
R. Lazare
Chemin de traverse
R. de la Pepinière
Bre de Neuilly c. d. de l'Etoile
Bre de la Pompe de Chaillot
Bre de Longchamps
Allée des Veuves
Champs Elisées
Jardin des Tuileries
LA SEINE
Rue Dominique
R. de Grenelle
Invalides
Champ de Mars
Bre de la Cunette
Bre des Ministres
Bre de l'Ecole Militaire
Bre des Paillassons
Bre de Seve
Bre de Vaugirard
Bre de Mont rouge c. d. du Maine
Bre des Fourneaux c. d. de la Voirie
Poste d'observation
Fre du Mont Parnasse
Poste d'observation
Barriere de l'Egalité c. d. d'Enfer ou d'Orleans
R. de Babylone
Rue de l'Université
R. de Vaugirard
R. Notre Dame des Champs
les c. d. Chartreux
Rue d'Enfer
R. de la Santé
Bd d'Arcueil
Toises 100 50 100 200 300 400 500 600 700 800 900 1000 1100 1200 1300 Toises

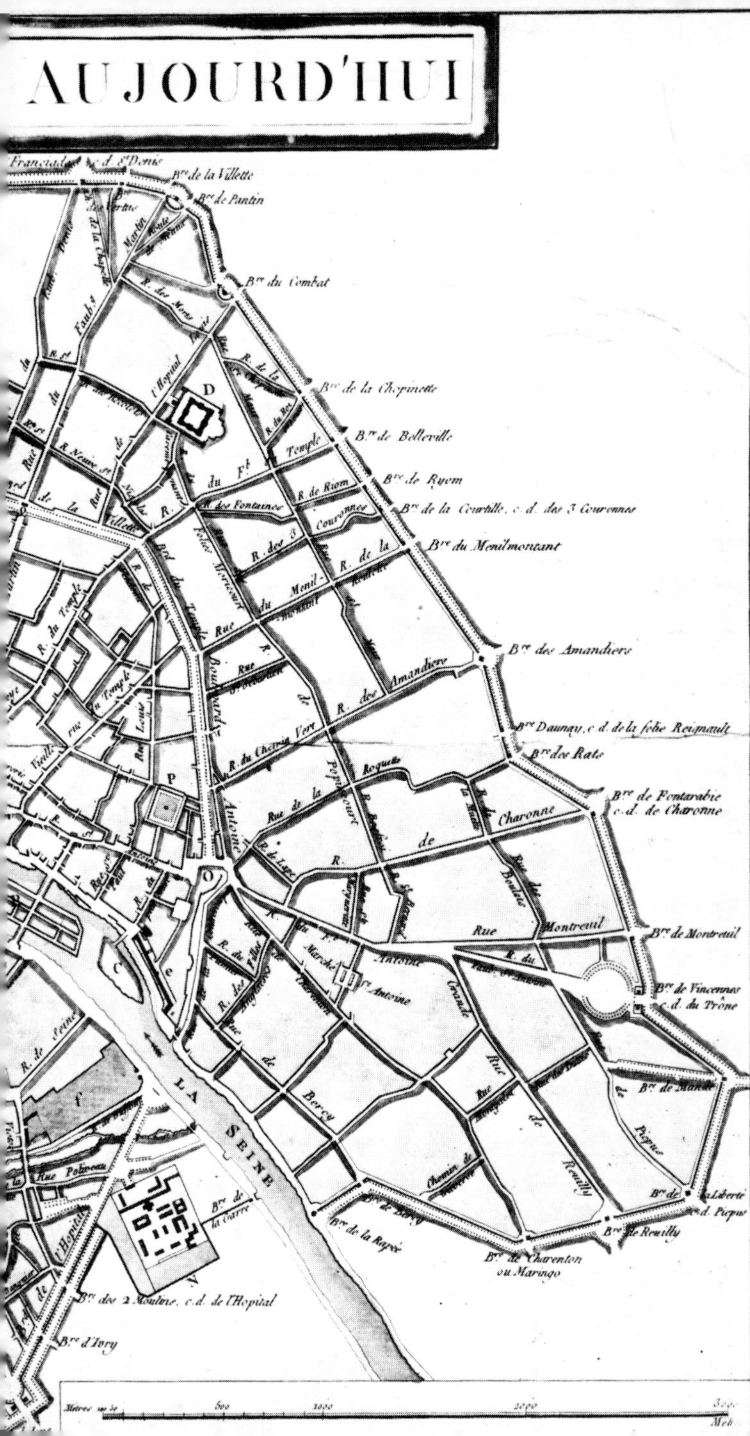

RENVOIS.

A *Cité ou Lutece, ancienne ville de Paris.*
B *Ile de la Fraternité, c.d. St Louis*
C *Ile Louvier.*
D *Hôpital du Nord, c.d. St Louis*
E *Place Beauveau*
F *Demi Lune*
GG *Grande Avenue des Tuileries.*
H *Hôtel des Invalides.*
I *Ecole Militaire*
K *Observatoire*
L *Champ des Capucins.*
M *Gobelins.*
N *Hôpital Général, ou la Salpetriere*
O *Place ou étoit la Bastille.*
P *Place du Parc, c.d. Royale.*
Q *Porte Martin.*
R *Porte Denis.*
S *Les Halles.*
T *Place des Innocens.*
U *Halle au blé.*
V *Place Victoire.*
X *Place Vendôme.*
Y *Eglise neuve de la Madeleine.*
Z *Place de la Révolution, c.d. Louis XV.*
& *Palais des Tuileries.*
a *Le Louvre*
b *Palais Egalité, c.d. Royal.*
c *Place de Greve.*
d *Maison de Ville.*
e *Arsenal.*
f *Jardin des Plantes.*
g *Place Maubert.*
h *c.d. Eglise Notre Dame*
i *Palais de Justice.*
k *Place Thionville, c.d. Dauphine.*
l *Hôtel de la Monnaie*
m *Ecole Centrale, c.d. Collège des 4 Nations.*
n *Palais des 500.*
o *Carrefour de la Croix Rouge.*
p *Foire Germain.*
q *c.d. Eglise St Sulpice.*
r *Place et Comédie Française*
s *Palais Directorial, c.d. Luxembourg*
t *Place Michel.*
u *Panthéon, c.d. Ste Genevieve.*
v *Val-de-Grace.*
x *Projet de l'Auteur, par lequel il détermine des embellissemens pour les Champs-Elisées, le Palais et Jardin des Tuileries, le Palais National des Sciences et des Arts, ci-devant le Louvre et leurs dependances.*

NOTA

On trouve actuellement chez l'Auteur et à un prix très modéré un ouvrage plus détaillé ou sont presentés les embellissemens dont Paris est susceptible; ouvrage aussi curieux qu'instructif; s'adresser au Cit. Cointeraux, professeur d'Architecture rurale

au Château de Vincennes près de Paris

Balzac : quelques repères biographiques

1799 : Le 20 mai, naissance à Tours d'Honoré Balzac dans une famille bourgeoise, le « citoyen Bernard-François Balzac » et la « citoyenne Anne-Charlotte-Laure Sallambier, son épouse ». Son père, berger de l'Albigeois qui a réussi, devenu secrétaire du Conseil du roi, a fait carrière dans les subsistances, avant d'occuper une place d'adjoint à Tours ; sa mère est issue d'une lignée de commerçants.
Honoré sera mis en nourrice jusqu'à l'âge de quatre ans. Deux sœurs naîtront : Laure en 1800, et Laurence en 1802, et un frère, Henri, en 1807.

1804 : Il entre à la pension Le Guay, à Tours, qu'il quitte en 1807, pour entrer le 22 juin au collège des Oratoriens de Vendôme, où il passera six années d'internat.

1814 : Externe pendant l'été au collège de Tours, il suit sa famille à Paris, rue du Temple.

1815 : Il poursuit ses études dans deux institutions du Marais, l'institution Lepître, puis l'institution Ganser.

1816 : Inscrit à la Faculté de Droit, il entre, comme clerc, dans l'étude de Me Guillonnet-Merville, avoué de la rue Coquillière, où il restera jusqu'en 1818.

1818 : Clerc de notaire chez Me Passez, rue du Temple, il rédige des *Notes sur l'immortalité de l'âme.*

1819 : Reçu le 4 janvier au baccalauréat en droit, il obtient de rester à Paris pour devenir homme de lettres, alors que sa famille se retire à Villeparisis, son père ayant pris sa retraite de l'administration militaire. Il habite une mansarde rue Lesdiguières, et y compose une tragédie en cinq actes, *Cromwell,* jugée sévèrement par l'académicien Andrieux, et qui ne sera ni jouée, ni publiée de son vivant.

1820 : Il commence *Falthurne*, roman historique, dans le genre de Walter Scott, et philosophique à la fois. Laure se marie en mai avec un ingénieur des Ponts et Chaussées, Eugène Surville.

1821 : Il travaille à un autre roman, *Sténie ou les erreurs philosophiques,* marqué par l'influence de Rousseau et de *Werther.* En septembre, Laurence épouse M. de Montzaigle.

1822 : Il rencontre Laure de Berny, âgée de quarante-cinq ans, qui devient une maîtresse adorée et dont le soutien dévoué lui sera précieux. A la fois amante, mère, initiatrice, elle le guide et le protège. Il habite alors rue du Roi-Doré et ses parents emménagent avec lui. Sous le pseudonyme de Lord R'hoone, il publie en collaboration *l'Héritière de Birague* et *Jean-Louis* et, seul, *Clotilde de Lusignan* ; sous le pseudonyme d'Horace de Saint-Aubin sont également publiés *Le Centenaire* et *Le Vicaire des Ardennes.* En 1823, ce sera *La Dernière Fée.*

1824 : Ses parents étant repartis, il s'installe rue de Tournon et publie *Annette et le Criminel (Argow le Pirate),* toujours sous le nom d'Horace de Saint-Aubin et, anonymement, *Du droit d'aînesse* et *Histoire impartiale des Jésuites.*

1825 : Il s'associe avec l'éditeur Urbain Canel pour rééditer Molière et La Fon-

taine. Il entre en relation avec la duchesse d'Abrantès. Laurence meurt en août.
Publication de *Wann-Chlore* (Horace de Saint-Aubin) et du *Code des gens honnêtes* (anonyme).

1826 : Breveté imprimeur, il s'installe avec Barbier rue des Marais-Saint-Germain (actuellement rue Visconti, 6e arrondissement), et, en 1827, il crée une société d'exploitation d'une fonderie de caractères d'imprimerie.

1828 : Il s'installe 1, rue Cassini, près de l'Observatoire, et doit liquider ses affaires. Il contracte pour 100 000 F de dettes et revient à la littérature. Il séjourne à Fougères pour écrire *Le Dernier Chouan*, qui sort en 1829, premier roman signé Balzac.

1829 : Les débuts dans la vie sont maintenant terminés, Balzac commence à fréquenter les salons. Il publie la *Physiologie du mariage* (« par un jeune célibataire »).

1830 : Il collabore à diverses revues et à des journaux : *Revue de Paris, Revue des Deux-Mondes, La Mode, Le Voleur, La Silhouette, La Caricature, Le Feuilleton des journaux politiques.*
Il écrit les premières « Scènes de la vie privée » : *La Vendetta, le Bal de Sceaux* et ce qui deviendra *Gobseck, La Maison du Chat-qui-pelote, Une double famille,* etc.

1831 : Écrivain consacré, il mène de front une vie de travail forcené et des distractions mondaines, assorties d'un goût de luxe qui l'enfonce dans des dettes dont il tentera vainement de sortir par une production littéraire extraordinaire.
Publication de *La Peau de Chagrin* et d'autres « contes philosophiques ».

1832 : Entré en relation avec Madame Hanska, « l'Étrangère », qui habite en Ukraine, il se rend à Saché, lieu de nombreux séjours, à Angoulême, chez ses amis Carraud, connaît un échec amoureux avec la marquise de Castries, adhère au parti néo-légitimiste et publie des essais politiques.
Principales publications : *La Transaction (Le Colonel Chabert),* les « scènes » qui deviendront *La Femme de trente ans, Louis Lambert.*

1833 : Début de la correspondance suivie avec Madame Hanska qu'il rencontre à Neuchâtel. Contrat avec Werdet pour les *Études de Mœurs au XIXe siècle* qui paraîtront en douze volumes de 1833 à 1837.
Principales œuvres : *Le Médecin de campagne, La Femme abandonnée, Eugénie Grandet...*

1834 : Naissance de Marie du Fresnay, fille présumée de Balzac et de Maria du Fresnay, qu'il avait rencontrée en 1833. Balzac se lie avec la comtesse Guidoboni-Visconti.
Parution entre autres œuvres de *La Recherche de l'Absolu*, de *La Duchesse de Langeais*, qui forme avec *Ferragus* (1833) et *La Fille aux yeux d'or* (1834-1835) *l'Histoire des treize.* En décembre, *Le Père Goriot* commence à paraître dans *la Revue de Paris.*

1835 : Suite et fin de la publication du *Père Goriot* dans *La Revue de Paris* en janvier. Première édition en mars. Balzac s'installe clandestinement à Chaillot pour se cacher de la Garde Nationale. Il rejoint Mme Hanska à Vienne au mois de mai. Il ne la reverra plus pendant huit ans. Il devient propriétaire de la *Chronique de Paris*, où il publiera quelques-unes de ses œuvres.
Principales parutions : *Melmoth réconcilié, La Fleur des pois (Le Contrat de*

mariage), Séraphîta, début de la publication du *Lys dans la vallée* dans *La Revue de Paris.*

1836 : Il est emprisonné pour avoir refusé à plusieurs reprises de remplir ses devoirs dans la Garde Nationale. En mai naît Lionel-Richard Lowell, fils présumé de Balzac et de la comtesse Guidoboni-Visconti. En juillet, il doit liquider la *Chronique de Paris,* et Madame de Berny meurt alors qu'il se trouve à Turin en compagnie de Mme Marbouty.
Parution, entre autres, du *Lys dans la vallée*, de *Facino Cane* et de *l'Enfant maudit.*

1837 : Voyage en Italie et parution de la première partie d'*Illusions perdues,* puis de *César Birotteau.*
Achat d'une première parcelle de terrain à Sèvres, là où se trouveront les célèbres Jardies.

1838 : Séjour à Nohant chez George Sand, installation aux Jardies, parution de *la Maison Nucingen*, début de *Splendeurs et Misères des courtisanes (La Torpille).*

1839 : Il est nommé en avril président de la Société des gens de lettres. Candidat à l'Académie française, il s'efface devant Victor Hugo, qui ne sera pas élu.
Il achève sa pièce *Vautrin,* et publie *le Cabinet des Antiques, Une fille d'Ève, Massimilla Doni, Béatrix,* etc.

1840 : Interdiction le 16 mars de *Vautrin,* créé le 14 à la Porte Saint-Martin. Balzac dirige et anime la *Revue parisienne,* qui n'aura que trois numéros, dont le dernier comporte la célèbre étude sur *La Chartreuse de Parme* de Stendhal. Il s'installe rue Basse dans ce qui deviendra la « Maison de Balzac » (47, rue Raynouard, 16e arrondissement).
Publication de *Pierrette, Z. Marcas,* etc.

1841 : Il signe un traité avec Furne et d'autres libraires pour la publication de *La Comédie humaine*, dont la parution en 17 volumes s'étalera de 1842 à 1848, avec un volume posthume en 1855.
Parution du *Curé de village*, d'*Une ténébreuse affaire*, etc.

1842 : Création le 19 mars des *Ressources de Quinola,* à l'Odéon.
Publications principales : *Ursule Mirouet, Mémoires de deux jeunes mariées, Albert Savarus, Un début dans la vie, Les Deux Frères (La Rabouilleuse).*

1843 : Séjour à Saint-Pétersbourg auprès de Mme Hanska, veuve depuis 1841.
Parution de *La Muse du département,* d'*Honorine*, d'*Illusions perdues...*

1844 : *Modeste Mignon,* le début des *Paysans,* etc.

1845 : Balzac se rend à Dresde pour retrouver Mme Hanska, et voyage avec elle, sa fille Anna, et le comte Mniszech.
Seconde candidature à l'Académie française.
Publication entre autres des *Comédiens sans le savoir.*

1846 : Voyage de Rome à Francfort avec Mme Hanska qui, début novembre, donne le jour à un enfant mort-né, lequel devait s'appeler Victor-Honoré.
Publication de *La Cousine Bette*, notamment.

1847 : Mme Hanska séjourne à Paris au début de l'année ; Balzac s'installe rue Fortunée (aujourd'hui rue Balzac, 8e arrondissement) et il fait de celle qu'il veut épouser sa légataire universelle. Il la rejoint à Wierchnownia en septembre.

Parution du *Cousin Pons*, et de *La Dernière Incarnation de Vautrin*, qui constitue la dernière partie de *Splendeurs et Misères des courtisanes*.

1848 : Retour à Paris où il assiste aux premières journées de la Révolution de février. Il poursuit ses tentatives théâtrales, avec *La Marâtre*, créée au Théâtre-historique, et *Mercadet* qui, reçu au Théâtre-français, n'y sera pas joué. Fin septembre, il retourne en Ukraine, où il restera jusqu'en mai 1850.

1849 : Nouveaux échecs à l'Académie française, crises cardiaques répétées.

1850 : Il épouse Mme Hanska le 14 mars et, malade, rentre avec elle à Paris où il meurt le 18 août, après avoir reçu la visite de Victor Hugo.

1854 : Publication posthume du *Député d'Arcis*.

1855 : Publication posthume des *Paysans*, et édition des *Œuvres complètes* en 20 volumes par Houssiaux qui prend la suite de Furne.

1856-1857 : Publication posthume des *Petits Bourgeois*, terminés, comme *Le Député d'Arcis*, par Charles Rabou.

1869-1876 : Édition définitive des *Œuvres complètes* en 24 volumes chez Michel Lévy, puis Calmann-Lévy.

PRÉFACE DE L'ÉDITION ORIGINALE (1835)

L'auteur de cette esquisse n'a jamais abusé du droit de parler de soi que possède tout écrivain, et dont autrefois chacun usait si librement, qu'aucun ouvrage des deux siècles précédents n'a paru sans un peu de préface. La seule préface que l'auteur ait faite a été supprimée[1] ; celle-ci le sera vraisemblablement encore[2] ; pourquoi l'écrire ? voici la réponse.

L'ouvrage auquel travaille l'auteur doit un jour se recommander beaucoup plus sans doute par son étendue que par la valeur des détails. Il ressemblera, pour accepter le triste arrêt d'une récente critique, à l'œuvre politique de ces puissances barbares qui ne triomphaient que par le nombre des soldats. Chacun triomphe comme il peut, les impuissants seuls ne triomphent jamais[3]. Ainsi donc, il ne saurait exiger que le public embrasse tout d'abord et devine un plan que lui-même n'entrevoit qu'à certaines heures, quand le jour tombe, quand il songe à bâtir ses châteaux en Espagne, enfin dans ces moments où l'on vous dit : — A quoi pensez-vous ? et que l'on répond : — A rien ! Aussi ne s'est-il jamais plaint ni de l'injustice de la critique, ni du peu d'attention que le public apportait dans le jugement des diverses parties de cette œuvre encore mal étayée, incomplètement dessinée, et dont le plan d'alignement n'est exposé dans aucune des Mairies de Paris. Souvent donc, il aurait dû peut-être, avec la simplicité des vieux auteurs, avertir les personnes abonnées aux cabinets de lecture que tel ou tel ouvrage était publié dans telle ou telle intention. L'auteur des *Études de mœurs* et des *Études philosophiques* ne l'a pas fait par plusieurs raisons. D'abord, les habitués des cabinets littéraires s'intéressent-ils à la littérature ? Ne l'acceptent-ils pas comme l'étudiant accepte le cigare ? Est-il nécessaire de leur dire que les révolutions humanitaires sont ou ne sont pas circonscrites dans une œuvre, que l'on est un grand homme inédit, un Homère toujours inachevé, que l'on partage avec Dieu la fatigue ou le plaisir de coordonner les mondes ? Ajouteraient-ils foi à ces bourdes littéraires ? Ne les a-t-on pas fatigués de systèmes boiteux, de promesses inexécutées ? D'ailleurs, l'auteur ne croit ni à la générosité ni à l'attention d'une époque lâche et voleuse qui va chercher pour deux sous de littérature au coin d'une rue,

1. La préface de *La Peau de Chagrin* qui ne figure que dans l'édition originale de 1831.
2. Elle est supprimée dans l'édition de 1839.
3. P.-G. Castex signale que Balzac répond ici à l'article de Sainte-Beuve paru dans la *Revue des Deux Mondes* le 15 novembre 1834 où il était comparé à « ces généraux qui n'emportent la moindre position qu'en prodiguant le sang des troupes ».

comme elle y prend un briquet phosphorique, qui bientôt voudra du Benvenuto Cellini à bon marché, du talent à prix fixe, et qui fait aux poètes la même guerre qu'elle a faite à Dieu, en les rayant du Code, en les dépouillant pendant qu'ils vivent et en déshéritant leurs familles quand ils sont morts. Puis, pendant longtemps, sa seule intention, en publiant des livres, fut d'obéir à cette seconde destinée, souvent contraire à celle que le ciel nous a faite, qui nous est forgée par les événements sociaux, que nous appelons vulgairement *la nécessité*, et qui a pour exécuteurs des hommes nommés *créanciers*, gens précieux, car ce nom veut dire qu'ils ont foi en nous. Enfin, ces avertissements, à propos d'un détail, lui semblaient mesquins et inutiles ; mesquins parce qu'ils ne portaient que sur de petites choses qu'il fallait laisser à la critique ; inutiles, parce qu'ils devaient disparaître quand le tout serait accompli. Si l'auteur parle ici de ses entreprises, il a donc fallu quelque accusation étrange, imméritée. Cette accusation passera nécessairement dans un pays où tout passe. La préface, qui déjà ne signifie pas grand-chose, ne signifiera donc plus rien. Néanmoins, il faut répondre. Aussi répond-il.

Depuis quelque temps donc, l'auteur a été effrayé de rencontrer dans le monde un nombre surhumain, inespéré, de femmes sincèrement vertueuses, heureuses d'être vertueuses, vertueuses parce qu'elles sont heureuses, et sans doute heureuses parce qu'elles sont vertueuses. Pendant quelques jours de distraction, il n'a vu de toutes parts que des craquements d'ailes blanches qui se déployaient, de véritables anges qui faisaient mine de s'envoler dans leur robe d'innocence, toutes personnes mariées d'ailleurs, qui lui faisaient des reproches sur le goût immodéré dont il gratifiait les femmes pour les félicités illicites d'une crise conjugale qu'il a scientifiquement nommée ailleurs le *Minotaurisme*. Ces reproches n'allaient pas sans quelque flatterie, car ces femmes prédestinées aux plaisirs du ciel avouaient connaître par ouï-dire le plus détestable de tous les libelles, la Très Horrible *Physiologie du Mariage*[1], et se servaient de cette expression pour éviter de prononcer un mot banni du beau langage, l'adultère. L'une lui disait que, dans ses livres, la femme n'était vertueuse que par force ou par hasard, et jamais ni par goût, ni par plaisir. D'autres lui disaient que les femmes adonnées au Minotaure, mises en scène dans ses œuvres, étaient ravissantes, et faisaient venir l'eau à la bouche de ces

1. *Physiologie du mariage ou Méditations éclectiques sur le bonheur et le malheur conjugal,* 1829. Ce texte fait partie de la section *Études analytiques* de *La Comédie humaine.*

fautes qui ne devaient être représentées que comme tout ce qu'il y avait de plus désagréable dans le monde, et qu'il y avait péril pour la chose publique à faire envier la destinée de ces femmes, quelque malheureuses qu'elles fussent. Au contraire, celles qui étaient atteintes de vertu leur paraissaient devoir être des personnes extrêmement disgracieuses et disgraciées. Enfin les reproches furent si nombreux que l'auteur ne saurait les consigner tous. Figurez-vous un peintre qui croit avoir fait une jeune femme ressemblante, et à qui la jeune femme renvoie le portrait, sous prétexte qu'il est horrible. N'y a-t-il pas de quoi devenir fou ? Ainsi a fait le monde. Le monde a dit : — Mais nous sommes blanc et rose, et vous nous avez prêté des tons fort vilains. J'ai le teint uni pour les gens qui m'aiment, et vous m'avez mis cette petite verrue dont mon mari seul s'aperçoit.

L'auteur fut épouvanté de ces reproches. Il ne sut que devenir en voyant ce nombre prodigieux de rosières qui méritaient le prix Monthyon[1], et qu'il avait envoyées par mégarde à la police correctionnelle de l'opinion. Dans les premiers moments d'une déroute, on ne pense qu'à se sauver ; les plus braves sont entraînés. L'auteur oublia qu'il s'était permis de faire quelquefois, à l'instar de la capricieuse nature, des femmes vertueuses aussi attrayantes que le sont les femmes criminelles. On ne s'était pas aperçu de sa politesse, et l'on criait à propos de la vérité. *Le Père Goriot* fut commencé dans le premier quart d'heure de ce désespoir. Pour éviter de jeter dans son monde fictif des adultères de plus, il eut la pensée d'aller rechercher quelques-uns de ses plus méchants personnages féminins, afin de rester dans une sorte de *statu quo* relativement à cette grave question. Puis, quand cet acte respectueux fut accompli, la peur de recevoir quelques coups de griffe l'a pris, et il sent la nécessité de justifier ici, par l'aveu de sa panique, la réapparition de Madame de Beauséant, celle de lady Brandon[2], de mesdames de Restaud et de Langeais, qui figurent déjà dans *La Femme abandonnée*, dans *La Grenadière*, dans *Le Papa Gobseck*[3], et dans *Ne touchez pas à la hache*[4]. Mais, si le monde lui tient compte de sa parcimonie à l'égard des femmes reprochables, il aura le courage de supporter les coups de la Critique. Cette vieille parasite des festins littéraires qui est descendue du salon pour aller s'asseoir à la cuisine, où elle fait tourner les sauces avant qu'elles ne soient prêtes, ne manquera pas de dire, au nom du public, qu'on en avait

1. Célèbre prix de vertu.

2. Héroïne de *La Grenadière* sous le nom de Mme Willemsens (1832), Lady Brandon paraissait en compagnie de son amant, le lieutenant-colonel-comte Franchessini, au bal d'adieu donné par la vicomtesse de Beauséant. Il en fut ainsi dans toutes les éditions parues du vivant de Balzac, mais il a finalement prescrit la suppression de cet épisode (voir le contexte p. 463).

3. *Gobseck* dans l'édition définitive.

4. *Ne touchez pas la hache*, plus exactement, était le premier titre de *La Duchesse de Langeais* (1834, puis 1839).

déjà bien assez de ces personnages ; que si l'auteur avait eu la puissance d'en créer de nouveaux, il aurait pu se dispenser de faire revenir ceux-là ; car, de tous les Revenants, le pire est le Revenant littéraire. Quant à la faute d'avoir donné les commencements du Rastignac de *La Peau de Chagrin*, l'auteur est sans excuse. Mais si dans ce désastre il a tout le monde contre lui, peut-être aura-t-il de son côté ce personnage grave et positif qui, pour beaucoup d'auteurs, est le monde entier, à savoir *le libraire*. Ce protecteur des lettres paraît compter sur le grand nombre de personnes aux oreilles desquelles ne sont point parvenus les titres des livres d'où sont tirés ces personnages, pour les leur vendre. Opinion tout à la fois amère et douce que l'auteur est forcé de prendre en gré. Certaines personnes voudront voir dans ces phrases purement naïves une espèce de prospectus, mais tout le monde sait qu'on ne peut rien dire, en France, sans encourir des reproches. Quelques amis blâment déjà, dans l'intérêt de l'auteur, la légèreté de cette préface, où il paraît ne pas prendre son œuvre au sérieux, comme si l'on pouvait répondre gravement à des observations bouffonnes, et s'armer d'une hache pour tuer des mouches.

Maintenant, si quelques-unes des personnes qui reprochent à l'auteur son goût littéraire pour les pécheresses lui faisaient un crime d'avoir lancé dans la circulation livresque une mauvaise femme de plus en la personne de madame de Nucingen, il supplie ses jolis censeurs en jupons de lui passer encore cette pauvre petite faute. En retour de leur indulgence, il s'engage formellement à leur faire, après quelque temps employé à chercher son modèle, une femme vertueuse par goût. Il la représentera mariée à un homme peu aimable ; car, si elle était mariée à un homme adoré, ne serait-elle pas vertueuse par plaisir ? Il ne la fera pas mère de famille[1], car, comme Juana de Mancini, cette héroïne que certains critiques ont trouvée trop vertueuse, elle pourrait être vertueuse par attachement à ses chers anges[2]. Il a bien compris sa mission et voit qu'il s'agit, dans l'œuvre promise, de peindre quelque vertu en lingot, une vertu poinçonnée à la Monnaie du rigorisme. Aussi sera-ce quelque belle femme gracieuse, ayant des sens impérieux, et un mauvais mari, poussant la charité jusqu'à se dire heureuse, et tourmentée comme l'était cette excellente madame Guyon que son époux prenait plaisir à troubler dans ses prières de la façon la plus inconvenante. Mais, hélas en cette affaire, il se rencon-

1. Ce sera pourtant le cas dans *Le Lys dans la vallée* (1836).

2. Ainsi dans *Les Marana* (1832-1833).

tre de graves questions à résoudre. L'auteur les propose, dans l'espérance de recevoir plusieurs mémoires académiques faits de mains de maîtresse, afin de composer un portrait dont le public féminin soit satisfait.

D'abord, si ce phénix femelle croit au paradis, ne sera-t-elle pas vertueuse par calcul ? car, comme l'a dit un des esprits les plus extraordinaires de cette grande époque, si l'homme voit avec certitude l'enfer, comment peut-il succomber ? « Où est le sujet qui, jouissant de sa raison, ne sera pas dans l'impuissance de contrevenir à l'ordre de son prince, s'il lui dit : « Vous voilà dans mon sérail, au milieu de toutes mes femmes. Pendant cinq minutes, n'en approchez aucune ; j'ai l'œil sur vous. Si vous êtes fidèle pendant ce peu de temps, tous ces plaisirs et d'autres vous seront permis pendant trente années d'une prospérité constante. » Qui ne voit que cet homme, quelque ardent qu'on le suppose, n'a pas même besoin de force pour résister pendant un temps si court ? Il n'a besoin que de croire à la parole de son prince. Assurément, les tentations du chrétien ne sont pas plus fortes, et la vie de l'homme est bien moins devant l'éternité que cinq minutes comparées à trente années. Il y a l'infini de distance entre le bonheur promis au chrétien et les plaisirs offerts au sujet, et si la parole du prince peut laisser de l'incertitude, celle de Dieu n'en laisse aucune. » (*Obermann*[1]). Être vertueuse ainsi, n'est-ce pas faire l'usure ? Donc, pour savoir si elle est vertueuse, il faut la faire tentée. Si elle est tentée et qu'elle soit vertueuse, il faudrait logiquement la représenter n'ayant même pas l'idée de la faute. Mais si elle n'a pas l'idée de la faute, elle n'en saura pas les plaisirs. Si elle n'en sait pas les plaisirs, sa tentation sera très incomplète, elle n'aura pas le mérite de la résistance. Comment désirerait-on une chose inconnue ? Or, la peindre vertueuse sans être tentée est un non-sens. Supposez une femme bien constituée, mal mariée, tentée, comprenant les bonheurs de la passion : l'œuvre est difficile, mais elle peut encore être inventée. Là n'est pas la difficulté. Croyez-vous qu'en cette situation elle ne rêvera pas souvent cette faute que doivent pardonner les anges ? Alors, si elle y pense une ou deux fois, sera-t-elle vertueuse en commettant de petits crimes dans sa pensée ou au fond de son cœur ? Voyez-vous ? tout le monde s'accorde sur la faute ; mais dès qu'il s'agit de vertu, je crois qu'il est presque impossible de s'entendre.

1. *Oberman* (et non *Obermann*) : récit de Sénancour paru en 1804.

L'auteur ne terminera pas sans publier ici le résultat de l'examen de conscience que ses critiques l'ont forcé de faire relativement au nombre de femmes vertueuses et de femmes criminelles qu'il a émises sur la place littéraire. Dès que son effroi lui a laissé le temps de réfléchir, son premier soin fut de rassembler ses corps d'armée, afin de voir si le rapport qui devait se trouver entre ces deux éléments de son monde écrit était exact, relativement à la mesure de vice et de vertu qui entre dans la composition des mœurs actuelles. Il s'est trouvé riche de plus de trente-huit femmes vertueuses, et pauvre de vingt femmes criminelles tout au plus[1], qu'il prend la liberté de ranger toutes en bataille de la manière suivante, afin qu'on ne lui conteste pas les résultats immenses que donnent déjà ses peintures commencées. Puis, afin qu'on ne le chicane en aucune manière, il a négligé de compter beaucoup de femmes vertueuses qu'il a mises dans l'ombre, comme elles y sont quelquefois en réalité.

1. Balzac est souvent fâché avec les chiffres : la liste comporte 22 numéros et nomme 21 femmes.

FEMMES VERTUEUSES

Études de mœurs

1-2. Madame de Fontaine et Madame de Kergarouët, *Le Bal de Sceaux,* tome I.

3-4-5. Madame Guillaume, Madame de Sommervieux et Madame Lebas, *Gloire et Malheur,* tome I.

6. Ginevra di Piombo, *La Vendetta,* tome I.

7. Madame de Sponde, *La Fleur des Pois*[3], tome II.

8. Madame de Soulanges, *La Paix du Ménage,* tome II.

9-10. Madame Claës et Madame de Solis, *La Recherche de l'Absolu,* tome III.

FEMMES CRIMINELLES

Études de mœurs

1. La duchesse de Carigliano, *Gloire et Malheur*[1], tome I.

2-3. Madame d'Aiglemont, *Même histoire*[2], tome IV.

4-5-6. Madame de Beauséant, *La Femme abandonnée* ; lady Brandon, *La Grenadière* ; et Juliette, *Le Message,* tome IV.

7. Madame de Merret, *La Grande Bretèche*[4], tome VIII.

8-9-10. Mademoiselle de Bellefeuille, *La Femme vertueuse*[5] ; Madame de Restaud, *Le Papa Gobseck* ; Fanny Vermeil, *La Torpille*[6], tome IX.

1. *La Maison du Chat-qui-pelote.*
2. *La Femme de trente ans.*
3. Récit abandonné.
4. Incorporé à *Autre étude de femme.*
5. *Une double famille.*
6. Incorporé à *Splendeurs et Misères des courtisanes.*

11-12-13-14. Madame Grandet et Eugénie Grandet, Nanon et Madame des Grassins, *Eugénie Grandet,* tome V.

15-16. Sophie Gamard, la baronne de Listomère, *Les Célibataires*[1], tome VI.

17-18-19. Madame de Granville, *La Femme vertueuse* ; Adélaïde de Rouville et Madame de Rouville, *La Bourse,* tome IX.

20-21. Juana (Madame Diard), *Les Marana* ; Madame Jules, *Ferragus, chef des Dévorants (Histoire des Treize),* tome X.

22-23-24. Madame Firmiani, la marquise de Listomère, *Profil de marquise*[2] ; Madame Chabert, *La Comtesse à deux maris*[3], tome XII.

25-26. Mademoiselle Taillefer, Madame Vauquer[4], *Le Père Goriot.*

27-28. Évelina et La Fosseuse, *Le Médecin de campagne.*

Études philosophiques

29. Foedora, *La Peau de Chagrin,* tome IV.

30. La comtesse de Vandière, *Adieu,* tome IV.

31. Madame de Dey, *Le Réquisitionnaire,* tome V.

32-33. Madame Birotteau et Césarine Birotteau, *Histoire de la grandeur et*

11. La Marana, *Les Marana,* tome X.

12. Ida Gruget, *Ferragus, chef des Dévorants (Histoire des Treize),* tome X.

13. Madame de Langeais, *Histoire des Treize, Ne touchez pas à la hache (La Duchesse de Langeais).*

14-15. Euphémie, marquise de San-Réal et Paquita Valdès, *La Fille aux Yeux d'or,* tome XII.

16-17. Madame de Nucingen, Mademoiselle Michonneau, *Le Père Goriot.*

Études philosophiques

18-19. Pauline de Witchnau, Aquilina, *La Peau de Chagrin* et *Melmoth réconcilié,* tomes I, IV et XXI.

20. Madame de Saint-Vallier, *Maître Cornélius.*

21-22. Mademoiselle de Verneuil et Madame du Gua, *Les Chouans.*

1. *Le Curé de Tours.*

2. *Étude de femme.*

3. *Le Colonel Chabert.*

4. Elle est douteuse *(note de Balzac).*

de la décadence de César Birotteau, tomes VI-X.

34-35. Jeanne d'Hérouville et sœur Marie, *L'Enfant maudit, Sœur Marie-des-Anges*[1], tomes V, XVII, XVIII et XIX.

36-37. Pauline de Villenoix, *Louis Lambert* ; et madame de Rochecave, *Ecce Homo*[2], tomes XXIII et XXIV.

38. Francine, *Les Chouans*[3].

Quoique l'auteur ait encore quelques fautes en projet, il a aussi beaucoup de vertu sous presse, en sorte qu'il est certain de corroborer ce résultat flatteur pour la société, la balance étant de trente-huit sur soixante en faveur de la vertu, dans l'état actuel où en est la peinture qu'il a entreprise du monde. S'il s'arrêtait là, le monde ne serait-il pas flatté ? Si quelques personnes se sont trompées, en croyant à un résultat contraire, peut-être leur erreur doit-elle être attribuée à ce que le vice a plus d'apparence, il foisonne ; et, comme disent les marchands en parlant d'un châle, il est *très avantageux*. Au contraire, la vertu n'offre au pinceau que des lignes d'une excessive ténuité. La vertu est absolue, elle est une et indivisible, comme était la république ; tandis que le vice est multiforme, multicolore, ondoyant, capricieux. D'ailleurs, quand l'auteur aura peint la femme vertueuse fantastique, à la recherche de laquelle il va se mettre dans tous les boudoirs de l'Europe, on lui rendra justice, et les reproches tomberont d'eux-mêmes.

Quelques raffinés ayant fait observer que l'auteur avait peint les pécheresses beaucoup plus aimables que ne l'étaient les femmes irréprochables, ce fait a semblé si naturel à l'auteur, qu'il ne parle de la critique que pour en constater l'absurdité. Chacun sait trop bien qu'il est malheureusement dans la nature masculine de ne pas aimer le vice quand il est hideux, et de fuir la vertu quand elle est épouvantable.

Paris, 6 mars 1835.

1. Récit abandonné.
2. Inachevé et incorporé aux *Martyrs ignorés* (1837).
3. L'auteur omet à dessein plus de dix femmes vertueuses, pour ne pas ennuyer le lecteur ; mais il les nommerait s'il y avait contestation sur le résultat de cette statistique littéraire *(note de Balzac)*.
Voici l'ordre chronologique de la publication partielle ou totale de ces textes :
1829 : *Les Chouans.*
1830 : *Adieu, Le Bal de Sceaux, La Femme vertueuse, Gloire et Malheur, La Paix du Ménage, Papa Gobseck, Profil de Marquise, La Vendetta.*
1831 : *La Grande Bretèche, Maître Cornélius, La Peau de Chagrin, Même histoire, Le Réquisitionnaire.*
1832 : *La Bourse, Les Célibataires, La Comtesse à deux maris, La Femme abandonnée, La Grenadière, Louis Lambert, Les Marana, Le Message.*
1833 : *L'Enfant maudit, Eugénie Grandet, Ferragus, Le Médecin de campagne, Ne touchez pas la hache.*
1834 : *La Fille aux yeux d'or, La Recherche de l'Absolu*, idée de l'*Histoire de la grandeur et de la décadence de César Birotteau.*
1835 : *Melmoth réconcilié, Le Père Goriot*, idée de *La Torpille.*

⟨1⟩ Le discours préfaciel.

La préface usurpe son nom : elle est toujours écrite après l'ouvrage et il s'agit en fait d'une postface. Quelle que soit sa visée — explicative, justificative, polémique... —, elle présente un certain nombre de caractéristiques, que l'on peut énumérer à partir d'études spécifiques, en particulier celle, programmatique, d'Henri Mitterand :

« Le linguiste français Émile Benveniste a établi une distinction, devenue classique, entre deux types fondamentaux d'énoncé : le discours et le récit. Les traits pertinents de cette opposition sont la structure des relations de personne, la structure des relations de temps, le jeu des déictiques, les modalités de l'énoncé, et sa disposition rhétorique. Il est assez facile de montrer que la préface porte tous les traits du discours, c'est-à-dire, selon la définition de Benveniste, de « tout type d'énoncé dans lequel quelqu'un s'adresse à quelqu'un et organise ce qu'il dit dans la catégorie de la personne ».

« Le discours préfaciel », 1975, in *La lecture sociocritique du texte romanesque,* Samuel Stevens, Hakkert & Company, Toronto, p. 4.

Ainsi, la première personne est toujours présente, soit explicitement, voire hypertrophiée, théâtralisée, soit par un nous de modestie, soit par une « troisième personne postiche ». *De même, le système des temps* « s'articule autour du présent », *soit celui* « du moment même où la pensée est saisie pour passer dans l'écriture », *soit un* « présent parfait désignant l'œuvre comme un achevé », *soit un* « présent engageant l'avenir immédiat ».

Les déictiques et les modalisateurs (termes qui expriment une prise de position de l'énonciateur par rapport à l'objet de son énoncé, par exemple des adverbes comme peut-être *ou* sans doute, *des incises comme* à ce que je crois, selon moi, *etc.) abondent dans le discours préfaciel.*

Ibid., p. 6.

L'organisation rhétorique, quant à elle, est assez rigoureuse :

« C'est le passage du règne au genre, du genre à l'espèce, de l'espèce au spécimen, autrement dit, du concept de plus grande extension (la société) au concept de plus petite extension (*ce* roman). L'œuvre singulière est donnée pour une pièce, un échelon, dans une hiérarchie logique, qui subordonne la littérature à la société, et dont la préface définit le modèle de manière déductive. (...)

dégager à la fois un modèle de production du genre dont elle parle, et également un modèle de sa lecture. On voit bien, de ce fait, quelle porte s'ouvre ainsi toute grande, en tête du roman, à l'idéologie. »

Ibid., pp. 6-7.

La préface se fait donc « discours didactique et pédagogique », *et se transforme souvent en discours* « polémique ». *L'accusé principal à cette époque est la critique, puisque* « le critique est le tiers encombrant qui s'interpose, sans être invité, dans le tête-à-tête auteur-lecteur ».

Peut-on pour autant confondre la figure du préfacier et celle du romancier ? Ce serait une erreur ; en effet :

Le rapport du *je* écrivant au texte du roman est autre que son rapport au texte de la préface (...). Dans le roman, *je,* à supposer même qu'il y ait un *je,* raconte le monde. Dans la préface, ou dans tout texte théorique qu'il consacre à son roman, *je* parle de son récit du monde. »

Ibid., p. 12.

PRÉFACE AJOUTÉE DANS LA DEUXIÈME ÉDITION WERDET (1835)

Depuis sa réimpression sous forme de livre, ce qui, dans la logique du libraire, a constitué une seconde édition, *Le Père Goriot* est l'objet de la censure impériale de Sa Majesté le Journal, cet autocrate du XIIe siècle, qui trône au-dessus des rois, leur donne des avis, les fait, les défait ; et qui, de temps en temps, est tenu de surveiller la morale depuis qu'il a supprimé la religion de l'État. L'auteur savait bien qu'il était dans la destinée du Père Goriot de souffrir pendant sa vie littéraire, comme il avait souffert durant sa vie réelle. Pauvre homme ! Ses filles ne voulaient pas le reconnaître, parce qu'il était sans fortune ; et les feuilles publiques aussi l'ont renié, sous prétexte qu'il était immoral. Comment un auteur ne tâcherait-il pas de se débarrasser du San-Benito[1] dont la sainte ou la maudite inquisition du journalisme le coiffe en lui jetant à la tête le mot *immoralité* ? Si les tableaux dessinés par l'auteur étaient faux, la critique les lui aurait reprochés en lui disant qu'il calomniait la société moderne ; si la critique les tient pour vrais, ce n'est pas son œuvre qui est immorale. Le Père Goriot n'a pas été suffisamment compris, quoique l'auteur ait eu le soin d'expliquer comment le bonhomme était en révolte contre les lois sociales, par ignorance et par sentiment, comme Vautrin l'est par sa puissance méconnue et par l'instinct de son caractère. L'auteur a bien ri de voir quelques personnes, obligées de comprendre ce

1. Sorte de coiffe que les condamnés de l'Inquisition devaient porter à leur exécution.

qu'elles critiquaient, vouloir que le Père Goriot eût le sentiment des convenances, lui, cet Illinois de la farine, ce Huron de la Halle aux blés. Pourquoi ne lui a-t-on pas reproché de ne connaître ni Voltaire ni Rousseau, d'ignorer le code des salons et la langue française ? Le Père Goriot est comme le chien du meurtrier qui lèche la main de son maître quand elle est teinte de sang ; il ne discute pas, il ne juge pas, il aime. Le Père Goriot cirerait, comme il le dit, les bottes de Rastignac, pour se rapprocher de sa fille. Il veut aller prendre la Banque d'assaut quand elles manquent d'argent, et il ne serait pas furieux contre ses gendres, qui ne les rendent pas heureuses ? Il aime Rastignac, parce que sa fille l'aime. Que chacun regarde autour de soi et veuille être franc, combien de pères Goriot en jupons ne verrait-on pas ? Or, le sentiment du Père Goriot implique la maternité. Mais ces explications sont presque inutiles. Ceux qui crient contre cette œuvre la justifieraient admirablement bien, s'ils l'avaient faite ! D'ailleurs, l'auteur n'est pas de propos délibéré moral ou immoral, pour employer les termes faux dont on se sert. Le plan général qui lie ses œuvres les unes aux autres, et qu'un de ses amis, M. Félix Davin, a récemment exposé[1], l'oblige à tout peindre : le Père Goriot comme la Marana, Bartholomeo di Piombo comme la veuve Crochard, le marquis de Léganès comme Cambremer, comme M. de Fontaine[2], enfin de saisir la paternité dans tous les plis de son cœur, de la peindre tout entière comme il essaie de représenter les sentiments humains, les crises sociales, tout le pêle-mêle de la civilisation.

Si quelques journaux ont accablé l'auteur, il en est d'autres qui l'ont défendu. Vivant solitaire, préoccupé par ses travaux, il n'a pu remercier les personnes auxquelles il est d'autant plus redevable que ce sont des camarades qui avaient, pour le gourmander, les droits du talent et d'une ancienne amitié, mais il les remercie collectivement de leur utile secours.

Les personnes amoureuses de morale, qui ont pris au sérieux la promesse que, dans la précédente préface, l'auteur a faite de pourtraire une femme complètement vertueuse, apprendront peut-être avec satisfaction que le tableau se vernit en ce moment, que le cadre se bronze, enfin que, sans métaphore, cette œuvre difficultueuse intitulée *Le Lys dans la vallée* va paraître dans l'une de nos Revues[3].

Meudon, 1er mai 1835.

1. Dans la préface des *Études de Mœurs au XIXe siècle*, tome I, avril 1835.

2. La Marana dans *Les Marana*, Bartholomeo di Piombo dans *La Vendetta*, la veuve Crochard dans *Une double famille*, le marquis de Léganès dans *El Verdugo* (1830), Cambremer dans *Un drame au bord de la mer* (1835), M. de Fontaine dans *Le Bal de Sceaux*.

3. Une partie du *Lys dans la vallée* parut dans *La Revue de Paris* en novembre et décembre 1835.

Bibliographie sommaire

On le conçoit aisément, la bibliographie balzacienne est immense. Une petite partie seulement a été mise à contribution pour les contextes, et il ne saurait être question de proposer ici autre chose qu'une très modeste sélection de titres complémentaires. Nous nous contenterons de quelques ouvrages généraux qui permettent une première approche du « continent-Balzac » :

— Barbéris Pierre, *Balzac, une mythologie réaliste,* Larousse, 1971.

— Bardèche Maurice, *Balzac romancier. La formation de l'art du roman chez Balzac jusqu'à la publication du Père Goriot (1820-1835),* Plon, 1940, réimpression, Genève, Slatkine, 1967.

— Guyon Bernard, *La Pensée politique et sociale de Balzac,* A. Colin, 1947, réimpression, 1967.

— Rey Pierre-Louis, *La Comédie humaine,* Hatier, « Profil d'une œuvre », 1979.

— *Honoré de Balzac,* numéro spécial de la *Revue des sciences humaines*, 1979, n° 3.

— *Le Roman de Balzac : recherches critiques, méthodes, lectures,* études réunies par R. Le Huenen et P. Perron, Université de Toronto, Didier, Canada, 1980.

— *Balzac, l'invention du roman,* colloque de Cerizy, Belfond, 1982.

— Les numéros de *L'Année balzacienne* qui paraîtront en 1985 et 1986 contiendront les communications du colloque qui s'est tenu à la fin du mois d'avril 1985 pour célébrer le cent cinquantième anniversaire du *Père Goriot*.

Pour comprendre la question d'argent

La LIVRE équivaut à un FRANC.
L'ÉCU vaut trois francs.
Le LOUIS, ou le NAPOLÉON, vaut vingt francs.

Un FRANC vaut vingt SOUS.
Un SOU vaut quatre LIARDS ou douze deniers.
Il est très difficile de convertir ces valeurs en monnaie d'aujourd'hui : lors de la crise de 1817, l'hectolitre de froment atteint le record de 36,16 francs ; la baisse du salaire réel est générale pour les ouvriers dans la première moitié du siècle. Par exemple en Seine-Inférieure, la Seine-Maritime aujourd'hui, le salaire hebdomadaire des fabricants de mouchoirs tombe de 20 à 6 francs entre 1815 et 1830. (Source : *Histoire de la France contemporaine,* Éditions sociales, 1979, tome II, pp. 263-264.)

Les billets de banque sont de 500 et 1.000 francs.

Circulent les pièces de l'Ancien Régime et celles définies par la loi du 17 germinal an XI (7 avril 1803) qui fixe l'unité monétaire française : le franc germinal de 5 g d'argent au titre de 900 millièmes.

Gardons la mesure

La légalisation du système métrique par la Révolution française n'empêche pas que l'on continue d'utiliser les anciennes unités de mesure, en particulier :

le PIED, un peu plus d'une trentaine de centimètres, qui se divise en douze POUCES, un POUCE se divisant lui-même en douze LIGNES ;

la TOISE, qui vaut six pieds, soit près de deux mètres ;

la LIEUE, qui équivaut à environ quatre kilomètres.

A. Rodin

En guide d'ouverture…

« Vous serez bien fière du Père Goriot *; mes amis prétendent que ce n'est comparable à rien, que c'est au-dessus de toutes mes précédentes compositions. »*

Lettre à Mme Hanska du 1er décembre 1834
Bibliophiles de l'originale, 1967, tome 1, p. 279

« Je puis vous le dire — cette œuvre a été faite en 40 jours, je n'ai pas dormi dans ces 40 jours 80 heures. »

Lettre à Mme Hanska du 10 février 1835
Bibliophiles de l'originale, 1967, tome 1, p. 304

AU GRAND ET ILLUSTRE GEOFFROY SAINT-HILAIRE[1] 1

Comme un témoignage d'admiration de ses travaux et de son génie.

DE BALZAC

1. Geoffroy Saint-Hilaire (1772-1844) est un naturaliste français. Professeur de zoologie au Muséum dès 1793, il pensa l'anatomie comparée et la paléontologie selon un plan unique d'organisation des êtres vivants, et fonda l'embryologie et la tératologie expérimentale. Sa théorie de l'influence directe du milieu sur les modifications des espèces l'opposa à Cuvier, partisan de la préformation et du fixisme.
Balzac s'autorisera de lui dans son Avant-Propos de La Comédie humaine *rédigé en 1842 : « L'animal est un principe qui prend sa forme extérieure, ou, pour parler plus exactement, les différences de sa forme, dans les milieux où il est appelé à se développer. Les Espèces Zoologiques résultent de ces différences. La proclamation et le soutien de ce système, en harmonie d'ailleurs avec les idées que nous nous faisons de la puissance divine, sera l'éternel honneur de Geoffroy Saint-Hilaire, le vainqueur de Cuvier sur ce point de la haute science, et dont le triomphe a été salué par le dernier article qu'écrivit le grand Gœthe.*
Pénétré de ce système bien avant les débats auxquels il a donné lieu, je vis que, sous ce rapport, la Société ressemblait à la Nature. La Société ne fait-elle pas de l'homme, suivant les milieux où son action se déploie, autant d'hommes différents qu'il y a de variétés en zoologie ? »

1 Biologie et sociologie.

*Erich Auerbach analyse ainsi l'*Avant-propos de la Comédie humaine *cité ci-contre à l'occasion de la dédicace à Geoffroy Saint-Hilaire :*

« Il ressort de là, tout d'abord, qu'il tente de fonder sa conception de la société humaine (le type *homme* différencié par les milieux) sur des analogies biologiques. Le terme de milieu, qui apparaît ici pour la première fois en un sens sociologique et qui était destiné à une si grande carrière (Taine semble l'avoir repris de Balzac), est emprunté à Geoffroy Saint-Hilaire, qui l'avait lui-même transféré de l'ordre physique à l'ordre biologique ; il passe donc maintenant de la biologie à la sociologie. Le biologisme qui hante l'esprit de Balzac est mystique, spéculatif et vitaliste, comme il ressort des noms qu'il cite lui-même ; toutefois le concept modèle, le principe « animal » ou « homme », n'est nullement conçu comme immanent, mais en quelque sorte comme une Idée platonicienne réalisée. Ses différents genres et espèces sont uniquement des « formes extérieures », et en outre ils ne sont pas donnés comme des entités qui se modifient dans le cours de l'histoire, mais comme des réalités fixes (un soldat, un ouvrier, etc., comme un lion, un âne). Balzac ne semble pas avoir compris dans ce passage le sens particulier de la notion de milieu telle qu'il l'a mise en œuvre dans ses romans. Le milieu au sens sociologique — la chose, non le mot — existait bien avant lui. Cette notion est indubitablement présente dans l'œuvre de Montesquieu. Mais alors que Montesquieu attache bien plus d'importance aux conditions naturelles (sol, climat) qu'à celles qui résultent de l'histoire humaine, alors qu'il s'efforce de distinguer les différents milieux comme autant de modèles conceptuels fixes auxquels s'appliquent les modèles constitutionnels et législatifs adéquats, Balzac s'en tient pratiquement toujours à la structure historique et perpétuellement changeante de ses milieux. Pas un lecteur n'en viendrait spontanément à l'idée qu'il semble défendre dans cet *Avant-propos*, à savoir qu'il s'intéresse au type *homme* ou même seulement à des espèces (« soldat », « commerçant ») ; ce que nous voyons c'est, au contraire, la figure concrète et particulière, avec son physique et son histoire propres, telle qu'elle résulte de l'immanence de la situation historique, sociale, physique, etc. »

ERICH AUERBACH, 1946,
traduction française 1968,
Mimésis, © Gallimard, p. 471.

N.B. : il convient de signaler que la dédicace a été ajoutée en 1843.

I

UNE PENSION BOURGEOISE

Madame Vauquer ①, née de Conflans[1], est une vieille femme qui, depuis quarante ans, tient à Paris une pension bourgeoise établie rue Neuve-Sainte-Geneviève[2], entre le quartier latin et le faubourg Saint-Marceau ②. Cette pension, connue sous le nom de la Maison-Vauquer, admet également des hommes et des femmes, des jeunes gens et des vieillards, sans que jamais la médisance ait attaqué les mœurs de ce respectable établissement. Mais aussi depuis trente ans ne s'y était-il jamais vu de jeune personne, et pour qu'un jeune homme y demeure, sa famille doit-elle lui faire une bien maigre pension. Néanmoins, en 1819, époque à laquelle ce drame commence, il s'y trouvait une pauvre jeune fille. En quelque discrédit que soit tombé le mot drame[3] par la manière abusive et tortionnaire dont il a été prodigué dans ces temps de douloureuse littérature, il est nécessaire de l'employer ici ; non que cette histoire soit dramatique dans le sens vrai du mot ; mais, l'œuvre accomplie, peut-\`être aura-t-on versé quelques larmes *intra muros* et *extra*. Sera-t-elle comprise au-delà de Paris[4] ③ ? le doute est permis. Les particularités de cette scène pleine d'observations et de couleurs locales ne peuvent être appréciées qu'entre les buttes de Montmartre et les hauteurs de Mon-

1. L'association d'un nom bourgeois et d'un nom aristocratique (un marquis de Conflans siégeait effectivement à la Chambre des Pairs) n'a plus pour nous la même saveur qu'en 1834.

2. Aujourd'hui la rue Tournefort (5e arrondissement ; les lieux parisiens seront désormais situés selon l'actuel découpage administratif).

3. Allusion polémique à la vogue du drame romantique et du mélodrame.

4. Dans l'édition originale, le roman est sous-titré « histoire parisienne ». Balzac le classera d'abord dans le sous-ensemble Scènes de la Vie parisienne *de la* Comédie humaine *de 1843, puis l'incorporera en 1845 dans les* Scènes de la Vie privée. *L'auteur joue ici sur la spécificité parisienne : entièrement située « dans les murs », l'intrigue peut surprendre « hors les murs ». L'édition préoriginale du* Père Goriot *dans la* Revue de Paris *comportait six chapitres, qui seront par la suite ramenés à quatre, ceux qui structurent le texte dans cette édition, conforme sur ce point à la seconde édition Werdet. Balzac a toujours regretté la suppression des chapitres de ses romans dans les différentes éditions de la* Comédie humaine.

1 La famille Vauquer ou la pieuvre tourangelle.

A Tours, sous la Révolution et l'Empire, le nom des Vauquer était sur toutes les lèvres, surtout à l'occasion d'un immense scandale en 1806 et 1807 pour cause de détournement de fonds publics. Le Tourangeau Balzac n'a pu l'ignorer et ce nom de Vauquer a dû lui rester gravé dans l'esprit :

« Comment Honoré aurait-il oublié les Vauquer en quittant Tours ? La famille Vauquer est-elle l'illustration ou la source de ce thème de la famille-nation que, devenu Balzac le romancier, par deux fois, dans *Les Héritiers Boirouge* d'abord, dans *Ursule Mirouet* ensuite, il a voulu traiter ? « En quelque ville de province que vous alliez, changez les noms, vous retrouverez les choses », a-t-il écrit justement dans *Les Héritiers Boirouge.* Pour aller à Sancerre et finalement se fixer à Nemours, la pensée de l'auteur n'est-elle pas partie de Tours ? Les Vauquer de Tours sous la Révolution ont sûrement, en outre, donné à Balzac quelques traits sur le trafic des biens nationaux, et de « l'Affaire Vauquer » certains noms ne sont-ils pas sortis pour entrer tout droit dans *La Comédie Humaine* ? Voici Pillerault, le jardinier des Vauquer, Gaudin le notaire, Japhet le juge, Mitouflet qui vendit des terres, et Bouju, débiteur du trésor public. Enfin, le nom essentiel de cette longue histoire va accompagner le romancier jusqu'à ce que *Le Père Goriot* vienne lui conférer l'éternité balzacienne. »

MADELEINE FARGEAUD, 1960,
« Les Balzac et les Vauquer »,
L'Année balzacienne,
pp. 128-129.

2 Réalité parisienne et couleur locale dans la fiction.

Voici une description d'époque de cette partie de la Montagne-Sainte-Geneviève qui descend vers le faubourg Saint-Marceau :

« Parfois, délaissant les quartiers vivants et les bazars d'outre-Seine, il vous est arrivé de gravir les gorges étroites et sales de la vieille rue Saint-Jacques jusqu'à l'église Sainte-Geneviève révolutionnaire dite le Panthéon.

« La rue des Postes est tout près. En effet, faites deux pas au-delà du Panthéon, traversez la rue de l'Estrapade où logeait Diderot, arrivez sur la place qui doit son nom à l'ancien supplice connu sous le nom de l'*estrapade*, placez-vous à l'endroit même, si vous le voulez, où s'élevait la potence et regardez devant vous. Cette rue étroite si longue, qui descend, sombre et resserrée, vers le faubourg Saint-Marceau, c'est elle, c'est la rue des Postes.

« En vain vos yeux la parcourent et la suivent, vous avez beau regarder et chercher de toutes parts, vous n'apercevez rien : rien que des portes fermées, rien que des fenêtres closes !

« La rue ressemble à un damier dont toutes les cases seraient noires, çà et là de petites ouvertures en forme de meurtrières donnent au jour un passage dont elles semblent avares, on se croirait devant une place forte.

« Plus loin des grilles de fer qui se coupent et s'entrecroisent semblent ne vouloir laisser, dans les mille nœuds de leurs interstices, que comme un point à la lumière : on se croirait devant une prison.

« Les fenêtres des mansardes, au plus haut point de l'édifice, sont munies d'abat-jour, la rue est anathématisée, le jour proscrit, la lumière maudite. Il semble, en traversant ces déserts, qu'on soit à côté d'un peuple de hiboux, de chats-huants et de chouettes, on ne voit rien, on n'entend rien. Le silence de la rue vous glace, vous met comme un couvercle de plomb sur le cœur, vous sentez qu'il y a près de vous des êtres qui doivent ne respirer qu'avec peine et étouffer, faute d'air. Ces maisons noires, hautes, silencieuses et sombres vous font peur.

« Vous êtes-vous figuré quelquefois, quand vous songez à ces vieilles cités détruites par le fer ou la flamme, vous êtes-vous figuré être seul dans une ville déserte, longue et morne, ville cadavre dont le sang s'est figé et la vie s'est éteinte ?... Eh bien, c'est là l'impression que la rue des Postes a souvent produite sur moi lorsque j'allais, le soir, par ces longues nuits d'hiver, dans cette rue où rien ne bruissait, pas même le fiacre lointain qui roule ou le piéton qui passe.

« Dans la journée, quelquefois, la voix monotone et fêlée d'un mendiant qui aboie de concert avec son chien qui crie, trouble, seule, le silence de la rue. De temps en temps une dévote enveloppée dans sa mante et dans son capuchon ou quelque prêtre à l'œil sournois et à la robe noire jettent, en passant, quelques sous dans le chapeau du mendiant qui s'interrompt pour marmotter : « merci », tandis que son chien a levé la tête comme pour contempler le bienfaiteur de son maître. Puis le chien et le mendiant continuent de plus belle leur marche et leur mélodie.

« C'est surtout le dimanche que cela peut se voir car, ce jour-là, la rue des Postes est vivante, ce jour-là elle est sortie du tombeau, c'est son grand jour, son jour de résurrection. De toutes les rues voisines arrivent et débordent des processions de vieilles femmes qui vont chanter et entendre leur messe et leurs vêpres dans les couvents, car la rue des Postes est la rue sainte, la rue sacrée, la rue bénite. C'est comme un entrepôt de sacristies et de chapelles, il y en a pour tout le quartier, il y en aurait pour tout le monde. Couvents des Dames Saint-Augustin, des Dames Saint-Thomas, des Dames Ursulines, des Dames de la Visitation, des Filles de l'Immaculée Conception, de la Sainte Providence, etc.

« Tout cela a sa chapelle, son sacristain et son abbé avec ses habitués et ses pratiques, car il y a rivalité et concurrence dans les choses saintes comme dans les profanes.

« Dans cette rue se trouve aussi le fameux collège des Irlandais, à côté du *Puits qui parle*... Enfin dans la rue des Postes était jadis l'École Normale fondée par la Convention et destinée à devenir le bureau des arts et de la science. »

FRÉDÉRIC GAILLARDET, 1832, *Le Livre des Cent et Un,* tome VII (cité par Jules Bertaut, *Le Père Goriot de Balzac,* Malfère, 1928, pp. 45-48).

3 Des *Scènes de la vie parisienne* aux *Scènes de la vie privée* : un transfert interprétable ?

(...) « Une indication de l'auteur, rédigée en 1845, montre que celui-ci avait l'intention de transférer cette œuvre dans les *Scènes de la vie privée*. C'est donc à cette série que le *Père Goriot* est désormais rattaché dans les éditions modernes de la

Comédie humaine, sans qu'on puisse d'ailleurs attribuer à ce changement une signification bien précise. »

NICOLE MOZET, 1983, commentaires de l'édition du Livre de Poche, p. 353.

« S'il faut faire la part du contexte parisien et social dans l'aventure de Goriot, c'est bien des *Scènes de la vie privée* que relève son martyre. Aussi Balzac place-t-il son roman sous cette étiquette, lorsqu'il dresse, en 1845, un catalogue de *La Comédie humaine* : il décide que, dans les *Scènes de la vie privée*, l'histoire du père Goriot précédera celle du colonel Chabert, cet autre paria, victime d'une méchante épouse. Ce déplacement d'une section à une autre favorise une interprétation plus riche et plus profonde du roman tout entier ; les racines s'en retrouvent dans tous les cœurs et d'abord dans celui du romancier, qui a écrit : « Ceux qui ont soudé le plus avant les vices et les vertus de la nature humaine sont des gens qui l'ont étudiée en eux-mêmes et avec bonne foi. Notre conscience est le point de départ. Nous allons de nous aux hommes, jamais des hommes à nous. »

ROSE FORTASSIER, 1976, présentation du *Père Goriot* dans l'édition de la Pléiade, © Gallimard, tome III, p. 23.

« Qu'on regarde par exemple le cas du *Père Goriot*, publié d'abord séparément, puis inséré dans les *Scènes de la Vie parisienne* (1843), plus tard transporté dans les *Scènes de la Vie privée* (Furne corrigé). Cela veut simplement dire que Balzac mettait d'abord l'accent sur les relations entre Goriot et ses filles, mais que vers la fin de sa vie il y voyait surtout le roman sur la jeunesse de Rastignac (...).

Les deux attributions sont justifiées, le point de vue adopté décide entre elles, mais il y a toujours possibilité d'appel ou de révision. La plupart des autres romans qui mettent en scène une pluralité de personnages peuvent être traités de même : en les plaçant dans telle ou telle série de *Scènes*, le romancier ébauche une interprétation, indique la signification qui pour lui prédomine dans l'œuvre. (...)

D'abord (1843) classé dans les *Scènes de la Vie parisienne* (personnages principaux : Goriot et ses filles), le roman est ensuite transféré, sur le « Furne corrigé », dans le groupe des *Scènes de la Vie privée* (personnage principal : Rastignac). Ainsi une figure, introduite d'abord pour des raisons sans doute techniques, finit par devenir un être essentiel et vivant. »

P. NYKROG, 1965, *La Pensée de Balzac dans la Comédie humaine. Esquisse de quelques concepts clés,* Copenhague, Munksgaard, Paris, Klincksieck, pp. 16 et 68.

« Nous avons, par conséquent, d'un côté le drame des sentiments — ce qui explique que *Le Père Goriot* est un roman d'éducation sentimentale —, de l'autre Paris, le monde moderne, catalyseur et champ de médiations sociales, ce qui fait du roman sentimental une histoire parisienne[1]. »

1. Le fait que Balzac a plus tard changé le *Père Goriot* (« Histoire de la Vie Parisienne ») en « Histoire de la Vie Privée » ne fait que confirmer notre analyse. En mûrissant, il s'est rendu compte que la particularité parisienne de l'histoire n'était plus valable, que Paris, générateur des complexes modernes, avait donné naissance aux mêmes structures ailleurs en France. Ce qui était drame parisien s'est généralisé en drame de la vie privée.

LINDA RUDICH, 1973, « Pour une lecture nouvelle du *Père Goriot* », *La Pensée, n° 168, mars-avril.*

trouge, dans cette illustre vallée de plâtras incessamment près de tomber et de ruisseaux noirs de boue ; vallée remplie de souffrances réelles, de joies souvent fausses, et si terriblement agitée qu'il faut je ne sais quoi d'exorbitant pour y produire une sensation de quelque durée. Cependant il s'y rencontre çà et là des douleurs que l'agglomération des vices et des vertus rend grandes et solennelles : à leur aspect, les égoïsmes, les intérêts, s'arrêtent et s'apitoient ; mais l'impression qu'ils en reçoivent est comme un fruit savoureux promptement dévoré. Le char de la civilisation, semblable à celui de l'idole de Jaggernat[1], à peine retardé par un cœur moins facile à broyer que les autres et qui enraye sa roue, l'a brisé bientôt et continue sa marche glorieuse. Ainsi ferez-vous ①, vous qui tenez ce livre d'une main blanche, vous qui vous enfoncez dans un moelleux fauteuil en vous disant : Peut-être ceci va-t-il m'amuser. Après avoir lu les secrètes infortunes du père Goriot, vous dînerez avec appétit en mettant votre insensibilité sur le compte de l'auteur, en le taxant d'exagération, en l'accusant de poésie. Ah ! sachez-le : ce drame n'est ni une fiction, ni un roman. *All is true*[2] ②, il est si véritable, que chacun peut en reconnaître les éléments chez soi, dans son cœur peut-être.

La maison où s'exploite la pension bourgeoise appartient à madame Vauquer. Elle est située dans le bas de la rue Neuve-Sainte-Geneviève, à l'endroit où le terrain s'abaisse vers la rue de l'Arbalète par une pente si brusque et si rude que les chevaux la montent ou la descendent rarement. Cette circonstance est favorable au silence qui règne dans ces rues serrées entre le dôme du Val-de-Grâce et le dôme du Panthéon, deux monuments qui changent les conditions de l'atmosphère en y jetant des tons jaunes, en y assombrissant tout par les teintes sévères que projettent leurs coupoles. Là, les pavés sont secs, les ruisseaux n'ont ni boue ni eau, l'herbe croît le long des murs. L'homme le plus insouciant s'y attriste comme tous les passants, le bruit d'une voiture y devient un événement, les maisons y sont mornes, les murailles y sentent la prison. Un Parisien égaré ne verrait là que des pensions bourgeoises ou des Institutions[3], de la misère ou de l'ennui, de la vieillesse qui meurt, de la joyeuse jeunesse contrainte à travailler. Nul quartier de Paris n'est plus horrible, ni, disons-le, plus inconnu ③. La rue Neuve-Sainte-Geneviève surtout est comme un cadre de bronze, le seul qui convienne à ce récit, auquel on ne saurait trop pré-

1. Jaggernat (ou Jaggernaut) est une des incarnations du dieu hindou Visnu (ou Vichnou), dont l'idole était promenée chaque année sur un char monumental sous les roues duquel se jetaient des fidèles pour mériter une nouvelle vie. La comparaison entre le char de la civilisation et celui de Jaggernaut devient très tôt un lieu commun.

2. « Tout est vrai » : dans l'édition originale, Balzac avait placé en épigraphe cette formule attribuée à Shakespeare (il s'agit en fait de l'autre titre de son Henry VIII *de 1613). Stendhal avait choisi pour* Le Rouge et le Noir *de 1830 une formule de Danton : « La vérité, l'âpre vérité ».*

3. Institution : école, maison d'éducation (Littré).

1 Un roman qu'on lit d'une main blanche

Michel Butor propose d'abolir les frontières entre la fiction et la réalité pour évoquer le vertige de l'identification :

« Lorsque Balzac nous peint dans la première page la personne à laquelle il s'adresse, il nous la présente comme une femme (« main blanche ») et même une femme du meilleur monde (« moelleux fauteuil »). Si dans la machinerie de la lecture balzacienne Rastignac est bien le rouage principal pour ce livre, on ne peut le mouvoir que par l'intermédiaire d'autres plus ou différemment sensibles. La lectrice de province joue un rôle essentiel dans l'économie du roman français au moins depuis Rousseau, et s'il y a bien une lectrice dans l'ouvrage, c'est la sœur d'Eugène de Rastignac, suspendue aux lettres de son frère. Certes, si un roman comme *Le Père Goriot* lui tombe entre les mains et qu'elle s'y plonge pour meubler son ennui, se divertir de ses soucis, cela l'aidera à interpréter ces missives et à lui envoyer le plus intelligemment possible les soutiens qu'il réclame.

Cependant l'attitude que Balzac donne à sa lectrice n'est certainement pas celle de cette provinciale précise. Son fauteuil n'est pas moelleux, et si c'est bien pour y trouver quelque amusement qu'elle se laisserait tenter par la lecture d'un tel ouvrage, elle ne se le dirait point avec ce ton de hauteur. Et si elle peut reconnaître autour d'elle des éléments comparables à ceux du drame auquel participe son frère combattant au loin, leurs ombres, ce n'est pas chez elle ni surtout dans son propre cœur.

On interprète en général l'expression « verser quelques larmes *intra muros* et *extra* » comme voulant dire « ouvertement ou en cachette », mais il y a de toute évidence un autre sens plus littéral : il s'agit des larmes versées par les femmes à l'intérieur et à l'extérieur de la ville de Paris. Certes la provinciale n'hésitera pas à pleurer dans son manoir vétuste en pensant aux dangers encourus par son frère bien-aimé, mais ses larmes, avec le peu d'argent dont elles provoqueront l'envoi, ne pourront suffire à assurer la victoire, ou même la survie de celui-ci.

Il faut des larmes parisiennes. Les lectrices qui peuvent reconnaître les éléments du drame dans leur cœur, ce sont les filles du père Goriot : Anastasie de Restaud (celle qui monte pendant la Restauration) et Delphine de Nucingen (la dauphine de ceux qui nous singent — la prononciation du baron vous permettra d'accrocher bien d'autres calembours au passage). Elles en savent autant que la duchesse de Langeais, en tout cas sur le père Goriot, mais elles gardent leur savoir pour elles et même se le cachent du mieux qu'elles peuvent, tant leur succès dépend du secret. On peut donc être sûr que si elles lisent cette histoire et s'y reconnaissent, elles attendront la solitude pour y verser leurs larmes *intra muros* en toute sécurité. »

MICHEL BUTOR, 1983, préface au *Père Goriot*, Livre de Poche, pp. XXXII-XXXIV.

Pierre Barbéris propose quant à lui d'identifier cette lectrice à la blanche main à Madame Hanska pour élargir ensuite la portée de l'adresse :

« Il faut revenir ici à la dédicataire vraie, la lectrice à la blanche main à qui est contée l'histoire, et qui compte plus que le dédicataire a posteriori, cette Mme Hanska dont le nom n'apparaît sur le feuillet initial qu'après que le roman a été écrit, comme une conjuration peut-être. Dans *Sarrasine*, en 1830, Balzac avait déjà entrepris d'expliquer un mystère du monde à une jeune femme. Malgré sa promesse initiale, la marquise prenait la fuite et se refusait, comme Nathalie de Manerville, à la fin du *Lys dans la vallée*, se refusera à ce Félix de Vandenesse sur qui pèsent trop de souvenirs. Dans les deux cas, le sujet vrai et profond est la tentative du récitant pour conquérir celle qui écoute et qui n'est habituée à lire que d'une certaine façon. Un pareil pacte n'apparaît pas aussi clairement dans *le Père Goriot*, puisque la destinataire possible du début ne reparaît plus à la fin (à moins que chez cette Mme de Nucingen où l'on va dîner... mais voir plus loin). Cette dame cependant qui aime les drames et les romans reçus, on va lui montrer que, dans la vie parisienne, se jouent des drames et se vivent des romans qui valent bien les autres. Quel sera l'effet produit sur elle, et quel effet entendait-on produire ? Peu importe ici. Ce qui compte, c'est que cette apostrophe qui apparaît comme un peu noyée dans la masse descriptive et narrative du début, n'est probablement ni artifice ni placage, mais la voix même du roman. Cette lectrice (ou ce lecteur), on les a rassurés, soit avec du pathétique sans portée réelle, soit avec des constructions idéologiques réintégratrices au lendemain de 1830. Mais Foedora continue, et les grandes dames dînent en ville. La vie parisienne n'a pas besoin de la légende, qu'elle soit romantique, révolutionnaire ou non. Il lui suffit du réalisme. »

PIERRE BARBÉRIS, 1972,
Le Père Goriot de Balzac,
Larousse, pp. 141-142.

et rêver sur la fin du roman :
« Mais la lectrice à la blanche main ? On n'entend plus parler d'elle. Qu'est-elle devenue ? Rêvons de ce texte. »
(...)
« On est dans les salons de l'hôtel Nucingen. Des figures passent, des mystères. Qui est exactement ce monsieur de Rastignac qui semble, dans la famille, jouir d'un pouvoir étrange ? Pourquoi regarde-t-il ainsi la maîtresse de maison ? Pourquoi le maître de maison file-t-il doux devant lui ? De quel secret est-il porteur ? Et quelle est l'origine de son pouvoir ? Pourquoi la sœur de madame Nucingen, la belle madame de Restaud, n'est-elle pas là ? Pourquoi dans cette brillante soirée, cette impression de gêne ? Et pourquoi monsieur de Rastignac paraît-il aussi songeur ? Mais pourquoi aussi est-il si sûr de lui ? Un homme est là, qui sait, et qui va raconter cette histoire à une femme curieuse, une Parisienne qui ne voit que le décor de la fête

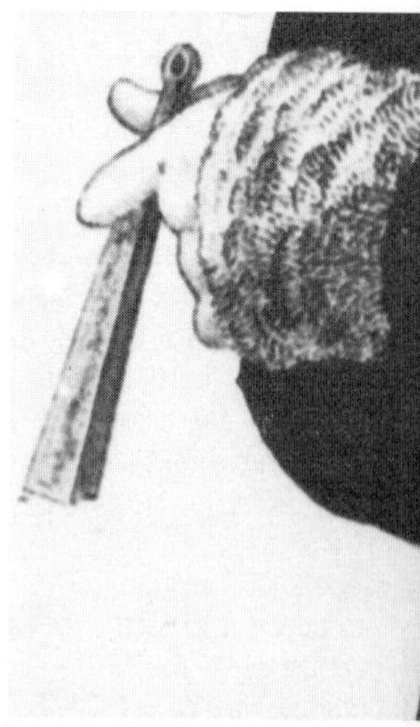

(jadis Goriot a dû traverser ces salons comme le vieux de *Sarrasine*, castré lui aussi, annulé). Et c'est le pacte. Le narrateur doit revenir loin en arrière. Il raconte une « situation épouvantable », la pension Vauquer et ses mystères, l'entrée dans le monde d'un jeune homme, ses rencontres, d'autres mystères — mais plus clairs ceux-là, pour la destinatrice — du monde parisien ; la maîtresse de maison avait un père secret, à qui (ainsi que son mari) elle devait son argent, un affreux homme qu'on avait caché dans un bouge, et qui vient de mourir. Monsieur de Rastignac était à l'enterrement. C'est lui qui, avec un autre pauvre étudiant, a assisté seul le père dans ses derniers moments. Maintenant

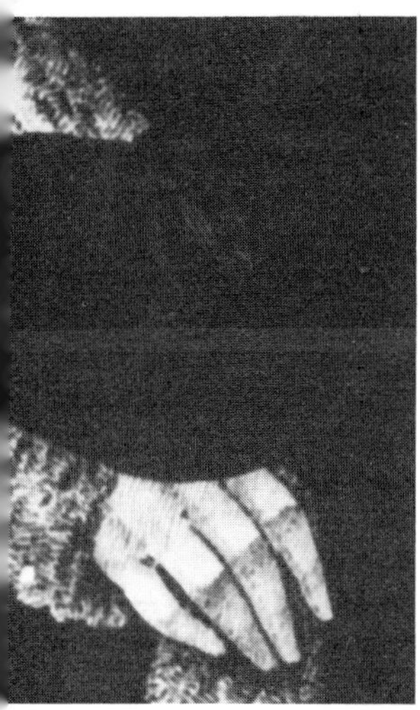

tout est fini. Monsieur de Rastignac avait faim. Monsieur de Rastignac avait ouvert les yeux sur le monde. Alors Monsieur de Rastignac est venu dîner chez Mme de Nucingen. Celle qui écoute — celle qui lit — ne répond pas. La lectrice reste pensive. (...)
Le narrateur a tenu sa promesse. Il a rendu clair ce qui ne l'était pas. Désormais on comprend tout : M. de Rastignac fera ce qu'il voudra dans la maison Nucingen ; il sera l'amant de Madame et fera des affaires avec son mari. Plus tard il épousera la fille. Ses sœurs seront mariées. Son frère sera évêque. Lui sera deux fois ministre. Mais le narrateur (qui a pris, avec quelles raisons, on le voit maintenant, la place du jeune homme pour narrer sa propre histoire), quel pacte exactement avait-il passé avec la destinatrice ? *Non pas un pacte personnel, comme dans « Sarrasine » ou dans « Le Lys ». Il s'agissait d'un pacte intellectuel et de ce qu'il ne faut pas hésiter à appeler un pacte politique.* Et l'on comprend le sens : la lectrice reste pensive et le dernier mot — avec le regard qui fouille — appartient au romancier. »

Ibid, pp. 295-296.

On ajoutera que cette lectrice constitue ce que Gérard Genette appelle dans Figures III *(1972) un narrataire extradiégétique, autrement dit, si l'on définit par « diégétique » tout ce qui se rapporte ou appartient à l'histoire racontée par le récit, en dehors de l'histoire.*

Dans Nouveau discours du récit *(1983), il signale que le narrataire extradiégétique n'est pas un* « relais » *entre le narrateur et le lecteur virtuel, mais se confond totalement avec ce lecteur virtuel, lequel est un relais entre le* « lecteur réel qui peut ou non s'« identifier » à lui, c'est-à-dire *prendre pour soi* ce que le narrateur dit à son narrataire extradiégétique ». *Il ajoute plaisamment :* « Je suis en droit d'objecter (mentalement) que mes mains ne sont pas si blanches, ou que mon fauteuil n'est pas si moelleux, ce qui signifie que je prends légitimement pour moi cette adresse. » *(Éd. du Seuil, p. 91.)*

2 Qu'est-ce qu'un roman moderne ?

Vérité/Drame/Fiction/Roman : d'entrée de jeu, Balzac souligne la modernité de son œuvre, à la fois parce qu'elle relate de terribles faits vrais et contemporains, et parce qu'elle se constitue comme investigation du réel. Le Père Goriot *nous plonge au cœur des choses :*

« *All is true :* la formule de Shakespeare, qui apparaît à la trente-cinquième ligne du manuscrit et qui, sur épreuves, sera mise en épigraphe avant de disparaître des éditions postérieures, voit son sens développé non comme celui d'une abstraite affirmation, mais bien comme celui d'une déclaration à fins provocatrices de sens. Pour les bourgeois le monde est sans drame et sans problèmes, la « civilisation » n'est ni dramatique ni problématique. Aussi n'est-ce pas une histoire qui coupera l'appétit. Les écrivains exagèrent. Ce sont des menteurs, des *poètes*, des faiseurs de fables. Les poètes ne disent pas le réel. Or il a déjà été question des « *poésies* toutes en demi-teintes de cette scène de la vie parisienne ». Il faut lire l'articulation avec l'accusation « de poésie ». Il y a des poésies vraies, comme il y a un drame vrai. Mais seulement dans le roman. Et du coup, avec les faiseurs de drame, ce sont les faiseurs de vers qui sont récusés comme fournisseurs de vérité. On va donc avoir un roman, mais un nouveau type de roman. « Ce *drame* n'est ni une *fiction* ni un *roman* » : cette formule, cette idée ne sont pas neuves, mais c'est la première fois qu'elles prennent place dans un dialogue avec le lecteur et qu'elles s'inscrivent non dans un mouvement théorique abstrait mais dans le mouvement même de la narration. »

(...)

« Ce drame n'est ni une fiction ni un roman » : la phrase est provocatrice en 1834, alors que le drame est encore au plus haut de ses prétentions, mais aujourd'hui encore, alors que *le Père Goriot* est considéré comme l'un des archétypes du roman traditionnel prétendu clos sur lui-même. C'est toute une définition, mais ouverte, du roman qui est proposée, et cette proposition n'est pas faite à froid : elle est faite dans le mouvement même de l'écriture. *Ce drame* signifie : *cette histoire dramatique,* le drame ne se définissant plus par des règles, fussent-elles nouvelles comme du temps de la préface de *Cromwell*, mais bien par un contenu et par un signifié courageusement assumés. *Ni une fiction ni un roman* établit une équivalence critique *fiction/roman de fait,* mais aussi trace un programme *roman de droit/roman de la réalité.* Le roman comme le drame ou la poésie de fait, ici rapprochés outre leurs invraisemblances et leurs artifices, proposent des solutions faciles (moralisations spectaculaires, proclamations de victoires et revanches, royautés des victimes, triomphes des innocents, punition des traîtres, fourniture d'images finalement, soit par le biais de la métaphysique, soit par celui d'un téléologisme historique ou moral, réintégratrices et réconciliatrices, rassurantes). D'abord il est d'autres sujets auxquels il convient de faire place, ensuite et surtout peut-être il convient de veiller aux dénouements et à leurs leçons. »

PIERRE BARBÉRIS, 1972,
Le Père Goriot de Balzac,
Larousse, pp. 137-138 et 140.

« L'auteur prend soin, solennellement, de conjurer en quelque sorte dès le début une lecture superficielle et purement ludique de son roman. Car (...) c'est à regarder, à comprendre et à sentir et, par conséquent, à réfléchir que ce roman incite le lecteur. Son caractère dramatique ne l'empêche pas, bien au contraire, d'être un instrument de connaissance, une machine à

explorer la réalité, un moyen de prise de conscience. Bref, un roman moderne. »

FRANÇOISE VAN ROSSUM-GUYON, 1983,
« *Le Père Goriot* roman moderne », Préface du Livre de Poche, p. XII.

3 Les mystères de Paris.

« Il est dans Paris certaines rues déshonorées autant que peut l'être un homme coupable d'infamie ; puis il existe des rues nobles, puis des rues simplement honnêtes, puis des jeunes rues sur la moralité desquelles le public ne s'est pas encore formé d'opinion ; puis des rues assassines, des rues plus vieilles que de vieilles douairières ne sont vieilles, des rues estimables, des rues toujours propres, des rues toujours sales, des rues ouvrières, travailleuses, mercantiles. Enfin les rues de Paris ont des qualités humaines, et nous impriment par leur physionomie certaines idées contre lesquelles nous sommes sans défense. Il y a des rues de mauvaise compagnie où vous ne voudriez pas demeurer, et des rues où vous placeriez volontiers votre séjour. (...)
Ces observations , incompréhensibles au-delà de Paris, seront sans doute saisies par ces hommes d'étude et de pensée, de poésie et de plaisir qui savent récolter, en flânant dans Paris, la masse de jouissances flottantes, à toute heure, entre ses murailles ; par ceux pour lesquels Paris est le plus délicieux des monstres (...) ô Paris ! qui n'a pas admiré tes sombres paysages, tes échappées de lumière, tes culs-de-sac profonds et silencieux ; qui n'a pas entendu tes murmures, entre minuit et deux heures du matin, ne connaît encore rien de ta vraie poésie, ni de tes bizarres et larges contrastes. »

Ferragus, 1833.

« Un des spectacles où se rencontre le plus d'épouvante est certes l'aspect général de la population parisienne, peuple horrible à voir, hâve, jaune, tanné. Paris n'est-il pas un vaste champ incessamment remué par une tempête d'intérêts sous laquelle tourbillonne une moisson d'hommes que la mort fauche plus souvent qu'ailleurs et qui renaissent toujours serrés, dont les visages contournés, tordus, rendent par tous les pores l'esprit, les désirs, les poisons dont sont engrossés leurs cerveaux ; non pas des visages, mais bien des masques : masques de faiblesse, masques de force, masques de misère, masques de joie, masques d'hypocrisie ; tous exténués, tous empreints des signes ineffaçables d'une haletante avidité ? Que veulent-ils ? De l'or, ou du plaisir ? (...)

Peu de mots suffiront pour justifier physiologiquement la teinte presque infernale des figures parisiennes, car ce n'est pas seulement par plaisanterie que Paris a été nommé un enfer. Tenez ce mot pour vrai. Là, tout fume, tout brûle, tout brille, tout bouillonne, tout flambe, s'évapore, s'éteint, se rallume, étincelle, pétille et se consume. Jamais vie en aucun pays ne fut plus ardente, ni plus cuisante. (...)

Qui donc domine en ce pays sans mœurs, sans croyance, sans aucun sentiment ; mais d'où partent et où aboutissent tous les sentiments, toutes les croyances et toutes les mœurs ? L'or et le plaisir. »

La Fille aux yeux d'or,
1834-1835.

Vous aurais-je fait mal, monsieur ?... Ce n'est rien, madame, absolument rien !

« De 1833 à 1835 — des premières pages de *Ferragus* aux dernières du *Père Goriot* — c'est le tournant crucial, l'époque où tous les thèmes sont rassemblés et se superposent. Mais ils n'ont pas tous la même valeur ; ceux de la période précédente (...), déclinent et expirent : Paris-femme et Paris-paysage. Comme dans les années qui suivront, Paris est déjà un monde ; et — bizarre transition de l'un à l'autre —, Paris, pendant cette période et celle-là seulement, est un *monstre*. Années de recherche où naît une vue entièrement neuve et révolutionnaire de la nature profonde de la poésie parisienne. Années de travail enfin, où beaucoup de passages sur Paris ont été rajoutés par Balzac dans ses romans de la période antérieure, beaucoup de corrections faites sur les œuvres en cours de composition : Balzac pétrit et modèle son Paris poétique. Par la suite, au contraire, presque tous les textes concernant Paris seront écrits, du premier jet, sous leur forme définitive : la pensée de Balzac sera au point. »

PIERRE CITRON, 1961,
La Poésie de Paris dans la littérature française de Rousseau à Baudelaire,
Éditions de Minuit, tome 2,
p. 200.

Les images romantiques de Paris.

« Tout cela forme une structure complexe à laquelle, malgré sa cohérence, il peut paraître difficile de trouver une unité ; chaque aspect semble s'effacer quand les autres surgissent. Pourtant, à peu près toujours on trouvera dans Paris, tel qu'il est défini par les images, une valeur dynamique : lorsqu'il n'est pas vivant ou mouvant, il conditionne la vie ou déclenche le mouvement.

Parmi les forces de la nature, la mer et le volcan, on l'a remarqué, l'emportent largement, en nombre comme en signification, sur le désert, la forêt ou la montagne. C'est que, des quatre éléments traditionnels, ceux auxquels une certaine vie peut le plus facilement être attribuée, l'eau et le feu, jouent ici un rôle décisif. Les deux autres éléments — air et terre — ont un rôle infiniment moindre. Lorsqu'il n'est pas un être humain ou un monstre, Paris, pour les romantiques, est une cité de flammes et de flots. Flots en mouvement : mer, fleuve, torrent ou égout — à peu près jamais lac, étang ou mare. Flammes actives : flambeau et non lampe, soleil et non lune. Les deux éléments s'équilibrent sensiblement pour l'ensemble des textes du mythe : si l'océan l'emporte de loin sur le volcan, les autres formes de la flamme — creuset, forge, fournaise, soleil, enfer — forment un total beaucoup plus imposant que la somme du fleuve, du torrent et de l'égout. L'eau et le feu offrent à un mythe comme celui de Paris la ressource d'une valeur double : l'un et l'autre peuvent, de même que Paris, être orientés vers le bien comme vers le mal — ainsi que l'a si bien vu Vigny, auquel il faut revenir une fois de plus. La mer, indomptable mais féconde, porte le navigateur dans sa découverte de l'univers aussi bien qu'elle engloutit les navires et ravage les côtes. Le feu est destructeur, travailleur et illuminateur : enfer, il dévore, creuset, il crée, soleil, il rayonne. Ductiles, visibles, insaisissables et équivoques, l'eau et le feu sont les formes qui rendent le mieux compte du caractère multiple et élusif de Paris. »

PIERRE CITRON, 1961,
La Poésie de Paris dans la littérature française de Rousseau à Baudelaire,
Éditions de Minuit, tome 2, p. 111.

Ville et énergie romanesque

« Toute l'énergie romanesque est soutenue et condensée par la fondation d'une mythologie de la métropole. Une métropole où chaque personnage apparaît encore, comme dans les portraits d'Ingres, propriétaire de son propre visage. L'ère de la foule anonyme n'a pas commencé ; mais elle n'est pas loin : vingt ans seulement séparent Balzac et l'apothéose de la métropole dans le roman, de Baudelaire et l'apothéose de la métropole dans la poésie.

Deux citations de lecteurs du siècle suivant, tous deux intéressés, pour des raisons différentes, par la même problématique, définissent bien ce passage :

« Balzac a découvert dans la grande ville une mine de mystère, et le sens qui, chez lui, est toujours en éveil, c'est la curiosité. C'est sa Muse. Il n'est jamais ni comique ni tragique. Il est curieux. Il s'engage dans un enchevêtrement de choses avec l'air de quelqu'un qui flaire et promet un mystère, et qui vous démonte toute la machine pièce par pièce avec un plaisir âpre, vif et triomphal. Regardez comment il s'approche de ses nouveaux personnages : il les toise de toutes parts comme des raretés, les décrit, les sculpte, les définit, les commente, en fait transparaître toute la singularité et promet des merveilles. Ses jugements, ses observations, ses tirades, ses mots ne sont pas des vérités psychologiques, mais des soupçons et des trucs de juge d'instruction, des coups de poing sur ce mystère que, bon Dieu, on doit éclaircir. A cause de cela, quand la recherche, la chasse au mystère se calme et que — au début du libre ou au cours de celui-ci (jamais à la fin, parce que, maintenant, avec le mystère, tout est dévoilé) — Balzac disserte de son ensemble mystérieux avec un enthousiasme sociologique, psychologique et lyrique, il est admirable. Voir le début de *Ferragus* ou le début de la seconde partie de *Splendeurs et Misères des courtisanes*. Il est sublime. C'est Baudelaire qui s'annonce[1]. »

Celui qui écrivait ceci était le jeune Cesare Pavese, dans son journal, à la date du 13 octobre 1936.

A peu près dans les mêmes années, Walter Benjamin, dans son essai sur Baudelaire, écrit des lignes où il suffit de substituer au nom de Victor Hugo le nom (plus approprié) de Balzac, pour lui faire poursuivre et compléter notre propos :

« Ni dans *les Fleurs du Mal* ni dans *le Spleen de Paris*, on ne trouvera l'équivalent de ces tableaux urbains que peignait Victor Hugo de main de maître. Baudelaire ne décrit ni la population ni la ville. C'est ce qui lui permet d'évoquer l'une à travers l'autre. Sa foule est toujours celle de la grande ville. Son Paris est toujours surpeuplé... Dans les *Tableaux parisiens*, on peut déceler, presque partout, la présence mystérieuse de la foule. Lorsque Baudelaire prend comme thème le crépuscule du matin, il évoque quelque chose de ce « silencieux grouillement » que pressent Hugo dans le Paris nocturne... La foule était le voile mouvant ; c'est à travers lui que Baudelaire a vu Paris[2]. »

ITALO CALVINO, 1984,
« La cité-roman chez Balzac »
in *La machine littérature*,
Seuil, pp. 151-152.

1. Cesare Pavese, *Le Métier de vivre*, Paris, Gallimard, 1958 (trad. fr. Michel Arnauld).
2. Walter Benjamin, « Sur quelques thèmes baudelairiens », in *Poésie et Révolution*, Paris, Denoël, 1971, pp. 240-241 (trad. fr. de Gandillac).

PARIS TEL QU'IL EST AUJOURD'HUI

parer l'intelligence par des couleurs brunes, par des idées graves ; ainsi que, de marche en marche, le jour diminue et le chant du conducteur se creuse, alors que le voyageur descend aux Catacombes[1]. Comparaison vraie ! Qui décidera de ce qui est plus horrible à voir, ou des cœurs desséchés, ou des crânes vides (1) ?

La façade de la pension donne sur un jardinet, en sorte que la maison tombe à angle droit sur la rue Neuve-Sainte-Geneviève, où vous la voyez coupée dans sa profondeur. Le long de cette façade, entre la maison et le jardinet, règne un cailloutis en cuvette, large d'une toise, devant lequel est une allée sablée, bordée de géraniums, de lauriers-roses et de grenadiers plantés dans de grands vases en faïence bleue et blanche. On entre dans cette allée par une porte bâtarde[2], surmontée d'un écriteau sur lequel est écrit : MAISON-VAUQUER, et dessous : *Pension bourgeoise des deux sexes et autres*[3]. Pendant le jour, une porte à claire-voie, armée d'une sonnette criarde, laisse apercevoir au bout du petit pavé, sur le mur opposé à la rue, une arcade peinte en marbre vert par un artiste du quartier. Sous le renfoncement que simule cette peinture, s'élève une statue représentant l'Amour. A voir le vernis écaillé qui la couvre, les amateurs de symboles y découvriraient peut-être un mythe de l'amour parisien qu'on guérit à quelques pas de là[4] (2) . Sous le socle, cette inscription à demi effacée rappelle le temps auquel remonte cet ornement par l'enthousiasme dont il témoigne pour Voltaire, rentré dans Paris en 1777 :

Qui que tu sois, voici ton maître :
Il l'est, le fut, ou le doit être[5].

A la nuit tombante, la porte à claire-voie est remplacée par une porte pleine. Le jardinet, aussi large que la façade est longue, se trouve encaissé par le mur de la rue et par le mur mitoyen de la maison voisine, le long de laquelle pend un manteau de lierre qui la cache entièrement, et attire les yeux des passants par un effet pittoresque dans Paris. Chacun de ces murs est tapissé d'espaliers et de vignes dont les fructifications grêles et poudreuses sont l'objet des craintes annuelles de madame Vauquer et de ses conversations avec les pensionnaires. Le long de chaque muraille, règne une étroite allée qui mène à un couvert de tilleuls, mot que madame Vauquer, quoique née de Conflans, prononce obstinément *tieuilles*, malgré les observations grammaticales

1. Vaste nécropole souterraine de Paris.

2. Porte intermédiaire entre la porte cochère (pour les voitures attelées) et la petite porte.

3. L'expression « pension des deux sexes » était courante. L'adjonction de « et autres » vise à un effet comique, mais annonce aussi ironiquement Vautrin.

4. A l'hôpital des Capucins ou des Vénériens du faubourg Saint-Jacques où l'on soignait les nombreux « coups de pied de Vénus ». Les maladies vénériennes sont l'un des grands fléaux du XIXe siècle.

5. Vers de Voltaire (qui revint en fait à Paris en 1778) que l'on peut lire à Cirey, entre autres.

1 Un circuit de la mort.

Comme l'a signalé P.-G. Castex, le roman commence par l'évocation des Catacombes et finit par l'ascension au Père-Lachaise.

La descente métaphorique dans les Catacombes constitue la rue Neuve-Sainte-Geneviève en lieu de mort et prépare en même temps le thème de la descente aux Enfers. La société en réduction de la Maison-Vauquer sera aussi un échantillonnage des diverses morts symboliques que la Société provoque, un ensemble de variations sur la damnation moderne.

La traversée de l'enfer social qu'effectuera Rastignac ressemblera à un parcours initiatique qui aboutira à un cimetière, à la fois terme et point de départ, qu'il faut gravir pour rassembler toute l'expérience préalable, et d'où la Société se donne à lire totalement, sous un regard terriblement lucide et pénétrant, un regard d'au-delà de la mort. Il faut mourir à soi pour renaître comme être social moderne. Catacombes, Enfer, labyrinthe : la cohérence métaphorique dit assez qu'il faut se perdre pour se trouver dans le monde réel.

2 Le narrateur : sa fonction idéologique.

Dans *Figures III* (1972), Gérard Genette répertorie les différentes fonctions du narrateur dans le récit :

— ***fonction narrative :*** raconter l'histoire, c'est-à-dire l'ensemble des événements racontés ;

— ***fonction de régie :*** marquer l'organisation interne du texte narratif par un discours métanarratif qui prend le texte comme objet ;

— ***fonction de communication :*** établir la communication avec le narrataire (celui auquel s'adresse la narration dans la situation narrative), combinant en quelque sorte la fonction phatique (vérifier le contact) et la fonction conative (agir sur le destinataire) que Jakobson attribue, entre autres, au langage ;

— ***fonction testimoniale :*** part que le narrateur prend à l'histoire qu'il raconte, rapport affectif, moral ou intellectuel ;

— ***fonction idéologique :*** commentaire autorisé de l'action, discours explicatif et justificatif, qui véhicule chez Balzac la motivation réaliste.

Ce discours peut être qualifié d'*auctorial*, ce qui indique à la fois la présence de l'auteur, réel ou fictif, et l'autorité de cette présence. Un tel discours peut être psychologique, historique, esthétique, métaphysique, politique... *Le Père Goriot* présente un grand nombre d'interventions de ce type, et ce, dès le début du texte : *« En quelque discrédit que soit tombé le mot drame par la manière abusive et tortionnaire dont il a été prodigué dans ces temps de douloureuse littérature, il est nécessaire de l'employer ici »*, ou bien ici : *« A voir le vernis écaillé qui la couvre, les amateurs de symboles y découvriraient peut-être un mythe de l'amour parisien qu'on guérit à quelques pas de là. »*

de ses hôtes. Entre les deux allées latérales est un carré d'artichauts flanqué d'arbres fruitiers en quenouille, et bordé d'oseille, de laitue ou de persil. Sous le couvert de tilleuls est plantée une table ronde peinte en vert, et entourée de sièges. Là, durant les jours caniculaires, les convives assez riches pour se permettre de prendre du café viennent le savourer par une chaleur capable de faire éclore des œufs. La façade, élevée de trois étages et surmontée de mansardes, est bâtie en moellons et badigeonnée avec cette couleur jaune qui donne un caractère ignoble à presque toutes les maisons de Paris. Les cinq croisées percées à chaque étage ont de petits carreaux et sont garnies de jalousies dont aucune n'est relevée de la même manière, en sorte que toutes leurs lignes jurent entre elles. La profondeur de cette maison comporte deux croisées qui, au rez-de-chaussée, ont pour ornement des barreaux en fer, grillagés. Derrière le bâtiment est une cour large d'environ vingt pieds, où vivent en bonne intelligence des cochons, des poules, des lapins, et au fond de laquelle s'élève un hangar à serrer le bois. Entre ce hangar et la fenêtre de la cuisine se suspend le garde-manger, au-dessous duquel tombent les eaux grasses de l'évier. Cette cour a sur la rue Neuve-Sainte-Geneviève une porte étroite par où la cuisinière chasse les ordures de la maison en nettoyant cette sentine à grand renfort d'eau, sous peine de pestilence.

Naturellement destiné à l'exploitation de la pension bourgeoise, le rez-de-chaussée se compose d'une première pièce éclairée par les deux croisées de la rue, et où l'on entre par une porte-fenêtre. Ce salon communique à une salle à manger qui est séparée de la cuisine par la cage d'un escalier dont les marches sont en bois et en carreaux mis en couleur et frottés. Rien n'est plus triste à voir que ce salon meublé de fauteuils et de chaises en étoffe de crin à raies alternativement mates et luisantes. Au milieu se trouve une table ronde à dessus de marbre Sainte-Anne[1], décorée de ce cabaret[2] en porcelaine blanche ornée de filets d'or effacés à demi, que l'on rencontre partout aujourd'hui. Cette pièce, assez mal planchéiée, est lambrissée à hauteur d'appui. Le surplus des parois est tendu d'un papier verni représentant les principales scènes de Télémaque[3], et dont les classiques personnages sont coloriés. Le panneau d'entre les croisées grillagées offre aux pensionnaires le tableau du festin donné au fils d'Ulysse par Calypso ⟨1⟩. Depuis quarante ans cette peinture

1. Marbre gris, moucheté de blanc, extrait en Flandres.

2. Service à thé ou à café ; on appelait aussi ainsi un coffret à liqueurs.

3. Les Aventures de Télémaque *de Fénelon (roman didactique publié en 1699) prennent comme argument le récit des pérégrinations du fils unique d'Ulysse et de Pénélope.*

1 Le festin donné par Calypso.

« (...) Ils retournèrent auprès de Calypso, qui les attendait. Les nymphes, avec leurs cheveux tressés et des habits blancs, servirent d'abord un repas simple, mais exquis pour le goût et la propreté. On n'y voyait aucune autre viande que celle des oiseaux qu'elles avaient pris dans des filets ou des bêtes qu'elles avaient percées de leurs flèches à la chasse. Un vin plus doux que le nectar coulait des grands vases d'argent dans des tasses d'or couronnées de fleurs. On apporta dans des corbeilles tous les fruits que le printemps promet et que l'automne répand sur la terre. En même temps, quatre jeunes nymphes se mirent à chanter. »

FÉNELON, 1699
Télémaque.

De Rastignac à Télémaque.

Avant même que n'entrent en scène les personnages, cet élément du décor nous place dans un contexte intertextuel : le parcours initiatique de Télémaque n'informe-t-il pas déjà notre lecture à venir, et au cours de celle-ci, ne sommes-nous pas invités à réintégrer comme élément signifiant ce détail ?

Voici deux opinions convergentes qui proposent cet axe de lecture :

Des trajets similaires.

« Au départ, Télémaque n'est pas une grande figure de l'épopée homérique. Il est célèbre par sa naissance, non par ses exploits. Selon J.-L. Goré :

« Télémaque connaît dans le livre de Fénelon une déchéance : il n'est plus un « héros », un lointain rejeton de Zeus, mais un fils et petit-fils d'hommes. »

Comme Pénélope, il incarne le regret de l'absent. Il est, dit J.-L. Goré, le symbole de l'attente. Il est également inférieur à son père. Ainsi, le « fils du grand Ulysse » est sans cesse rappelé à son infériorité par Mentor :

« Vous verrez même dans sa première gloire celui que vous n'avez point connu, l'invincible Ulysse, que la fortune ne peut abattre, et qui dans ses malheurs, encore plus grands que les vôtres, vous apprend à ne vous décourager jamais. Oh ! s'il pouvait apprendre, dans les terres éloignées où la tempête l'a jeté, que son fils ne sait imiter ni sa patience ni son courage, cette nouvelle l'accablerait de honte, et lui serait plus rude que tous les malheurs qu'il souffre depuis si longtemps »

ou encore :

« Lâche fils d'un père si sage et si généreux, menez ici une vie molle et sans honneur au milieu des femmes ; faites, malgré les dieux, ce que votre père crut indigne de lui. »

Le héros devra, s'il veut ressembler à son père, apprendre la sagesse, la vertu, l'art de gouverner les hommes. Aussi de nombreuses épreuves jalonnent-elles la route qu'il doit suivre. Ainsi Calypso, amoureuse de lui, essaie de le séduire et de l'empêcher de quitter son île. Ainsi, la folle passion de Télémaque pour la nymphe Eucharis, ou encore les tentations de l'île de Cythère, île de Vénus :

« On n'oubliait rien pour exciter toutes mes passions, pour me tendre des pièges, et pour réveiller en moi le goût des plaisirs [...]. Je ne me sentais plus la force de résister au mal qui me pressait de tous côtés ; j'avais même une mauvaise honte de la vertu. »

D'autres dangers guettent encore :

« ... le luxe empoisonne toute une nation »

ou encore :

« Fuyez la mollesse, le faste, la profusion. »

Télémaque est également un homme entre deux femmes. D'un côté, l'artificieuse et orgueilleuse Eucharis ; de l'autre, la modeste et vertueuse Antiope. Enfin, parmi les épreuves du héros, rappelons la descente aux enfers du Livre XIV. A partir de ces données, il est possible de rapprocher Fénelon et Balzac.

Le Père Goriot est en grande partie le roman de Rastignac. Celui-ci, d'origine noble, est en exil à Paris. Il a laissé derrière lui sa famille. Comme Télémaque, il n'est rien au départ. Comme lui, il sera obligé d'affronter un certain nombre de dangers et de tentations. Paris, Balzac après tant d'autres ne cesse de le dire, est un enfer. Rastignac y est initié aux secrets de Goriot et de Vautrin. Comme Télémaque, il sait garder le secret d'autrui. Les tentations proviennent du luxe et des femmes. Pris entre deux femmes, Rastignac choisira la moins vertueuse des deux. Enfin, son éducation terminée, Rastignac, malgré les paroles prométhéennes au cimetière, descendra vers la ville pour s'y perdre dans l'anonymat, alors que Télémaque retrouve son père. Dans l'un comme dans l'autre cas l'éducation ainsi donnée ne débouche à aucun moment sur une prise de pouvoir. »

JEAN-JACQUES HAMM,
1977
« Stendhal, Balzac et Fénelon »
L'Année balzacienne,
pp. 269-270.
L'article cite J.-L. Goré,
L'Itinéraire de Fénelon : Humanisme et spiritualité,
PUF, 1957.

Une inversion.

« La mention des papiers peints qui décorent les murs permet de souligner par contraste la misère qui règne à la pension. Mais, pour qui se souvient des *Aventures de Télémaque* — et tous les lecteurs de Balzac à l'époque les avaient en mémoire —, la pension apparaît, grâce à cette allusion, comme une réplique inversée et sordide de la caverne de Calypso : la misère s'est substituée à la simplicité et les « débris de la civilisation » — pensons aux « fleurs artificielles vieillies et encagées » sur la cheminée sans feu — remplacent les merveilles de la Nature... Les images qui illustrent le salon annoncent ainsi le destin de Rastignac et on peut lire le récit de ses aventures comme une réécriture parodique du poème épique de Fénelon. Écrit en 1699 pour l'éducation d'un prince (le duc de Bourgogne), *Télémaque* représente en effet le prototype du roman d'éducation et d'apprentissage. »

FRANÇOISE VAN ROSSUM-GUYON, 1983
« Le Père Goriot roman moderne »
préface à l'édition du Livre de Poche, p. XXVI.

excite les plaisanteries des jeunes pensionnaires, qui se croient supérieurs à leur position en se moquant du dîner auquel la misère les condamne. La cheminée en pierre, dont le foyer toujours propre atteste qu'il ne s'y fait de feu que dans les grandes occasions, est ornée de deux vases pleins de fleurs artificielles, vieillies et encagées, qui accompagnent une pendule en marbre bleuâtre du plus mauvais goût. Cette première pièce exhale une odeur sans nom dans la langue, et qu'il faudrait appeler l'*odeur de pension*[1]. Elle sent le renfermé, le moisi, le rance ; elle donne froid, elle est humide au nez, elle pénètre les vêtements ; elle a le goût d'une salle où l'on a dîné ; elle pue le service, l'office, l'hospice. Peut-être pourrait-elle se décrire si l'on inventait un procédé pour évaluer les quantités élémentaires et nauséabondes qu'y jettent les atmosphères catarrhales et *sui generis*[2] ⟨1⟩ de chaque pensionnaire, jeune ou vieux. Eh ! bien, malgré ces plates horreurs, si vous le compariez à la salle à manger, qui lui est contiguë, vous trouveriez ce salon élégant et parfumé comme doit l'être un boudoir. Cette salle, entièrement boisée, fut jadis peinte en une couleur indistincte aujourd'hui, qui forme un fond sur lequel la crasse a imprimé ses couches de manière à y dessiner des figures bizarres. Elle est plaquée de buffets gluants sur lesquels sont des carafes échancrées, ternies, des ronds de moiré métallique[3], des piles d'assiettes en porcelaine épaisse, à bords bleus, fabriquées à Tournai. Dans un angle est placée une boîte à cases numérotées qui sert à garder les serviettes, ou tachées ou vineuses, de chaque pensionnaire. Il s'y rencontre de ces meubles indestructibles, proscrits partout, mais placés là comme le sont les débris de la civilisation aux Incurables[4]. Vous y verriez un baromètre à capucin qui sort quand il pleut, des gravures exécrables qui ôtent l'appétit, toutes encadrées en bois noir verni à filets dorés ; un cartel[5] en écaille incrustée de cuivre ; un poêle vert, des quinquets d'Argand[6] où la poussière se combine avec l'huile, une longue table couverte en toile cirée assez grasse pour qu'un facétieux externe[7] y écrive son nom en se servant de son doigt comme de style[8], des chaises estropiées, de petits paillassons piteux en sparterie[9] qui se déroule toujours sans se perdre jamais, puis des chaufferettes misérables à trous cassés, à charnières défaites, dont le bois se carbonise. Pour expliquer combien ce mobilier est vieux, crevassé, pourri, tremblant, rongé, manchot, borgne, invalide, expirant, il

1. Écho de Bossuet citant Tertullien dans le Sermon sur la mort *(1662) pour désigner l'état du corps après la mort : « Un je ne sais quoi qui n'a plus de nom dans aucune langue. »*

2. « De son espèce ».

3. Moiré métallique : tôle étamée chauffée et passée à l'acide, ce qui lui donne un aspect moiré.

4. Deux hospices portaient ce nom, l'un pour les hommes au faubourg Saint-Martin, l'autre pour les femmes rue de Sèvres. On y plaçait des malades incurables et des indigents.

5. Encadrement décoré d'une pendule et, par extension, la pendule elle-même.

6. Argand (1755-1803) : physicien et chimiste genevois qui inventa en 1782 la lampe à huile qu'exploita le pharmacien Quinquet. La dérivation impropre (nom propre qui devient nom commun, comme poubelle ou silhouette) est attestée dès 1785.

7. Pensionnaire qui prend ses repas à la pension mais n'y loge pas.

8. Style : poinçon qu'on utilise pour écrire.

9. Sparterie : tissu ou objet en spart, fibre végétale très résistante.

1 Fonctions de l'italique.

L'emploi de l'italique regroupe dans une même forme typographique toute une série de fonctions différentes parmi lesquelles on peut relever :
— la citation d'un titre ;
— un effet citationnel inter ou intra-textuel, ou un effet culturel : par exemple ici *sui generis* ;
— la légitimation d'une onomatopée, par exemple : *rou-rou* (p. 50) ;
— le soulignement ou la mise en relief d'un terme ou d'une expression, par exemple : *l'odeur de pension,* expression qui peut tenir du néologisme, ou *des hommes à passion* (p. 144) ;
— la mise en évidence d'un néologisme, par exemple : Poiret *l'idémiste* (p. 139) ;
— la marque d'une distance ironique, ou plus généralement la connotation d'une acception déterminée par le contexte (emphatique, euphémique, antiphrastique...), par exemple : Quand Monsieur Goriot reconduisit *sa dame* (p. 107) ;
— l'indication quasi mimétique d'une accentuation, ou d'une prononciation particulière, et plus généralement l'introduction du corps dans l'écriture, par exemple : je dis *telet* (p. 139).

l'odeur de pension

faudrait en faire une description qui retarderait trop l'intérêt de cette histoire, et que les gens pressés ne pardonneraient pas (1). Le carreau rouge est plein de vallées produites par le frottement ou par les mises en couleur. Enfin, là règne la misère sans poésie ; une misère économe, concentrée, râpée. Si elle n'a pas de fange encore, elle a des taches ; si elle n'a ni trous ni haillons, elle va tomber en pourriture.

Cette pièce est dans tout son lustre au moment où, vers sept heures du matin, le chat de madame Vauquer précède sa maîtresse, saute sur les buffets, y flaire le lait que contiennent plusieurs jattes couvertes d'assiettes, et fait entendre son *rourou* matinal. Bientôt la veuve se montre, attifée de son bonnet de tulle sous lequel pend un tour de faux cheveux mal mis, elle marche en traînassant ses pantoufles grimacées[1]. Sa face vieillotte, grassouillette, du milieu de laquelle sort un nez à bec de perroquet ; ses petites mains potelées, sa personne dodue comme un rat d'église, son corsage trop plein et qui flotte, sont en harmonie avec cette salle où suinte le malheur, où s'est blottie la spéculation[2], et dont madame Vauquer respire l'air chaudement fétide sans en être écœurée. Sa figure fraîche comme une première gelée d'automne, ses yeux ridés, dont l'expression passe du sourire prescrit aux danseuses à l'amer renfrognement de l'escompteur, enfin toute sa personne explique la pension, comme la pension implique sa personne. Le bagne ne va pas sans l'argousin[3], vous n'imagineriez pas l'un sans l'autre. L'embonpoint blafard de cette petite femme est le produit de cette vie, comme le typhus est la conséquence des exhalaisons d'un hôpital. Son jupon de laine tricotée, qui dépasse sa première jupe faite avec une vieille robe, et dont la ouate s'échappe par les fentes de l'étoffe lézardée, résume le salon, la salle à manger, le jardinet, annonce la cuisine et fait pressentir les pensionnaires. Quand elle est là, ce spectacle est complet. Agée d'environ cinquante ans, madame Vauquer ressemble à toutes les *femmes qui ont eu des malheurs*. Elle a l'œil vitreux, l'air innocent d'une entremetteuse qui va se gendarmer pour se faire payer plus cher, mais d'ailleurs prête à tout pour adoucir son sort, à livrer Georges ou Pichegru, si Georges ou Pichegru étaient encore à livrer[4]. Néanmoins, elle est *bonne femme au fond*, disent les pensionnaires, qui la croient sans fortune en l'entendant geindre et tousser comme eux. Qu'avait été monsieur Vauquer ? Elle ne s'expliquait jamais sur le défunt. Comment avait-il perdu

1. Qui présentent de mauvais plis.

2. Formulation quelque peu énigmatique : on ne relève aucun spéculateur parmi les hôtes de la maison Vauquer. S'agirait-il, comme le suggère P.-G. Castex, des « spéculations » mentales de ceux qui, comme Rastignac, nourrissent des projets d'avenir ?

3. Surveillant des bagnes. Par extension, terme péjoratif pour désigner un policier.

4. Georges Cadoudal (appelé simplement Georges par ses partisans) et Charles Pichegru (ancien général de la Révolution) étaient des comploteurs royalistes qui tentèrent d'assassiner Bonaparte, le Premier Consul, en 1803. Après leur échec, ils échappèrent longtemps aux poursuites, mais furent finalement livrés à la police en 1804. Cadoudal fut exécuté et Pichegru fut trouvé étranglé dans sa cellule. Balzac ne termina pas un roman intitulé Mademoiselle du Vissard *où il s'inspirait des aventures de Cadoudal.*

1 La description réhabilitée.

La remarque ironique de Balzac, certes plaisante, renvoie à un problème capital : moment statique qui suspend la narration, la description ne risque-t-elle pas de perturber l'économie générale du roman, alors qu'elle y joue un rôle essentiel, puisqu'elle est saturée de signification ?

« (Il faut) faire justice des éternels reproches adressés à Balzac au sujet de ses descriptions. Reproches émis, bien sûr, comme les précédents, par ces « lecteurs pressés » auprès de qui l'auteur de *La Comédie humaine* n'a, en son temps, pas arrêté d'essayer de se justifier, comme en témoignent tant ses préfaces que les nombreuses interventions du narrateur dans les romans ; mais reproches que l'on retrouve encore sous la plume de nombreux critiques ou écrivains contemporains et précisément chez ceux qui se considèrent comme les plus « nouveaux » ou les plus modernes. Ces reproches, il est vrai, ne sont pas les mêmes. Alors que la longueur des descriptions balzaciennes et l'accumulation de détails étaient perçues par les contemporains de Balzac comme des facteurs d'opacité, parce que ralentissant et obscurcissant la transmission du message narratif, les mêmes caractéristiques sont considérées par certains critiques d'aujourd'hui comme des facteurs de redondance qui augmentent au contraire inutilement la transparence, déjà grande, du récit.

Mais justement l'inversion même des griefs évoqués montre que la description pose de manière aiguë le problème de la lecture et de la communication romanesque. Il n'est donc pas sans intérêt d'envisager tel roman de Balzac sous cet aspect, certes particulier, mais, sans aucun doute, privilégié. »

FRANÇOISE VAN ROSSUM-GUYON, 1980,
« La description chez Balzac »
L'Année balzacienne, pp. 113-114.

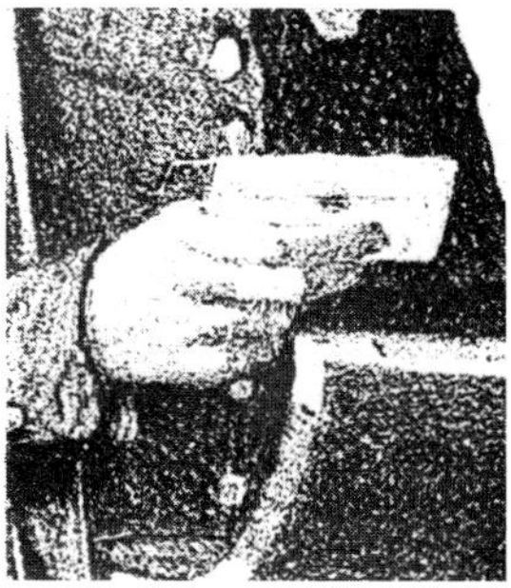

D'ailleurs il convient de ne pas toujours prendre les propos de Balzac au pied de la lettre, surtout quand il semble minoriser la fonction de la description :

« On ne doit pas prendre pour argent comptant les déclarations selon lesquelles la plus minutieuse description — d'une ville, d'une maison, d'un personnage — ne serait qu'un préambule servant d'introduction à l'histoire proprement dite. « Sans la topographie et la description de la ville, sans la peinture minutieuse de cet hôtel, les surprenantes figures de cette famille eussent été peut-être moins comprises. » A première vue, de telles remarques, dont les premières pages de *La Recherche de l'Absolu* sont à la fois le résumé le plus complet et la justification la plus cohérente, semblent marquer la coupure entre un discours préliminaire et le récit qui le complète en l'illustrant. En réalité, elles ont pour fonction principale d'assurer la fusion de ces deux éléments constitutifs et ainsi la continuité de notre lecture.

« (...) Le descriptif balzacien — et à cet égard, le contraste avec Flaubert est très frappant — est toujours subordonné au mouvement général du livre, à des changements de perspective et à ce va-et-vient entre le général et le particulier qui caractérise la littérature didactique. La longue et célèbre introduction au *Père Goriot* illustre admirablement ce changement de perspective, et nous permet en même temps de rapprocher cette dernière catégorie avec les autres types d'énoncé étudiés plus haut. A la base de la mise en texte dramatique, nous avons cru discerner un principe d'*alternance* ou de *juxtaposition* : le Palais-Royal *connu* suivi de Raphaël de Valentin *inconnu*, ou inversement. Le discursif nous a paru comme un immense connu paradigmatique, dont l'inconnu fictif n'était en somme qu'une illustration amusante. Si les descriptions de *La Comédie humaine* ont frappé tant de lecteurs par leur force et leur originalité, c'est que, d'une manière qu'on a souvent comparée à celle de Baudelaire, elles *transforment le connu en inconnu* : du très général et très familier (Paris et ses quartiers sordides), on passe inexorablement au moins familier (la rue Neuve-Sainte-Geneviève), à l'extérieur de la maison Vauquer, encore typique, puis, enfin, à l'intérieur et aux habitants de cette maison, représentatifs mais par le détail même de leur présentation entièrement nouveaux, et, comme le disait Balzac, individualisés.

Enfin, là où Flaubert nous invitera à contempler la surface des choses, et la notion simple (et pourtant terrible) qu'elles *sont*, Balzac a toujours eu la prétention un peu naïve et même inadmissible pour certains lecteurs d'aujourd'hui, de voir en profondeur. A l'exception près de quelques portraits d'une minutie obsessionnelle, correspondant au délire du discursif que nous avons observé au début d'*Honorine*, ou au délire du référentiel que l'on peut voir dans la présentation d'Onorina Pedrotti, dans ce même texte, les descriptions balzaciennes démontrent en même temps qu'elles montrent, elles signifient : tout comme le discursif qu'elles complètent et qui les garantit, elles traduisent une vision essentiellement rationnelle. C'est pourquoi on ne les trouve jamais à l'état pur, mais plutôt mélangées aux autres types d'énoncé, dans des combinaisons presque illimitées. »

GRAHAM FALCONER,
1972,
« L'entrée en matière chez Balzac » in *La lecture sociocritique du texte romanesque*, Samuel Stevens, Hakkert & Company, Toronto, 1975, pp. 147-148.

Récit et description : un problème d'écriture.

« La description pourrait se concevoir indépendamment de la narration, mais en fait on ne la trouve pour ainsi dire jamais à l'état libre ; la narration, elle, ne peut exister sans description, mais cette dépendance ne l'empêche pas de jouer constamment le premier rôle. (...) L'étude des rapports entre le narratif et le descriptif se ramène donc, pour l'essentiel, à considérer les *fonctions diégétiques* de la description, c'est-à-dire le rôle joué par les passages ou les aspects descriptifs dans l'économie générale du récit. »

GÉRARD GENETTE, 1966, « Frontières du récit » in *Communications,* n° 8, repris dans *Figures II*, Éd. du Seuil, 1969, pp. 57-58.

« Nous avons (...) défini la description comme une unité qui entraînait la prolifération de thèmes vraisemblabilisants (le regard, l'air transparent, la parole explicative, la fenêtre ouverte, etc.) formant ce que nous avons appelé une thématique *vide.* Nous avons vu ensuite que la description est le lieu où le récit marque une pause tout en s'organisant (présage de la suite, redondance des contenus, redoublement métonymique de la psychologie ou du destin des personnages) : on voit donc que la caractéristique fondamentale du discours réaliste est de nier, de rendre impossible le récit, tout récit. Car plus il se sature de descriptions, plus également il est contraint de multiplier thématique vide et redondances, plus aussi il s'organise et se répète, donc se referme sur soi : de référentiel, il devient purement anaphorique ; au lieu de citer le réel (« choses », « événements ») il se cite lui-même perpétuellement. Tout le problème de l'auteur réaliste sera donc de faire de cette thématique *vide* une thématique *pleine*, de faire en sorte que cette prolifération adjacente de regards, de milieux transparents, etc., soit amenée à jouer un *rôle* dans le récit, ne soit plus un simple remplissage, et de faire en sorte que la redondance anaphorique des contenus devienne dialectique de contenus. Cela n'est pas toujours facile. »

PHILIPPE HAMON, 1972, « Qu'est-ce qu'une description ? » *Poétique,* n° 12, p. 485.

SEPTEMBRE			OCTOBRE			NOVEMBRE		
JOURS.	DATE.	QUANTITÉ DE PAIN.	JOURS.	DATE.	QUANTITÉ DE PAIN.	JOURS.	DATE.	QUANTITÉ DE PAIN.
Dimanche....		lb	Mardi.........		lb	Vendredi.....		lb
Lundi.........			Mercredi......			Samedi.........		
Mardi.........			Jeudi.........			Dimanche....		
Mercredi.....			Vendredi.....			Lundi..........		
Jeudi..........			Samedi........			Mardi..........		
Vendredi.....			Dimanche....			Mercredi.....		
Samedi........			Lundi..........			Jeudi..........		
Dimanche....			Mardi..........			Vendredi.....		
Lundi..........			Mercredi......			Samedi.........		
Mardi..........			Jeudi..........			Dimanche....		
Mercredi......			Vendredi.....			Lundi..........		
Jeudi..........			Samedi........			Mardi..........		
Vendredi.....			Dimanche....			Mercredi......		
Samedi........			Lundi..........			Jeudi..........		
Dimanche....			Mardi..........			Vendredi.....		
Lundi..........			Mercredi......			Samedi.........		
Mardi..........			Jeudi..........			Dimanche....		
Mercredi......			Vendredi.....			Lundi..........		
Jeudi..........			Samedi........			Mardi..........		
Vendredi.....			Dimanche....			Mercredi......		
Samedi........			Lundi..........			Jeudi..........		
Dimanche....			Mardi..........			Vendredi.....		
Lundi..........			Mercredi......			Samedi.........		

sa fortune ? Dans les malheurs, répondait-elle. Il s'était mal conduit envers elle, ne lui avait laissé que les yeux pour pleurer, cette maison pour vivre, et le droit de ne compatir à aucune infortune, parce que, disait-elle, elle avait souffert tout ce qu'il est possible de souffrir ① . En entendant trottiner sa maîtresse, la grosse Sylvie, la cuisinière, s'empressait de servir le déjeuner des pensionnaires internes.

Généralement les pensionnaires externes ne s'abonnaient qu'au dîner, qui coûtait trente francs par mois. A l'époque où cette histoire commence, les internes étaient au nombre de sept. Le premier étage contenait les deux meilleurs appartements de la maison. Madame Vauquer habitait le moins considérable, et l'autre appartenait à madame Couture, veuve d'un Commissaire-Ordonnateur de la République française[1]. Elle avait avec elle une très jeune personne, nommée Victorine Taillefer, à qui elle servait de mère. La pension de ces deux dames montait à dix-huit cents francs. Les deux appartements du second étaient occupés, l'un par un vieillard nommé Poiret ; l'autre par un homme âgé d'environ quarante ans, qui portait une perruque noire, se teignait les favoris, se disait ancien négociant, et s'appelait monsieur Vautrin. Le troisième étage se composait de quatre chambres, dont deux étaient louées, l'une par une vieille fille nommée mademoiselle Michonneau ; l'autre, par un ancien fabricant de vermicelles, de pâtes d'Italie et d'amidon, qui se laissait nommer le Père Goriot ② . Les deux autres chambres étaient destinées aux oiseaux de passage, à ces infortunés étudiants qui, comme le père Goriot et mademoiselle Michonneau, ne pouvaient mettre que quarante-cinq francs par mois à leur nourriture et à leur logement ; mais madame Vauquer souhaitait peu leur présence et ne les prenait que quand elle ne trouvait pas mieux : ils mangeaient trop de pain. En ce moment, l'une de ces deux chambres appartenait à un jeune homme venu des environs d'Angoulême[2] à Paris pour y faire son Droit, et dont la nombreuse famille se soumettait aux plus dures privations afin de lui envoyer douze cents francs par an ③ . Eugène de Rastignac, ainsi se nommait-il ④ , était un de ces jeunes gens façonnés au travail par le malheur, qui comprennent dès le jeune âge les espérances que leurs parents placent en eux, et qui se préparent une belle destinée en calculant déjà la portée de leurs études, et, les adaptant par avance au mouvement futur de la société, pour être les premiers à la pressu-

1. Commissaire chargé d'ordonnancer, c'est-à-dire de donner l'ordre de payer les dépenses de l'armée.

*2. Ville chère à Balzac depuis l'installation de ses amis Carraud. Lucien de Rubempré, le héros d'*Illusions perdues *(publié de 1837 à 1843), sera également originaire d'Angoulême.*

1 Madame Vauquer, personnage « démonique ».

Étude du portrait de madame Vauquer de « Cette pièce est dans tout son lustre... » *à* « tout ce qu'il est possible de souffrir ».

1) Effet produit par le portrait physique.

« Le portrait de la dame est rattaché à son apparition matinale dans la salle à manger ; elle pénètre dans cette pièce qui est son champ d'activité ; le chat qui saute sur les buffets lui donne quelque peu l'air d'une sorcière. Ensuite commence une description approfondie de sa personne. Celle-ci est dominée par un thème qui revient plusieurs fois : l'harmonie qui existe d'une part entre sa personne et la pièce où elle se trouve, d'autre part entre la pension qu'elle dirige et la vie qu'elle mène ; bref, l'harmonie qui existe entre sa personne et ce que nous appelons (et parfois déjà Balzac) son *milieu.* Cette harmonie est suggérée de la façon la plus impressive : d'abord par l'usure, la flaccidité, la malpropreté chaude et sexuellement rebutante de son corps et de ses vêtements, qui s'accordent à l'air fétide de la pièce qu'elle respire sans dégoût. Un peu plus loin ces différentes caractéristiques s'accordent avec son visage et ses mines ; le thème est alors appréhendé sous un angle plus moral et met énergiquement en relief les relations réciproques qui unissent la personne et le milieu : *sa personne explique la pension, comme la pension implique sa*

personne ; à cela s'ajoute la comparaison avec le bagne. Suit une description plus médicale où l'*embonpoint blafard* de la dame, *produit de cette vie,* est comparé au typhus, *conséquence des exhalaisons d'un hôpital.* Enfin, le jupon est évoqué comme une sorte de synthèse des différentes pièces de la pension, comme un avant-goût de la cuisine et une préannonciation des pensionnaires. Un instant ce jupon devient le symbole du milieu, après quoi le tout est encore une fois résumé par la phrase : *quand elle est là, ce spectacle est complet :* il n'est donc plus même besoin d'attendre le déjeuner et les hôtes, tout cela est déjà inclus dans sa personne. Il ne semble pas que les différents retours du motif de l'harmonie obéissent à un ordre préconçu, ni que Balzac suive un plan systématique dans sa description de Mme Vauquer. La succession des objets mentionnés — bonnet, coiffure, pantoufles, physionomie, mains, corps, encore le visage, yeux, corpulence, jupon — ne laisse deviner aucune trace de composition. On n'observe pas non plus de distinction entre corps et vêtements, entre traits physiques et signification morale. La description tout entière, jusqu'au point où nous l'avons examinée, s'adresse à l'imagination du lecteur, aux souvenirs qu'il peut avoir de personnes et de milieux analogues ; la thèse de l'« unité de style » du milieu, qui inclut les gens qui s'y meuvent, n'est pas rationnellement établie, mais présentée comme un fait qui s'impose directement aux sens, d'une manière purement suggestive, sans preuve. Une phrase comme : *ses petites mains potelées, sa personne dodue comme un rat d'église [...] sont en harmonie avec cette salle où suinte le malheur [...] et dont Mme Vauquer respire l'air chaudement fétide...* présuppose déjà la thèse de l'harmonie, avec tout ce qu'elle comporte (signification sociologique et morale des meubles et des vêtements, prévisibilité des éléments du milieu qui n'ont pas encore paru d'après ceux qui ont déjà été montrés). De même la mention du bagne et celle du typhus ne constituent que des comparaisons suggestives, non pas des preuves ni même des amorces de preuves. Le défaut d'ordre et de rationalité du texte est une conséquence de la hâte avec laquelle Balzac travaillait, mais ce n'est pas pour autant un hasard, car sa hâte est pour une bonne part une conséquence des images qui le hantent. Le thème de l'unité du milieu l'a saisi lui-même avec tant de force que les choses et les gens qui le constituent prennent pour lui une sorte de signification seconde, différente de leur signification rationnelle et bien plus importante qu'elle, que l'on désignerait le mieux par l'adjectif « démonique ».

Dans cette salle à manger aux meubles usés et minables,

mais neutres pour un regard qui ne serait pas influencé par l'imagination, *suinte le malheur [...], s'est blottie la spéculation.* Des sorcières allégoriques se cachent au sein de ce quotidien trivial, et au lieu d'une veuve dodue et mal mise on voit, un instant, surgir un rat. Nous avons donc affaire à une entité de lieu déterminée, ressentie comme une synthèse organique et démonique, et rendue par une suggestion entièrement sensorielle. »

2) Sa confirmation par le portrait moral.

« La seconde partie de notre texte, où le thème de l'harmonie n'apparaît plus, est consacrée au caractère et à la vie passée de Mme Vauquer. Il serait toutefois erroné de voir dans cette distinction (d'une part l'apparence, d'autre part le caractère et le passé) l'effet d'une composition intentionnelle. Des caractéristiques corporelles prennent également place dans cette seconde partie *(l'œil vitreux)*, et très souvent aussi Balzac dispose ses éléments dans un autre ordre, ou mêle inextricablement les traits physiques, moraux et biographiques de ses portraits. Dans le cas qui nous occupe, ce qui nous est dit du caractère et du passé de Mme Vauquer ne sert aucunement à les expliquer, mais bien plutôt à situer le personnage dans sa vraie lumière, dans la lumière douteuse d'un démonisme trivial et subalterne. Pour ce qui est du passé, nous apprenons que cette femme est *âgée d'environ cinquante ans* et qu'elle *a eu des malheurs* (au pluriel) ; Balzac ne dit rien de son existence antérieure, mais reproduit, partiellement en discours indirect, le bavardage inconsistant, plaintif et bourré de clichés par lequel elle répond à ceux qui s'intéressent à son sort. Ici encore nous rencontrons le pluriel soupçonneux, qui évite toute information claire : son mari a perdu sa fortune *dans les malheurs* ; tout comme quelques pages plus loin, une autre veuve méfiante affirme de son mari, qui aurait été comte et général, qu'il est tombé sur *les* champs de bataille. Tout cela concorde avec le démonisme vulgaire de Mme Vauquer. Elle semble *bonne femme au fond*, elle semble pauvre, bien qu'elle possède, comme nous l'apprenons plus tard, une coquette fortune, et elle est capable de toutes les bassesses pour améliorer un peu son sort. La mesquinerie de cet égoïsme, son mélange de sottise, d'astuce et d'énergie cachée donnent de nouveau l'impression de quelque chose de répugnant et de fantastique ; de nouveau la comparaison avec un rat, ou avec quelque autre animal qui frappe l'imagination humaine par son aspect démonique et vil, s'impose spontanément à l'esprit. La seconde partie de la description complète donc la première : tandis que la première nous présente Mme Vauquer comme la synthèse du milieu qu'elle gouverne, la seconde approfondit ce que son caractère a d'impénétrable et de bas, traits qui doivent se manifester dans ce même milieu. »

ERICH AUERBACH,
1946, *op. cit.*, pp. 466-468.

Cette analyse exemplaire démontre que Balzac éprouve la relation entre les individus et leur cadre historique et social comme nécessaire : se donne ainsi à lire la compréhension organique de l'atmosphère spécifique du siècle. On ne peut que rappeler la célèbre lettre à Madame Hanska du 26 octobre 1834 :

« Les Études de Mœurs représenteront tous les effets sociaux sans que ni une situation de la vie, ni une physionomie, ni un caractère d'homme ou de femme, ni une manière de vivre, ni une profession, ni une zone sociale, ni un pays français, ni quoi que ce soit de l'enfance, de la vieillesse, de l'âge mûr, de la politique, de la justice, de la guerre ait été oublié. Cela posé, l'histoire du cœur humain tracée fil à fil, l'histoire sociale faite dans toutes ses parties, voilà la base. Ce ne seront pas des faits imaginaires ; ce sera ce qui se passe partout. »

Lettres à Madame Hanska, tome I, p. 269 in *Œuvres complètes*, Les Bibliophiles de l'Originale, 1967.

2 Goriot : un nom d'emprunt ?

Il semble que Balzac n'ait pas inventé ce nom et se soit peut-être inspiré d'un, voire de deux personnages réels.

Le Goriot n° 1 :

« Un homonyme parisien du père Goriot a bien existé. Il n'est même pas entièrement inconnu, puisque son nom se trouve dans l'*Almanach du Commerce de Paris* (1826) où on lit (p. CLI) : « Goriot, propr. S.-Jacques, 285. » Or, on sait que de mars 1828 jusqu'au jour où il déclara à Madame Hanska : *« Aujourd'hui* a été fini *le Père Goriot »,* Balzac occupait, au quartier de l'Observatoire, un appartement au deuxième étage du 1, rue Cassini. Il était ainsi voisin de ce mystérieux Goriot qui demeurait rue Saint-Jacques, presque à côté de l'Hôpital militaire du Val-de-Grâce, aux confins de ce labyrinthe de rues sombres si soigneusement décrit aux premières pages du roman. »

Le Goriot n° 2 :

« Marchand de farines à Pontoise, François Goriot se fait connaître à la Halle aux Blés à Paris vers 1777. Au moment de la disette de 1798, on le retrouve meunier à L'Isle-Adam, livrant son blé au gouvernement révolutionnaire, aux mêmes « coupeurs de tête » à qui « ce vieux Quatre-vingt-treize », le père Goriot, est censé avoir vendu son blé »

(...)

« Pendant au moins douze ans, de 1777 au commencement de la Révolution, le nom Goriot a dû être prononcé plus d'une fois à la Halle aux Blés à Paris. Peut-être même le propriétaire de Balzac au 1, rue Cassini, ce « vieux marchand de bled *[sic]* de la Halle », comme il l'appelle dans une lettre à Madame Hanska, avait-il connu Goriot ou appris son histoire d'un confrère de la Halle. Il aurait pu être ainsi l'informateur de Balzac à propos de Goriot. »

(...)

« Évidemment, chez Balzac, le fait observé, emprunté à la vie réelle, subit une transformation profonde avant d'obtenir les honneurs de *La Comédie humaine.* »

LORIN A. UFFENBECK,
1970,
« Balzac a-t-il connu Goriot ? »
L'Année balzacienne, pp. 175, 179, 180 et 181.

3 Paris, pôle magnétique ou Moloch de la France ?

« Il est en province trois sortes de supériorités qui tendent incessamment à la quitter pour venir à Paris, et nécessairement appauvrissent d'autant la société de province, laquelle ne peut rien contre ce constant malheur. L'Aristocratie, l'Industrie et le Talent sont éternellement attirés vers Paris qui engloutit ainsi les capacités nées sur tous les points du royaume, en compose son étrange population et dessèche l'intelligence nationale à son profit. La province est la première coupable de cette impulsion qui la dépouille. Un jeune homme se produit-il en donnant des espérances, elle lui crie : A Paris ! (...) Ce vice, particulier à notre nation, ne devait pas échapper à l'auteur des *Études de mœurs au XIXe siècle.* »

Préface du *Cabinet des Antiques*, 1839.

4 De Rastignac à Rastignac.

Dans la production romanesque de Balzac, le Rastignac du Père Goriot *n'est chronologiquement que le second. Il a été précédé par Rastignac I dans* la Peau de Chagrin *en 1831.*

Ce Rastignac I, d'origine gasconne, est un dandy et un viveur, praticien du « système dissipationnel » : « La dissipation, mon cher, est un système politique. La vie d'un homme occupé à manger sa fortune devient souvent une spéculation ; il place ses capitaux en amis, en plaisirs, en protecteurs, en connaissances. (...)

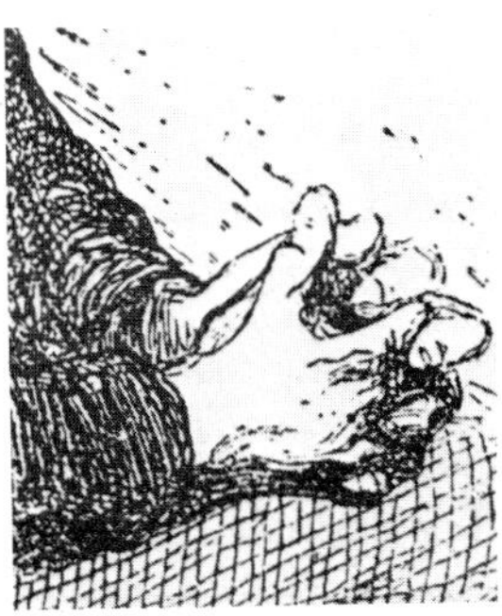

Le dissipateur s'amuse à vivre. (...) Connaissant les ressorts du monde, il les manœuvre à son profit. »

Il fait la cour à une riche « jolie petite veuve », « alsacienne, un peu grasse », entraîne Raphaël de Valentin dans un « tourbillon de plaisirs » grâce au jeu, et lui fait connaître Foedora, « la femme sans cœur ». Les contradictions entre ce personnage et Rastignac II du Père Goriot *sont telles que Balzac écrit dans la préface de la deuxième édition : « Quant à la faute d'avoir donné les commencements du Rastignac de* la Peau de Chagrin *l'auteur est sans excuse », et le Rastignac I ne figure pas dans la notice biographique que Balzac s'amuse à composer dans la préface d'*Une fille d'Ève *(cf. CONTEXTE 86).*

En effet, Rastignac I, censé évoluer postérieurement au Rastignac II de 1819-1820, ne peut avoir été confronté aux mystères de la Maison-Vauquer, ni initié par Madame de Beauséant, la duchesse de Langeais et Vautrin. Certes, Balzac fera quelques retouches à la Peau de Chagrin, *de même qu'il reculera l'intrigue du* Père Goriot *de 1824 à 1819, mais il y aurait trop de transformations à opérer pour rassembler Rastignac I et Rastignac II en une figure cohérente.*

En revanche, les rectifications seront plus aisées dans le Bal de Sceaux *et* Étude de femme, *tous deux publiés en 1830. Il suffit d'y introduire après coup Rastignac II pour les relier au* Père Goriot. *Mais*

Jean Pommier a bien montré dans « Naissance d'un héros : Rastignac » (Revue d'Histoire littéraire de la France, *1950, n° 2) qu'il conviendrait plutôt de parler d'un Rastignac III, car des contradictions demeurent.*

En fait, Rastignac II doit être considéré comme un nouveau personnage (qui au début du manuscrit s'appelait d'ailleurs Massiac), dont l'originalité est de se constituer, comme le dit Pierre Barbéris, en héros qui « parvient à l'existence et s'impose aux générations comme figure symbolique et mythe (cf. CONTEXTE 523) sans être vraiment héros d'une « histoire » et sans avoir besoin pour exister d'une intrigue traditionnelle, avec nœud, péripétie et dénouement », et qui « ne se laissera jamais enfermer dans un livre » (Le Père Goriot... *p. 115).*

A partir du Père Goriot, *Rastignac pourra varier ; tantôt il retrouvera des traits de Rastignac I, tantôt il continuera Rastignac II, intégrant d'ailleurs dans sa complexité de personnage fictionnel des éléments autobiographiques réels ou imaginaires, vrais ou fantasmés. Il peut alors devenir dans l'économie générale de la* Comédie humaine *le héros-type du Bildungsroman, le roman d'éducation, ou de formation.*

Rastignac et Julien Sorel : une même ambition ?

Paru en 1830, le Rouge et le Noir *a été salué par Balzac qui écrit en 1831 :* « Il y a dans ces (...) conceptions littéraires le génie de l'époque, les senteurs cadavéreuses d'une société qui s'éteint » *et qui invente l'expression* « l'école du désenchantement » *à propos de ce roman et d'autres œuvres du temps.*

On peut se demander si le texte de Stendhal n'inspire pas en partie l'écriture du Père Goriot. *Cependant l'ambition de Julien Sorel se confond avec l'individualisme, l'affirmation et la réalisation du moi, modelés par une interprétation personnelle du mythe napoléonien. Pour parvenir, pour « faire fortune », il adopte la tactique du compromis et de l'hypocrisie. Il brime son naturel pour la faire triompher, et il est donc constitué de contradictions qui le dynamisent et le condamnent en même temps. Il ne peut trouver de solution autre que tirer sur sa propre vie en tirant sur Madame de Rênal. Ce n'est pas à la société qu'il lance un défi, mais à lui-même : il échoue moralement, plus que socialement. En perdant son authenticité, il s'est perdu, car il n'a pas su trouver l'Autre. Stendhal condamne l'ambition, Balzac la légitime, puisqu'elle procède de la modernité.*

La comparaison des dénouements est assez éclairante. Rastignac part à la conquête de la société et se rend chez sa maîtresse en quelque sorte « resocialisée » : ce n'est plus Delphine, mais madame de Nucingen. Le changement de patronyme montre bien qu'il ne s'agit plus de rendez-vous galant, mais d'une entreprise calculée. Julien Sorel perd toute l'ambition qui l'avait jusqu'alors motivé, et redécouvre le bonheur de la passion amoureuse :

« Il est singulier, se disait Julien, un jour que Mathilde sortait de sa prison, qu'une passion si vive et dont je suis l'objet me laisse tellement insensible ! et je l'adorais il y a deux mois ! J'avais bien lu que l'approche de la mort désintéresse de tout ; mais il est affreux de se sentir ingrat et de ne pouvoir se changer. Je suis donc un égoïste ? Il se faisait à ce sujet les reproches les plus humiliants.

L'ambition était morte en son cœur, une autre passion y était

sortie de ses cendres ; il l'appelait le remords d'avoir assassiné madame de Rênal.
Dans le fait, il en était éperdument amoureux. Il trouvait un bonheur singulier quand, laissé absolument seul et sans crainte d'être interrompu, il pouvait se livrer tout entier au souvenir des journées heureuses qu'il avait passées jadis à Verrières ou à Vergy. Les moindres incidents de ces temps trop rapidement envolés avaient pour lui une fraîcheur et un charme irrésistibles. Jamais il ne pensait à ses succès de Paris ; il en était ennuyé. »

Dès lors, il se sauve selon les critères d'une certaine « morale beyliste » et il accède à la transparence : il sait qui il est, et il peut mourir. L'affirmation de la passion constitue le terme ultime de sa quête ; Rastignac, lui, laisse derrière lui la passion amoureuse (voir CONTEXTES 439 et 451) :

« Ainsi moi, je mourrai à vingt-trois ans. Donnez-moi cinq années de vie de plus, pour vivre avec madame de Rênal.
Et il se mit à rire comme Méphistophélès. Quelle folie de discuter ces grands problèmes !
1° Je suis hypocrite comme s'il y avait là quelqu'un pour m'écouter.
2° J'oublie de vivre et d'aimer, quand il me reste si peu de jours à vivre... Hélas ! madame de Rênal est absente ; peut-être son mari ne la laissera plus revenir à Besançon, et continuer à se déshonorer.
Voilà ce qui m'isole, et non l'absence d'un Dieu juste, bon, tout-puissant, point méchant, point avide de vengeance...
Ah ! s'il existait... hélas ! je tomberais à ses pieds. J'ai mérité la mort, lui dirais-je ; mais, grand Dieu, Dieu bon, Dieu indulgent, rends-moi celle que j'aime !

(...)
Julien se sentait fort et résolu comme l'homme qui voit clair dans son âme. »

A l'origine du roman.

A partir de la psychanalyse, Marthe Robert interprète le roman comme « genre œdipien », puisque « le complexe d'Œdipe étant un fait humain universel, il n'y a pas de fiction, pas de représentation, pas d'art de l'image qui n'en soit en quelque manière l'illustration voilée », *mais dont la spécificité réside dans ce fait décisif qu'il n'accepte d'autre contrainte que ce* « contenu obligé » *qui s'organise dans une* « forme indéterminée, susceptible d'autant de variations que l'imagination est capable d'en élaborer ».

Tout roman devient dès lors roman d'apprentissage :

« Quels que soient ses visions du monde, ses présupposés idéologiques et ses partis pris esthétiques, le roman se résout en une entreprise essentiellement donquichottesque qui, tout en n'ayant que la réalité de ses chimères, n'en vise pas moins à peindre et à favoriser l'apprentissage de la vie. Épigone d'un genre non écrit intimement lié aux étapes de l'existence - naissance, mariage, mort, tous les moments de passage pris sous leur aspect historique et social —, il fonde sa prétendue ressemblance « mondaine » sur le besoin qu'il a effectivement du temps et de l'espace, d'un temps circonstancié, relatif, laborieux ; d'un espace abondamment peuplé, remuant, foisonnant de figures et de projets. »

MARTHE ROBERT, 1972,
Roman des origines et origines du roman,
Grasset, réédition collection Tel © Gallimard, pp. 67-68.

A partir de là, peut se concevoir le rapport entre le personnage du jeune homme et Balzac lui-même, qui s'identifie fantasmatiquement à la figure du Bâtard :

« Le retour des personnages (N.B. voir le CONTEXTE 85), la confusion systématique entre les figures romanesques et leurs homologues historiques, le passage continuel du feint dans les annales du réel, l'accumulation des signes du pouvoir et des avantages sociaux les plus ostensibles, tous ces procédés aident le Bâtard à se composer l'entourage de grandeur — positive ou négative, mais en tout cas indiscutable — où il va infatigablement faire évoluer ses

pareils, des parvenus comme lui, prêts comme lui à n'importe quelle bassesse et à n'importe quelle compromission pour arracher à la société la fortune, les titres, les dons que la naissance ne leur a pas impartis (...).

La Comédie humaine abonde en jeunes hommes de cette catégorie exceptionnelle — provinciaux mal dégrossis pressés de dévorer Paris, intellectuels besogneux et rongés d'orgueil, hautement conscients du génie dont ils attendent la gloire, « lions » affamés, dandys indolents et profonds se préparant une carrière fulgurante d'hommes d'État dans le scandale de leur vie privée — qui tous ont pour tâche d'élever au maximum le potentiel des rêves de Balzac, rêves de grandeur venus du fond du temps, rêves irréalisables et toujours convaincants dont ni l'âge, ni l'expérience, ni la raison de l'homme fait ne rompent l'enchantement. (...) A travers Henri de Marsay,

Eugène de Rastignac, Lucien de Rubempré, Félix de Vandenesse, Maxime de Trailles et combien d'autres moins marquants, c'est son autoportrait que Balzac ne cesse de remanier, comme si à se répéter indéfiniment en images il croyait pouvoir enfin changer le cours de sa destinée. Cette répétition, liée à l'intense plaisir de rêver, dont témoigne la prolifération des figures, et à l'insatisfaction non moins profonde qu'engendre le rêve inaccompli, est le moteur le plus puissant du cycle de contes qu'on a appelé *les Mille et Une Nuits* de l'Occident, et peut-être le secret de tout romancier fécond. »

Ibid., pp. 259-261.

rer. Sans ses observations curieuses et l'adresse avec laquelle il sut se produire dans les salons de Paris, ce récit n'eût pas été coloré des tons vrais qu'il devra sans doute à son esprit sagace et à son désir de pénétrer les mystères d'une situation épouvantable aussi soigneusement cachée par ceux qui l'avaient créée que par celui qui la subissait.

Au-dessus de ce troisième étage étaient un grenier à étendre le linge et deux mansardes où couchaient un garçon de peine, nommé Christophe, et la grosse Sylvie, la cuisinière. Outre les sept pensionnaires internes, madame Vauquer avait, bon an, mal an, huit étudiants en Droit ou en Médecine, et deux ou trois habitués qui demeuraient dans le quartier, abonnés tous pour le dîner seulement. La salle contenait à dîner dix-huit personnes et pouvait en admettre une vingtaine ; mais le matin, il ne s'y trouvait que sept locataires dont la réunion offrait pendant le déjeuner l'aspect d'un repas de famille. Chacun descendait en pantoufles, se permettait des observations confidentielles sur la mise ou sur l'air des externes, et sur les événements de la soirée précédente, en s'exprimant avec la confiance de l'intimité. Ces sept pensionnaires étaient les enfants gâtés de madame Vauquer, qui leur mesurait avec une précision d'astronome les soins et les égards, d'après le chiffre de leurs pensions. Une même considération affectait ces êtres rassemblés par le hasard. Les deux locataires du second ne payaient que soixante-douze francs par mois. Ce bon marché, qui ne se rencontre que dans le faubourg Saint-Marcel, entre la Bourbe et la Salpêtrière[1], et auquel madame Couture faisait seule exception, annonce que ces pensionnaires devaient être sous le poids de malheurs plus ou moins apparents. Aussi le spectacle désolant que présentait l'intérieur de cette maison se répétait-il dans le costume de ses habitués, également délabrés. Les hommes portaient des redingotes dont la couleur était devenue problématique, des chaussures comme il s'en jette au coin des bornes dans les quartiers élégants, du linge élimé, des vêtements qui n'avaient plus que l'âme. Les femmes avaient des robes passées, reteintes, déteintes, de vieilles dentelles raccommodées, des gants glacés par l'usage, des collerettes toujours rousses et des fichus éraillés. Si tels étaient les habits, presque tous montraient des corps solidement charpentés, des constitutions qui avaient résisté aux tempêtes de la vie, des faces froides, dures, effacées comme celles des écus démonétisés. Les

1. Région de Paris située entre l'actuel boulevard de Port-Royal et le quai d'Austerlitz. Ces quartiers étaient assez pauvres. La Bourbe était l'hospice de la Maternité, la Salpêtrière un hospice réservé aux vieillards et aux aliénés. Situé sur l'emplacement d'une fabrique de poudre, il est devenu un hôpital (boulevard de l'Hôpital, 13e arrondissement).

bouches flétries étaient armées de dents avides. Ces pensionnaires faisaient pressentir des drames accomplis ou en action ; non pas de ces drames joués à la lueur des rampes, entre des toiles peintes, mais des drames vivants et muets, des drames glacés qui remuaient chaudement le cœur, des drames continus.

La vieille demoiselle Michonneau gardait sur ses yeux fatigués un crasseux abat-jour en taffetas vert[1], cerclé par du fil d'archal[2] qui aurait effarouché l'ange de la Pitié. Son châle à franges maigres et pleurardes semblait couvrir un squelette, tant les formes qu'il cachait étaient anguleuses. Quel acide avait dépouillé cette créature de ses formes féminines ? elle devait avoir été jolie et bien faite : était-ce le vice, le chagrin, la cupidité ? avait-elle trop aimé, avait-elle été marchande à la toilette[3], ou seulement courtisane[4] ? Expiait-elle les triomphes d'une jeunesse insolente au-devant de laquelle s'étaient rués les plaisirs par une vieillesse que fuyaient les passants ? Son regard blanc donnait froid, sa figure rabougrie menaçait. Elle avait la voix clairette d'une cigale criant dans son buisson aux approches de l'hiver (1). Elle disait avoir pris soin d'un vieux monsieur affecté d'un catarrhe à la vessie[5], et abandonné par ses enfants, qui l'avaient cru sans ressources. Ce vieillard lui avait légué mille francs de rente viagère, périodiquement disputés par les héritiers, aux calomnies desquels elle était en butte. Quoique le jeu des passions eût ravagé sa figure, il s'y trouvait encore certains vestiges d'une blancheur et d'une finesse dans le tissu qui permettaient de supposer que le corps conservait quelques restes de beauté.

Monsieur Poiret était une espèce de mécanique. En l'apercevant s'étendre comme une ombre grise le long d'une allée au Jardin-des-Plantes, la tête couverte d'une vieille casquette flasque, tenant à peine sa canne à pomme d'ivoire jauni dans sa main, laissant flotter les pans flétris de sa redingote qui cachait mal une culotte presque vide, et des jambes en bas bleus qui flageolaient comme celles d'un homme ivre, montrant son gilet blanc sale et son jabot de grosse mousseline recroquevillée qui s'unissait imparfaitement à sa cravate cordée autour de son cou de dindon, bien des gens se demandaient si cette ombre chinoise appartenait à la race audacieuse des fils de Japhet[6] qui papillonnent sur le boulevard italien[7]. Quel travail avait pu le ratatiner ainsi ? quelle passion avait bistré sa face bulbeuse, qui, dessinée en carica-

1. On disait également garde-vue. Il s'agissait ainsi de protéger les yeux contre une lumière trop vive.
2. Fil de laiton.
3. Revendeuse de vêtements ou de parures d'occasion, fréquemment usurière et entremetteuse.
4. Pour mieux préciser l'ancienne profession de Mlle Michonneau, Balzac l'avait appelée sur son manuscrit Mlle Vérolleau.

5. Catarrhe : inflammation des muqueuses donnant lieu à une hypersécrétion.

6. Balzac parodie ici Horace : « audax Japeti genus » (Odes, *I, 3), le titan Japet étant le père de Prométhée. Les fils de Japet constituent l'ensemble du genre humain. Une confusion semble donc s'établir avec Japhet, personnage biblique, fils de Noé et dont descend la « race blanche ».*
7. Le boulevard des Italiens, le Boulevard à la mode par excellence (2e arrondissement).

1 Le portrait et le sens.

« (...) Si l'on considère, à titre d'exemple, deux petites descriptions différentes de « cous » : un « cou de cygne », un « cou de dindon », le processus de leurs articulations sémiotiques peut être schématisé de la manière suivante :

PLAN DE LA MANIFESTATION
cou de cygne/cou de dindon
↓
PLAN DU CONTENU
I. NIVEAU SUPERFICIEL
cou
long, sinueux et blanc/long, bossué et rougeâtre
↓
II. NIVEAU PROFOND
une partie du corps

1. *aspects*	2. *dimensions*	3. *coloris*	4. *effets*
sinuosité/ bosselure	long	blancheur/ rougeur	beauté/ laideur

↓
III. NIVEAU PHYSIOGNOMONIQUE
une partie signifiante du corps
1. Immatérialité/santé 2. Incapacité 3. Pureté/impureté 4. Désir/répulsion

Ce n'est donc qu'à partir du plan du contenu que commencent les différences et les identités véritables, ce n'est qu'à ce stade qu'apparaissent dans leur signification profonde les visages balzaciens, qui ne sont pas des visages, d'ailleurs, « mais bien des masques ; masques de faiblesse, masques de force, masques de misère, masques de joie, masques d'hypocrisie » ; masques « empreints des signes ineffaçables » du destin. »

TAHSIN YÜCEL, 1972,
Figures et messages dans la Comédie humaine, Mame, pp. 42-43.

« Dans le portrait, les sens « fourmillent », jetés à la volée à travers une forme qui cependant les discipline : cette forme est à la fois un ordre rhétorique (l'annonce et le détail) et une distribution anatomique (le corps et le visage) ; ces deux protocoles sont eux aussi des codes ; ces codes se surimpriment à l'anarchie des signifiés, ils apparaissent comme des opérateurs de nature — ou de raison. L'image finale fournie par le discours (par le « portrait ») est donc celle d'une forme naturelle, imprégnée de sens, comme si le sens n'était que le prédicat ultérieur d'un corps premier. »

ROLAND BARTHES,
1970, *S/Z,* Éd. du Seuil, p. 67.

Une page balzacienne au risque de l'explication : le portrait de Poiret.

Nous choisissons ce texte à la fois parce qu'il nous présente un personnage destiné à jouer les utilités, et dont l'essentiel des caractéristiques nous est donné d'emblée, et parce qu'il offre de ce fait une assez remarquable saturation sémantique et un bon exemple des procédés d'écriture privilégiés de Balzac.

Ce passage s'articule en trois parties : le portrait physique de Poiret, depuis le début jusqu'à « boulevard italien » ; son explication par la recherche des causes, depuis « Quel travail avait pu le ratatiner ainsi ? » jusqu'à *« Il en faut pourtant comme ça »* ; enfin une conclusion qui relégitime l'entreprise romanesque et reverse sur l'ensemble de la Maison-Vauquer l'ensemble des significations dégagées à l'occasion de la description de Poiret, depuis « Le beau Paris ignore ces figures blêmes » jusqu'à la fin.

Le portrait proprement dit s'organise en deux phrases d'ampleur très inégale : la première, attributive, définit péremptoirement le personnage et inaugure une série de sèmes, ou unités de sens, fondamentale, celle du « non-humain » ; la seconde, beaucoup plus complexe, procédant par accumulation, adoptant une structure syntaxique avec gérondif antéposé, insertion de propositions relatives explicatives, rejet de la principale, énumère un ensemble de traits dont il conviendra d'examiner la cohérence.

L'incipit qualifie donc Poiret de « mécanique » ; ainsi dévalorisé en automate, il n'est plus susceptible que de dénotations qui vont l'épuiser comme pure extériorité, et il se réduit à la fonctionnalité comme simple élément, rouage de la machine sociale. Privé d'intériorité, dévitalisé, Poiret est adéquat à son nom, dont le texte jouera par paronomase, c'est-à-dire par jeu sur la similitude des sonorités et la différence des significations : ainsi Poiret sera-t-il qualifié de « poireau » (p. 132) ou de « poire » (p. 347). En se rendant régulièrement au Jardin-des-Plantes, cet être végétatif s'insère métonymiquement dans son milieu « naturel ».

Ce pantin subit une nouvelle réduction, puisqu'il s'aplatit en une « ombre grise ». Non seulement se trouve ainsi actualisé le stéréotype « n'être que l'ombre de soi-même », mais se donne à lire, ou est au moins suggérée une intertextualité intéressante : en effet, l'étendue, notion appelée par la formulation « En l'apercevant s'étendre comme une ombre », définit dans la philosophie cartésienne la matière, ce qui confirme l'absence de pensée dans cette forme vide. Mieux encore, l'aplatissement, s'il connote la platitude et contribue ainsi à faire de Poiret un ectoplasme, nie tout volume et efface le corps, lequel ne sera plus que l'improbable support d'un habillage composite.

Significativement, le corps de Poiret n'est constitué que d'une tête, une main, des jambes, un cou et, au début de la seconde partie, une face, autrement dit un ensemble d'éléments qui se combinent plus en une silhouette qu'en une organisation qui accumulerait les significations, prises en charge par les vêtements. Ceux-ci relèvent d'une énumération où les substantifs sont qualifiés par des épithètes dont les dénotations et les connotations méritent un examen circonstancié.

Une première série dénote le vieillissement et connote l'usure, renvoyant à la décrépitude du personnage : *vieille* casquette, canne à pomme d'ivoire *jauni*, pans *flétris* ; une deuxième série dénote la pauvreté et connote une certaine déchéance : gilet blanc *sale*, jabot de *grosse* mousseline ; une troisième série se combine avec les relatives explicatives et les comparaisons pour dénoter à la fois le dessèchement et le tremblement et connoter comme un flétrissement généralisé : vieille casquette *flasque*, jambes en bas bleus qui *flageolaient comme celles d'un homme ivre*, jabot (...) *recroquevillé*, cravate *cordée* (autrement dit elle n'est pas nouée, ce qui supposerait une agilité des mains dont Poiret est dépourvu). On remarquera que le jabot recroquevillé renvoie par contiguïté au corps recroquevillé et provoque ainsi un effet métonymique, tout en se rapprochant de la synecdoque, puisqu'il s'agit d'une partie recroquevillée d'un tout recroquevillé. Enfin, la culotte *presque vide* dénote la maigreur, comme le cou de dindon, mais connote l'impuissance. Le cou de dindon connote la répulsion qu'une chair bossuée, molle et rougeâtre suscite (voir le CONTEXTE p. 67), dégoût opposé au désir qui informera les rapports entretenus entre Poiret et la Michonneau. Signalons pour terminer l'allitération en (fl) dans flasque, flotter, flétris et flageolaient qui renforce phonétiquement la cohérence du texte, ainsi que celle en (i) : vieille, ivoire, jauni, flétris, vide, ivre, gilet, etc.

Les vêtements, quant à eux, connotent des ambitions sociales qu'une vie médiocre a fait avorter ou que l'insuffisance notoire de l'individu n'a pu légitimer. La culotte, les bas, le gilet, le jabot, la cravate et la canne montrent l'effort accompli pour paraître, faire preuve d'une certaine élégance, ou au moins d'une certaine tenue. La casquette, attribut plus populaire, vient contester cette prétention (un des signes de la déchéance du père Goriot sera la casquette substituée au chapeau — on comparera d'ailleurs utilement la description de Poiret et celles de Goriot, « avant », pp. 84-92, et « après », pp. 108-110). De plus, la culotte et les bas, démodés dans ces années 1819-1820, opposent Poiret aux élégants du boulevard italien, et amorcent discrètement le thème idéologique, comme nous le verrons.

Le « non-humain » que nous avions signalé à propos de « mécanique » se prolonge dans l'animalité référée par le substantif dindon. On retrouvera cette animalité dans la suite de ce passage, mais elle sera déterminée par les sèmes que l'on associe généralement au mâle de la dinde : bêtise et vanité ostentatoire. L'on sait que la langue familière comporte l'expression « être le dindon de la farce » qui se fonde sur la stupidité supposée de cet oiseau de basse-cour. Tout cela se confortera avec l'âne et la référence à La Fontaine.

La description se termine par la reprise de l'ombre du début dans l'« ombre chinoise », mais la signification a évolué ; en effet, l'expression « ombre chinoise » fonctionne comme un syntagme figé, sinon un cliché, réactualisé et remotivé par tout ce qui précède. Désignant une silhouette, elle rassemble sur un mode hyperbolique éléments corporels et vestimentaires modifiés par les qualifications en un signifié synthétique. En se clôturant sur une récupération de ses constituants initiaux, la description assure l'efficacité de l'illusion réaliste... après avoir exhibé syntaxiquement sa cohérence par constitution de Poiret en objet (en *l'*apercevant) auquel se rapportent trois participes présents (tenant, laissant, montrant) qui induisent faiblesse (tenant à peine), passivité (laissant) ou ostentation dérisoire (montrant).

Caricaturé, Poiret se trouve opposé par des tiers supposés « bien des gens » à la « race audacieuse ». Cette antithèse, censée se vérifier en permanence, comme l'indique l'imparfait itératif « se demandaient », assure la conclusion de la description et prépare le thème idéologique de la deuxième partie. Le genre humain ainsi confronté à ce fantôme sénile s'en trouve revalorisé et se voit magnifié dans sa composante particulière : la « société » du boulevard italien. Or ce lieu éminemment parisien possède pour les lecteurs du temps de nombreuses résonances culturelles : s'y donne en effet à voir et admirer toute une population élégante de dandys, « lions » et autres « fashionables », y paradent les arbitres des élégances, y prospèrent les cafés à la mode, hauts lieux de la sociabilité ; Tortoni, le Café Anglais, le Café Riche... s'y succèdent comme autant de stations obligées. Le boulevard italien est donc bien l'espace où l'on papillonne dans un chatoiement et avec une grâce et une légèreté qui s'opposent au tremblement du flageolant Poiret. Mais cet axe de la mondanité prend également une signification idéologique : il connote l'ultracisme. Il fut surnommé le Boulevard de Gand pendant les Cent Jours, par référence à l'exil de Louis XVIII (« Rendez-nous notre Père de Gand » chantait-on), et ses habitués devinrent les gandins, terme lexicalisé par la suite avec une connotation péjorative. Dès lors, Poiret, déjà renvoyé au passé par ses vêtements démodés, se trouve resitué plus précisément dans le temps de la Révolution et de l'Empire.

La deuxième partie de notre texte va se développer à partir de ces indices et prolonger quelques séries commencées dans la première, en particulier celles du végétal : sa face *bulbeuse* (on peut d'ailleurs penser que le verbe « flageolaient » s'y insère plaisamment), et de l'animalité.

La question « Quel travail avait pu le ratatiner ainsi ? », première d'une série de trois, pose toute la description précédente comme formulation d'une énigme, c'est dire que fonctionne le code herméneutique (formulation, entretien et résolution d'une énigme), comme le fait remarquer Jean-Charles Gateau dans son article « Balzac ou l'écriture veinée : le collage des codes » paru dans *Littérature* (n° 46, mai 1982) — à qui nous devons de nombreuses remarques décisives —, et que va commencer un processus de dévoilement. Cette série de questions combine deux stratégies : celle de la question rhétorique, celle du dialogue fictif avec le lecteur ; le narrateur s'assure ainsi une position de force : omniscient, il peut ménager ses effets et même se permettre une restriction hypothétique (mais *peut-être* avait-il été employé) et une distanciation ironique (sa face bulbeuse qui, dessinée en caricature, aurait paru hors du vrai) qui revient réflexivement sur le portrait précédent. De plus, en feignant de (se) demander « quelle passion avait bistré sa face », il inscrit faussement Poiret dans l'ensemble des êtres à passions consumés par leur monomanie qui échouent dans des pensions comme la Maison-Vauquer. Or, cet être falot ne relève pas de cet ordre explicatif, mais de celui de la profession, de la fonctionnalité dans la mécanique sociale.

Type de l'Employé (terme qui fournira un titre à Balzac, nous y reviendrons) Poiret représente plus spécifiquement la bureaucratie judiciaire. Comptable minutieux des frais du bourreau, détaillés en une sinistre énumération (fournitures de voiles noirs, son pour les paniers, ficelle pour les couteaux), il gère scrupuleusement l'horreur du point de vue abstrait de l'arithmétique budgétaire. Poiret apparaît bien alors comme une part infime mais nécessaire de l'Institution. A l'évidence, la mention de la guillotine, éclatée en synecdoques à effet multiplicateur (panier, son, couteaux) désigne emblématiquement la Révolution, dont, machine elle-même, elle symbolise l'implacable machinerie. Jean-Charles Gateau suggère que la référence au parricide renforce cette désignation de la Terreur, puisque ce crime renvoie également au régicide, auquel Poiret serait alors associé par contamination.

Les autres hypothèses concernant sa profession concernent elles aussi la mort : receveur à la porte d'un abattoir, sous-inspecteur (le « sous » est évidemment à souligner) de salubrité, autrement dit chargé à la fois de la statistique des décès et de l'enquête sur leurs causes. Poiret a donc fait sa médiocre carrière comme fonctionnaire de la mort, agent aveugle d'une société, ou plutôt d'un État mortifère, qui rationalise et quantifie l'indicible. A cet égard, il exprime la froide modernité dans toute son inhumanité, et l'animalité peut resurgir comme mot de la fin : « Enfin ».

Après le dindon, l'âne continue le thème de la bêtise, de la tâche stupidement répétitive que désigne la catachrèse (dénomination figurée qui parfois se lexicalise : « c'est un âne ») devenue cliché, ici renouvelé par les épithètes de moulin : « grand » et « social », dont l'intérêt est de synthétiser le thème de la machine sociale qui broie les individus en tournant apparemment sans raison. L'animalité se renforce de l'intertextualité explicitement signalée : comme dans la fable de La Fontaine, Poiret a tiré les marrons du feu pour d'autres. La fable est réactualisée par l'adjectif « parisien » : Poiret est un Raton moderne, et du même coup, il va s'agir, si l'on peut dire, de « marrons » modernes. Il s'agit des « infortunes » et des « saletés publiques » ; le vague de la formulation ne dissimule cependant pas le sens ni la portée idéologique : les infortunes des uns ont permis la fortune des autres, un certain vermicellier par exemple, les saletés publiques ont impliqué plus d'un Nucingen : le moulin social n'a pas tourné pour rien ni personne, si le pivot reste fixe, la roue, elle, se meut : Poiret n'a été qu'un agent, inconscient, peut-être, besogneux, sans doute, honnête, sûrement, comme nous le montrerons en conclusion.

La deuxième partie s'achève sur une proposition fataliste mise en relief par l'italique, à la manière de la sagesse des nations : « Il en faut pourtant comme ça. » Elle réduit Poiret à la simplicité stérile d'une assertion tautologique, il est ce qu'il est, pauvre définition d'un pauvre être qui s'est épuisé comme individu pensant dans une activité aliénante. Le déictique (ou présentatif) classe Poiret dans un ordre taxinomique, il devient une espèce comme celles que la zoologie ou la botanique examinent : on récupère ainsi le Jardin-des-Plantes du début.

La troisième partie réaffirme la légitimité de l'entreprise romanesque. Le discours auctorial insiste sur la complexité de l'univers parisien, que la Maison-Vauquer concentre et exemplifie, et file la métaphore : « océan », « sonde », « mer », « perles », « plongeurs littéraires ». De plus, le thème de l'inconnu à explorer, abordé dès la quatrième page du roman, est réutilisé : « lieu vierge », « antre inconnu », « quelque chose d'inouï ». Le romancier, assimilé à la fois à un explorateur, un exégète du grand texte parisien et un géographe doublé d'un naturaliste, se confie à lui-même la tâche exaltante de parcourir et décrire, autre façon de s'autodésigner comme secrétaire et historien de la société moderne. Tâche infinie (vous n'en connaîtrez jamais la profondeur), entreprise folle, mais ambition exhibée et assumée, stylistiquement marquée par les impératifs de défi (jetez, parcourez, décrivez), le mode assertif (Paris est un véritable océan, il s'y rencontrera toujours...), l'accumulation.

Le signifiant Poiret a permis l'intrication de nombreux signifiés, ceux-ci se reversent et se réinvestissent dans l'ensemble de la pension : le narrateur peut réembrayer sur le thème de la monstruosité. Exhumé et mis en lumière, hissé hors des bas-fonds cachés du beau Paris, Poiret, figure blême, se réinsère dans son environnement, où il jouera un rôle peu gratifiant : idémiste, donc voué à la reduplication insane de propos venus d'ailleurs, escorte de la Michonneau, Vénus du Père Lachaise, et comparse de celle-ci dans la machination policière de Bibi-

Lupin, prolongement dans sa retraite de sa fonction dans l'appareil répressif. Simple utilité dans la Maison-Vauquer, Poiret se perpétue, tel qu'en lui-même.

En conclusion, nous insisterons sur le type de l'Employé. En effet, Balzac écrira en 1837 *Les Employés*, texte dans lequel la figure de Poiret réapparaît sous les traits de son alter ego et frère, Poiret jeune. L'on y apprend que Poiret l'aîné avait servi dans les Bureaux de l'époque révolutionnaire sous Robert Lindet, membre du Comité de Salut public, chargé des subsistances, justement réputé pour son intégrité, et organisateur de la loi du maximum, qui imposait un plafond aux salaires et aux prix : « L'un et l'autre, ils avaient été écrasés de besogne sous Robert Lindet. L'Administration ne fut pas juste alors envers eux, mais ils se regardaient comme heureux d'avoir conservé leurs têtes, et ne se plaignaient qu'entre eux de cette ingratitude, car ils avaient *organisé le maximum.* » La rigueur de cette économie de guerre jointe à la réputation de Lindet peut laisser penser que Poiret fut un honnête artisan, dans les deux sens de l'adjectif : il n'a pu s'enrichir comme un Goriot.

Cependant, il est un pur produit de la modernité : « Autrefois, sous la monarchie, les armées bureaucratiques n'existaient point. (...) Depuis 1789, l'État, la *patrie* si l'on veut, a remplacé le Prince. Au lieu de relever directement d'un premier magistrat politique, les commis sont devenus, malgré nos belles idées sur la patrie, des *employés du gouvernement*, et leurs chefs flottent à tous les vents d'un pouvoir appelé *Ministère* qui ne sait pas la veille s'il existera le lendemain. Le courant des affaires devant toujours s'expédier, il surnage une certaine quantité de commis indispensables quoique congéables à merci et qui veulent rester en place. La bureaucratie, pouvoir gigantesque mis en mouvement par des nains, est née ainsi. »

Désuet par sa mise, Poiret n'en indique pas moins une des tendances repérables dans la société contemporaine telle que l'analyse Balzac. Sa déshumanisation symbolise d'une façon sinistre l'avènement d'une France paperassière, technicienne et fonctionnarisée : dénaturation du corps social qui n'est pas autre chose que la perversion des idéaux révolutionnaires, et le visage hideux d'une Raison métamorphosée en monstre glacé.

Ne forçons toutefois pas le trait : Poiret se caractérise avant tout par son obéissance, sa soumission au principe de l'Autorité, comme on le lit aux pages 328 et 329 : « Les bureaux ont leur obéissance passive, comme l'armée a la sienne : système qui étouffe la conscience, annihile un homme, et finit, avec le temps, par l'adapter comme une vis ou un écrou à la machine gouvernementale. » Poiret se définit comme zéro social et force aveugle.

Un dernier point achèvera cette conclusion : le psittacisme de ce « niais bureaucratique » (p. 329), combiné à telle ou telle absurde lapalissade (« S'il lui prenait fantaisie de nous assassiner tous. Mais, que diable ! nous serions coupables de ces assassinats, sans compter que nous en serions les premières victimes » (p. 334), le rapproche des féroces caricatures d'Henry Monnier, amalgamant des traits satiriques des *Mœurs administratives* (1828) et des *Scènes populaires* (1830 et 1831) où apparaît le célèbre Joseph Prudhomme, cliché vivant, type du bourgeois vaniteux et stupide, mais aussi produit dérisoire et inquiétant de la société moderne.

ANNEXE

Parmi d'autres traits récurrents, on remarque ce que Claude Duchet appelle « un des plus constants tics balzaciens » : « un de ces Ratons parisiens », *qu'il rapproche de la fameuse des-*

cription de la casquette de Charles Bovary :

« L'illusion réaliste, entendue ici comme l'illusion théâtrale, se caractérise donc par un jeu incessant entre le référent et sa référence, par quoi se constitue la réalité textuelle de l'espace social du roman. Ainsi encore la fameuse casquette, « réellement » (dénotativement) couvre-chef, transformée par le roman en objet unique, sui-référentiel, descriptible-indescriptible, fantasme d'écriture, mais socialisée par sa référence *Kitsch* : « *Une de ces* coiffures composites... », « *Une de ces* pauvres choses... » On reconnaît dans cette mise en paradigme, un des plus constants tics balzaciens, et ce que G. Genette appelle « l'invasion du récit par le discours » ; mais faut-il y voir le signe de l'arbitraire ou l'inscription des conditions de possibilité du texte réaliste, la trace de son fonctionnement, la contradiction qui le fait vivre, l'impossibilité de sa clôture, sauf peut-être en la totalité infiniment poursuivie d'une *Comédie humaine* ? »

CLAUDE DUCHET, 1973,
« Une écriture de la socialité » in *Poétique*, n° 16, p. 452.

ture, aurait paru hors du vrai ? Ce qu'il avait été ? mais peut-être avait-il été employé au Ministère de la Justice, dans le bureau où les exécuteurs des hautes œuvres envoient leurs mémoires de frais, le compte des fournitures de voiles noirs pour les parricides[1], de son pour les paniers, de ficelle pour les couteaux. Peut-être avait-il été receveur à la porte d'un abattoir, ou sous-inspecteur de salubrité. Enfin, cet homme semblait avoir été l'un des ânes de notre grand moulin social, l'un de ces Ratons parisiens qui ne connaissent même pas leurs Bertrands[2], quelque pivot sur lequel avaient tourné les infortunes ou les saletés publiques, enfin l'un de ces hommes dont nous disons, en les voyant : *Il en faut pourtant comme ça*. Le beau Paris ignore ces figures blêmes de souffrances morales ou physiques. Mais Paris est un véritable océan. Jetez-y la sonde, vous n'en connaîtrez jamais la profondeur. Parcourez-le, décrivez-le ! quelque soin que vous mettiez à le parcourir, à le décrire ; quelque nombreux et intéressés que soient les explorateurs de cette mer, il s'y rencontrera toujours un lieu vierge, un antre inconnu, des fleurs, des perles, des monstres, quelque chose d'inouï, oublié par les plongeurs littéraires. La Maison Vauquer est une de ces monstruosités curieuses.

Deux figures y formaient un contraste frappant avec la masse des pensionnaires et des habitués. Quoique mademoiselle Victorine Taillefer eût une blancheur maladive semblable à celle des jeunes filles attaquées de chlorose[3], et qu'elle se rattachât à la souffrance générale qui faisait le fond de ce tableau, par une tristesse habituelle, par une contenance gênée, par un air pauvre et grêle, néanmoins son visage n'était pas vieux, ses mouvements et sa voix étaient agiles. Ce jeune malheur ressemblait à un arbuste aux feuilles jaunies, fraîchement planté dans un terrain contraire (1). Sa physionomie roussâtre, ses cheveux d'un blond fauve, sa taille trop mince, exprimaient cette grâce que les poètes modernes trouvaient aux statuettes du Moyen Age. Ses yeux gris mélangés de noir exprimaient une douceur, une résignation chrétiennes. Ses vêtements simples, peu coûteux, trahissaient des formes jeunes. Elle était jolie par juxtaposition. Heureuse, elle eût été ravissante : le bonheur est la poésie des femmes, comme la toilette en est le fard. Si la joie d'un bal eût reflété ses teintes rosées sur ce visage pâle ; si les douceurs d'une vie élégante eussent rempli, eussent vermillonné ces joues déjà légèrement creusées ; si l'amour eût

1. On couvrait d'un voile noir la tête des parricides avant leur exécution.

2. Dans la fable de La Fontaine Le Singe et le Chat *(IX, 17), le chat Raton tire les marrons du feu pour le singe Bertrand.*

3. Maladie fréquemment évoquée au XIXe siècle. Les symptômes de cette anémie caractéristique des jeunes filles (pâleur et anorexie) sont décrits dans Le Lys dans la Vallée *(1835) à propos de Madeleine de Mortsauf.*

1 Pâleurs chlorotiques et féminité exsangue.

Depuis Wann-Chlore, *publié anonymement en 1825, et signé Horace de Saint-Aubin en 1836 avec le titre* Jane la Pâle, *la chlorose intéresse Balzac. Cette affection se présente comme une langueur exacerbée, une déperdition tragique de la vitalité féminine, un étiolement de l'être destiné à la fécondité :*

« Elle avait ses beaux cheveux cendrés en désordre sous un petit bonnet chiffonné en percale et à ruches qu'elle s'était fait elle-même. De chaque côté des tempes il passait des boucles échappées de leurs papillotes en papier gris. Derrière la tête, une grosse natte aplatie pendait déroulée. La blancheur excessive de sa figure trahissait une de ces horribles maladies de jeune fille à laquelle la médecine a donné le nom gracieux de *chlorose*, et qui prive le corps de ses couleurs naturelles, qui trouble l'appétit et annonce de grands désordres dans l'organisme. Ce ton de cire existait dans toute la carnation. Le cou et les épaules expliquaient par leur pâleur d'herbe étiolée la maigreur des bras jetés en avant et croisés. Les pieds de Pierrette paraissaient amollis, amoindris par la maladie. Sa chemise ne tombait qu'à mi-jambe et laissait voir des nerfs fatigués, des veines bleuâtres, une carnation appauvrie. »

Pierrette, 1840.

« Enfant malingre dont les yeux étaient pâles, dont la peau était blanche comme une porcelaine éclairée par une lueur, Madeleine n'aurait sans doute pas vécu dans l'atmosphère d'une ville. L'air de la campagne, les soins de sa mère qui semblait la couver, entretenaient la vie dans ce corps aussi délicat que l'est une plante venue en serre malgré les rigueurs d'un climat étranger. Quoiqu'elle ne rappelât en rien sa mère, Madeleine paraissait en avoir l'âme, et cette âme la soutenait. Ses cheveux rares et noirs, ses yeux caves, ses joues creuses, ses bras amaigris, sa poitrine étroite annonçaient un débat entre la vie et la mort, duel sans trêve où jusqu'alors la comtesse était victorieuse. Elle se faisait vive, sans doute pour éviter des chagrins à sa mère ; car, en certains moments où elle ne s'observait plus, elle prenait l'attitude d'un saule pleureur. Vous eussiez dit d'une petite Bohémienne souffrant la faim, venue de son pays en mendiant, épuisée, mais courageuse et parée pour son public. »

Le Lys dans la vallée, 1835-1836.

ranimé ces yeux tristes, Victorine aurait pu lutter avec les plus belles jeunes filles. Il lui manquait ce qui crée une seconde fois la femme, les chiffons et les billets doux. Son histoire eût fourni le sujet d'un livre. Son père croyait avoir des raisons pour ne pas la reconnaître, refusait de la garder près de lui, ne lui accordait que six cents francs par an, et avait dénaturé sa fortune, afin de pouvoir la transmettre en entier à son fils[1]. Parente éloignée de la mère de Victorine, qui jadis était venue mourir de désespoir chez elle, madame Couture prenait soin de l'orpheline comme de son enfant. Malheureusement la veuve du Commissaire-Ordonnateur des armées de la République ne possédait rien au monde que son douaire[2] et sa pension ; elle pouvait laisser un jour cette pauvre fille, sans expérience et sans ressources, à la merci du monde. La bonne femme menait Victorine à la messe tous les dimanches, à confesse tous les quinze jours, afin d'en faire à tout hasard une fille pieuse. Elle avait raison. Les sentiments religieux offraient un avenir à cet enfant désavoué, qui aimait son père, qui tous les ans s'acheminait chez lui pour y apporter le pardon de sa mère ; mais qui, tous les ans, se cognait contre la porte de la maison paternelle, inexorablement fermée. Son frère, son unique médiateur, n'était pas venu la voir une seule fois en quatre ans, et ne lui envoyait aucun secours. Elle suppliait Dieu de dessiller les yeux de son père, d'attendrir le cœur de son frère, et priait pour eux sans les accuser. Madame Couture et madame Vauquer ne trouvaient pas assez de mots dans le dictionnaire des injures pour qualifier cette conduite barbare. Quand elles maudissaient ce millionnaire infâme, Victorine faisait entendre de douces paroles, semblables au chant du ramier blessé, dont le cri de douleur exprime encore l'amour ⟨1⟩.

Eugène de Rastignac avait un visage tout méridional, le teint blanc, des cheveux noirs, des yeux bleus ⟨2⟩. Sa tournure, ses manières, sa pose habituelle dénotaient le fils d'une famille noble, où l'éducation première n'avait comporté que des traditions de bon goût. S'il était ménager de ses habits, si les jours ordinaires il achevait d'user les vêtements de l'an passé, néanmoins il pouvait sortir quelquefois mis comme l'est un jeune homme élégant. Ordinairement il portait une vieille redingote, un mauvais gilet, la méchante cravate noire, flétrie, mal nouée de l'Étudiant, un pantalon à l'avenant et des bottes ressemelées.

1. *L'histoire de Taillefer est racontée dans* L'Auberge rouge *(1831).*

2. *Droits de l'épouse survivante sur les biens de son mari.*

1 Victorine ou la victime sociale.

« Si, pour certains personnages, il existe un rapport harmonieux entre leur être et les choses, il y en a d'autres dont le trait distinctif est *la rupture, la désharmonie avec ces mêmes éléments.* C'est ici le cas de Victorine, qui se trouve « dans un terrain contraire » (...) Le fait qu'un personnage soit en harmonie ou dysharmonie avec son milieu doit nous donner la mesure de sa réification, c'est-à-dire indiquer combien ses rapports avec le monde en général sont des rapports réifiés. Or, ce qui sépare ces personnages est leur capacité de sentir intégralement, d'avoir des désirs spontanés et non « des désirs selon les autres », ils sont des « hommes à passions ». Victorine, portrait, comme Eugénie Grandet, de la résignation et de la patience chrétienne, donne la preuve de la force des passions et des désirs intrinsèques, non médiatisés et maintient un certain équilibre psychologique ; la médiatisation, étant comprise ici comme la substitution aux valeurs qualitatives (Balzac dirait « naturelles ») de valeurs d'échange purement quantitatives.

Cependant si ces valeurs, l'autorité paternelle, l'amour filial, la religion, en bref des valeurs qui, à l'opposé de l'individualisme, lient des individus par des principes, constituent une force personnelle, elles sont objectivement en dégradation, inefficaces et destinées à périr. Ainsi le désir d'être aimée par Rastignac est chez Victorine, sublime, plein de poésie, mais impuissant et stérile. De même son amour fidèle pour un père ingrat la condamne à la souffrance. Donc, si ses beaux sentiments de loyauté et de noblesse de cœur lui évitent la déshumanisation, ils ne peuvent pas objectivement influencer les événements. Ainsi, la richesse éventuelle de Victorine est le fruit des crimes de Taillefer, et du meurtre de son frère. Bien qu'elle soit victime subjectivement, l'Innocence de Victorine a pour effet de la rendre objectivement complice. Et, cette complicité universelle (...) est une des conséquences de l'ignorance de la vraie nature du monde. Ce n'est qu'une force poétique, en soi, qui n'est jamais créatrice. »

LINDA RUDICH, 1973,
op. cit., pp. 75-76.

La suite du roman confirmera l'exclusion de Victorine qui n'accède au jeu social que dans l'intrigue imaginée par Vautrin. Dès lors, on comprend rétrospectivement que l'indication de la première page : « Néanmoins, en 1819, époque à laquelle ce drame commence, il s'y trouvait une pauvre jeune fille », *ne constitue pas l'amorce du sujet du roman, même s'il ne s'agit pas à proprement parler d'un leurre, d'une fausse piste romanesque, puisque Victorine est nécessaire à la formation de Rastignac, qu'il convient stratégiquement de placer devant un choix fondamental : quel parti prendre dans la société ? Personnage poétique, certes, Victorine remplit aussi une fonction essentielle.*

Peut-être alors cette annonce inaugurale combine-t-elle plusieurs impératifs. L'on sait en effet que Balzac est fasciné par ce thème de la jeune fille malheureuse (voir Eugénie Grandet*), mais en même temps, un tel sujet est déjà devenu un poncif mélodramatique. Donc cette phrase désigne à la fois une polarité et un élément structurel de l'économie du roman, tout en marquant une distance ironique de l'auteur, puisque le récit remplit autrement le contrat de lecture : Balzac joue sur ce que la rhétorique appelait la* captatio benevolentiae*, ce qui se confirme par l'intervention auctoriale sur la notion de drame (pour le sens d'auctorial, voir le CONTEXTE 43).*

2 Yeux bleus et cheveux bruns, le gage de la réussite.

« (Les bruns aux yeux bleus et les blonds aux yeux bleus) ont en commun l'iris bleu et l'ambition. (...) Mais ce qui distingue les bruns des blonds, c'est qu'ils ont à la fois plus de fermeté et plus de ressources intellectuelles. Ce sont des esprits à double fond, aptes à faire des administrateurs et des politiques. Leur réussite est celle de leur volonté. Leurs succès féminins sont dus à ce qu'on trouve en eux de viril et de sûr. Les inimitiés qu'ils provoquent ne sont que des inimitiés de carrière, nées d'une habileté parfois trop grande à profiter des circonstances et même à faire naître ces circonstances. (...) Les blonds échouent, les bruns réussissent dans la *Comédie humaine*, du moins pour ce qui est de leur réussite matérielle.

Chez les bruns aux yeux bleus, Rastignac, le toujours jeune pair de France, et de Marsay, le dandy premier ministre, sont des illustrations assez éclatantes (...). »

PIERRE ABRAHAM,
1931,
Créatures chez Balzac,
© Gallimard, pp. 209-210.

N.B. Rose Fortassier (édition de la Pléiade, p. 1232) signale que Talleyrand avait les yeux bleu turquoise, et qu'Eugène Sue présentait cette « heureuse et rare conjonction de cheveux noirs et d'yeux bleus ».

Lith. de Ducarme

La toilette d'une jolie Femme.

LE CHAPEAU.

à Paris chez Osterwald aîné, quai des Augustins, N.° 37,
et Bittner, Boulevard-Montmartre, N.° 12.

Dep.

Entre ces deux personnages et les autres, Vautrin, l'homme de quarante ans, à favoris peints, servait de transition. Il était un de ces gens dont le peuple dit : Voilà un fameux gaillard ! Il avait les épaules larges, le buste bien développé, les muscles apparents, des mains épaisses, carrées et fortement marquées aux phalanges par des bouquets de poils touffus et d'un roux ardent ⟨1⟩ . Sa figure, rayée par des rides prématurées, offrait des signes de dureté que démentaient ses manières souples et liantes. Sa voix de basse-taille[1], en harmonie avec sa grosse gaieté, ne déplaisait point. Il était obligeant et rieur. Si quelque serrure allait mal, il l'avait bientôt démontée, rafistolée, huilée, limée, remontée, en disant : Ça me connaît. Il connaissait tout d'ailleurs, les vaisseaux, la mer, la France, l'étranger, les affaires, les hommes, les événements, les lois, les hôtels et les prisons. Si quelqu'un se plaignait par trop, il lui offrait aussitôt ses services. Il avait prêté plusieurs fois de l'argent à madame Vauquer et à quelques pensionnaires ; mais ses obligés seraient morts plutôt que de ne pas le lui rendre, tant, malgré son air bonhomme, il imprimait de crainte par un certain regard profond et plein de résolution. A la manière dont il lançait un jet de salive, il annonçait un sang-froid imperturbable qui ne devait pas le faire reculer devant un crime pour sortir d'une position équivoque. Comme un juge sévère, son œil semblait aller au fond de toutes les questions, de toutes les consciences, de tous les sentiments. Ses mœurs consistaient à sortir après le déjeuner, à revenir pour dîner, à décamper pour toute la soirée, et à rentrer vers minuit, à l'aide d'un passe-partout que lui avait confié madame Vauquer. Lui seul jouissait de cette faveur. Mais aussi était-il au mieux avec la veuve, qu'il appelait maman en la saisissant par la taille, flatterie peu comprise ! La bonne femme croyait la chose encore facile, tandis que Vautrin seul avait les bras assez longs pour presser cette pesante circonférence. Un trait de son caractère était de payer généreusement quinze francs par mois pour le *gloria*[2] qu'il prenait au dessert. Des gens moins superficiels que ne l'étaient ces jeunes gens emportés par les tourbillons de la vie parisienne, ou ces vieillards indifférents à ce qui ne les touchait pas directement, ne se seraient pas arrêtés à l'impression douteuse que leur causait Vautrin. Il savait ou devinait les affaires de ceux qui l'entouraient, tandis que nul ne pouvait pénétrer ni ses pensées ni ses occupations. Quoiqu'il n'eût jeté son appa-

1. Voix intermédiaire entre le baryton et la basse.
2. Café mélangé d'eau-de-vie.

1 Vautrin, l'homme-feu.

« Cheveux, mais aussi bien sourcils, barbe, moustache, plus généralement poils : voilà bien l'un des êtres anatomiques sur lesquels s'arrête avec le plus de soin, d'attention presque maniaque la rêverie déchiffrante de Balzac. Car c'est en lui peut-être que se trahit le mieux la force interne. La pulsion ardente ou éruptive s'y mue quasi continûment en déploiement fibreux. Cheveux ou poils semblent en effet prolonger matériellement en eux, et inscrire dans l'espace le plus actif de la poussée vitale. De là le don de buissonnement pileux accordé par Balzac à tous ses grands personnages énergiques, et surtout à ceux dont la vigueur, encore sauvage, non conventionnelle, reste toujours soumise à la tentation du crime. L'hirsute, le velu, ce sont des qualités qui annoncent presque fatalement ici la violence, le tonus sexuel, donc bientôt l'infraction, le non-respect des normes, légales ou formelles. Ajoutons que ces poils ont le plus souvent couleur rousse, ce qui permet de lire aussitôt en eux la flamme dont ils sont l'épanouissement ultime, et subsidiairement l'enfer qui constitue le lieu théologico-moral de cette flamme. »

JEAN-PIERRE RICHARD, 1970, « Corps et décors balzaciens » in *Études sur le romantisme*, Éd. du Seuil, p. 19.

rente bonhomie, sa constante complaisance et sa gaieté comme une barrière entre les autres et lui, souvent il laissait percer l'épouvantable profondeur de son caractère. Souvent une boutade digne de Juvénal[1], et par laquelle il semblait se complaire à bafouer les lois, à fouetter la haute société, à la convaincre d'inconséquence avec elle-même, devait faire supposer qu'il gardait rancune à l'état social, et qu'il y avait au fond de sa vie un mystère soigneusement enfoui.

Attirée, peut-être à son insu, par la force de l'un ou par la beauté de l'autre, mademoiselle Taillefer partageait ses regards furtifs, ses pensées secrètes, entre ce quadragénaire et le jeune étudiant ; mais aucun d'eux ne paraissait songer à elle, quoique d'un jour à l'autre le hasard pût changer sa position et la rendre un riche parti. D'ailleurs aucune de ces personnes ne se donnait la peine de vérifier si les malheurs allégués par l'une d'elles étaient faux ou véritables. Toutes avaient les unes pour les autres une indifférence mêlée de défiance qui résultait de leurs situations respectives. Elles se savaient impuissantes à soulager leurs peines, et toutes avaient en se les contant épuisé la coupe des condoléances. Semblables à de vieux époux, elles n'avaient plus rien à se dire. Il ne restait donc entre elles que les rapports d'une vie mécanique, le jeu de rouages sans huile. Toutes devaient passer droit dans la rue devant un aveugle, écouter sans émotion le récit d'une infortune, et voir dans une mort la solution d'un problème de misère qui les rendait froides à la plus terrible agonie. La plus heureuse de ces âmes désolées était madame Vauquer, qui trônait dans cet hospice libre. Pour elle seule ce petit jardin, que le silence et le froid, le sec et l'humide faisaient vaste comme un steppe, était un riant bocage. Pour elle seule cette maison jaune et morne, qui sentait le vert-de-gris du comptoir, avait des délices. Ces cabanons lui appartenaient. Elle nourrissait ces forçats acquis à des peines perpétuelles, en exerçant sur eux une autorité respectée. Où ces pauvres êtres auraient-ils trouvé dans Paris, au prix où elle les donnait, des aliments sains, suffisants, et un appartement qu'ils étaient maîtres de rendre, sinon élégant ou commode, du moins propre et salubre ? Se fût-elle permis une injustice criante, la victime l'aurait supportée sans se plaindre.

Une réunion semblable devait offrir et offrait en petit les éléments d'une société complète. Parmi les dix-huit convives il se rencontrait, comme dans les collèges, comme dans

1. *Poète latin auteur de* Satires *où il fustige les mœurs de la société romaine de son époque (v. 60-v. 140).*

Qu'est-ce qu'un homme pour moi? dit Vautrin. — PAGE 32.

le monde, une pauvre créature rebutée, un souffre-douleur sur qui pleuvaient les plaisanteries. Au commencement de la seconde année, cette figure devint pour Eugène de Rastignac la plus saillante de toutes celles au milieu desquelles il était condamné à vivre encore pendant deux ans (1). Ce *Patiras*[1] était l'ancien vermicellier, le père Goriot, sur la tête duquel un peintre aurait, comme l'historien, fait tomber toute la lumière du tableau. Par quel hasard ce mépris à demi haineux, cette persécution mélangée de pitié, ce non-respect du malheur avaient-ils frappé le plus ancien pensionnaire ? Y avait-il donné lieu par quelques-uns de ces ridicules ou de ces bizarreries que l'on pardonne moins qu'on ne pardonne des vices ? Ces questions tiennent de près à bien des injustices sociales. Peut-être est-il dans la nature humaine de tout faire supporter à qui souffre tout par humilité vraie, par faiblesse ou par indifférence. N'aimons-nous pas tous à prouver notre force aux dépens de quelqu'un ou de quelque chose ? L'être le plus débile, le gamin sonne à toutes les portes quand il gèle, ou se hisse pour écrire son nom sur un monument vierge.

Le père Goriot, vieillard de soixante-neuf ans environ, s'était retiré chez madame Vauquer, en 1813, après avoir quitté les affaires. Il y avait d'abord pris l'appartement occupé par madame Couture, et donnait alors douze cents francs de pension, en homme pour qui cinq louis de plus ou de moins étaient une bagatelle. Madame Vauquer avait rafraîchi les trois chambres de cet appartement moyennant une indemnité préalable qui paya, dit-on, la valeur d'un méchant ameublement composé de rideaux en calicot[2] jaune, de fauteuils en bois verni couverts en velours d'Utrecht[3], de quelques peintures à la colle, et de papiers que refusaient les cabarets de la banlieue. Peut-être l'insouciante générosité que mit à se laisser attraper le père Goriot, qui vers cette époque était respectueusement nommé monsieur Goriot, le fit-elle considérer comme un imbécile qui ne connaissait rien aux affaires. Goriot vint muni d'une garde-robe bien fournie, le trousseau magnifique du négociant qui ne se refuse rien en se retirant du commerce. Madame Vauquer avait admiré dix-huit chemises de demi-hollande[4], dont la finesse était d'autant plus remarquable que le vermicellier portait sur son jabot dormant deux épingles unies par une chaînette, et dont chacune était montée d'un gros diamant. Habituellement vêtu d'un habit bleu-barbeau[5], il prenait cha-

1. Régionalisme encore usité dans l'Ouest pour désigner celui qui pâtit, autrement dit un souffre-douleur.

2. Cotonnade bon marché dont le nom vient de la ville indienne de Calicut.

3. Velours de laine utilisé dans l'ameublement en raison de sa résistance et de son bas prix.

4. La toile de lin de Hollande était particulièrement fine.

5. Bleu vif. Le barbeau est un bleuet. Cette couleur était à la mode.

1 Le retour des personnages : une illumination ?

Des études décisives ont montré comment s'est fait le cheminement de cette idée fondamentale : une grande partie des thèmes déjà abordés dans les œuvres antérieures, des réseaux de significations déjà établis ou simplement amorcés, des figures romanesques vont se trouver mobilisés et transformés par l'effet multiplicateur de cette invention, véritable point d'aboutissement et source énergétique pour l'écriture. On trouvera une analyse particulièrement fouillée et éclairante de ces problèmes dans l'étude de Pierre Barbéris sur le Père Goriot *(pages 72 à 119).*

En guise d'introduction à la petite anthologie qui suit, le célèbre passage de la Recherche du Temps perdu *garde toute sa puissance de suggestion :*

« L'autre musicien, celui qui me ravissait en ce moment, Wagner, tirant de ses tiroirs un morceau délicieux pour le faire entrer comme thème rétrospectif nécessaire dans une œuvre à laquelle il ne songeait pas au moment où il l'avait composé, puis, ayant composé un premier opéra mythologique, puis un second, puis d'autres encore, et s'apercevant tout à coup qu'il venait de faire une Tétralogie, dut éprouver un peu de la même ivresse que Balzac quand celui-ci, jetant sur ses ouvrages le regard à la fois d'un étranger et d'un père, trouvant à celui-ci la simplicité de l'Évangile, s'avisa brusquement, en projetant sur eux une illumination rétrospective, qu'ils seraient plus beaux réunis en un cycle où les mêmes personnages reviendraient, et ajouta à son œuvre, en ce raccord, un coup de pinceau, le dernier et le plus sublime. Unité ultérieure, non factice, sinon elle fût tombée en poussière comme tant de systématisations d'écrivains médiocres, qui à grand renfort de titres et de sous-titres, se donnent l'apparence d'avoir poursuivi un seul et transcendant dessein. Non factice, peut-être même plus réelle d'être ultérieure, d'être née d'un mouvement d'enthousiasme où elle est découverte entre des morceaux qui n'ont plus qu'à se rejoindre ; unité qui s'ignorait, donc vitale et non logique ; qui n'a pas proscrit la variété, refroidi l'exécution. Elle est, mais s'appliquant cette fois à l'ensemble, comme tel morceau composé à part, né d'une inspiration, non exigé par le développement artificiel d'une thèse, et qui vient s'intégrer au reste. »

MARCEL PROUST,
La Prisonnière.
(publié en 1923)

1. De la genèse à la théorisation.

« Ce ne fut que vers 1833, lors de la publication de son *Médecin de Campagne*, qu'il pensa à relier tous ses personnages pour en former une société complète. Le jour où il fut illuminé de cette idée fut un beau jour pour lui ! Il part de la rue Cassini, où il alla demeurer en quittant la rue de Tournon, et accourt au faubourg Poissonnière, que j'habitais alors. « Saluez-moi, nous dit-il joyeusement, car je suis tout simplement en train de devenir un génie. » Il nous déroule alors son plan, qui l'effrayait bien un peu ; quelque vaste que fût son cerveau, il fallait du temps pour y emménager ce plan-là ! »

LAURE SURVILLE
(Sœur de Balzac), 1856, *Balzac, sa vie et ses œuvres.*

« Un grand pas a été fait dernièrement. En voyant reparaître dans *Le Père Goriot* quelques-uns des personnages déjà créés, le public a compris une des plus hardies intentions de l'auteur, celle de donner la vie et le mouvement à tout un monde fictif dont les personnages subsisteront peut-être encore, alors que la plus grande partie des modèles seront morts ou oubliés. »

FÉLIX DAVIN, 1835,
Introduction aux Études de Mœurs au XIXe siècle.

« Vous trouverez, par exemple, l'actrice Florine peinte au milieu de sa vie dans *Une Fille d'Ève*, scène de la vie privée, et vous la retrouverez à son début dans *Illusions perdues*, scène de la vie de province. Ici, l'énorme figure de de Marsay se produit en premier ministre et, dans *Le Contrat de Mariage*, il est à ses commencements ; plus loin, dans les *Scènes de la vie de province* ou *parisienne*, il comparaît à dix-huit ou à trente ans, le dandy le plus futile, le plus inoccupé qui puisse s'amuser à faire de vieilles bottes sur le boulevard des Italiens, ou de vieux fers en courant à cheval au Bois... Enfin, vous aurez le milieu d'une vie avant son commencement, le commencement après sa fin, l'histoire de la mort avant celle de la naissance. »
(...)

« Il n'y a rien qui soit d'un seul bloc dans ce monde, tout y est mosaïque. Vous ne pouvez raconter chronologiquement que l'histoire du temps passé, système inapplicable à un présent qui marche. L'auteur a devant lui pour modèle, le XIXe siècle, modèle extrêmement remuant et difficile à faire tenir en place. L'auteur attend 1840 pour vous finir des aventures dont le dénouement a besoin de trois années de vieillesse. La littérature n'a pas, pour fabriquer le temps, le secret des restaurateurs qui soufflent la poussière de caves fantastiques sur de jeunes bouteilles de vin de Bordeaux ou de vin d'Espagne. Aussi, l'éditeur de ce livre disait-il assez spirituellement que, plus tard, on ferait aux *Études de mœurs* une table de matières biographiques, où l'on aiderait le lecteur à se retrouver dans cet immense labyrinthe au moyen d'articles ainsi conçus :

RASTIGNAC (Eugène-Louis), fils aîné du baron et de la baronne de Rastignac, né à Rastignac, département de la Charente, en 1799 ; vient à Paris en 1819, faire son droit, habite la maison Vauquer, y connaît Jacques Collin, dit Vautrin, et s'y lie avec Horace Bianchon, le célèbre médecin. Il aime Mme Delphine de Nucingen, au moment où elle est abandonnée par de Marsay, fille d'un sieur Goriot, ancien marchand vermicellier, dont Rastignac paye l'enterrement. Il est un des lions du grand monde *(voy. tome IV de l'œuvre)* ; il se lie avec tous les jeunes gens de son époque, avec de Marsay, Baudenord, d'Esgrignon, Lucien de Rubempré, Émile Blondet, du Tillet, Nathan, Paul de Manerville, Bixiou, etc. L'histoire de sa fortune se trouve dans *la Maison Nucingen* ; il reparaît dans presque toutes les scènes, dans *le Cabinet des antiques*, dans *l'Interdiction.* Il marie ses deux sœurs, l'une à Martial de La Roche-Hugon, dandy du temps de l'Empire, un des personnages de *la Paix du ménage* ; l'autre, à un ministre. Son plus jeune frère, Gabriel de Rastignac, secrétaire de l'évêque de Limoges dans *le Curé de village*, dont l'action a lieu en 1828, est nommé évêque en 1832 (voir la *Fille d'Ève*). Quoique d'une vieille famille, il accepte une place de sous-secrétaire d'État dans le ministère de de Marsay, après 1830 (voir les *Scènes de la vie politique*), etc.

Nous ne continuerons pas cette plaisanterie destinée à faire ressortir les inconvénients que l'auteur a la bonne foi de signaler lui-même, et qui peut-être paraîtront de profondes combinaisons quand cette *Histoire des mœurs* aura des commentateurs, si toutefois elle peut trouver des lecteurs à l'époque difficile à prévoir où le français d'aujourd'hui aura besoin d'être commenté, ce que nous ne souhaitons pas. »

Préface *d'Une fille d'Ève*, 1839.

2. Le tournant décisif.

« En développant pour la première fois de façon systématique le principe du retour des personnages, Balzac annonce qu'il a résolu le problème qui l'a longtemps tourmenté, à savoir comment imposer l'unité à son monde romanesque. Nous avons étudié dans cet article tous les cas où un souci d'unité s'est manifesté par un personnage reparaissant. Jusqu'ici, les exemples, bien que d'une complexité croissante, sont restés des cas isolés, des solutions à des problèmes particuliers qui se présentaient à Balzac, et non des indications d'une nouvelle technique du roman à explorer à l'avenir. Dans *Goriot*, cependant, Balzac accepte la leçon que tous ces exemples isolés ont essayé de lui apprendre. Il accepte le principe général selon lequel le retour des personnages est, pour lui, le moyen le plus satisfaisant de donner à son monde fictif l'unité que l'on remarque si fréquemment dans sa pensée ; et il sait en détail comment exploiter ce procédé. On excepte, nécessairement, l'indication de septembre 1834, dans laquelle les noms des personnages pourraient être changés dans les éditions ultérieures ; mais cette leçon, qui ne sert évidemment pas dans une première édition, il l'appliquera en 1835 quand il reverra les tomes des *Scènes de la vie privée* et des *Scènes de la vie parisienne* qui restent à publier. Dans *Le Père Goriot*, une fois la situation de fond conçue (le vieillard abandonné par ses filles), il choisit comme point culminant la situation de la *Scène* de 1830, *Gobseck*, qui par conséquent lui donnait certains de ses personnages principaux. Et lorsqu'il développe le thème du jeune provincial qui découvre Paris, c'est toujours de sa propre œuvre qu'il s'inspire : il reprend la phrase de *La Femme abandonnée*, et nous montre le premier drame dans la vie de Mme de Beauséant. Un autre fil, c'est le désastre imminent qui attend Mme de Langeais *(Ne touchez pas la hache).* Il révèle la tragédie qui est derrière la fuite en Touraine de lady Brandon (*La Grenadière,* 1832). La société est peuplée d'hommes et de femmes issus de *Ferragus*, de *La Femme de trente ans*, du *Bal de Sceaux*, de *Mme Firmiani*... et de *La Peau de Chagrin*. La présence de ce dernier titre parmi les ouvrages utilisés pour *Goriot* est significative. Quelle que soit la série où *Le Père Goriot* sera placé, c'est évidemment une *Étude de mœurs*, et Balzac le relie ici avec une Étude philosophique. Et quand, ayant déjà écrit plus d'un quart de son livre, il change sur le manuscrit le nom de son héros Massiac en celui de Rastignac, créant par là la plus audacieuse des « suites rétrospectives », le lien sera solidement formé. Les temps d'*apartheid* sont passés ; le monde des *Études de mœurs* et le monde des *Études philosophiques* ne font qu'un. »

ANTHONY R. PUGH, 1964,
« Personnages reparaissants avant *le Père Goriot* »
L'Année balzacienne, pp. 235-237.

D'où la technique et la tactique des raccords : Balzac réintroduit après coup le Père Goriot *dans des œuvres écrites antérieurement. Par exemple ce rajout à la fin du* Colonel Chabert *de 1832 dans les propos que tient Derville :* « Combien de choses n'ai-je pas apprises en exerçant ma charge ! J'ai vu mourir un père dans un grenier, sans sou ni maille, abandonné par deux filles auxquelles il avait donné quarante mille livres de rente ! »

3. Contre le retour.

« Les acteurs qui reviennent dans ces nouvelles ont déjà figuré, et trop d'une fois pour la plupart, dans des romans précédents de M. de Balzac. Quand ce seraient des personnages intéressants et vrais, je crois que les reproduire ainsi est une idée fausse et contraire au mystère qui s'attache toujours au roman. Un peu de fuite en perspective fait bien. Une partie du charme consiste dans cet indéfini même. On rencontre un personnage, un caractère dans une situation ; il suffit, s'il n'est pas le personnage essentiel, qu'il soit bien saisi ! Il aide à l'effet, et on ne se soucie pas de le suivre ensuite à perpétuité dans ses recoins. Presque autant vaudrait, dans un drame, nous donner la biographie détaillée, passée et future, de chacun des comparses. Grâce à cette multitude de biographies secondaires qui se prolongent, reviennent et s'entrecroisent sans cesse, la série des *Études de Mœurs* de M. de Balzac finit par ressembler à l'inextricable lacis des corridors de certaines mines ou catacombes. On s'y perd et l'on n'en revient plus, ou, si l'on en revient, on n'en rapporte rien de distinct. »

SAINTE-BEUVE, 1838,
Premiers Lundis.

« C'est l'idée de génie de Balzac que Sainte-Beuve méconnaît là. »

MARCEL PROUST,
Contre Sainte-Beuve (publié en 1954).

4. Statistique du retour.

« 260 personnages apparaissent DEUX fois

102	TROIS fois
52	QUATRE fois
37	CINQ fois
22	SIX fois
18	SEPT fois
14	HUIT fois
11	NEUF fois
11	DIX fois
10	ONZE fois
5	DOUZE fois
5	TREIZE fois
6	QUATORZE fois
4	QUINZE fois
3	SEIZE fois (Le narrateur, M. Desroches, F. de Vandenesse)
1	DIX-SEPT fois (Mme de Nucingen)
3	DIX-HUIT fois (Bixiou, Canalis, Florine)
1	DIX-NEUF fois (Nathan)
1	VINGT fois (Diane de Maufrigneuse)
2	VINGT ET UNE fois (Ronquerolles, M. de Trailles)
1	VINGT-TROIS fois (Du Tillet)
1	VINGT-QUATRE fois (Marquise d'Espard)
1	VINGT-CINQ fois (Rastignac)
1	VINGT-SEPT fois (De Marsay)
1	VINGT-NEUF fois (Bianchon)
1	TRENTE ET UNE fois (Nucingen)

Autre constatation intéressante : à part Nucingen, dont les activités sont assez longuement exposées dans deux œuvres (*Splendeurs et misères...* et *La maison Nucingen*), les autres chevaux de tête : Bianchon, De Marsay, Du Tillet, Maxime de Trailles, Ronquerolles jouent plutôt les *utilités*, constituant en quelque sorte les pions du jeu d'échecs balzacien. Alain en avait déjà fait la remarque, notamment au sujet de Bianchon. Au contraire, en règle presque générale, les personnages dont Balzac a minutieusement scruté la vie et le caractère imaginaires, tels Rubempré, Vautrin, les Séchard, dans peu ou très peu d'œuvres. Il est même bon nombre de « grands rôles » qui sont presque à eux seuls les protagonistes d'un seul roman, et qui ne reparaîtront jamais, comme si, pour eux, Balzac avait, en une seule fois, dit tout ce qu'il avait à en dire et épuisé, d'un coup, toute sa verve : tels, entre autres, Savaron de Savarus, le baron Hulot d'Ervy et Mme Marneffe, Oscar Husson, le père Grandet et Eugénie, le cousin Pons, etc., etc. »

FERNAND LOTTE, 1961,
« Le retour des personnages dans la *Comédie humaine* », *L'Année balzacienne,* pp. 234-235.

5. Effet romanesque.

« Il est évident d'abord que cette société comporte plus de trois ou quatre mille personnages, et ensuite qu'il serait impossible d'en étudier en détail trois ou quatre mille ; il faut donc que tel personnage soit représentatif de toute une classe et, lorsqu'il a été décrit dans telles circonstances, qu'il puisse servir dans telles autres. Si l'on a besoin, pour présenter tel drame, d'un notaire par exemple, inutile de décrire à nouveau son intérieur, sa vie conjugale, il suffira de se référer à tel ouvrage dans lequel il paraît déjà.

Le principe du retour des personnages est donc d'abord un principe d'économie, mais il va avoir des conséquences extraordinaires qui vont, on peut le dire, transformer fondamentalement la nature même du travail romanesque.

En effet, chacun des ouvrages particuliers va s'ouvrir sur d'autres ouvrages, les personnages qui vont apparaître dans tel ou tel roman n'y seront pas enfermés, ils renverront à d'autres romans dans lesquels nous trouverons sur eux des renseignements complémentaires.

(...)

Il s'agit de ce qu'on peut appeler un mobile romanesque. »

MICHEL BUTOR, 1960,
« Balzac et la réalité » in *Répertoire*, Éditions de Minuit, p. 83.

« (...) L'interconnexion romanesque généralisée que réalise pour la première fois le coup de génie de la Comédie Humaine ne permet pas seulement un effet de mise en écho, le jeu d'un clavier multiplié de correspondances : elle permet, tout comme l'interconnexion d'un réseau électrique, de mobiliser le potentiel d'un secteur romanesque éloigné au service d'un récit qui languit ou qui *flanche*, et, de fait, le miracle de cette œuvre formellement si inégale est que tout sentiment de passage à vide y disparaît le plus souvent à la lecture : les réserves romanesques affluent d'elles-mêmes comme par un jeu de vases communicants ; le tout ici ne commande pas seulement à la partie, il vient colmater ses déficiences, instantanément. »

JULIEN GRACQ, 1981,
En lisant, en écrivant, Corti, p. 40.

« (...) Ce qui exalte (Balzac) dans la fameuse idée du « retour des personnages » — idée féconde, en effet (...) — c'est qu'elle fournit à l'illusion romanesque de quoi accroître son épaisseur et sa durée ; qu'elle pallie l'impuissance du roman isolé à imiter suffisamment la continuité des milieux et des rapports vivants ; bref qu'elle assure plus solidement le pouvoir du romancier sur le lecteur en lui faisant croire au « continu », au « naturel » de ce qu'il a sous les yeux. Le jour où le Bâtard balzacien *(N.B. autrement dit la figure fantasmatique du Bâtard dans le schéma œdipien, figure à laquelle s'identifie le romancier)* imagine d'appliquer systématiquement le principe du « retour », il ne songe pas un instant à se demander si cette innovation peut procurer une émotion littérairement plus pure, plus profonde ou plus vraie ; il sait seulement qu'il en a besoin pour prolonger le roman bien au-delà du mot « fin » ; pour jeter dans l'espace une population remuante semblable à celle d'une vraie société ; pour créer des familles ayant entre elles des liens multiples de parenté, de sentiment, d'intérêts, et autant de conflits que la famille humaine est capable d'en alimenter ; pour faire naître et mourir des foules en joignant le pathos du témoin sympathisant à la parfaite indifférence de la nature pour les drames quotidiens ; pour prendre des vies une à une dans un lacis d'événements supposés imprévus et imprévisibles ; pour mêler enfin l'Histoire à ses histoires et jouer ainsi auprès du public le rôle du créateur omniscient, omnipotent, divin, qui seul convient à son énorme soif de domination. »

MARTHE ROBERT, 1972,
Roman des origines et origines du roman,
Grasset, réédition, collection Tel, © Gallimard,
pp. 253-254.

que jour un gilet de piqué blanc[1], sous lequel fluctuait son ventre piriforme et proéminent, qui faisait rebondir une lourde chaîne d'or garnie de breloques (1). Sa tabatière, également en or, contenait un médaillon plein de cheveux qui le rendaient en apparence coupable de quelques bonnes fortunes. Lorsque son hôtesse l'accusa d'être un *galantin*[2], il laissa errer sur ses lèvres le gai sourire du bourgeois dont on a flatté le dada. Ses *ormoires* (il prononçait ce mot à la manière du menu peuple) furent remplies par la nombreuse argenterie de son ménage. Les yeux de la veuve s'allumèrent quand elle l'aida complaisamment à déballer et ranger les louches, les cuillers à ragoût, les couverts, les huiliers, les saucières, plusieurs plats, des déjeuners en vermeil, enfin des pièces plus ou moins belles, pesant un certain nombre de marcs[3], et dont il ne voulait pas se défaire. Ces cadeaux lui rappelaient les solennités de sa vie domestique. « Ceci, dit-il à madame Vauquer en serrant un plat et une petite écuelle dont le couvercle représentait deux tourterelles qui se becquetaient, est le premier présent que m'a fait ma femme, le jour de notre anniversaire. Pauvre bonne ! elle y avait consacré ses économies de demoiselle. Voyez-vous, madame ? j'aimerais mieux gratter la terre avec mes ongles que de me séparer de cela. Dieu merci ! je pourrai prendre dans cette écuelle mon café tous les matins durant le reste de mes jours. Je ne suis pas à plaindre, j'ai sur la planche du pain de cuit pour longtemps. » Enfin, madame Vauquer avait bien vu, de son œil de pie, quelques inscriptions sur le grand-livre[4] qui, vaguement additionnées, pouvaient faire à cet excellent Goriot un revenu d'environ huit à dix mille francs. Dès ce jour, madame Vauquer, née de Conflans, qui avait alors quarante-huit ans effectifs et n'en acceptait que trente-neuf, eut des idées. Quoique le larmier des yeux de Goriot fût retourné, gonflé, pendant, ce qui l'obligeait à les essuyer assez fréquemment[5], elle lui trouva l'air agréable et comme il faut. D'ailleurs son mollet charnu, saillant, pronostiquait, autant que son long nez carré, des qualités morales auxquelles paraissait tenir la veuve, et que confirmait la face lunaire et naïvement niaise du bonhomme. Ce devait être une bête solidement bâtie, capable de dépenser tout son esprit en sentiment. Ses cheveux en ailes de pigeon, que le coiffeur de l'école Polytechnique vint lui poudrer tous les matins, dessinaient cinq pointes sur son front bas, et décoraient bien sa figure. Quoique un peu rustaud, il était si bien

1. Un piqué est un tissu dont le tissage forme des dessins géométriques.

2. Homme ridiculement galant auprès des femmes, selon le Dictionnaire de l'Académie *de 1835. L'utilisation est ici plus plaisante que péjorative.*

3. Unité de poids des métaux précieux, le marc représente 244,5 g.

4. Le grand-livre de la dette publique : Goriot a acheté de la rente.

5. Le père Goriot souffre probablement d'un compère-loriot, sorte de maladie quasi éponyme.

1 De la ressemblance ou la circulation des signes.

« Relisez cette œuvre kaléidoscopique, vous n'y trouverez ni deux robes pareilles, ni deux têtes semblables. »

FÉLIX DAVIN, 1835,
Préface aux Études de mœurs au XIX*e* *siècle* (texte très largement « inspiré » par Balzac lui-même).

L'étude attentive de la Comédie humaine *dément cette tranquille affirmation. Voici par exemple une comparaison révélatrice effectuée par Bernard Vannier :*

« L'origine de César est attestée par « ses mains larges et poilues, les grasses phalanges de ses doigts ridés ». Vautrin a les « mains épaisses... marquées aux phalanges par des bouquets de poils touffus ». Les mains de du Bousquier *(N.B. Dans* La Vieille Fille, *1836)* sont « enrichies de petits bouquets de poils à chaque phalange ». Parmi d'autres échos entre *César Birotteau* et *le Père Goriot*, signalons les cheveux qui dessinent cinq pointes sur le front de Birotteau et Goriot, comme ils le feront sur celui de Max Gilet, dans *la Rabouilleuse (N.B. 1841-1842)* ; Matifat et Vautrin ont une voix de basse-taille ; César, un « abdomen assez proéminent », Goriot un « ventre piriforme et proéminent », alors que Matifat se contente d'un « ventre rondelet » sur lequel brillent « sa chaîne et son paquet de breloques » ; le ventre de Goriot fait « rebondir une lourde chaîne d'or garnie de breloques » ; gilet « blanc » pour Ragon, « de piqué blanc » pour Goriot, « habit bleu-barbeau » dans les deux cas. (Il est évidemment moins probant que des personnages de condition analogue, vivant à une même époque, portent des costumes semblables. J. Reboul a remarqué — *N.B. dans « Balzac et la vestignomonie »,* Revue d'histoire littéraire de la France, *avril-juin 1950* —, par exemple, que les célibataires portaient volontiers l'habit bleu-barbeau [...]). »

BERNARD VANNIER, 1972,
L'inscription du corps. Pour une sémiotique du portrait balzacien, Klincksieck, p. 123.

On rejoint par là Roland Barthes, pour qui « la personne n'est qu'une collection de sèmes », *le sème étant un* « signifié de connotation proprement dit », *un* « connotateur de personnes, de lieux, d'objets, dont le signifié est un *caractère* ». *De plus* « des sèmes peuvent émigrer d'un personnage à un autre, pourvu que l'on descende à une certaine profondeur symbolique ».

S/Z, 1970, Éd. du Seuil, pp. 196-197.

tiré à quatre épingles, il prenait si richement son tabac, il le humait en homme si sûr de toujours avoir sa tabatière pleine de macouba[1], que le jour où monsieur Goriot s'installa chez elle, madame Vauquer se coucha le soir en rôtissant, comme une perdrix dans sa barde[2], au feu du désir qui la saisit de quitter le suaire du Vauquer pour renaître en Goriot ⟨1⟩. Se marier, vendre sa pension, donner le bras à cette fine fleur de bourgeoisie, devenir une dame notable dans le quartier, y quêter pour les indigents, faire de petites parties le dimanche à Choisy, Soissy, Gentilly[3] ; aller au spectacle à sa guise, en loge, sans attendre les billets d'auteur que lui donnaient quelques-uns de ses pensionnaires, au mois de juillet ; elle rêva tout l'Eldorado des petits ménages parisiens. Elle n'avait avoué à personne qu'elle possédait quarante mille francs amassés sou à sou. Certes elle se croyait, sous le rapport de la fortune, un parti sortable. « Quant au reste, je vaux bien le bonhomme ! » se dit-elle en se retournant dans son lit, comme pour s'attester à elle-même des charmes que la grosse Sylvie trouvait chaque matin moulés en creux. Dès ce jour, pendant environ trois mois, la veuve Vauquer profita du coiffeur de monsieur Goriot, et fit quelques frais de toilette, excusés par la nécessité de donner à sa maison un certain décorum en harmonie avec les personnes honorables qui la fréquentaient. Elle s'intrigua[4] beaucoup pour changer le personnel de ses pensionnaires, en affichant la prétention de n'accepter désormais que les gens les plus distingués sous tous les rapports. Un étranger se présentait-il, elle lui vantait la préférence que monsieur Goriot, un des négociants les plus notables et les plus respectables de Paris, lui avait accordée. Elle distribua des prospectus en tête desquels se lisait : MAISON-VAUQUER. « C'était, disait-elle, une des plus anciennes et des plus estimées pensions bourgeoises du pays latin. Il y existait une vue des plus agréables sur la vallée des Gobelins (on l'apercevait du troisième étage), et un *joli* jardin, au bout duquel s'ÉTENDAIT une ALLÉE de tilleuls. » Elle y parlait du bon air et de la solitude[5]. Ce prospectus ⟨2⟩ lui amena madame la comtesse de l'Ambermesnil, femme de trente-six ans, qui attendait la fin de la liquidation et le règlement d'une pension qui lui était due, en qualité de veuve d'un général mort sur *les* champs de bataille. Madame Vauquer soigna sa table, fit du feu dans les salons pendant près de six mois, et tint si bien les promesses de son prospectus, qu'*elle*

1. *Tabac de la Martinique.*

2. *La barde est une tranche de lard dont on entoure une volaille avant de la rôtir.*

3. *Aujourd'hui villes de la banlieue parisienne, ces lieux étaient alors des bourgades de campagne.*

4. *Elle se donna beaucoup de peine.*

5. *De telles publicités existaient effectivement.*

1 Madame Vauquer : un passé douteux pour un personnage équivoque ?

Pierre Barbéris propose de relier tout un ensemble de détails et d'expressions à double entente pour réinterpréter le personnage de madame Vauquer :

« Nous voici, en effet, étrangement alertés. Pourquoi Mme Vauquer a-t-elle « l'œil vitreux, l'air innocent d'une entremetteuse prête à se gendarmer pour se faire payer plus cher » ? Pourquoi a-t-elle « ce sourire prescrit aux danseuses » ? Pourquoi est-il dit qu'elle « est prête à tout pour adoucir son sort, à livrer Georges ou Pichegru, si Georges ou Pichegru étaient encore à livrer » ? Pourquoi évoquer en elle l'indicatrice possible ? Pourquoi cette mise en relation potentielle avec la police ? Balzac avait déjà évoqué en 1829, dans *le Dernier Chouan*, la figure d'une jeune fille qui, ayant eu des malheurs, se mettait (elle aussi, « pour adoucir son sort ») au service de Fouché et s'en allait en mission dans l'ouest pour livrer un chef chouan. Mais il ne s'agit pas de notations isolées et ce qui est à moitié dit oriente la réflexion. Pourquoi, cette autre précaution ? Mme Vauquer tient une pension bourgeoise, qui, nous est-il précisé, reçoit *également* hommes et femmes, jeunes gens et vieillards « sans que jamais la médisance ait attaqué les mœurs intérieures [*intérieures* sera supprimé seulement dans VII] de ce respectable établissement » ? Une maison meublée est donc ou peut donc être suspecte dès lors qu'elle admet des hommes et des femmes ? Le thème figure dès 1822 dans *le Nègre*, avec cette auberge de Sèvres soupçonnée d'abriter des amours illégitimes et d'être une maison de rendez-vous. Mais voici plus. Parmi les pensionnaires figure une ancienne fille publique, Mlle Vérolleau (I, puis à partir de II Michonneau). Cette fille sera une indicatrice de la police qui a sûrement barre sur elle. Pourquoi Mlle Michonneau dit-elle (II) « j'entends *la* Vauquer » ? Et pourquoi Mme Vauquer dit-elle « allez chez *la* Buneaud » ? N'est-ce pas là le langage des filles et des « patronnes » ? Et pourquoi, dans le registre symbolique, cette statue écaillée de l'amour ? Ces allusions aux maladies vénériennes et à l'hôpital où on les soigne à deux pas de là ? Pourquoi Mme Vauquer songe-t-elle à se faire épouser par Goriot,

qu'elle a accusé avec le coup d'œil que l'on devine d'être un « galantin », et à devenir une respectable bourgeoise ? Pourquoi, lorsqu'elle se brouille avec Goriot, le soupçonne-t-elle si facilement d'être « un vieux libertin [...] auquel il fallait des petites filles » [II : qui avait des goûts étranges] ? Pourquoi dit-elle qu'il s'est crevé à coups [d'aphrodisiaques, I], de drogues (II) ? Mme Vauquer, fille de bonne famille qui a eu des malheurs, semble bien au courant de certaines choses. Et cette intimité qui s'établit si vite avec l'aventurière Ambermesnil ? Une simple femme de trente ans au passé meurtri aurait-elle de ces coups d'œil et de ces habiletés ? La question vaut d'être posée. Mme Vauquer dit encore de Goriot que c'est un vieux matou, trouve naturel qu'un homme riche ait quatre ou cinq maîtresses et juge le bonhomme fort adroit de les faire passer pour ses filles. Mme Vauquer s'y connaît en vigueur sexuelle et en stratégie amoureuse. Pourquoi dit-elle à Eugène qu'il a « mis la main au bon endroit » ? La raison paraît au moins clairement suggérée : Mme Vauquer est soit une ancienne fille, soit une ancienne tenancière de maison de prostitution, soit une ancienne « marieuse » qui aspire à la bourgeoisie, mais qui a gardé des réflexes et des habitudes. »

PIERRE BARBÉRIS, 1972,
Le Père Goriot de Balzac,
Larousse, pp. 202-203.

2 Le prospectus : un texte dans le texte.

Le prospectus de Mme Vauquer nous évoque celui des produits qui assurent la fortune de César Birotteau :

« Double Pâte des Sultanes et Eau Carminative de César Birotteau, découverte merveilleuse approuvée par l'Institut de France.

Depuis longtemps une pâte pour les mains et une eau pour le visage, donnant un résultat supérieur à celui obtenu par l'Eau de Cologne dans l'œuvre de la toilette, étaient généralement désirées par les deux sexes en Europe. Après avoir consacré de longues veilles à l'étude du derme et de l'épiderme chez les deux sexes, qui, l'un comme l'autre, attachent avec raison le plus grand prix à la douceur, à la souplesse, au brillant, au velouté de la peau, le sieur Birotteau, parfumeur avantageusement connu dans la capitale et à l'étranger, a découvert une Pâte et une Eau à juste titre nommées, dès leur apparition, merveilleuses par les élégants et par les élégantes de Paris. En effet, cette Pâte et cette Eau possèdent d'étonnantes propriétés pour agir sur la peau, sans la rider prématurément, effet immanquable des drogues employées inconsidérément jusqu'à ce jour et inventées par d'ignorantes cupidités. Cette découverte repose sur la division des tempéraments qui se rangent en deux grandes classes indiquées par la couleur de la Pâte et de l'Eau, lesquelles sont roses pour le derme et l'épiderme des personnes de constitution lymphatique, et blanches pour ceux des personnes qui jouissent d'un tempérament sanguin.

Cette Pâte est nommée *Pâte des Sultanes*, parce que cette découverte avait déjà été faite pour le sérail par un médecin arabe. Elle a été approuvée par l'Institut sur le rapport de notre illustre chimiste Vauquelin, ainsi que l'Eau établie sur les principes qui ont dicté la composition de la Pâte.

Cette précieuse Pâte, qui

exhale les plus doux parfums, fait donc disparaître les taches de rousseur les plus rebelles, blanchit les épidermes les plus récalcitrants, et dissipe les sueurs de la main dont se plaignent les femmes non moins que les hommes.

L'*Eau Carminative* enlève ces légers boutons qui, dans certains moments, surviennent inopinément aux femmes, et contrarient leurs projets pour le bal ; elle rafraîchit et ravive les couleurs en ouvrant ou fermant les pores selon les exigences du tempérament ; elle est si connue déjà pour arrêter les outrages du temps que beaucoup de dames l'ont, par reconnaissance, nommée l'*Amie de la beauté.*

L'Eau de Cologne est purement et simplement un parfum banal sans efficacité spéciale, tandis que la *Double Pâte des Sultanes* et l'*Eau Carminative* sont deux compositions opérantes, d'une puissance motrice agissant sans danger sur les qualités internes et les secondant ; leurs odeurs essentiellement balsamiques et d'un esprit divertissant réjouissent le cœur et le cerveau admirablement, charment les idées et les réveillent ; elles sont aussi étonnantes par leur mérite que par leur simplicité ; enfin, c'est un attrait de plus offert aux femmes, et un moyen de séduction que les hommes peuvent acquérir.

L'usage journalier de l'Eau dissipe les cuissons occasionnées par le feu du rasoir ; elle préserve également les lèvres de la gerçure et les maintient rouges ; elle efface naturellement à la longue les taches de rousseur et finit par redonner du ton aux chairs. Ces effets annoncent toujours en l'homme un équilibre parfait entre les humeurs, ce qui tend à délivrer les personnes sujettes à la migraine de cette horrible maladie. Enfin, l'*Eau Carminative*, qui peut être employée par les femmes dans toutes leurs toilettes, prévient les affections cutanées en ne gênant pas la transpiration des tissus, tout en leur communiquant un velouté persistant.

S'adresser, franc de port, à monsieur César Birotteau, successeur de Ragon, ancien parfumeur de la reine Marie-Antoinette, à *la Reine des Roses*, rue Saint-Honoré, à Paris, près de la place Vendôme.

Le prix du pain de Pâte est de trois livres, et celui de la bouteille est de six livres.

Monsieur César Birotteau, pour éviter toutes les contrefaçons, prévient le public que la Pâte est enveloppée d'un papier portant sa signature, et que les bouteilles ont un cachet incrusté dans le verre. »

Histoire de la grandeur et de la décadence de César Birotteau, 1837.

MÉDAILLE D'OR A L'EXPOSITION DE 1824

HUILE CÉPHALIQUE

Une lecture moderne du prospectus de Mme Vauquer.

« (...) Ayant en mémoire la convention typographique suivante : le soulignement simple, double, triple d'un mot signifie à l'imprimeur d'utiliser respectivement l'italique, la petite puis la grande capitale. Nous transcrirons ainsi le manuscrit :

[...] Elle distribua des prospectus en tête desquels se lisait MAISON-VAUQUER. C'était, y disait-elle, une des plus anciennes et des plus estimées pensions bourgeoises du pays latin. Il y existait une vue des plus agréables sur la vallée des Gobelins (on l'apercevait du troisième étage), et un joli jardin au bout duquel s'étendait une allée de tilleuls... Elle y parlait du bon air, de la solitude. Ce prospectus lui amena [...]

Notons d'emblée une grammaire des plus douteuses, avec cette succession confuse de trois « y » dont le premier remplace « prospectus », le second « une des plus anciennes et des plus estimées pensions bourgeoises du pays latin » ou même peut-être « MAISON-VAUQUER », le troisième de nouveau « prospectus ». Le « y » de « y disait-elle » ne disparaît qu'en 1839, dans l'édition Charpentier. Les guillemets sont introduits en 1843, dans l'édition Furne, substitués à un tiret qui ouvre la déclaration de Madame Vauquer, la phrase se terminant par un point :

— C'était .... tilleuls.

C'est la solution choisie dès la publication du *Père Goriot* dans la *Revue de Paris*, que Balzac considérait comme la première édition. Dès qu'un tiret désigne le propos rapporté, le premier « y » devient sourdement redondant et son inanité sera évidente avant même l'usage des guillemets qui va matériellement enclore le propos, le libérer en l'encadrant, créer une distance qui sera en même temps une proximité, en faisant jouer un énoncé dans un autre énoncé. Le dégagement de plus en plus net d'un procédé indirect libre est un aspect du jeu mimétique complexe se jouant dans toute énonciation. Quant aux parenthèses, elles se trouvent déjà dans le manuscrit, mais après une hésitation parfaitement lisible. A la place de la parenthèse ouverte, Balzac avait écrit un« q » qui sans ambiguïté possible constituait l'initiale d'un pronom relatif, il s'apprêtait à employer très grammaticalement la subordination : « qu'on apercevait du troisième étage », mais la correction fut immédiate (il ne reste que la trace d'une lettre à peine raturée). Il y a en tout cas une chose sur laquelle Balzac n'a pas buté un instant, c'est cette séquence des soulignements, qui semble s'imposer à lui avec une telle nécessité qu'on peut en imaginer le mouvement au début, avant que ne soit élaborée la forme définitive de la phrase entre guillemets à partir de 1843. On pressent autant qu'on analyse combien sont liées

grammaire, ponctuation et typographie, comment tout s'organise autour d'une formidable pulsion scopique réellement *paradoxale*, le goût intense pour le référent recouvrant sa propre parodie. Une parodie elle-même déjouée, reprise par cette sorte d'hallucination jubilatoire initiale et y échouant, puisque Balzac, au bout d'un élan qu'il ne peut plus marquer, s'empêtre dans une rature.

r t r
a u e

Les guillemets ont également une valeur d'index instrumental, visant à la limite à l'inclusion du prospectus dans le roman. Pensons à la réclame de César Birotteau pour son invention, elle occupe la page d'un véritable panneau. « Cette pièce curieuse est au nombre de celles que, dans un cercle plus élevé, les historiens intitulent *pièces justificatives.* La voici donc : » *(César Birotteau).* Le prospectus de la pension Vauquer est aussi une pièce justificative. Justifiant quoi ? La grosse astuce, la naïveté roublarde d'une madame Vauquer ou l'ironie souveraine de Balzac ? Nous-mêmes emportés dans le jeu de l'écriture, nous nous réjouissons malgré nous de vieilles questions irréductibles du genre qui dit quoi en le faisant dire comment à qui, quand, où, etc. Rien logiquement, sémantiquement — mais non pas esthétiquement — ne légitime l'emploi de lettres d'un corps de plus en plus grand. En faveur d'une thèse qui rabattrait la typographie sur le langage affectif, on dira que bien sûr Madame Vauquer ne recule devant aucun sacrifice, qu'elle (se) paie de mots, que la déformation et l'augmentation des caractères d'imprimerie traduit une capacité de tromperie et d'automystification à la mesure de son lyrisme publicitaire ou de sa publicité lyrique. En même temps, Balzac se laisse déborder par une puissance de narration qui devient narration d'une puissance, traître aux pouvoirs spécifiques de la langue écrite romanesque classique.
La séquence des trois « y » du manuscrit induisait une confusion entre le prospectus, la pension... et le texte même du roman. C'est la même polytypie qui travaille la typographie. Si la typographie est ici *paradoxale*, l'emploi simultané ou emboîté des guillemets et des parenthèses est *contradictoire*, et leur double jeu renvoie au même paradoxe.

Guillemets, propos de la tenancière rapporté. Parenthèses, coulisses ou trou du souffleur, Balzac interrompt son personnage, le trahit, disparaît. Guillemets et parenthèses articulent donc un dispositif théâtral qui se confond dans l'amplification typographique où il est impossible de discerner un auteur d'un personnage, un roman d'un texte inséré. La « vue des plus agréables sur la vallée des Gobelins » est un attribut essentiel de la pension, la propriétaire n'irait pas crier sur les toits que la vallée n'est visible que du troisième étage, car — remarquons ici encore l'intrication mimétique — le montant des loyers diminuant avec l'altitude, ce serait les plus misérables qui disposeraient de la plus belle vue. Guillemets, l'auteur donne la parole ou fait semblant. Parenthèses, il la reprend, redevient maître des récits et des images, du vrai et du faux. »

MICHEL VACHEY, 1979,
Revue des Sciences humaines, n° 175 : « Ramages dans une allée », pp. 128-130.

y mit du sien. Aussi la comtesse disait-elle à madame Vauquer, en l'appelant *chère amie*, qu'elle lui procurerait la baronne de Vaumerland et la veuve du colonel comte Picquoiseau, deux de ses amies, qui achevaient au Marais leur terme dans une pension plus coûteuse que ne l'était la Maison-Vauquer. Ces dames seraient d'ailleurs fort à leur aise quand les Bureaux de la Guerre auraient fini leur travail. « Mais, disait-elle, les Bureaux ne terminent rien. » Les deux veuves montaient ensemble après le dîner dans la chambre de madame Vauquer, et y faisaient de petites causettes en buvant du cassis et mangeant des friandises réservées pour la bouche de la maîtresse. Madame de l'Ambermesnil approuva beaucoup les vues de son hôtesse sur le Goriot, vues excellentes, qu'elle avait d'ailleurs devinées dès le premier jour ; elle le trouvait un homme parfait.

— Ah ! ma chère dame, un homme sain comme mon œil, lui disait la veuve, un homme parfaitement conservé, et qui peut donner encore bien de l'agrément à une femme.

La comtesse fit généreusement des observations à madame Vauquer sur sa mise, qui n'était pas en harmonie avec ses prétentions. — Il faut vous mettre sur le pied de guerre, lui dit-elle. Après bien des calculs, les deux veuves allèrent ensemble au Palais-Royal, où elles achetèrent, aux Galeries de Bois[1], un chapeau à plumes et un bonnet ⟨1⟩. La comtesse entraîna son amie au magasin de *La Petite Jeannette*, où elles choisirent une robe et une écharpe. Quand ces munitions furent employées, et que la veuve fut sous les armes, elle ressembla parfaitement à l'enseigne du *Bœuf à la Mode*[2]. Néanmoins elle se trouva si changée à son avantage, qu'elle se crut l'obligée de la comtesse, et, quoique peu *donnante*, elle la pria d'accepter un chapeau de vingt francs. Elle comptait, à la vérité, lui demander le service de sonder Goriot et de la faire valoir auprès de lui. Madame de l'Ambermesnil se prêta fort amicalement à ce manège, et cerna le vieux vermicellier avec lequel elle réussit à avoir une conférence ; mais après l'avoir trouvé pudibond, pour ne pas dire réfractaire aux tentatives que lui suggéra son désir particulier de le séduire pour son propre compte, elle sortit révoltée de sa grossièreté.

— Mon ange, dit-elle à sa chère amie, vous ne tirerez rien de cet homme-là ! il est ridiculement défiant ; c'est un grippe-sou, une bête, un sot, qui ne vous causera que du désagrément.

1. Il s'agissait d'échoppes et de hangars en bois construits sur le côté des jardins non entourés d'arcades et loués à des commerçants. Elles disparurent en 1828 pour faire place à la Galerie d'Orléans. L'endroit était très fréquenté.

2. Restaurant qui se trouvait rue du Lycée (aujourd'hui rue de Valois), près du Palais-Royal, et dont l'enseigne représentait un bœuf orné d'un chapeau et de châles. Quant à La Petite Jeannette, c'était un magasin de nouveautés bien connu, à l'angle de la rue de Richelieu et du boulevard des Italiens (2e arrondissement).

1 Un lieu éminemment parisien.

Les galeries de bois concentrent quelques-unes des caractéristiques majeures du Paris-bourbier, et prennent ainsi une valeur symbolique. Leur simple mention dans le Père Goriot *charge de sens la « campagne » menée par Madame Vauquer et la « Comtesse » de L'Ambermesnil :*

LES GALERIES DE BOIS

« A cette époque, les Galeries de Bois constituaient une des curiosités parisiennes les plus illustres. Il n'est pas inutile de peindre ce bazar ignoble ; car, pendant trente-six ans, il a joué dans la vie parisienne un si grand rôle, qu'il est peu d'hommes âgés de quarante ans à qui cette description incroyable pour les jeunes gens, ne fasse encore plaisir. En place de la froide, haute et large galerie d'Orléans, espèce de serre sans fleurs, se trouvaient des baraques, ou, pour être plus exact, des huttes en planches, assez mal couvertes, petites, mal éclairées sur la cour et sur le jardin par des jours de souffrance appelés croisées, mais qui ressemblaient aux plus sales ouvertures des guinguettes hors barrière. Une triple rangée de boutiques y formait deux galeries, hautes d'environ douze pieds. Les boutiques sises au milieu donnaient sur les deux galeries dont l'atmosphère leur livrait un air méphitique, et dont la toiture

laissait passer peu de jour à travers des vitres toujours sales. Ces alvéoles avaient acquis un tel prix par suite de l'affluence du monde, que malgré l'étroitesse de certaines, à peine larges de six pieds et longues de huit à dix, leur location coûtait mille écus. (...)
Ce sinistre amas de crottes, ces vitrages encrassés par la pluie et par la poussière, ces huttes plates et couvertes de haillons au dehors, la saleté des murailles commencées, cet ensemble de choses qui tenait du camp des bohémiens, des baraques d'une foire, des constructions provisoires avec lesquelles on entoure à Paris les monuments qu'on ne bâtit pas, cette physionomie grimaçante allait admirablement aux différents commerces qui grouillaient sous ce hangar impudique, effronté, plein de gazouillements et d'une gaieté folle, où, depuis la Révolution de 1789 jusqu'à la Révolution de 1830, il s'est fait d'immenses affaires. Pendant vingt années, la Bourse s'est tenue en face, au rez-de-chaussée du Palais. Ainsi, l'opinion publique, les réputations se faisaient et se défaisaient là, aussi bien que les affaires politiques et financières. On se donnait rendez-vous dans ces galeries avant et après la Bourse. Le Paris des banquiers et des commerçants encombrait souvent la cour du Palais-Royal, et refluait sous ces abris par les temps de pluie. La nature de ce bâtiment, surgi sur ce point on ne sait comment, le rendait d'une étrange sonorité. Les éclats de rire y foisonnaient. Il n'arrivait pas une querelle à un bout qu'on ne sût à l'autre de quoi il s'agissait. Il n'y avait là que des libraires, de la poésie, de la politique et de la prose, des marchandes de modes, enfin des filles de joie qui venaient seulement le soir. Là fleurissaient les nouvelles et les livres, les jeunes et les vieilles gloires, les conspirations de la Tribune et les mensonges de la Librairie. »

Illusions perdues, 1837-1843.

Il y eut entre monsieur Goriot et madame de l'Ambermesnil des choses telles que la comtesse ne voulut même plus se trouver avec lui. Le lendemain, elle partit en oubliant de payer six mois de pension, et en laissant une défroque prisée cinq francs. Quelque âpreté que madame Vauquer mît à ses recherches, elle ne put obtenir aucun renseignement dans Paris sur la comtesse de l'Ambermesnil[1]. Elle parlait souvent de cette déplorable affaire, en se plaignant de son trop de confiance, quoiqu'elle fût plus méfiante que ne l'est une chatte ; mais elle ressemblait à beaucoup de personnes qui se défient de leurs proches, et se livrent au premier venu. Fait moral, bizarre, mais vrai, dont la racine est facile à trouver dans le cœur humain. Peut-être certaines gens n'ont-ils plus rien à gagner auprès des personnes avec lesquelles ils vivent ; après leur avoir montré le vide de leur âme, ils se sentent secrètement jugés par elles avec une sévérité méritée ; mais, éprouvant un invincible besoin de flatteries qui leur manquent, ou dévorés par l'envie de paraître posséder les qualités qu'ils n'ont pas, ils espèrent surprendre l'estime ou le cœur de ceux qui leur sont étrangers, au risque d'en déchoir un jour. Enfin il est des individus nés mercenaires qui ne font aucun bien à leurs amis ou à leurs proches, parce qu'ils le doivent ; tandis qu'en rendant service à des inconnus, ils en recueillent un gain d'amour-propre : plus le cercle de leurs affections est près d'eux, moins ils aiment ; plus il s'étend, plus serviables ils sont. Madame Vauquer tenait sans doute de ces deux natures, essentiellement mesquines, fausses, exécrables.

— Si j'avais été ici, lui disait alors Vautrin, ce malheur ne vous serait pas arrivé ! je vous aurais joliment dévisagé cette farceuse-là. Je connais leurs *frimousses*.

Comme tous les esprits rétrécis, madame Vauquer avait l'habitude de ne pas sortir du cercle des événements, et de ne pas juger leurs causes. Elle aimait à s'en prendre à autrui de ses propres fautes. Quand cette perte eut lieu, elle considéra l'honnête vermicellier comme le principe de son infortune, et commença dès lors, disait-elle, à se dégriser sur son compte. Lorsqu'elle eut reconnu l'inutilité de ses agaceries et de ses frais de représentation, elle ne tarda pas à en deviner la raison. Elle s'aperçut alors que son pensionnaire avait déjà, selon son expression, ses allures[2]. Enfin il lui fut prouvé que son espoir si mignonnement caressé reposait sur une base chimérique, et qu'elle ne tirerait jamais rien de cet

1. La prétendue comtesse n'était donc qu'une aventurière.

2. Comportement suspect, généralement « quelque commerce secret de galanterie » (Dictionnaire de l'Académie, *1835*).

POLANTRU CURTET TABLETIER
N° 217

homme-là, suivant le mot énergique de la comtesse, qui paraissait être une connaisseuse. Elle alla nécessairement plus loin en aversion qu'elle n'était allée dans son amitié. Sa haine ne fut pas en raison de son amour, mais de ses espérances trompées. Si le cœur humain trouve des repos en montant les hauteurs de l'affection, il s'arrête rarement sur la pente rapide des sentiments haineux. Mais monsieur Goriot était son pensionnaire, la veuve fut donc obligée de réprimer les explosions de son amour-propre blessé, d'enterrer les soupirs que lui causa cette déception, et de dévorer ses désirs de vengeance, comme un moine vexé par son prieur. Les petits esprits satisfont leurs sentiments, bons ou mauvais, par des petitesses incessantes (1). La veuve employa sa malice de femme à inventer de sourdes persécutions contre sa victime. Elle commença par retrancher les superfluités introduites dans sa pension. « Plus de cornichons, plus d'anchois ; c'est des duperies ! » (2) dit-elle à Sylvie, le matin où elle rentra dans son ancien programme. Monsieur Goriot était un homme frugal, chez qui la parcimonie nécessaire aux gens qui font eux-mêmes leur fortune était dégénérée en habitude. La soupe, le bouilli, un plat de légumes, avaient été, devaient toujours être son dîner de prédilection. Il fut donc bien difficile à madame Vauquer de tourmenter son pensionnaire, de qui elle ne pouvait en rien froisser les goûts. Désespérée de rencontrer un homme inattaquable, elle se mit à le déconsidérer, et fit ainsi partager son aversion pour Goriot par ses pensionnaires, qui, par amusement, servirent ses vengeances. Vers la fin de la première année, la veuve en était venue à un tel degré de méfiance, qu'elle se demandait pourquoi ce négociant, riche de sept à huit mille livres de rente, qui possédait une argenterie superbe et des bijoux aussi beaux que ceux d'une fille entretenue, demeurait chez elle, en lui payant une pension si modique relativement à sa fortune. Pendant la plus grande partie de cette première année, Goriot avait souvent dîné dehors une ou deux fois par semaine ; puis, insensiblement, il en était arrivé à ne plus dîner en ville que deux fois par mois. Les petites parties fines du sieur Goriot convenaient trop bien aux intérêts de madame Vauquer pour qu'elle ne fût pas mécontente de l'exactitude progressive avec laquelle son pensionnaire prenait ses repas chez elle. Ces changements furent attribués autant à une lente diminution de fortune qu'au désir de contrarier son hôtesse. Une des plus détesta-

1 La Maison-Vauquer : rétrécissement et expansion.

« Esprit rétréci », *madame Vauquer se cantonne dans le* « cercle des événements ». *Gérante d'un microcosme (*« Une réunion semblable devait offrir et offrait en petit les éléments d'une société complète », *p. 82), elle ne représente et symbolise sa pension qu'en tant que simple réceptacle. Engluée dans l'épaisseur du domestique, elle est condamnée à ne rien comprendre. Pour les esprits supérieurs, la Maison-Vauquer se donne à la fois comme un terrain d'observation privilégié et une base opérationnelle idéale pour s'élever à la compréhension des causes et des principes.*
Madame Vauquer concentre en elle la pension, elle la totalise, mais en même temps elle n'est qu'un point aveugle d'où aucune lumière interprétative ne peut jaillir, sauf pour accumuler les contresens. On comprend dès lors qu'elle ne reparaisse guère dans la Comédie humaine, en dehors de trois mentions dans Splendeurs et Misères des courtisanes *au bal de 1824, dans* les Employés, *écrit en 1837 et 1838, où l'on apprend que Poiret jeune va parfois manger avec son frère locataire rue Neuve-Sainte-Geneviève (sur Poiret, voir* Contexte *p. 68), et enfin dans* l'Interdiction, *écrit en 1836, où Bianchon et Rastignac évoquent son souvenir en 1828 en sortant de chez la marquise d'Espard.*
Conjonction unique d'un être et d'un milieu, madame Vauquer peut disparaître comme Mistigris (cf. p. 405). Le Père Goriot aura été aussi le roman de sa chute, de sa mort symbolique par la dispersion de ceux qui, rassemblés un temps, parcoureront désormais le macrocosme social dont ils ont appris les lois chez elle. Souveraine paradoxale (elle *« trône »*, p. 82), initiatrice involontaire, tenancière qui ne *tient plus rien, madame Vauquer n'est pas seulement veuve de son mari : elle l'est aussi du Sens.*

2 Le cornichon, emblème de la cuisine bourgeoise.

« Le principal de la cuisine bourgeoise, c'est l'énorme cornichon, le radis, le sel et le poivre à discrétion, disposés carrément, car la symétrie est déjà de rigueur céans. L'accessoire, c'est la soupe, le bouilli et deux plats de pommes de terre ou de haricots secs, le tout terminé par un brie farineux et arrosé d'un vrai *mâcon* venu le mois dernier directement des Grandes Indes, sous la forme peu liquide et point du tout alcoolique de bûches de bois rougeâtres. »

D. DERVILLE, 1832,
Le Livre des Cent et Un,
tome VI, cité par Jules
Bertaut, *op. cit.*, p. 51.

bles habitudes de ces esprits lilliputiens[1] est de supposer leurs petitesses chez les autres. Malheureusement, à la fin de la deuxième année, monsieur Goriot justifia les bavardages dont il était l'objet, en demandant à madame Vauquer de passer au second étage, et de réduire sa pension à neuf cents francs. Il eut besoin d'une si stricte économie qu'il ne fit plus de feu chez lui pendant l'hiver. La veuve Vauquer voulut être payée d'avance ; à quoi consentit monsieur Goriot, que dès lors elle nomma le père Goriot. Ce fut à qui devinerait les causes de cette décadence. Exploration difficile ! Comme l'avait dit la fausse comtesse, le père Goriot était un sournois, un taciturne. Suivant la logique des gens à tête vide, tous indiscrets parce qu'ils n'ont que des riens à dire, ceux qui ne parlent pas de leurs affaires en doivent faire de mauvaises. Ce négociant si distingué devint donc un fripon, ce galantin fut un vieux drôle. Tantôt, selon Vautrin, qui vint vers cette époque habiter la Maison-Vauquer, le père Goriot était un homme qui allait à la Bourse et qui, suivant une expression assez énergique de la langue financière, *carottait*[2] sur les rentes après s'y être ruiné. Tantôt c'était un de ces petits joueurs qui vont hasarder et gagner tous les soirs dix francs au jeu. Tantôt on en faisait un espion attaché à la haute police ; mais Vautrin prétendait qu'il n'était pas assez rusé pour *en être*. Le père Goriot était encore un avare qui prêtait à la petite semaine, un homme qui nourrissait des numéros à la loterie[3]. On en faisait tout ce que le vice, la honte, l'impuissance engendrent de plus mystérieux. Seulement, quelque ignobles que fussent sa conduite ou ses vices, l'aversion qu'il inspirait n'allait pas jusqu'à le faire bannir : il payait sa pension. Puis il était utile, chacun essuyait sur lui sa bonne ou mauvaise humeur par des plaisanteries ou par des bourrades. L'opinion qui paraissait plus probable, et qui fut généralement adoptée, était celle de madame Vauquer. A l'entendre, cet homme si bien conservé, sain comme son œil et avec lequel on pouvait avoir encore beaucoup d'agrément, était un libertin qui avait des goûts étranges. Voici sur quels faits la veuve Vauquer appuyait ses calomnies. Quelques mois après le départ de cette désastreuse comtesse qui avait su vivre pendant six mois à ses dépens, un matin, avant de se lever, elle entendit dans son escalier le froufrou d'une robe de soie et le pas mignon d'une femme jeune et légère qui filait chez Goriot, dont la porte s'était intelligemment ouverte. Aussitôt la grosse Sylvie vint dire à sa maî-

1. Cet adjectif, formé sur Lilliput, le pays peuplé de nains imaginé par Swift dans Les Voyages de Gulliver *(1726), semble avoir été créé par Balzac. Ce serait alors un des néologismes du texte.*

2. Autrement dit jouait au jour le jour en spéculant sur la différence entre les cours d'ouverture et de clôture des valeurs boursières.

3. Nourrir un numéro se dit quand on mise toujours sur le même numéro. La loterie date de 1776, et joue un rôle important dans La Rabouilleuse *(1842).*

tresse qu'une fille trop jolie pour être honnête, *mise comme une divinité,* chaussée en brodequins de prunelle[1] qui n'étaient pas crottés, avait glissé comme une anguille de la rue jusqu'à sa cuisine, et lui avait demandé l'appartement de monsieur Goriot. Madame Vauquer et sa cuisinière se mirent aux écoutes, et surprirent plusieurs mots tendrement prononcés pendant la visite, qui dura quelque temps. Quand monsieur Goriot reconduisit *sa dame*, la grosse Sylvie prit aussitôt son panier, et feignit d'aller au marché, pour suivre le couple amoureux.

— Madame, dit-elle à sa maîtresse en revenant, il faut que monsieur Goriot soit diantrement riche tout de même, pour les mettre sur ce pied-là. Figurez-vous qu'il y avait au coin de l'Estrapade un superbe équipage dans lequel *elle* est montée.

Pendant le dîner, madame Vauquer alla tirer un rideau, pour empêcher que Goriot ne fût incommodé par le soleil dont un rayon lui tombait sur les yeux.

— Vous êtes aimé des belles, monsieur Goriot, le soleil vous cherche, dit-elle en faisant allusion à la visite qu'il avait reçue. Peste ! vous avez bon goût, elle était bien jolie !

— C'était ma fille, dit-il avec une sorte d'orgueil dans lequel les pensionnaires voulurent voir la fatuité d'un vieillard qui garde les apparences.

Un mois après cette visite, monsieur Goriot en reçut une autre. Sa fille qui, la première fois, était venue en toilette du matin, vint après le dîner et habillée comme pour aller dans le monde. Les pensionnaires, occupés à causer dans le salon, purent voir en elle une jolie blonde, mince de taille, gracieuse, et beaucoup trop distinguée pour être la fille d'un père Goriot.

— Et de deux ! dit la grosse Sylvie, qui ne la reconnut pas.

Quelques jours après, une autre fille, grande et bien faite, brune, à cheveux noirs et à l'œil vif, demanda monsieur Goriot.

— Et de trois ! dit Sylvie.

Cette seconde fille, qui la première fois était aussi venue voir son père le matin, vint quelques jours après, le soir, en toilette de bal et en voiture.

— Et de quatre ! dirent madame Vauquer et la grosse Sylvie, qui ne reconnurent dans cette grande dame aucun

1. *Étoffe de laine de qualité utilisée pour fabriquer des chaussures.*

vestige de la fille simplement mise le matin où elle fit sa première visite[1].

Goriot payait encore douze cents francs de pension. Madame Vauquer trouva tout naturel qu'un homme riche eût quatre ou cinq maîtresses, et le trouva même fort adroit de les faire passer pour ses filles. Elle ne se formalisa point de ce qu'il les mandait dans la Maison-Vauquer. Seulement, comme ces visites lui expliquaient l'indifférence de son pensionnaire à son égard, elle se permit, au commencement de la deuxième année, de l'appeler *vieux matou*. Enfin, quand son pensionnaire tomba dans les neuf cents francs, elle lui demanda fort insolemment ce qu'il comptait faire de sa maison, en voyant descendre une de ces dames. Le père Goriot lui répondit que cette dame était sa fille aînée.

— Vous en avez donc trente-six, des filles ? dit aigrement madame Vauquer.

— Je n'en ai que deux, répliqua le pensionnaire avec la douceur d'un homme ruiné qui arrive à toutes les docilités de la misère.

Vers la fin de la troisième année, le père Goriot réduisit encore ses dépenses, en montant au troisième étage [1] et en se mettant à quarante-cinq francs de pension par mois. Il se passa de tabac, congédia son perruquier et ne mit plus de poudre. Quand le père Goriot parut pour la première fois sans être poudré, son hôtesse laissa échapper une exclamation de surprise en apercevant la couleur de ses cheveux, ils étaient d'un gris sale et verdâtre. Sa physionomie, que des chagrins secrets avaient insensiblement rendue plus triste de jour en jour, semblait la plus désolée de toutes celles qui garnissaient la table. Il n'y eut alors plus aucun doute. Le père Goriot était un vieux libertin dont les yeux n'avaient été préservés de la maligne influence des remèdes nécessités par ses maladies que par l'habileté d'un médecin. La couleur dégoûtante de ses cheveux provenait de ses excès et des drogues qu'il avait prises pour les continuer[2]. L'état physique et moral du bonhomme donnait raison à ces radotages. Quand son trousseau fut usé, il acheta du calicot à quatorze sous l'aune pour remplacer son beau linge. Ses diamants, sa tabatière d'or, sa chaîne, ses bijoux, disparurent un à un. Il avait quitté l'habit bleu-barbeau, tout son costume cossu, pour porter, été comme hiver, une redingote de drap marron grossier, un gilet en poil de chèvre, et un pantalon gris en cuir de laine. Il devint progressivement maigre ; ses mol-

1. Pour l'intelligence de la suite, signalons dès maintenant que la blonde est la cadette Delphine et la brune Anastasie.

2. On soupçonne naturellement le « vieux libertin » d'être atteint d'une maladie vénérienne, d'où l'allusion aux « remèdes ». Les « drogues » sont dans l'esprit de madame Vauquer des aphrodisiaques. Un véritable mythe du vieux débauché est ainsi mis en place.

1 Habitat urbain et ségrégation verticale.

La déchéance financière du père Goriot se traduit notamment par une élévation dans les étages de la Maison-Vauquer inversement proportionnelle à ses revenus. En effet, sous l'Ancien Régime « le vécu des divers groupes s'ordonne sur deux axes, vertical et horizontal. Ils signifient, l'un et l'autre, une modernité.

Verticalement : les grandes villes, qui témoignent pour la croissance et pour les Lumières, ont les plus hauts immeubles ; ceux-ci sont dangereux et sujets à l'incendie, dont on réchappe mal. Cinq étages, voire six, à Paris... Automatiquement, les hommes pauvres tendent à coloniser les étages supérieurs et surtout les mansardes et galetas sous les toits ; en l'absence d'ascenseurs et de tuyaux, ils coltinent l'eau et leur propre personne, au fil d'interminables escaliers ; on comprend que les riches, s'ils le peuvent, se dispensent de ces corvées en peuplant les bas étages. C'est l'inverse de la situation actuelle : nos « cadres supérieurs » recherchent dans les grands immeubles, équipés d'ascenseurs, l'altitude maximale : l'air y est moins pollué, les bruits de la rue moins intenses. Surtout la ségrégation par l'espace remplace au XXe siècle la distribution par étages ; les salariés les plus mal payés en notre temps habitent encore quelquefois les galetas et greniers de tel quartier riche ; pour l'essentiel cependant, ils sont partis vers de lointaines banlieues, ou vers des quartiers urbains « non résidentiels ». »

(...)

« N'allons pas croire pourtant que la ségrégation géographique, telle que la connaîtront les villes du XXe siècle, est inexistante au temps de Louis XV. En fait, elle se développe même pendant cette époque, en liaison avec la construction de quartiers neufs et résidentiels (...). (Sous la Restauration) dans la vieille ville (...) les classes bourgeoises émigrent vers les quartiers neufs (...). Cette ségrégation ne se dessine pourtant que lentement, et pendant la plus grande partie de la période le mixage social fait cohabiter, dans les mêmes quartiers, dans les mêmes maisons, du premier étage bourgeois aux misérables soupentes, riches et ouvriers, population aisée et marginaux misérables. »

Histoire de la France urbaine, tome 3, 1981, Éd. du Seuil, pp. 433 et 587 (respectivement par Emmanuel Le Roy Ladurie avec la collaboration de Bernard Quilliet et par Guy Chaussinand-Nogaret).

L'illustration est-elle antilittéraire ?

« Flaubert s'indignait lorsque l'éditeur Charpentier décidait de faire de l'un de ses livres une édition illustrée : « L'illustration est antilittéraire. » « Vous voulez que le premier imbécile venu dessine ce que je me suis tué *à ne pas montrer* ? » Kafka dut accepter que la couverture de *La Métamorphose* fût illustrée, comme l'exigeait la collection où la nouvelle était publiée, mais il supplia Kurt Wolff d'empêcher à tout prix que l'insecte lui-même y fût représenté : « Surtout pas cela, surtout pas cela ! » s'écriait-il avec effroi dans une lettre destinée à prévenir pareille énormité (« cela » a d'ailleurs été évité, la couverture de l'édition prin-

lets tombèrent ; sa figure, bouffie par le contentement d'un bonheur bourgeois, se rida démesurément ; son front se plissa, sa mâchoire se dessina. Durant la quatrième année de son établissement rue Neuve-Sainte-Geneviève, il ne se ressemblait plus. Le bon vermicellier de soixante-deux ans qui ne paraissait pas en avoir quarante, le bourgeois gros et gras, frais de bêtise, dont la tenue égrillarde[1] réjouissait les passants, qui avait quelque chose de jeune dans le sourire, semblait être un septuagénaire hébété, vacillant, blafard. Ses yeux bleus si vivaces prirent des teintes ternes et gris-de-fer, ils avaient pâli, ne larmoyaient plus, et leur bordure rouge semblait pleurer du sang. Aux uns, il faisait horreur ; aux autres, il faisait pitié. De jeunes étudiants en Médecine, ayant remarqué l'abaissement de sa lèvre inférieure et mesuré le sommet de son angle facial, le déclarèrent atteint de crétinisme, après l'avoir longtemps houspillé[2] sans en rien tirer. Un soir, après le dîner, madame Vauquer lui ayant dit en manière de raillerie : « Eh ! bien, elles ne viennent donc plus vous voir, vos filles ? » en mettant en doute sa paternité, le père Goriot tressaillit comme si son hôtesse l'eût piqué avec un fer.

— Elles viennent quelquefois, répondit-il d'une voix émue.

— Ah ! ah ! vous les voyez encore quelquefois ! s'écrièrent les étudiants. Bravo, père Goriot !

Mais le vieillard n'entendit pas les plaisanteries que sa réponse lui attirait, il était retombé dans un état méditatif que ceux qui l'observaient superficiellement prenaient pour un engourdissement sénile dû à son défaut d'intelligence. S'ils l'avaient bien connu, peut-être auraient-ils été vivement intéressés par le problème que présentait sa situation physique et morale ; mais rien n'était plus difficile. Quoiqu'il fût aisé de savoir si Goriot avait réellement été vermicellier, et quel était le chiffre de sa fortune, les vieilles gens dont la curiosité s'éveilla sur son compte ne sortaient pas du quartier et vivaient dans la pension comme des huîtres sur un rocher. Quant aux autres personnes, l'entraînement particulier de la vie parisienne leur faisait oublier, en sortant de la rue Neuve-Sainte-Geneviève, le pauvre vieillard dont ils se moquaient. Pour ces esprits étroits, comme pour ces jeunes gens insouciants, la sèche misère du père Goriot et sa stupide attitude étaient incompatibles avec une fortune et une capacité quelconques. Quant aux femmes qu'il nommait ses filles, chacun

1. *Gaie et gaillarde.*

2. *Houspiller : harceler de reproches et de critiques ou malmener en paroles.*

ceps montre bien Grégoire sous sa forme humaine, seul, debout dans une chambre entièrement nue, il tourne le dos à une porte entrebâillée sur un fond noir et se cache la tête dans les mains). Colère ou épouvante, la réaction de Flaubert et de Kafka devant l'illustration de leur œuvre s'explique évidemment par tout autre chose qu'un simple mouvement d'humeur ; elle exprime la protestation de l'écrivain *cohérent* contre la confusion des arts et des genres dont la modernité semble se faire une spécialité. Pour Flaubert et Kafka, modernes certes chacun en son temps, mais intraitables sur le chapitre du vrai, la cohérence interne de l'œuvre est le principe absolu que tout art applique à sa façon, à l'intérieur de genres strictement délimités entre lesquels aucune transposition ne peut jouer. Les images écrites ne peuvent en aucun cas se traduire en images vues, car elles n'existent que dans le temps et l'espace d'une organisation verbale déterminée, et jamais dans leurs parties apparemment transposables, qui sont exactement ce que l'écriture s'impose de surmonter (Flaubert se *tue* à ne pas montrer ce qu'il décrit). Dès lors peu importe que l'image ajoutée ou substituée au texte ait en elle-même de la valeur : elle est à proscrire par l'unique raison que l'objet vu tue l'objet écrit, dès qu'il s'en saisit pour le représenter. »

MARTHE ROBERT, 1981,
La Vérité littéraire, Grasset,
réédité par le Livre de
poche, pp. 60-61.

[Société d

« Si Balzac, dès sa publication, avait été abondamment et fidèlement illustré, comme l'a été par exemple Jules Verne par son éditeur Hetzel, si nos habitudes de lecture ne séparaient pas davantage qu'elles ne le font pour *Cinq semaines en ballon* ou *Nord contre Sud* son texte de pareilles images, il me semble quelquefois que nous sentirions mieux, que nous saisirions plus clairement la singularité balzacienne essentielle, qui est un enserrement, et presque un enfouissement de chaque personnage dans le réseau hyperbolique de relations matérielles où il se trouve non pas, comme pour d'autres romanciers réalistes, engagé, mais véritablement emmailloté, au point, qu'à la limite il n'est presque plus séparable de ces enveloppes, aussi concentriques et aussi serrées que les pelures d'un oignon, enveloppes qui le dessinent, le moulent, et presque en définitive pour nous le font être. Enveloppes qui se nomment, pour les plus immédiates vêtements, mobilier, maison, pour les plus extérieures parenté, relations, métier, entreprises, fortune. On s'extasie, à juste titre, sur le fourmillement humain qui fait grouiller les différents répertoires des personnages balzaciens, mais imagine-t-on (par exemple) quelles Galeries Barbès de rêve, quel catalogue hyperbolique de *Manufrance*, quelle accumulation de livraisons de l'*Intermédiaire des chercheurs et des curieux*, quel *corpus* de la brocante universelle pourrait rivaliser avec la gigantesque friperie, avec la colossale foire aux puces dont le dénombrement et la description sont incluses dans les trente ou quarante tomes de la *Comédie Humaine* ? »

JULIEN GRACQ, 1981,
En lisant, en écrivant, Corti,
pp. 22-23.

partageait l'opinion de madame Vauquer, qui disait, avec la logique sévère que l'habitude de tout supposer donne aux vieilles femmes occupées à bavarder pendant leurs soirées : « Si le père Goriot avait des filles aussi riches que paraissaient l'être toutes les dames qui sont venues le voir, il ne serait pas dans ma maison, au troisième, à quarante-cinq francs par mois, et n'irait pas vêtu comme un pauvre. » Rien ne pouvait démentir ces inductions. Aussi, vers la fin du mois de novembre 1819 (1), époque à laquelle éclata ce drame, chacun dans la pension avait-il des idées bien arrêtées sur le pauvre vieillard. Il n'avait jamais eu ni fille ni femme ; l'abus des plaisirs en faisait un colimaçon, un mollusque anthropomorphe[1] à classer dans les *Casquettifères*[2], disait un employé au Muséum, un des habitués à cachet[3]. Poiret était un aigle, un gentleman auprès de Goriot. Poiret parlait, raisonnait, répondait ; il ne disait rien, à la vérité, en parlant, raisonnant ou répondant, car il avait l'habitude de répéter en d'autres termes ce que les autres disaient ; mais il contribuait à la conversation, il était vivant, il paraissait sensible ; tandis que le père Goriot, disait encore l'employé au Muséum, était constamment à zéro de Réaumur[4].

Eugène de Rastignac était revenu dans une disposition d'esprit que doivent avoir connue les jeunes gens supérieurs, ou ceux auxquels une position difficile communique momentanément les qualités des hommes d'élite. Pendant sa première année de séjour à Paris, le peu de travail que veulent les premiers grades à prendre dans la Faculté l'avait laissé libre de goûter les délices visibles du Paris matériel. Un étudiant n'a pas trop de temps s'il veut connaître le répertoire de chaque théâtre, étudier les issues du labyrinthe parisien, savoir les usages, apprendre la langue et s'habituer aux plaisirs particuliers de la capitale ; fouiller les bons et les mauvais endroits, suivre les cours qui amusent, inventorier les richesses des musées. Un étudiant se passionne alors pour des niaiseries qui lui paraissent grandioses. Il a son grand homme, un professeur du Collège de France, payé pour se tenir à la hauteur de son auditoire. Il rehausse sa cravate et se pose pour la femme des premières galeries de l'Opéra-Comique. Dans ces initiations successives, il se dépouille de son aubier[5], agrandit l'horizon de sa vie, et finit par concevoir la superposition des couches humaines qui composent la société. S'il a commencé par admirer les voitures au défilé des Champs-Élysées par un beau soleil, il arrive

1. Ayant forme humaine.
2. Néologisme plaisant qui parodie le lexique taxinomique de l'histoire naturelle pour qualifier un porteur de casquette.
3. Un externe.

4. Échelle du thermomètre à alcool mis au point vers 1730 par le savant Réaumur (1683-1757). Elle allait de 0 à 80. On se souvient du pharmacien Homais décrivant à Emma le climat tempéré d'Yonville : « Le thermomètre (j'en ai fait les observations) descend en hiver jusqu'à quatre degrés et, dans la forte saison, touche vingt-cinq, trente centigrades tout au plus, ce qui nous donne vingt-quatre Réaumur au maximum, ou autrement cinquante-quatre Fahrenheit (mesure anglaise), pas davantage ! » (Madame Bovary)

5. L'aubier est la couche de bois tendre et blanc qui se forme annuellement entre le bois dur et l'écorce.

1 Comment lire la description de la Maison-Vauquer : l'exemple d'une analyse cohérente.

Grand « morceau » balzacien, la description de la Maison-Vauquer, souvent citée comme archétype et modèle de la technique réaliste, présente cependant bien des centres d'intérêt dont le plus souvent la critique n'a fait qu'approcher. Sans prétendre épuiser le sujet, Nicole Mozet propose une lecture nouvelle, dont nous reproduisons ici quelques-uns des aspects essentiels :

« Ses habitants sont tous des exclus, dont le dénominateur commun n'est pas la misère — Vautrin a de l'argent et Goriot en a eu —, mais d'être si bien coupés de leur milieu d'origine qu'il est très difficile de percer leur secret. Celui-ci est même si bien gardé qu'il ne devrait jamais, « normalement », être levé, le cas le plus vraisemblable étant celui de la fausse comtesse de l'Ambermesnil, qui n'est pas un personnage, seulement une référence. Il n'est pas étonnant qu'elle ait pu si facilement échapper aux recherches entreprises par Mme Vauquer, puisqu'il nous est sans cesse rappelé qu'à Paris, l'anonymat est de règle : « Un des privilèges de la bonne ville de Paris, c'est qu'on peut y naître, y vivre, y mourir sans que personne fasse attention à vous. » Aussi, pour démasquer Vautrin, faut-il toute l'opiniâtreté d'un policier, et la curiosité à la fois amicale et intéressée de Rastignac pour apprendre à connaître le vrai père Goriot : « Dans le désir de parfaitement bien connaître son échiquier avant de tenter l'abordage de la maison de Nucingen, Rastignac voulut se mettre au fait de la vie antérieure du père Goriot, et recueillit des renseignements certains. »

Rue de la Chaussée-d'Antin.

Le processus de dévoilement est un mouvement en deux temps, qui se décomposent chacun en deux phases :

1) Le temps du masque

a) occultation totale

b) les fausses pistes (sorte de brouillage)

2) La levée du masque

a) les indices vrais

b) la révélation

Rastignac, qui d'ailleurs n'est pas vraiment exclu, seulement égaré, est le seul des pensionnaires qui n'ait rien à cacher, si ce n'est à son père. Quand il reçoit de l'argent, c'est à l'heure du déjeuner, sous les quolibets de tous, et Vautrin n'a pas besoin d'une clairvoyance particulière pour faire son portrait et celui des siens : « Nous avons, là-bas, papa, maman, grand'tante, deux sœurs (...). »

Tous les autres, en revanche, sont des êtres mystérieux. »

NICOLE MOZET, 1972,
« La description de la Maison-Vauquer », *L'Année balzacienne,* pp. 110-111.

bientôt à les envier. Eugène avait subi cet apprentissage à son insu, quand il partit en vacances, après avoir été reçu bachelier ès-Lettres et bachelier en Droit[1]. Ses illusions d'enfance, ses idées de province avaient disparu. Son intelligence modifiée, son ambition exaltée lui firent voir juste au milieu du manoir paternel, au sein de la famille. Son père, sa mère, ses deux frères, ses deux sœurs, et une tante dont la fortune consistait en pensions, vivaient sur la petite terre de Rastignac. Ce domaine d'un revenu d'environ trois mille francs était soumis à l'incertitude qui régit le produit tout industriel[2] de la vigne, et néanmoins il fallait en extraire chaque année douze cents francs pour lui. L'aspect de cette constante détresse qui lui était généreusement cachée, la comparaison qu'il fut forcé d'établir entre ses sœurs, qui lui semblaient si belles dans son enfance, et les femmes de Paris, qui lui avaient réalisé le type d'une beauté rêvée, l'avenir incertain de cette nombreuse famille qui reposait sur lui, la parcimonieuse attention avec laquelle il vit serrer les plus minces productions, la boisson faite pour sa famille avec les marcs[3] du pressoir, enfin une foule de circonstances inutiles à consigner ici décuplèrent son désir de parvenir et lui donnèrent soif des distinctions. Comme il arrive aux âmes grandes, il voulut ne rien devoir qu'à son mérite. Mais son esprit était éminemment méridional ; à l'exécution, ses déterminations devaient donc être frappées de ces hésitations qui saisissent les jeunes gens quand ils se trouvent en pleine mer, sans savoir ni de quel côté diriger leurs forces, ni sous quel angle enfler leurs voiles. Si d'abord il voulut se jeter à corps perdu dans le travail, séduit bientôt par la nécessité de se créer des relations, il remarqua combien les femmes ont d'influence sur la vie sociale, et avisa soudain à se lancer dans le monde, afin d'y conquérir des protectrices : devaient-elles manquer à un jeune homme ardent et spirituel dont l'esprit et l'ardeur étaient rehaussés par une tournure élégante et par une sorte de beauté nerveuse à laquelle les femmes se laissent prendre volontiers ? Ces idées l'assaillirent au milieu des champs, pendant les promenades que jadis il faisait gaiement avec ses sœurs, qui le trouvèrent bien changé. Sa tante, madame de Marcillac, autrefois présentée à la Cour, y avait connu les sommités aristocratiques[4]. Tout à coup le jeune ambitieux reconnut, dans les souvenirs dont sa tante l'avait si souvent bercé, les éléments de plusieurs conquêtes sociales, au moins aussi

1. Balzac lui-même avait conquis ces deux grades.

2. La science économique du temps parlait d'industrie agricole pour désigner « l'action productive de la nature » et ses « produits » (Littré).

3. Le résidu des fruits pressés.

4. Sommité se dit d'un personnage éminent.

« (...) Nous pouvons enfin établir le parallélisme entre la pension et les pensionnaires : ils ont en commun une apparence d'anonymat, qui masque leur véritable personnalité. Aussi pouvons-nous utiliser pour la description de la pension Vauquer les mêmes catégories qui nous ont servi pour l'analyse des personnages : 1) Le temps du masque (qui comprend la phase de l'occultation et celle des fausses pistes), 2) La levée du masque (qui englobe les deux phases des indices vrais et de la révélation). On peut classer d'abord dans la phase de l'occultation tous les détails que l'on ne peut justifier sans avoir recours à la minutie réaliste de l'auteur. (...)

La clandestinité, à notre avis, est plutôt la conséquence de cette volonté affichée de ne pas laisser de lacunes, qui rend la description suspecte comme un alibi trop bien monté. Il y a une sorte de surenchère, de ce point de vue, à nous donner l'orientation de la maison par rapport à la rue, la largeur du « cailloutis », celle de la cour, etc. Ces indications et ces mensurations, nous sommes bien forcée, dans l'impossibilité où nous sommes de les rattacher à aucune notion architecturale ou esthétique, de les interpréter comme autant de signes

volontairement négatifs, puisqu'ils ne signifient rien d'autre qu'une absence totale d'intention. C'est ce que l'on pourrait appeler le degré zéro de l'architecture, sur laquelle on ne peut lire que l'absence de recherche de la part des constructeurs — témoin le badigeon jaune, qui est commun « à presque toutes les maisons de Paris », ou la tonalité « criarde » de la sonnette —, et la négligence de la part des utilisateurs, qui, insoucieux de la symétrie, relèvent les jalousies au hasard, « en sorte que toutes les lignes jurent entre elles ». Absence d'harmonie qui est la caractéristique de l'inintelligible.

Cette obscurité originelle se double d'une volonté de tromper, moins efficace d'ailleurs, parce que trop visible dans sa maladresse. (...)

Pour l'« artiste du quartier » qui s'est chargé de la décoration, le comble de l'art consiste à faire semblant, grâce à une peinture qui « SIMULE » une fausse arcade. Je propose d'interpréter dans le même sens le seul élément de la description qui semble indiquer une certaine recherche esthétique, à savoir l'allée sablée pour laquelle on a fait la dépense de « grands » vases et de fleurs. Il s'agit d'une sorte de tromperie commerciale (complétée, dans la journée, par la porte à claire-voie, qui permet de voir ce qu'il y a de plus beau), destinée à attirer la clientèle, en l'invitant à considérer la pension comme un séjour plein d'agrément. L'argument vaut aussi, quoique de façon moins évidente, pour les tilleuls du fond du jardin, qui sont impuissants à protéger de la chaleur, mais qui sont tout à fait capables de fournir un prétexte à servir du café aux pensionnaires les plus aisés.

(Café de Paris.) (Rue Taitbo

(...) Les cultures sont strictement utilitaires, et trop entassées, par mesquinerie, pour donner autre chose que des « fructifications grêles et poudreuses ». L'énumération souligne le souci de ne pas perdre un pouce du terrain : « un carré d'artichauts flanqué d'arbres fruitiers en quenouille, et bordé d'oseille, de laitue ou de persil ». La cour, parce qu'elle est DERRIÈRE la maison, est encore plus révélatrice : c'est le domaine des cochons et des ordures, que la cuisinière rejette dans la rue « en nettoyant cette sentine à grand renfort d'eau, sous peine de pestilence ». Mais il est normal que ce soit la description intérieure qui nous fasse passer du stade des indices vrais à celui de la révélation. On y trouve les mêmes éléments que dans la description de l'extérieur, mais inversés, si bien que ce n'est plus la volonté de tromper qui est au premier plan, mais les indices de la vérité, que l'on cherchait tout à l'heure à cacher. On est assailli par le nombre des objets utilitaires, qui étalent avec indécence tous les signes de leur usure, que ce soit les fauteuils luisants du salon ou les buffets gluants de la salle à manger, sans compter les serviettes tachées. L'hétéroclite s'étale sans la moindre pudeur : « Il s'y rencontre de ces meubles indestructibles, proscrits partout, mais placés là comme le sont les débris de la civilisation aux Incurables. » Dans ce milieu où tout exhale jusqu'à l'écœurement « l'odeur de pension », les rares prétentions décoratives qui subsistent passent inaperçues, ou ne trompent plus personne, et les pensionnaires moins que quiconque, qu'il s'agisse des « fleurs artificielles, vieillies et encagées », de la pendule « du plus mauvais goût », des « gravures exécrables qui ôtent l'appétit » ou des « petits paillassons piteux en sparterie ».

Au terme de la description, le mystère de la pension est donc élucidé, l'auteur présentant la pièce la plus révéla-

trice, la salle à manger, à son heure la plus propice : « Cette pièce est dans tout son LUSTRE au moment où, vers sept heures du matin (...) ». L'apparition de la propriétaire, dont le jupon de laine « RÉSUME le salon, la salle à manger, le jardinet, annonce la cuisine et fait pressentir les pensionnaires », est une sorte d'apothéose, qui annule l'opacité des choses : « toute sa personne EXPLIQUE la pension ». C'est ce qui explique que l'opération ressemble un peu à un exercice de prestidigitation, où l'auteur aurait accumulé les difficultés pour mieux se donner le plaisir de les résoudre, mais ce n'est pas une raison pour attribuer aux objets eux-mêmes une transparence qu'il n'appartient qu'au texte de leur donner (de même qu'il faut se garder de transférer à la chose décrite la beauté du texte littéraire, c'est-à-dire de la description elle-même). En réalité la description sert à expérimenter de façon exemplaire la méthode d'investigation qui va être employée par la suite à analyser les personnages, en particulier les pensionnaires dont nous avons vu que, mis à part Rastignac, ils appartiennent tous à la catégorie de l'Objet (la Vérité). Le rapport entre la maison et ses occupants est donc un rapport d'homologie, mais pas du tout au niveau de la ressemblance, comme dans les descriptions archéologiques où il y a harmonie entre les lieux et les mœurs, mais à un niveau beaucoup plus abstrait. La pension est le lieu de la plus grande distance entre l'apparence et la réalité, puisque c'est une maison anonyme, que sa propriétaire essaie de faire considérer comme un paradis, et qui est en réalité un enfer. C'est pourquoi c'est elle qui a le plus de titres pour fournir l'occasion à l'auteur de faire une démonstration de sa technique de lecture. »

NICOLE MOZET, 1972, « La description de la Maison-Vauquer », *L'Année balzacienne,* pp. 125-129.

importantes que celles qu'il entreprenait à l'École de Droit ; il la questionna sur les liens de parenté qui pouvaient encore se renouer. Après avoir secoué les branches de l'arbre généalogique, la vieille dame estima que, de toutes les personnes qui pouvaient servir son neveu parmi la gent égoïste des parents riches, madame la vicomtesse de Beauséant serait la moins récalcitrante. Elle écrivit à cette jeune femme une lettre dans l'ancien style, et la remit à Eugène, en lui disant que s'il réussissait auprès de la vicomtesse, elle lui ferait retrouver ses autres parents. Quelques jours après son arrivée, Rastignac envoya la lettre de sa tante à madame de Beauséant. La vicomtesse répondit par une invitation de bal pour le lendemain ① .

Telle était la situation générale de la pension bourgeoise à la fin du mois de novembre 1819 ② . Quelques jours plus tard, Eugène, après être allé au bal de madame de Beauséant, rentra vers deux heures dans la nuit. Afin de regagner le temps perdu, le courageux étudiant s'était promis, en dansant, de travailler jusqu'au matin. Il allait passer la nuit pour la première fois au milieu de ce silencieux quartier, car il s'était mis sous le charme d'une fausse énergie en voyant les splendeurs du monde. Il n'avait pas dîné chez madame Vauquer. Les pensionnaires purent donc croire qu'il ne reviendrait du bal que le lendemain matin au petit jour, comme il était quelquefois rentré des fêtes du Prado[1] ou des Bals de l'Odéon[2], en crottant ses bas de soie et gauchissant ses escarpins[3]. Avant de mettre les verrous à la porte, Christophe l'avait ouverte pour regarder dans la rue. Rastignac se présenta dans ce moment, et put monter à sa chambre sans faire de bruit, suivi de Christophe qui en faisait beaucoup. Eugène se déshabilla, se mit en pantoufles, prit une méchante redingote, alluma son feu de mottes[4], et se prépara lestement au travail, en sorte que Christophe couvrit encore par le tapage de ses gros souliers les apprêts peu bruyants du jeune homme. Eugène resta pensif pendant quelques moments avant de se plonger dans ses livres de Droit. Il venait de reconnaître en madame la vicomtesse de Beauséant l'une des reines de la mode à Paris, et dont la maison passait pour être la plus agréable du faubourg Saint-Germain[5] ③ . Elle était d'ailleurs, et par son nom et par sa fortune, l'une des sommités du monde aristocratique. Grâce à sa tante de Marcillac, le pauvre étudiant avait été bien reçu dans cette maison, sans connaître l'étendue de cette faveur.

1. Salle de bal dans l'île de la Cité, rue de la Barillerie (aujourd'hui boulevard du Palais), située dans l'ancien théâtre de la Cité. Les étudiants la fréquentaient beaucoup.

2. Théâtre toujours situé place de l'Odéon (6e arrondissement), achevé en 1782, à l'histoire mouvementée depuis la création du Mariage de Figaro *(1784) jusqu'au second grand incendie de 1818. On le rouvrit le 1er octobre 1819, l'année du début du roman.*

3. Chaussure découverte très fine, surtout utilisée pour la danse.

4. Motte à brûler ou simplement motte, masse plate et ronde faite avec le tan qui ne peut plus servir à tanner, et qui sert à faire du feu (Littré).

5. Le faubourg Saint-Germain, limité à l'ouest par le boulevard des Invalides, à l'est par la rue du Bac, au sud par la rue de Babylone, au nord par la Seine (couvrant donc une bonne partie de l'actuel septième arrondissement), était le quartier aristocratique de Paris.

« La description (...) parce qu'elle s'attarde sur des objets et des êtres considérés dans leur simultanéité, et qu'elle envisage les procès eux-mêmes comme des spectacles, semble suspendre le cours du temps et contribue à étaler le récit dans l'espace. »

GÉRARD GENETTE, 1966,
« Frontières du récit » in *Communications*, n° 8, p. 158, repris dans *Figures II*, Éd. du Seuil, 1969, p. 59.

« Cet arrêt du temps est renforcé par le fait qu'avant et après la description est mentionnée la date à laquelle se déroule ce qui va être raconté :
« Néanmoins, en 1819, époque à laquelle ce drame commence. »
« Telle était la situation générale de la pension bourgeoise à la fin du mois de novembre 1819. »
Cela crée un effet de piétinement, de fermeture qui correspond parfaitement à la vie monotone de la pension, à ce que G. Poulet appelle « l'enceinte du présent ». »

CLAUDINE VERCOLLIER, 1978,
« Le temps dans *le Père Goriot* », *L'Année balzacienne*, p. 142.

1 La description : suspens du temps, étalement dans l'espace.

« L'être balzacien se découvre d'abord comme une sorte de creux vivant, d'appel à la vie. Il est un besoin d'exister, plutôt qu'il n'est une existence (...). Un tel être ne peut supporter son moment d'existence qu'en le liant aussitôt et de tous côtés à l'univers. L'isolement lui serait insupportable (...). Il a horreur de se sentir limité à sa seule conscience d'être, détaché du monde et du temps, enfermé dans l'enceinte du présent. Il faut qu'il se sente vivre dans un moment qui baigne dans le temps, qui s'environne d'étendues. C'est le moment d'une pensée qui exige, autour d'elle et devant elle, un monde où elle puisse se déverser, se dérouler, se posséder. »

GEORGES POULET, 1952,
La Distance intérieure, Plon, pp. 122-123.

2 Analepse et prolepse.

Dans Figures III *(1972), Gérard Genette propose de désigner* « par *prolepse* toute manœuvre narrative consistant à raconter ou évoquer d'avance un événement ultérieur, et par *analepse* toute évocation après coup d'un événement antérieur au point de l'histoire où l'on se trouve. » *(p. 82)*

Le récit des débuts du père Goriot dans la Maison-Vauquer constitue une analepse par rapport à ce moment inaugural de l'histoire proprement dite. On pourrait dire que la remarque préalable concernant Rastignac : « Sans ses observations curieuses et l'adresse avec laquelle il sut se produire dans les salons de Paris, ce récit n'eût pas été coloré des tons vrais qu'il devra sans doute à son esprit sagace » (p. 64) *équivaut à une annonce de type proleptique.*

3 Le faubourg Saint-Germain ou la cité sacrée.

« Ce que l'on nomme en France le faubourg Saint-Germain n'est ni un quartier, ni une secte, ni une institution, ni rien qui se puisse nettement exprimer. La Place Royale, le faubourg Saint-Honoré, la Chaussée d'Antin possèdent également des hôtels où se respire l'air du faubourg Saint-Germain. Ainsi, déjà tout le faubourg n'est pas dans le faubourg. Des personnes nées fort loin de son influence peuvent la ressentir et s'agréger à ce monde, tandis que certaines autres qui y sont nées peuvent en être à jamais bannies. Les manières, le parler, en un mot la tradition faubourg Saint-Germain est à Paris, depuis environ quarante ans, ce que la Cour y était jadis, ce qu'était l'hôtel Saint-Paul dans le quatorzième siècle, le Louvre au quinzième, le Palais, l'hôtel Rambouillet, la Place Royale au seizième, puis Versailles au dix-septième et au dix-huitième siècle.

(...) Pour premier trait caractéristique, le faubourg Saint-Germain a la splendeur de ses hôtels, ses grands jardins, leur silence, jadis en harmonie avec la magnificence de ses fortunes territoriales. Cet espace mis entre une classe et toute une capitale n'est-il pas une consécration matérielle des distances morales qui doivent les séparer ? »

La Duchesse de Langeais,
1833-1834.

« Le Faubourg Saint-Germain forme une véritable « ville privilégiée » où l'on a ses habitudes, ses fournisseurs, ses amis et ses relations. C'est une sorte de cité sacrée où la noblesse a élu domicile et où, seule, elle prétend régner en maîtresse. Suivez, par un beau jour, ses rues calmes bordées d'hôtels anciens aux portails blasonnés, jetez un coup d'œil furtif sur ses cours d'honneur où triomphe un Suisse majestueux, regardez au-dessus de ses murs les frondaisons de ses parcs, vous aurez l'impression d'une calme ville de province dont le silence n'est troublé que par le fracas des équipages. Quelle tranquillité à deux pas de l'agitation de la ville ! Quelle oasis de paix !... »

Le Rôdeur des faubourgs, 1829, texte anonyme, cité par Jules Bertaut, *op. cit.*, p. 43.

Il convient de signaler que Balzac condamne sévèrement l'aristocratie du faubourg Saint-Germain. Elle a en effet failli à sa tâche et manqué à ses devoirs sociaux en se recroquevillant frileusement dans son quartier au lieu de s'adapter aux temps modernes :

« Le faubourg Saint-Germain s'est laissé momentanément abattre pour n'avoir pas voulu reconnaître les obligations de son existence qu'il lui était encore facile de perpétuer. Il devait avoir la bonne foi de voir à temps, comme le vit l'aristocratie anglaise, que les institutions ont leurs années climatériques où les mêmes mots n'ont plus les mêmes significations, où les idées prennent d'autres vêtements, et où les conditions de la vie politique changent totalement de forme, sans que le fond soit essentiellement altéré. (...)
Concentrée dans son faubourg Saint-Germain, où vivait l'esprit des anciennes oppositions féodales mêlé à celui de l'ancienne cour, l'aristocratie, mal unie au château des Tuileries, fut plus facile à vaincre, n'existant que sur un point et surtout aussi mal constituée qu'elle l'était à la Chambre des Pairs. Tissue dans le pays, elle devenait indestructible ; acculée dans son faubourg, adossée au château, étendue dans le budget, il suffisait d'un coup de hache pour trancher le fil de sa vie agonisante. »

La Duchesse de Langeais

Qu'aurait-elle dû comprendre au fond ? Balzac donne la réponse :

« L'art, la science et l'argent forment le triangle social où s'inscrit l'écu du pouvoir, et d'où doit procéder la moderne aristocratie. »

Ibid.

Être admis dans ces salons dorés équivalait à un brevet de haute noblesse. En se montrant dans cette société, la plus exclusive de toutes, il avait conquis le droit d'aller partout. Ébloui par cette brillante assemblée, ayant à peine échangé quelques paroles avec la vicomtesse, Eugène s'était contenté de distinguer, parmi la foule des déités[1] parisiennes qui se pressaient dans ce raoût[2] ⟨1⟩ , une de ces femmes que doit adorer tout d'abord un jeune homme. La comtesse Anastasie de Restaud, grande et bien faite, passait pour avoir l'une des plus jolies tailles de Paris. Figurez-vous de grands yeux noirs, une main magnifique, un pied bien découpé, du feu dans les mouvements, une femme que le marquis de Ronquerolles nommait un cheval de pur sang. Cette finesse de nerfs ne lui ôtait aucun avantage ; elle avait les formes pleines et rondes, sans qu'elle pût être accusée de trop d'embonpoint. *Cheval de pur sang, femme de race,* ces locutions commençaient à remplacer les anges du ciel, les figures ossianiques[3], toute l'ancienne mythologie amoureuse repoussée par le dandysme[4]. Mais pour Rastignac, madame Anastasie de Restaud fut la femme désirable ⟨2⟩ . Il s'était ménagé deux tours dans la liste des cavaliers écrite sur l'éventail, et avait pu lui parler pendant la première contredanse. — Où vous rencontrer désormais, madame ? lui avait-il dit brusquement avec cette force de passion qui plaît tant aux femmes. — Mais, dit-elle, au Bois, aux Bouffons[5], chez moi, partout. Et l'aventureux méridional s'était empressé de se lier avec cette délicieuse comtesse, autant qu'un jeune homme peut se lier avec une femme pendant une contredanse et une valse. En se disant cousin de madame de Beauséant, il fut invité par cette femme, qu'il prit pour une grande dame, et eut ses entrées chez elle. Au dernier sourire qu'elle lui jeta, Rastignac crut sa visite nécessaire. Il avait eu le bonheur de rencontrer un homme qui ne s'était pas moqué de son ignorance, défaut mortel au milieu des illustres impertinents de l'époque, les Maulincourt, les Ronquerolles, les Maxime de Trailles, les de Marsay, les Ajuda-Pinto, les Vandenesse, qui étaient là dans la gloire de leurs fatuités et mêlés aux femmes les plus élégantes, lady Brandon, la duchesse de Langeais, la comtesse de Kergarouët, madame de Sérizy, la duchesse de Carigliano, la comtesse Ferraud, madame de Lanty, la marquise d'Aiglemont, madame Firmiani, la marquise de Listomère et la marquise d'Espard, la duchesse de Maufrigneuse et les

1. Déités : divinités. Proust emploiera ce mot dans Le Côté de Guermantes *à propos d'une soirée de gala à l'Opéra : « Dans les autres baignoires, presque partout les blanches déités qui habitaient ces sombres séjours s'étalent réfugiées contre les parois obscures et restaient invisibles. »*

2. Raoût : apparu au début du XIXe siècle par emprunt à l'anglais (rout), ce terme désigne une réunion mondaine aux nombreux invités relativement peu triés.

3. Ossian est le nom d'un barde imaginaire du IIIe siècle, dont le poète écossais Macpherson publia les Poèmes *en 1760 qui connurent un succès extraordinaire et influencèrent la littérature romantique. Il s'agit d'une des plus célèbres supercheries littéraires.*

4. A l'origine du dandysme, que Baudelaire théorisera, se trouvent des jeunes gens de la haute société anglaise, les dandys, qui se distinguaient par la recherche de leur toilette et le raffinement de leurs manières. Ces attitudes évolueront vers la définition d'une « supériorité aristocratique de (l')esprit » (Baudelaire).

5. Ou Théâtre-Italien.

1 Le raout à la française.

« A Paris, il se rencontre presque toujours deux soirées dans les bals ou dans les *raouts.* D'abord une soirée officielle à laquelle assistent les personnes priées, un beau monde qui s'ennuie. Chacun pose pour le voisin. La plupart des jeunes femmes ne viennent que pour une seule personne. Quand chaque femme s'est assurée qu'elle est la plus belle pour cette personne et que cette opinion a pu être partagée par quelques autres, après des phrases insignifiantes échangées (...) ou, après avoir lancé des phrases épigrammatiques qui font un plaisir passager et des blessures de longue durée, les groupes s'éclaircissent, les indifférents s'en vont, les bougies brûlent dans les bobèches.

La maîtresse de la maison arrête alors quelques artistes, des gens gais, des amis, en leur disant :

— Restez, nous soupons entre nous.

On se rassemble dans un petit salon.

La seconde, la véritable soirée a lieu ; soirée où, comme sous l'ancien régime, chacun entend ce qui se dit, où la conversation est générale, où l'on est forcé d'avoir de l'esprit et de contribuer à l'amusement public. Tout est en relief, un rire franc succède à ces airs gourmés qui, dans le monde, attristent les plus jolies figures. Enfin le plaisir commence là où le raout finit.

Le raout, cette froide revue du luxe, ce défilé d'amours-propres en grand costume, est une de ces inventions anglaises qui tendent à *mécanifier* les autres nations. L'Angleterre semble tenir à ce que le monde entier s'ennuie comme elle et autant qu'elle.

Cette seconde soirée est donc, en France, dans quelques maisons, une heureuse protestation de l'ancien esprit de notre joyeux pays. »

Autre étude de femme, 1845.

2 Une stratégie de l'anachronisme ?

Vers 1820, c'est l'« ancienne mythologie amoureuse » *qui triomphe, les beautés lamartiniennes,* « âmes blanches » *et teints pâles, les* « belles chlorotiques et un peu fanées de la Restauration romantique » *(Rose Fortassier,* les Mondains de la Comédie humaine, *Klincksieck, 1974, p. 307). Le passage au* « cheval de pursang » *ne s'effectue que sous la Monarchie de Juillet, au moment où Balzac écrit* le Père Goriot.

On peut se demander si l'anachronisme n'est pas volontaire. En effet, il permet d'opposer Anastasie de Restaud à Victorine, cette fleur languissante. Le désir de Rastignac le porte vers des femmes épanouies, au corps prometteur. Ainsi peut se mettre en place un réseau sexuel métaphorique qui relie le monde, l'argent, l'énergie, le plaisir, l'ambition. Cette cohérence se retrouvera dans le grand discours de Vautrin :

« Demandez aux femmes quels hommes elles recherchent, les ambitieux. Les ambitieux ont les reins plus forts, le sang plus riche en fer, le cœur plus chaud que ceux des autres hommes. Et la femme se trouve si heureuse et si belle aux heures où elle est forte, qu'elle préfère à tous les hommes celui dont la force est énorme, fût-elle en danger d'être brisée par lui. » *(p. 232)*

Grandlieu[1] ①. Heureusement donc, le naïf étudiant tomba sur le marquis de Montriveau, l'amant de la duchesse de Langeais, un général simple comme un enfant, qui lui apprit que la comtesse de Restaud demeurait rue du Helder[2]. Être jeune, avoir soif du monde, avoir faim d'une femme, et voir s'ouvrir pour soi deux maisons ! mettre le pied au faubourg Saint-Germain chez la vicomtesse de Beauséant, le genou dans la Chaussée-d'Antin chez la comtesse de Restaud ② ! plonger d'un regard dans les salons de Paris en enfilade, et se croire assez joli garçon pour y trouver aide et protection dans un cœur de femme ! se sentir assez ambitieux pour donner un superbe coup de pied à la corde roide sur laquelle il faut marcher avec l'assurance du sauteur qui ne tombera pas, et avoir trouvé dans une charmante femme le meilleur des balanciers ! Avec ces pensées et devant cette femme qui se dressait sublime auprès d'un feu de mottes, entre le Code et la misère, qui n'aurait comme Eugène sondé l'avenir par une méditation, qui ne l'aurait meublé de succès ? Sa pensée vagabonde escomptait si drûment[3] ses joies futures qu'il se croyait auprès de madame de Restaud, quand un soupir semblable à un *han* de saint Joseph[4] troubla le silence de la nuit, retentit au cœur du jeune homme de manière à le lui faire prendre pour le râle d'un moribond ③. Il ouvrit doucement sa porte, et quand il fut dans le corridor, il aperçut une ligne de lumière tracée au bas de la porte du père Goriot. Eugène craignit que son voisin ne se trouvât indisposé, il approcha son œil de la serrure, regarda dans la chambre, et vit le vieillard occupé de travaux qui lui parurent trop criminels pour qu'il ne crût pas rendre service à la société en examinant bien ce que machinait nuitamment le soi-disant vermicellier. Le père Goriot, qui sans doute avait attaché sur la barre d'une table renversée un plat et une espèce de soupière en vermeil, tournait une espèce de câble autour de ces objets richement sculptés, en les serrant avec une si grande force qu'il les tordait vraisemblablement pour les convertir en lingots. — Peste ! quel homme ! se dit Rastignac en voyant le bras nerveux du vieillard qui, à l'aide de cette corde, pétrissait sans bruit l'argent doré, comme une pâte. Mais serait-ce donc un voleur ou un recéleur qui, pour se livrer plus sûrement à son commerce, affecterait la bêtise, l'impuissance, et vivrait en mendiant ? se dit Eugène en se relevant un moment. L'étudiant appliqua de nouveau son œil à la serrure. Le père Goriot, qui avait déroulé son câble,

1. Tous ces personnages reparaissent dans la Comédie humaine. *Leur énumération sera d'ailleurs complétée ou retouchée au fil des éditions, pour mieux affirmer l'unité de l'œuvre.*

2. 9e arrondissement, dans le quartier de la Chaussée-d'Antin, résidence des financiers, de la haute bourgeoisie et d'une aristocratie un peu moins huppée que celle du faubourg Saint-Germain.

3. Apparemment un néologisme balzacien : avec tant d'intensité.

4. De charpentier, profession de saint Joseph.

1 Retour des personnages et biographie fictive.

*Voici un exemple de parcours de rassemblement que légitiment la technique et l'idéologie du retour des personnages, mode de lecture qu'annonçait Balzac, tout en prenant ses distances, dans la préface d'*Une fille d'Ève *(cf. CONTEXTE p. 86) :*

LANGEAIS (duchesse de). — Née Antoinette de Navarreins, en 1794. Belle et pauvre, elle épousa en 1812 le marquis de Langeais qui succéda peu après au titre ducal. Elle ne tarda pas à s'entendre fort mal avec son mari qui l'avait gravement offensée dans son amour-propre de femme. Sous la Restauration, la duchesse fut l'une des reines de la mode ayant ses « dames d'atours » qui copièrent dans les salons ses manières et son esprit. Elle trouvait que « les marabouts donnent à une femme quelque chose de vague, d'ossianique et de très comme il faut » (DL). Le marquis de Ronquerolles la considérait comme « une sorte de Laïs intellectuelle » (DL). En 1819, appartenant à la société dite « du petit château » (PG-Lys), elle en occupa pour peu de temps « le trône » après la retraite de la vicomtesse de Beauséant (I), figura au dernier bal donné par cette femme abandonnée (PG). Quelques jours auparavant, elle l'instruisait méchamment de ce que tout le monde savait déjà dans Paris : l'imminence du mariage de son amant, le marquis d'Ajuda-Pinto, avec Berthe de Rochefide (PG). Elle fut l'amie intime de Diane de Maufrigneuse (CA), eut pour soupirant le général de Montriveau en 1819 et lui joua le grand jeu de la coquette, se refusant à lui. Ulcéré, le général, dont la patience n'était pas la qualité maîtresse, décida de l'enlever et de la « marquer au front », mais lui fit grâce. Devenue follement amoureuse du général après cet acte d'autorité, ce dernier la dédaigna par vengeance, et elle se compromit gravement aux yeux du monde en faisant stationner sa voiture à la porte de Montriveau. Désespérée de son dédain affecté, « elle se fit carmélite, pour ne pas avoir eu dix minutes de patience ». Après s'être enfuie de Paris sous un pseudonyme, elle ne fut retrouvée par le général qu'en 1823, dans un couvent espagnol, sous le nom de Sœur Thérèse. Toujours amoureux, Montriveau, affilié à la société secrète des Treize, monta avec eux une expédition pour l'enlever, mais ne retrouva que son cadavre, qui fut immergé (DL). En se faisant enlever par Conti (B), Béatrix de Rochefide ne fit, en quelque sorte, que « singer » Mme de Beauséant et la duchesse de Langeais (SPC). « Type le plus complet de la nature, à la fois supérieure et faible, grande et petite de sa caste [...], elle avait plus d'entêtement que de caractère, plus d'engouement que d'enthousiasme, plus de tête que de cœur [...], se mettait orgueilleusement au-dessus du monde, à l'abri de son nom. » En 1822, la marquise d'Espard avouait ne pouvoir entendre prononcer le nom du marquis de Montriveau « sans penser à cette pauvre duchesse de Langeais, qui a disparu comme une étoile filante » (IP).

FERNAND LOTTE, 1952,
Dictionnaire biographique des personnages fictifs de la Comédie humaine, Corti, pp. 326-327.

DL : *La Duchesse de Langeais.*
PG : *Le Père Goriot.*
Lys : *Le Lys dans la Vallée.*
I : *l'Interdiction.*
CA : *Le Cabinet des Antiques.*
B : *Béatrix.*
SPC : *Les Secrets de la Princesse de Cadignan.*
IP : *Illusions perdues.*

2 La Chaussée-d'Antin : le royaume de la banque.

Dans les rues de ce quartier dominé par les banques « habitent par exemple Ouvrard, Perrégaux, Laffitte, etc. Rue de la Chaussée-d'Antin, on dénombre, en 1829, 620 hôtels, dont 422 ont été bâtis au temps de Chabrol de Volvic, préfet de la Seine de 1812 à 1820. "Votre Chaussée-d'Antin, si fière de ses banques et des raffinements de son luxe, date d'hier ; elle a toute la vanité d'un parvenu » (écrivent en 1824 Jouy et Jay dans *Les Hermites en liberté*)".

Histoire de la France contemporaine, Éditions sociales/Livre club Diderot, tome II, 1979, p. 236.

Elle constitue un poste d'observation idéal pour ceux qui veulent brosser des tableaux de mœurs ; ainsi de Jouy justifie-t-il le titre de ses célèbres feuilletons, l'Hermite de la Chaussée d'Antin, *publiés dès la fin du Premier Empire :*

« Je louai une petite maisonnette hors des barrières, du côté de Clichy, tout près de la Chaussée que M. le duc d'Antin venait de faire construire (c'est de là, je dois le dire en passant, que me vient ce sobriquet d'*Hermite de la Chaussée d'Antin*, que l'on me donna d'abord avec quelque raison, et que l'on m'a conservé depuis par habitude). Je crois avoir vécu depuis deux siècles, quand je pense aux changements qui se sont opérés depuis quarante ans que j'habite, non pas le même logement, mais sur le même terrain. Je puis dire à la lettre que Paris est venu me chercher : la prairie que j'habitais s'est couverte d'édifices alignés en forme de rue ; ma maisonnette, que je louai cent écus par an, s'est transformée en un hôtel magnifique, où le propriétaire a bien voulu me conserver un logement dans les combles ; je le paie, il est vrai, quatre fois autant que la maison entière que j'occupai auparavant. »

ÉTIENNE DE JOUY,
L'Hermite de la Chaussée-d'Antin, 6e édition, tome I, 1826.

Depuis cette « base opérationnelle », l'Hermite va explorer l'univers parisien et en tracer toute une série de croquis. Quartier neuf, la Chaussée-d'Antin ouvre sur la modernité : urbanisation, classes nouvelles, nouveaux échanges et rapports, nouveaux intérêts... C'est sur ce fond journalistico-littéraire que le roman balzacien va se détacher.

3 Le passé simple, temps privilégié du récit.

Il est convenu de voir dans le passé simple (l'aoriste, ce « temps historique par excellence » *qui* « objectivise l'événement en le détachant du présent », *selon Émile Benveniste dans les* Problèmes de linguistique générale - 1966) *le temps fondamental du récit des événements passés. Roland Barthes en propose une explication convaincante :*

« Son rôle est de ramener la réalité à un point, et d'abstraire de la multiplicité des temps vécus et superposés un acte verbal pur, débarrassé des racines existentielles de l'expérience, et orienté vers une liaison logique avec d'autres actions, d'autres procès, un mouvement général du monde : il vise à maintenir une hiérarchie dans l'empire des faits (...). Il suppose un monde construit, élaboré, détaché, réduit à des lignes significatives, et non un monde jeté, étalé, offert. Derrière le passé simple se cache toujours un démiurge, dieu ou récitant ; le monde n'est pas inexpliqué lorsqu'on le récite, chacun de ses accidents n'est que circonstanciel, et le passé simple est précisément ce signe opératoire par lequel le narrateur ramène l'éclatement de la réalité à un verbe mince et pur, sans densité, sans volume, sans déploiement, dont la seule fonction est d'unir le plus rapidement possible une cause et une fin. »

Le degré zéro de l'écriture, 1953, Éd. du Seuil, pp. 46-47.

On comprend dès lors pourquoi l'aoriste est exclu du discours puisque passé simple et troisième personne du singulier traduisent explicitement l'ordre et le fonctionnement du monde ; la narration des événements hiérarchise les faits, les organise en une séquence explicative : elle dit déjà tout par elle-même. L'intervention du narrateur implique alors le passage à « un autre système temporel : celui du discours » (Benveniste).

prit la masse d'argent, la mit sur la table après y avoir étendu sa couverture, et l'y roula pour l'arrondir en barre, opération dont il s'acquitta avec une facilité merveilleuse. — Il serait donc aussi fort que l'était Auguste, roi de Pologne[1] ? se dit Eugène quand la barre ronde fut à peu près façonnée. Le père Goriot regarda son ouvrage d'un air triste, des larmes sortirent de ses yeux, il souffla le rat-de-cave[2] à la lueur duquel il avait tordu ce vermeil, et Eugène l'entendit se coucher en poussant un soupir. — Il est fou, pensa l'étudiant.

— Pauvre enfant ! dit à haute voix le père Goriot.

A cette parole, Rastignac jugea prudent de garder le silence sur cet événement, et de ne pas inconsidérément condamner son voisin. Il allait rentrer quand il distingua soudain un bruit assez difficile à exprimer, et qui devait être produit par des hommes en chaussons de lisière[3] montant l'escalier. Eugène prêta l'oreille, et reconnut en effet le son alternatif de la respiration de deux hommes. Sans avoir entendu ni le cri de la porte ni les pas des hommes, il vit tout à coup une faible lueur au second étage, chez monsieur Vautrin. — Voilà bien des mystères dans une pension bourgeoise ! se dit-il. Il descendit quelques marches, se mit à écouter, et le son de l'or frappa son oreille. Bientôt la lumière fut éteinte, les deux respirations se firent entendre derechef sans que la porte eût crié. Puis, à mesure que les deux hommes descendirent, le bruit alla s'affaiblissant.

— Qui va là ? cria madame Vauquer en ouvrant la fenêtre de sa chambre.

— C'est moi qui rentre, maman Vauquer, dit Vautrin de sa grosse voix.

— C'est singulier ! Christophe avait mis les verrous, se dit Eugène en rentrant dans sa chambre. Il faut veiller pour bien savoir ce qui se passe autour de soi, dans Paris. Détourné par ces petits événements de sa méditation ambitieusement amoureuse, il se mit au travail. Distrait par les soupçons qui lui venaient sur le compte du père Goriot, plus distrait encore par la figure de madame de Restaud, qui de moments en moments se posait devant lui comme la messagère d'une brillante destinée, il finit par se coucher et par dormir à poings fermés. Sur dix nuits promises au travail par les jeunes gens, ils en donnent sept au sommeil. Il faut avoir plus de vingt ans pour veiller.

Le lendemain matin régnait à Paris un de ces épais brouillards qui l'enveloppent et l'embrument si bien que les gens

1. *Frédéric-Auguste Ier à qui l'on attribuait une force herculéenne, comme il est rapporté dans l'*Histoire de Charles XII, *de Voltaire (1731).*

2. *Mince bougie roulée sur elle-même.*

3. *Chaussons faits d'une étoffe rude tressée.*

les plus exacts sont trompés sur le temps. Les rendez-vous d'affaires se manquent. Chacun se croit à huit heures quand midi sonne. Il était neuf heures et demie, madame Vauquer n'avait pas encore bougé de son lit. Christophe et la grosse Sylvie, attardés aussi, prenaient tranquillement leur café, préparé avec les couches supérieures du lait destiné aux pensionnaires, et que Sylvie faisait longtemps bouillir, afin que madame Vauquer ne s'aperçût pas de cette dîme illégalement levée.

— Sylvie, dit Christophe en mouillant sa première rôtie, monsieur Vautrin, qu'est un bon homme tout de même, a encore vu deux personnes cette nuit. Si madame s'en inquiétait, ne faudrait rien lui dire.

— Vous a-t-il donné quelque chose ?

— Il m'a donné cent sous pour son mois, une manière de me dire : Tais-toi.

— Sauf lui et madame Couture, qui ne sont pas regardants, les autres voudraient nous retirer de la main gauche ce qu'ils nous donnent de la main droite au jour de l'an, dit Sylvie.

— Encore qu'est-ce qu'ils donnent ! fit Christophe, une méchante pièce, *et* de cent sous[1]. Voilà depuis deux ans le père Goriot qui fait ses souliers lui-même. Ce *grigou*[2] de Poiret se passe de cirage, et le boirait plutôt que de le mettre à ses savates. Quant au gringalet d'étudiant, il me donne quarante sous. Quarante sous ne payent pas mes brosses, et il vend ses vieux habits, par-dessus le marché. Qué baraque !

— Bah ! fit Sylvie en buvant de petites gorgées de café, nos places sont encore les meilleures du quartier : on y vit bien. Mais, à propos du gros papa Vautrin, Christophe, vous a-t-on dit quelque chose ?

— Oui. J'ai rencontré il y a quelques jours un monsieur dans la rue, qui m'a dit : — N'est-ce pas chez vous que demeure un gros monsieur qui a des favoris qu'il teint ? Moi j'ai dit : — Non, monsieur, il ne les teint pas. Un homme gai comme lui, il n'en a pas le temps. J'ai donc dit ça à monsieur Vautrin, qui m'a répondu : — Tu as bien fait, mon garçon ! Réponds toujours comme ça. Rien n'est plus désagréable que de laisser connaître nos infirmités. Ça peut faire manquer des mariages.

— Eh ! bien, à moi, au marché, on a voulu m'englauder[3] aussi pour me faire dire si je lui voyais passer sa chemise. C'te farce ! Tiens, dit-elle en s'interrompant, voilà dix heures

1. L'italique souligne le pléonasme populaire.

2. Mot languedocien qui désigne un gredin et passé dans le langage familier avec le sens d'avare.

3. Prononciation déformée d'enclauder, c'est-à-dire duper, tromper (Claude désignant dès le XVIIIe siècle un sot).

quart moins qui sonnent au Val-de-Grâce, et personne ne bouge.

— Ah bah ! ils sont tous sortis. Madame Couture et sa jeune personne sont allées manger le bon Dieu[1] à Saint-Étienne[2] dès huit heures. Le père Goriot est sorti avec un paquet. L'étudiant ne reviendra qu'après son cours, à dix heures. Je les ai vus partir en faisant mes escaliers ; que le père Goriot m'a donné un coup avec ce qu'il portait, qu'était dur comme du fer. Qué qui fait donc, ce bonhomme-là ? Les autres le font aller comme une toupie, mais c'est un brave homme tout de même, et qui vaut mieux qu'eux tous. Il ne donne pas grand-chose ; mais les dames chez lesquelles il m'envoie quelquefois allongent de fameux pourboires, et sont joliment ficelées[3].

— Celles qu'il appelle ses filles, hein ? Elles sont une douzaine.

— Je ne suis jamais allé que chez deux, les mêmes qui sont venues ici.

— Voilà madame qui se remue ; elle va faire son sabbat[4] ; faut que j'y aille. Vous veillerez au lait, Christophe, rapport au chat ①.

Sylvie monta chez sa maîtresse.

— Comment, Sylvie, voilà dix heures quart moins, vous m'avez laissée dormir comme une marmotte ! Jamais pareille chose n'est arrivée.

— C'est le brouillard, qu'est à couper au couteau.

— Mais le déjeuner ?

— Bah ! vos pensionnaires avaient bien le diable au corps ; ils ont tous décanillé dès le patron-jacquette.

— Parle donc bien, Sylvie, reprit madame Vauquer : on dit le patron-minette[5].

— Ah ! madame, je dirai comme vous voudrez. Tant y a que vous pouvez déjeuner à dix heures[6]. La Michonnette et le Poireau n'ont pas bougé. Il n'y a qu'eux qui soient dans la maison, et ils dorment comme des souches qui sont ②.

— Mais, Sylvie, tu les mets tous les deux ensemble, comme si...

— Comme si, quoi ? reprit Sylvie en laissant échapper un gros rire bête. Les deux font la paire.

— C'est singulier, Sylvie : comment monsieur Vautrin est-il donc rentré cette nuit après que Christophe a eu mis les verrous ?

— Bien au contraire, madame. Il a entendu monsieur

1. Communier.

2. Saint-Étienne-du-Mont (Place Sainte-Geneviève, 5e arrondissement, jouxtant la place du Panthéon).

3. Expression balzacienne passée dans la langue familière : être élégamment habillé (Balzac précisait dans Ferragus *– 1833 – qu'il utilisait « une expression pittoresque créée par les soldats »).*

4. Bruit d'enfer, d'après l'assemblée nocturne et bruyante des sorciers et sorcières dans l'imaginaire médiéval.

5. Les deux expressions sont incorrectes. Il faut dire potron-minet ou potron-jacquet : dès l'aube. On se souvient du nom de la bande de malfaiteurs dans Les Misérables *: « Patron-Minette, tel était le nom qu'on donnait dans la circulation souterraine à l'association de ces quatre hommes. Dans la vieille langue populaire fantasque qui va s'effaçant tous les jours, Patron-Minette signifie le matin, de même que Entre chien et loup signifie le soir. Cette appellation, Patron-Minette, venait probablement de l'heure à laquelle leur besogne finissait, l'aube étant l'instant de l'évanouissement des fantômes et de la séparation des bandits. »*

6. On déjeunait plus tôt qu'aujourd'hui, aux alentours de onze heures.

1 Upstairs, downstairs.

En Angleterre, cette expression, titre d'une série télévisée, désigne à la fois la ségrégation sociale (domesticité en bas, maîtres en haut) et les rapports de complémentarité (on commente en bas les événements d'en haut) et de similitude (on reproduit en bas l'idéologie d'en haut et sa hiérarchie : le maître d'hôtel jouant le maître pour les valets et les bonnes).

Les commentaires de Sylvie redoublent les jugements de madame Vauquer. Elle n'échappe guère à l'aliénation sociale. Plus intéressant sera Christophe dont le bon sens rétablit partiellement la vérité : « Je ne suis jamais allé que chez deux, les mêmes qui sont venues ici », *et qui accompagnera la dépouille du père Goriot au Père-Lachaise. Les qualités de cœur restent intactes en lui et sa fidélité, son dévouement n'empêcheront pas sa désignation comme victime de la chute de la Maison-Vauquer :* « Nous allons donc ne manger que des pommes de terre ! Je renverrai donc Christophe ! » *(p. 403) La tragédie sociale s'étend aux plus humbles, représentants d'un peuple par ailleurs absent de l'univers romanesque, masse indistincte sur laquelle pèse la Société, sous-humanité exclue des véritables enjeux, éclairés par un sous-ensemble social, à la fois inclus et en dehors — « classe dangereuse » issue des « classes laborieuses », pour reprendre une terminologie classique — le monde des criminels, incarné par Vautrin-Trompe-la-Mort.*

2 Le dialogue : une stratégie du vrai.

Dans le chapitre « Sainte-Beuve et Balzac » *de son* Contre Sainte-Beuve *(publié par Bernard de Fallois en 1954), Marcel Proust souligne la « vérité » du langage des personnages.*

« Ce même homme qui étale naïvement ses vues historiques, artistiques, etc., cache les plus profonds desseins, et laisse parler d'elle-même la vérité de la peinture du langage de ses personnages, si finement qu'elle peut passer inaperçue, et il ne cherche en rien à la signaler. »

On montrerait aisément comment, dans les dialogues, à deux ou plusieurs voix, Balzac caractérise soigneusement chaque personnage par tout un ensemble de traits de langage qui constituent une véritable « parlure » : personnalisation de la syntaxe et du lexique, rythme, ton... tout concourt à singulariser les différents acteurs de ce drame, à constituer leur parole en espace théâtralisé dans chacune des scènes.

Particulièrement intéressants seront les changements de registre, signalant les changements de rôle (Vautrin se révélant comme Trompe-la-Mort par exemple), ou l'adaptation, réussie ou non, à un nouvel environnement social, comme dans le cas de Rastignac comprenant qu'il débite des « phrases de coiffeur » à mesdames de Beauséant et de Langeais (p. 188).

Vautrin, et est descendu pour lui ouvrir la porte. Et voilà ce que vous avez cru...

— Donne-moi ma camisole, et va vite voir au déjeuner. Arrange le reste du mouton avec des pommes de terre, et donne des poires cuites, de celles qui coûtent deux liards la pièce.

Quelques instants après, madame Vauquer descendit au moment où son chat venait de renverser d'un coup de patte l'assiette qui couvrait un bol de lait, et le lapait en toute hâte.

— Mistigris ! s'écria-t-elle. Le chat se sauva, puis revint se frotter à ses jambes. Oui, oui, fais ton capon[1], vieux lâche ! lui dit-elle. Sylvie ! Sylvie !

— Eh ! bien, quoi, madame ?

— Voyez donc ce qu'a bu le chat.

— C'est la faute de cet animal de Christophe, à qui j'avais dit de mettre le couvert. Où est-il passé ? Ne vous inquiétez pas, madame ; ce sera le café du père Goriot. Je mettrai de l'eau dedans, il ne s'en apercevra pas. Il ne fait attention à rien, pas même à ce qu'il mange.

— Où donc est-il allé, ce chinois[2]-là ? dit madame Vauquer en plaçant les assiettes.

— Est-ce qu'on sait ? Il fait des trafics des cinq cents diables.

— J'ai trop dormi, dit madame Vauquer.

— Mais aussi madame est-elle fraîche comme une rose...

En ce moment la sonnette se fit entendre, et Vautrin entra dans le salon en chantant de sa grosse voix :

> J'ai longtemps parcouru le monde,
> Et l'on m'a vu de toute part...

— Oh ! oh ! bonjour, madame Vauquer, dit-il en apercevant l'hôtesse, qu'il prit galamment dans ses bras.

— Allons, finissez donc.

— Dites impertinent ! reprit-il. Allons, dites-le. Voulez-vous bien le dire ? Tenez, je vais mettre le couvert avec vous. Ah ! je suis gentil, n'est-ce pas ? ⟨1⟩

> Courtiser la brune et la blonde,
> Aimer, soupirer...

— Je viens de voir quelque chose de singulier.

> .... au hasard[3].

1. *Fais ton câlin.*

2. *Terme plus ou moins injurieux pour désigner un personnage déplaisant et grotesque.*

3. *Rondo tiré de* Joconde ou les coureurs d'aventures, *opéra-comique bien oublié aujourd'hui de Nicolo sur un livret d'Étienne (1814). Vautrin affectionne les airs et refrains célèbres du temps.*

⟨1⟩ Balzac ou le génie du roman de mœurs.

Les dialogues de cette matinée, comme pratiquemment tout le roman, prouvent la pertinence du célèbre jugement de Baudelaire :

« On peut dire que parmi les innombrables formes de roman et de nouvelle qui ont occupé ou diverti l'esprit humain, la plus favorisée a été le roman de mœurs ; c'est celle qui convient le mieux à la foule. Comme Paris aime surtout à entendre parler de Paris, la foule se complaît dans les miroirs où elle se voit. Mais quand le roman de mœurs n'est pas relevé par le haut goût naturel de l'auteur, il risque fort d'être plat, et même, comme en matière d'art l'utilité peut se mesurer au degré de noblesse, tout à fait inutile.

Si Balzac a fait de ce genre roturier une chose admirable, toujours curieuse et souvent sublime, c'est parce qu'il y a jeté tout son être. J'ai mainte fois été étonné que la grande gloire de Balzac fût de passer pour un observateur ; il m'avait toujours semblé que son principal mérite était d'être visionnaire, et visionnaire passionné. Tous ses personnages sont doués de l'ardeur vitale dont il était animé lui-même. Toutes ses fictions sont aussi profondément colorées que les rêves. Depuis le sommet de l'aristocratie jusqu'aux bas-fonds de la plèbe, tous les acteurs de sa *Comédie* sont plus âpres à la vie, plus actifs et rusés dans la lutte, plus patients dans le malheur, plus goulus dans la jouissance, plus angéliques dans le dévouement, que la comédie du vrai monde ne nous les montre. Bref, chacun, chez Balzac, même les portières, a du génie. Toutes les âmes sont des âmes chargées de volonté jusqu'à la gueule. C'est bien Balzac lui-même. Et comme tous les êtres du monde extérieur s'offraient à l'œil de son esprit avec un relief puissant et une grimace saisissante, il a fait se convulser ses figures ; il a noirci leurs ombres et illuminé leurs lumières. Son goût prodigieux du détail, qui tient à une ambition immodérée de tout voir, de tout faire voir, de tout deviner, de tout faire deviner, l'obligeait d'ailleurs à marquer avec plus de force les lignes principales, pour sauver la perspective de l'ensemble. Il me fait quelquefois penser à ces aquafortistes qui ne sont jamais contents de la morsure, et qui transforment en ravines les écorchures principales de la planche. De cette étonnante disposition naturelle sont résultées des merveilles. Mais cette disposition se définit généralement : les défauts de Balzac. Pour mieux parler, c'est justement là ses qualités. Mais qui peut se vanter d'être aussi heureusement doué, et de pouvoir appliquer une méthode qui lui permette de revêtir, à coup sûr, de lumière et de pourpre la pure trivialité ? Qui peut faire cela ? Or, qui ne fait pas cela, pour dire la vérité, ne fait pas grand-chose. »

BAUDELAIRE, 1859,
Théophile Gautier in *l'Art romantique.*

— Quoi ? dit la veuve.

— Le père Goriot était à huit heures et demie rue Dauphine, chez l'orfèvre qui achète de vieux couverts et des galons. Il lui a vendu pour une bonne somme un ustensile de ménage en vermeil, assez joliment tortillé pour un homme qui n'est pas de la manique[1].

— Bah ! vraiment ?

— Oui. Je revenais ici après avoir conduit un de mes amis qui s'expatrie par les Messageries royales[2] ; j'ai attendu le père Goriot pour voir : histoire de rire. Il a remonté dans ce quartier-ci, rue des Grès[3], où il est entré dans la maison d'un usurier connu, nommé Gobseck[4], un fier drôle, capable de faire des dominos avec les os de son père ; un juif, un arabe, un grec, un bohémien, un homme qu'on serait bien embarrassé de dévaliser, il met ses écus à la Banque ⟨1⟩.

— Qu'est-ce que fait donc ce père Goriot ?

— Il ne fait rien, dit Vautrin, il défait. C'est un imbécile assez bête pour se ruiner à aimer les filles qui...

— Le voilà ! dit Sylvie.

— Christophe, cria le père Goriot, monte avec moi.

Christophe suivit le père Goriot, et redescendit bientôt.

— Où vas-tu ? dit madame Vauquer à son domestique.

— Faire une commission pour monsieur Goriot.

— Qu'est-ce que c'est que ça ? dit Vautrin en arrachant des mains de Christophe une lettre sur laquelle il lut : *A madame la comtesse Anastasie de Restaud.* Et tu vas ? reprit-il en rendant la lettre à Christophe.

— Rue du Helder. J'ai ordre de ne remettre ceci qu'à madame la comtesse.

— Qu'est-ce qu'il y a là-dedans ? dit Vautrin en mettant la lettre au jour ; un billet de banque ? non. Il entrouvrit l'enveloppe. — Un billet acquitté[5], s'écria-t-il. Fourche ! il est galant, le roquentin[6]. Va, vieux Lascar, dit-il en coiffant de sa large main Christophe, qu'il fit tourner sur lui-même comme un dé, tu auras un bon pourboire.

Le couvert était mis, Sylvie faisait bouillir le lait. Madame Vauquer allumait le poêle, aidée par Vautrin, qui fredonnait toujours :

> J'ai longtemps parcouru le monde,
> Et l'on m'a vu de toute part...

Quand tout fut prêt, madame Couture et mademoiselle Taillefer rentrèrent.

1. *Du métier, de la partie. La manique est un gant de cuir dont se servent les savetiers.*
2. *Entreprise de transports. On se déplaçait surtout en diligence.*
3. *L'actuelle rue Cujas (5e arrondissement).*
4. *Célèbre personnage de la* Comédie humaine *devenu le type de l'usurier.*
5. *Billet — ou promesse écrite de paiement — payé.*
6. *Vieillard ridicule.*

1 Gobseck ou le pouvoir et le plaisir par l'or.

Dans Gobseck, *le discours du héros éponyme chante la volupté de l'Usurier, célèbre la force de celui qui se moque d'être méprisé par le monde qui se venge en le traitant de* « juif, (d')arabe, (d')usurier, (de) corsaire » :

« Mon regard est comme celui de Dieu, je vois dans les cœurs. Rien ne m'est caché. L'on ne refuse rien à qui lie et délie les cordons du sac. Je suis assez riche pour acheter les consciences de ceux qui font mouvoir les ministres, depuis leurs garçons de bureau jusqu'à leurs maîtresses : n'est-ce pas le Pouvoir ? Je puis avoir les plus belles femmes et leurs plus tendres caresses, n'est-ce pas le Plaisir ? Le Pouvoir et le Plaisir ne résument-ils pas tout votre ordre social ? Nous sommes dans Paris une dizaine ainsi, tous rois silencieux et inconnus, les arbitres de vos destinées. La vie n'est-elle pas une machine à laquelle l'argent imprime le mouvement. Sachez-le, les moyens se confondent toujours avec les résultats : vous n'arriverez jamais à séparer l'âme des sens, l'esprit de la matière. L'or est le spiritualisme de vos sociétés actuelles. Liés par le même intérêt, nous nous rassemblons à certains jours de la semaine au café Thémis, près du Pont-Neuf. Là, nous nous révélons les mystères de la finance. Aucune fortune ne peut nous mentir, nous possédons les secrets de toutes les familles. Nous avons une espèce de *livre noir* où s'inscrivent les notes les plus importantes sur le crédit public, sur la Banque, sur le Commerce. Casuistes de la Bourse, nous formons un Saint-Office où se jugent et s'analysent les actions les plus indifférentes de tous les gens qui possèdent une fortune quelconque, et nous devinons toujours vrai. Celui-ci surveille la masse judiciaire, celui-là la masse financière ; l'un la masse administrative, l'autre la masse commerciale. Moi, j'ai l'œil sur les fils de famille, les artistes, les gens du monde, et sur les joueurs, la partie la plus émouvante de Paris. Chacun nous dit les secrets du voisin. Les passions trompées, les vanités froissées sont bavardes. Les vices, les désappointements, les vengeances sont les meilleurs agents de police. Comme moi, tous mes confrères ont joui de tout, se sont rassasiés de tout, et sont arrivés à n'aimer le pouvoir et l'argent que pour le pouvoir et l'argent même. Ici, dit-il, en me montrant sa chambre nue et froide, l'amant le plus fougueux qui s'irrite ailleurs d'une parole et tire l'épée pour un mot, prie à mains jointes ! Ici le négociant le plus orgueilleux, ici la femme la plus vaine de sa beauté, ici le militaire le plus fier prient tous, la larme à l'œil ou de rage ou de douleur. Ici prient l'artiste le plus célèbre et l'écrivain dont les noms sont promis à la postérité. Ici enfin, ajouta-t-il en portant la main à son front, se trouve une balance dans laquelle se pèsent les successions et les intérêts de Paris tout entier. »

Gobseck, 1830-1835.

— D'où venez-vous donc si matin, ma belle dame ? dit madame Vauquer à madame Couture.

— Nous venons de faire nos dévotions à Saint-Étienne-du-Mont, ne devons-nous pas aller aujourd'hui chez monsieur Taillefer ? Pauvre petite, elle tremble comme la feuille, reprit madame Couture en s'asseyant devant le poêle à la bouche duquel elle présenta ses souliers qui fumèrent.

— Chauffez-vous donc, Victorine, dit madame Vauquer.

— C'est bien, mademoiselle, de prier le bon Dieu d'attendrir le cœur de votre père, dit Vautrin en avançant une chaise à l'orpheline. Mais ça ne suffit pas. Il vous faudrait un ami qui se chargeât de dire son fait à ce marsouin-là[1], un sauvage qui a, dit-on, trois millions, et qui ne vous donne pas de dot. Une belle fille a besoin de dot dans ce temps-ci.

— Pauvre enfant, dit madame Vauquer. Allez, mon chou, votre monstre de père attire le malheur à plaisir sur lui.

A ces mots, les yeux de Victorine se mouillèrent de larmes, et la veuve s'arrêta sur un signe que lui fit madame Couture.

— Si nous pouvions seulement le voir, si je pouvais lui parler, lui remettre la dernière lettre de sa femme, reprit la veuve du Commissaire-Ordonnateur. Je n'ai jamais osé la risquer par la poste ; il connaît mon écriture...

— *Ô femmes innocentes, malheureuses et persécutées*[2], s'écria Vautrin en interrompant, voilà donc où vous en êtes ! D'ici à quelques jours je me mêlerai de vos affaires, et tout ira bien.

— Oh ! monsieur, dit Victorine en jetant un regard à la fois humide et brûlant à Vautrin, qui ne s'en émut pas, si vous saviez un moyen d'arriver à mon père, dites-lui bien que son affection et l'honneur de ma mère me sont plus précieux que toutes les richesses du monde. Si vous obteniez quelque adoucissement à sa rigueur, je prierais Dieu pour vous. Soyez sûr d'une reconnaissance...

— *J'ai longtemps parcouru le monde,* chanta Vautrin d'une voix ironique.

En ce moment, Goriot, mademoiselle Michonneau, Poiret descendirent, attirés peut-être par l'odeur du roux[3] que faisait Sylvie pour accommoder les restes du mouton. A l'instant où les sept convives s'attablèrent en se souhaitant le bonjour, dix heures sonnèrent, l'on entendit dans la rue le pas de l'étudiant.

1. *Terme injurieux pour un homme laid et gros.*

2. *On connaît une pantomime intitulée* La Femme innocente, malheureuse et persécutée ou l'Époux cruel et barbare, *par Balison de Rougemont, créée en 1811, parodie du mélodrame, dont l'un des poncifs obligés est justement l'innocente injustement persécutée.*

3. *Préparation de farine et de beurre pour lier les sauces.*

— Ah ! bien, monsieur Eugène, dit Sylvie, aujourd'hui vous allez déjeuner avec tout le monde.

L'étudiant salua les pensionnaires, et s'assit auprès du père Goriot.

— Il vient de m'arriver une singulière aventure, dit-il en se servant abondamment du mouton et se coupant un morceau de pain que madame Vauquer mesurait toujours de l'œil.

— Une aventure ! dit Poiret.

— Eh ! bien, pourquoi vous en étonneriez-vous, vieux chapeau ? dit Vautrin à Poiret. Monsieur est bien fait pour en avoir.

Mademoiselle Taillefer coula timidement un regard sur le jeune étudiant.

— Dites-nous votre aventure, demanda madame Vauquer.

— Hier j'étais au bal chez madame la vicomtesse de Beauséant, une cousine à moi, qui possède une maison magnifique, des appartements habillés de soie, enfin qui nous a donné une fête superbe, où je me suis amusé comme un roi...

— Telet, dit Vautrin en interrompant net.

— Monsieur, reprit vivement Eugène, que voulez-vous dire ?

— Je dis *telet*, parce que les roitelets s'amusent beaucoup plus que les rois.

— C'est vrai : j'aimerais mieux être ce petit oiseau sans souci que roi, parce que... fit Poiret l'*idémiste*[1].

— Enfin, reprit l'étudiant en lui coupant la parole, je danse avec une des plus belles femmes du bal, une comtesse ravissante, la plus délicieuse créature que j'aie jamais vue. Elle était coiffée avec des fleurs de pêcher, elle avait au côté le plus beau bouquet de fleurs, des fleurs naturelles qui embaumaient ; mais, bah ! il faudrait que vous l'eussiez vue, il est impossible de peindre une femme animée par la danse. Eh ! bien, ce matin j'ai rencontré cette divine comtesse, sur les neuf heures, à pied, rue des Grès. Oh ! le cœur m'a battu, je me figurais...

— Qu'elle venait ici, dit Vautrin en jetant un regard profond à l'étudiant. Elle allait sans doute chez le papa Gobseck, un usurier. Si jamais vous fouillez des cœurs de femmes à Paris, vous y trouverez l'usurier avant l'amant. Votre

1. Mot fabriqué par Balzac à partir du latin idem : celui qui répète les propos de son interlocuteur.

comtesse se nomme Anastasie de Restaud, et demeure rue du Helder.

A ce nom, l'étudiant regarda fixement Vautrin. Le père Goriot leva brusquement la tête, il jeta sur les deux interlocuteurs un regard lumineux et plein d'inquiétude qui surprit les pensionnaires.

— Christophe arrivera trop tard, elle y sera donc allée, s'écria douloureusement Goriot [1].

— J'ai deviné, dit Vautrin en se penchant à l'oreille de madame Vauquer.

Goriot mangeait machinalement et sans savoir ce qu'il mangeait. Jamais il n'avait semblé plus stupide et plus absorbé qu'il l'était en ce moment.

— Qui diable, monsieur Vautrin, a pu vous dire son nom ? demanda Eugène.

— Ah ! ah ! voilà, répondit Vautrin. Le père Goriot le savait bien, lui ! pourquoi ne le saurais-je pas ?

— Monsieur Goriot, s'écria l'étudiant.

— Quoi ! dit le pauvre vieillard. Elle était donc bien belle hier ?

— Qui ?

— Madame de Restaud.

— Voyez-vous le vieux grigou, dit madame Vauquer à Vautrin, comme ses yeux s'allument.

— Il l'entretiendrait donc ? dit à voix basse mademoiselle Michonneau à l'étudiant.

— Oh ! oui, elle était furieusement belle, reprit Eugène, que le père Goriot regardait avidement. Si madame de Beauséant n'avait pas été là, ma divine comtesse eût été la reine du bal ; les jeunes gens n'avaient d'yeux que pour elle, j'étais le douzième inscrit sur sa liste, elle dansait toutes les contredanses. Les autres femmes enrageaient. Si une créature a été heureuse hier, c'était bien elle. On a bien raison de dire qu'il n'y a rien de plus beau que frégate à la voile, cheval au galop et femme qui danse [2].

— Hier en haut de la roue, chez une duchesse, dit Vautrin ; ce matin en bas de l'échelle, chez un escompteur : voilà les Parisiennes. Si leurs maris ne peuvent entretenir leur luxe effréné, elles se vendent. Si elles ne savent pas se vendre, elles éventreraient leurs mères pour y chercher de quoi briller. Enfin elles font les cent mille coups. Connu, connu !

Le visage du père Goriot, qui s'était allumé comme le

1 Texte romanesque et transposition théâtrale.

Dès 1835, deux pièces intitulées Le Père Goriot *furent créées concurremment au Vaudeville et aux Variétés, cette dernière avec un réel succès. Les auteurs prirent de considérables libertés avec le sujet du roman comme le montre P.-G. Castex (Garnier, p. XLVIII).*

En 1891 fut jouée à deux reprises au Théâtre libre d'Antoine une adaptation en cinq actes plus intéressante dans la mesure où elle respecte la ligne générale du roman, mais avec la suppression de l'intrigue Beauséant, de l'intrigue Vautrin-Taillefer et surtout de l'arrestation du forçat. Adolphe Tabarant, l'auteur, a, comme le dit Francis Pruner, « poussé à gauche la signification même de l'œuvre », *l'accordant ainsi à sa propre idéologie socialiste. Mais, alors qu'il réorganise le sens du texte, il reste extrêmement fidèle à sa lettre, le présentant « à l'état pur », d'une façon finalement anti-théâtrale, car les formules balzaciennes et les dialogues du* Père Goriot *n'ont pas été conçus pour la scène, même si l'acte d'exposition réussit bien à* « résoudre l'équation formulée par le Naturalisme : le décor, plus les accessoires égalent au théâtre les descriptions d'un roman », *et si le milieu humain semble bien mis en théâtre.*

Nous reproduisons ci-après une scène qui ne figure pas comme telle dans le roman et que les nécessités de visualisation, de représentation et de démonstration imposent à l'adaptateur ; l'unité de lieu de l'acte implique qu'Anastasie n'aille pas chez Gobseck, mais rende une visite intéressée à son père, et le rapport père/fille se trouve mis en scène, récupérant dans le dialogue toute une série de notations éparses dans le texte romanesque :

GORIOT, ANASTASIE.

(G. entr'ouvre sa porte, passe la tête. Rastignac retourne à sa chambre, regarde à la cloison. Anastasie de Restaud paraît.)

G. — Entre vite.

A. — Tu as l'argent ?

G. — Oui. *(Il va à la table)* Tiens, voilà !

A. — Les six mille ?

G. — Oui.

A. *(après avoir jeté les yeux sur l'argent).* — Tu ne m'as même pas dit bonjour, papa.

G. *(l'embrassant).* — Bonjour, chérie.

A. *(l'embrassant également).* — J'ai cru que je ne me réveillerais pas. Il faut vraiment avoir du courage, pour sortir si matin. Mon Dieu ! Cette malheureuse lettre de change sera donc payée ! J'ai eu des cauchemars toute la nuit, tant je craignais que tu n'eusses pas la somme.

G. — Mais, ma chérie, j'en ai eu aussi, des cauchemars. Je te voyais désespérée, toute en larmes.

A. — Oh ! toute cette semaine ! J'ai pleuré comme jamais ! Il y avait si peu de temps que j'étais venue vous demander trois mille francs ! Vous aviez eu tant de difficultés à vous les procurer ! Comment avez-vous fait, cette fois ?

G. *(embarrassé).* — J'ai... vendu quelque chose... Ne t'occupe pas... Tiens, cache vite cet argent, qu'on n'y pense plus... *(Elle prend l'argent).*

A. — Tu es sûr du compte ?

G. — Oui, oui... Il ne te manque pas un centime... *(La caressant)* Es-tu contente au moins ?

A. — Oui.

G. — Débarrassée de tout tracas ?

A. — Mais oui, père.

G. — Tu as une si drôle de façon de me dire ça... Laisse-moi t'embrasser encore, mon enfant. Pauvre mignonne ! Si ça ne devrait pas être encore couchée, à pareille heure ! Vois-tu, je suis heureux. J'ai eu tant de mal à avoir cette somme-là. *(Riant)* Je n'ai plus le sou, Nasie, plus le sou. Je ne prise plus. Je suis descendu à la pension de quarante-cinq francs par mois, afin de ramasser des économies... Est-ce bête d'être pauvre, aussi !... Bonne fifille ! J'aurais dû faire du feu, au moins, pour te recevoir. Laisse-moi réchauffer tes mains dans les miennes.

A. — J'avais si peur ! Quelle délivrance ! Je vais vite aller payer ce maudit billet, et puis après dormir un bon somme. Cher petit père ! Si je ne t'avais pas !... *(Regardant partout)* Dieu ! que c'est laid, chez toi... Ah ! je dois aller aux Champs-Elysées, cet après-midi. Va donc te promener de ce côté-là. Tu me verras passer, je te dirai bonjour de ma voiture...

G. — Sûrement que j'irai, fifille... *(Riant)* Hébé ! Tu as déjà repris des couleurs, depuis que tu es ici. Quel bonheur de te voir gaie ! As-tu rencontré quelqu'un en montant ?

A. — Non, papa, personne. Mais je te quitte. Songe qu'il faut qu'avant huit heures ce soit payé !...

G. — Déjà !... Reste encore une minute.

A. — J'aime mieux être en avance, vois-tu. Allons, adieu. *(Elle lui tend la joue.)*

G. *(l'embrassant).* — Adieu, Nasie... *(Il la conduit jusqu'à la porte)...* Prends garde à l'escalier. Il est traître... Et ne fais pas de bruit, mignonne. *(Il la regarde s'éloigner dans le couloir, écoute ses pas, et rapidement son visage s'attriste. Il rentre, se laisse choir sur une chaise, accablé, le cœur gros, les yeux pleins de larmes. Rastignac, assis sur son lit, la tête sur son oreiller, s'endort, vaincu par le sommeil et la fatigue.)*

ADOLPHE TABARANT, 1891.
Le Père Goriot, drame en cinq actes (l'acte V est perdu), représenté les 24 et 25 octobre 1891, acte II, scène 9, publié par Francis Pruner, *Revue des sciences humaines,* 1961, pp. 558-559.

2 Toutes voiles dehors, ou la séduction féminine.

Cheval, frégate, la femme désirable requiert un réseau d'équivalences métaphoriques chargées de magnifier hyperboliquement son pouvoir de séduction, comme on le constate dans cette conversation entre de Marsay et Paul de Manerville :

« Jeudi dernier, ici, sur la terrasse des Feuillants, je me promenais sans penser à rien du tout. Mais en arrivant à la grille de la rue Castiglione par laquelle je comptais m'en aller, je me trouve nez à nez avec une femme, ou plutôt avec une jeune personne qui, si elle ne m'a pas sauté au cou, fut arrêtée, je crois, moins par le respect humain que par un de ces étonnements profonds qui coupent bras et jambes, descendent le long de l'épine dorsale et s'arrêtent dans la plante des pieds pour vous attacher au sol. J'ai souvent produit des effets de ce genre, espèce de magnétisme animal qui devient très puissant lorsque les rapports sont respectivement crochus. Mais, mon cher, ce n'était ni une stupéfaction, ni une fille vulgaire. Moralement parlant, sa figure semblait dire : — Quoi, te voilà, mon idéal, l'être de mes pensées, de mes rêves du soir et du matin. Comment

es-tu là ? pourquoi ce matin ? pourquoi pas hier ? Prends-moi, je suis à toi, *et cætera !*
— Bon, me dis-je en moi-même, encore une ! Je l'examine donc. Ah ! mon cher, physiquement parlant, l'inconnue est la personne la plus adorablement femme que j'aie jamais rencontrée. Elle appartient à cette variété féminine que les Romains nommaient *fulva, flava,* la femme de feu. Et d'abord, ce qui m'a le plus frappé, ce dont je suis encore épris, ce sont deux yeux jaunes comme ceux des tigres ; un jaune d'or qui brille, de l'or vivant, de l'or qui pense, de l'or qui aime et veut absolument venir dans votre gousset !
— Nous ne connaissons que ça, mon cher ! s'écria Paul. Elle vient quelquefois ici, c'est la *Fille aux yeux d'or.* Nous lui avons donné ce nom-là. C'est une jeune personne d'environ vingt-deux ans, et que j'ai vue ici quand les Bourbons y étaient, mais avec une femme qui vaut cent mille fois mieux qu'elle.
— Tais-toi, Paul ! Il est impossible à quelque femme que ce soit, de surpasser cette fille semblable à une chatte qui veut venir frôler vos jambes, une fille blanche à cheveux cendrés, délicate en apparence, mais qui doit avoir des fils cotonneux sur la troisième phalange de ses doigts ; et le long des joues, un duvet blanc dont la ligne, lumineuse par un beau jour, commence aux oreilles et se perd sur le col.

— Ah ! l'autre ! mon cher de Marsay. Elle vous a des yeux noirs qui n'ont jamais pleuré, mais qui brûlent ; des sourcils noirs qui se rejoignent et lui donnent un air de dureté démentie par le réseau de ses lèvres, sur lesquelles un baiser ne reste pas, des lèvres ardentes et fraîches ; un teint

soleil d'un beau jour en entendant l'étudiant, devint sombre à cette cruelle observation de Vautrin.

— Eh ! bien, dit madame Vauquer, où donc est votre aventure ? Lui avez-vous parlé ? lui avez-vous demandé si elle venait apprendre le Droit ?

— Elle ne m'a pas vu, dit Eugène. Mais rencontrer une des plus jolies femmes de Paris rue des Grès, à neuf heures, une femme qui a dû rentrer du bal à deux heures du matin, n'est-ce pas singulier ? Il n'y a que Paris pour ces aventures-là.

— Bah ! il y en a de bien plus drôles, s'écria Vautrin.

Mademoiselle Taillefer avait à peine écouté, tant elle était préoccupée par la tentative qu'elle allait faire. Madame Couture lui fit signe de se lever pour aller s'habiller. Quand les deux dames sortirent, le père Goriot les imita.

— Eh ! bien, l'avez-vous vu ? dit madame Vauquer à Vautrin et à ses autres pensionnaires. Il est clair qu'il s'est ruiné pour ces femmes-là.

— Jamais on ne me fera croire, s'écria l'étudiant, que la belle comtesse de Restaud appartienne au père Goriot.

— Mais, lui dit Vautrin en l'interrompant, nous ne tenons pas à vous le faire croire. Vous êtes encore trop jeune pour bien connaître Paris, vous saurez plus tard qu'il s'y rencontre ce que nous nommons des *hommes à passions*[1] ⟨1⟩ … (A ces mots, mademoiselle Michonneau regarda Vautrin d'un air intelligent. Vous eussiez dit un cheval de régiment entendant le son de la trompette.) — Ah ! ah ! fit Vautrin en s'interrompant pour lui jeter un regard profond, *que* nous *n'avons néu* nos petites passions, nous ? (La vieille fille baissa les yeux comme une religieuse qui voit des statues.) — Eh bien ! reprit-il, ces gens-là chaussent une idée et n'en démordent pas. Ils n'ont soif que d'une certaine eau prise à une certaine fontaine, et souvent croupie ; pour en boire, ils vendraient leurs femmes, leurs enfants ; ils vendraient leur âme au diable. Pour les uns, cette fontaine est le jeu, la Bourse, une collection de tableaux ou d'insectes, la musique ; pour d'autres, c'est une femme qui sait leur cuisiner des friandises. A ceux-là, vous leur offririez toutes les femmes de la terre, ils s'en moquent, ils ne veulent que celle qui satisfait leur passion. Souvent cette femme ne les aime pas du tout, vous les rudoie, leur vend fort cher des bribes de satisfactions ; eh bien ! mes farceurs ne se lassent pas, et mettraient leur dernière couverture au Mont-de-Piété[2] pour lui apporter

1. P.-G. Castex signale que cette expression appartiendrait au lexique particulier des prostituées et désignerait des hommes animés par des perversions érotiques, d'où la réaction « professionnelle » de Mlle Michonneau. Vautrin l'utilise dans un sens très large, explicité par l'énumération suivante.

2. Cet établissement de prêt sur gage s'appelle aujourd'hui le Crédit municipal.

mauresque auquel un homme se chauffe comme au soleil ; mais, ma parole d'honneur, elle te ressemble...

— Tu la flattes !

— Une taille cambrée, la taille élancée d'une corvette construite pour faire la course, et qui se rue sur le vaisseau marchand avec une impétuosité française, le mord et le coule bas en deux temps.

— Enfin, mon cher, que me fait celle que je n'ai point vue ! reprit de Marsay. Depuis que j'étudie les femmes, mon inconnue est la seule dont le sein vierge, les formes ardentes et voluptueuses m'aient réalisé la seule femme que j'aie rêvée, moi ! Elle est l'original de la délirante peinture, appelée *la femme caressant sa chimère*, la plus chaude, la plus infernale inspiration du génie antique ; une sainte poésie prostituée par ceux qui l'ont copiée pour les fresques et les mosaïques ; pour un tas de bourgeois qui ne voient dans ce camée qu'une breloque, et la mettent à leurs clefs de montre, tandis que c'est toute la femme, un abîme de plaisirs où l'on roule sans en trouver la fin, tandis que c'est une femme idéale qui se voit quelquefois en réalité dans l'Espagne, dans l'Italie, presque jamais en France. »

La Fille aux yeux d'or, 1834-1835.

1 Roman et passions.

On pourrait multiplier les citations de Balzac traitant des passions. Contentons-nous des deux suivantes :

« L'état de société fait de nos besoins, de nos nécessités, de nos goûts, autant de plaies, autant de maladies, par les excès auxquels nous nous portons, poussés par le développement que leur imprime la pensée. »

Pathologie de la vie sociale, cité par Pierre Barbéris in *Balzac, une mythologie réaliste*, Larousse, 1971, p. 134.

« Tuer les passions, ce serait tuer la société. »

La Maison Nucingen, 1838.

Les passions constituent donc une réalité contradictoire : nécessaires et légitimes, elles sont aussi néfastes, voire mortelles. Elles fondent la société et la minent : il ne saurait donc y avoir de morale absolue ; en effet, comment pourrait-elle juger ? de quel lieu ? au nom de quoi ?

Mais le roman peut se bâtir sur cette contradiction qui le dynamise. Si la société développe les passions, agite les personnages en exacerbant leurs pulsions, elle ne permet pas l'harmonieux développement de la personnalité. Vivre et être se combattent, d'où toute une série de possibilités d'écriture et de structuration du texte, qui fonctionne sur des tensions. Les personnages tiraillés se scindent selon des champs de force, ou se répartissent sur des axes fondamentaux. Les passionnés sont condamnés, non à l'issue d'un réquisitoire moraliste, mais par la vie sociale : ils ne peuvent que gaspiller leur énergie vitale et s'autodétruire. La passion est bien un enfer, mais le refus de la passion transforme l'individu en un simple automate. Seule l'utopie, ou l'investissement de soi dans un projet, peuvent préserver de la folie mortelle ou de la vie végétative. A cet égard, Bianchon échappe à l'aliénation ; tout se passe comme s'il existait un optimisme balzacien en dépit du tableau tragique qu'il nous présente du « monde réel ».

leur dernier écu. Le père Goriot est un de ces gens-là. La comtesse l'exploite parce qu'il est discret, et voilà le beau monde ! Le pauvre bonhomme ne pense qu'à elle. Hors de sa passion, vous le voyez, c'est une bête brute. Mettez-le sur ce chapitre-là, son visage étincelle comme un diamant. Il n'est pas difficile de deviner ce secret-là. Il a porté ce matin du vermeil à la fonte, et je l'ai vu entrant chez le papa Gobseck, rue des Grès. Suivez bien ! En revenant, il a envoyé chez la comtesse de Restaud ce niais de Christophe qui nous a montré l'adresse de la lettre dans laquelle était un billet acquitté. Il est clair que si la comtesse allait aussi chez le vieil escompteur, il y avait urgence. Le père Goriot a galamment financé pour elle. Il ne faut pas coudre deux idées pour voir clair là-dedans. Cela vous prouve, mon jeune étudiant, que, pendant que votre comtesse riait, dansait, faisait ses singeries, balançait ses fleurs de pêcher, et pinçait sa robe, elle était dans ses petits souliers, comme on dit, en pensant à ses lettres de change protestées[1], ou à celles de son amant.

— Vous me donnez une furieuse envie de savoir la vérité. J'irai demain chez madame de Restaud, s'écria Eugène.

— Oui, dit Poiret, il faut aller demain chez madame de Restaud.

— Vous y trouverez peut-être le bonhomme Goriot qui viendra toucher le montant de ses galanteries.

— Mais, dit Eugène avec un air de dégoût, votre Paris est donc un bourbier ⟨1⟩ .

— Et un drôle de bourbier, reprit Vautrin. Ceux qui s'y crottent en voiture sont d'honnêtes gens, ceux qui s'y crottent à pied sont des fripons. Ayez le malheur d'y décrocher[2] n'importe quoi, vous êtes montré sur la place du Palais-de-Justice comme une curiosité[3]. Volez un million, vous êtes marqué dans les salons comme une vertu. Vous payez trente millions à la Gendarmerie et à la Justice pour maintenir cette morale-là. Joli !

— Comment, s'écria madame Vauquer, le père Goriot aurait fondu son déjeuner de vermeil ?

— N'y avait-il pas deux tourterelles sur le couvercle ? dit Eugène.

— C'est bien cela.

— Il y tenait donc beaucoup, il a pleuré quand il a eu pétri l'écuelle et le plat. Je l'ai vu par hasard, dit Eugène.

— Il y tenait comme à sa vie, répondit la veuve.

1. Protester un billet ou une lettre de change c'est faire un protêt contre cet effet de commerce, c'est-à-dire faire constater, par un huissier par exemple, qu'il n'a pas été accepté ou payé à la date d'échéance.

2. Voler.

3. Il s'agit de la peine d'exposition publique, encore en vigueur sous la Restauration.

1 Le leitmotiv de la boue.

« Paris est donc un bourbier » : *cette sentence va se disséminer dans tout le roman, légitimant la comparaison avec le leitmotiv, le thème reparaissant, et permettre également toute une série d'analogies et d'équivalences :*

— « Le monde est un bourbier, tâchons de rester sur les hauteurs », *dira la duchesse de Langeais (p. 194) ;*

— « Madame de Nucingen laperait (...) toute la boue qu'il y a entre la rue Saint-Lazare et la rue de Grenelle pour entrer dans mon salon », *affirmera madame de Beauséant (p. 196) ;*

— « Il s'agit pour moi de faire mon chemin ou de rester dans la boue », *écrira Rastignac à sa mère (p. 205) ;*

— « Il voyait dans le monde comme un océan de boue dans lequel un homme se plongeait jusqu'au cou, s'il y trempait le pied », *dira de Rastignac le narrateur (p. 449).*

Ce n'est pas seulement au retour d'un bal que l'on crotte ses bas de soie (p. 118), ou en allant rendre visite aux belles dames (p. 154), mais c'est dans tout parcours social, dont la boue dit comme par métonymie la vérité essentielle : il souille de façon indélébile.

— Voyez-vous le bonhomme, combien il est passionné, s'écria Vautrin. Cette femme-là sait lui chatouiller l'âme.

L'étudiant remonta chez lui. Vautrin sortit. Quelques instants après, madame Couture et Victorine montèrent dans un fiacre que Sylvie alla leur chercher. Poiret offrit son bras à mademoiselle Michonneau, et tous deux allèrent se promener au Jardin-des-Plantes, pendant les deux belles heures de la journée.

— Eh bien ! les voilà donc quasiment mariés, dit la grosse Sylvie. Ils sortent ensemble aujourd'hui pour la première fois. Ils sont tous deux si secs que, s'ils se cognent, ils feront feu comme un briquet.

— Gare au châle de mademoiselle Michonneau, dit en riant madame Vauquer, il prendra comme de l'amadou.

A quatre heures du soir, quand Goriot rentra, il vit, à la lueur de deux lampes fumeuses, Victorine dont les yeux étaient rouges. Madame Vauquer écoutait le récit de la visite infructueuse faite à monsieur Taillefer pendant la matinée. Ennuyé de recevoir sa fille et cette vieille femme, Taillefer les avait laissé parvenir jusqu'à lui pour s'expliquer avec elles.

— Ma chère dame, disait madame Couture à madame Vauquer, figurez-vous qu'il n'a pas même fait asseoir Victorine, qu'est restée constamment debout. A moi, il m'a dit, sans se mettre en colère, tout froidement, de nous épargner la peine de venir chez lui ; que mademoiselle, sans dire sa fille, se nuisait dans son esprit en l'importunant (une fois par an, le monstre !) ; que la mère de Victorine ayant été épousée sans fortune, elle n'avait rien à prétendre ; enfin les choses les plus dures, qui ont fait fondre en larmes cette pauvre petite. La petite s'est jetée alors aux pieds de son père, et lui a dit avec courage qu'elle n'insistait autant que pour sa mère, qu'elle obéirait à ses volontés sans murmure, mais qu'elle le suppliait de lire le testament de la pauvre défunte ; elle a pris la lettre et la lui a présentée en disant les plus belles choses du monde et les mieux senties, je ne sais pas où elle les a prises, Dieu les lui dictait, car la pauvre enfant était si bien inspirée qu'en l'entendant, moi, je pleurais comme une bête. Savez-vous ce que faisait cette horreur d'homme, il se coupait les ongles, il a pris cette lettre que la pauvre madame Taillefer avait trempée de larmes, et l'a jetée sur la cheminée en disant : C'est bon ! Il a voulu relever sa fille qui lui prenait les mains pour les lui baiser, mais il les a retirées. Est-ce pas une scélératesse ? Son grand dadais de fils est entré sans saluer sa sœur.

— C'est donc des monstres ? dit le père Goriot.

— Et puis, dit madame Couture sans faire attention à l'exclamation du bonhomme, le père et le fils s'en sont allés en me saluant et me priant de les excuser, ils avaient des affaires pressantes. Voilà notre visite. Au moins il a vu sa fille. Je ne sais pas comment il peut la renier, elle lui ressemble comme deux gouttes d'eau.

Les pensionnaires, internes et externes, arrivèrent les uns après les autres, en se souhaitant mutuellement le bonjour, et se disant de ces riens qui constituent, chez certaines classes parisiennes, un esprit drolatique dans lequel la bêtise entre comme élément principal, et dont le mérite consiste particulièrement dans le geste ou la prononciation. Cette espèce d'argot varie continuellement. La plaisanterie qui en est le principe n'a jamais un mois d'existence. Un événement politique, un procès en cour d'assises, une chanson des rues, les farces d'un acteur, tout sert à entretenir ce jeu d'esprit qui consiste surtout à prendre les idées et les mots comme des volants, et à se les renvoyer sur des raquettes. La récente invention du Diorama[1], qui portait l'illusion de l'optique à un plus haut degré que dans les Panoramas, avait amené dans quelques ateliers de peinture la plaisanterie de parler en *rama*, espèce de charge qu'un jeune peintre, habitué de la pension Vauquer, y avait inoculée.

— Eh bien ! *monsieurre* Poiret, dit l'employé au Muséum, comment va cette petite *santérama* ? Puis, sans attendre sa réponse : Mesdames, vous avez du chagrin, dit-il à madame Couture et à Victorine.

— Allons-nous *dinaire* ? s'écria Horace Bianchon, un étudiant en médecine, ami de Rastignac, ma petite estomac est descendue *usque ad talones*[2].

— Il fait un fameux *froitorama* ! dit Vautrin. Dérangez-vous donc, père Goriot ! Que diable ! votre pied prend toute la gueule du poêle.

— Illustre monsieur Vautrin, dit Bianchon, pourquoi dites-vous *froitorama* ? il y a une faute, c'est *froidorama*.

— Non, dit l'employé du Muséum, c'est *froitorama*, par la règle : j'ai froit aux pieds.

— Ah ! ah !

— Voici son excellence le marquis de Rastignac, docteur en droit-travers[3], s'écria Bianchon en saisissant Eugène par

1. Près de l'actuelle place de la République (3e, 10e et 11e arrondissements) avait été ouvert en 1822 un établissement panoramique où des tableaux sur toile représentant, à l'aide de couleurs transparentes, des paysages et des scènes étaient animés par des jeux de lumière. Ce spectacle était fort goûté, car, contrairement aux Panoramas, la salle tournait, accroissant ainsi l'illusion.

2. Latin macaronique : « jusque dans les talons ».

3. Invention de Bianchon qui combine un jeu de mots et une parodie des subdivisions du Droit : commercial, civil, romain...

le cou et le serrant de manière à l'étouffer. Ohé, les autres, ohé !

Mademoiselle Michonneau entra doucement, salua les convives sans rien dire, et s'alla placer près des trois femmes ①.

— Elle me fait toujours grelotter, cette vieille chauve-souris, dit à voix basse Bianchon à Vautrin en montrant mademoiselle Michonneau. Moi qui étudie le système de Gall[1], je lui trouve les bosses de Judas.

— Monsieur l'a connu ? dit Vautrin.

— Qui ne l'a pas rencontré ! répondit Bianchon. Ma parole d'honneur, cette vieille fille blanche me fait l'effet de ces longs vers qui finissent par ronger une poutre.

— Voilà ce que c'est, jeune homme, dit le quadragénaire en peignant ses favoris.

Et rose, elle a vécu ce que vivent les roses,
L'espace d'un matin[2].

— Ah ! ah ! voici une fameuse *soupeaurama*, dit Poiret en voyant Christophe qui entrait en tenant respectueusement le potage.

— Pardonnez-moi, monsieur, dit madame Vauquer, c'est une soupe aux choux.

Tous les jeunes gens éclatèrent de rire.

— Enfoncé, Poiret !

— Poirrrrrette enfoncé !

— Marquez deux points à maman Vauquer, dit Vautrin.

— Quelqu'un a-t-il fait attention au brouillard de ce matin ? dit l'employé.

— C'était, dit Bianchon, un brouillard frénétique et sans exemple, un brouillard lugubre, mélancolique, vert, poussif, un brouillard Goriot ②.

— Goriorama, dit le peintre, parce qu'on n'y voyait goutte[3].

— Hé, milord Gâôriotte, il être questiônne dé véaus[4].

Assis au bas bout de la table, près de la porte par laquelle on servait, le père Goriot leva la tête en flairant un morceau de pain qu'il avait sous sa serviette, par une vieille habitude commerciale qui reparaissait quelquefois.

— Hé ! bien, lui cria aigrement madame Vauquer d'une voix qui domina le bruit des cuillers, des assiettes et des voix, est-ce que vous ne trouvez pas le pain bon ?

1. Franz Joseph Gall (1758-1820) est un médecin allemand créateur de la phrénologie, fondée sur une correspondance supposée entre les protubérances du crâne et les facultés. Cette « science » fut très en vogue. Emma Bovary offrira encore une tête phrénologique à son médecin de mari.

2. Célèbre citation de la Consolation à Monsieur Du Périer *de Malherbe.*

3. Rappel du compère-loriot.

4. Accent anglais pastiché.

1 L'instance narrative.

« Le narrateur du *Père Goriot* n'« est » pas Balzac, même s'il exprime çà et là les opinions de celui-ci, car ce narrateur-auteur est quelqu'un qui « connaît » la pension Vauquer, sa tenancière et ses pensionnaires, alors que Balzac, lui, ne fait que les imaginer — et en ce sens, bien sûr, la situation narrative d'un récit de fiction ne se ramène *jamais* à sa situation d'écriture. »

GÉRARD GENETTE, 1972
Figures III, Éd. du Seuil, p. 226.

Le statut du narrateur.

Selon Gérard Genette, le statut du narrateur peut être défini par :

*— **le niveau narratif :** le narrateur peut être extradiégétique (au premier degré) ou intradiégétique (au second degré), dans ce cas le récit est métadiégétique : par exemple la confession de Raphaël dans* la Peau de Chagrin *;*

*— **sa relation à l'histoire :** le narrateur peut être homodiégétique (présent comme personnage dans l'histoire qu'il raconte) ou hétérodiégétique (absent de l'histoire qu'il raconte) ;*

*— **la focalisation :***

— focalisation 0 : le narrateur en sait plus que le personnage, en dit plus que n'en sait aucun des personnages,

— focalisation interne : le narrateur ne dit que ce que sait tel personnage,

— focalisation externe : le narrateur en dit moins que n'en sait le personnage.

A noter que le parti de focalisation n'est pas nécessairement constant sur toute la durée d'un récit.

On peut combiner niveau et relation pour obtenir un tableau dans lequel un certain nombre de textes pourraient trouver leur place. Les variations de focalisation ne sauraient y entrer qu'au risque d'une complication extrême, puisque seuls des segments narratifs s'y situeraient légitimement :

Niveau / *Relation*	*Extradiégétique*	*Intradiégétique*
Hétérodiégétique	*Le Père Goriot*, un narrateur au premier degré raconte une histoire d'où il est absent	un narrateur au second degré raconte une histoire d'où il est absent
Homodiégétique	un narrateur au premier degré raconte sa propre histoire	un narrateur au second degré raconte sa propre histoire

On ajoutera que dans le cas de Balzac, le narrateur est le plus souvent omniscient. Le mode de focalisation est presque toujours la focalisation O dans le Père Goriot.

— Au contraire, madame, répondit-il, il est fait avec de la farine d'Étampes, première qualité.

— A quoi voyez-vous cela ? lui dit Eugène.

— A la blancheur, au goût.

— Au goût du nez, puisque vous le sentez, dit madame Vauquer. Vous devenez si économe que vous finirez par trouver le moyen de vous nourrir en humant l'air de la cuisine.

— Prenez alors un brevet d'invention, cria l'employé au Muséum, vous ferez une belle fortune.

— Laissez donc, il fait ça pour nous persuader qu'il a été vermicellier, dit le peintre.

— Votre nez est donc une cornue, demanda encore l'employé au Muséum.

— Cor-quoi ? dit Bianchon.

— Cor-nouille.

— Cor-nemuse.

— Cor-naline.

— Cor-niche.

— Cor-nichon.

— Cor-beau.

— Cor-nac.

— Cor-norama.

Ces huit réponses partirent de tous les côtés de la salle avec la rapidité d'un feu de file[1], et prêtèrent d'autant plus à rire, que le pauvre père Goriot regardait les convives d'un air niais, comme un homme qui tâche de comprendre une langue étrangère.

— Cor ? dit-il à Vautrin qui se trouvait près de lui.

— Cor aux pieds, mon vieux ! dit Vautrin en enfonçant le chapeau du père Goriot par une tape qu'il lui appliqua sur la tête et qui le lui fit descendre jusque sur les yeux ⟨1⟩ .

Le pauvre vieillard, stupéfait de cette brusque attaque, resta pendant un moment immobile. Christophe emporta l'assiette du bonhomme, croyant qu'il avait fini sa soupe ; en sorte que quand Goriot, après avoir relevé son chapeau, prit sa cuiller, il frappa sur la table. Tous les convives éclatèrent de rire.

— Monsieur, dit le vieillard, vous êtes un mauvais plaisant, et si vous vous permettez encore de me donner de pareils renfoncements...

— Eh bien ! quoi, papa ? dit Vautrin en l'interrompant.

— Eh bien ! vous payerez cela bien cher quelque jour...

1. Feu de file : feu d'une troupe où tous les hommes tirent l'un après l'autre et sans interruption (Littré).

2 Poncifs romantiques et ironie.

En accumulant les épithètes romantico-frénétiques, Bianchon raille la vogue d'un certain romantisme noir. N'oublions pas que cette charge de 1819 est écrite en 1834. Voici ce qu'écrivait Balzac dans la préface de la Peau de Chagrin *en 1831 :*

« De tous côtés s'élèvent des doléances sur la couleur sanguinolente des écrits modernes. Les cruautés, les supplices, les gens jetés à la mer, les pendus, les gibets, les condamnés, les atrocités chaudes et froides, les bourreaux, tout est devenu bouffon !

Naguère, le public ne voulait plus sympathiser avec les *jeunes malades*, les *convalescents* et les doux trésors de mélancolie contenus dans l'infirmerie littéraire. Il a dit adieu aux *tristes*, aux *lépreux*, aux langoureuses élégies. Il était las des *bardes* nuageux et des sylphes, comme il est aujourd'hui rassasié de l'Espagne, de l'Orient, des supplices, des pirates et de l'histoire de France *walterscottée*. »

1 Vautrin ou le poncif du farceur ?

Dans presque tous les articles, ouvrages, « physiologies » du temps qui décrivent les pensions bourgeoises se retrouve un type, celui du Farceur :

« Le Farceur de table d'hôte (...) est généralement un gros homme vulgaire, haut en couleurs, de caractère jovial, familier avec les pensionnaires masculins, galant avec les dames et libertin avec la bonne. Grand mangeur, grand buveur, grand amateur de chansons, il n'hésite pas à en fredonner une au dessert. C'est lui qui lance le quolibet, le mot pour rire, le calembour et le coq-à-l'âne. C'est lui qui poursuit de ses moqueries un souffre-douleur qu'il a choisi parmi les hôtes et qui sera la cible vivante sur laquelle il décochera ses flèches. C'est lui qui montera les scies, qui inventera les petites plaisanteries quotidiennes, renversera volontairement le sel sur la nappe au grand effroi de la petite dame superstitieuse, poivrera, sans être vu, le potage de son voisin et enduira de glu la chaise de sa voisine. C'est lui qui demandera à célébrer toutes les fêtes par la montée d'« une bonne bouteille ». C'est lui qui régalera et qui finalement fera payer aux autres son écot. Toujours le premier à rire et le dernier à payer ! »

L'Espion de la rue Vivienne,
1832, cité par Jules Bertaut,
op. cit., pp. 52-53.

L'on voit bien cependant que Vautrin dépasse très largement ce type médiocre et l'on comprendra qu'il joue un rôle, avec talent d'ailleurs.
L'humour de Vautrin est fort bien décrit et analysé par Jean-Louis Bory :
« Vautrin ne peut rien contre le Hasard. Il peut refuser cependant de se laisser entamer par lui ; il peut se placer au-dessus des coups de l'adversité. Ce qu'il fait. Cette adversité devient même occasion de plaisir, d'amusement. Lors de son arrestation chez Mme Vauquer, Vautrin plaisante. Tantôt tranchant, tantôt familier, toujours catégorique, éblouissant de faconde ostentatoire, il pérore, il soigne sa « sortie », comme un cabotin termine sa parade sur un bouquet de poses avantageuses. Parce qu'il est sûr de son pou-

— En enfer, pas vrai ? dit le peintre, dans ce petit coin noir où l'on met les enfants méchants !

— Eh bien ! mademoiselle, dit Vautrin à Victorine, vous ne mangez pas. Le papa s'est donc montré récalcitrant ?

— Une horreur, dit madame Couture.

— Il faut le mettre à la raison, dit Vautrin.

— Mais, dit Rastignac, qui se trouvait assez près de Bianchon, mademoiselle pourrait intenter un procès sur la question des aliments, puisqu'elle ne mange pas. Eh ! eh ! voyez donc comme le père Goriot examine mademoiselle Victorine.

Le vieillard oubliait de manger pour contempler la jeune fille dans les traits de laquelle éclatait une douleur vraie, la douleur de l'enfant méconnu qui aime son père.

— Mon cher, dit Eugène à voix basse, nous nous sommes trompés sur le père Goriot. Ce n'est ni un imbécile ni un homme sans nerfs. Applique-lui ton système de Gall, et dismoi ce que tu en penseras. Je lui ai vu cette nuit tordre un plat de vermeil, comme si c'eût été de la cire, et dans ce moment l'air de son visage trahit des sentiments extraordinaires. Sa vie me paraît être trop mystérieuse pour ne pas valoir la peine d'être étudiée. Oui, Bianchon, tu as beau rire, je ne plaisante pas.

— Cet homme est un fait médical, dit Bianchon, d'accord ; s'il veut, je le dissèque.

— Non, tâte-lui la tête.

— Ah ! bien, sa bêtise est peut-être contagieuse.

Le lendemain Rastignac s'habilla fort élégamment, et alla, vers trois heures de l'après-midi, chez madame de Restaud en se livrant pendant la route à ces espérances étourdiment folles qui rendent la vie des jeunes gens si belle d'émotions : ils ne calculent alors ni les obstacles ni les dangers, ils voient en tout le succès, poétisent leur existence par le seul jeu de leur imagination, et se font malheureux ou tristes par le renversement de projets qui ne vivaient encore que dans leurs désirs effrénés ; s'ils n'étaient pas ignorants et timides, le monde social serait impossible ⟨1⟩. Eugène marchait avec mille précautions pour ne se point crotter, mais il marchait en pensant à ce qu'il dirait à madame de Restaud, il s'approvisionnait d'esprit, il inventait les reparties d'une conversation imaginaire, il préparait ses mots fins, ses phrases à la Talleyrand[1], en supposant de petites circonstances favorables à la déclaration sur laquelle il fondait son avenir. Il se

1. Talleyrand (1754-1838), supérieurement intelligent et cultivé, était redouté pour son esprit.

voir sur la galerie. Il sait qu'il domine son auditoire muet d'admiration — y compris les policiers.

Vautrin a de l'humour parce qu'il juge supérieurement de tout, et de la société en particulier. (...)

La révolte de Vautrin ne connaît pas l'amertume parce qu'elle se sent assurée de sa force. (...)

On s'aperçoit encore de l'humour de Vautrin aux moqueries dont il brocarde les soupirs échangés entre Victorine et Rastignac ; l'humour est « l'ennemi mortel de la sentimentalité toujours sur fond bleu » (André Breton)

Belzébuth de table d'hôte (Brunetière traitait ainsi Baudelaire), Vautrin est aussi humoristique. (...) Bien plus : il dégage toute la puissance comique accumulée depuis le Moyen Âge dans le personnage du diable, que, non content d'incarner, il met encore dans son jeu. (...) Et Vautrin force à son maximum le contraste entre son apparence et sa forme réelle, pousse par conséquent son personnage jusqu'aux limites de l'humour, lorsque, bagnard, il entre dans la police au service de la société, lui, le révolté. Sa fin constitue certainement sa meilleure plaisanterie. »

JEAN-LOUIS BORY, 1960
Musique 1, pour Balzac et quelques autres Julliard, pp. 79-81

1 Récit et discours.

*A partir de Benveniste (*Problèmes de linguistique générale, *1966), Gérard Genette proposait dans* « Frontières du récit » (Communications, *n° 8, 1966) de distinguer le récit, c'est-à-dire une narration sans référence au narrateur, objective, et le discours, c'est-à-dire une narration subjective dans laquelle se marque la référence au* je *du narrateur.*

Par exemple, le début de la phrase : « le lendemain Rastignac s'habilla, fort élégamment, et alla, vers trois heures de l'après-midi, chez madame de Restaud » *présente les caractéristiques du récit ; la suite :* « en se livrant pendant la route à ces espérances folles qui rendent la vie des jeunes gens si belle d'émotions, etc. » *relève du discours. En effet la caractérisation des jeunes gens, quoique présentée comme une loi objective de comportement, ou un trait psychologique commun, procède d'un jugement éthique et idéologique du narrateur, implicitement présent.*

La coexistence, ou plutôt la combinaison du récit et du discours dans une même phrase, confirme cette remarque de Genette :

« Il y a presque toujours une certaine proportion de récit dans le discours, une certaine dose de discours dans le récit. »

D'ailleurs : « Le discours n'a aucune pureté à préserver, car il est le mode « naturel » du langage, le plus large et le plus universel, accueillant par définition à toutes les formes ; le récit, au contraire, est un mode particulier, *marqué*, défini par un certain nombre d'exclusions et de conditions restrictives (refus du présent, de la première personne, etc.). Le discours peut « raconter » sans cesser d'être discours, le récit ne peut « discourir » sans sortir de luimême. Mais il ne peut pas non plus s'en abstenir sans tomber dans la sécheresse et l'indigence : c'est pourquoi le récit n'existe pour ainsi dire nulle p a r t   d a n s   s a   f o r m e rigoureuse. »

Article cité, in *Figures II,* Éd. du Seuil, 1969, pp. 65-67.

N.B. : Le concept de récit dans ce qui précède est à distinguer de l'autre acception majeure du terme : représentation d'un événement ou d'une suite d'événements, réels ou fictifs, par le moyen du langage, et plus particulièrement du langage écrit, ou plus précisément, le discours — au sens général d'énoncé — oral ou écrit qui raconte les événements.

crotta, l'étudiant, il fut forcé de faire cirer ses bottes et brosser son pantalon au Palais-Royal. « Si j'étais riche, se dit-il en changeant une pièce de trente sous qu'il avait prise *en cas de malheur*, je serais allé en voiture, j'aurais pu penser à mon aise. » Enfin il arriva rue du Helder et demanda la comtesse de Restaud. Avec la rage froide d'un homme sûr de triompher un jour, il reçut le coup d'œil méprisant des gens qui l'avaient vu traversant la cour à pied, sans avoir entendu le bruit d'une voiture à la porte. Ce coup d'œil lui fut d'autant plus sensible qu'il avait déjà compris son infériorité en entrant dans cette cour, où piaffait un beau cheval richement attelé à l'un de ces cabriolets pimpants qui affichent le luxe d'une existence dissipatrice, et sous-entendent l'habitude de toutes les félicités parisiennes. Il se mit, à lui tout seul, de mauvaise humeur. Les tiroirs ouverts dans son cerveau et qu'il comptait trouver pleins d'esprit se fermèrent, il devint stupide. En attendant la réponse de la comtesse, à laquelle un valet de chambre allait dire les noms du visiteur, Eugène se posa sur un seul pied devant une croisée de l'antichambre, s'appuya le coude sur une espagnolette, et regarda machinalement dans la cour (1). Il trouvait le temps long, il s'en serait allé s'il n'avait pas été doué de cette ténacité méridionale qui enfante des prodiges quand elle va en ligne droite.

— Monsieur, dit le valet de chambre, madame est dans son boudoir et fort occupée, elle ne m'a pas répondu ; mais, si monsieur veut passer au salon, il y a déjà quelqu'un.

Tout en admirant l'épouvantable pouvoir de ces gens qui, d'un seul mot, accusent ou jugent leurs maîtres, Rastignac ouvrit délibérément la porte par laquelle était sorti le valet de chambre, afin sans doute de faire croire à ces insolents valets qu'il connaissait les êtres de la maison ; mais il déboucha fort étourdiment dans une pièce où se trouvaient des lampes, des buffets, un appareil à chauffer des serviettes pour le bain, et qui menait à la fois dans un corridor obscur et dans un escalier dérobé[1]. Les rires étouffés qu'il entendit dans l'antichambre mirent le comble à sa confusion.

— Monsieur, le salon est par ici, lui dit le valet de chambre avec ce faux respect qui semble être une raillerie de plus.

Eugène revint sur ses pas avec une telle précipitation qu'il se heurta contre une baignoire, mais il retint assez heureusement son chapeau pour l'empêcher de tomber dans le bain. En ce moment, une porte s'ouvrit au fond du long corridor

1. La salle de bains, quand elle existait, était généralement située au rez-de-chaussée afin de faciliter la livraison d'eau chaude, fournie en tonnelets par des Auvergnats.

⟨1⟩ La description (suite) : un principe d'économie.

Alors que la pension Vauquer fait l'objet d'une minutieuse et exhaustive description, les « beaux quartiers » se réduisent à quelques éléments essentiels à valeur plus connotative que dénotative. C'est vrai de l'hôtel des Restaud, il en sera de même de la demeure des Nucingen :

« (La) description exhaustive et méthodique (de la maison Vauquer) (...) permet d'organiser l'espace du roman et elle répond paradoxalement, et justement parce qu'elle est exhaustive et méthodique, à un principe d'économie. De même, en effet, que le quartier horrible et inconnu du faubourg Saint-Marceau s'oppose ensuite aux beaux quartiers de la Chaussée-d'Antin et du faubourg Saint-Germain comme l'ignoble salon de Mme Vauquer aux « salons dorés » de la comtesse de Restaud et de la vicomtesse de Beauséant, la maison de Mme Vauquer et de ses misérables pensionnaires s'oppose aux demeures des aristocrates et des banquiers. Or, parce qu'il a mis en place, d'entrée de jeu, un système d'exploration et de déchiffrement de ce lieu primordial, la maison, l'auteur peut faire appel à ce même système pour décrire les autres lieux. Il suffira, cette fois, de quelques éléments pour suggérer l'ensemble. C'est ainsi que les beaux quartiers sont en quelque sorte « résumés » par les demeures des grandes dames, des riches et des élégants tandis que ces demeures sont résumées par quelques éléments de leur architecture (...). Ceci explique peut-être (...) l'absence de pittoresque et de description archéologique dans ce roman dont le sujet est pourtant Paris. La ville est réduite ici à sa signification sociale : quartiers riches et quartiers pauvres, et à ce qui « exprime » le mieux le mode de vie, les mœurs de ses habitants : leur maison. »

FRANÇOISE VAN ROSSUM-GUYON, 1983,
Le Père Goriot, roman moderne, préface pour l'édition du Livre de Poche, pp. XVI-XVII.

L'enquête de type archéologique est présente dans la Maison du Chat-qui-pelote *(1830) :*
« Au milieu de la rue Saint-Denis, presque au coin de la rue du Petit-Lion, existait naguère une de ces maisons précieuses qui donnent aux historiens la facilité de reconstruire par analogie l'ancien Paris. Les murs menaçants de cette bicoque semblaient avoir été bariolés d'hiéroglyphes. (...) Par une matinée pluvieuse, au mois de mars, un jeune homme, soigneusement enveloppé dans son manteau, se tenait sous l'auvent d'une boutique en face de ce vieux logis qu'il examinait avec un enthousiasme d'archéologue. A la vérité, ce débris de la bourgeoisie du XVIe siècle offrait à l'observateur plus d'un problème à résoudre. »

La suggestion de l'ensemble par quelques éléments ne confond cependant pas exactement les beaux quartiers dans une même splendeur. Chez Mme de Beauséant, tout est élégamment seyant. La matière se fait transparente pour dire le luxe, le raffinement, la noblesse d'âme et de cœur. Tout y est harmonieux, signe de l'authenticité, de la légitimité. En revanche, les intérieurs des filles Goriot restent en deçà de cette perfection et trahissent l'origine

éclairé par une petite lampe, Rastignac y entendit à la fois la voix de madame de Restaud, celle du père Goriot et le bruit d'un baiser. Il rentra dans la salle à manger, la traversa, suivit le valet de chambre, et rentra dans un premier salon où il resta posé devant la fenêtre, en s'apercevant qu'elle avait vue sur la cour. Il voulait voir si ce père Goriot était bien réellement son père Goriot. Le cœur lui battait étrangement, il se souvenait des épouvantables réflexions de Vautrin. Le valet de chambre attendait Eugène à la porte du salon, mais il en sortit tout à coup un élégant jeune homme, qui dit impatiemment : « Je m'en vais, Maurice. Vous direz à madame la comtesse que je l'ai attendue plus d'une demi-heure. » Cet impertinent, qui sans doute avait le droit de l'être, chantonna quelque roulade italienne en se dirigeant vers la fenêtre où stationnait Eugène, autant pour voir la figure de l'étudiant que pour regarder dans la cour.

— Mais monsieur le comte ferait mieux d'attendre encore un instant, Madame a fini, dit Maurice en retournant à l'antichambre.

En ce moment, le père Goriot débouchait près de la porte cochère par la sortie du petit escalier. Le bonhomme tirait son parapluie et se disposait à le déployer, sans faire attention que la grande porte était ouverte pour donner passage à un jeune homme décoré qui conduisait un tilbury[1]. Le père Goriot n'eut que le temps de se jeter en arrière pour n'être pas écrasé. Le taffetas du parapluie avait effrayé le cheval, qui fit un léger écart en se précipitant vers le perron. Ce jeune homme détourna la tête d'un air de colère, regarda le père Goriot, et lui fit, avant qu'il ne sortît, un salut qui peignait la considération forcée que l'on accorde aux usuriers dont on a besoin, ou ce respect nécessaire exigé par un homme taré, mais dont on rougit plus tard. Le père Goriot répondit par un petit salut amical, plein de bonhomie. Ces événements se passèrent avec la rapidité de l'éclair. Trop attentif pour s'apercevoir qu'il n'était pas seul, Eugène entendit tout à coup la voix de la comtesse.

— Ah ! Maxime, vous vous en alliez, dit-elle avec un ton de reproche où se mêlait un peu de dépit.

La comtesse n'avait pas fait attention à l'entrée du tilbury. Rastignac se retourna brusquement et vit la comtesse coquettement vêtue d'un peignoir en cachemire blanc, à nœuds roses, coiffée négligemment, comme le sont les femmes de Paris au matin ; elle embaumait, elle avait sans

1. Cabriolet à deux places, découvert et léger, pour les sorties du matin.

ignoble (au sens étymologique) de leur fortune.

Rastignac comprend rétrospectivement qu'il a contemplé chez Anastasie « le luxe inintelligent du parvenu » : « Tout à coup la richesse étalée chez la comtesse de Restaud brilla devant ses yeux. Il avait vu là le luxe dont une demoiselle Goriot devait être amoureuse, des dorures, des objets de prix en évidence, le luxe inintelligent du parvenu, le gaspillage de la femme entretenue. Cette fascinante image fut soudainement écrasée par le grandiose hôtel de Beauséant » (p. 198). *La maison de Delphine se caractérise par le* « joli », *donc une certaine mièvrerie, une légèreté artificielle :* « Rastignac arriva rue Saint-Lazare, dans une de ces maisons légères, à colonnes minces, à portiques mesquins qui constituent le *joli* à Paris, une véritable maison de banquier, pleine de recherches coûteuses, des stucs, des paliers d'escalier en mosaïque de marbre. Il trouva madame de Nucingen dans un petit salon à peintures italiennes, dont le décor ressemblait à celui des cafés. » (p. 296).

*L'environnement des filles Goriot se ressemble donc par l'ostentation, un goût incertain, la nouveauté d'une culture sociale et mondaine mal assimilée. Chez l'une, le bon ton du faubourg Saint-Germain patent dans l'architecture de l'hôtel Restaud est contredit par l'*intra-muros *; chez l'autre, toute la Chaussée-d'Antin se donne à lire.*

doute pris un bain, et sa beauté, pour ainsi dire assouplie, semblait plus voluptueuse ; ses yeux étaient humides ①. L'œil des jeunes gens sait tout voir : leurs esprits s'unissent aux rayonnements de la femme comme une plante aspire dans l'air des substances qui lui sont propres. Eugène sentit donc la fraîcheur épanouie des mains de cette femme sans avoir besoin d'y toucher. Il voyait, à travers le cachemire, les teintes rosées du corsage que le peignoir, légèrement entrouvert, laissait parfois à nu, et sur lequel son regard s'étalait. Les ressources du busc[1] étaient inutiles à la comtesse, la ceinture marquait seule sa taille flexible, son cou invitait à l'amour, ses pieds étaient jolis dans les pantoufles ②. Quand Maxime prit cette main pour la baiser, Eugène aperçut alors Maxime, et la comtesse aperçut Eugène.

— Ah ! c'est vous, monsieur de Rastignac, je suis bien aise de vous voir, dit-elle d'un air auquel savent obéir les gens d'esprit.

Maxime regardait alternativement Eugène et la comtesse d'une manière assez significative pour faire décamper l'intrus. — Ah çà ! ma chère, j'espère que tu vas me mettre ce petit drôle à la porte ! Cette phrase était une traduction claire et intelligible des regards du jeune homme impertinemment fier que la comtesse Anastasie avait nommé Maxime, et dont elle consultait le visage de cette intention soumise qui dit tous les secrets d'une femme sans qu'elle s'en doute. Rastignac se sentit une haine violente pour ce jeune homme. D'abord les beaux cheveux blonds et bien frisés de Maxime lui apprirent combien les siens étaient horribles. Puis Maxime avait des bottes fines et propres, tandis que les siennes, malgré le soin qu'il avait pris en marchant, s'étaient empreintes d'une légère teinte de boue. Enfin Maxime portait une redingote qui lui serrait élégamment la taille et le faisait ressembler à une jolie femme, tandis qu'Eugène avait à deux heures et demie un habit noir[2]. Le spirituel enfant de la Charente sentit la supériorité que la mise donnait à ce dandy, mince et grand, à l'œil clair, au teint pâle, un de ces hommes capables de ruiner des orphelins. Sans attendre la réponse d'Eugène, madame de Restaud se sauva comme à tire-d'aile dans l'autre salon en laissant flotter les pans de son peignoir qui se roulaient et se déroulaient de manière à lui donner l'apparence d'un papillon ; et Maxime la suivit. Eugène furieux suivit Maxime et la

1. Le busc est la lame de baleine, ou de métal, qui maintient le devant d'un corset.
2. En effet on ne saurait porter l'habit noir que le soir.

1 Corps humide, corps désirable.

« (...) La sensualité heureuse recherche (...) l'appui d'une présence aquatique : soit que la femme soit désirée dans un cadre de lacs et de rivières, ce qui amplifie à l'échelle du paysage l'attrait de son humidité (...) soit que la chair s'imagine dans le contact même de l'eau vive (...). De l'eau du bain à la tendresse de la chair, il y a (...) contiguïté, et même peut-être davantage : contagion, complicité, compénétration profonde. Car le bain caresse et régénère la baigneuse, en la traversant physiquement de sa fraîcheur. »

JEAN-PIERRE RICHARD, 1970,
« Corps et décors balzaciens » in *Études sur le romantisme,* Éd. du Seuil, pp. 59-60.

2 L'éveil du désir.

Ce passage confirme la virginité de Rastignac déjà suggérée antérieurement (voir p. 114). Sa fascination devant les charmes de la comtesse, cette attirance juvénile pour la chair féminine évoquent les réactions de Félix de Vandenesse devant la séduisante inconnue au bal de Tours :
« Mes yeux furent tout à coup frappés par de blanches épaules rebondies sur lesquelles j'aurais voulu pouvoir me rouler, des épaules légèrement rosées qui semblaient rougir comme si elles se trouvaient nues pour la première fois, de pudiques épaules qui avaient une âme, et dont la peau satinée éclatait à la lumière comme un tissu de soie. Ces épaules étaient partagées par une raie, le long de laquelle coula mon regard, plus hardi que ma main. Je me haussai tout palpitant pour voir le corsage et fus complètement fasciné par une gorge chastement couverte d'une gaze, mais dont les globes azurés et d'une rondeur parfaite étaient douillettement couchés dans des flots de dentelle. Les plus légers détails de cette tête furent des amorces qui réveillèrent en moi des jouissances infinies : le brillant des cheveux lissés au-dessus d'un cou velouté comme celui d'une petite fille, les lignes blanches que le peigne y avait dessinées et où mon imagination courut comme en de frais sentiers, tout me fit perdre l'esprit. »

Le Lys dans la vallée,
1835-1836.

Comme le dit Pierre Barbéris :
« Ce ne sont certes pas là manières de séducteur ni d'homme habitué aux femmes. Ce sont réactions de puceau, tout juste capable de lorgner assez sottement le corsage de la comtesse, puis de se répandre en banalités destinées à se donner une contenance. »

Le Père Goriot de Balzac,
Larousse, 1972, p. 228.

Ajoutons cependant que Félix, au moins, embrasse ces « blanches épaules rebondies ».

comtesse. Ces trois personnages se trouvèrent donc en présence, à la hauteur de la cheminée, au milieu du grand salon. L'étudiant savait bien qu'il allait gêner cet odieux Maxime ; mais, au risque de déplaire à madame de Restaud, il voulut gêner le dandy ⟨1⟩. Tout à coup, en se souvenant d'avoir vu ce jeune homme au bal de madame de Beauséant, il devina ce qu'était Maxime pour madame de Restaud ; et avec cette audace juvénile qui fait commettre de grandes sottises ou obtenir de grands succès, il se dit : Voilà mon rival, je veux triompher de lui ⟨2⟩. L'imprudent ! il ignorait que le comte Maxime de Trailles se laissait insulter, tirait le premier et tuait son homme. Eugène était un adroit chasseur, mais il n'avait pas encore abattu vingt poupées sur vingt-deux dans un tir. Le jeune comte se jeta dans une bergère au coin du feu, prit les pincettes, et fouilla le foyer par un mouvement si violent, si grimaud[1], que le beau visage d'Anastasie se chagrina soudain. La jeune femme se tourna vers Eugène, et lui lança un de ces regards froidement interrogatifs qui disent si bien : Pourquoi ne vous en allez-vous pas ? que les gens bien élevés savent aussitôt faire de ces phrases qu'il faudrait appeler des phrases de sortie.

Eugène prit un air agréable et dit : — Madame, j'avais hâte de vous voir pour...

Il s'arrêta tout court. Une porte s'ouvrit. Le monsieur qui conduisait le tilbury se montra soudain, sans chapeau, ne salua pas la comtesse, regarda soucieusement Eugène, et tendit la main à Maxime, en lui disant : « Bonjour », avec une expression fraternelle qui surprit singulièrement Eugène. Les jeunes gens de province ignorent combien est douce la vie à trois.

— Monsieur de Restaud, dit la comtesse à l'étudiant en lui montrant son mari.

Eugène s'inclina profondément.

— Monsieur, dit-elle en continuant et en présentant Eugène au comte de Restaud, est monsieur de Rastignac, parent de madame la vicomtesse de Beauséant par les Marcillac, et que j'ai eu le plaisir de rencontrer à son dernier bal.

Parent de madame la vicomtesse de Beauséant par les Marcillac ! ces mots, que la comtesse prononça presque emphatiquement, par suite de l'espèce d'orgueil qu'éprouve une maîtresse de maison à prouver qu'elle n'a chez elle que des gens de distinction, furent d'un effet magique, le comte quitta son air froidement cérémonieux et salua l'étudiant.

1. Usage adjectival propre à Balzac : impatient ou semblable à un geste d'enfant boudeur. Un grimaud est un écolier, avec une nuance péjorative, ou bien un mauvais écrivain.

1 Dandysme et histoire.

« Au début du XIXe siècle, on le sait, le mot désigne en Angleterre des gentlemen qui prétendent à l'originalité ; ils s'affichent en successeurs des Maccaronies, des Corinthiens, des Ruffians, des Exquisites, des Fashionables, des Fops, des Beaux, des Bucks ; ils cultivent l'art de la toilette et de l'insolence, montrent souvent un goût immodéré de la table et du jeu, fréquentent quelques clubs londoniens autour de Piccadilly. A la chute de l'Empire, avec le retour des émigrés, une vague d'anglomanie déferle sur la France : prestige des vainqueurs, hégémonie de la Grande-Bretagne en Europe. Dans les années 1820, des « anglomanes » élégants — parlant de chevaux de course, de femmes, de parties de chasse et de tailleurs anglais — se retrouvent aux *« Galeries de Bois »* ou sur le Boulevard de Gand, chez Tortoni, au Café de Paris, au Café Riche ; ils fondent des clubs ; ils reprennent les noms de *« Fashionables »* ou de *« Dandys »*. Après 1830, la mode est passée ; on continue pourtant à appeler *« dandys »*, par extension ou par dérision, les *« Lions »*, les *« Jeune-France »* et même une certaine bohême désargentée. C'est tout : en soi, c'est peu et inintéressant ; mais c'est là le matériau premier du mythe.

S'il y a peu de traits communs entre les formes prises par le dandysme à Londres et à Paris, les motivations sociales et psychologiques de cette

mode y sont assez similaires et c'est à ce niveau, idéologique, que s'opère le passage de la réalité au mythe. Le Dandysme n'est pas l'invention d'un homme mais *« la conséquence d'un certain état de société »*, *« Le jour où la société qui produit le Dandysme se transformera, il n'y aura plus de Dandysme »*, écrit Barbey d'Aurevilly (qui mêle, sans souci de contradiction, les intuitions historiques à une philosophie de l'essence du dandysme). Le dandysme exige un terrain approprié. L'Angleterre connaît, au début du XIXe siècle, sans révolution politique, des transformations qui influent sur les mentalités : les classes dirigeantes y sont tiraillées entre le respect des traditions, la mondanité guindée, le *« cant »*, et l'esprit d'entreprise, le culte de la réussite. La France bourgeoise de la Restauration est partagée entre l'égalitarisme révolutionnaire et un engouement pour des valeurs aristocratiques ; dans certains milieux d'argent, à Paris surtout, on affecte le mépris des *« vertus bourgeoises »* — travail, économie, etc. — : *« L'homme habitué au travail ne peut comprendre la vie élégante »*, *« L'être qui ne vient pas souvent à Paris ne sera jamais complètement élégant »*. Ainsi le dandysme naît, en Angleterre comme en France, d'une équivoque des valeurs et des structures sociales ; il ne pourrait se développer dans un système aristocratique hiérarchisé (là on ne trouve que des bourgeois qui rêvent de devenir gentilshommes ; un non-conformiste comme Lauzun est un frondeur, non un dandy) ; une société égalitaire exclut également le dandysme, exalte les vertus collectives ou bien — dans les pays industriels avancés — offre une originalité de confection. Le dandysme est lié à une situation de crise : *« Le dandysme apparaît surtout aux époques transitoires, où la démocratie n'est pas encore toute-puissante, où l'aristocratie n'est que partiellement chancelante et avilie. »* Le dandysme, en dépit des apparences, ne manifeste aucune audace ; il atteste ou il éveille des nostalgies (d'où son pouvoir idéologique) ; c'est une manière dégradée d'afficher ou d'affecter sa fidélité aux traditions (Brummell est accueilli et choyé par la haute société parce qu'il exagère ses préjugés, Orsay se joue des conventions sans les heurter, Byron qui ose braver ses compatriotes doit s'exiler) ; au moment où la noblesse se mésallie, où la société s'« embourgeoise », le dandysme offre un aristocratisme à bon marché en se servant justement des valeurs bourgeoises : l'individualisme et l'argent. »

CLAUDE ABASTADO,
1979,
Mythes et rituels de l'écriture, éditions Complexe,
pp. 98-99.

« Le dandysme, c'est d'abord l'élégance. Ce sont des dandys que Lucien rencontre à la promenade, et qu'il admire. A cet égard le dandysme peut être considéré comme participation au luxe du siècle, au raffinement moderne ; il est conquête sur les frustes lourdeurs provinciales. Il est au moins signe externe d'affranchissement. Et l'on est déjà au cœur de sa signification, qui est double. D'une part, désir de se distinguer de la masse vulgaire, qui n'est pas ici le peuple, enfermé dans son ghetto, mais la bourgeoisie : le dandysme est avant tout une réaction contre la rue des Lombards. D'autre part, désir de s'intégrer à une communauté « supérieure », à une franc-maçonnerie : ce dandysme est la rançon de la rupture de certaines communautés traditionnelles. A cet égard, il diffère de la simple élégance qui n'est qu'étalage et « paroistre ». Acaste et Clitandre, chez Molière, Iphis chez La Bruyère, ne sont pas des dandys ; ils ne sont pas assez détachés : ce sont de simples consommateurs, et l'on ne retrouve en eux aucune exigence, aucune distance qui les érige en conscience du monde social. Le dandy est bien différent. Son élégance est un peu comme une armure, le symbole extérieur du jugement qu'il porte sur les gens avec qui il est obligé de vivre. Acaste sans doute méprise le vulgaire et fait du bruit sur le théâtre à contretemps, exprès ; mais son orgueil est un étroit orgueil de classe qui se venge comme il peut de ne pouvoir se distinguer autrement. Le dandy, lui, n'est pas aristocrate en tant qu'aristocrate, et la preuve en est que le dandysme, surtout français, a été sécrété par la bourgeoisie. Son aristocratisme est un déguisement, une attitude, un style.

Le dandy est quelqu'un qui n'est pas dupe, quelqu'un qui sait. En ce sens, il s'incarne aussi bien dans les personnages de De Marsay que dans celui de Bixiou, le Bixiou qui explique les secrets de la société moderne, en commençant par ceux de la maison Nucingen. Au-dessus de la masse des Birotteau et des Camusot qui agissent mais qui ne savent pas, le dandy est lucide ; partant, il est cynique et insolent ; on ne lui en conte pas, et il accueille tout sans s'étonner. C'est là son armure intérieure. Il n'est jamais pris au jeu. Il reste ainsi essentiellement disponible, sans pesanteur, déraciné, Savinien, Victurnien, après avoir rompu avec les attaches traditionnelles, deviennent des dandys. Ils retrouvent ainsi, mais comme plus personnelle, plus élue, plus voulue, la distance que mettait jadis leur race entre le monde et eux. Ils échappent à l'égalitarisme moderne, c'est-à-dire non à la démocratie mais à l'embourgeoisement. Si cet égalitarisme n'était pas une duperie, s'il n'enfonçait pas l'individu dans une inacceptable « médiocratie », s'il ne le faisait pas complice de tant de sottises, le dandysme n'aurait pas lieu d'être, ou tout au moins il se limiterait à des réactions sans grand intérêt de nobliaux inadaptés. Mais l'inadaptation que trahit le dandysme va plus loin, et son aristocratisme, bien moins qu'une référence politique et sociale précise, est une stylisation du refus. »

PIERRE BARBÉRIS, 1973,
Le Monde de Balzac,
Arthaud, pp. 497-498.

« Le dandysme est un subterfuge pour vivre avec un sentiment de liberté dans un monde vulgaire, qui vous presse et contre lequel on ne peut, ou on ne veut, rien faire d'autre que se moquer et mépriser. Par là même, le dandysme n'est pas gai. Il apparaît dans les époques dépourvues de perspectives révolutionnaires ou qui les ont vues s'éloigner. Il est aussi l'apanage des hommes de la veille contre une évolution qui les dépasse. »

PIERRE BARBÉRIS, 1971,
Balzac et le mal du siècle,
© Gallimard, volume 2,
p. 1324.

« Et ayant découvert le procédé du retour des personnages, Balzac créa un groupe de personnages de jeunes gens forgés plus ou moins d'après l'archétype de De Marsay et les mit dans l'univers de *La Comédie humaine*. Dans l'univers romanesque qui a son étendue spatiale et temporelle, les personnages de dandys ont une réalité autonome : ils y connaissent toutes les gloires et les misères du siècle, et à la fin dans le monde fictif, ils s'emparent du pouvoir et assouvissent leur volonté de domination. En tant que groupe-héros, leurs aventures prennent une dimension épique digne d'un héros mythique, sans être en dehors de la réalité du dix-neuvième siècle. »

YUKO NISHIKAWA, 1977,
Balzac et le dandysme,
Midori no Yakata, p. 170.

L'effet modificateur du roman.

« Les dandys historiques n'étaient qu'un sous-produit de l'individualisme post-révolutionnaire, des viveurs et des parasites dont les excentricités et les impertinences n'impliquaient ni courage ni doctrine. En entrant dans la littérature, le dandysme s'intellectualise. Les textes sur le dandysme sont d'abord des ouvrages documentaires, puis des croquis de mœurs, enfin une réflexion idéologique autour d'une représentation mythique. (...)
Peindre des dandys ou de prétendus dandys, c'est, pour les romanciers, un moyen d'introduire leurs lecteurs dans un milieu social qu'ils ne connaissent que par la rumeur et le scandale : un monde noctambule de luxe et de corruption où les femmes portent des *« bijoux étincelants »* sur des *« robes somptueuses »*, où les hommes, en *« habit impeccable »*, prennent des poses *« hautaines »* ou *« nonchalantes »*. Cette peinture fait recette auprès de la petite bourgeoisie provinciale ; elle est le pendant de la peinture des « classes dangereuses », une autre manière d'exotisme ; elle exploite un « bovarysme » latent. Le succès de cette littérature ne se

dément pas tout au long du XIXe siècle — et le XXe siècle ne l'a pas tuée. Cependant certains romanciers transforment le stéréotype en mettant dans les portraits quelque chose de leurs propres rêves. Julien Sorel se lie, à Londres, avec de jeunes nobles russes qui l'incitent à la « haute fatuité » : *« Vous êtes prédestiné, mon cher Sorel, lui disaient-ils, vous avez naturellement cette mine froide et à mille lieues de la sensation présente que nous cherchons à nous donner » ; nil mirari,* c'est du beylisme plus que du dandysme. Balzac exécute des variations sur le thème du dandy (Henri de Marsay, Maxime de Trailles, etc.) ou de l'apprenti-dandy (Victurnien d'Esgrignon, Lucien de Rubempré, etc.), mêlant la caractérologie à l'étude des mœurs : ses dandys ont en général un physique androgyne : allure *« efféminée »*, regard de *« fauve »* ; ils fréquentent les salons de la Chaussée d'Antin, les boudoirs et les cafés ; moitié nobles, moitié ruffians, ces *« corsaires à gants jaunes »* couvrent leurs escroqueries sous des dehors mondains, évitent le bagne par leur morgue ; ce sont plutôt des arrivistes que des dandys : ils se servent d'une mode pour réussir. Gautier imagine les dandys comme une jeunesse dorée et flamboyante, anticonformiste et mystificatrice : il les confond avec les *« Jeune-France »*. Barbey d'Aurevilly fait encore du vicomte de Brassard un dandy : cet officier du Premier Empire *« se distinguait par une bravoure à la Murat, compliquée de Marmont. Avec cela [...] il aurait pu en très peu de temps s'élancer au premier rang de la hiérarchie militaire, mais le dandysme ! »* ; en 1874 ce personnage n'a plus grand-chose de commun avec les habitués de Tortoni ou du Café de Paris. »

CLAUDE ABASTADO,
op. cit., pp. 101-102.

La prolifération des dandys.

« Depuis dix ans, l'Angleterre nous a fait deux petits cadeaux linguistiques. A l'*incroyable*, au *merveilleux*, à l'*élégant*, ces trois héritiers des *petits-maîtres* dont l'étymologie est assez indécente, ont succédé le *dandy*, puis le *lion*. Le lion n'a pas engendré la *lionne*. La lionne est due à la fameuse chanson d'Alfred de Musset : *Avez-vous vu dans Barcelone... C'est ma maîtresse et ma lionne :* il y a eu fusion, ou, si vous voulez, confusion entre les deux termes et les deux idées dominantes. Quand une bêtise amuse Paris, qui dévore autant de chefs-d'œuvre que de bêtises, il est difficile que la province s'en prive. Aussi, dès que le *lion* promena dans Paris sa crinière, sa barbe et ses moustaches, ses gilets et son lorgnon tenu sans le secours des mains, par la contraction de la joue et de l'arcade sourcilière, les capitales de quelques départements ont-elles vu des sous-lions qui protestèrent, par l'élégance de leurs sous-pieds, contre l'incurie de leurs compatriotes. »

Albert Savarus, 1842.

Contre le dandysme.

« Le *Dandysme* est une hérésie de la vie élégante.
En effet, le dandysme est une affectation de la mode. En se faisant dandy, un homme devient un meuble de boudoir, un mannequin extrêmement ingénieux, qui peut se poser sur un cheval ou sur un canapé, qui mord ou tète habilement le bout d'une canne, mais un être pensant... jamais !
L'homme qui ne voit que la mode dans la mode est un sot. La vie élégante n'exclut ni la pensée ni la science : elle les consacre. Elle ne doit pas apprendre seulement à jouir du temps, mais à l'employer dans un ordre d'idées extrêmement élevé. »

Traité de la Vie élégante, 1830.

Bohème et dandysme.

« La Bohème, qu'il faudrait appeler la Doctrine du boulevard des Italiens, se compose de jeunes gens tous âgés de plus de vingt ans, mais qui n'en ont pas trente, tous hommes de génie dans leur genre, peu connus encore, mais qui se feront connaître, et qui seront alors des gens fort distingués ; on les distingue déjà dans les jours de carnaval, pendant lesquels ils déchargent le trop-plein de leur esprit, à l'étroit durant le reste de l'année, en des inventions plus ou moins drolatiques.
A quelle époque vivons-nous ? Quel absurde pouvoir laisse ainsi se perdre des forces immenses ? Il se trouve

Un type de dandy.

« (...) Monsieur de Marsay, homme fameux par les passions qu'il inspirait, remarquable surtout par une beauté de jeune fille, beauté molle, efféminée, mais corrigée par un regard fixe, calme, fauve et rigide comme celui d'un tigre : on l'aimait, et il effrayait.
(...) De Marsay avait un entrain d'esprit, une certitude de plaire, une toilette appropriée à sa nature qui écrasait autour de lui tous ses rivaux.
(...) De Marsay avait conquis le droit de dire des impertinences par l'esprit qu'il leur donnait et par la grâce de manière dont il les accompagnait. »

Illusions perdues, 1837-1843.

dans la Bohème des diplomates capables de renverser les projets de la Russie, s'ils se sentaient appuyés par la puissance de la France. On y rencontre des écrivains, des administrateurs, des militaires, des journalistes, des artistes ! Enfin tous les genres de capacité, d'esprit y sont représentés.

C'est un microcosme. Si l'empereur de Russie achetait la Bohème moyennant une vingtaine de millions, en admettant qu'elle voulût quitter l'asphalte des boulevards, et qu'il la déportât à Odessa ; dans un an, Odessa serait Paris.

Là se trouve la fleur inutile, et qui se dessèche, de cette admirable jeunesse française que Napoléon et Louis XIV recherchaient, que néglige depuis trente ans la gérontocratie sous laquelle tout se flétrit en France, belle jeunesse dont hier encore le professeur Tissot, homme peu suspect, disait :

— Cette jeunesse, vraiment digne de lui, l'Empereur l'employait partout, dans ses conseils, dans l'administration générale, dans des négociations hérissées de difficultés ou pleines de périls, dans le gouvernement des pays conquis, et partout elle répondait à son attente ! Les jeunes gens étaient pour lui les *missi dominici* de Charlemagne.

Ce mot de Bohème vous dit tout.

La Bohème n'a rien et vit de ce qu'elle a.

L'Espérance est sa religion, la Foi en soi-même est son code, la Charité passe pour être son budget.

Tous ces jeunes gens sont plus grands que leur malheur, au-dessous de la fortune, mais au-dessus du destin.

Toujours à cheval sur un *si*, spirituels comme des feuilletons, gais comme des gens qui doivent, oh ! ils doivent autant qu'ils boivent !

Enfin, et c'est là où j'en veux venir, ils sont tous amoureux (...). Éclectiques par excellence en amour, ils vous servent une passion comme une femme peut la vouloir ; leur cœur ressemble à une carte de restaurant, ils ont mis en pratique, sans le savoir et sans l'avoir lu peut-être, le livre *De l'Amour* par Stendhal ; ils ont la section de l'amour-goût, celle de l'amour-passion, l'amour-caprice, l'amour cristallisé, et surtout l'amour passager.

Tout leur est bon, ils ont créé ce burlesque axiome : *Toutes les femmes sont égales devant l'homme.* »

Un Prince de la Bohème,
1840.

2 Le désir triangulaire.

La situation de Rastignac à l'égard de madame de Restaud et de Maxime de Trailles, qu'il érige immédiatement en rival, illustre en partie le schéma établi et analysé par René Girard : le sujet désire un « objet déjà désiré auquel s'attache un certain prestige » *; ce tiers devient un médiateur constitué en rival qu'il s'agit d'éliminer, car son désir rend l'objet d'autant plus désirable aux yeux du sujet. Le médiateur est à la fois modèle et obstacle.*

Cependant, le désir initial de Rastignac ne naît pas du désir de l'Autre, du désir de Maxime pour Anastasie. Il est authentique, spontané. Là s'arrête la comparaison avec la thèse de René Girard, exposée dans Mensonge romantique et vérité romanesque *(1961). Rastignac n'imite pas, il découvre.*

— Enchanté, dit-il, monsieur, de pouvoir faire votre connaissance.

Le comte Maxime de Trailles lui-même jeta sur Eugène un regard inquiet et quitta tout à coup son air impertinent. Ce coup de baguette, dû à la puissante intervention d'un nom, ouvrit trente cases dans le cerveau du méridional[1], et lui rendit l'esprit qu'il avait préparé. Une soudaine lumière lui fit voir clair dans l'atmosphère de la haute société parisienne, encore ténébreuse pour lui. La Maison-Vauquer, le père Goriot étaient alors bien loin de sa pensée.

— Je croyais les Marcillac éteints ? dit le comte de Restaud à Eugène.

— Oui, monsieur, répondit-il. Mon grand-oncle, le chevalier de Rastignac, a épousé l'héritière de la famille de Marcillac. Il n'a eu qu'une fille, qui a épousé le maréchal de Clarimbault, aïeul maternel de madame de Beauséant. Nous sommes la branche cadette, branche d'autant plus pauvre que mon grand-oncle, vice-amiral, a tout perdu au service du roi. Le gouvernement révolutionnaire n'a pas voulu admettre nos créances dans la liquidation qu'il a faite de la compagnie des Indes.

— Monsieur votre grand-oncle ne commandait-il pas le Vengeur avant 1789[2] ?

— Précisément.

— Alors, il a connu mon grand-père, qui commandait le Warwick.

Maxime haussa légèrement les épaules en regardant madame de Restaud, et eut l'air de lui dire : S'il se met à causer marine avec celui-là, nous sommes perdus. Anastasie comprit le regard de monsieur de Trailles. Avec cette admirable puissance que possèdent les femmes, elle se mit à sourire en disant : « Venez, Maxime ; j'ai quelque chose à vous demander. Messieurs, nous vous laisserons naviguer de conserve sur le Warwick et sur le Vengeur. » Elle se leva et fit un signe plein de traîtrise railleuse à Maxime, qui prit avec elle la route du boudoir. A peine ce couple *morganatique*[3], jolie expression allemande qui n'a pas son équivalent en français, avait-il atteint la porte, que le comte interrompit sa conversation avec Eugène.

— Anastasie ! restez donc, ma chère, s'écria-t-il avec humeur, vous savez bien que...

— Je reviens, je reviens, dit-elle en l'interrompant, il ne me faut qu'un moment pour dire à Maxime ce dont je veux

1. L'influence de la phrénologie explique cette assimilation du cerveau à un secrétaire. Napoléon aimait à dire que son esprit fonctionnait ainsi. Cette métaphore a déjà été utilisée p. 156 : « Les tiroirs ouverts dans son cerveau et qu'il comptait trouver pleins d'esprit se fermèrent, il devint stupide. »

2. Le Vengeur *fut un célèbre vaisseau de guerre, coulé en 1794 par la flotte anglaise.*

3. A proprement parler, un mariage morganatique consiste en l'union d'un prince ou d'un personnage hautement titré avec un conjoint d'un rang inférieur. Cette mésalliance légitimée entraîne pour ce conjoint une exclusion des droits habituels. Balzac détourne ici le sens de cette « jolie expression allemande ».

Le Vengeur
Panorama National
Peint par TH. POILPOT
CHAMPS-ELYSÉES
Les Spectateurs sont placés sur un VAISSEAU MOUVANT

le charger.

Elle revint promptement. Comme toutes les femmes qui, forcées d'observer le caractère de leurs maris pour pouvoir se conduire à leur fantaisie, savent reconnaître jusqu'où elles peuvent aller afin de ne pas perdre une confiance précieuse, et qui alors ne les choquent jamais dans les petites choses de la vie, la comtesse avait vu d'après les inflexions de la voix du comte qu'il n'y aurait aucune sécurité à rester dans le boudoir. Ces contretemps étaient dus à Eugène. Aussi la comtesse montra-t-elle l'étudiant d'un air et par un geste pleins de dépit à Maxime, qui dit fort épigrammatiquement au comte, à sa femme et à Eugène : — Écoutez, vous êtes en affaires, je ne veux pas vous gêner ; adieu. Il se sauva.

— Restez donc, Maxime ! cria le comte.

— Venez dîner, dit la comtesse qui laissant encore une fois Eugène et le comte suivit Maxime dans le premier salon où ils restèrent assez de temps ensemble pour croire que monsieur de Restaud congédierait Eugène.

Rastignac les entendait tour à tour éclatant de rire, causant, se taisant [1] ; mais le malicieux étudiant faisait de l'esprit avec monsieur de Restaud, le flattait ou l'embarquait dans des discussions, afin de revoir la comtesse et de savoir quelles étaient ses relations avec le père Goriot. Cette femme, évidemment amoureuse de Maxime ; cette femme, maîtresse de son mari, liée secrètement au vieux vermicellier, lui semblait tout un mystère. Il voulait pénétrer ce mystère, espérant ainsi pouvoir régner en souverain sur cette femme si éminemment Parisienne.

— Anastasie, dit le comte appelant de nouveau sa femme.

— Allons, mon pauvre Maxime, dit-elle au jeune homme, il faut se résigner. A ce soir...

— J'espère, *Nasie,* lui dit-il à l'oreille, que vous consignerez ce petit jeune homme dont les yeux s'allumaient comme des charbons quand votre peignoir s'entrouvrait. Il vous ferait des déclarations, vous compromettrait, et vous me forceriez à le tuer.

— Êtes-vous fou, Maxime ? dit-elle. Ces petits étudiants ne sont-ils pas, au contraire, d'excellents paratonnerres ? Je le ferai, certes, prendre en grippe à Restaud.

Maxime éclata de rire et sortit suivi de la comtesse, qui se mit à la fenêtre pour le voir montant en voiture, faire piaffer son cheval, et agiter son fouet. Elle ne revint que quand la

1 Rires et sourires initiateurs

« Les rires et sourires de l'émetteur initié au récepteur apprenti. »

Une partie dę ces rires et de ces sourires se perd pour le héros : il ne les voit pas ou n'en connaît pas le code. La comédie des rires et sourires n'existe que pour le lecteur (ainsi dans *Le Père Goriot*, quelques sourires sont mal compris ou pas compris du tout par Rastignac, comme ce sourire de Mme de Restaud : « Au dernier sourire qu'elle lui jeta, Rastignac crut sa visite nécessaire. ») Dans le champ de vision du personnage apparaît cependant tout un échantillonnage de rires et de sourires qui sont pour lui une chance à saisir, s'il veut comprendre le monde. Ainsi se déroule devant Rastignac un jeu varié de sourires et de rires, entre Mme De Restaud et Maxime de Trailles (le sourire et le rire de l'amant et de la maîtresse (...) disent à la fois la connivence entre l'un et l'autre, l'exclusion des autres et même la provocation à l'« égard de ceux-ci (...), entre Mme de Beauséant et d'Ajuda-Pinto, entre la duchesse de Langeais et la vicomtesse de Beauséant. Entre autres masques, Rastignac peut déorénavant trier, parmi rires et sourires, ceux qui sont signes de hauteur, ceux qui sont signe de scléléralesse, quand ils ne sont pas l'un et l'autre à la fois. Rires qui blessent ou rires qui cachent la blessure.

Dans les deux autres séances d'initiation proposées à Rastignac par les rires et sourires de Delphine et de Vautrin, initié s'il en est, la leçon est celle du désenchantement, du scepticisme et du cynisme. Il y a donc dans *Le Père Goriot* une progression nette, rationnelle, des rires et sourires initiateurs. Après une *Iliade*, une *Odyssée* qui donne les leçons du voyage à qui va faire soi-même son périple dans le monde et ses mendres. »

MAURICE MÉNARD,
1983
Balzar et le comique dans « la Comédie humaine »,
Publications de la Sorbonne - PUF, pp. 194-195

grande porte fut fermée.

— Dites donc, lui cria le comte quand elle rentra, ma chère, la terre où demeure la famille de monsieur n'est pas loin de Verteuil, sur la Charente. Le grand-oncle de monsieur et mon grand-père se connaissaient.

— Enchantée d'être en pays de connaissance, dit la comtesse distraite.

— Plus que vous ne le croyez, dit à voix basse Eugène.

— Comment ? dit-elle vivement.

— Mais, reprit l'étudiant, je viens de voir sortir de chez vous un monsieur avec lequel je suis porte à porte dans la même pension, le père Goriot.

A ce nom enjolivé du mot *père*, le comte, qui tisonnait, jeta les pincettes dans le feu, comme si elles lui eussent brûlé les mains, et se leva.

— Monsieur, vous auriez pu dire monsieur Goriot ! s'écria-t-il.

La comtesse pâlit d'abord en voyant l'impatience de son mari, puis elle rougit, et fut évidemment embarrassée ; elle répondit d'une voix qu'elle voulut rendre naturelle, et d'un air faussement dégagé : « Il est impossible de connaître quelqu'un que nous aimions mieux... » Elle s'interrompit, regarda son piano, comme s'il se réveillait en elle quelque fantaisie, et dit : — Aimez-vous la musique, monsieur ?

— Beaucoup, répondit Eugène devenu rouge et bêtifié par l'idée confuse qu'il eut d'avoir commis quelque lourde sottise.

— Chantez-vous ? s'écria-t-elle en s'en allant à son piano dont elle attaqua vivement toutes les touches en les remuant depuis l'ut d'en bas jusqu'au fa d'en haut. Rrrrah !

— Non, madame.

Le comte de Restaud se promenait de long en large.

— C'est dommage, vous vous êtes privé d'un grand moyen de succès. — *Ca-a-ro, ca-a-ro, ca-a-a-a-ro, non dubita-re,* chanta la comtesse[1].

En prononçant le nom du père Goriot, Eugène avait donné un coup de baguette magique, mais dont l'effet était l'inverse de celui qu'avaient frappé ces mots : parent de madame de Beauséant. Il se trouvait dans la situation d'un homme introduit par faveur chez un amateur de curiosités, et qui, touchant par mégarde une armoire pleine de figures sculptées, fait tomber trois ou quatre têtes mal collées. Il aurait voulu se jeter dans un gouffre. Le visage de madame

1. *Citation approximative du* Mariage secret (Il Matrimonio segreto), *opéra bouffe de Cimarosa (1791).*

de Restaud était sec, froid, et ses yeux devenus indifférents fuyaient ceux du malencontreux étudiant.

— Madame, dit-il, vous avez à causer avec monsieur de Restaud, veuillez agréer mes hommages, et me permettre...

— Toutes les fois que vous viendrez, dit précipitamment la comtesse en arrêtant Eugène par un geste, vous êtes sûr de nous faire, à monsieur de Restaud comme à moi, le plus vif plaisir.

Eugène salua profondément le couple et sortit suivi de monsieur de Restaud, qui, malgré ses instances, l'accompagna jusque dans l'antichambre.

— Toutes les fois que monsieur se présentera, dit le comte à Maurice, ni madame ni moi nous n'y serons.

Quand Eugène mit le pied sur le perron, il s'aperçut qu'il pleuvait. — Allons, se dit-il, je suis venu faire une gaucherie dont j'ignore la cause et la portée, je gâterai par-dessus le marché mon habit et mon chapeau. Je devrais rester dans un coin à piocher le Droit, ne penser qu'à devenir un rude magistrat. Puis-je aller dans le monde quand, pour y manœuvrer convenablement, il faut un tas de cabriolets, de bottes cirées, d'agrès indispensables, des chaînes d'or, dès le matin des gants de daim blancs qui coûtent six francs, et toujours des gants jaunes le soir[1] ? Vieux drôle de père Goriot, va !

Quand il se trouva sous la porte de la rue, le cocher d'une voiture de louage, qui venait sans doute de remiser de nouveaux mariés et qui ne demandait pas mieux que de voler à son maître quelques courses de contrebande, fit à Eugène un signe en le voyant sans parapluie, en habit noir, gilet blanc, gants jaunes et bottes cirées. Eugène était sous l'empire d'une de ces rages sourdes qui poussent un jeune homme à s'enfoncer de plus en plus dans l'abîme où il est entré, comme s'il espérait y trouver une heureuse issue. Il consentit par un mouvement de tête à la demande du cocher. Sans avoir plus de vingt-deux sous dans sa poche, il monta dans la voiture où quelques grains de fleurs d'oranger et des brins de cannetille[2] attestaient le passage des mariés.

— Où monsieur va-t-il ? demanda le cocher, qui n'avait déjà plus ses gants blancs.

— Parbleu ! se dit Eugène, puisque je m'enfonce, il faut au moins que cela me serve à quelque chose ! Allez à l'hôtel de Beauséant, ajouta-t-il à haute voix.

— Lequel ? dit le cocher.

*1. Ces détails vestimentaires évoquent l'importance capitale de l'apparence dans la stratégie sociale. Relisons par exemple ce passage d'*Illusions perdues *quand Lucien, fraîchement arrivé à Paris, comprend tout ce qui le sépare encore de cet univers impitoyable : « Après avoir reconnu qu'il y avait une mise du matin et une mise du soir, le poète aux émotions vives, au regard pénétrant, reconnut la laideur de sa défroque, les défectuosités qui frappaient de ridicule son habit dont la coupe était passée de mode, dont le bleu était faux, dont le collet était outrageusement disgracieux, dont les basques de devant, trop longtemps portées, penchaient l'une vers l'autre ; les boutons avaient rougi, les plis dessinaient de fatales lignes blanches. Puis son gilet était trop court et la façon si grotesquement provinciale, que, pour le cacher, il boutonna brusquement son habit. Enfin il ne voyait de pantalon de nankin qu'aux gens communs. Les gens comme il faut portaient de délicieuses étoffes de fantaisie ou le blanc toujours irréprochable. » Cet examen se conclut par cette phrase : « La question du costume est d'ailleurs énorme chez ceux qui veulent paraître avoir ce qu'ils n'ont pas ; car c'est souvent le meilleur moyen de le posséder plus tard. »*

2. « Petite lame très fine d'or ou d'argent tortillé. » (Dictionnaire de l'Académie, *1835)*

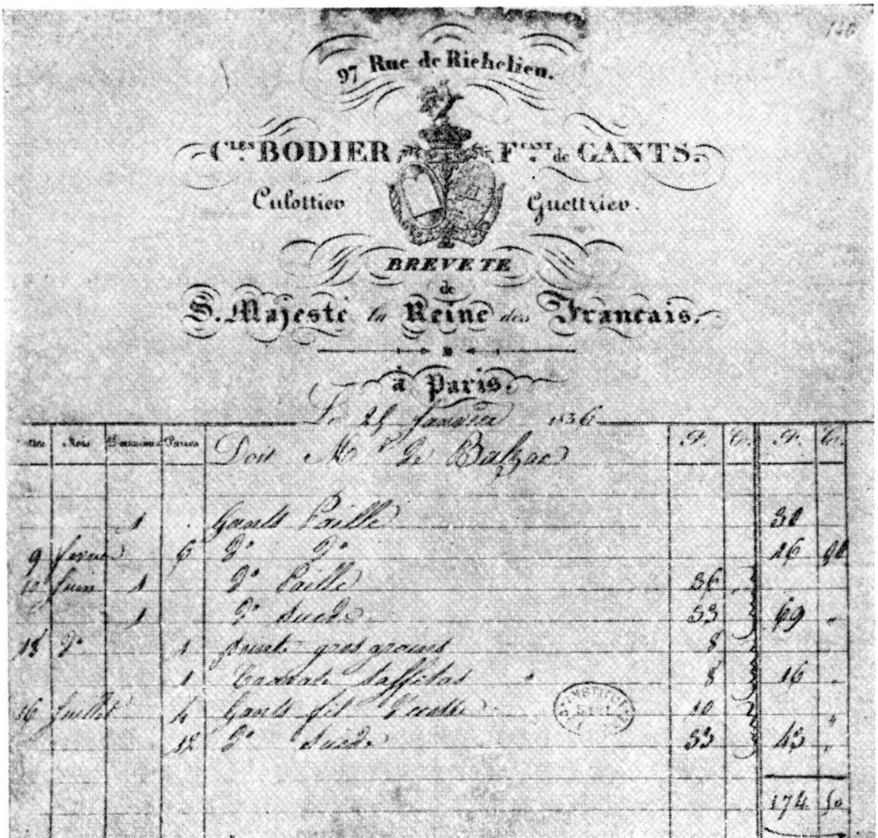

97 Rue de Richelieu.

C.les BODIER F.ant de GANTS.

Culottier Guettrier.

BREVETE

de

S. Majesté la Reine des Français.

à Paris.

Le 24 Janvier 1836.

Doit M. de Balzac

		1		Gants Paille			31	
9	Janv.		6	D° D°			26	[illegible]
10	Juin	1		D° Paille	36			
		1		D° Suède	33		69	
18	D°		1	[illegible]	8			
			1	[illegible]	8		16	
16	Juillet		4	Gants fil d'écosse	10			
			12	D° Suède	33		45	
							174	50

FACTURE DE BODIER, FABRICANT DE GANTS, A BALZAC.

Mot sublime qui confondit Eugène. Cet élégant inédit ne savait pas qu'il y avait deux hôtels de Beauséant, il ne connaissait pas combien il était riche en parents qui ne se souciaient pas de lui.

— Le vicomte de Beauséant, rue...

— De Grenelle, dit le cocher en hochant la tête et l'interrompant. Voyez-vous, il y a encore l'hôtel du comte et du marquis de Beauséant, rue Saint-Dominique, ajouta-t-il en relevant le marchepied.

— Je le sais bien, répondit Eugène d'un air sec. Tout le monde aujourd'hui se moque donc de moi ! dit-il en jetant son chapeau sur les coussins de devant. Voilà une escapade qui va me coûter la rançon d'un roi. Mais au moins je vais faire ma visite à ma soi-disant cousine d'une manière solidement aristocratique. Le père Goriot me coûte déjà au moins dix francs, le vieux scélérat ! Ma foi, je vais raconter mon aventure à madame de Beauséant, peut-être la ferai-je rire. Elle saura sans doute le mystère des liaisons criminelles de ce vieux rat sans queue et de cette belle femme. Il vaut mieux plaire à ma cousine que de me cogner contre cette femme immorale, qui me fait l'effet d'être bien coûteuse. Si le nom de la belle vicomtesse est si puissant, de quel poids doit donc être sa personne ? Adressons-nous en haut. Quand on s'attaque à quelque chose dans le ciel, il faut viser Dieu !

Ces paroles sont la formule brève des mille et une pensées entre lesquelles il flottait. Il reprit un peu de calme et d'assurance en voyant tomber la pluie. Il se dit que s'il allait dissiper deux des précieuses pièces de cent sous qui lui restaient, elles seraient heureusement employées à la conservation de son habit, de ses bottes et de son chapeau. Il n'entendit pas sans un mouvement d'hilarité son cocher criant : *La porte, s'il vous plaît !* Un suisse rouge et doré fit grogner sur ses gonds la porte de l'hôtel, et Rastignac vit avec une douce satisfaction sa voiture passant sous le porche, tournant dans la cour, et s'arrêtant sous la marquise du perron. Le cocher à grosse houppelande bleue bordée de rouge vint déplier le marchepied. En descendant de sa voiture, Eugène entendit des rires étouffés qui partaient sous le péristyle. Trois ou quatre valets avaient déjà plaisanté sur cet équipage de mariée vulgaire. Leur rire éclaira l'étudiant au moment où il compara cette voiture à l'un des plus élégants coupés[1] de Paris, attelé de deux chevaux fringants qui avaient des roses

1. Le coupé est une voiture fermée à quatre roues et généralement à deux places.

à l'oreille, qui mordaient leur frein, et qu'un cocher poudré, bien cravaté, tenait en bride comme s'ils eussent voulu s'échapper. A la Chaussée-d'Antin, madame de Restaud avait dans sa cour le fin cabriolet de l'homme de vingt-six ans. Au faubourg Saint-Germain, attendait le luxe d'un grand seigneur, un équipage que trente mille francs n'auraient pas payé.

— Qui donc est là ? se dit Eugène en comprenant un peu tardivement qu'il devait se rencontrer à Paris bien peu de femmes qui ne fussent occupées, et que la conquête d'une de ces reines coûtait plus que du sang. Diantre ! ma cousine aura sans doute aussi son Maxime.

Il monta le perron la mort dans l'âme. A son aspect la porte vitrée s'ouvrit ; il trouva les valets sérieux comme des ânes qu'on étrille. La fête à laquelle il avait assisté s'était donnée dans les grands appartements de réception, situés au rez-de-chaussée de l'hôtel de Beauséant. N'ayant pas eu le temps, entre l'invitation et le bal, de faire une visite à sa cousine, il n'avait donc pas encore pénétré dans les appartements de madame de Beauséant ; il allait donc voir pour la première fois les merveilles de cette élégance personnelle qui trahit l'âme et les mœurs d'une femme de distinction. Étude d'autant plus curieuse que le salon de madame de Restaud lui fournissait un terme de comparaison. A quatre heures et demie la vicomtesse était visible. Cinq minutes plus tôt, elle n'eût pas reçu son cousin. Eugène, qui ne savait rien des diverses étiquettes parisiennes, fut conduit par un grand escalier plein de fleurs, blanc de ton, à rampe dorée, à tapis rouge, chez madame de Beauséant, dont il ignorait la biographie verbale, une de ces changeantes histoires qui se content tous les soirs d'oreille à oreille dans les salons de Paris.

La vicomtesse était liée depuis trois ans avec un des plus célèbres et des plus riches seigneurs portugais, le marquis d'Ajuda-Pinto. C'était une de ces liaisons innocentes qui ont tant d'attraits pour les personnes ainsi liées, qu'elles ne peuvent supporter personne en tiers. Aussi le vicomte de Beauséant avait-il donné lui-même l'exemple au public en respectant, bon gré, mal gré, cette union morganatique. Les personnes qui, dans les premiers jours de cette amitié, vinrent voir la vicomtesse à deux heures, y trouvaient le marquis d'Ajuda-Pinto. Madame de Beauséant, incapable de fermer sa porte, ce qui eût été fort inconvenant, recevait si froidement les gens et contemplait si studieusement sa corniche, que chacun comprenait combien il la gênait. Quand on sut dans Paris qu'on gênait madame de Beauséant en venant la voir entre deux et quatre heures, elle se trouva dans la solitude la plus complète. Elle allait aux Bouffons ou à l'Opéra en compagnie de monsieur de Beauséant et de monsieur d'Ajuda-Pinto ; mais, en homme qui sait vivre, monsieur de Beauséant quittait toujours sa femme et le Portugais après les y avoir installés. Monsieur d'Ajuda devait se marier. Il épousait une demoiselle de Rochefide. Dans toute la haute société une seule personne ignorait encore ce mariage, cette personne était madame de Beauséant. Quelques-unes de ses amies lui en avaient bien parlé vaguement ; elle en avait ri, croyant que ses amies voulaient troubler un bonheur jalousé. Cependant les bans allaient se publier. Quoiqu'il fût venu pour notifier ce mariage à la vicomtesse, le beau Portugais n'avait pas encore osé dire un traître mot. Pourquoi ? rien sans doute n'est plus difficile que de notifier à une femme un semblable *ultimatum*. Certains hommes se trouvent plus à l'aise, sur le terrain, devant un homme qui leur menace le cœur avec une épée, que devant une femme qui, après avoir débité ses élégies pendant deux heures, fait la morte et demande des sels. En ce moment donc monsieur d'Ajuda-Pinto était sur les épines, et voulait sortir, en se disant que madame de Beauséant apprendrait cette nouvelle, il lui écrirait, il serait plus commode de traiter ce galant assassinat par correspondance que de vive voix. Quand le valet de chambre de la vicomtesse annonça monsieur Eugène de Rastignac, il fit tressaillir de joie le marquis d'Ajuda-Pinto. Sachez-le bien, une femme aimante est encore plus ingénieuse à se créer des doutes qu'elle n'est habile à varier le plaisir. Quand elle est sur le point d'être quittée, elle devine plus rapidement le sens d'un geste que le coursier de Virgile ne flaire les lointains corpuscules qui lui annoncent l'amour[1]. Aussi comptez que madame de Beauséant surprit ce tressaillement involontaire, léger, mais naïvement épouvantable. Eugène ignorait qu'on ne doit jamais se présenter chez qui que ce soit à Paris sans s'être fait conter par les amis de la maison l'histoire du mari, celle de la femme ou des enfants, afin de n'y commettre aucune de ces balourdises dont on dit pittoresquement en Pologne : *Attelez cinq bœufs à votre char !* sans doute pour vous tirer du mauvais pas où vous vous embourbez. Si ces malheurs de la

1. Quasi-traduction des vers 250 et 251 du livre III des Géorgiques *: « Ne vois-tu pas à quel point tout le corps des chevaux tressaille, pour peu qu'une odeur leur ait apporté des effluves familiers ? »*

conversation n'ont encore aucun nom en France, on les y suppose sans doute impossibles, par suite de l'énorme publicité qu'y obtiennent les médisances. Après s'être embourbé chez madame de Restaud, qui ne lui avait pas même laissé le temps d'atteler les cinq bœufs à son char, Eugène seul était capable de recommencer son métier de bouvier, en se présentant chez madame de Beauséant. Mais s'il avait horriblement gêné madame de Restaud et monsieur de Trailles, il tirait d'embarras monsieur d'Ajuda.

— Adieu, dit le Portugais en s'empressant de gagner la porte quand Eugène entra dans un petit salon coquet, gris et rose, où le luxe semblait n'être que de l'élégance.

— Mais à ce soir, dit madame de Beauséant en retournant la tête et jetant un regard au marquis. N'allons-nous pas aux Bouffons ?

— Je ne le puis, dit-il en prenant le bouton de la porte.

Madame de Beauséant se leva, le rappela près d'elle, sans faire la moindre attention à Eugène, qui, debout, étourdi par les scintillements d'une richesse merveilleuse, croyait à la réalité des contes arabes, et ne savait où se fourrer en se trouvant en présence de cette femme sans être remarqué par elle. La vicomtesse avait levé l'index de sa main droite, et par un joli mouvement désignait au marquis une place devant elle. Il y eut dans ce geste un si violent despotisme de passion que le marquis laissa le bouton de la porte et vint. Eugène le regarda non sans envie.

— Voilà, se dit-il, l'homme au coupé ! Mais il faut donc avoir des chevaux fringants, des livrées et de l'or à flots pour obtenir le regard d'une femme de Paris ? Le démon du luxe le mordit au cœur, la fièvre du gain le prit, la soif de l'or lui sécha la gorge. Il avait cent trente francs pour son trimestre. Son père, sa mère, ses frères, ses sœurs, sa tante, ne dépensaient pas deux cents francs par mois, à eux tous. Cette rapide comparaison entre sa situation présente et le but auquel il fallait parvenir contribuèrent à le stupéfier.

— Pourquoi, dit la vicomtesse en riant, ne *pouvez-vous pas* venir aux Italiens ?

— Des affaires ! Je dîne chez l'ambassadeur d'Angleterre.

— Vous les quitterez.

Quand un homme trompe, il est invinciblement forcé d'entasser mensonges sur mensonges. Monsieur d'Ajuda dit alors en riant : Vous l'exigez ?

— Oui, certes.

— Voilà ce que je voulais me faire dire, répondit-il en jetant un de ces fins regards qui auraient rassuré toute autre femme. Il prit la main de la vicomtesse, la baisa et partit.

Eugène passa la main dans ses cheveux, et se tortilla pour saluer en croyant que madame de Beauséant allait penser à lui ; tout à coup elle s'élance, se précipite dans la galerie, accourt à la fenêtre et regarde monsieur d'Ajuda pendant qu'il montait en voiture ; elle prête l'oreille à l'ordre, et entend le chasseur répétant au cocher : Chez monsieur de Rochefide. Ces mots, et la manière dont d'Ajuda se plongea dans sa voiture, furent l'éclair et la foudre pour cette femme, qui revint en proie à de mortelles appréhensions. Les plus horribles catastrophes ne sont que cela dans le grand monde. La vicomtesse rentra dans sa chambre à coucher, se mit à table, et prit un joli papier.

Du moment, écrivait-elle, *où vous dînez chez les Rochefide, et non à l'ambassade anglaise, vous me devez une explication, je vous attends.*

Après avoir redressé quelques lettres défigurées par le tremblement convulsif de sa main, elle mit un C qui voulait dire Claire de Bourgogne[1], et sonna.

— Jacques, dit-elle à son valet de chambre qui vint aussi-

1. Son nom de jeune fille.

tôt, vous irez à sept heures et demie chez monsieur de Rochefide, vous y demanderez le marquis d'Ajuda. Si monsieur le marquis y est, vous lui ferez parvenir ce billet sans demander de réponse ; s'il n'y est pas, vous reviendrez et me rapporterez ma lettre.

— Madame la vicomtesse a quelqu'un dans son salon.

— Ah ! c'est vrai, dit-elle en poussant la porte.

Eugène commençait à se trouver très mal à l'aise, il aperçut enfin la vicomtesse qui lui dit d'un ton dont l'émotion lui remua les fibres du cœur : Pardon, monsieur, j'avais un mot à écrire, je suis maintenant tout à vous. Elle ne savait ce qu'elle disait, car voici ce qu'elle pensait : Ah ! il veut épouser mademoiselle de Rochefide. Mais est-il donc libre ? Ce soir ce mariage sera brisé, ou je... Mais il n'en sera plus question demain.

— Ma cousine... répondit Eugène.

— Hein ? fit la vicomtesse en lui jetant un regard dont l'impertinence glaça l'étudiant.

Eugène comprit ce hein. Depuis trois heures il avait appris tant de choses, qu'il s'était mis sur le qui-vive.

— Madame, reprit-il en rougissant. Il hésita, puis il dit en continuant : Pardonnez-moi : j'ai besoin de tant de protection qu'un bout de parenté n'aurait rien gâté.

Madame de Beauséant sourit, mais tristement : elle sentait déjà le malheur qui grondait dans son atmosphère.

— Si vous connaissiez la situation dans laquelle se trouve ma famille, dit-il en continuant, vous aimeriez à jouer le rôle d'une de ces fées fabuleuses qui se plaisaient à dissiper les obstacles autour de leurs filleuls.

— Eh ! bien, mon cousin, dit-elle en riant, à quoi puis-je vous être bonne ?

— Mais le sais-je ? Vous appartenir par un lien de parenté qui se perd dans l'ombre est déjà toute une fortune. Vous m'avez troublé, je ne sais plus ce que je venais vous dire. Vous êtes la seule personne que je connaisse à Paris. Ah ! je voulais vous consulter en vous demandant de m'accepter comme un pauvre enfant qui désire se coudre à votre jupe, et qui saurait mourir pour vous.

— Vous tueriez quelqu'un pour moi ?

— J'en tuerais deux, dit Eugène.

— Enfant ! Oui, vous êtes un enfant, dit-elle en réprimant quelques larmes ; vous aimeriez sincèrement, vous !

— Oh ! fit-il en hochant la tête.

La vicomtesse s'intéressa vivement à l'étudiant pour une

réponse d'ambitieux. Le méridional en était à son premier calcul. Entre le boudoir bleu de madame de Restaud et le salon rose de madame de Beauséant, il avait fait trois années de *ce Droit parisien* dont on ne parle pas, quoiqu'il constitue une haute jurisprudence sociale qui, bien apprise et bien pratiquée, mène à tout.

— Ah ! j'y suis, dit Eugène. J'avais remarqué madame de Restaud à votre bal, je suis allé ce matin chez elle.

— Vous avez dû bien la gêner, dit en souriant madame de Beauséant.

— Eh ! oui, je suis un ignorant qui mettra contre lui tout le monde, si vous me refusez votre secours. Je crois qu'il est fort difficile de rencontrer à Paris une femme jeune, belle, riche, élégante qui soit inoccupée, et il m'en faut une qui m'apprenne ce que, vous autres femmes, vous savez si bien expliquer : la vie. Je trouverai partout un monsieur de Trailles. Je venais donc à vous pour vous demander le mot d'une énigme, et vous prier de me dire de quelle nature est la sottise que j'y ai faite. J'ai parlé d'un père…

— Madame la duchesse de Langeais, dit Jacques en coupant la parole à l'étudiant qui fit le geste d'un homme violemment contrarié.

— Si vous voulez réussir, dit la vicomtesse à voix basse, d'abord ne soyez pas aussi démonstratif.

— Eh ! bonjour, ma chère, reprit-elle en se levant et allant au-devant de la duchesse dont elle pressa les mains avec l'effusion caressante qu'elle aurait pu montrer pour une sœur et à laquelle la duchesse répondit par les plus jolies câlineries.

— Voilà deux bonnes amies, se dit Rastignac. J'aurai dès lors deux protectrices ; ces deux femmes doivent avoir les mêmes affections, et celle-ci s'intéressera sans doute à moi.

— A quelle heureuse pensée dois-je le bonheur de te voir, ma chère Antoinette ? dit madame de Beauséant.

— Mais j'ai vu monsieur d'Ajuda-Pinto entrant chez monsieur de Rochefide, et j'ai pensé qu'alors vous étiez seule.

Madame de Beauséant ne se pinça point les lèvres, elle ne rougit pas, son regard resta le même, son front parut s'éclaircir pendant que la duchesse prononçait ces fatales paroles.

— Si j'avais su que vous fussiez occupée... ajouta la duchesse en se tournant vers Eugène.

— Monsieur est monsieur Eugène de Rastignac, un de mes cousins, dit la vicomtesse. Avez-vous des nouvelles du général Montriveau ? fit-elle. Sérizy m'a dit hier qu'on ne le voyait plus, l'avez-vous eu chez vous aujourd'hui[1] ?

La duchesse, qui passait pour être abandonnée par monsieur de Montriveau de qui elle était éperdument éprise, sentit au cœur la pointe de cette question, et rougit en répondant : — Il était hier à l'Élysée.

— De service, dit madame de Beauséant.

— Clara, vous savez sans doute, reprit la duchesse en jetant des flots de malignité par ses regards, que demain les bans de monsieur d'Ajuda-Pinto et de mademoiselle de Rochefide se publient ?

Ce coup était trop violent, la vicomtesse pâlit et répondit en riant : — Un de ces bruits dont s'amusent les sots. Pourquoi monsieur d'Ajuda porterait-il chez les Rochefide un des plus beaux noms du Portugal ? Les Rochefide sont des gens anoblis d'hier.

— Mais Berthe réunira, dit-on, deux cent mille livres de rente.

— Monsieur d'Ajuda est trop riche pour faire de ces calculs.

1. Dans La Duchesse de Langeais *(deuxième épisode de l'*Histoire des Treize*, achevé en 1834, mais publié sous ce titre en 1839), l'héroïne avoue à Madame de Sérizy qu'elle n'a pas vu Montriveau depuis longtemps.*
Pour comprendre toute la cruauté de la pointe de Madame de Beauséant, « De service », il faut savoir que la réponse évasive de la duchesse : « Il était hier à l'Élysée » pouvait laisser supposer qu'elle avait vu Montriveau dans les salons de son amie, la duchesse de Berry, à l'Élysée. Or Montriveau, officier de la Garde Royale, ne se trouvait à l'Élysée qu'en service commandé.

— Mais, ma chère, mademoiselle de Rochefide est charmante.

— Ah !

— Enfin il y dîne aujourd'hui, les conditions sont arrêtées. Vous m'étonnez étrangement d'être si peu instruite.

— Quelle sottise avez-vous donc faite, monsieur ? dit madame de Beauséant. Ce pauvre enfant est si nouvellement jeté dans le monde, qu'il ne comprend rien, ma chère Antoinette, à ce que nous disons. Soyez bonne pour lui, remettons à causer de cela demain. Demain, voyez-vous, tout sera sans doute officiel, et vous pourrez être officieuse à coup sûr.

La duchesse tourna sur Eugène un de ces regards impertinents qui enveloppent un homme des pieds à la tête, l'aplatissent, et le mettent à l'état de zéro.

— Madame, j'ai, sans le savoir, plongé un poignard dans le cœur de madame de Restaud. Sans le savoir, voilà ma faute, dit l'étudiant que son génie avait assez bien servi et qui avait découvert les mordantes épigrammes cachées sous les phrases affectueuses de ces deux femmes. Vous continuez à voir, et vous craignez peut-être les gens qui sont dans le secret du mal qu'ils vous font, tandis que celui qui blesse en ignorant la profondeur de sa blessure est regardé comme un sot ; un maladroit qui ne sait profiter de rien, et chacun le méprise.

Madame de Beauséant jeta sur l'étudiant un de ces regards fondants où les grandes âmes savent mettre tout à la fois de la reconnaissance et de la dignité. Ce regard fut comme un baume qui calma la plaie que venait de faire au cœur de l'étudiant le coup d'œil d'huissier-priseur par lequel la duchesse l'avait évalué.

— Figurez-vous que je venais, dit Eugène en continuant, de capter la bienveillance du comte de Restaud ; car, dit-il en se tournant vers la duchesse d'un air à la fois humble et malicieux, il faut vous dire, madame, que je ne suis encore qu'un pauvre diable d'étudiant, bien seul, bien pauvre...

— Ne dites pas cela, monsieur de Rastignac. Nous autres femmes, nous ne voulons jamais de ce dont personne ne veut.

— Bah ! fit Eugène, je n'ai que vingt-deux ans, il faut savoir supporter les malheurs de son âge. D'ailleurs, je suis à confesse ; et il est impossible de se mettre à genoux dans un plus joli confessionnal : on y fait les péchés dont on s'accuse dans l'autre.

La duchesse prit un air froid à ce discours antireligieux, dont elle proscrivit le mauvais goût en disant à la vicomtesse : — Monsieur arrive…

Madame de Beauséant se prit à rire franchement et de son cousin et de la duchesse.

— Il arrive, ma chère, et cherche une institutrice qui lui enseigne le bon goût.

— Madame la duchesse, reprit Eugène, n'est-il pas naturel de vouloir s'initier aux secrets de ce qui nous charme ? (Allons, se dit-il en lui-même, je suis sûr que je leur fais des phrases de coiffeur.)

— Mais madame de Restaud est, je crois, l'écolière de monsieur de Trailles, dit la duchesse.

— Je n'en savais rien, madame, reprit l'étudiant. Aussi me suis-je étourdiment jeté entre eux. Enfin, je m'étais assez bien entendu avec le mari, je me voyais souffert pour un temps par la femme, lorsque je me suis avisé de leur dire que je connaissais un homme que je venais de voir sortant par un escalier dérobé, et qui avait au fond d'un couloir embrassé la comtesse.

— Qui est-ce ? dirent les deux femmes.

— Un vieillard qui vit à raison de deux louis par mois, au fond du faubourg Saint-Marceau, comme moi, pauvre étudiant ; un véritable malheureux dont tout le monde se moque, et que nous appelons le Père Goriot.

— Mais, enfant que vous êtes, s'écria la vicomtesse, madame de Restaud est une demoiselle Goriot.

— La fille d'un vermicellier, reprit la duchesse, une petite femme qui s'est fait présenter le même jour qu'une fille de pâtissier. Ne vous en souvenez-vous pas, Clara ? Le roi s'est mis à rire, et a dit en latin un bon mot sur la farine. Des gens, comment donc ? des gens…

— *Ejusdem farinæ,* dit Eugène[1].

— C'est cela, dit la duchesse.

— Ah ! c'est son père, reprit l'étudiant en faisant un geste d'horreur.

— Mais oui ; ce bonhomme avait deux filles dont il est quasi fou, quoique l'une et l'autre l'aient à peu près renié.

— La seconde n'est-elle pas, dit la vicomtesse en regardant madame de Langeais, mariée à un banquier dont le nom est allemand, un baron de Nucingen ? Ne se nomme-t-elle pas Delphine ? N'est-ce pas une blonde qui a une loge à

1. De la même farine. Louis XVIII passait pour homme d'esprit. Dans la société du temps, les bons mots, les épigrammes, les pointes étaient fort appréciés et jouaient un rôle non négligeable dans les rapports sociaux. Lucien de Rubempré sera ainsi « assassiné » à Angoulême. La conversation dans le salon de madame de Bargeton, qui a pris le jeune poète sous sa protection, est amenée sur la création littéraire, après que Lucien eut déclamé quelques-uns de ses vers ; il déclare alors : « Ces enfantements sublimes veulent une longue expérience du monde (…). Le cerveau porte longtemps…
— Votre accouchement sera laborieux, dit monsieur du Hautoy en l'interrompant.
— Votre excellente mère pourra vous y aider, dit l'Évêque.
Ce mot si habilement préparé (N.B. Madame Chardon, mère de Lucien, fait pour vivre office de sage-femme), cette vengeance attendue allume dans tous les yeux un éclair de joie. Sur toutes les bouches il courut un sourire de satisfaction aristocratique ». (Illusions perdues)

l'Opéra, qui vient aussi aux Bouffons, et rit très haut pour se faire remarquer ?

La duchesse sourit en disant : — Mais, ma chère, je vous admire. Pourquoi vous occupez-vous donc tant de ces gens-là ? Il a fallu être amoureux fou, comme l'était Restaud, pour s'être enfariné de mademoiselle Anastasie. Oh ! il n'en sera pas le bon marchand[1] ! Elle est entre les mains de monsieur de Trailles, qui la perdra.

— Elles ont renié leur père, répétait Eugène.

— Eh ! bien, oui, leur père, le père, un père, reprit la vicomtesse, un bon père qui leur a donné, dit-on, à chacune cinq ou six cent mille francs pour faire leur bonheur en les mariant bien, et qui ne s'était réservé que huit à dix mille livres de rente pour lui, croyant que ses filles resteraient ses filles, qu'il s'était créé chez elles deux existences, deux maisons où il serait adoré, choyé. En deux ans, ses gendres l'ont banni de leur société comme le dernier des misérables...

Quelques larmes roulèrent dans les yeux d'Eugène, récemment rafraîchi par les pures et saintes émotions de la famille, encore sous le charme des croyances jeunes, et qui n'en était qu'à sa première journée sur le champ de bataille de la civilisation parisienne. Les émotions véritables sont si communicatives, que pendant un moment ces trois personnes se regardèrent en silence.

— Eh ! mon Dieu ! dit madame de Langeais, oui, cela semble bien horrible, et nous voyons cependant cela tous les jours. N'y a-t-il pas une cause à cela ? Dites-moi, ma chère, avez-vous pensé jamais à ce qu'est un gendre ? Un gendre est un homme pour qui nous élèverons, vous ou moi, une chère petite créature à laquelle nous tiendrons par mille liens, qui sera pendant dix-sept ans la joie de la famille, qui en est l'âme blanche, dirait Lamartine, et qui en deviendra la peste. Quand cet homme nous l'aura prise, il commencera par saisir son amour comme une hache, afin de couper dans le cœur et au vif de cet ange tous les sentiments par lesquels elle s'attachait à sa famille. Hier, notre fille était tout pour nous, nous étions tout pour elle ; le lendemain elle se fait notre ennemie. Ne voyons-nous pas cette tragédie s'accomplissant tous les jours ? Ici, la belle-fille est de la dernière impertinence avec le beau-père, qui a tout sacrifié pour son fils. Plus loin, un gendre met sa belle-mère à la porte. J'entends demander ce qu'il y a de dramatique aujourd'hui dans la société ; mais le drame du gendre est effrayant, sans

1. Selon Littré, l'expression « n'être pas bon marchand d'une chose » signifie « s'en trouver mal ».

compter nos mariages qui sont devenus de fort sottes choses. Je me rends parfaitement compte de ce qui est arrivé à ce vieux vermicellier. Je crois me rappeler que ce Foriot (1)...

— Goriot, madame.

— Oui, ce Moriot a été président de sa section pendant la Révolution[1] ; il a été dans le secret de la fameuse disette[2], et a commencé sa fortune par vendre dans ce temps-là des farines dix fois plus qu'elles ne lui coûtaient. Il en a eu tant qu'il en a voulu. L'intendant de ma grand'mère lui en a vendu pour des sommes immenses. Ce Goriot partageait sans doute, comme tous ces gens-là, avec le Comité de Salut Public. Je me souviens que l'intendant disait à ma grand'mère qu'elle pouvait rester en toute sûreté à Grandvilliers, parce que ses blés étaient une excellente carte civique. Eh bien ! ce Loriot, qui vendait du blé aux coupeurs de têtes, n'a eu qu'une passion (2) . Il adore, dit-on, ses filles. Il a juché l'aînée dans la maison de Restaud, et greffé l'autre sur le baron de Nucingen, un riche banquier qui fait le royaliste. Vous comprenez bien que, sous l'Empire, les deux gendres ne se sont pas trop formalisés d'avoir ce vieux Quatre-vingt-treize chez eux ; ça pouvait encore aller avec Buonaparte[2]. Mais quand les Bourbons sont revenus, le bonhomme a gêné monsieur de Restaud, et plus encore le banquier. Les filles, qui aimaient peut-être toujours leur père, ont voulu ménager la chèvre et le chou, le père et le mari ; elles ont reçu le Goriot quand elles n'avaient personne ; elles ont imaginé des prétextes de tendresse. « Papa, venez, nous serons mieux, parce que nous serons seuls ! », etc. Moi, ma chère, je crois que les sentiments vrais ont des yeux et une intelligence : le cœur de ce pauvre Quatre-vingt-treize a donc saigné. Il a vu que ses filles avaient honte de lui ; que, si elles aimaient leurs maris, il nuisait à ses gendres. Il fallait donc se sacrifier. Il s'est sacrifié, parce qu'il était père : il s'est banni de lui-même. En voyant ses filles contentes, il comprit qu'il avait bien fait. Le père et les enfants ont été complices de ce petit crime. Nous voyons cela partout. Ce père Doriot n'aurait-il pas été une tache de cambouis dans le salon de ses filles ? il y aurait été gêné, il se serait ennuyé. Ce qui arrive à ce père peut arriver à la plus jolie femme avec l'homme qu'elle aimera le mieux : si elle l'ennuie de son amour, il s'en va, il fait des lâchetés pour la fuir. Tous les sentiments en sont là. Notre cœur est

1. En 1790, le Paris révolutionnaire avait été divisé en 48 sections, qui constituèrent l'organisation du mouvement populaire des Sans-culottes. Une des plus célèbres fut la section des Piques (quartier de la place Vendôme).
2. Celle de 1793.

2. Déformation méprisante de Bonaparte, caractéristique des royalistes. On la retrouve dans le pamphlet de Chateaubriand, De Buonaparte et des Bourbons *(1814).*

⟨1⟩ Les gens de peu ont-ils un nom ?

Monsieur Gillenormand, à l'instar de la duchesse de Langeais, affecte de déformer le nom que Jean Valjean a donné à Cosette en changeant d'identité :

« Ah çà, vous avez un état ? une fortune faite ? combien gagnez-vous dans votre métier d'avocat ?

— Rien, dit Marius avec une sorte de fermeté et de résolution presque farouche.

— Rien ? vous n'avez pour vivre que les douze cents livres que je vous fais ? »

Marius ne répondit point, M. Gillenormand continua : « Alors, je comprends, c'est que la fille est riche ?

— Comme moi.

— Quoi ! pas de dot ?

— Non.

— Des espérances ?

— Je ne crois pas.

— Toute nue ! et qu'est-ce que c'est que le père ?

— Je ne sais pas.

— Et comment s'appelle-t-elle ?

— Mlle Fauchelevent.

— Fauchequoi ?

— Fauchelevent.

— Ptt ! fit le vieillard.

— Monsieur ! » s'écria Marius.

M. Gillenormand l'interrompit du ton d'un homme qui se parle à lui-même.

« C'est cela, vingt et un ans, pas d'état, douze cents livres par an. Mme la baronne Pontmercy ira acheter deux sous de persil chez la fruitière.

— Monsieur, reprit Marius dans l'égarement de la dernière espérance qui s'évanouit, je vous en supplie ! je vous en conjure, au nom du Ciel, à mains jointes, monsieur, je me mets à vos pieds, permettez-moi de l'épouser. »

Le vieillard poussa un éclat de rire strident et lugubre à travers lequel il toussait et parlait.

« Ah ! ah ! ah ! vous vous êtes dit : « Pardine ! je vais aller trouver cette vieille perruque, cette absurde ganache ! Quel dommage que je n'aie pas mes vingt-cinq ans ! comme je te vous lui flanquerais une bonne sommation respectueuse ! comme je me passerais de lui ! C'est égal, je lui dirai : Vieux crétin, tu es trop heureux de me voir, j'ai envie de me marier, j'ai envie d'épouser mamselle n'importe qui, fille de monsieur n'importe quoi, je n'ai pas de souliers, elle n'a pas de chemise, ça va, j'ai envie de jeter à l'eau ma carrière, mon avenir, ma jeunesse, ma vie, j'ai envie de faire un plongeon dans la misère avec une femme au cou, c'est mon idée, il faut que tu y consentes ! et le vieux fossile consentira. » Va, mon garçon, comme tu voudras, attache-toi ton pavé, épouse ta Pousselevent, ta Coupelevent... Jamais, monsieur ! jamais ! »

VICTOR HUGO, 1862,
Les Misérables.

2 Échos et souvenirs révolutionnaires dans le *Père Goriot.*

A ce point du roman, il nous paraît intéressant de commencer un bilan de l'insertion du fait révolutionnaire dans la trame romanesque. Si la Révolution ne constitue pas à l'évidence un thème du Père Goriot, *elle n'en informe pas moins tout le texte. L'Histoire s'est dégradée, la grandeur, l'héroïsme, les illusions ont vécu, pour laisser place à une modernité tragique faite de conflits privés, d'ambitions inassouvies et de crimes.*

Jusqu'à cette évocation du passé du « vieux quatre-vingt-treize », *la Révolution n'est apparue qu'une dizaine de fois ; par exemple :*

— « Livrer Georges et Pichegru », *qui dénote la contre-révolution et connote la dégénérescence policière de la Révolution pervertie en Consulat. (p. 50)*

— « Un commissaire ordonnateur de la République française », *qui dénote les nouvelles structures administratives et la place grandissante de l'armée, et connote les rapports entre les fournisseurs et l'appareil d'État, et d'éventuelles prévarications (on connaît l'origine de la fortune du banquier Ouvrard). (p. 54)*

— « Quelques inscriptions sur le grand-livre » : *depuis la Révolution et l'Empire l'argent circule différemment, la rente et la spéculation déterminent de nouveaux profits (p. 92).*

— « Les Bureaux ne terminent rien » : *la bureaucratie se donne comme un nouveau pouvoir, l'État se révèle ingrat et froid, l'épopée se résout en quête de pensions, sanctions des carrières (p. 100).*

— « Il préparait (...) ses phrases à la Talleyrand » : *personnage qui a traversé tous les régimes, comploteur, diplomate, intrigant de première force, Talleyrand symbolise admirablement le cynisme et l'habileté démoniaque opposés à la vertu républicaine et à l'idéal révolutionnaire. Le fait que Rastignac le prenne implicitement comme modèle, ou à tout le moins comme référence, marque bien l'antithèse entre l'exaltation épique d'autrefois et le froid calcul qui régit l'âpre réalité contemporaine (p. 154).*

— *Le* Warwick *et le* Vengeur : *évocation du rôle militaire de la noblesse dans l'Ancien Régime, solidarité d'une caste, et aussi le descendant du commandant du* Warwick *qui déroge en épousant une fille Goriot : l'argent contraint le blason à transiger. De plus le nom anglais du bateau connote l'alliance des émigrés avec l'Angleterre, ennemie de la patrie. Enfin, le* Vengeur *n'est mentionné que pour son passé pré-révolutionnaire, et non comme le* Vengeur-du-peuple, *acteur principal de l'héroïque combat de 1794. Le commentaire badin d'Anastasie renvoie d'ailleurs tout cela aux poubelles de l'histoire (p. 170) !*

— « La liquidation (...) de la compagnie des Indes » : *mention particulièrement intéressante, car elle évoque à la fois la participation de l'aristocratie aux entreprises de type capitaliste sous l'Ancien Régime, son exclusion lors des « règlements de comptes », et le scandale de la Compagnie des Indes sous la Révolution qui joua un rôle non négligeable au procès des dantonistes en 1794 (ibid.). Le récit de la duchesse de Langeais permet d'établir sous une forme condensée les liens entre la période révolutionnaire, l'Empire et la Restauration. Goriot a spéculé sur les subsistances, et la duchesse opère l'amalgame calomnieux avec le Comité de Salut public. L'argent a permis le double mariage dans la noblesse et dans la finance. Sous l'Empire, s'effectue la fusion entre le personnel révolutionnaire et un certain personnel d'Ancien Régime, la société se transforme et devient à proprement parler la société révolutionnée, c'est-à-dire la société telle qu'elle se définit dès lors que la Révolution a eu lieu. La Restauration signifie l'éviction de Goriot : son argent garde toute sa valeur, mais il faut taire son origine, occulter la Révolution sans laquelle ni Restaud ni Nucingen n'occuperaient la place qu'ils ont dans la société du temps. Tout le mépris aristocratique de la duchesse se lit dans les déformations qu'elle se plaît à infliger au nom même de Goriot, ainsi que dans ses formulations ironiques : il s'agit bien d'une charge antibourgeoise, la morgue contre l'Histoire réelle.*

Nous retrouverons l'analyse de la société révolutionnée et de la nouvelle donne d'un autre point de vue : celui de Vautrin (cf. Contexte *p. 253), et nous constaterons le retour de la Révolution dans les imprécations de Goriot (cf.* Contexte *p. 429).*

N.B. — Ce développement doit beaucoup aux travaux de Pierre Barbéris.

un trésor, videz-le d'un coup, vous êtes ruinés. Nous ne pardonnons pas plus à un sentiment de s'être montré tout entier qu'à un homme de ne pas avoir un sou à lui. Ce père avait tout donné. Il avait donné, pendant vingt ans, ses entrailles, son amour ; il avait donné sa fortune en un jour. Le citron bien pressé, ses filles ont laissé le zeste au coin des rues.

— Le monde est infâme, dit la vicomtesse en effilant son châle et sans lever les yeux, car elle était atteinte au vif par les mots que madame de Langeais avait dits, pour elle, en racontant cette histoire.

— Infâme ! non, reprit la duchesse ; il va son train, voilà tout. Si je vous en parle ainsi, c'est pour montrer que je ne suis pas la dupe du monde. Je pense comme vous, dit-elle en pressant la main de la vicomtesse. Le monde est un bourbier, tâchons de rester sur les hauteurs. Elle se leva, embrassa madame de Beauséant au front en lui disant : Vous êtes bien belle en ce moment, ma chère. Vous avez les plus jolies couleurs que j'aie vues jamais. Puis elle sortit après avoir légèrement incliné la tête en regardant le cousin.

— Le père Goriot est sublime ! dit Eugène en se souvenant de l'avoir vu tordant son vermeil la nuit.

Madame de Beauséant n'entendit pas, elle était pensive. Quelques moments de silence s'écoulèrent, et le pauvre étudiant, par une sorte de stupeur honteuse, n'osait ni s'en aller, ni rester, ni parler.

— Le monde est infâme et méchant, dit enfin la vicomtesse. Aussitôt qu'un malheur nous arrive, il se rencontre toujours un ami prêt à venir nous le dire, et à nous fouiller le cœur avec un poignard en nous en faisant admirer le manche [1]. Déjà le sarcasme, déjà les railleries ! Ah ! je me défendrai. Elle releva la tête comme une grande dame qu'elle était, et des éclairs sortirent de ses yeux fiers. — Ah ! fit-elle en voyant Eugène, vous êtes là !

— Encore, dit-il piteusement.

— Eh ! bien, monsieur de Rastignac, traitez ce monde comme il mérite de l'être. Vous voulez parvenir, je vous aiderai. Vous sonderez combien est profonde la corruption féminine, vous toiserez la largeur de la misérable vanité des hommes. Quoique j'aie bien lu dans ce livre du monde, il y avait des pages qui cependant m'étaient inconnues. Maintenant je sais tout. Plus froidement vous calculerez, plus avant vous irez. Frappez sans pitié, vous serez craint. N'acceptez les hommes et les femmes que comme des chevaux de

1 Le cliché renouvelé.

« Sur la multiplicité des clichés (...) se détachent avec régularité un petit nombre de mécanismes linguistiques qui revitalisent par leur présence des images usées.
Le mécanisme le plus fréquent, de beaucoup, opère par « addition de composantes nouvelles ». Il s'agit d'une extension de l'image qui en développe les virtualités sémantiques (...) (soit) par adjonction d'un élément neuf à proprement parler, quoique compatible avec le sémantisme du cliché. Ainsi dans cette phrase (...).
(Soit) par extension, en explicitant et en illustrant les possibilités de l'analogie, mais à l'intérieur du même champ sémantique :
« Les belles âmes restent dans la solitude, les natures faibles et tendres succombent, il ne reste que des galets qui maintiennent l'Océan social dans ses bornes en se laissant frotter, arrondir, par le flot, sans s'user. » *Le Contrat de Mariage,* 1835. »

LUCIENNE FRAPPIER-MAZUR, 1976, *L'expression métaphorique dans la Comédie humaine,* Klincksieck, pp. 57-58.

Plus généralement, une étude circonstanciée des clichés dans l'écriture balzacienne permet de mettre en évidence leur mode de fonctionnement et leur importance dans une stratégie d'écriture réaliste :

« Le cliché participe ainsi dans la prose réaliste balzacienne, aussi bien de la mise en place du vraisemblable, que de la critique des idées reçues. Il contribue à la fois à construire un univers familier au lecteur, et à effectuer une dénonciation virulente des vérités accréditées par l'opinion publique contemporaine. Aussi l'étude de la fonction dévolue à la figure usée dans le roman réaliste balzacien s'avère-t-elle particulièrement révélatrice. Elle permet en effet d'éclairer sous l'un de ses aspects majeurs le fonctionnement propre à cette catégorie de textes. Au-delà des modalités de la production de l'illusion référentielle récemment explorées par la critique, elle désigne le parti que tire l'écriture balzacienne d'une habile exploitation de la dimension paradigmatique du texte. Un même élément textuel, la figure usée, assume des fonctions divergentes selon qu'on l'envisage sur le plan de la syntagmatique narrative ou dans le cadre de séries associatives issues de paradigmes textuels. D'une part elle contribue à l'imposition d'un sens conforme aux normes d'une société donnée, de l'autre elle autorise au gré de rapprochements sémantiques inédits, une remise en cause radicale de l'idéologie dominante. Il y va là des deux versants complémentaires d'un même processus : celui de la production du sens caractéristique du « réalisme » balzacien.

Sans doute convient-il de préciser l'importance dévolue dans ce cadre à la crédibilité de l'édifice vraisemblable. Elle figure ici la condition *sine qua non* de l'efficace des retournements critiques opérés par le texte balzacien. L'enjeu de la manipulation des figures usées demeure en effet essentiellement un déplacement du sens apte à produire une vision nouvelle du « réel ». Dans cette perspective, la série des rapprochements textuels inattendus ne porte nullement atteinte à la visée primordiale du roman qui demeure celle de la représentation. L'hégémonie du sens est ici sauvegardée lors même que s'effondre le mythe de son unicité. Dans le procès

poste que vous laisserez crever à chaque relais, vous arriverez ainsi au faîte de vos désirs. Voyez-vous, vous ne serez rien ici si vous n'avez pas une femme qui s'intéresse à vous. Il vous la faut jeune, riche, élégante. Mais si vous avez un sentiment vrai, cachez-le comme un trésor, ne le laissez jamais soupçonner, vous seriez perdu. Vous ne seriez plus le bourreau, vous deviendriez la victime. Si jamais vous aimiez, gardez bien votre secret ! ne le livrez pas avant d'avoir bien su à qui vous ouvrirez votre cœur. Pour préserver par avance cet amour qui n'existe pas encore, apprenez à vous méfier de ce monde-ci ⟨1⟩ . Écoutez-moi, Miguel... (Elle se trompait naïvement de nom sans s'en apercevoir[1].) Il existe quelque chose de plus épouvantable que ne l'est l'abandon du père par ses deux filles, qui le voudraient mort. C'est la rivalité des deux sœurs entre elles. Restaud a de la naissance, sa femme a été adoptée, elle a été présentée ; mais sa sœur, sa riche sœur, la belle madame Delphine de Nucingen, femme d'un homme d'argent, meurt de chagrin ; la jalousie la dévore, elle est à cent lieues de sa sœur ; sa sœur n'est plus sa sœur ; ces deux femmes se renient entre elles comme elles renient leur père. Aussi, madame de Nucingen laperait-elle toute la boue qu'il y a entre la rue Saint-Lazare et la rue de Grenelle pour entrer dans mon salon. Elle a cru que de Marsay la ferait arriver à son but, et elle s'est faite esclave de de Marsay, elle assomme de Marsay. De Marsay se soucie fort peu d'elle. Si vous me la présentez, vous serez son Benjamin[2], elle vous adorera. Aimez-la si vous pouvez après, sinon servez-vous d'elle. Je la verrai une ou deux fois, en grande soirée, quand il y aura cohue ; mais je ne la recevrai jamais le matin. Je la saluerai, cela suffira. Vous vous êtes fermé la porte de la comtesse pour avoir prononcé le nom du père Goriot. Oui, mon cher, vous iriez vingt fois chez madame de Restaud, vingt fois vous la trouveriez absente. Vous avez été consigné. Eh bien ! que le père Goriot vous introduise près de madame Delphine de Nucingen. La belle madame de Nucingen sera pour vous une enseigne. Soyez l'homme qu'elle distingue, les femmes raffoleront de vous. Ses rivales, ses amies, ses meilleures amies, voudront vous enlever à elle. Il y a des femmes qui aiment l'homme déjà choisi par une autre, comme il y a de pauvres bourgeoises qui, en prenant nos chapeaux, espèrent avoir nos manières. Vous aurez des succès. A Paris, le succès est tout, c'est la clé du pouvoir. Si les

1. Par ce lapsus nous connaissons le prénom d'Ajuda-Pinto.

2. Son préféré. C'était le nom du fils préféré de Jacob.

de la signifiance balzacien dont participe activement le cliché, deux termes se trouvent ainsi également exclus : l'insignifiance et l'univocité. C'est par rapport à ce fonctionnement particulier d'une écriture « réaliste » exemplaire, que prendra tout son relief la spécificité de la « représentation » flaubertienne telle qu'elle est donnée à voir dans son maniement du cliché et des « idées reçues ». »

RUTH AMOSSY et ELISHEVA ROSEN, 1982, *Les Discours du cliché*, SEDES/CDU, pp. 65-66.

1 Le monde comme livre.

En affirmant qu'elle a « lu dans le livre du monde », *madame de Beauséant reprend une équivalence fondamentale entre le monde et le livre, entre l'univers réel et l'univers textuel.*

En effet, Balzac, comme le montre bien Françoise van Rossum-Guyon dans « Sur quelques aspects du métalangage chez Balzac » *(in* Le roman de Balzac, *colloque de Toronto, 1978, publié chez Didier en 1980), place dans ses interventions explicites de narrateur un signe d'égalité entre* « romancier » *et* « historien », *entre* « raconter » *et* « expliquer » *ou* « peindre », *entre* « lire » *et* « observer » *ou* « comprendre ». *Il s'agit bien d'un* « refus du code du roman ordinaire », *au profit des* « codes cognitif et mimétique ». *Il n'existe pas de hiatus entre Histoire, Société et Peinture des mœurs.*

Donc le réel ne diffère pas de sa représentation.

Bervick sc.

LA DÉCLARATION

femmes vous trouvent de l'esprit, du talent, les hommes le croiront, si vous ne les détrompez pas. Vous pourrez alors tout vouloir, vous aurez le pied partout. Vous saurez alors ce qu'est le monde, une réunion de dupes et de fripons. Ne soyez ni parmi les uns ni parmi les autres. Je vous donne mon nom comme un fil d'Ariane pour entrer dans ce labyrinthe[1]. Ne le compromettez pas, dit-elle en recourbant son cou et jetant un regard de reine à l'étudiant, rendez-le-moi blanc. Allez, laissez-moi. Nous autres femmes, nous avons aussi nos batailles à livrer ① .

— S'il vous fallait un homme de bonne volonté pour aller mettre le feu à une mine ? dit Eugène en l'interrompant.

— Eh bien ? dit-elle.

Il se frappa le cœur, sourit au sourire de sa cousine, et sortit. Il était cinq heures. Eugène avait faim, il craignit de ne pas arriver à temps pour l'heure du dîner. Cette crainte lui fit sentir le bonheur d'être rapidement emporté dans Paris. Ce plaisir purement machinal le laissa tout entier aux pensées qui l'assaillaient. Lorsqu'un jeune homme de son âge est atteint par le mépris, il s'emporte, il enrage, il menace du poing la société tout entière, il veut se venger et doute aussi de lui-même. Rastignac était en ce moment accablé par ces mots : *Vous vous êtes fermé la porte de la comtesse.* — J'irai ! se disait-il, et si madame de Beauséant a raison, si je suis consigné... je... Madame de Restaud me trouvera dans tous les salons où elle va. J'apprendrai à faire des armes, à tirer le pistolet, je lui tuerai son Maxime ! Et de l'argent ! lui criait sa conscience, où donc en prendras-tu ? Tout à coup la richesse étalée chez la comtesse de Restaud brilla devant ses yeux. Il avait vu là le luxe dont une demoiselle Goriot devait être amoureuse, des dorures, des objets de prix en évidence, le luxe inintelligent du parvenu, le gaspillage de la femme entretenue. Cette fascinante image fut soudainement écrasée par le grandiose hôtel de Beauséant. Son imagination, transportée dans les hautes régions de la société parisienne, lui inspira mille pensées mauvaises au cœur, en lui élargissant la tête et la conscience. Il vit le monde comme il est : les lois et la morale impuissantes chez les riches, et vit dans la fortune l'*ultima ratio mundi*[2]. « Vautrin a raison, la fortune est la vertu ! » se dit-il.

Arrivé rue Neuve-Sainte-Geneviève, il monta rapidement chez lui, descendit pour donner dix francs au cocher, et vint dans cette salle à manger nauséabonde où il aperçut,

1. Allusion mythologique : Ariane avait donné à Thésée un fil qui lui permit de sortir du labyrinthe, après avoir tué le Minotaure. Pour mieux apprécier la profondeur de la référence, on se souviendra des vers de Phèdre *:*
« Ariane, ma sœur, de quel amour blessée Vous mourûtes aux bords où vous fûtes laissée ! » (I,3, vers 253 et 254).

2. « Le suprême argument du monde. »

1 Comment arriver par les femmes ?

Annette, l'aristocratique maîtresse de Charles Grandet, annonce les conseils de madame de Beauséant :

« (...) Charles était un enfant de Paris, habitué par les mœurs de Paris, par Annette elle-même, à tout calculer, déjà vieillard sous le masque du jeune homme. Il avait reçu l'épouvantable éducation de ce monde, où, dans une soirée, il se commet en pensées, en paroles, plus de crimes que la Justice n'en punit aux Cours d'assises, où les bons mots assassinent les plus grandes idées, où l'on ne passe pour fort qu'autant que l'on voit juste ; et là, voir juste, c'est ne croire à rien, ni aux sentiments, ni aux hommes, ni même aux événements : on y fait de faux événements. Là, pour voir juste, il faut peser, chaque matin, la bourse d'un ami, savoir se mettre politiquement au-dessus de tout ce qui arrive ; provisoirement, ne rien admirer, ni les œuvres d'art, ni les nobles actions, et donner pour mobile à toute chose l'intérêt personnel. Après mille folies, la grande dame, la belle Annette, forçait Charles à penser gravement ; elle lui parlait de sa position future, en lui passant dans les cheveux une main parfumée ; en lui refaisant une boucle, elle lui faisait calculer la vie : elle le féminisait et le matérialisait. Double corruption, mais corruption élégante et fine, de bon goût.

— Vous êtes niais, Charles, lui disait-elle. J'aurai bien de la peine à vous apprendre le monde. Vous avez été très mal pour monsieur des Lupeaulx. Je sais bien que c'est un homme peu honorable ; mais attendez qu'il soit sans pouvoir, alors vous le mépriserez à votre aise. Savez-vous ce que madame Campan nous disait ? — Mes enfants, tant qu'un homme est au Ministère, adorez-le ; tombe-t-il, aidez à le traîner à la voirie. Puissant, il est une espèce de dieu ; détruit, il est au-dessous de Marat dans son égout, parce qu'il vit et que Marat était mort. La vie est une suite de combinaisons, et il faut les étudier, les suivre, pour arriver à se maintenir toujours en bonne position. »

Eugénie Grandet, 1833.

Madame de Beauséant recommande le cynisme, Henriette de Mortsauf prône la méfiance et définit la place de l'amour :

« J'arrive à la question grave, à votre conduite auprès des femmes. Dans les salons où vous irez, ayez pour principe de ne pas vous prodiguer en

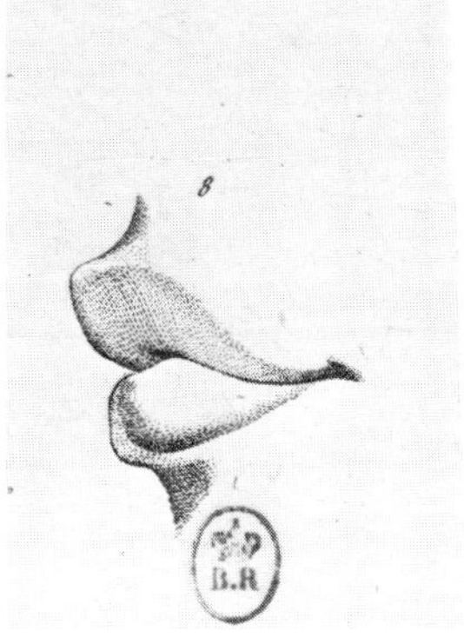

vous livrant au petit manège de la coquetterie. Un des hommes qui, dans l'autre siècle, eurent le plus de succès, avait l'habitude de ne jamais s'occuper que d'une seule personne dans la même soirée, et de s'attacher à celles qui paraissent négligées. Cet homme, cher enfant, a dominé son époque. Il avait sagement calculé que, dans un temps donné, son éloge serait obstinément fait par tout le monde. La plupart des jeunes gens perdent leur plus précieuse fortune, le temps nécessaire pour se créer des relations qui sont la moitié de la vie sociale ; comme ils plaisent par eux-mêmes, ils ont peu de choses à faire pour qu'on s'attache à leurs intérêts ; mais ce printemps est rapide, sachez le bien employer. Cultivez donc les femmes influentes. Les femmes influentes sont les vieilles femmes, elles vous apprendront les alliances, les secrets de toutes les familles, et les chemins de traverse qui peuvent vous mener rapidement au but. Elles seront à vous de cœur ; la protection est leur dernier amour quand elles ne sont pas dévotes ; elles vous serviront merveilleusement, elles vous prôneront et vous rendront désirable. Fuyez les jeunes femmes ! Ne croyez pas qu'il y ait le moindre intérêt personnel dans ce que je vous dis. La femme de cinquante ans fera tout pour vous et la femme de vingt ans rien ; celle-ci veut toute votre vie, l'autre ne vous demandera qu'un moment, une attention. Raillez les jeunes femmes, prenez d'elles tout en plaisanterie, elles sont incapables d'avoir une pensée sérieuse. Les jeunes femmes, mon ami, sont égoïstes, petites, sans amitié vraie, elles n'aiment qu'elles, elles vous sacrifieraient à un succès. D'ailleurs, toutes veulent du dévouement, et votre situation exigera qu'on en ait pour vous, deux prétentions inconciliables. Aucune d'elles n'aura l'entente de vos intérêts, toutes penseront à elles et non à vous, toutes vous nuiront plus par leur vanité qu'elles ne vous serviront par leur attachement ; elles vous dévoreront sans scrupule votre temps, vous feront manquer votre fortune, vous détruiront de la meilleure grâce du monde. Si vous vous plaignez, la plus sotte d'entre elles vous prouvera que son gant vaut le monde, que rien n'est plus glorieux que de la servir. Toutes vous diront qu'elles donnent le bonheur, et vous feront oublier vos belles destinées : leur bonheur est variable, votre grandeur sera certaine. Vous ne savez pas avec quel art perfide elles s'y prennent pour satisfaire leurs fantaisies, pour convertir un goût passager en un amour qui commence sur la terre et doit se continuer dans le ciel. Le jour où elles vous quitteront, elles vous diront que le mot *je n'aime plus* justifie l'abandon, comme le mot *j'aime* excusait leur amour, que l'amour est involontaire. Doctrine absurde, cher ! Croyez-le, le véritable amour est éternel, infini, toujours semblable à lui-même ; il est égal et pur, sans démonstrations violentes ; il se voit en cheveux blancs, toujours jeune de cœur. Rien de ces

choses ne se trouve parmi les femmes mondaines, elles jouent toutes la comédie : celle-ci vous intéressera par ses malheurs, elle paraîtra la plus douce et la moins exigeante des femmes ; mais quand elle se sera rendue nécessaire, elle vous dominera lentement et vous fera faire ses volontés ; vous voudrez être diplomate, aller, venir, étudier les hommes, les intérêts, les pays ? non, vous resterez à Paris ou à sa terre, elle vous coudra malicieusement à sa jupe ; et plus vous montrerez de dévouement, plus elle sera ingrate. Celle-là tentera de vous intéresser par sa soumission, elle se fera votre page, elle vous suivra romanesquement au bout du monde, elle se compromettra pour vous garder et sera comme une pierre à votre cou. Vous vous noierez un jour, et la femme surnagera. Les moins rusées des femmes ont des pièges infinis ; la plus imbécile triomphe par le jeu de défiance qu'elle excite ; la moins dangereuse serait une femme galante qui vous aimerait sans savoir pourquoi, qui vous quitterait sans motif, et vous reprendrait par vanité. Mais toutes vous nuiront dans le présent ou dans l'avenir. Toute jeune femme qui va dans le monde, qui vit de plaisirs et de vaniteuses satisfactions, est une femme à demi corrompue qui vous corrompra. Là, ne sera pas la créature chaste et recueillie dans l'âme de laquelle vous régnerez toujours. Ah ! elle sera solitaire, celle qui vous aimera : ses plus belles fêtes seront vos regards, elle vivra de vos paroles. Que cette femme soit donc pour vous le monde entier, car vous serez tout pour elle ; aimez-la bien, ne lui donnez ni chagrins ni rivales, n'excitez pas sa jalousie. Être aimé, cher, être compris, est le plus grand bonheur, je souhaite que vous le goûtiez, mais ne compromettez pas la fleur de votre âme, soyez bien sûr du cœur où vous placerez vos affections. Cette femme ne sera jamais elle, elle ne devra jamais penser à elle, mais à vous ; elle ne vous disputera rien, elle n'entendra jamais ses propres intérêts et saura flairer pour vous un danger là où vous n'en verrez point, là où elle oubliera le sien propre ; enfin si elle souffre, elle souffrira sans se plaindre, elle n'aura point de coquetterie personnelle, mais elle aura comme un respect de ce que vous aimerez en elle. Répondez à cet amour en le surpassant. »

Lettre d'Henriette de Mortsauf à Félix de Vandenesse, *Le Lys dans la vallée*, 1835-1836.

comme des animaux à un râtelier, les dix-huit convives en train de se repaître. Le spectacle de ces misères et l'aspect de cette salle lui furent horribles. La transition était trop brusque, le contraste trop complet, pour ne pas développer outre mesure chez lui le sentiment de l'ambition. D'un côté, les fraîches et charmantes images de la nature sociale la plus élégante, des figures jeunes, vives, encadrées par les merveilles de l'art et du luxe, des têtes passionnées pleines de poésie ; de l'autre, de sinistres tableaux bordés de fange, et des faces où les passions n'avaient laissé que leurs cordes et leur mécanisme. Les enseignements que la colère d'une femme abandonnée[1] avait arrachés à madame de Beauséant, ses offres captieuses revinrent dans sa mémoire, et la misère les commenta. Rastignac résolut d'ouvrir deux tranchées parallèles pour arriver à la fortune, de s'appuyer sur la science et sur l'amour, d'être un savant docteur et un homme à la mode. Il était encore bien enfant ! Ces deux lignes sont des asymptotes qui ne peuvent jamais se rejoindre[2] (1).

— Vous êtes bien sombre, monsieur le marquis, lui dit Vautrin, qui lui jeta un de ces regards par lesquels cet homme semblait s'initier aux secrets les plus cachés du cœur.

— Je ne suis plus disposé à souffrir les plaisanteries de ceux qui m'appellent monsieur le marquis, répondit-il. Ici, pour être vraiment marquis, il faut avoir cent mille livres de rente, et quand on vit dans la Maison Vauquer on n'est pas précisément le favori de la Fortune.

Vautrin regarda Rastignac d'un air paternel et méprisant, comme s'il eût dit : Marmot ! dont je ne ferais qu'une bouchée ! Puis il répondit : — Vous êtes de mauvaise humeur, parce que vous n'avez peut-être pas réussi auprès de la belle comtesse de Restaud.

— Elle m'a fermé sa porte pour lui avoir dit que son père mangeait à notre table, s'écria Rastignac.

Tous les convives s'entre-regardèrent. Le père Goriot baissa les yeux, et se retourna pour les essuyer.

— Vous m'avez jeté du tabac dans l'œil, dit-il à son voisin.

— Qui vexera le père Goriot s'attaquera désormais à moi, répondit Eugène en regardant le voisin de l'ancien vermicellier ; il vaut mieux que nous tous. Je ne parle pas des dames, dit-il en se retournant vers mademoiselle Taillefer.

1. *Une nouvelle publiée en 1832 et intitulée* La Femme abandonnée *relate les aventures ultérieures de Madame de Beauséant.*

2. *Balzac semble confondre les asymptotes — lignes droites qui s'approchent indéfiniment d'une courbe sans jamais la rencontrer — et les parallèles.*

1 Les apophtegmes douteux ou critique du moralisme balzacien.

« Les éléments biologiques et les éléments historiques se mêlent remarquablement dans l'œuvre de Balzac, en dépit de bien des imprécisions et exagérations, parce qu'ils se conforment les uns et les autres à son caractère romantique-dynamique, qui s'aventure quelquefois dans le romantique-magique et dans le démonique (dans les deux cas on sent l'action de « forces » irrationnelles). En revanche, l'élément de moralisme classique fait très souvent l'effet d'un corps étranger. Il se traduit le plus souvent dans le goût de Balzac pour les maximes générales à contenu moral. Celles-ci ne laissent pas, quelquefois, d'être spirituelles en tant qu'observations, mais Balzac les généralise abusivement. D'autres fois elles ne sont même pas spirituelles, et lorsqu'elles prennent une certaine extension, on a le sentiment d'avoir affaire à du verbiage. Citons ici quelques brèves sentences morales qui se trouvent dans *Le Père Goriot* :

Le bonheur est la poésie des femmes comme la toilette en est le fard. — (La science et l'amour...) sont des asymptotes qui ne peuvent jamais se rejoindre. — S'il est un sentiment inné dans le cœur de l'homme, n'est-ce pas l'orgueil de la protection exercé à tout moment en faveur d'un être faible ? — Quand on connaît Paris, on ne croit à rien de ce qui s'y dit, et l'on ne dit rien de ce qui s'y fait. — Un sentiment, n'est-ce pas le monde dans une pensée ?

Le moins qu'on puisse dire de semblables apophtegmes, c'est qu'ils ne méritent pas la généralisation qu'on leur fait subir. Ce sont des aperçus nés de la situation du moment, aperçus parfois pénétrants, parfois absurdes, et pas toujours de très bon goût. Balzac ambitionne d'être un moraliste classique ; on surprend parfois dans ses romans un écho de La Bruyère (par exemple dans un passage du *Père Goriot* qui décrit les effets physiques et moraux de la possession de l'argent, à l'occasion d'une somme que Rastignac reçoit de sa famille). Mais le moralisme ne convient ni à son style ni à son tempérament. »

ERICH AUERBACH, *op. cit.*, pp. 474-475.

Toutefois, ce goût de Balzac pour les maximes morales s'affirme aussi contre un certain moralisme. Quand il affirme : « Ce que les moralistes nomment les abîmes du cœur humain sont uniquement les décevantes pensées, les involontaires mouvements de l'intérêt personnel. Ces péripéties, le sujet de tant de déclamations, ces retours soudains, sont des calculs faits au nom de nos jouissances » *(p. 258), il prend le contre-pied du moralisme classique à la La Rochefoucauld. Il dénonce l'utilisation mystificatrice de ces propositions, qui cachent les enjeux réels : le moralisme explique tout par la nature humaine, donnée comme invariable, il est fataliste ; Balzac entend expliquer le comportement des individus par le déterminisme social, ce qui l'amène à formuler lui aussi des lois, dans la perspective d'une science. S'arrêter à la critique des maximes sans en voir l'intentionnalité serait sans doute occulter cette ambition nouvelle qu'il offre au roman.*

Cette phrase fut un dénouement, Eugène l'avait prononcée d'un air qui imposa silence aux convives. Vautrin seul lui dit en goguenardant : — Pour prendre le père Goriot à votre compte, et vous établir son éditeur responsable, il faut savoir bien tenir une épée et bien tirer le pistolet.

— Ainsi ferai-je, dit Eugène.

— Vous êtes donc entré en campagne aujourd'hui ?

— Peut-être, répondit Rastignac. Mais je ne dois compte de mes affaires à personne, attendu que je ne cherche pas à deviner celles que les autres font la nuit.

Vautrin regarda Rastignac de travers.

— Mon petit, quand on ne veut pas être dupe des marionnettes, il faut entrer tout à fait dans la baraque, et ne pas se contenter de regarder par les trous de la tapisserie. Assez causé, ajouta-t-il en voyant Eugène près de se gendarmer. Nous aurons ensemble un petit bout de conversation quand vous le voudrez.

Le dîner devint sombre et froid. Le père Goriot, absorbé par la profonde douleur que lui avait causée la phrase de l'étudiant, ne comprit pas que les dispositions des esprits étaient changées à son égard, et qu'un jeune homme en état d'imposer silence à la persécution avait pris sa défense.

— Monsieur Goriot, dit madame Vauquer à voix basse, serait donc le père d'une comtesse à c't'heure ?

— Et d'une baronne, lui répliqua Rastignac.

— Il n'a que ça à faire, dit Bianchon à Rastignac, je lui ai pris la tête : il n'y a qu'une bosse, celle de la paternité, ce sera un Père *Éternel*.

Eugène était trop sérieux pour que la plaisanterie de Bianchon le fît rire. Il voulait profiter des conseils de madame de Beauséant, et se demandait où et comment il se procurerait de l'argent. Il devint soucieux en voyant les savanes du monde qui se déroulaient à ses yeux à la fois vides et pleines ; chacun le laissa seul dans la salle à manger quand le dîner fut fini.

— Vous avez donc vu ma fille ? lui dit Goriot d'une voix émue.

Réveillé de sa méditation par le bonhomme, Eugène lui prit la main, et le contemplant avec une sorte d'attendrissement : — Vous êtes un brave et digne homme, répondit-il. Nous causerons de vos filles plus tard. Il se leva sans vouloir écouter le père Goriot, et se retira dans sa chambre, où il écrivit à sa mère la lettre suivante :

« Ma chère mère, vois si tu n'as pas une troisième mamelle à t'ouvrir pour moi. Je suis dans une situation à faire promptement fortune. J'ai besoin de douze cents francs, et il me les faut à tout prix. Ne dis rien de ma demande à mon père, il s'y opposerait peut-être, et si je n'avais pas cet argent je serais en proie à un désespoir qui me conduirait à me brûler la cervelle. Je t'expliquerai mes motifs aussitôt que je te verrai, car il faudrait t'écrire des volumes pour te faire comprendre la situation dans laquelle je suis. Je n'ai pas joué, ma bonne mère, je ne dois rien ; mais si tu tiens à me conserver la vie que tu m'as donnée, il faut me trouver cette somme. Enfin, je vais chez la vicomtesse de Beauséant, qui m'a pris sous sa protection. Je dois aller dans le monde, et n'ai pas un sou pour avoir des gants propres. Je saurai ne manger que du pain, ne boire que de l'eau, je jeûnerai au besoin ; mais je ne puis me passer des outils avec lesquels on pioche la vigne dans ce pays-ci. Il s'agit pour moi de faire mon chemin ou de rester dans la boue. Je sais toutes les espérances que vous avez mises en moi, et veux les réaliser promptement. Ma bonne mère, vends quelques-uns de tes anciens bijoux, je te les remplacerai bientôt. Je connais assez la situation de notre famille pour savoir apprécier de tels sacrifices, et tu dois croire que je ne te demande pas de les faire en vain, sinon je serais un monstre. Ne vois dans ma prière que le cri d'une impérieuse nécessité. Notre avenir est tout entier dans ce subside, avec lequel je dois ouvrir la campagne ; car cette vie de Paris est un combat perpétuel. Si, pour compléter la somme, il n'y a pas d'autres ressources que de vendre les dentelles de ma tante, dis-lui que je lui en enverrai de plus belles. » Etc.

Il écrivit à chacune de ses sœurs en leur demandant leurs économies, et, pour les leur arracher sans qu'elles parlassent en famille du sacrifice qu'elles ne manqueraient pas de lui faire avec bonheur, il intéressa leur délicatesse en attaquant les cordes de l'honneur qui sont si bien tendues et résonnent si fort dans de jeunes cœurs. Quand il eut écrit ces lettres, il éprouva néanmoins une trépidation involontaire : il palpitait, il tressaillait. Ce jeune ambitieux connaissait la noblesse immaculée de ces âmes ensevelies dans la solitude, il savait quelles peines il causerait à ses deux sœurs, et aussi quelles seraient leurs joies ; avec quel plaisir elles s'entretiendraient en secret de ce frère bien-aimé, au fond du clos. Sa conscience se dressa lumineuse, et les lui montra comptant en secret leur petit trésor : il les vit, déployant le génie malicieux des jeunes filles pour lui envoyer *incognito* cet argent, essayant une première tromperie pour être sublimes. « Le cœur d'une sœur est un diamant de pureté, un abîme de tendresse ! » se dit-il [1]. Il avait honte d'avoir écrit. Combien seraient puissants leurs vœux, combien pur serait l'élan de leurs âmes vers le ciel ! Avec quelles voluptés ne se sacrifieraient-elles pas ? De quelle douleur serait atteinte sa mère, si elle ne pouvait envoyer toute la somme ! Ces beaux sentiments, ces effroyables sacrifices allaient lui servir d'échelon pour arriver à Delphine de Nucingen. Quelques larmes, derniers grains d'encens jetés sur l'autel sacré de la famille, lui sortirent des yeux. Il se promena dans une agitation pleine de désespoir. Le père Goriot, le voyant ainsi par sa porte qui était restée entrebâillée, entra et lui dit : — Qu'avez-vous, monsieur ?

— Ah ! mon bon voisin, je suis encore fils et frère comme vous êtes père. Vous avez raison de trembler pour la comtesse Anastasie, elle est à un monsieur Maxime de Trailles qui la perdra.

Le père Goriot se retira en balbutiant quelques paroles dont Eugène ne saisit pas le sens. Le lendemain, Rastignac alla jeter ses lettres à la poste. Il hésita jusqu'au dernier moment, mais il les lança dans la boîte en disant : Je réussirai ! Le mot du joueur, du grand capitaine, mot fataliste qui perd plus d'hommes qu'il n'en sauve. Quelques jours après, Eugène alla chez madame de Restaud et ne fut pas reçu. Trois fois il y retourna, trois fois encore il trouva la porte close, quoiqu'il se présentât à des heures où le comte Maxime de Trailles n'y était pas. La vicomtesse avait eu raison. L'étudiant n'étudia plus. Il alla aux Cours pour y répondre à l'appel, et quand il avait attesté sa présence, il décampait. Il s'était fait le raisonnement que se font la plupart des étudiants. Il réservait ses études pour le moment où il s'agirait de passer ses examens ; il avait résolu d'entasser ses inscriptions de seconde et de troisième année, puis d'apprendre le Droit sérieusement et d'un seul coup au dernier moment. Il avait ainsi quinze mois de loisirs pour naviguer sur l'océan de Paris, pour s'y livrer à la traite des femmes, ou y pêcher la fortune. Pendant cette semaine, il vit deux fois madame de Beauséant, chez laquelle il n'allait qu'au moment où sortait la voiture du marquis d'Ajuda. Pour quelques jours encore cette illustre femme, la plus poétique

1 De la sœur sublime à la sœur confidente.

« Ma chère Ève, les sœurs ont le triste privilège d'épouser plus de chagrins que de joies en partageant l'existence de frères voués à l'Art, et je commence à craindre de te devenir bien à charge. N'ai-je pas abusé déjà de vous tous, qui vous êtes sacrifiés pour moi ? Ce souvenir de mon passé, si rempli par les joies de la famille, m'a soutenu contre la solitude de mon présent. Avec quelle rapidité d'aigle, revenant à son nid, n'ai-je pas traversé la distance qui nous sépare pour me trouver dans une sphère d'affections vraies, après avoir éprouvé les premières misères et les premières déceptions du monde parisien ! Vos lumières ont-elles pétillé ? Les tisons de votre foyer ont-ils roulé ? Avez-vous entendu des bruissements dans vos oreilles ! Ma mère a-t-elle dit : « Lucien pense à nous » ? David a-t-il répondu : « Il se débat avec les hommes et les choses » ? Mon Ève, je n'écris cette lettre qu'à toi seule. A toi seule j'oserai confier le bien et le mal qui m'adviendront, en rougissant de l'un et de l'autre, car ici le bien est aussi rare que devrait l'être le mal. (...) Ma pauvre sœur, Paris est un étrange gouffre : on y trouve à dîner pour dix-huit sous, et le plus simple dîner d'un *restaurat* élégant coûte cinquante francs ; il y a des gilets et des pantalons à quatre francs et quarante sous, les tailleurs à la mode ne vous les font pas moins de cent francs. On donne un sou pour passer les ruisseaux des rues quand il pleut. Enfin la moindre course en voiture vaut trente-deux sous. Après avoir habité le beau quartier, je suis aujourd'hui hôtel de Cluny, rue de Cluny, dans l'une des plus pauvres et des plus sombres petites rues de Paris, serrée entre trois églises et les vieux bâtiments de la Sorbonne. J'occupe une chambre garnie au quatrième étage de cet hôtel, et, quoique bien sale et dénué, je la paye encore quinze francs par mois. Je déjeune d'un petit pain de deux sous et d'un sou de lait, mais je dîne très bien pour vingt-deux sous au restaurant d'un nommé Flicoteaux, lequel est situé sur la place même de la Sorbonne. Jusqu'à l'hiver ma dépense n'excédera pas soixante francs par mois, tout compris, du moins je l'espère. Ainsi mes deux cent quarante francs suffiront aux quatre premiers mois. »

Illusions perdues, 1837-1843

figure du faubourg Saint-Germain, resta victorieuse, et fit suspendre le mariage de mademoiselle de Rochefide avec le marquis d'Ajuda-Pinto. Mais ces derniers jours, que la crainte de perdre son bonheur rendit les plus ardents de tous, devaient précipiter la catastrophe. Le marquis d'Ajuda, de concert avec les Rochefide, avait regardé cette brouille et ce raccommodement comme une circonstance heureuse ; ils espéraient que madame de Beauséant s'accoutumerait à l'idée de ce mariage et finirait par sacrifier ses matinées à un avenir prévu dans la vie des hommes. Malgré les plus saintes promesses renouvelées chaque jour, monsieur d'Ajuda jouait donc la comédie, et la vicomtesse aimait à être trompée. « Au lieu de sauter noblement par la fenêtre, elle se laissait rouler dans les escaliers », disait la duchesse de Langeais, sa meilleure amie. Néanmoins, ces dernières lueurs brillèrent assez longtemps pour que la vicomtesse restât à Paris et y servît son jeune parent auquel elle portait une sorte d'affection superstitieuse. Eugène s'était montré pour elle plein de dévouement et de sensibilité dans une circonstance où les femmes ne voient de pitié, de consolation vraie dans aucun regard. Si un homme leur dit alors de douces paroles, il les dit par spéculation.

Dans le désir de parfaitement bien connaître son échiquier avant de tenter l'abordage de la maison de Nucingen, Rastignac voulut se mettre au fait de la vie antérieure du père Goriot et recueillit des renseignements certains, qui peuvent se réduire à ceci.

Jean-Joachim Goriot était, avant la Révolution, un simple ouvrier vermicellier, habile, économe, et assez entreprenant pour avoir acheté le fonds de son maître, que le hasard rendit victime du premier soulèvement de 1789. Il s'était établi rue de la Jussienne[1], près de la Halle-aux-Blés, et avait eu le gros bon sens d'accepter la présidence de sa section, afin de faire protéger son commerce par les personnages les plus influents de cette dangereuse époque. Cette sagesse avait été l'origine de sa fortune qui commença dans la disette, fausse ou vraie, par suite de laquelle les grains acquirent un prix énorme à Paris. Le peuple se tuait à la porte des boulangers, tandis que certaines personnes allaient chercher sans émeute des pâtes d'Italie chez les épiciers. Pendant cette année, le citoyen Goriot amassa les capitaux qui plus tard lui servirent à faire son commerce avec toute la supériorité que donne une grande masse d'argent à celui qui la possède. Il

1. 2e arrondissement, dans le quartier de la Bourse du Commerce.

lui arriva ce qui arrive à tous les hommes qui n'ont qu'une capacité relative. Sa médiocrité le sauva. D'ailleurs, sa fortune n'étant connue qu'au moment où il n'y avait plus de danger à être riche, il n'excita l'envie de personne. Le commerce de grains semblait avoir absorbé toute son intelligence. S'agissait-il de blés, de farines, de grenailles[1], de reconnaître leurs qualités, les provenances, de veiller à leur conservation, de prévoir les cours, de prophétiser l'abondance ou la pénurie des récoltes, de se procurer les céréales à bon marché, de s'en approvisionner en Sicile, en Ukraine, Goriot n'avait pas son second. A lui voir conduire ses affaires, expliquer les lois sur l'exportation, sur l'importation des grains, étudier leur esprit, saisir leurs défauts, un homme l'eût jugé capable d'être ministre d'État. Patient, actif, énergique, constant, rapide dans ses expéditions, il avait un coup d'œil d'aigle, il devançait tout, prévoyait tout, savait tout, cachait tout ; diplomate pour concevoir, soldat pour marcher. Sorti de sa spécialité, de sa simple et obscure boutique sur le pas de laquelle il demeurait pendant ses heures d'oisiveté, l'épaule appuyée au montant de la porte, il redevenait l'ouvrier stupide et grossier, l'homme incapable de comprendre un raisonnement, insensible à tous les plaisirs de l'esprit, l'homme qui s'endormait au spectacle, un de ces Dolibans parisiens[2], forts seulement en bêtise. Ces natures se ressemblent presque toutes. A presque toutes, vous trouveriez un sentiment sublime au cœur. Deux sentiments exclusifs avaient rempli le cœur du vermicellier, en avaient absorbé l'humide, comme le commerce des grains employait toute l'intelligence de sa cervelle. Sa femme, fille unique d'un riche fermier de la Brie, fut pour lui l'objet d'une admiration religieuse, d'un amour sans bornes. Goriot avait admiré en elle une nature frêle et forte, sensible et jolie, qui contrastait vigoureusement avec la sienne. S'il est un sentiment inné dans le cœur de l'homme, n'est-ce pas l'orgueil de la protection exercée à tout moment en faveur d'un être faible ? joignez-y l'amour, cette reconnaissance vive de toutes les âmes franches pour le principe de leurs plaisirs, et vous comprendrez une foule de bizarreries morales. Après sept ans de bonheur sans nuages, Goriot, malheureusement pour lui, perdit sa femme : elle commençait à prendre de l'empire sur lui, en dehors de la sphère des sentiments. Peut-être y eût-elle cultivé cette nature inerte, peut-être eût-elle jeté l'intelligence des choses du monde et de la vie. Dans

1. Rebut de grain, dont on nourrit la volaille.

2. M. d'Oliban est un personnage de père stupide qui est tout près de faire le malheur de sa fille dans la comédie de Choudart-Desforges, Le Sourd ou l'Auberge pleine *(1790). Le manuscrit montre que Balzac avait d'abord écrit « Calibans », d'après le personnage de* La Tempête *de Shakespeare (1611) généralement cité comme le type de brute vouée au mal.*

cette situation, le sentiment de la paternité se développa chez Goriot jusqu'à la déraison. Il reporta ses affections trompées par la mort sur ses deux filles, qui, d'abord, satisfirent pleinement tous ses sentiments. Quelques brillantes que fussent les propositions qui lui furent faites par des négociants ou des fermiers jaloux de lui donner leurs filles, il voulut rester veuf. Son beau-père, le seul homme pour lequel il avait eu du penchant, prétendait savoir pertinemment que Goriot avait juré de ne pas faire d'infidélité à se femme, quoique morte. Les gens de la Halle, incapables de comprendre cette sublime folie, en plaisantèrent, et donnèrent à Goriot quelque grotesque sobriquet. Le premier d'entre eux qui, en buvant le vin d'un marché, s'avisa de le prononcer, reçut du vermicellier un coup de poing sur l'épaule qui l'envoya, la tête la première, sur une borne de la rue Oblin[1]. Le dévouement irréfléchi, l'amour ombrageux et délicat que portait Goriot à ses filles était si connu, qu'un jour un de ses concurrents, voulant le faire partir du marché pour rester maître du cours, lui dit que Delphine venait d'être renversée par un cabriolet. Le vermicellier, pâle et blême, quitta aussitôt la Halle. Il fut malade pendant plusieurs jours par suite de la réaction des sentiments contraires auxquels le livra cette fausse alarme. S'il n'appliqua pas sa tape meurtrière sur l'épaule de cet homme, il le chassa de la Halle en le forçant, dans une circonstance critique, à faire faillite. L'éducation de ses deux filles fut naturellement déraisonnable. Riche de plus de soixante mille livres de rente, et ne dépensant pas douze cents francs pour lui, le bonheur de Goriot était de satisfaire les fantaisies de ses filles : les plus excellents maîtres furent chargés de les douer des talents qui signalent une bonne éducation ; elles eurent une demoiselle de compagnie ; heureusement pour elles, ce fut une femme d'esprit et de goût ; elles allaient à cheval, elles avaient voiture, elles vivaient comme auraient vécu les maîtresses d'un vieux seigneur riche ; il leur suffisait d'exprimer les plus coûteux désirs pour voir leur père s'empressant de les combler ; il ne demandait qu'une caresse en retour de ses offrandes. Goriot mettait ses filles au rang des anges, et nécessairement au-dessus de lui, le pauvre homme ! il aimait jusqu'au mal qu'elles lui faisaient. Quand ses filles furent en âge d'être mariées, elles purent choisir leurs maris suivant leurs goûts : chacune d'elles devait avoir en dot la moitié de la fortune de son père. Courtisée pour sa beauté par le comte de Restaud,

1. Cette rue n'existe plus. Elle partait de la rue Coquillière (1er arrondissement) et aboutissait à la rotonde de la Halle-aux-Blés (l'actuelle Bourse du Commerce).

ARMES DES RASTIGNAC ET DES NUCINGEN

Selon les descriptions du comte de Gramont, Rastignac « *porte d'or à la jumelle de sable en bande accompagnée de dix feuilles de trèfle au pied tortillé, mises en orle. La devise : Je poursuivrai.* » Nucingen « *porte au 1 et 4 équipollé d'argent et de gueules; au 2 d'or au paon rouant; au 3 d'azur à huit besans d'or. Devise : Besans Pesans.* »

Blasons dessinés et peints d'après les croquis du comte F. de Gramont.

Collection Lovenjoul. *Photo J. A. Bricet.*

Anastasie avait des penchants aristocratiques qui la portèrent à quitter la maison paternelle pour s'élancer dans les hautes sphères sociales. Delphine aimait l'argent : elle épousa Nucingen, banquier d'origine allemande qui devint baron du Saint-Empire[1]. Goriot resta vermicellier. Ses filles et ses gendres se choquèrent bientôt de lui voir continuer ce commerce, quoique ce fût toute sa vie. Après avoir subi pendant cinq ans leurs instances, il consentit à se retirer avec le produit de son fonds, et les bénéfices de ces dernières années ; capital que madame Vauquer, chez laquelle il était venu s'établir, avait estimé rapporter de huit à dix mille livres de rente. Il se jeta dans cette pension par suite du désespoir qui l'avait saisi en voyant ses deux filles obligées par leurs maris de refuser non seulement de le prendre chez elles, mais encore de l'y recevoir ostensiblement.

Ces renseignements étaient tout ce que savait un monsieur Muret sur le compte du père Goriot, dont il avait acheté le fonds. Les suppositions que Rastignac avait entendu faire par la duchesse de Langeais se trouvaient ainsi confirmées. Ici se termine l'exposition ① de cette obscure, mais effroyable tragédie parisienne ② ③ .

1. *Le Saint-Empire romain germanique, officiellement aboli par Napoléon en 1806.*

1 Structure dramatique.

On l'a souvent remarqué, Balzac construit le Père Goriot *comme une tragédie avec exposition, préparation de la crise, crise et dénouement. Insistons simplement sur la longueur de l'exposition, et surtout sur la présence de trois dénouements : l'arrestation de Vautrin et la sortie définitive de cinq personnages (événement dont les conséquences sont trop importantes pour qu'on le qualifie de péripétie), les adieux de madame de Beauséant, et la mort du père Goriot.*
Ainsi l'intrigue Vautrin se termine-t-elle d'abord, libérant Rastignac de toute tentation de pacte démoniaque. Puis la première initiatrice disparaît, emportant avec elle les valeurs héroïques et l'authentique noblesse d'âme. Enfin la mort de Goriot constitue l'ultime épreuve avant la conquête d'un monde triplement expliqué auparavant, par les leçons de madame de Beau-

séant et de Vautrin, et par l'expérience tragique du père abandonné. Le défi final de Rastignac procède directement de l'énergie accumulée par cette triple initiation.

2 Temps, drame et roman.

La conclusion de cette première partie nous permet d'attirer l'attention sur l'intervention du narrateur :

« On sait le rôle joué par les interventions du narrateur dans les romans de Balzac. Indications de régie, appels aux compétences variées des narrataires, justification de la présence ou de l'omission d'un élément du texte, renvois à un hors-texte historique, social ou artistique, généralisations vraisemblabilisantes ou moralisantes, commentaire idéologique, tout un discours se déploie qui à la fois articule la narration, manifeste et souligne le procès de communication, relie la fiction au hors-texte et explicite le sens et la portée de ce qui est raconté.
Très souvent ce discours du narrateur se constitue en un métadiscours qui explicite la nature et le fonctionnement même du texte, en nomme les éléments constitutifs (*récit, scène, drame, type, portrait, description, digression, dénouement,* etc.), exhibe ses modes de construction *(Ici s'achève l'exposition de cette histoire)*, désigne les codes de références à partir desquels et contre lesquels le roman se construit *(Ceci n'est pas un roman, c'est un drame)*, réfère à ses conditions de production *(en ces temps de douloureuse littérature)* et de réception *(à l'étonnement de beaucoup de gens)*, rattache tel ou tel roman à la *Comédie humaine.* »

FRANÇOISE VAN ROSSUM-GUYON, 1979,
« Des nécessités d'une digression : sur une figure du métadiscours chez Balzac »,
Revue des Sciences humaines, n° 175, p. 101.

et sur la structure dramatique du roman qui va s'organiser en trois temps : une longue exposition, un drame, un dénouement, chaque partie couvrant environ un tiers du texte. Ce resserrement nous permet par exemple de repé-

rer assez précisément les marques de la temporalité, soit pour cette exposition :

— « en 1819, époque à laquelle ce drame commence » *(p. 28)*

— « Telle était la situation générale de la pension bourgeoise à la fin du mois de novembre 1819 » *(p. 118)*

— *la première journée dramatique (car l'action commence bien pendant ce que Balzac appelle l'exposition) débute avec le retour de Rastignac de sa première visite chez Mme de Beauséant* « vers deux heures dans la nuit » *(p. 118)*

Les éléments et événements importants de cette première journée sont : la rêverie d'Eugène sur le monde et Anastasie de Restaud, interrompue par les soupirs du père Goriot qui dénature son argenterie, les allées et venues de Vautrin. Tout cela se termine par : « il finit par se coucher et par dormir à poings fermés » *(p. 130)*

— « le lendemain matin » *(donc en fait le même jour) commence la « deuxième » journée dramatique. Le brouillard perturbe l'horaire habituel et Mme Vauquer se lève à* « dix heures quart moins » *(p. 132). En un quart d'heure ont lieu le retour de Vautrin, celui de Goriot et de Madame Couture accompagnée de Victorine. A dix heures tout le monde est attablé et Rastignac rentre (p. 138). Après le déjeuner, Poiret et la Michonneau vont se promener au Jardin-des-Plantes (p. 148). La deuxième scène de cette journée dramatique sera celle du dîner (ama !) ;*

— « Le lendemain » *(p. 154) constitue la troisième journée dramatique : elle comporte la visite chez Madame de Restaud (remarquons que parti* « vers trois heures de l'après-midi » *— p. 154 —, Rastignac arrive à* « deux heures et demie » *— p. 160 !), puis celle chez Madame de Beauséant où il arrive vers* « quatre heures et demie » *(p. 179) et d'où il repart à* « cinq heures » *(p. 198). Une demi-heure a donc suffi pour assister à la scène avec d'Ajuda, entendre le discours de la duchesse de Langeais et recevoir la première leçon sur l'art de parvenir de Madame de Beauséant. Puis c'est le dîner à la pension, la passe d'armes avec Vautrin et les lettres à ses mère et sœurs.*

— « A partir de là, la chronologie devient brusquement incertaine », *comme le dit Jean Gaudon dans « Sur la chronologie du Père Goriot »* (L'Année balzacienne, *1967, p. 149). En effet, Rastignac ne peut qu'attendre les réponses de sa famille et l'argent salvateur et entretenir ses relations mondaines : il trouve trois fois* « porte close » *à l'hôtel des Restaud (p. 206) et voit* « deux fois madame de Beauséant » *(ibid.). De plus, il enquête sur le passé du père Goriot, se substituant ainsi au narrateur omniscient qui lui délègue sa fonction et ses pouvoirs (pp. 208-212). L'action proprement dite ne reprendra que* « vers la fin de cette première semaine du mois de décembre », *au tout début de la deuxième partie,* « L'entrée dans le monde » *(p. 216).*

Un tel relevé peut aisément être établi pour la suite du texte, et il prouverait la pertinence de la conclusion suivante :

« Dans *Le Père Goriot*, la division du roman en trois actes, ramassés chacun en quelques jours et séparés par de longs entractes assez mal définis, confirme évidemment ce que presque tous les commentateurs de Balzac se sont plu à souligner : le goût de l'auteur de *La Comédie humaine* pour une forme romanesque qui soit essentiellement dramatique. De telles préoccupations n'avaient d'ailleurs rien d'original dans un siècle qui paraissait devoir être le siècle de Walter Scott. Mais le désir de dramatisation ne conduit pas nécessairement le romancier aux contradictions chronologiques dont nous avons relevé quelques exemples. L'adoption d'une technique quasiment théâtrale, le goût évident de Balzac pour la « scène à faire » expliquent l'économie générale du roman, non la compression, le blocage en une seule journée de scènes qui pourraient s'étaler sur plusieurs jours. Sur ce point, c'est le génie même de Balzac qui est en cause. Il n'est pas l'homme des longues nappes de temps s'étendant à l'infini, ni des grandes lagunes psychologiques. Le lent écoulement des heures, qui a trouvé à notre siècle ses dramaturges et ses romanciers, n'est pas son affaire. Pour lui, il faut que la peau de chagrin du temps, tendue à en craquer, contienne, au prix des pires invraisemblances, le maximum d'action. Frénétiquement, dans une atmosphère survoltée, le héros court au dénouement, comme Balzac, toujours torturé par le temps, se rue vers la conclusion du livre, des autres livres, vers la mort. D'où les grincements de la chronologie et cette sourde

protestation d'une invincible énergie contre la pendule. Mais nous ne sommes pas au théâtre, et le lecteur est un lecteur, non un spectateur ; mieux, un lecteur distrait ou, si l'on préfère, un lecteur que Balzac parvient à distraire. Qui n'a pas présent à la mémoire, à chaque instant de la lecture, tout ce qui précède, n'a pas la moindre possibilité de prendre conscience des invraisemblances. Soumis à la tension dramatique, sans être conscient du rôle que joue l'excessive concentration du temps, le lecteur innocent projette sur le canevas chronologique une durée psychologique beaucoup plus étirée. Il obéit ici à la même attraction que Balzac lui-même. Si les deux mois de désir deviennent deux ans, c'est que le créateur trop pressé a superposé au tempo dramatique artificieusement tendu un tempo psychologique plus lâche et plus conforme aux lenteurs de la forme romanesque. C'est une réaction de lecteur. »

JEAN GAUDON,
op. cit., pp. 154-155.

(L'allusion dans l'avant-dernière phrase aux « deux mois de désir » qui « deviennent deux ans » fait référence à l'« erreur » de Balzac, p. 405.)

3 Les vitesses narratives.

Dans *Figures III* (1972), Gérard Genette propose de distinguer quatre vitesses narratives principales, ou mouvements narratifs, selon les rapports entretenus entre le temps de l'histoire (événements racontés) TH, et le temps du récit (le discours qui les raconte) TR :

— la PAUSE : TR = n TH = O
exemple privilégié : la description ;
— la SCÈNE : TR = TH
exemple : la conversation entre mesdames de Beauséant et de Langeais et Rastignac ;
— le RÉCIT SOMMAIRE : TR < TH
exemple : le passage pp. 206 et sq., depuis « quelques jours après » jusqu'au récit du passé de Goriot recueilli auprès de Muret ;
— l'ELLIPSE : TR = O TH = n
exemple : le « blanc » narratif entre la première et la deuxième partie (pp. 212-216), même si le TH écoulé est très court.

II

L'ENTRÉE DANS LE MONDE

Vers la fin de cette première semaine du mois de décembre, Rastignac reçut deux lettres, l'une de sa mère, l'autre de sa sœur aînée. Ces écritures si connues le firent à la fois palpiter d'aise et trembler de terreur. Ces deux frêles papiers contenaient un arrêt de vie ou de mort sur ses espérances. S'il concevait quelque terreur en se rappelant la détresse de ses parents, il avait trop bien éprouvé leur prédilection pour ne pas craindre d'avoir aspiré leurs dernières gouttes de sang. La lettre de sa mère était ainsi conçue :

« Mon cher enfant, je t'envoie ce que tu m'as demandé. Fais un bon emploi de cet argent, je ne pourrais, quand il s'agirait de te sauver la vie, trouver une seconde fois une somme si considérable sans que ton père en fût instruit, ce qui troublerait l'harmonie de notre ménage. Pour nous la procurer, nous serions obligés de donner des garanties sur notre terre. Il m'est impossible de juger le mérite de projets que je ne connais pas ; mais de quelle nature sont-ils donc pour te faire craindre de me les confier ? Cette explication ne demandait pas des volumes, il ne nous faut qu'un mot à nous autres mères, et ce mot m'aurait évité les angoisses de l'incertitude. Je ne saurais te cacher l'impression douloureuse que ta lettre m'a causée. Mon cher fils, quel est donc le sentiment qui t'a contraint à jeter un tel effroi dans mon cœur ? tu as dû bien souffrir en m'écrivant, car j'ai bien souffert en te lisant. Dans quelle carrière t'engages-tu donc ? Ta vie, ton bonheur seraient attachés à paraître ce que tu n'es pas, à voir un monde où tu ne saurais aller sans faire des dépenses d'argent que tu ne peux soutenir, sans perdre un temps précieux pour tes études ? Mon bon Eugène, crois-en le cœur de ta mère, les voies tortueuses ne mènent à rien de grand. La patience et la résignation doivent être les vertus des jeunes gens qui sont dans ta position. Je ne te gronde pas, je ne voudrais communiquer à notre offrande aucune amertume. Mes paroles sont celles d'une mère aussi confiante que prévoyante. Si tu sais quelles sont tes obligations, je sais, moi, combien ton cœur est pur, combien tes intentions sont excellentes. Aussi puis-je te dire sans crainte : Va, mon bien-aimé, marche ! Je tremble parce que je suis mère ; mais chacun de tes pas sera tendrement accompagné de nos vœux et de nos bénédictions. Sois prudent, cher enfant. Tu dois être sage comme un homme, les destinées de cinq personnes qui te sont chères reposent sur ta tête[1]. Oui, toutes nos fortunes sont en toi, comme ton bonheur est le nôtre. Nous prions tous Dieu de te seconder dans tes entreprises. Ta tante Marcillac a été, dans cette circonstance, d'une bonté inouïe : elle allait jusqu'à concevoir ce que tu me dis de tes gants. Mais elle a un faible pour l'aîné, disait-elle gaiement. Mon Eugène, aime bien ta tante, je ne te dirai ce qu'elle a fait pour toi que quand tu auras réussi ; autrement, son argent te brûlerait les doigts. Vous ne savez pas, enfants, ce que c'est que de sacrifier des souvenirs ! Mais que ne vous sacrifierait-on pas ? Elle me charge de te dire qu'elle te baise au front, et voudrait te communiquer par ce baiser la force d'être souvent heureux. Cette bonne et excellente femme t'aurait écrit si elle n'avait pas la goutte aux doigts. Ton père va bien. La récolte de 1819 passe nos espérances. Adieu, cher enfant. Je ne dirai rien de tes sœurs : Laure[2] t'écrit. Je lui laisse le plaisir de babiller sur les petits événements de la famille. Fasse le ciel que tu réussisses ! Oh ! oui, réussis, mon Eugène, tu m'as fait connaître une douleur trop vive pour que je puisse la supporter une seconde fois. J'ai su ce que c'était que d'être pauvre, en désirant la fortune pour la donner à mon enfant. Allons, adieu. Ne nous laisse pas sans nouvelles, et prends ici le baiser que ta mère t'envoie. »

Quand Eugène eut achevé cette lettre, il était en pleurs, il pensait au père Goriot tordant son vermeil et le vendant pour aller payer la lettre de change de sa fille. « Ta mère a tordu ses bijoux ! se disait-il. Ta tante a pleuré sans doute en vendant quelques-unes de ses reliques ! De quel droit maudirais-tu, Anastasie ? tu viens d'imiter pour l'égoïsme de ton avenir ce qu'elle a fait pour son amant ! Qui, d'elle ou de toi, vaut mieux ? » L'étudiant se sentit les entrailles rongées par une sensation de chaleur intolérable. Il voulait renoncer au monde, il voulait ne pas prendre cet argent. Il éprouva ces nobles et beaux remords secrets dont le mérite est rarement apprécié par les hommes quand ils jugent leurs semblables, et qui font souvent absoudre par les anges du ciel le criminel condamné par les juristes de la terre. Rastignac ouvrit la lettre de sa sœur, dont les expressions innocemment gracieuses lui rafraîchirent le cœur (1).

1. La famille Rastignac compte pourtant sept personnes. Balzac songerait-il à sa propre famille : ses parents, sa tante et ses deux sœurs ?

2. C'était le prénom de la sœur de Balzac.

« Ta lettre est venue bien à propos, cher frère, Agathe et moi nous voulions employer notre argent de tant de manières différentes, que nous ne savions plus à quel achat nous résoudre. Tu as fait comme le domestique du roi d'Espagne quand il a renversé les montres de son maître, tu nous as mises d'accord. Vraiment, nous étions constamment en querelle pour celui de nos désirs auquel nous donnerions la préférence, et nous n'avions pas deviné, mon bon Eugène, l'emploi qui comprenait tous nos désirs. Agathe a sauté de joie. Enfin, nous avons été comme deux folles pendant toute la journée, *à telles enseignes* (style de tante) que ma mère nous disait de son air sévère : Mais qu'avez-vous donc, mesdemoiselles ? Si nous avions été grondées un brin, nous en aurions été, je crois, encore plus contentes. Une femme doit trouver bien du plaisir à souffrir pour celui qu'elle aime ! Moi seule étais rêveuse et chagrine au milieu de ma joie. Je ferai sans doute une mauvaise femme, je suis trop dépensière. Je m'étais acheté deux ceintures, un joli poinçon pour percer les œillets de mes corsets, des niaiseries, en sorte que j'avais moins d'argent que cette grosse Agathe, qui est économe, et entasse ses écus comme une pie. Elle avait deux cents francs ! Moi, mon pauvre ami, je n'ai que cinquante écus. Je suis bien punie, je voudrais jeter ma ceinture dans le puits, il me sera toujours pénible de la porter. Je t'ai volé. Agathe a été charmante. Elle m'a dit : Envoyons les trois cent cinquante francs, à nous deux ! Mais je n'ai pas tenu à te raconter les choses comme elles se sont passées. Sais-tu comment nous avons fait pour obéir à tes commandements, nous avons pris notre glorieux argent, nous sommes allées nous promener toutes deux, et quand une fois nous avons eu gagné la grande route, nous avons couru à Ruffec, où nous avons tout bonnement donné la somme à monsieur Grimbert, qui tient le bureau des Messageries royales ! Nous étions légères comme des hirondelles en revenant. Est-ce que le bonheur nous allégirait[1] ? me dit Agathe. Nous nous sommes dit mille choses que je ne vous répéterai pas, monsieur le Parisien, il était trop question de vous. Oh ! cher frère, nous t'aimons bien, voilà tout en deux mots. Quant au secret, selon ma tante, de petites masques comme nous sont capables de tout, même de se taire. Ma mère est allée mystérieusement à Angoulême avec ma tante, et toutes deux ont gardé le silence sur la haute politique de leur voyage, qui n'a pas eu lieu sans de longues con-

1. *« Allégir un cheval se dit du cavalier qui se porte en arrière pour rendre l'allure plus légère »* (Dictionnaire général *de Darmesteter et Hatzfeld, cité par P.-G. Castex). Littré indique : « Diminuer en tous sens le volume d'un corps. Allégir une poutre. »*

1 Expérience personnelle et écriture.

La lettre de Laure de Rastignac est directement inspirée de celle de Laurence, seconde sœur de Balzac née en 1802, qu'il put lire dans sa mansarde de la rue Lesdiguières :

« Hier le roi a été à la messe, je me trompe Sa majesté n'y va jamais. Hier le roi a signé le contrat de mariage de Mlle... non, il n'a rien signé car les princesses ses filles ne se marient pas. Hier le roi a eu froid aux jambes, c'est vrai sa chambre est glaciale et il n'y a pas de bourrelets aux portes.
Hier la reine a eu une douleur d'épaule assez forte les médecins ont jugé que c'était le vent des fenêtres de son salon ; on fait espérer que la guérison de Sa M... sera prompte, il y a beaucoup d'oies dans le pays, ils viennent tous devant la rigole du château ce qui importune la reine, elle a été éveillée en sursaut par ces individus, Sa M... n'ayant pas de capitole à sauver a été très fâchée qu'ils aient troublé son sommeil.
22 octobre. La naissance de Sa majesté la Reine, Anne, Charlotte, Laure, Sallambier, devait être célébré. Sa M. ayant toujours, en vue le bonheur de ses sujets désirait des réjouissances, mais le Roi considérant le bien de l'état, a voulu que l'anniversaire d'un si beau jour se passe sous silence. Cela a fait un crève cœur aux princesses qui devait passer leur robe des Dimanches pour aller engager les dames de Bernis, voici la fête qu'il devait y avoir il faut au moins que vous en ayez la fumée ; la princesse Laurette l'esprit de la famille avait tourné une prose au cousin Sallambier pour qu'il convertisse le bouquet de fausses fleurs, en *boustifaille*, le dit parent aurait donc apporté une brioche toute chaude de chez le fameux Carpentier, un biscuit de Savoie et des marrons de Lyon grillés ; puis aurait amené quelques pastoureaux dansants.

....

Le roi est toujours bon, tout lui est indifférent. Il ne tient pas à la *Charte* des repas car il se fait servir un gros dîner à 9 h du matin. A 5 heures, ne mange qu'une poire et se couche de très bonne heure. La Douarière est plus que jamais dans ses nerfs, elle dit après tout le monde, s'ennuie beaucoup, se plaint toujours, voudrait mourir et a un *vesillon* terrible, c'est très naturel. La reine est toujours bonne mère, elle est bien heureuse d'avoir loué son appartement et bien plus contente encore d'avoir cédé ses rideaux verts à Me Jaffa qui lui en donne 60 francs.

La reine espère que le guignon n'est plus sur la France. La princesse Laure est toujours charmante aimable gaie, douce comme un ange, nous nous aimons beaucoup, nous vivons ensemble comme des cœurs. Je l'admire, elle a été créée un jour de fête ; son cœur est sorti parfait des mains de la nature. Je veux la prendre pour modèle. Je *veux* lui ressembler, dussé-je y mourir à la peine. Henri n'est encore qu'un enfant ordinaire, il a des moyens, il les mettra à profit il faut l'espérer. »

N.B. Nous respectons fidèlement l'orthographe et la ponctuation de Laurence.

Les lettres familiales constituent un moment important dans la vie du héros : nostalgie de l'origine, chaleur sentimentale, constat ou confirmation de la rupture entre la province et l'enfer parisien, sentiment de culpabilité... Relisons par exemple la lettre d'Ève Séchard à son frère Lucien de Rubempré :

férences d'où nous avons été bannies, ainsi que monsieur le baron. De grandes conjectures occupent les esprits dans l'État de Rastignac. La robe de mousseline semée de fleurs à jour que brodent les infantes pour sa majesté la reine avance dans le plus profond secret. Il n'y a plus que deux laizes[1] à faire. Il a été décidé qu'on ne ferait pas de mur du côté de Verteuil, il y aura une haie. Le menu peuple y perdra des fruits, des espaliers, mais on y gagnera une belle vue pour les étrangers. Si l'héritier présomptif avait besoin de mouchoirs, il est prévenu que la douairière de Marcillac, en fouillant dans ses trésors et ses malles, désignées sous le nom de Pompéia et d'Herculanum, a découvert une pièce de belle toile de Hollande, qu'elle ne se connaissait pas ; les princesses Agathe et Laure mettent à ses ordres leur fil, leur aiguille, et des mains toujours un peu trop rouges. Les deux jeunes princes don Henri et don Gabriel ont conservé la funeste habitude de se gorger de raisiné, de faire enrager leurs sœurs, de ne vouloir rien apprendre, de s'amuser à dénicher des oiseaux, de tapager, et de couper, malgré les lois de l'État, des osiers pour se faire des badines. Le nonce du pape, vulgairement appelé monsieur le curé, menace de les excommunier s'ils continuent à laisser les saints canons de la grammaire pour les canons du sureau belliqueux. Adieu, cher frère, jamais lettre n'a porté tant de vœux faits pour ton bonheur, ni tant d'amour satisfait. Tu auras donc bien des choses à nous dire quand tu viendras ! Tu me diras tout, à moi, je suis l'aînée. Ma tante nous a laissé soupçonner que tu avais des succès dans le monde.

L'on parle d'une dame et l'on se tait du reste[2].

Avec nous s'entend ! Dis donc, Eugène, si tu voulais, nous pourrions nous passer de mouchoirs, et nous te ferions des chemises. Réponds-moi vite à ce sujet. S'il te fallait promptement de belles chemises bien cousues, nous serions obligées de nous y mettre tout de suite ; et s'il y avait à Paris des façons que nous ne connussions pas, tu nous enverrais un modèle, surtout pour les poignets. Adieu, adieu ! je t'embrasse au front du côté gauche, sur la tempe qui m'appartient exclusivement. Je laisse l'autre feuillet pour Agathe, qui m'a promis de ne rien lire de ce que je te dis. Mais, pour en être plus sûre, je resterai près d'elle pendant qu'elle t'écrira. Ta sœur qui t'aime.

LAURE DE RASTIGNAC. »

1. *Largeur d'une étoffe entre les deux lisières.*

2. *Pastiche d'un vers de Corneille : « On parle d'eaux, de Tibre, et l'on se tait du reste »* (Cinna, *IV, 4, vers 1290).*

ÈVE SÉCHARD A LUCIEN

« Mon ami, ta lettre nous a fait pleurer tous. Que ces nobles cœurs vers lesquels ton bon ange te guide le sachent : une mère, une pauvre jeune femme prieront Dieu soir et matin pour eux ; et si les prières les plus ferventes montent jusqu'à son trône, elles obtiendront quelques faveurs pour vous tous. Oui, mon frère, leurs noms sont gravés dans mon cœur. Ah ! je les verrai quelque jour. J'irai, dussé-je faire la route à pied, les remercier de leur amitié pour toi, car elle a répandu comme un baume sur mes plaies vives. Ici, mon ami, nous travaillons comme de pauvres ouvriers. Mon mari, ce grand homme inconnu que j'aime chaque jour davantage en découvrant de moments en moments de nouvelles richesses dans son cœur, délaisse son imprimerie, et je devine pourquoi : ta misère, la nôtre, celle de notre mère l'assassinent. Notre adoré David est comme Prométhée dévoré par un vautour, un chagrin jaune à bec aigu. Quant à lui, le noble homme il n'y pense guère, il a l'espoir d'une fortune. Il passe toutes ses journées à faire des expériences sur la fabrication du papier ; il m'a priée de m'occuper à sa place des affaires, dans lesquelles il m'aide autant que lui permet sa préoccupation. Hélas ! je suis grosse. Cet événement, qui m'eût comblée de joie, m'attriste dans la situation où nous sommes tous. Ma pauvre mère est redevenue jeune, elle a retrouvé des forces pour son fatigant métier de garde-malade. Aux soucis de fortune près, nous serions heureux. Le vieux père Séchard ne veut pas donner un liard à son fils ; David est allé le voir pour lui emprunter quelques deniers afin de te secourir, car ta lettre l'avait mis au désespoir. « Je connais Lucien, il perdra la tête, et fera des sottises », disait-il. Je l'ai bien grondé. Mon frère, manquer à quoi que ce soit ?... lui ai-je répondu, Lucien sait que j'en mourrais de douleur. Ma mère et moi, sans que David s'en doute, nous avons engagé quelques objets, ma mère les retirera dès qu'elle rentrera dans quelque argent. Nous avons pu faire ainsi cent francs que je t'envoie par les messageries. Si je n'ai pas répondu à ta première lettre, ne m'en veux pas, mon ami. Nous étions dans une situation à passer les nuits, je travaillais comme un homme. Ah ! je ne me savais pas autant de force. Madame de Bargeton est une femme sans âme ni cœur ; elle se devait toujours, même en ne t'aimant plus, de te protéger et de t'aider après t'avoir arraché de nos bras pour te jeter dans cette affreuse mer parisienne où il faut une bénédiction de Dieu pour rencontrer des amitiés vraies parmi ces flots d'hommes et d'intérêts. Elle n'est pas à regretter. Je te voulais auprès de toi quelque femme dévouée, une seconde moi-même ; mais maintenant que je te sais des amis qui continuent nos sentiments, me voilà tranquille. Déploie tes ailes, mon beau génie aimé ! Tu seras notre gloire, comme tu es déjà notre amour.

ÈVE. »

« Mon enfant chéri, je ne puis que te bénir après ce que te dit ta sœur, et t'assurer que mes prières et mes pensées ne sont, hélas ! pleines que de toi, au détriment de ceux que je vois ; car il est des cœurs où les absents ont raison, et il en est ainsi dans le cœur de

TA MÈRE. »

Illusions perdues, 1837-1843.

— Oh ! oui, se dit Eugène, oui, la fortune à tout prix ! Des trésors ne payeraient pas ce dévouement. Je voudrais leur apporter tous les bonheurs ensemble. Quinze cent cinquante francs ! se dit-il après une pause. Il faut que chaque pièce porte coup ! Laure a raison. Nom d'une femme ! Je n'ai que des chemises de grosse toile. Pour le bonheur d'un autre, une jeune fille devient rusée autant qu'un voleur. Innocente pour elle et prévoyante pour moi, elle est comme l'ange du ciel qui pardonne les fautes de la terre sans les comprendre.

Le monde était à lui ! Déjà son tailleur avait été convoqué, sondé, conquis. En voyant monsieur de Trailles, Rastignac avait compris l'influence qu'exercent les tailleurs sur la vie des jeunes gens. Hélas ! il n'existe pas de moyenne entre ces deux termes : un tailleur est ou un ennemi mortel, ou un ami donné par la facture[1]. Eugène rencontra dans le sien un homme qui avait compris la paternité de son commerce, et qui se considérait comme un trait d'union entre le présent et l'avenir des jeunes gens. Aussi Rastignac reconnaissant a-t-il fait la fortune de cet homme par un de ces mots auxquels il excella plus tard. — Je lui connais, disait-il, deux pantalons qui ont fait faire des mariages de vingt mille livres de rente.

Quinze cents francs et des habits à discrétion ! En ce moment le pauvre Méridional ne douta plus de rien, et descendit au déjeuner avec cet air indéfinissable que donne à un jeune homme la possession d'une somme quelconque. A l'instant où l'argent se glisse dans la poche d'un étudiant, il se dresse en lui-même une colonne fantastique sur laquelle il s'appuie. Il marche mieux qu'auparavant, il se sent un point d'appui pour son levier, il a le regard plein, direct, il a les mouvements agiles ; la veille, humble et timide, il aurait reçu des coups ; le lendemain, il en donnerait à un premier ministre. Il se passe en lui des phénomènes inouïs : il veut tout et peut tout, il désire à tort et à travers, il est gai, généreux, expansif. Enfin, l'oiseau naguère sans ailes a retrouvé son envergure. L'étudiant sans argent happe un brin de plaisir comme un chien qui dérobe un os à travers mille périls, il le casse, en suce la moelle, et court encore ; mais le jeune homme qui fait mouvoir dans son gousset quelques fugitives pièces d'or déguste ses jouissances, il les détaille, il s'y complaît, il se balance dans le ciel, il ne sait plus ce que signifie le mot *misère*. Paris lui appartient tout entier. Age où tout est luisant, où tout scintille et flambe ! âge de force joyeuse dont

1. Balzac s'amuse à déformer proverbes et maximes. Ici il joue sur « un ami donné par la nature ».

personne ne profite, ni l'homme, ni la femme ! âge des dettes et des vives craintes qui décuplent tous les plaisirs ! Qui n'a pas pratiqué la rive gauche de la Seine, entre la rue Saint-Jacques et la rue des Saints-Pères[1], ne connaît rien à la vie humaine ! — « Ah ! si les femmes de Paris savaient ! se disait Rastignac en dévorant les poires cuites, à un liard la pièce, servies par madame Vauquer, elles viendraient se faire aimer ici. » En ce moment un facteur des Messageries royales se présenta dans la salle à manger, après avoir fait sonner la porte à claire-voie. Il demanda monsieur Eugène de Rastignac, auquel il tendit deux sacs à prendre, et un registre à émarger. Rastignac fut alors sanglé[2] comme d'un coup de fouet par le regard profond que lui lança Vautrin.

— Vous aurez de quoi payer des leçons d'armes et des séances au tir, lui dit cet homme.

— Les galions sont arrivés[3], lui dit madame Vauquer en regardant les sacs.

Mademoiselle Michonneau craignait de jeter les yeux sur l'argent, de peur de montrer sa convoitise.

— Vous avez une bonne mère, dit madame Couture.

— Monsieur a une bonne mère, répéta Poiret.

— Oui, la maman s'est saignée, dit Vautrin. Vous pourrez maintenant faire vos farces, aller dans le monde, y pêcher des dots, et danser avec des comtesses qui ont des fleurs de pêcher sur la tête. Mais croyez-moi, jeune homme, fréquentez le tir.

Vautrin fit le geste d'un homme qui vise son adversaire. Rastignac voulut donner pour boire au facteur, et ne trouva rien dans sa poche. Vautrin fouilla dans la sienne, et jeta vingt sous à l'homme.

— Vous avez bon crédit, reprit-il en regardant l'étudiant.

Rastignac fut forcé de le remercier, quoique depuis les mots aigrement échangés, le jour où il était revenu de chez madame de Beauséant, cet homme lui fût insupportable. Pendant ces huit jours Eugène et Vautrin étaient restés silencieusement en présence, et s'observaient l'un l'autre. L'étudiant se demandait vainement pourquoi. Sans doute les idées se projettent en raison directe de la force avec laquelle elles se conçoivent, et vont frapper là où le cerveau les envoie, par une loi mathématique comparable à celle qui dirige les bombes au sortir du mortier ⟨1⟩. Divers en sont les effets. S'il est des natures tendres où les idées se logent et qu'elles ravagent, il est aussi des natures vigoureusement

1. *C'est-à-dire en allant du quartier latin vers le faubourg Saint-Germain.*

2. *Frappé, cinglé.*

3. *Les galions étaient les navires dans lesquels les Espagnols transportaient l'or, l'argent et toutes les marchandises précieuses de leurs colonies américaines. A l'époque du roman, cette expression était utilisée pour évoquer l'arrivée d'une somme d'argent.*

1 Pour une physique de la volonté.

« Ma pétulante pensée jouissait de son premier âge.
Sans autre secours que celui de l'intuition, qui nous a valu plus de conquêtes que tous les sinus et les cosinus de la science, et sans m'inquiéter ni des preuves, ni du *qu'en dira-t-on,* je décidai que l'homme pouvait projeter en dehors de lui-même, par tous les actes dus à son mouvement, une quantité de forces qui devait produire un effet quelconque dans sa sphère d'activité.
Que de jets lumineux dans cette simple formule !
L'homme aurait-il le pouvoir de diriger l'action de ce constant phénomène auquel il ne pense pas ? Pourrait-il économiser, amasser l'invisible fluide dont il dispose à son insu, comme la seiche du nuage d'encre au sein duquel elle disparaît ? (...)
Si (...) une balle de pistolet lancée au bord de la Méditerranée cause un mouvement qui se fait sentir jusque sur les côtes de la Chine, n'est-il pas probable que, si nous projetons en dehors de nous un luxe de force, nous devons, ou changer autour de nous les conditions de l'atmosphère, ou nécessairement influer, par les effets de cette force vive qui veut sa place, sur les êtres et les choses dont nous sommes entourés ? »

Théorie de la démarche,
1833.

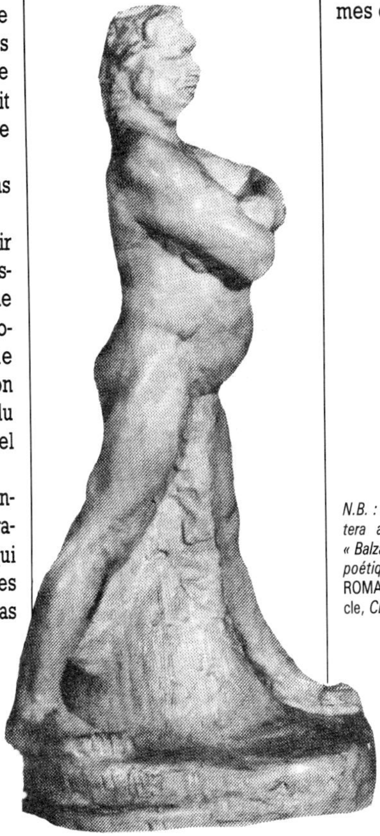

N.B. : sur l'énergie chez Balzac, on consultera avec profit : Madeleine AMBRIERE : « Balzac et l'énergie », Arlette MICHEL : « La poétique balzacienne de l'énergie » in ROMANTISME, Revue du dix-neuvième siècle, *CDU-SEDES, n° 46, 1984.*

munies, des crânes à remparts d'airain sur lesquels les volontés des autres s'aplatissent et tombent comme les balles devant une muraille ; puis il est encore des natures flasques et cotonneuses où les idées d'autrui viennent mourir comme des boulets s'amortissent dans la terre molle des redoutes. Rastignac avait une de ces têtes pleines de poudre qui sautent au moindre choc. Il était trop vivacement jeune pour ne pas être accessible à cette projection des idées, à cette contagion des sentiments dont tant de bizarres phénomènes nous frappent à notre insu. Sa vue morale avait la portée lucide de ses yeux de lynx. Chacun de ses doubles sens avait cette longueur mystérieuse, cette flexibilité d'aller et de retour qui nous émerveille chez les gens supérieurs, bretteurs habiles à saisir le défaut de toutes les cuirasses. Depuis un mois il s'était d'ailleurs développé chez Eugène autant de qualités que de défauts. Ses défauts, le monde et l'accomplissement de ses croissants désirs les lui avaient demandés. Parmi ses qualités se trouvait cette vivacité méridionale qui fait marcher droit à la difficulté pour la résoudre, et qui ne permet pas à un homme d'outre-Loire de rester dans une incertitude quelconque ; qualité que les gens du Nord nomment un défaut : pour eux, si ce fut l'origine de la fortune de Murat, ce fut aussi la cause de sa mort[1]. Il faudrait conclure de là que quand un Méridional sait unir la fourberie du Nord à l'audace d'outre-Loire, il est complet et reste roi de Suède[2]. Rastignac ne pouvait donc pas demeurer longtemps sous le feu des batteries de Vautrin sans savoir si cet homme était son ami ou son ennemi. De moment en moment, il lui semblait que ce singulier personnage pénétrait ses passions et lisait dans son cœur, tandis que chez lui tout était si bien clos qu'il semblait avoir la profondeur immobile d'un sphinx qui sait, voit tout, et ne dit rien. En se sentant le gousset plein, Eugène se mutina.

— Faites-moi le plaisir d'attendre, dit-il à Vautrin qui se levait pour sortir après avoir savouré les dernières gorgées de son café.

— Pourquoi ? répondit le quadragénaire en mettant son chapeau à larges bords et prenant une canne en fer avec laquelle il faisait souvent des moulinets en homme qui n'aurait pas craint d'être assailli par quatre voleurs.

— Je vais vous rendre, reprit Rastignac qui défit promptement un sac et compta cent quarante francs à madame Vauquer. Les bons comptes font les bons amis, dit-il à la

1. Né à La Bastide-sur-Lot (aujourd'hui La Bastide-Murat), Murat était célèbre pour son courage physique, et c'est en voulant reconquérir son royaume de Naples qu'il fut capturé et fusillé en 1815.

2. Allusion à Bernadotte, né à Pau en 1767, maréchal d'Empire, qui devint roi de Suède sous le nom de Charles XIV.

VUE DE LA MAISON DE MADEM.LLE GUIMARD.

veuve. Nous sommes quittes jusqu'à la Saint-Sylvestre. Changez-moi ces cent sous.

— Les bons amis font les bons comptes, répéta Poiret en regardant Vautrin.

— Voici vingt sous, dit Rastignac en tendant une pièce au sphinx (1) en perruque.

— On dirait que vous avez peur de me devoir quelque chose ? s'écria Vautrin en plongeant un regard divinateur dans l'âme du jeune homme auquel il jeta un de ces sourires goguenards et diogéniques[1] desquels Eugène avait été sur le point de se fâcher cent fois.

— Mais... oui, répondit l'étudiant qui tenait ses deux sacs à la main et s'était levé pour monter chez lui.

Vautrin sortait par la porte qui donnait dans le salon, et l'étudiant se disposait à s'en aller par celle qui menait sur le carré de l'escalier.

— Savez-vous, monsieur le marquis de Rastignacorama, que ce que vous me dites n'est pas exactement poli, dit alors Vautrin en fouettant la porte du salon et venant à l'étudiant qui le regarda froidement.

Rastignac ferma la porte de la salle à manger, en emmenant avec lui Vautrin au bas de l'escalier, dans le carré qui séparait la salle à manger de la cuisine, où se trouvait une porte pleine donnant sur le jardin, et surmontée d'un long carreau garni de barreaux en fer. Là, l'étudiant dit devant Sylvie qui déboucha de sa cuisine : — *Monsieur* Vautrin, je ne suis pas marquis, et je ne m'appelle pas Rastignacorama.

— Ils vont se battre, dit mademoiselle Michonneau d'un air indifférent.

— Se battre ! répéta Poiret.

— Que non, répondit madame Vauquer en caressant sa pile d'écus.

— Mais les voilà qui vont sous les tilleuls, cria mademoiselle Victorine en se levant pour regarder dans le jardin. Ce pauvre jeune homme a pourtant raison.

— Remontons, ma chère petite, dit madame Couture, ces affaires-là ne nous regardent pas.

Quand madame Couture et Victorine se levèrent, elles rencontrèrent, à la porte, la grosse Sylvie qui leur barra le passage.

— Quoi qui n'y a donc ? dit-elle. Monsieur Vautrin a dit à monsieur Eugène : Expliquons-nous ! Puis il l'a pris par le bras, et les voilà qui marchent dans nos artichauts.

1. D'une insolence cynique, digne de Diogène, philosophe grec célèbre pour son esprit caustique. L'adjectif semble être une création de Balzac.

1 Vautrin et l'animalité.

« Balzac le qualifie à plusieurs reprises de *sphinx*, c'est-à-dire de créature monstrueuse et secrète, homme et bête à la fois. Le forçat est également comparé à un fauve : il a la poitrine *velue comme le dos d'un ours*, des *griffes d'acier*, *ses yeux brillaient comme ceux d'un chat sauvage*, il *rugit*, il a *une féroce énergie*, des gestes *de lion*, Vautrin voit les hommes comme des bêtes ; sa verve parcourt toute la gamme des comparaisons animales, depuis l'épithète argotique jusqu'à l'image recherchée. Il traite le père Taillefer de *marsouin* ; le père Goriot de *bête brute* ; une jeune fille à sa toilette, de *chat qui boit du lait* ; le frère de Victorine, de *pigeon* ; le comte Franchessini, de *faucon* ; Poiret, de *punaise*. Ces épithètes sont banales et diffèrent peu de celles qu'affectionne Mme Vauquer. Mais Trompe-la-Mort a une autre envergure. Sa vision pour ainsi dire zoologique de l'humanité est érigée en système : le commun des mortels est un *haut bétail*, comme ce troupeau de nègres qui feraient sa fortune en Amérique ; pour réussir, *il faut se manger les uns les autres comme des araignées dans un pot* ; la vie est une chasse dont il faut revenir *sa gibecière bien garnie*. Son admiration va aux forts, aux « trapus », aux « poilus », à ceux qui sont décidés à tout pour ne pas être vaincus dans le *struggle for life*. *Méprisez donc les hommes,* conseille-t-il à Rastignac. Et celui-ci constate, non sans surprise : [*Vautrin*] *m'a dit crûment ce que Mme de Beauséant me disait en y mettant des formes.* Le forçat n'est donc pas tellement différent de la grande dame. Mais Mme de Beauséant n'a pas su agir avec la sauvagerie de l'animal : elle a été vaincue par d'autres, moins scrupuleux qu'elle. Vautrin, par contre, accepte la règle du jeu ; il assume son animalité ; mieux : il en est fier. Sa capture par ce *renard* de Gondureau est un revers passager ; grâce à son instinct de bête et à son intelligence d'homme, il saura s'évader et reprendre sa vie de grand fauve.

L'épaisseur des personnages dans *Le Père Goriot*, leur réalité, la vie intense qui les anime vient, en partie, des comparaisons animales. Ils sont en quelque sorte monstrueux, car leur physionomie et les différentes facettes de leur personnalité sont données à l'état brut, telles qu'elles se présentent chez la bête. Si les créatures balzaciennes sont plus grandes que nature, c'est peut-être qu'elles vont plus loin dans la réalisation des possibilités humaines. Comme chez les animaux, c'est leur instinct qui les pousse à réaliser leur essence. »

LÉON-FRANÇOIS HOFFMANN,
1963, « Les métaphores animales dans *le Père Goriot* »,
L'Année Balzacienne, pp. 101-102.

En ce moment Vautrin parut. — Maman Vauquer, dit-il en souriant, ne vous effrayez de rien, je vais essayer mes pistolets sous les tilleuls.

— Oh ! monsieur, dit Victorine en joignant les mains, pourquoi voulez-vous tuer monsieur Eugène ?

Vautrin fit deux pas en arrière et contempla Victorine. — Autre histoire, s'écria-t-il d'une voix railleuse qui fit rougir la pauvre fille. Il est bien gentil, n'est-ce pas, ce jeune homme-là ? reprit-il. Vous me donnez une idée. Je ferai votre bonheur à tous deux, ma belle enfant.

Madame Couture avait pris sa pupille par le bras et l'avait entraînée en lui disant à l'oreille : — Mais, Victorine, vous êtes inconcevable ce matin.

— Je ne veux pas qu'on tire des coups de pistolet chez moi, dit madame Vauquer. N'allez-vous pas effrayer tout le voisinage et amener la police, à c't'heure !

— Allons, du calme, maman Vauquer, répondit Vautrin. Là, là, tout beau, nous irons au tir. Il rejoignit Rastignac, qu'il prit familièrement par le bras : — Quand je vous aurais prouvé qu'à trente-cinq pas je mets cinq fois de suite ma balle dans un as de pique, lui dit-il, cela ne vous ôterait pas votre courage. Vous m'avez l'air d'être un peu rageur, et vous vous feriez tuer comme un imbécile.

— Vous reculez, dit Eugène.

— Ne m'échauffez pas la bile, répondit Vautrin. Il ne fait pas froid ce matin, venez vous asseoir là-bas, dit-il en montrant les sièges peints en vert. Là, personne ne nous entendra. J'ai à causer avec vous. Vous êtes un bon petit jeune homme auquel je ne veux pas de mal. Je vous aime, foi de Tromp... (mille tonnerres !)[1], foi de Vautrin. Pourquoi vous aimé-je, je vous le dirai. En attendant, je vous connais comme si je vous avais fait, et vais vous le prouver. Mettez vos sacs là, reprit-il en lui montrant la table ronde.

Rastignac posa son argent sur la table et s'assit en proie à une curiosité que développa chez lui au plus haut degré le changement soudain opéré dans les manières de cet homme, qui, après avoir parlé de le tuer, se posait comme son protecteur.

— Vous voudriez bien savoir qui je suis, ce que j'ai fait, ou ce que je fais, reprit Vautrin. Vous êtes trop curieux, mon petit. Allons, du calme. Vous allez en entendre bien d'autres ! J'ai eu des malheurs. Écoutez-moi d'abord, vous me répondrez après. Voilà ma vie antérieure en trois mots.

1. Vautrin, par ce lapsus, est tout près de révéler son surnom de forçat, Trompe-la-Mort.

Qui suis-je ? Vautrin. Que fais-je ? Ce qui me plaît. Passons. Voulez-vous connaître mon caractère ? Je suis bon avec ceux qui me font du bien ou dont le cœur parle au mien. A ceux-là tout est permis, ils peuvent me donner des coups de pied dans les os des jambes sans que je leur dise : *Prends garde !* Mais, nom d'une pipe ! je suis méchant comme le diable avec ceux qui me tracassent, ou qui ne me reviennent pas. Et il est bon de vous apprendre que je me soucie de tuer un homme comme de ça ! dit-il en lançant un jet de salive. Seulement je m'efforce de le tuer proprement, quand il le faut absolument. Je suis ce que vous appelez un artiste. J'ai lu les Mémoires de Benvenuto Cellini[1], tel que vous me voyez, et en italien encore ! J'ai appris de cet homme-là, qui était un fier luron, à imiter la Providence qui nous tue à tort et à travers, et à aimer le beau partout où il se trouve. N'est-ce pas d'ailleurs une belle partie à jouer que d'être seul contre tous les hommes et d'avoir la chance ? J'ai bien réfléchi à la constitution actuelle de votre désordre social. Mon petit, le duel est un jeu d'enfant, une sottise. Quand de deux hommes vivants l'un doit disparaître, il faut être imbécile pour s'en remettre au hasard. Le duel ? croix ou pile[2] ! voilà. Je mets cinq balles de suite dans un as de pique en renfonçant chaque nouvelle balle sur l'autre, et à trente-cinq pas encore ! quand on est doué de ce petit talent-là, l'on peut se croire sûr d'abattre son homme. Eh bien ! j'ai tiré sur un homme à vingt pas, je l'ai manqué. Le drôle n'avait jamais manié de sa vie un pistolet. Tenez ! dit cet homme extraordinaire en défaisant son gilet et montrant sa poitrine velue comme le dos d'un ours, mais garnie d'un crin fauve qui causait une sorte de dégoût mêlé d'effroi, ce blanc-bec m'a roussi le poil[3], ajouta-t-il en mettant le doigt de Rastignac sur un trou qu'il avait au sein. Mais dans ce temps-là j'étais un enfant, j'avais votre âge, vingt et un ans. Je croyais encore à quelque chose, à l'amour d'une femme, un tas de bêtises dans lesquelles vous allez vous embarbouiller. Nous nous serions battus, pas vrai ? Vous auriez pu me tuer. Supposez que je sois en terre, où seriez-vous ? Il faudrait décamper, aller en Suisse, manger l'argent du papa, qui n'en a guère. Je vais vous éclairer, moi, la position dans laquelle vous êtes ; mais je vais le faire avec la supériorité d'un homme qui, après avoir examiné les choses d'ici-bas, a vu qu'il n'y avait que deux partis à prendre : ou une stupide obéissance ou la révolte. Je n'obéis à rien, est-ce clair ? Savez-vous ce

1. Les Mémoires *de Benvenuto Cellini, sculpteur et orfèvre florentin (1500-1571), racontent la vie d'un personnage exceptionnel, artiste raffiné et orgueilleux, démesuré et violent. Vautrin les a lus dans l'original, car leur traduction ne paraîtra qu'en 1822, et connaîtra un immense succès.*

2. Nous dirions aujourd'hui pile ou face.

3. Naturellement roux (indice de virilité), Vautrin se teint les favoris en noir et porte perruque, comme il a été précisé auparavant.

qu'il vous faut, à vous, au train dont vous allez ? un million, et promptement ; sans quoi, avec notre petite tête, nous pourrions aller flâner dans les filets de Saint-Cloud, pour voir s'il y a un Être-Suprême[1] ①. Ce million, je vais vous le donner. Il fit une pause en regardant Eugène. — Ah ! ah ! vous faites meilleure mine à votre petit papa Vautrin. En entendant ce mot-là, vous êtes comme une jeune fille à qui l'on dit : A ce soir, et qui se toilette en se pourléchant comme un chat qui boit du lait. A la bonne heure. Allons donc ! A nous deux ! Voici votre compte, jeune homme. Nous avons, là-bas, papa, maman, grand'tante, deux sœurs (dix-huit et dix-sept ans), deux petits frères (quinze et dix ans), voilà le contrôle de l'équipage[2]. La tante élève vos sœurs. Le curé vient apprendre le latin aux deux frères. La famille mange plus de bouillie de marrons que de pain blanc, le papa ménage ses culottes, maman se donne à peine une robe d'hiver et une robe d'été, nos sœurs font comme elles peuvent. Je sais tout, j'ai été dans le Midi. Les choses sont comme cela chez vous, si l'on vous envoie douze cents francs par an, et que votre terrine[3] ne rapporte que trois mille francs. Nous avons une cuisinière et un domestique, il faut garder le décorum, papa est baron. Quant à nous, nous avons de l'ambition, nous avons les Beauséant pour alliés et nous allons à pied, nous voulons la fortune et nous n'avons pas le sou, nous mangeons les *ratatouilles*[4] de maman Vauquer et nous aimons les beaux dîners du faubourg Saint-Germain, nous couchons sur un grabat et nous voulons un hôtel ! Je ne blâme pas vos vouloirs. Avoir de l'ambition, mon petit cœur, ce n'est pas donné à tout le monde. Demandez aux femmes quels hommes elles recherchent, les ambitieux. Les ambitieux ont les reins plus forts, le sang plus riche en fer, le cœur plus chaud que ceux des autres hommes. Et la femme se trouve si heureuse et si belle aux heures où elle est forte, qu'elle préfère à tous les hommes celui dont la force est énorme, fût-elle en danger d'être brisée par lui. Je fais l'inventaire de vos désirs afin de vous poser la question. Cette question, la voici. Nous avons une faim de loup, nos quenottes sont incisives, comment nous y prendrons-nous pour approvisionner la marmite ? Nous avons d'abord le Code à manger, ce n'est pas amusant, et ça n'apprend rien ; mais il le faut. Soit. Nous nous faisons avocat pour devenir président d'une cour d'assises, envoyer les pauvres diables qui valent mieux que nous avec T.F.[5] sur l'épaule,

1. Sous le pont de Saint-Cloud étaient tendus des filets qui arrêtaient les corps des noyés. Raphaël de Valentin, dans La Peau de chagrin *(1831) et Lucien de Rubempré, dans* Illusions perdues *envisagent la noyade comme ultime solution.*

2. Registre où sont inscrits les noms de tout l'équipage d'un navire.

3. Petite terre. Il s'agit d'un sens très inhabituel de ce mot qui signifie ordinairement « récipient de terre où l'on fait cuire et où l'on conserve des aliments ».

4. Dans le sens de plats grossièrement cuisinés.

5. Les initiales de Travaux Forcés marquées au fer rouge sur l'épaule des forçats.

1 Le suicide.

« Le thème du suicide (...) est l'un des thèmes romantiques par excellence. (...) Le suicide dit soit l'absurdité morale de la vie, l'absence de toutes « maximes », soit (ou en même temps) l'impossibilité matérielle de subsister, partant de s'assurer un minimum de liberté et de pouvoir être. Le thème du suicide, littérairement parlant, du suicide solitaire, non du suicide philosophique ou de tragédie, est celui de l'homme individuellement et solitairement enfermé, ne pouvant communiquer avec personne, et surtout pas avec les « témoins » de sa mort. » En France, directement ou immédiatement, le thème était présent dans *la Nouvelle Héloïse*, dans *René*, dans *les Méditations poétiques*. Le *Werther* de Goethe, à la fin du XVIIIe siècle, lui avait donné ses lettres de noblesse. Sous la Restauration, le suicide, surtout à Paris, était devenu un fléau social, l'un des éléments quotidiens de la vie parisienne comme du journalisme et de la petite littérature. (...) La tentative de suicide de Raphaël dans *la Peau de Chagrin*, tout en renvoyant le lecteur à des faits banals, quotidiens, connus (la crise de désespoir à la sortie du Palais-Royal, les secours aux noyés, les filets de Saint-Cloud), hissait le thème, du lyrisme simple ou d'une simple allusion à l'actualité, à une sorte d'épique. En même temps, le romancier donnait au suicide sa vraie dimension et sa vraie signification de phénomène social :

« Il existe je ne sais quoi de grand et d'épouvantable dans le suicide. Les chutes d'une multitude de gens sont sans danger, comme celles des enfants qui tombent de trop bas pour se blesser ; mais quand un grand homme se brise, il doit venir de bien haut, s'être élevé jusqu'aux cieux, avoir entrevu quelque paradis inaccessible. Implacables doivent être les ouragans qui le forcent à demander la paix de l'âme à la bouche d'un pistolet. Combien de jeunes talents confinés dans une mansarde s'étiolent et périssent faute d'un ami, faute d'une femme consolatrice, au sein d'un million d'êtres, en présence d'une foule lassée d'or et qui s'ennuie. A cette pensée, le suicide prend des proportions gigantesques. Entre une mort volontaire et la féconde espérance dont la voix appelait un jeune homme à Paris, Dieu seul sait combien se heurtent de déceptions, de poésies abandonnées, de désespoirs et de cris étouffés, de tentatives inutiles et de chefs-d'œuvre avortés. Chaque suicide est un poème sublime de mélancolie. Où trouverez-vous, dans l'océan des littératures, un livre surnageant qui puisse lutter de génie avec cet entrefilet :

« Hier, à quatre heures, une jeune femme s'est jetée dans la Seine du haut du Pont-des-Arts. » (La Peau de Chagrin) »

PIERRE BARBÉRIS,
1973, *Le Monde de Balzac*,
Arthaud, pp. 537-538.

Dans la Vieille Fille*, Athanase Granson se suicide par la noyade :*

« Il arriva devant le beau peuplier sous lequel il avait tant médité depuis quarante jours, et où il avait apporté deux grosses pierres pour s'asseoir. Il contempla cette belle nature alors éclairée par la lune ; il revit en quelques heures tout son avenir de gloire : il passa dans les villes émues à son nom ; il entendit les applaudissements de la foule ; il respira l'encens des fêtes, il adora toute sa vie rêvée, il s'élança radieux en de radieux triomphes, il se dressa sa statue, il évoqua toutes ses illusions pour leur dire adieu dans un dernier banquet olympique. Cette magie avait été possible

afin de prouver aux riches qu'ils peuvent dormir tranquillement. Ce n'est pas drôle, et puis c'est long. D'abord, deux années à droguer[1] dans Paris, à regarder, sans y toucher, les *nanans* dont nous sommes friands. C'est fatigant de désirer toujours sans jamais se satisfaire. Si vous étiez pâle et de la nature des mollusques, vous n'auriez rien à craindre ; mais nous avons le sang fiévreux des lions et un appétit à faire vingt sottises par jour (1) . Vous succomberez donc à ce supplice, le plus horrible que nous ayons aperçu dans l'enfer du bon Dieu. Admettons que vous soyez sage, que vous buviez du lait et que vous fassiez des élégies ; il faudra, généreux comme vous l'êtes, commencer, après bien des ennuis et des privations à rendre un chien enragé, par devenir le substitut de quelque drôle, dans un trou de ville où le gouvernement vous jettera mille francs d'appointements, comme on jette une soupe à un dogue de boucher. Aboie après les voleurs, plaide pour le riche, fais guillotiner des gens de cœur. Bien obligé ! Si vous n'avez pas de protections, vous pourrirez dans votre tribunal de province. Vers trente ans, vous serez juge à douze cents francs par an, si vous n'avez pas encore jeté la robe aux orties. Quand vous aurez atteint la quarantaine, vous épouserez quelque fille de meunier, riche d'environ six mille livres de rente. Merci. Ayez des protections, vous serez procureur du roi à trente ans, avec mille écus d'appointements, et vous épouserez la fille du maire. Si vous faites quelques-unes de ces petites bassesses politiques, comme de lire sur un bulletin Villèle au lieu de Manuel (ça rime, ça met la conscience en repos[2]), vous serez, à quarante ans, procureur général, et pourrez devenir député. Remarquez, mon cher enfant, que nous aurons fait des accrocs à notre petite conscience, que nous aurons eu vingt ans d'ennuis, de misères secrètes, et que nos sœurs auront coiffé sainte Catherine[3]. J'ai l'honneur de vous faire observer de plus qu'il n'y a que vingt procureurs généraux en France, et que vous êtes vingt mille aspirants au grade, parmi lesquels il se rencontre des farceurs qui vendraient leur famille pour monter d'un cran. Si le métier vous dégoûte, voyons autre chose. Le baron de Rastignac veut-il être avocat ? Oh ! joli. Il faut pâtir pendant dix ans, dépenser mille francs par mois, avoir une bibliothèque, un cabinet, aller dans le monde, baiser la robe d'un avoué pour avoir des causes, balayer le palais avec sa langue. Si ce métier vous menait à bien, je ne dirais pas non ; mais trouvez-moi

1. S'ennuyer à attendre, d'après un ancien jeu de cartes appelé drogue, où le perdant mettait sur son nez une pince en bois, la drogue, en attendant de reprendre son tour.

2. Allusion aux nombreuses fraudes électorales. Dans ce cas, il s'agit de tricher en volant au candidat libéral, symbolisé par le nom de Manuel (1775-1827), un des plus fameux chefs du parti libéral, une voix en l'attribuant à Villèle (1773-1854), Premier ministre ultra en 1822, qui symbolise le gouvernement.

3. C'est-à-dire qu'elles auront atteint l'âge de vingt-cinq ans sans être mariées.

pendant un moment, maintenant elle s'était à jamais évanouie. Dans ce moment suprême il étreignit son bel arbre, auquel il s'était attaché, comme à un ami ; puis il mit chaque pierre dans chacune des poches de sa redingote et la boutonna. Il était à dessein sorti sans chapeau. Il alla reconnaître l'endroit profond qu'il avait choisi depuis longtemps ; il s'y glissa résolument en tâchant de ne point faire de bruit, et il en fit très peu. »

Et dans Illusions perdues, *Lucien éprouve la même tentation :*

« Pendant la journée passée au moulin de Courtois il s'était promené le long de la rivière et avait remarqué, non loin du moulin, une de ces nappes rondes, comme il s'en trouve dans les petits cours d'eau, dont l'excessive profondeur est accusée par la tranquillité de la surface. L'eau n'est plus ni verte, ni bleue, ni claire, ni jaune ; elle est comme un miroir d'acier poli. Les bords de cette coupe n'offraient plus ni glaïeuls, ni fleurs bleues, ni les larges feuilles du nénuphar, l'herbe de la berge était courte et pressée, les saules pleuraient autour, assez pittoresquement placés tous. On devinait facilement un précipice plein d'eau. Celui qui pouvait avoir le courage d'emplir ses poches de cailloux devait y trouver une mort inévitable, et ne jamais être retrouvé. — Voilà, s'était dit le poète en admirant ce joli petit paysage, un endroit qui vous met l'eau à la bouche d'une noyade. »

1 Le carré d'artichauts, nouveau Pré-aux-clercs, ou l'effet de rupture.

L'échange entre Rastignac et Vautrin, qui aboutit à « Expliquons-nous »(voir p. 119), fonctionne d'abord comme une parodie du Cid : « A moi, Comte, deux mots... » Mais cette dévalorisation burlesque de l'héroïsme classique, soulignée par le fait que l'action est commentée par la « grosse Sylvie », ne débouche pas sur une scène comique. C'est bien un vrai duel qui a lieu : volonté contre volonté, énergie contre énergie, un duel où l'on ne cherche pas à venger son honneur, mais à dominer, investir l'autre, ou à lui résister. La raillerie cède vite la place à la confrontation dramatique du jeune ambitieux et du tentateur expérimenté. La rupture de ton ouvre sur la modernité.

Plusieurs autres effets de rupture scandent ainsi le roman, faisant souvent intervenir des préoccupations alimentaires. Le prosaïsme tend ainsi à ancrer le tragique dans le quotidien. La mise à plat vise à accentuer l'intensité du drame réel.

dans Paris cinq avocats qui, à cinquante ans, gagnent plus de cinquante mille francs par an ? Bah ! plutôt que de m'amoindrir ainsi l'âme, j'aimerais mieux me faire corsaire. D'ailleurs, où prendre des écus ? Tout ça n'est pas gai. Nous avons une ressource dans la dot d'une femme. Voulez-vous vous marier ? ce sera vous mettre une pierre au cou ; puis, si vous vous mariez pour de l'argent, que deviennent nos sentiments d'honneur, notre noblesse ! Autant commencer aujourd'hui votre révolte contre les conventions humaines. Ce ne serait rien que se coucher comme un serpent devant une femme, lécher les pieds de la mère, faire des bassesses à dégoûter une truie, pouah ! si vous trouviez au moins le bonheur. Mais vous serez malheureux comme les pierres d'égout avec une femme que vous aurez épousée ainsi. Vaut encore mieux guerroyer avec les hommes que de lutter avec sa femme. Voilà le carrefour de la vie, jeune homme, choisissez. Vous avez déjà choisi : vous êtes allé chez notre cousine de Beauséant, et vous y avez flairé le luxe. Vous êtes allé chez madame de Restaud, la fille du père Goriot, et vous y avez flairé la Parisienne. Ce jour-là vous êtes revenu avec un mot écrit sur votre front, et que j'ai bien su lire : *Parvenir !* parvenir à tout prix. Bravo ! ai-je dit, voilà un gaillard qui me va. Il vous a fallu de l'argent. Où en prendre ? Vous avez saigné vos sœurs. Tous les frères *flouent*[1] plus ou moins leurs sœurs. Vos quinze cents francs arrachés, Dieu sait comme ! dans un pays où l'on trouve plus de châtaignes que de pièces de cent sous, vont filer comme des soldats à la maraude. Après, que ferez-vous ? vous travaillerez ? Le travail, compris comme vous le comprenez en ce moment, donne, dans les vieux jours, un appartement chez maman Vauquer, à des gars de la force de Poiret. Une rapide fortune est le problème que se proposent de résoudre en ce moment cinquante mille jeunes gens qui se trouvent tous dans votre position. Vous êtes une unité de ce nombre-là. Jugez des efforts que vous avez à faire et de l'acharnement du combat. Il faut vous manger les uns les autres comme des araignées dans un pot, attendu qu'il n'y a pas cinquante mille bonnes places ⟨1⟩. Savez-vous comment on fait son chemin ici ? par l'éclat du génie ou par l'adresse de la corruption. Il faut entrer dans cette masse d'hommes comme un boulet de canon, ou s'y glisser comme une peste. L'honnêteté ne sert à rien. L'on plie sous le pouvoir du génie, on le hait, on tâche de le calomnier, parce qu'il prend sans par-

1. Terme passé de l'argot dans la langue familière : duper, voler.

1 Un exemple d'intertextualité : les affleurements du *Neveu de Rameau* dans *le Père Goriot*.

Le discours de Vautrin rappelle les propos du Neveu de Rameau dans ce texte que cite Balzac dans la Maison Nucingen *(1838) :* « ce pamphlet contre l'homme que Diderot n'osa pas publier, *Le Neveu de Rameau* ».

Ici, par exemple :

« Dans la nature, toutes les espèces se dévorent, toutes les conditions se dévorent dans la société. »

Ailleurs :

« De l'or, de l'or. L'or est tout ; et le reste, sans or, n'est rien. »

ou :

« Qu'importe qu'on ait un état, ou non ; pourvu qu'on soit riche ; puisqu'on ne prend un état que pour le devenir. »

ou bien encore :

« Je vois une infinité d'honnêtes gens qui ne sont pas heureux, et une infinité de gens qui sont heureux sans être honnêtes. »

et enfin :

« S'il importe d'être sublime en quelque genre, c'est surtout en mal. On crache sur un petit filou, mais on ne peut refuser une sorte de considération à un grand criminel. »

d'où :

« Je veux que mon fils soit heureux ; ou ce qui revient au même, honoré, riche et puissant. Je connais un peu les voies les plus faciles d'arriver à ce but ; et je les lui enseignerai de bonne heure. Si vous me blâmez, vous autres sages, la multitude et le succès m'absoudront. Il aura de l'or ; c'est moi qui vous le dis. S'il en a beaucoup, rien ne lui manquera, pas même votre estime et votre respect. »

DIDEROT,
rédaction 1760-1772, publication posthume 1805
Le Neveu de Rameau, édition Droz, pp. 37, 92, 40, 43, 72 et 93

tager ; mais on plie s'il persiste ; en un mot, on l'adore à genoux quand on n'a pas pu l'enterrer sous la boue. La corruption est en force, le talent est rare. Ainsi, la corruption est l'arme de la médiocrité qui abonde, et vous en sentirez partout la pointe. Vous verrez des femmes dont les maris ont six mille francs d'appointements pour tout potage, et qui dépensent plus de dix mille francs à leur toilette. Vous verrez des employés à douze cents francs acheter des terres. Vous verrez des femmes se prostituer pour aller dans la voiture du fils d'un pair de France, qui peut courir à Longchamp sur la chaussée du milieu. Vous avez vu le pauvre bêta de père Goriot obligé de payer la lettre de change endossée[1] par sa fille, dont le mari a cinquante mille livres de rente. Je vous défie de faire deux pas dans Paris sans rencontrer des manigances infernales. Je parierais ma tête contre un pied de cette salade que vous donnerez dans un guêpier chez la première femme qui vous plaira, fût-elle riche, belle et jeune. Toutes sont bricolées[2] par les lois, en guerre avec leurs maris à propos de tout. Je n'en finirais pas s'il fallait vous expliquer les trafics qui se font pour des amants, pour des chiffons, pour des enfants, pour le ménage ou pour la vanité, rarement par vertu, soyez-en sûr. Aussi l'honnête homme est-il l'ennemi commun. Mais que croyez-vous que soit l'honnête homme ? A Paris, l'honnête homme est celui qui se tait, et refuse de partager. Je ne vous parle pas de ces pauvres ilotes[3] ⟨1⟩ qui partout font la besogne sans être jamais récompensés de leurs travaux, et que je nomme la confrérie des savates du bon Dieu. Certes, là est la vertu dans toute la fleur de sa bêtise, mais là est la misère. Je vois d'ici la grimace de ces braves gens si Dieu nous faisait la mauvaise plaisanterie de s'absenter au jugement dernier. Si donc vous voulez promptement la fortune, il faut être déjà riche ou le paraître. Pour s'enrichir, il s'agit ici de jouer de grands coups ; autrement on carotte, et votre serviteur ! Si dans les cent professions que vous pouvez embrasser, il se rencontre dix hommes qui réussissent vite, le public les appelle des voleurs. Tirez vos conclusions. Voilà la vie telle qu'elle est ⟨2⟩. Ça n'est pas plus beau que la cuisine, ça pue tout autant, et il faut se salir les mains si l'on veut fricoter ; sachez seulement vous bien débarbouiller : là est toute la morale de notre époque. Si je vous parle ainsi du monde, il m'en a donné le droit, je le connais. Croyez-vous que je le blâme ? du tout. Il a toujours été ainsi. Les moralistes ne le change-

1. Signer au dos d'une lettre de change, c'est s'engager à la payer.

2. Tenues en laisse, bridées, comme par une bricole, harnais qui s'attache au poitrail. Dans L'Homme qui rit *de Victor Hugo (1869), le saltimbanque Ursus, dont le compagnon est Homo, un loup, tire ainsi sa cahute : « Quand il y avait trop d'ornière et trop de boue, l'homme se bouclait la bricole au cou, et tirait fraternellement, côte à côte avec le loup. »*

3. Ilotes : nom que les Spartiates donnaient à leurs esclaves. Au sens figuré, ceux qui sont réduits dans une société au dernier état d'abjection ou d'ignorance (Littré).

1 Jeunesse et ilotisme.

L'apparition du terme d'ilote est l'occasion de regrouper quelques passages de la Comédie humaine *où Balzac analyse l'ilotisme de la jeunesse sous la Restauration, ce qui éclaire la situation de Rastignac et la pertinence des leçons de Vautrin :*

« Cette jeunesse incertaine en tout, aveugle et clairvoyante, ne fut comptée pour rien par des vieillards jaloux de garder les rênes de l'État dans leurs mains débiles, tandis que la monarchie pouvait être sauvée par leur retraite, et par l'accès de cette jeune France de laquelle aujourd'hui les vieux doctrinaires, ces émigrés de la Restauration, se moquent encore. »

Ferragus, 1833.

« Il devina tout à coup l'ilotisme auquel la Restauration, bardée de ses vieillards éligibles et de ses vieux courtisans, avait condamné la jeunesse noble. Il comprit qu'il n'y avait pour lui de place convenable ni à la Cour, ni dans l'État, ni à l'armée, enfin nulle part... Il s'élança donc dans le monde des plaisirs. »

Le Cabinet des Antiques, écrit en 1833, paru intégralement en 1839.

« Aucun fait n'accuse si hautement l'ilotisme auquel la Restauration avait condamné la jeunesse. Les jeunes gens, qui ne savaient à quoi employer leurs forces, ne les jetaient pas seulement dans le journalisme, dans les conspirations, dans la littérature et dans l'art, ils les dissipaient dans les plus étranges excès, tant il y avait de sève et de luxuriantes puissances dans la jeune France. Travailleuse, cette belle jeunesse voulait le pouvoir et le plaisir ; artiste, elle voulait des trésors ; oisive, elle voulait animer ses passions ; de toute manière elle voulait une place, et la politique ne lui en faisait nulle part. Les viveurs étaient des gens presque tous doués de facultés éminentes, quelques-uns les ont perdues dans cette vie énervante, quelques autres y ont résisté. Le plus célèbre de ces viveurs, le plus spirituel, Rastignac a fini par entrer, conduit par de Marsay, dans une carrière sérieuse où il s'est distingué. »

Illusions perdues, partie écrite en 1839, parue en 1843.

On rattachera bien entendu ces textes au contexte « dandysme » (cf. CONTEXTE p. 163). Soulignons ici l'intérêt de cette analyse sociopolitique, que Balzac n'est nullement le seul à énoncer. En 1827, un Suisse, Fazy, publie un ouvrage de sociologie politique intitulé La Gérontocratie, *alors que Béranger popularise le néologisme par une chanson :*

J'ai foi dans la sorcellerie.
Or un grand sorcier l'autre soir
M'a fait voir de notre patrie
Tout l'avenir dans un miroir.
Quelle image désespérante !
Je vois Paris et ses faubourgs :
Nous sommes en dix-neuf cent [trente,
Et les barbons règnent [toujours.

Les infiniment petits ou la gérontocratie

« En 1827, le quart de la population qui vivait sous l'Empire n'existe plus. Les deux tiers des Français alors vivants n'étaient pas nés en 1789, et ceux qui avaient vingt ans à la prise de la Bastille ne représentent plus qu'un neuvième

de la population : ceux qui avaient vingt ans à la mort de Louis XV, un quarante-neuvième. De 1814 à 1827, 9 700 000 Français sont morts, mais 12 400 000 sont nés. L'expression de « France nouvelle », qui revient si souvent sous les plumes libérales et jeunes-libérales, correspond donc à une très exacte et mesurable réalité. Mais où la contradiction éclate, c'est que le pouvoir de décision, c'est que les bénéfices de cette situation, demeurent à l'intérieur de l'univers libéral bourgeois, aux mains de ce qu'on appellera vite, d'un mot de Béranger qui fit fortune, la gérontocratie. En 1824, la moitié des électeurs (censitaires à 500 francs) a plus de cinquante-neuf ans. Le neuvième de la population détient la majorité sur les listes électorales. »

PIERRE BARBÉRIS,
1972, *Histoire littéraire de la France,* Éditions sociales, tome IV, p. 516.

Naturellement la pauvreté constitue un facteur singulièrement aggravant, et l'on peut relire la plaidoirie de Julien Sorel lors de son procès à la fin du Rouge et le Noir *:*

« Messieurs les jurés,
L'horreur du mépris, que je croyais pouvoir braver au moment de la mort, me fait prendre la parole. Messieurs, je n'ai point l'honneur d'appartenir à votre classe, vous voyez en moi un paysan qui s'est révolté contre la bassesse de sa fortune.
Je ne vous demande aucune grâce, continua Julien en affermissant sa voix. Je ne me fais point illusion, la mort m'attend : elle sera juste. J'ai pu attenter aux jours de la femme la plus digne de tous les respects, de tous les hommages. Madame de Rênal avait été pour moi comme une mère. Mon crime est atroce, et il fut *prémédité.* J'ai donc mérité la mort, messieurs les jurés. Mais quand je serais moins coupable, je vois des hommes qui, sans s'arrêter à ce que ma jeunesse peut mériter de pitié, voudront punir en moi et décourager à jamais cette classe de jeunes gens qui, nés dans une classe inférieure et en quelque sorte opprimés par la pauvreté, ont le bonheur de se procurer une bonne éducation, et l'audace de se mêler à ce que l'orgueil des gens riches appelle la société.
Voilà mon crime, messieurs, et il sera puni avec d'autant plus de sévérité que, dans le fait, je ne suis point jugé par mes pairs. Je ne vois point sur les bancs des jurés quelque paysan enrichi, mais uniquement des bourgeois indignés... »

STENDHAL,
1830, *Le Rouge et le Noir.*

2 Initiation et dévoilement.

Dans un roman de jeunesse, Balzac fait parler ainsi un prédicateur « musclé » dans une église :

« Toi, s'écrie l'abbé, tu as interprété les lois en ta faveur, tu as gagné un injuste procès et ruiné une famille. Toi, tu as trahi ta patrie. Vous, vous l'avez vendue. Toi, ayant promis à ton épouse foi et honneur, tu l'as délaissée. Vous arguant des fautes de votre mari, vous vous êtes justifiée à vos propres yeux d'une vie de licence. Toi, un soir, furtif, quand ton oncle fut mort, tu tournas les yeux vers le bois,

dépositaire de ses volontés et, saisissant un testament que le vieillard crédule et séduit par tes semblants de franchise t'avait lu, tu l'as trouvé trop onéreux, tu as approché une bougie et, à l'instant, il a été consumé...
Trouvez-vous ces traits trop tranchants ?... Mais, ici, quelqu'un a insinué par des manœuvres adroites à un vieillard que ses neveux ne l'aimaient pas, et, après dix ans, il a fait éclore un testament... mais ici, quelqu'un a refusé sa porte à des parents pauvres ou peu nobles, sous prétexte qu'ils étaient ennuyeux ; mais l'un de vous a été solliciter les juges, a envoyé sa femme parce qu'elle était jolie ; c'est elle qui a débité les arguments qui devaient égarer la justice... Toi, là-bas, si par un regard tu pouvais tuer à la Nouvelle-Hollande un homme sur le point de périr, et cela sans que la terre le sût, et que ce « demi-crime », dis-tu dans ton cœur, te fît obtenir une fortune brillante, tu serais déjà dans « ton » hôtel, dans « ton » carrosse, tu dirais : « mes chevaux ! ma terre et mon crédit ! » Tu n'hésiterais pas à répéter : « Un homme d'honneur comme moi !... » Il y a ici un millier de crimes dont on ne se doute pas... Mais quelque cruels que soient ces crimes, il se commet mille atrocités sociales dignes de ce nom. »

Annette et le Criminel, 1824.

Et, un peu plus tard, on peut lire cette préfiguration du discours de Vautrin :

« Il n'y a [...], il ne peut y avoir dans la nature qu'une seule loi ; c'est elle qui sema la poussière de ces globes innombrables dans l'immensité de l'espace ; c'est elle qui maintient l'équilibre dans le mouvement éternel de la matière, amène la vicissitude des saisons et, par un entraînement de décomposition, fait succéder la vie à la mort, et la mort à la vie [...]. Rien de ce qui est, de ce qui peut être, ne saurait se soustraire à cette loi immuable, et cette loi c'est la force.
— Je m'attendais au nom de Dieu, dit Ernest en souriant.
— Qu'importe le nom ? reprit Édouard. Le mot Dieu, Deus, *Théos, God,* présente-t-il à ton esprit une idée plus claire ? De grâce, qu'a de commun ce vieillard à barbe longue entouré de nuages et de petites têtes d'enfants avec ce principe caché, cette cause de ce qui est, cette âme infinie qui pénètre toutes les masses et les agite ? *Mens agitat molem.*
En fait de doctrines, mon cher ami, il faut du positif et l'on ne farcit vos têtes que d'images fantasmagoriques. La force dont je te parle est quelque chose de réel et son existence se révèle à tous les instants de la durée.
C'est à l'étude de son action que se réduisent en dernière analyse les efforts des arts et des sciences humaines ; ils ne sont eux-mêmes que le produit du même principe. [...]
Je dis donc, ajoute-t-il, que l'homme ne doit reconnaître d'autre loi que la force ; ne doit céder qu'à elle ; qu'il trouve dans sa propre faiblesse la mesure de ses droits, que tout ce qui est possible est légitime et que l'être n'atteint sa perfection que lorsqu'il a aspiré une plus forte dose de ce principe éternel, que lorsqu'il montre dans ses actes les plus vastes effets de la puissance. »

Le Corrupteur, 1827.
Roman auquel collabora Balzac ; cité par Pierre Barbéris, *Le Monde de Balzac,* p. 146.

L'initiatrice ou le monde tel qu'il est.

« Les enchanteurs, lui dit la belle fée, sont tous vêtus de noir parce qu'ils ont sagement pensé que l'absence de toute couleur leur était bien profitable en ce que les couleurs sont en ce moment un objet de trouble et de confusion dans le royaume des fées. Le rouge, le bleu et le blanc ont été successivement de mode, de manière que leur réunion est un sujet de scandale, en ce que le roi actuel est un génie blanc. Or le génie bleu est l'ennemi du blanc et le génie rouge est encore plus terrible. Si les génies blancs n'étaient pas contenus par la loi des fées, ils auraient déjà mis en bouteille tous les bleus et les rouges ; alors, pour éviter les désordres, tous se mettent en noir, de manière que ce n'est que par le langage que l'on peut se reconnaître [...]. Pour les premiers, l'aspect de l'eau qui prend partout son niveau est une chose horrible ; pour les seconds, la vue d'un palais et d'un char contenant des génies qui ne s'appellent pas « génies » tout court et qui vivent d'un « de » est un tableau funeste ; enfin, la troisième classe de génies voudrait casser les baguettes de tous les enchanteurs et mettre tout sens dessus dessous, afin de donner à chaque fée un pouvoir égal. Ces sortes de génies ont tous une bannière et un mot auxquels ils rattachent leurs actions et leurs pensées, et ils ne s'aperçoivent pas qu'ils désirent tous la même chose sous différents noms. [...]

On examine avec un soin curieux quel poids a la baguette de la famille [...] et là-dessus, un matin ou un soir [...] la mère, sur un signe du père, dit à la fée : « Mon enfant, ce génie est bossu, bien fait, laid ou beau, cela n'y fait rien ; ce génie, mon enfant, a quatre hippogriffes, il possède une baguette de diamants, il reviendra demain ; tâche de lui plaire, car voilà ton mari. »

Après de pareils mariages, les fées, la plupart du temps, sont malheureuses. Et, pour se venger, elles s'acharnent contre leurs maris : « S'il a de bonnes qualités on en convient, mais il y a toujours quelque chose qui les gâte, et le vice équivaut toujours à ceci : c'est un mari. » Quant au mari, de son côté, il ne saurait aimer sa femme parce que « c'est toujours la même fée ». »

La duchesse de Somerset à Abel dans *la Dernière fée* (1823)
cité par Pierre Barbéris, *Le Monde de Balzac,* p. 145.

1 Le faux prêtre et la vérité.

(cf. p. 246)

Sous l'identité de l'abbé Carlos Herrera, Vautrin reprend ces propos à l'intention de Lucien de Rubempré :

« — La morale, jeune homme, commence à la loi, dit le prêtre. S'il ne s'agissait que de religion, les lois seraient inutiles : les peuples religieux ont peu de lois. Au-dessus de la loi civile, est la loi politique. Eh ! bien, voulez-vous savoir ce qui, pour un homme politique, est écrit sur le front de votre dix-neuvième siècle ? Les Français ont inventé, en 1793, une souveraineté populaire qui s'est terminée par un empereur absolu. Voilà pour votre histoire nationale. Quant aux mœurs : madame Tallien et madame de Beauharnais ont tenu la même conduite, Napoléon épouse l'une, fait d'elle votre impératrice, et n'a jamais voulu recevoir l'autre, quoiqu'elle fût princesse. Sans-culotte en 1793, Napoléon chausse la couronne de fer en 1804. Les féroces amants de *l'Égalité ou la Mort* de 1792 deviennent, dès 1806, complices d'une aristocratie légitimée par Louis XVIII. A l'étranger, l'aristocratie, qui trône aujourd'hui dans son faubourg Saint-Germain, a fait pis : elle a été usurière, elle a été marchande, elle a fait des petits pâtés, elle a été cuisinière, fermière, gardeuse de moutons. En France donc, la loi politique aussi bien que la loi morale, tous et chacun ont démenti le début au point d'arrivée, leurs opinions par la conduite, ou la conduite par les opinions. Il n'y a pas eu de logique, ni dans le gouvernement, ni chez les particuliers.

Aussi n'avez-vous plus de morale. Aujourd'hui, chez vous, le succès est la raison suprême de toutes les actions, quelles qu'elles soient. Le fait n'est donc plus rien en lui-même, il est tout entier dans l'idée que les autres s'en forment. De là, jeune homme, un second précepte : ayez de beaux dehors ! cachez l'envers de votre vie, et présentez un endroit très brillant.

(...) Du second précepte découle ce corollaire : tout est dans la forme. Saisissez bien ce que j'appelle la Forme. Il y a des gens sans instruction qui, pressés par le besoin, prennent une somme quelconque, par violence, à

autrui ; on les nomme criminels et ils sont forcés de compter avec la justice. Un pauvre homme de génie trouve un secret dont l'exploitation équivaut à un trésor, vous lui prêtez trois mille francs (...), vous le tourmentez de manière à vous faire céder tout ou partie du secret, vous ne comptez qu'avec votre conscience, et votre conscience ne nous mène pas en Cour d'Assises. Les ennemis de l'ordre social profitent de ce contraste pour japper après la justice et se courroucer au nom du peuple de ce qu'on envoie aux galères un voleur de nuit et de poules dans une enceinte habitée, tandis qu'on met en prison, à peine pour quelques mois, un homme qui ruine des familles en faisant une faillite frauduleuse ; mais ces hypocrites savent bien qu'en condamnant le voleur les juges maintiennent la barrière entre les pauvres et les riches, qui, renversée, amènerait la fin de l'ordre social ; tandis que le banqueroutier, l'adroit capteur de successions, le banquier qui tue une affaire à son profit ne produisent que des déplacements de fortune. Ainsi, la société, mon fils, est forcée de distinguer, pour son compte, ce que je vous fais distinguer pour le vôtre. Le grand point est de s'égaler à toute la Société. (...)

(...) Pourquoi vous ai-je dit de vous égaler à la Société ?... C'est qu'aujourd'hui, jeune homme, la Société s'est insensiblement arrogé tant de droits sur les individus, que l'individu se trouve obligé de combattre la Société. Il n'y a plus de lois, il n'y a que des mœurs, c'est-à-dire des simagrées, toujours la forme. »

Illusions perdues, 1837-1843.

2 L'initiatrice ou la loi du devoir. (cf. p. 246)

« Avant tout, méditez l'expression concise de mon opinion sur la société considérée dans son ensemble, car avec vous peu de paroles suffisent. J'ignore si les sociétés sont d'origine divine ou si elles sont inventées par l'homme, j'ignore également en quel sens elles se meuvent ; ce qui me semble certain est leur existence ; dès que vous les acceptez au lieu de vivre à l'écart, vous devez en tenir les conditions constitutives pour bonnes ; entre elles et vous, demain il se signera comme un contrat. La société d'aujourd'hui se sert-elle plus de l'homme qu'elle ne lui profite ? je le crois ; mais que l'homme y trouve plus de charges que de bénéfices, ou qu'il achète trop chèrement les avantages qu'il en recueille, ces questions regardent les législateurs et non l'individu. Selon moi, vous devez donc obéir en toute chose à la loi générale, sans la discuter, qu'elle blesse ou flatte votre intérêt. Quelque simple que puisse vous paraître ce principe, il est difficile en ses applications ; il est comme une sève qui doit

s'infiltrer dans les moindres tuyaux capillaires pour vivifier l'arbre, lui conserver sa verdure, développer ses fleurs, et bonifier ses fruits si magnifiquement qu'il excite une admiration générale. Cher, les lois ne sont pas toutes écrites dans un livre, les mœurs aussi créent des lois, les plus importantes sont les moins connues ; il n'est ni professeurs, ni traités, ni école pour ce droit qui régit vos actions, vos discours, votre vie extérieure, la manière de vous présenter au monde ou d'aborder la fortune. Faillir à ces lois secrètes, c'est rester au fond de l'état social au lieu de le dominer. Quand même cette lettre ferait de fréquents pléonasmes avec vos pensées, laissez-moi donc vous confier ma politique de femme.

Expliquer la société par la théorie du bonheur individuel pris avec adresse aux dépens de tous, est une doctrine fatale dont les déductions sévères amènent l'homme à croire que tout ce qu'il s'attribue secrètement sans que la loi, le monde ou l'individu s'aperçoivent d'une lésion, est bien ou dûment acquis. D'après cette charte, le voleur habile est absous, la femme qui manque à ses devoirs sans qu'on en sache rien est heureuse et sage ; tuez un homme sans que la justice en ait une seule preuve, si vous conquérez ainsi quelque diadème à la Macbeth, vous avez bien agi ; votre intérêt devient une loi suprême, la question consiste à tourner, sans témoins ni preuves, les difficultés que les mœurs et les lois mettent entre vous et vos satisfactions. A qui voit ainsi la société, le problème que constitue une fortune à faire, mon ami, se réduit à jouer une partie dont les enjeux sont un million ou le bagne, une position politique ou le déshonneur. Encore le tapis vert n'a-t-il pas assez de drap pour tous les joueurs, et faut-il une sorte de génie pour combiner un coup. Je ne vous parle ni de croyances religieuses, ni de sentiments ; il s'agit ici des rouages d'une machine d'or et de fer, et de ses résultats immédiats dont s'occupent les hommes. Cher enfant de mon cœur, si vous partagez mon horreur envers cette théorie des criminels, la société ne s'expliquera donc à vos yeux que comme elle s'explique dans tout entendement sain, par la théorie des devoirs. (...)

En considérant ainsi la société dans laquelle vous voudrez une place en harmonie avec votre intelligence et vos facultés, vous avez donc à poser, comme principe générateur, cette maxime : ne se rien permettre ni contre sa conscience ni contre la conscience publique. Quoique mon insistance puisse vous sembler superflue, je vous supplie, oui, votre Henriette vous supplie de bien peser le sens de ces deux paroles. Simples en apparence, elles signifient, cher, que la droiture, l'honneur, la loyauté, la politesse sont les instruments les plus sûrs et les plus prompts de votre fortune. »

Lettre d'Henriette de Mortsauf à Félix de Vandenesse in *Le Lys dans la vallée*, 1835-1836.

ront jamais. L'homme est imparfait. Il est parfois plus ou moins hypocrite, et les niais disent alors qu'il a ou n'a pas de mœurs (1). Je n'accuse pas les riches en faveur du peuple : l'homme est le même en haut, en bas, au milieu. Il se rencontre par chaque million de ce haut bétail dix lurons qui se mettent au-dessus de tout, même des lois : j'en suis. Vous, si vous êtes un homme supérieur, allez en droite ligne et la tête haute. Mais il faudra lutter contre l'envie, la calomnie, la médiocrité, contre tout le monde (2). Napoléon a rencontré un ministre de la guerre qui s'appelait Aubry[1], et qui a failli l'envoyer aux colonies. Tâtez-vous ! Voyez si vous pourrez vous lever tous les matins avec plus de volonté que vous n'en aviez la veille. Dans ces conjonctures, je vais vous faire une proposition que personne ne refuserait. Écoutez bien. Moi, voyez-vous, j'ai une idée. Mon idée est d'aller vivre de la vie patriarcale au milieu d'un grand domaine, cent mille arpents, par exemple, aux États-Unis, dans le sud. Je veux m'y faire planteur, avoir des esclaves, gagner quelques bons petits millions à vendre mes bœufs, mon tabac, mes bois, en vivant comme un souverain, en faisant mes volontés, en menant une vie qu'on ne conçoit pas ici, où l'on se tapit dans un terrier de plâtre. Je suis un grand poète. Mes poésies, je ne les écris pas : elles consistent en actions et en sentiments (3). Je possède en ce moment cinquante mille francs qui me donneraient à peine quarante nègres. J'ai besoin de deux cent mille francs, parce que je veux deux cents nègres, afin de satisfaire mon goût pour la vie patriarcale. Des nègres, voyez-vous ? c'est des enfants tout venus dont on fait ce qu'on veut, sans qu'un curieux de procureur du roi arrive vous en demander compte. Avec ce capital noir, en dix ans j'aurai trois ou quatre millions. Si je réussis, personne ne me demandera : Qui es-tu ? Je serai monsieur Quatre-Millions, citoyen des États-Unis, j'aurai cinquante ans, je ne serai pas encore pourri, je m'amuserai à ma façon. En deux mots, si je vous procure une dot d'un million, me donnerez-vous deux cent mille francs ? Vingt pour cent de commission, hein ! est-ce trop cher ? Vous vous ferez aimer de votre petite femme. Une fois marié, vous manifesterez des inquiétudes, des remords, vous ferez le triste pendant quinze jours. Une nuit, après quelques singeries, vous déclarerez, entre deux baisers, deux cent mille francs de dettes à votre femme, en lui disant : Mon amour ! Ce vaudeville est joué tous les jours par les jeunes gens les plus distingués. Une

1. Successeur de Carnot à la direction de la Guerre, dans le Comité de Salut public d'après le Neuf Thermidor, Aubry releva en 1795 Bonaparte du commandement de l'artillerie dans l'armée d'Italie.

3 Vautrin : la pensée en action.

« Les dix « fiers lurons » qui se trouvent par million de « bétail » sont ceux qui arrivent à imposer au mouvement social et historique *une pensée*, qui n'est autre que leur Moi, à lui imprimer le cachet d'une volonté humaine consciente. Ils attestent l'action réelle de la Pensée humaine sur les événements dans la mesure où ils ne se laissent pas forcer la main par les hasards aveugles de la « Providence ». Ils sont la plus haute expression de la liberté humaine qui est, logiquement selon le système psychologique balzacien, en raison directe avec la quantité d'énergie, de lucidité et de puissance d'exécution de l'individu. Tous ceux qui ont un degré moindre de ces trois facultés seront d'autant plus esclaves des événements que leurs facultés sont plus faibles. Se mêlant au jeu social, ils deviennent nécessairement des figures diaboliques. Leur monde *est* tout simplement l'Enfer, mais à la différence des esprits plus faibles, ils y trouvent leur nourriture morale. Le grand homme d'État, même le plus machiavélique, a pour Balzac un fond de générosité. Ce sont des artistes en mouvement vital, des créateurs, donc des gens de cœur : « Je suis un grand poète. Mes poésies, je ne les écris pas ; elles consistent en actions et en sentiments » dit Vautrin.

On rejoint par ici la pensée politique de Balzac, par l'entrée de service pour ainsi dire. Elle repose, nous l'avons déjà constaté, sur l'idée des sphères dépendant chacune d'un centre de rayonnement : pour que la Pensée lucide puisse s'imposer au Mouvement dans la sphère nationale, et puisse la guider dans la confrontation avec d'autres sphères, il faut qu'une Pensée unique et personnelle occupe le centre, mais pour pouvoir dominer effectivement les situations, il faut qu'elle soit très forte, très concentrée et entravée au minimum dans son épanouissement. Une pluralité de volontés opposées serait le jouet des circonstances. Et surtout il ne faut pas mêler une moralité intempestive à l'exercice du pouvoir sur l'Enfer social : il engloutirait le chef socialement affaibli comme il engloutit tous ceux qui ne jouent pas son jeu. Etc. Vautrin sert à Balzac d'incarnation de cette possibilité qu'a une « volonté » très puissante de jouer avec le social. »

P. NYKROG,
1965,
op. cit. p. 370.

jeune femme ne refuse pas sa bourse à celui qui lui prend le cœur. Croyez-vous que vous y perdrez ? Non. Vous trouverez le moyen de regagner vos deux cent mille francs dans une affaire. Avec votre argent et votre esprit, vous amasserez une fortune aussi considérable que vous pourrez la souhaiter. *Ergo*[1] vous aurez fait, en six mois de temps, votre bonheur, celui d'une femme aimable et celui de votre papa Vautrin, sans compter celui de votre famille qui souffle dans ses doigts, l'hiver, faute de bois. Ne vous étonnez ni de ce que je vous propose, ni de ce que je vous demande ! Sur soixante beaux mariages qui ont lieu dans Paris, il y en a quarante-sept qui donnent lieu à des marchés semblables. La Chambre des Notaires a forcé monsieur...

— Que faut-il que je fasse ? dit avidement Rastignac en interrompant Vautrin.

— Presque rien, répondit cet homme en laissant échapper un mouvement de joie semblable à la sourde expression d'un pêcheur qui sent un poisson au bout de sa ligne. Écoutez-moi bien ! Le cœur d'une pauvre fille malheureuse et misérable est l'éponge la plus avide à se remplir d'amour, une éponge sèche qui se dilate aussitôt qu'il y tombe une goutte de sentiment. Faire la cour à une jeune personne qui se rencontre dans des conditions de solitude, de désespoir et de pauvreté sans qu'elle se doute de sa fortune à venir ! dam ! c'est quinte et quatorze en main[2], c'est connaître les numéros à la loterie, c'est jouer sur les rentes en sachant les nouvelles. Vous construisez sur pilotis un mariage indestructible. Viennent des millions à cette jeune fille, elle vous les jettera aux pieds, comme si c'était des cailloux. — Prends, mon bien-aimé ! Prends, Adolphe ! Alfred ! Prends, Eugène ! dira-t-elle si Adolphe, Alfred ou Eugène ont eu le bon esprit de se sacrifier pour elle. Ce que j'entends par des sacrifices, c'est vendre un vieil habit afin d'aller au Cadran-Bleu[3] manger ensemble des croûtes aux champignons ; de là, le soir, à l'Ambigu-Comique[4] ; c'est mettre sa montre au Mont-de-Piété pour lui donner un châle. Je ne vous parle pas du gribouillage de l'amour ni des fariboles auxquelles tiennent tant les femmes, comme, par exemple, de répandre des gouttes d'eau sur le papier à lettre en manière de larmes quand on est loin d'elles ⟨1⟩ : vous m'avez l'air de connaître parfaitement l'argot du cœur. Paris, voyez-vous, est comme une forêt du Nouveau-Monde, où s'agitent vingt

1. Conjonction latine qui signifie donc, et qui s'employait dans la rhétorique.

2. Avoir tous les atouts en main. C'est une expression empruntée au jeu de piquet : avoir à la fois une quinte (cinq cartes qui se suivent dans la même couleur) et un carré (quatre cartes identiques) qui vaut quatorze.

3. Célèbre restaurant du boulevard du Temple, dont l'enseigne était un cadran marquant quatre heures, fréquenté par une clientèle qui n'appartenait pas à la haute société.

4. Situé boulevard Saint-Martin, l'Ambigu-Comique était spécialisé dans le mélodrame et accueillait un public populaire.

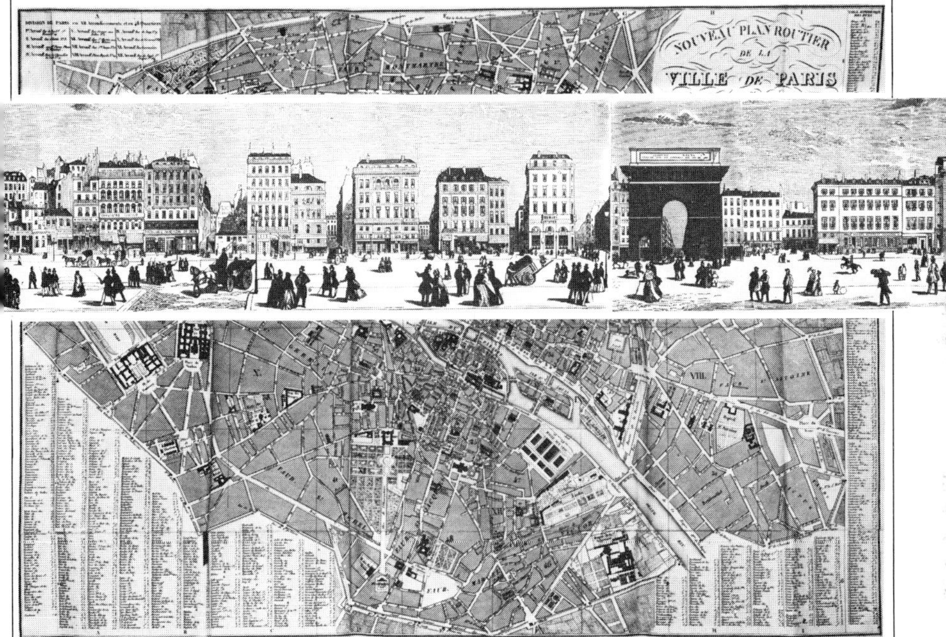

1 Les fausses larmes : du code au poncif dérisoire

Quand, dans Madame Bovary, *Rodolphe écrit à Emma sa lettre de rupture, il la parachève par ces hypocrites gouttes d'eau qu'évoque Vautrin :*

« Il relut sa lettre. Elle lui parut bonne.

« Pauvre petite femme ! pensa-t-il avec attendrissement. Elle va me croire plus insensible qu'un roc ; il eût fallu quelques larmes là-dessus ; mais, moi, je ne peux pas pleurer ; ce n'est pas ma faute. » Alors, s'étant versé de l'eau dans un verre, Rodolphe y trempa son doigt et il laissa tomber de haut une grosse goutte, qui fit une tache pâle sur l'encre (...). Après quoi, il fuma trois pipes, et alla se coucher. »

GUSTAVE FLAUBERT,
1857, *Madame Bovary.*

espèces de peuplades sauvages, les Illinois, les Hurons[1], qui vivent du produit que donnent les différentes chasses sociales ; vous êtes un chasseur de millions. Pour les prendre, vous usez de pièges, de pipeaux, d'appeaux[2]. Il y a plusieurs manières de chasser. Les uns chassent à la dot ; les autres chassent à la liquidation ; ceux-ci pêchent des consciences, ceux-là vendent leurs abonnés pieds et poings liés[3]. Celui qui revient avec sa gibecière bien garnie est salué, fêté, reçu dans la bonne société. Rendons justice à ce sol hospitalier, vous avez affaire à la ville la plus complaisante qui soit dans le monde. Si les fières aristocraties de toutes les capitales de l'Europe refusent d'admettre dans leurs rangs un millionnaire infâme, Paris lui tend les bras, court à ses fêtes, mange ses dîners et trinque avec son infamie.

— Mais où trouver une fille ? dit Eugène.

— Elle est à vous, devant vous !

— Mademoiselle Victorine ?

— Juste !

— Eh ! comment ?

— Elle vous aime déjà, votre petite baronne de Rastignac !

— Elle n'a pas un sou, reprit Eugène étonné.

— Ah ! nous y voilà. Encore deux mots, dit Vautrin, et tout s'éclaircira. Le père Taillefer est un vieux coquin qui passe pour avoir assassiné l'un de ses amis pendant la Révolution. C'est un de mes gaillards qui ont de l'indépendance dans les opinions. Il est banquier, principal associé de la maison Frédéric Taillefer et compagnie. Il a un fils unique, auquel il veut laisser son bien, au détriment de Victorine. Moi, je n'aime pas ces injustices-là. Je suis comme don Quichotte, j'aime à prendre la défense du faible contre le fort. Si la volonté de Dieu était de lui retirer son fils, Taillefer reprendrait sa fille ; il voudrait un héritier quelconque, une bêtise qui est dans la nature, et il ne peut plus avoir d'enfants, je le sais. Victorine est douce et gentille, elle aura bientôt entortillé son père, et le fera tourner comme une toupie d'Allemagne[4] avec le fouet du sentiment ! Elle sera trop sensible à votre amour pour vous oublier, vous l'épouserez. Moi, je me charge du rôle de la Providence, je ferai vouloir le bon Dieu. J'ai un ami pour qui je me suis dévoué, un colonel de l'armée de la Loire[5] qui vient d'être employé dans la garde royale. Il écoute mes avis, et s'est fait ultra-royaliste : ce n'est pas un de ces imbéciles qui tiennent à leurs opinions. Si j'ai

1. Balzac admirait beaucoup les romans de Fenimore Cooper (1789-1851) qui racontent les luttes franco-anglaises de la fin du XVIIIe en Amérique du Nord. C'est l'auteur du Dernier des Mohicans.

2. Les pipeaux sont des gluaux, planches ou baguettes enduites de glu pour prendre les oiseaux. Les appeaux sont des sifflets imitant le cri des oiseaux avec lesquels on les attire.

3. Chasser à la liquidation consiste à attendre le meilleur moment pour liquider des valeurs avec le profit maximum. Pêcher des consciences c'est truquer une élection en achetant des votes. Vendre des abonnés pieds et poings liés désigne l'acte d'un propriétaire qui vend son journal comme il ferait de n'importe quelle autre entreprise.

4. Toupie creuse qui ronfle en tournant.

5. L'armée de la Loire (les « brigands de la Loire » pour les royalistes) fut constituée par les derniers officiers restés fidèles à Napoléon. Ils entendaient résister en 1815 aux Alliés qui avaient envahi la France.

La Girouette Politique et Litteraire
ou Passe-tems de la Fortune

encore un conseil à vous donner, mon ange, c'est de ne pas plus tenir à vos opinions qu'à vos paroles. Quand on vous les demandera, vendez-les. Un homme qui se vante de ne jamais changer d'opinion est un homme qui se charge d'aller toujours en ligne droite, un niais qui croit à l'infaillibilité. Il n'y a pas de principes, il n'y a que des circonstances ⟨1⟩ : l'homme supérieur épouse les événements et les circonstances pour les conduire. S'il y avait des principes et des lois fixes, les peuples n'en changeraient pas comme nous changeons de chemises. L'homme n'est pas tenu d'être plus sage que toute une nation. L'homme qui a rendu le moins de services à la France est un fétiche vénéré pour avoir toujours vu en rouge, il est tout au plus bon à mettre au Conservatoire, parmi les machines, en l'étiquetant La Fayette ; tandis que le prince auquel chacun lance sa pierre, et qui méprise assez l'humanité pour lui cracher au visage autant de serments qu'elle en demande, a empêché le partage de la France au congrès de Vienne : on lui doit des couronnes, on lui jette de la boue[1]. Oh ! je connais les affaires, moi ! J'ai les secrets de bien des hommes ! Suffit. J'aurai une opinion inébranlable le jour où j'aurai rencontré trois têtes d'accord sur l'emploi d'un principe, et j'attendrai longtemps ! L'on ne trouve pas dans les tribunaux trois juges qui aient le même avis sur un article de loi. Je reviens à mon homme. Il remettrait Jésus-Christ en croix si je le lui disais. Sur un seul mot de son papa Vautrin, il cherchera querelle à ce drôle qui n'envoie pas seulement cent sous à sa pauvre sœur, et... Ici Vautrin se leva, se mit en garde, et fit le mouvement d'un maître d'armes qui se fend. — Et, à l'ombre ! ajouta-t-il.

— Quelle horreur ! dit Eugène. Vous voulez plaisanter, monsieur Vautrin ?

— Là, là, là, du calme, reprit cet homme. Ne faites pas l'enfant : cependant, si cela peut vous amuser, courroucez-vous, emportez-vous ! Dites que je suis un infâme, un scélérat, un coquin, un bandit, mais ne m'appelez ni escroc, ni espion ! Allez, dites, lâchez votre bordée ! Je vous pardonne, c'est si naturel à votre âge ! J'ai été comme ça, moi ! Seulement, réfléchissez. Vous ferez pis quelque jour. Vous irez coqueter chez quelque jolie femme et vous recevrez de l'argent. Vous y avez pensé ! dit Vautrin ; car comment réussirez-vous, si vous n'escomptez pas votre amour ? La vertu, mon cher étudiant, ne se scinde pas : elle est ou n'est pas. On nous parle de faire pénitence de nos fautes. Encore

1. Balzac admirait Talleyrand et détestait La Fayette.

1 Histoire pervertie, société corrompue.

« Il n'y a pas de principes, il n'y a que des circonstances » : *cet aphorisme résume admirablement la morale de Vautrin. Disparues les illusions révolutionnaires, aboli le règne de la raison et de la vertu, finies les Lumières : la société réelle, le monde moderne obligent l'individu à se frayer un chemin et à se donner les moyens de son ambition. Il convient d'analyser froidement les nouvelles lois, de comprendre les nouveaux rapports de force, de postuler la corruption comme trait de la nature humaine. Seuls les plus forts, les cyniques, peuvent faire leur profit du* « désordre social » *: il faut savoir gérer ses désirs sur lesquels ne pèse plus aucun interdit moral.*

Vautrin prône le triomphe de l'énergie. Seuls les « imbéciles tiennent à leurs opinions » *et l'on ne se réalise qu'en respectant ses propres intérêts et en satisfaisant tous ses besoins : un prédateur impitoyable dans la jungle moderne, voilà un héros pour notre temps. A son médiocre niveau, madame Vauquer exprime une philosophie similaire, considérablement amoindrie et étriquée :*

« Vois-tu, nous avons vu Louis XVI avoir son accident, nous avons vu tomber l'Empereur, nous l'avons vu revenir et retomber, tout cela c'était dans l'ordre des choses possibles ; tandis qu'il n'y a point de chances contre des pensions bourgeoises : on peut se passer de roi, mais il faut toujours qu'on mange. » *(p. 403)*

« Est-ce qu'il y a des opinions, aujourd'hui ? Il n'y a plus que des intérêts » *affirmera des Lupeaulx dans* Splendeurs et Misères des courtisanes.

un joli système que celui en vertu duquel on est quitte d'un crime avec un acte de contrition ! Séduire une femme pour arriver à vous poser sur tel bâton de l'échelle sociale, jeter la zizanie entre les enfants d'une famille, enfin toutes les infamies qui se pratiquent sous le manteau d'une cheminée ou autrement dans un but de plaisir ou d'intérêt personnel, croyez-vous que ce soient des actes de foi, d'espérance et de charité ?[1] Pourquoi deux mois de prison au dandy qui, dans une nuit, ôte à un enfant la moitié de sa fortune, et pourquoi le bagne au pauvre diable qui vole un billet de mille francs avec les circonstances aggravantes ? Voilà vos lois. Il n'y a pas un article qui n'arrive à l'absurde. L'homme en gants et à paroles jaunes a commis des assassinats où l'on ne verse pas de sang, mais où l'on en donne ; l'assassin a ouvert une porte avec un monseigneur[2] : deux choses nocturnes ! Entre ce que je vous propose et ce que vous ferez un jour, il n'y a que le sang de moins. Vous croyez à quelque chose de fixe dans ce monde-là ! Méprisez donc les hommes, et voyez les mailles par où l'on peut passer à travers le réseau du Code. Le secret des grandes fortunes sans cause apparente est un crime oublié, parce qu'il a été proprement fait ⟨1⟩.

— Silence, monsieur, je ne veux pas en entendre davantage, vous me feriez douter de moi-même. En ce moment le sentiment est toute ma science.

— A votre aise, bel enfant. Je vous croyais plus fort, dit Vautrin, je ne vous dirai plus rien. Un dernier mot, cependant. Il regarda fixement l'étudiant : Vous avez mon secret, lui dit-il.

— Un jeune homme qui vous refuse saura bien l'oublier.

— Vous avez bien dit cela, ça me fait plaisir. Un autre, voyez-vous, sera moins scrupuleux. Souvenez-vous de ce que je veux faire pour vous. Je vous donne quinze jours. C'est à prendre ou à laisser.

— Quelle tête de fer a donc cet homme ! se dit Rastignac en voyant Vautrin s'en aller tranquillement, sa canne sous le bras. Il m'a dit crûment ce que madame de Beauséant me disait en y mettant des formes. Il me déchirait le cœur avec des griffes d'acier. Pourquoi veux-je aller chez madame de Nucingen ? Il a deviné mes motifs aussitôt que je les ai conçus. En deux mots, ce brigand m'a dit plus de choses sur la vertu que ne m'en ont dit les hommes et les livres. Si la vertu ne souffre pas de capitulation, j'ai donc volé mes sœurs ? dit-il en jetant le sac sur la table. Il s'assit, et resta là plongé

1. La foi, l'espérance et la charité sont les trois vertus théologales.

2. Une pince-monseigneur.

1 Le génie des voleurs.

Balzac réfléchit depuis longtemps sur la fonction sociale du vol et le statut du voleur. Le discours de Vautrin rassemble nombre de ses idées antérieures :

« Les voleurs forment une classe spéciale de la société, ils contribuent au mouvement de l'ordre social, ils sont l'huile des rouages. Semblables à l'air, ils se glissent partout : les voleurs sont comme une nation à part, au milieu de la nation.

On ne les a pas encore considérés avec sang-froid, impartialité. En effet, qui s'occupe d'eux ? Les juges, les procureurs du Roi, les maréchaussées et les victimes de leur vol.

Le juge voit dans un voleur le criminel par excellence qui érige en science l'état d'hostilité envers les lois, il le punit. Le magistrat le traduit et l'accuse : tous deux l'ont en horreur, cela est juste. Les gens de police et la maréchaussée sont aussi les ennemis directs des voleurs et ne peuvent les voir qu'avec passion.

Les honnêtes gens enfin, ceux qui sont volés, n'ont guère l'envie de prendre le parti des voleurs. » (...)

« Un voleur est un homme rare. La nature l'a conçu en enfant gâté, elle a rassemblé sur lui toutes sortes de perfections : un sang-froid imperturbable, une audace à toute épreuve, l'art de saisir l'occasion si rapide et si lente, la prestesse, le courage, une bonne constitution, des yeux perçants, des mains agiles, une physionomie heureuse et mobile. Tous ces avantages ne sont rien pour le voleur et forment, cependant, déjà la somme des talents d'un Annibal, d'un Catilina, d'un Marius, d'un César.

Ne faut-il pas, de plus, que le voleur connaisse les hommes, leurs caractères, leurs passions, qu'il mente avec adresse, prévoie les événements, juge l'avenir, possède un esprit fin, rapide, ait la conception vive, soit bon comédien, bon mime, puisse saisir le ton et les manières diverses de la société, singer le commis, le banquier, le général, connaître leurs habitudes et revêtir, au besoin, la toge du préfet de police ou la culotte du gendarme, enfin, chose difficile, inouïe, avantage qui donne la célébrité aux Homère, aux Aristote, à l'auteur tragique, au poète comique, ne lui faut-il pas l'imagination, la brillante imagination ? Ne doit-il pas inventer perpétuellement des ressorts nouveaux ? Pour lui, être sifflé, c'est aller aux galères.

Mais si l'on vient à songer avec quelle tendre amitié, avec quelle perpétuelle sollicitude chacun garde ce que cherche le voleur, l'argent, cet autre Protée, si l'on voit de sang-froid comme nous le couvons, serrons, garantissons, dissimulons, on conviendra, au moins, que s'il employait au bien les exquises perfections dont il fait ses complices, le voleur serait un être extraordinaire, et qu'il n'a tenu qu'à un

dans une étourdissante méditation. — Être fidèle à la vertu, martyre sublime ! Bah ! tout le monde croit à la vertu ; mais qui est vertueux ? Les peuples ont la liberté pour idole ; mais où est sur la terre un peuple libre ? Ma jeunesse est encore bleue comme un ciel sans nuage : vouloir être grand ou riche, n'est-ce pas se résoudre à mentir, plier, ramper, se redresser, flatter, dissimuler ? n'est-ce pas consentir à se faire le valet de ceux qui ont menti, plié, rampé ? Avant d'être leur complice, il faut les servir. Eh bien ! non. Je veux travailler noblement, saintement ; je veux travailler jour et nuit, ne devoir ma fortune qu'à mon labeur. Ce sera la plus lente des fortunes, mais chaque jour ma tête reposera sur mon oreiller sans une pensée mauvaise. Qu'y a-t-il de plus beau que de contempler sa vie et de la trouver pure comme un lis ⟨1⟩ ? Moi et la vie, nous sommes comme un jeune homme et sa fiancée. Vautrin m'a fait voir ce qui arrive après dix ans de mariage. Diable ! ma tête se perd. Je ne veux penser à rien, le cœur est un bon guide.

Eugène fut tiré de sa rêverie par la voix de la grosse Sylvie, qui lui annonça son tailleur, devant lequel il se présenta, tenant à la main ses deux sacs d'argent, et il ne fut pas fâché de cette circonstance. Quand il eut essayé ses habits du soir, il remit sa nouvelle toilette du matin, qui le métamorphosait complètement. — Je vaux bien monsieur de Trailles, se dit-il. Enfin j'ai l'air d'un gentilhomme !

— Monsieur, dit le père Goriot en entrant chez Eugène, vous m'avez demandé si je connaissais les maisons où va madame de Nucingen ?

— Oui !

— Eh bien, elle va lundi prochain au bal du maréchal de Carigliano[1]. Si vous pouvez y être, vous me direz si mes deux filles se sont bien amusées, comment elles seront mises, enfin tout.

— Comment avez-vous su cela, mon bon père Goriot ? dit Eugène en le faisant asseoir à son feu.

— Sa femme de chambre me l'a dit. Je sais tout ce qu'elles font par Thérèse et par Constance, reprit-il d'un air joyeux[2]. Le vieillard ressemblait à un amant encore assez jeune pour être heureux d'un stratagème qui le met en communication avec sa maîtresse sans qu'elle puisse s'en douter. — Vous les verrez, vous ! dit-il en exprimant avec naïveté une douloureuse envie.

— Je ne sais pas, répondit Eugène. Je vais aller chez

1. Maréchal duc d'Empire fictif. Balzac se souvient sans doute du titre porté par le maréchal Moncey : duc de Conegliano.

2. Delphine a pour femme de chambre Thérèse, et Anastasie Constance.

fil qu'il ne devînt un grand homme.
Quel est donc cet obstacle ? Ne serait-ce pas que ces gens-là sentant en eux une grande supériorité, ayant aussi un penchant extrême à l'indolence, effet ordinaire des talents, se trouvant, ailleurs, dans la misère, mais conservant une audace effrénée dans les désirs, attribut du génie, nourrissant des haines fortes contre la société qui méprise leur pauvreté, ne sachant pas se contenir par suite de leur force de caractère et secouant toutes les chaînes et tous les devoirs, voient dans le vol un moyen prompt d'acquérir. Entre l'objet désiré avec ardeur et la possession, ils n'aperçoivent plus rien et se plongent avec délices dans le mal, s'y établissant, s'y cantonnant, s'y habituant et se font des idées fortes mais bizarres de l'état social.
Mais que l'on réfléchisse aux événements qui conduisent cet homme à cette profession difficile où tout est gain ou péril, où, semblable au pacha qui commande les armées de Sa Hautesse, le voleur doit vaincre ou recevoir le cordon, de plus hautes pensées naîtront peut-être au cœur du politique et des moralistes. »

Code des gens honnêtes ou l'art de ne pas être dupe des fripons, 1825.

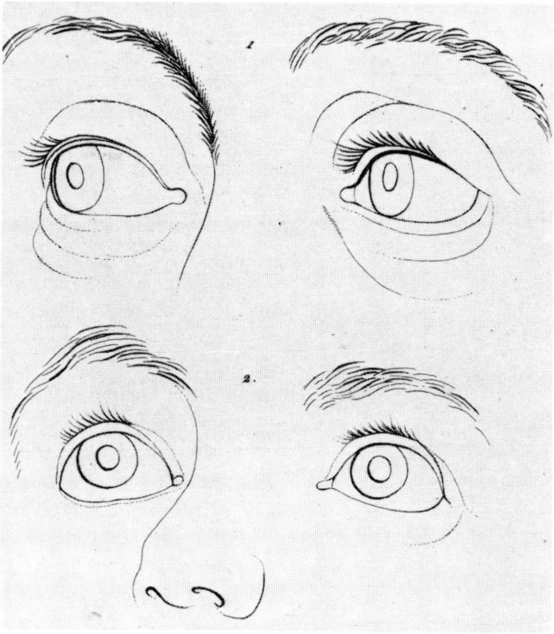

1 L'écho de Lorenzaccio ?

On peut rapprocher ces réflexions de Rastignac des propos de Lorenzo :
« J'étais pur comme un lis (...) j'observais... comme un amant observe sa fiancée, en attendant le jour de ses noces. »

ALFRED DE MUSSET,
1834
Lorenzaccio, acte III, scène 3

L'ensemble de cette scène comporte toute une série d'éléments, d'expressions, de formules qui entrent en résonance avec le Père Goriot. *L'on ne fera pas pour autant de Rastignac un autre Lorenzo, mais il peut s'avérer intéressant de comparer les transpositions thématiques et lexicales entre les deux textes ainsi que l'établissement de deux configurations différentes, mais qui utilisent assez souvent un même matériau.*

madame de Beauséant lui demander si elle peut me présenter à la maréchale.

Eugène pensait avec une sorte de joie intérieure à se montrer chez la vicomtesse mis comme il le serait désormais. Ce que les moralistes nomment les abîmes du cœur humain sont uniquement les décevantes pensées, les involontaires mouvements de l'intérêt personnel. Ces péripéties, le sujet de tant de déclamations, ces retours soudains sont des calculs faits au profit de nos jouissances. En se voyant bien mis, bien ganté, bien botté, Rastignac oublia sa vertueuse résolution. La jeunesse n'ose pas se regarder au miroir de la conscience quand elle verse du côté de l'injustice, tandis que l'âge mûr s'y est vu : là gît toute la différence entre ces deux phases de la vie. Depuis quelques jours les deux voisins, Eugène et le père Goriot, étaient devenus bons amis. Leur secrète amitié tenait aux raisons psychologiques qui avaient engendré des sentiments contraires entre Vautrin et l'étudiant. Le hardi philosophe qui voudra constater les effets de nos sentiments dans le monde physique trouvera sans doute plus d'une preuve de leur effective matérialité dans les rapports qu'ils créent entre nous et les animaux. Quel physiognomoniste[1] est plus prompt à deviner un caractère qu'un chien l'est à savoir si un inconnu l'aime ou ne l'aime pas ⟨1⟩ ? Les *atomes crochus*, expression proverbiale dont chacun se sert, sont un de ces faits qui restent dans les langages pour démentir les niaiseries philosophiques dont s'occupent ceux qui aiment à vanner les épluchures des mots primitifs. On se sent aimé. Le sentiment s'empreint en toutes choses et traverse les espaces. Une lettre est une âme, elle est un si fidèle écho de la voix qui parle que les esprits délicats la comptent parmi les plus riches trésors de l'amour. Le père Goriot, que son sentiment irréfléchi élevait jusqu'au sublime de la nature canine, avait flairé la compassion, l'admirative bonté, les sympathies juvéniles qui s'étaient émues pour lui dans le cœur de l'étudiant. Cependant cette union naissante n'avait encore amené aucune confidence. Si Eugène avait manifesté le désir de voir madame de Nucingen, ce n'était pas qu'il comptât sur le vieillard pour être introduit par lui chez elle ; mais il espérait qu'une indiscrétion pourrait le bien servir. Le père Goriot ne lui avait parlé de ses filles qu'à propos de ce qu'il s'était permis d'en dire publiquement le jour de ses deux visites. — Mon cher monsieur, lui avait-il dit le lendemain, comment avez-vous pu croire que madame de Res-

1. Celui qui pratique la physiognomonie, « science » inventée par le savant suisse Lavater (1741-1801) qui prétend découvrir le caractère en déchiffrant les traits du visage. Elle eut une vogue immense.

1 Les limites de la physiognomonie.

« Tout ce que (les physiognomonistes) avancent se réduit à la *sensiblerie* et à des déclamations. Que l'on lise tous les jugements de Lavater, partout on retrouvera les mêmes écarts de l'imagination, la même exaltation si contraire à l'esprit observateur. Le même caractère a tantôt son signe dans une certaine forme des yeux, tantôt dans une certaine forme du nez, de la bouche, de la main, et même dans une position particulière des dents. Ceci s'explique très bien : lorsque le physionomiste connaît le caractère de la personne, et qu'il trouve en elle une partie quelconque, conformée d'une manière qui le frappe, cette conformation devient pour lui la marque distinctive de ce caractère... »

FRANZ JOSEPH GALL, 1819

Anatomie et physiologie du système nerveux en général, et du cerveau en particulier, avec des observations sur la possibilité de reconnaître plusieurs dispositions intellectuelles et morales de l'homme et des animaux, par la configuration de leurs têtes, 4 volumes (vol. IV, 201)

« Une bouche délicate et pure est peut-être une des plus belles recommandations ; la beauté du portail annonce la dignité de celui qui doit y passer ; ici, c'est la voix, interprète du cœur et de l'âme, l'expression de la vérité... »

« Un nez physionomiquement bon est d'un poids inappréciable dans la balance du physionomiste ; rien, absolument rien, ne peut l'emporter sur l'influence de ses traits distinctifs. »

JOHANN KASPAR LAVATER,

édition de 1820, *Essai sur la Physiognomonie,* 10 tomes en 5 volumes (vol. I, 267 et vol. III, 94)

Sa fonction romanesque.

« Il s'en faut de beaucoup que Balzac soit le seul à faire de la physiognomonie à bon compte, la plupart des romanciers ayant rompu avec la forme épique s'y emploient pareillement, sans toujours éprouver le besoin de rattacher le procédé à une quelconque métaphysique. Mettre en rapport la surface visible des êtres avec ce qu'ils recèlent en eux de plus impossible à scruter, c'est en effet pour le roman le meilleur moyen d'assurer l'intense circulation des émotions qui est devenue à l'âge moderne sa première spécialité. N'était le postulat d'une relation de cause à effet entre l'âme et le corps, qui change heureusement l'énigme posée par l'autre en secret déjà à demi trahi, comment le romancier saurait-il créer le vaste réseau de relations et le système complexe d'états où ses personnages doivent se prendre, comment pourrait-il passer de la description au choc des idées et au déchaînement des passions ? »

MARTHE ROBERT,

1981, *La Vérité littéraire,* Grasset, réédité par Le Livre de poche, p. 119.

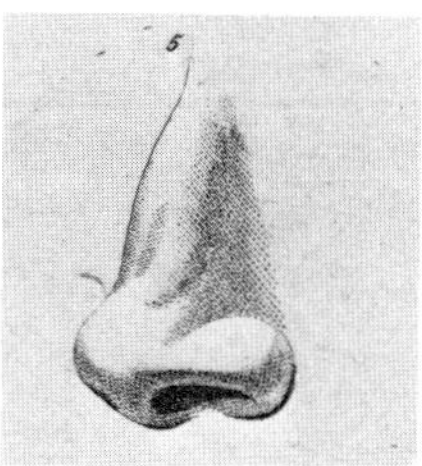

taud vous en ait voulu d'avoir prononcé mon nom ? Mes deux filles m'aiment bien. Je suis un heureux père. Seulement, mes deux gendres se sont mal conduits envers moi. Je n'ai pas voulu faire souffrir ces chères créatures de mes dissensions avec leurs maris, et j'ai préféré les voir en secret. Ce mystère me donne mille jouissances que ne comprennent pas les autres pères qui peuvent voir leurs filles quand ils veulent. Moi, je ne le peux pas, comprenez-vous ? Alors je vais, quand il fait beau, dans les Champs-Élysées, après avoir demandé aux femmes de chambre si mes filles sortent. Je les attends au passage, le cœur me bat quand les voitures arrivent, je les admire dans leur toilette, elles me jettent en passant un petit rire qui me dore la nature comme s'il y tombait un rayon de quelque beau soleil. Et je reste, elles doivent revenir. Je les vois encore ! l'air leur a fait du bien, elles sont roses. J'entends dire autour de moi : Voilà une belle femme ! Ça me réjouit le cœur. N'est-ce pas mon sang ? J'aime les chevaux qui les traînent, et je voudrais être le petit chien qu'elles ont sur leurs genoux. Je vis de leurs plaisirs. Chacun a sa façon d'aimer, la mienne ne fait pourtant de mal à personne, pourquoi le monde s'occupe-t-il de moi ? Je suis heureux à ma manière. Est-ce contre les lois que j'aille voir mes filles, le soir, au moment où elles sortent de leurs maisons pour se rendre au bal ? Quel chagrin pour moi si j'arrive trop tard, et qu'on me dise : Madame est sortie. Un soir j'ai attendu jusqu'à trois heures du matin pour voir Nasie, que je n'avais pas vue depuis deux jours. J'ai manqué crever d'aise ! Je vous en prie, ne parlez de moi que pour dire combien mes filles sont bonnes. Elles veulent me combler de toutes sortes de cadeaux ; je les en empêche, je leur dis : Gardez donc votre argent ! Que voulez-vous que j'en fasse ? Il ne me faut rien. En effet, mon cher monsieur, que suis-je ? un méchant cadavre dont l'âme est partout où sont mes filles. Quand vous aurez vu madame de Nucingen, vous me direz celle des deux que vous préférez, dit le bonhomme après un moment de silence en voyant Eugène qui se disposait à partir pour aller se promener aux Tuileries en attendant l'heure de se présenter chez madame de Beauséant.

Cette promenade fut fatale à l'étudiant. Quelques femmes le remarquèrent. Il était si beau, si jeune, et d'une élégance de si bon goût ! En se voyant l'objet d'une attention presque admirative, il ne pensa plus à ses sœurs ni à sa tante dépouil-

« Le rôle des *Études Philosophiques* comme foyer de réflexion au centre de la *Comédie Humaine* explique certains des aspects les plus étranges et jusqu'à présent les plus mal compris de cette œuvre, je veux parler de l'importance que Balzac accorde à certaines sciences considérées aujourd'hui comme de fausses sciences : la physiognomonie de Lavater, ou la phrénologie de Gall. Les ellipses balzaciennes, le fait que toute une catégorie de personnages est représentée par un seul, donc par un seul visage, resserrent la liaison entre les apparences extérieures et la fonction, le tempérament, etc. Dans la *Comédie Humaine*, ces liaisons obéissent à des lois plus simples que dans la réalité ; les généralisations de Gall et Lavater, qui nous paraissent aujourd'hui purement enfantines ou imaginaires, retrouvent justement toute leur valeur dans l'œuvre de Balzac en tant que science imaginaire, codifiant des liaisons intérieures au roman et dont l'application à la réalité peut fort bien n'avoir qu'une valeur de figure. »

MICHEL BUTOR,
1960, « Balzac et la réalité » in *Répertoire,* Éditions de Minuit, p. 91.

lées, ni à ses vertueuses répugnances. Il avait vu passer au-dessus de sa tête ce démon qu'il est si facile de prendre pour un ange, ce Satan aux ailes diaprées, qui sème des rubis, qui jette ses flèches d'or au front des palais, empourpre les femmes, revêt d'un sot éclat les trônes, si simples dans leur origine ; il avait écouté le dieu de cette vanité crépitante dont le clinquant nous semble être un symbole de puissance. La parole de Vautrin, quelque cynique qu'elle fût, s'était logée dans son cœur comme dans le souvenir d'une vierge se grave le profil ignoble d'une vieille marchande à la toilette, qui lui a dit : « Or et amour à flots ! » Après avoir indolemment flâné, vers cinq heures Eugène se présenta chez madame de Beauséant, et il y reçut un de ces coups terribles contre lesquels les cœurs jeunes sont sans armes. Il avait jusqu'alors trouvé la vicomtesse pleine de cette aménité polie, de cette grâce melliflue[1] donnée par l'éducation aristocratique, et qui n'est complète que si elle vient du cœur.

Quand il entra, madame de Beauséant fit un geste sec, et lui dit d'une voix brève : — Monsieur de Rastignac, il m'est impossible de vous voir, en ce moment du moins ! je suis en affaire...

Pour un observateur, et Rastignac l'était devenu promptement, cette phrase, le geste, le regard, l'inflexion de voix, étaient l'histoire du caractère et des habitudes de la caste. Il aperçut la main de fer sous le gant de velours ; la personnalité, l'égoïsme, sous les manières ; le bois, sous le vernis. Il entendit enfin le MOI LE ROI qui commence sous les panaches du trône et finit sous le cimier du dernier gentilhomme. Eugène s'était trop facilement abandonné sur sa parole à croire aux noblesses de la femme. Comme tous les malheureux, il avait signé de bonne foi le pacte délicieux qui doit lier le bienfaiteur à l'obligé, et dont le premier article consacre entre les grands cœurs une complète égalité. La bienfaisance, qui réunit deux êtres en un seul, est une passion céleste aussi incomprise, aussi rare que l'est le véritable amour. L'un et l'autre sont la prodigalité des belles âmes. Rastignac voulait arriver au bal de la duchesse de Carigliano[2], il dévora cette bourrasque.

— Madame, dit-il d'une voix émue, s'il ne s'agissait pas d'une chose importante, je ne serais pas venu vous importuner ; soyez assez gracieuse pour me permettre de vous voir plus tard, j'attendrai.

— Eh bien ! venez dîner avec moi, dit-elle un peu con-

1. *Qui a la suavité du miel.*

2. *Un des personnages de* La Comédie humaine, *une des duchesses napoléoniennes les plus dévouées aux Bourbons, habile manœuvrière qui apparaît surtout dans* La Maison du Chat-qui-pelote *(1830).*

Vidocq.

fuse de la dureté qu'elle avait mise dans ses paroles ; car cette femme était vraiment aussi bonne que grande.

Quoique touché de ce retour soudain, Eugène se dit en s'en allant : « Rampe, supporte tout. Que doivent être les autres, si, dans un moment, la meilleure des femmes efface les promesses de son amitié, te laisse là comme un vieux soulier ? Chacun pour soi, donc ? Il est vrai que sa maison n'est pas une boutique, et que j'ai tort d'avoir besoin d'elle. Il faut, comme dit Vautrin, se faire boulet de canon. » Les amères réflexions de l'étudiant furent bientôt dissipées par le plaisir qu'il se promettait en dînant chez la vicomtesse. Ainsi, par une sorte de fatalité, les moindres événements de sa vie conspiraient à le pousser dans la carrière où, suivant les observations du terrible sphinx de la Maison Vauquer, il devait, comme sur un champ de bataille, tuer pour ne pas être tué, tromper pour ne pas être trompé ; où il devait déposer à la barrière sa conscience, son cœur, mettre un masque, se jouer sans pitié des hommes, et, comme à Lacédémone, saisir sa fortune sans être vu, pour mériter la couronne[1]. Quand il revint chez la vicomtesse, il la trouva pleine de cette bonté gracieuse qu'elle lui avait toujours témoignée. Tous deux allèrent dans une salle à manger où le vicomte attendait sa femme, et où resplendissait ce luxe de table qui sous la Restauration fut poussé, comme chacun le sait, au plus haut degré. Monsieur de Beauséant, semblable à beaucoup de gens blasés, n'avait plus guère d'autres plaisirs que ceux de la bonne chère ; il était en fait de gourmandise de l'école de Louis XVIII et du duc d'Escars[2]. Sa table offrait donc un double luxe, celui du contenant et celui du contenu ⟨1⟩. Jamais semblable spectacle n'avait frappé les yeux d'Eugène, qui dînait pour la première fois dans une de ces maisons où les grandeurs sociales sont héréditaires. La mode venait de supprimer les soupers qui terminaient autrefois les bals de l'Empire, où les militaires avaient besoin de prendre des forces pour se préparer à tous les combats qui les attendaient au-dedans comme au-dehors. Eugène n'avait encore assisté qu'à des bals. L'aplomb qui le distingua plus tard si éminemment, et qu'il commençait à prendre, l'empêcha de s'ébahir niaisement. Mais en voyant cette argenterie sculptée, et les mille recherches d'une table somptueuse, en admirant pour la première fois un service fait sans bruit, il était difficile à un homme d'ardente imagination de ne pas préférer cette vie constamment élégante à la vie de

1. A Sparte – ou Lacédémone – le vol était encouragé, et le voleur n'était puni que lorsqu'il était pris sur le fait.

2. Pair de France, le duc d'Escars était le premier maître d'hôtel de Louis XVIII. On rapporte qu'il mourut d'indigestion en 1822.

1 L'âge d'or de la gourmandise.

« Le plaisir de la table est particulier à l'espèce humaine. Il suppose des soins antécédents pour les apprêts du repas, pour le choix du lieu et le rassemblement des convives. » Nul temps ne paraît avoir été plus propice à l'art du bien-manger que le début du XIXe siècle. On voit, à côté de fastueuses tables privées, se développer les restaurants ; la carte des frères Véry, au Palais-Royal, offre déjà 12 potages, 24 hors-d'œuvre, 15 ou 20 entrées de bœuf, 20 entrées de mouton, 30 de volaille ou gibier, 16 ou 20 de veau, 12 de pâtisserie, 24 de poisson, 15 rôtis, 50 entremets, 50 desserts. Ces comestibles proviennent du monde entier. Des gourmets comme Grimod de La Reynière ou Brillat-Savarin publient de doctes traités de gastronomie ; leur lecture révèle des appétits déconcertants, car il ne s'agit pas là de banquets royaux sur lesquels il est difficile de se faire une opinion, l'énoncé des plats ne pouvant correspondre à ce qu'absorbaient les convives ; Brillat-Savarin offre à deux vieillards de ses cousins un déjeuner composé de deux douzaines d'huîtres (par tête), des rognons en brochette, un foie gras aux truffes, une fondue d'œufs brouillés au fromage ; fruits et confitures, une tasse de moka et « deux espèces de liqueurs : un esprit pour déterger et une huile pour adoucir ». »

Nouvelle Histoire de France, 1967,
Tallandier, tome 26, pp. 3276-3277

N.B. : Sur l'importance de la nourriture au XIXe siècle, on consultera : Jean-Paul ARON : Le Mangeur du XIXe siècle, *R. Laffont, 1973.*

privations qu'il voulait embrasser le matin. Sa pensée le rejeta pendant un moment dans sa pension bourgeoise ; il en eut une si profonde horreur qu'il se jura de la quitter au mois de janvier, autant pour se mettre dans une maison propre que pour fuir Vautrin, dont il sentait la large main sur son épaule. Si l'on vient à songer aux mille formes que prend à Paris la corruption, parlante ou muette, un homme de bon sens se demande par quelle aberration l'État y met des écoles, y assemble des jeunes gens, comment les jolies femmes y sont respectées, comment l'or étalé par les changeurs ne s'envole pas magiquement de leurs sébiles. Mais si l'on vient à songer qu'il est peu d'exemples de crimes, voire même de délits commis par les jeunes gens, de quel respect ne doit-on pas être pris pour ces patients Tantales[1] qui se combattent eux-mêmes, et sont presque toujours victorieux ! S'il était bien peint dans sa lutte avec Paris, le pauvre étudiant fournirait un des sujets les plus dramatiques de notre civilisation moderne. Madame de Beauséant regardait vainement Eugène pour le convier à parler, il ne voulut rien dire en présence du vicomte.

— Me menez-vous ce soir aux Italiens ? demanda la vicomtesse à son mari.

— Vous ne pouvez douter du plaisir que j'aurais à vous obéir, répondit-il avec une galanterie moqueuse dont l'étudiant fut la dupe, mais je dois aller rejoindre quelqu'un aux Variétés[2].

— Sa maîtresse, se dit-elle.

— Vous n'avez donc pas d'Ajuda ce soir ? demanda le vicomte.

— Non, répondit-elle avec humeur.

— Eh bien ! s'il vous faut absolument un bras, prenez celui de monsieur de Rastignac.

La vicomtesse regarda Eugène en souriant.

— Ce sera bien compromettant pour vous, dit-elle.

— *Le Français aime le péril, parce qu'il y trouve la gloire,* a dit monsieur de Chateaubriand, répondit Rastignac en s'inclinant[3].

Quelques moments après il fut emporté près de madame de Beauséant, dans un coupé rapide, au théâtre à la mode, et crut à quelque féerie lorsqu'il entra dans une loge de face, et qu'il se vit le but de toutes les lorgnettes concurremment avec la vicomtesse dont la toilette était délicieuse. Il marchait d'enchantements en enchantements.

1. Soit pour avoir révélé aux mortels les secrets de l'Olympe, soit pour avoir dérobé l'ambroisie, le roi mythique Tantale fut condamné aux Enfers à un châtiment exemplaire. Le plus souvent, on rapporte qu'une branche chargée de fruits s'écartait à chaque fois qu'il essayait d'attraper la nourriture.

2. Le théâtre des Variétés sur le boulevard Montmartre (2e arrondissement).

*3. Cette phrase ne semble pas figurer dans l'*Essai sur les Révolutions* (1797) ni dans* Le Génie du Christianisme *(1802), les deux ouvrages où Chateaubriand exalte le caractère des Français.*

BOULEVARD MONTMARTRE.

(Théâtre des Variétés.) (Passage des Panoramas.) (I

— Vous avez à me parler, lui dit madame de Beauséant. Ha ! tenez, voici madame de Nucingen à trois loges de la nôtre. Sa sœur et monsieur de Trailles sont de l'autre côté.

En disant ces mots, la vicomtesse regardait la loge où devait être mademoiselle de Rochefide, et, n'y voyant pas monsieur d'Ajuda, sa figure prit un éclat extraordinaire.

— Elle est charmante, dit Eugène après avoir regardé madame de Nucingen.

— Elle a les cils blancs.

— Oui, mais quelle jolie taille mince !

— Elle a de grosses mains.

— Les beaux yeux !

— Elle a le visage en long.

— Mais la forme longue a de la distinction.

— Cela est heureux pour elle qu'il y en ait là. Voyez comment elle prend et quitte son lorgnon ! Le Goriot perce dans tous ses mouvements, dit la vicomtesse au grand étonnement d'Eugène ⟨1⟩.

En effet, madame de Beauséant lorgnait la salle et semblait ne pas faire attention à madame de Nucingen, dont elle ne perdait cependant pas un geste. L'assemblée était exquisément belle. Delphine de Nucingen n'était pas peu flattée d'occuper exclusivement le jeune, le beau, l'élégant cousin de madame de Beauséant, il ne regardait qu'elle.

— Si vous continuez à la couvrir de vos regards, vous allez faire scandale, monsieur de Rastignac. Vous ne réussirez à rien, si vous vous jetez ainsi à la tête des gens.

— Ma chère cousine, dit Eugène, vous m'avez déjà bien protégé ; si vous voulez achever votre ouvrage, je ne vous demande plus que de me rendre un service qui vous donnera peu de peine et me fera grand bien. Me voilà pris.

— Déjà ?

— Oui.

— Et de cette femme ?

— Mes prétentions seraient-elles donc écoutées ailleurs ? dit-il en lançant un regard pénétrant à sa cousine. Madame la duchesse de Carigliano est attachée à madame la duchesse de Berry, reprit-il après une pause, vous devez la voir, ayez la bonté de me présenter chez elle et de m'amener au bal qu'elle donne lundi. J'y rencontrerai madame de Nucingen, et je livrerai ma première escarmouche.

— Volontiers, dit-elle. Si vous vous sentez déjà du goût pour elle, vos affaires de cœur vont très bien. Voici de Mar-

1 Portrait et voix narratrice.

« Lorsqu'on considère ces portraits dans leurs rapports formels avec le reste du récit, on constate tout de suite que leur « intercalation » dans le récit est souvent marquée d'un écart ou, si l'on veut, d'un « décollement ». Des portraits tels que celui de Delphine de Nucingen dans *Le Père Goriot*, né d'un dialogue entre deux partenaires et épousant étroitement le rythme de la narration, sont de très rares exceptions. »

TAHSIN YÜCEL,
1972, *op. cit.* p. 32.

« C'est généralement une voix neutre qui énonce le portrait, une voix sans origine précise, qui suggère l'absence de l'« auteur » pour garantir l'objectivité de la description. Le portrait semble en quelque sorte se présenter tout seul. (...) Le corps référentiel donne l'impression d'une présence immédiate en des mots purement descriptifs, signifiants, innocents de toute manipulation discursive. En fait, cette pureté est déjà troublée par diverses interférences : commentaires en aparté, interjections du lecteur, sémantisme de traits physiques sommés de traduire l'âme du personnage, qui le trahissent ou qui annoncent son destin.
La voix est clairement identifiée lorsqu'elle émane d'un narrateur explicite qui est supposé raconter ou écrire l'histoire. (...) Plus rarement, le portrait est décrit dans le dialogue des protagonistes : Mme de Nucingen par Rastignac et Mme de Beauséant, la fille aux yeux d'or par de Marsay et Paul de Manerville. (...) L'objectivité ou la transparence des mots ne font plus illusion dès lors que le portrait est dit par un personnage exprimant ouvertement son admiration ou son mépris, mais la présence du portrait contribue indirectement à rendre vraisemblable l'existence et la personnalité de son auteur. Cela suggère, inversement, que l'objet de la description, celui dont on parle ou à qui l'on parle, existe réellement. Le dialogue est d'autre part un moyen essentiel du vraisemblable car le roman inclut alors la citation d'un discours qui détourne l'attention du lecteur : celui-ci ne peut mettre en doute l'existence du discours en tant que matière verbale ; s'il questionne son adéquation au réel, il retombe dans le piège réaliste puisqu'il est conduit à déchiffrer les signifiés caractériels qui orientent ce discours. On retrouve ici, sur le plan verbal du roman, un effet analogue à celui du théâtre dans le théâtre ou de l'histoire dans l'histoire. »

BERNARD VANNIER,
1972, *op. cit.* pp. 21-22.

1. *Mélange de personnages réels (la duchesse de Berry) et de figures de la* Comédie humaine.

say dans la loge de la princesse Galathionne[1]. Madame de Nucingen est au supplice, elle se dépite. Il n'y a pas de meilleur moment pour aborder une femme, surtout une femme de banquier. Ces dames de la Chaussée-d'Antin aiment toutes la vengeance.

— Que feriez-vous donc, vous, en pareil cas ?

— Moi, je souffrirais en silence.

En ce moment le marquis d'Ajuda se présenta dans la loge de madame de Beauséant.

— J'ai mal fait mes affaires afin de venir vous retrouver, dit-il, et je vous en instruis pour que ce ne soit pas un sacrifice.

Les rayonnements du visage de la vicomtesse apprirent à Eugène à reconnaître les expressions d'un véritable amour, et à ne pas les confondre avec les simagrées de la coquetterie parisienne. Il admira sa cousine, devint muet et céda sa place à monsieur d'Ajuda en soupirant. « Quelle noble, quelle sublime créature est une femme qui aime ainsi ! se dit-il. Et cet homme la trahirait pour une poupée ! comment peut-on la trahir ? » Il se sentit au cœur une rage d'enfant. Il aurait voulu se rouler aux pieds de madame de Beauséant, il souhaitait le pouvoir des démons afin de l'emporter dans son cœur, comme un aigle enlève de la plaine dans son aire une jeune chèvre blanche qui tète encore. Il était humilié d'être dans ce grand Musée de la beauté sans son tableau, sans une maîtresse à lui. « Avoir une maîtresse est une position quasi royale, se disait-il, c'est le signe de la puissance ! » Et il regarda madame de Nucingen comme un homme insulté regarde son adversaire. La vicomtesse se retourna vers lui pour lui adresser sur sa discrétion mille remerciements dans un clignement d'yeux. Le premier acte était fini.

— Vous connaissez assez madame de Nucingen pour lui présenter monsieur de Rastignac ? dit-elle au marquis d'Ajuda.

— Mais elle sera charmée de voir monsieur, dit le marquis.

Le beau Portugais se leva, prit le bras de l'étudiant, qui en un clin d'œil se trouva auprès de madame de Nucingen.

— Madame la baronne, dit le marquis, j'ai l'honneur de vous présenter le chevalier Eugène de Rastignac, un cousin de la vicomtesse de Beauséant. Vous faites une si vive impression sur lui, que j'ai voulu compléter son bonheur en le rapprochant de son idole.

LAISNE

Ces mots furent dits avec un certain accent de raillerie qui en faisait passer la pensée un peu brutale, mais qui, bien sauvée, ne déplaît jamais à une femme. Madame de Nucingen sourit, et offrit à Eugène la place de son mari, qui venait de sortir.

— Je n'ose pas vous proposer de rester près de moi, monsieur, lui dit-elle. Quand on a le bonheur d'être auprès de madame de Beauséant, on y reste.

— Mais, lui dit à voix basse Eugène, il me semble, madame, que si je veux plaire à ma cousine, je demeurerai près de vous. Avant l'arrivée de monsieur le marquis, nous parlions de vous et de la distinction de toute votre personne, dit-il à haute voix.

Monsieur d'Ajuda se retira.

— Vraiment, monsieur, dit la baronne, vous allez me rester ? Nous ferons donc connaissance, madame de Restaud m'avait déjà donné le plus vif désir de vous voir.

— Elle est donc bien fausse, elle m'a fait consigner à sa porte.

— Comment ?

— Madame, j'aurai la conscience de vous en dire la raison ; mais je réclame toute votre indulgence en vous confiant un pareil secret. Je suis le voisin de monsieur votre père. J'ignorais que madame de Restaud fût sa fille. J'ai eu l'imprudence d'en parler fort innocemment, et j'ai fâché madame votre sœur et son mari. Vous ne sauriez croire combien madame la duchesse de Langeais et ma cousine ont trouvé cette apostasie filiale[1] de mauvais goût. Je leur ai raconté la scène, elles en ont ri comme des folles. Ce fut alors qu'en faisant un parallèle entre vous et votre sœur, madame de Beauséant me parla de vous en fort bons termes, et me dit combien vous étiez excellente pour mon voisin, monsieur Goriot. Comment, en effet, ne l'aimeriez-vous pas ? il vous adore si passionnément que j'en suis déjà jaloux. Nous avons parlé de vous ce matin pendant deux heures. Puis, tout plein de ce que votre père m'a raconté, ce soir en dînant avec ma cousine, je lui disais que vous ne pouviez pas être aussi belle que vous étiez aimante. Voulant sans doute favoriser une si chaude admiration, madame de Beauséant m'a amené ici, en me disant avec sa grâce habituelle que je vous y verrais.

— Comment, monsieur, dit la femme du banquier, je vous dois déjà de la reconnaissance ? Encore un peu, nous

1. Dans la théologie, l'apostasie est l'abandon de la foi chrétienne ou la renonciation aux vœux. Par extension, c'est un reniement.

J. LARA

allons être de vieux amis.

— Quoique l'amitié doive être près de vous un sentiment peu vulgaire, dit Rastignac, je ne veux jamais être votre ami.

Ces sottises stéréotypées à l'usage des débutants paraissent toujours charmantes aux femmes, et ne sont pauvres que lues à froid. Le geste, l'accent, le regard d'un jeune homme, leur donnent d'incalculables valeurs. Madame de Nucingen trouva Rastignac charmant. Puis, comme toutes les femmes, ne pouvant rien dire à des questions aussi drûment posées que l'était celle de l'étudiant, elle répondit à autre chose.

— Oui, ma sœur se fait tort par la manière dont elle se conduit avec ce pauvre papa, qui vraiment a été pour nous un dieu. Il a fallu que monsieur de Nucingen m'ordonnât positivement de ne voir mon père que le matin, pour que je cédasse sur ce point. Mais j'en ai longtemps été bien malheureuse. Je pleurais. Ces violences, venues après les brutalités du mariage (1), ont été l'une des raisons qui troublèrent le plus mon ménage. Je suis certes la femme de Paris la plus heureuse aux yeux du monde, la plus malheureuse en réalité. Vous allez me trouver folle de vous parler ainsi. Mais vous connaissez mon père et, à ce titre, vous ne pouvez pas m'être étranger.

— Vous n'aurez jamais rencontré personne, lui dit Eugène, qui soit animé d'un plus vif désir de vous appartenir. Que cherchez-vous toutes ? le bonheur, reprit-il d'une voix qui allait à l'âme. Eh bien ! si, pour une femme, le bonheur est d'être aimée, adorée, d'avoir un ami à qui elle puisse confier ses désirs, ses fantaisies, ses chagrins, ses joies ; se montrer dans la nudité de son âme, avec ses jolis défauts et ses belles qualités, sans craindre d'être trahie ; croyez-moi, ce cœur dévoué, toujours ardent, ne peut se rencontrer que chez un homme jeune, plein d'illusions, qui peut mourir sur un seul de vos signes, qui ne sait rien encore du monde et n'en veut rien savoir, parce que vous devenez le monde pour lui. Moi, voyez-vous, vous allez rire de ma naïveté, j'arrive du fond d'une province, entièrement neuf, n'ayant connu que de belles âmes, et je comptais rester sans amour. Il m'est arrivé de voir ma cousine, qui m'a mis trop près de son cœur ; elle m'a fait deviner les mille trésors de la passion ; je suis, comme Chérubin[1], l'amant de toutes les femmes, en attendant que je puisse me dévouer à quelqu'une d'entre elles. En vous voyant, quand je suis

1. Rastignac évoque ici les propos de Chérubin tenus devant Suzanne dans Le Mariage de Figaro *(I, 7) de Beaumarchais.*

1 Le mariage, un viol légal.

« L'amour est la plus mélodieuse de toutes les harmonies, et nous en avons le sentiment inné. La femme est un délicieux instrument de plaisir, mais il faut en connaître les frémissantes cordes, en étudier la pose, le clavier timide, le doigté changeant et capricieux.

Combien d'orangs !... d'hommes, veux-je dire, se marient sans savoir ce qu'est une femme ! Combien de prédestinés ont procédé avec elles comme le singe de Cassan avec son violon ! Ils ont brisé le cœur qu'ils ne comprenaient pas, comme ils ont flétri et dédaigné le bijou dont le secret leur était inconnu. Enfants toute leur vie, ils s'en vont de la vie les mains vides, ayant végété, ayant parlé d'amour et de plaisir, de libertinage et de vertu, comme les esclaves parlent de la liberté.

Presque tous se sont mariés dans l'ignorance la plus profonde et de la femme et de l'amour. Ils ont commencé par enfoncer la porte d'une maison étrangère et ils ont voulu être bien reçus au salon.

Mais l'artiste le plus vulgaire sait qu'il existe entre lui et son instrument (son instrument qui est de bois ou d'ivoire !) une sorte d'amitié indéfinissable. Il sait, par expérience, qu'il lui a fallu des années pour établir ce rapport mystérieux entre une matière inerte et lui. Il n'en a pas deviné du premier coup les ressources et les caprices, les défauts et les vertus. Son instrument ne devient une âme pour lui et n'est une source de mélodie qu'après de longues études ; ils ne parviennent à se connaître comme deux amis qu'après les interrogations les plus savantes.

Est-ce en restant accroupi dans la vie, comme un séminariste dans sa cellule, qu'un homme peut apprendre la femme et savoir déchiffrer cet admirable solfège ? Est-ce un homme qui fait métier de penser pour les autres, de juger les autres, de gouverner les autres, de voler l'argent des autres, de nourrir, de guérir, de blesser les autres ? Est-ce tous nos prédestinés enfin, qui peuvent employer leur temps à étudier une femme ?

Ils vendent leur temps, comment le donneraient-ils au bonheur ? L'argent est leur dieu. L'on ne sert pas deux maîtres à la fois.

Aussi le monde est-il plein de jeunes femmes qui se traînent pâles et débiles, malades et souffrantes. Les unes sont la proie d'inflammations plus ou moins graves, les autres restent sous la cruelle domination d'attaques nerveuses plus ou moins violentes. Tous les maris de ces femmes-là sont des ignares et des prédestinés. Ils ont causé leur malheur avec le soin qu'un mari-artiste aurait mis à faire éclore les tardives et délicieuses fleurs du plaisir. Le temps qu'un ignorant passe à consommer sa ruine est précisément celui qu'un homme habile sait employer à l'éducation de son bonheur.

Ne commencez jamais le mariage par un viol.

Dans les Méditations précédentes, nous avons accusé l'étendue du mal avec l'irrespectueuse audace des chirurgiens qui développent hardiment les tissus menteurs sous lesquels une honteuse blessure est cachée. La vertu publique, traduite sur la table de notre amphithéâtre, n'a même pas laissé de cadavre sous le scalpel. Amant ou mari, vous avez souri ou frémi du mal ? Hé ! bien, c'est avec une joie malicieuse que nous reportons cet immense fardeau social sur la conscience des prédestinés. Arlequin, essayant de savoir si son cheval peut s'accoutumer à ne pas manger, n'est pas plus ridicule que ces hommes qui veulent trouver le bonheur en ménage et ne pas le cultiver avec tous les soins qu'il réclame. Les

entré, je me suis senti porté vers vous comme par un courant. J'avais déjà tant pensé à vous ! Mais je ne vous avais pas rêvée aussi belle que vous l'êtes en réalité. Madame de Beauséant m'a ordonné de ne pas vous tant regarder. Elle ne sait pas ce qu'il y a d'attrayant à voir vos jolies lèvres rouges, votre teint blanc, vos yeux si doux. Moi aussi, je vous dis des folies, mais laissez-les-moi dire.

Rien ne plaît plus aux femmes que de s'entendre débiter ces douces paroles ⟨1⟩. La plus sévère dévote les écoute, même quand elle ne doit pas y répondre. Après avoir ainsi commencé, Rastignac défila son chapelet d'une voix coquettement sourde ; et madame de Nucingen encourageait Eugène par des sourires en regardant de temps en temps de Marsay, qui ne quittait pas la loge de la princesse Galathionne. Rastignac resta près de madame de Nucingen jusqu'au moment où son mari vint la chercher pour l'emmener.

— Madame, lui dit Eugène, j'aurai le plaisir de vous aller voir avant le bal de la duchesse de Carigliano.

— *Puisqui matame fous encache,* dit le baron, épais Alsacien dont la figure ronde annonçait une dangereuse finesse, *fous êtes sir d'êdre pien ressi*[1].

— Mes affaires sont en bon train, car elle ne s'est pas bien effarouchée en m'entendant lui dire : M'aimerez-vous bien ? Le mors est mis à ma bête, sautons dessus et gouvernons-la, se dit Eugène en allant saluer madame de Beauséant qui se levait et se retirait avec d'Ajuda. Le pauvre étudiant ne savait pas que la baronne était distraite, et attendait de de Marsay une de ces lettres décisives qui déchirent l'âme. Tout heureux de son faux succès, Eugène accompagna la vicomtesse jusqu'au péristyle, où chacun attend sa voiture.

— Votre cousin ne se ressemble plus à lui-même, dit le Portugais en riant à la vicomtesse quand Eugène les eut quittés. Il va faire sauter la banque. Il est souple comme une anguille, et je crois qu'il ira loin. Vous seule avez pu lui trier sur le volet une femme au moment où il faut la consoler.

— Mais, dit madame de Beauséant, il faut savoir si elle aime encore celui qui l'abandonne.

L'étudiant revint à pied du Théâtre-Italien à la rue Neuve-Sainte-Geneviève, en faisant les plus doux projets. Il avait bien remarqué l'attention avec laquelle madame de Restaud l'avait examiné, soit dans la loge de la vicomtesse, soit dans celle de madame de Nucingen, et il présuma que la porte de

1. Nucingen sera toujours caractérisé dans La Comédie humaine *par ce pseudo-accent germanique.*

fautes des femmes sont autant d'actes d'accusation contre l'égoïsme, l'insouciance et la nullité des maris.

Maintenant c'est à vous-même, vous, lecteur, qui avez souvent condamné votre crime dans un autre, c'est à vous de tenir la balance. L'un des bassins est assez chargé, voyez ce que vous mettrez dans l'autre ! Évaluez le nombre de prédestinés qui peut se rencontrer dans la somme totale des gens mariés, et pesez : vous saurez où est le mal.

Essayons de pénétrer plus avant dans les causes de cette maladie conjugale.

Le mot *amour*, appliqué à la reproduction de l'espèce, est le plus odieux blasphème que les mœurs modernes aient appris à proférer. La nature, en nous élevant au-dessus des bêtes par le divin présent de la pensée, nous a rendus aptes à éprouver des sensations et des sentiments, des besoins et des passions. Cette double nature crée en l'homme l'animal et l'amant. Cette distinction va éclairer le problème social qui nous occupe.

Le mariage peut être considéré politiquement, civilement et moralement, comme une loi, comme un contrat, comme une institution : loi, c'est la reproduction de l'espèce ; contrat, c'est la transmission des propriétés ; institution, c'est une garantie dont les obligations intéressent tous les hommes : ils ont un père et une mère, ils auront des enfants. Le mariage doit donc être l'objet du respect général.

La société n'a pu considérer que ces sommités, qui, pour elle, dominent la question conjugale.

La plupart des hommes n'ont eu en vue par leur mariage que la reproduction, la propriété ou l'enfant ; mais ni la reproduction, ni la propriété, ni l'enfant ne constituent le bonheur. Le *crescite et multiplicamini*[1] n'implique pas l'amour. Demander à une fille que l'on a vue quatorze fois en quinze jours de l'amour de par la loi, le roi et la justice est une absurdité digne de la plupart des prédestinés !

L'amour est l'accord du besoin et du sentiment, le bonheur en mariage résulte d'une parfaite entente des âmes entre les époux. Il suit de là que, pour être heureux, un homme est obligé de s'astreindre à certaines règles d'honneur et de délicatesse. Après avoir usé du bénéfice de la loi sociale qui consacre le besoin, il doit obéir aux lois secrètes de la nature qui font éclore les sentiments. S'il met son bonheur à être aimé, il faut qu'il aime sincèrement : rien ne résiste à une passion véritable. »

Physiologie du mariage, 1826.

1. « Croissez et multipliez » (*Genèse* I, 28).

1 L'amour, un art de la conversation.

« L'amour se passe presque toujours en conversations. Il n'y a qu'une seule chose d'inépuisable chez un amant, c'est la bonté, la grâce et la délicatesse. Tout sentir, tout deviner, tout prévenir ; faire des reproches sans affliger la tendresse ; désarmer un présent de tout orgueil ; doubler le prix d'un procédé par des formes ingénieuses ; mettre la flatterie dans les actions et non en paroles ; se faire entendre plutôt que de saisir vivement ; toucher sans frapper ; mettre de la caresse dans les regards et jusque dans le son de la voix ; ne jamais embarrasser ; amuser sans offenser le goût ; toujours chatouiller le cœur ; parler à l'âme... Voilà tout ce que les femmes demandent ; elles abandonneront les bénéfices de toutes les nuits de Messaline pour vivre avec un être qui leur prodiguera ces caresses d'âme dont elles sont si friandes, et qui ne coûtent rien aux hommes, si ce n'est un peu d'attention. »

Physiologie du mariage, 1826.

la comtesse ne lui serait plus fermée. Ainsi déjà quatre relations majeures, car il comptait bien plaire à la maréchale, allaient lui être acquises au cœur de la haute société parisienne. Sans trop s'expliquer les moyens, il devinait par avance que, dans le jeu compliqué des intérêts de ce monde, il devait s'accrocher à un rouage pour se trouver en haut de la machine, et il se sentait la force d'en enrayer la roue. « Si madame de Nucingen s'intéresse à moi, je lui apprendrai à gouverner son mari. Ce mari fait des affaires d'or, il pourra m'aider à ramasser tout d'un coup une fortune. » Il ne se disait pas cela crûment, il n'était pas encore assez politique pour chiffrer une situation, l'apprécier et la calculer ; ces idées flottaient à l'horizon sous la forme de légers nuages, et, quoiqu'elles n'eussent pas l'âpreté de celles de Vautrin, si elles avaient été soumises au creuset de la conscience elles n'auraient rien donné de bien pur. Les hommes arrivent, par une suite de transactions de ce genre, à cette morale relâchée que professe l'époque actuelle, où se rencontrent plus rarement que dans aucun temps ces hommes rectangulaires, ces belles volontés qui ne se plient jamais au mal, à qui la moindre déviation de la ligne droite semble être un crime : magnifiques images de la probité qui nous ont valu deux chefs-d'œuvre, Alceste de Molière ⟨1⟩, puis récemment Jenny Deans et son père, dans l'œuvre de Walter Scott[1]. Peut-être l'œuvre opposée, la peinture des sinuosités dans lesquelles un homme du monde, un ambitieux fait rouler sa conscience, en essayant de côtoyer le mal, afin d'arriver à son but en gardant les apparences, ne serait-elle ni moins belle, ni moins dramatique. En atteignant au seuil de sa pension, Rastignac s'était épris de madame de Nucingen, elle lui avait paru svelte, fine comme une hirondelle. L'enivrante douceur de ses yeux, le tissu délicat et soyeux de sa peau sous laquelle il avait cru voir couler le sang ⟨2⟩, le son enchanteur de sa voix, ses blonds cheveux, il se rappelait tout ; et peut-être la marche, en mettant son sang en mouvement, aidait-elle à cette fascination. L'étudiant frappa rudement à la porte du père Goriot.

— Mon voisin, dit-il, j'ai vu madame Delphine.

— Où ?

— Aux Italiens.

— S'amusait-elle bien ? Entrez donc. Et le bonhomme, qui s'était levé en chemise, ouvrit sa porte et se recoucha promptement. — Parlez-moi donc d'elle, demanda-t-il.

1. *Jenny Deans, et son père David, sont des personnages puritains de* La Prison d'Edimbourg, *qui appartient avec* La Fiancée de Lamermoor *et* Rob Roy, *entre autres, à un ensemble romanesque intitulé* Les Contes de mon hôte.

⟨1⟩ Alceste contre le monde.

L'intransigeante probité d'Alceste le condamne à la misanthropie dans la société louis-quatorzienne. La modernité post-révolutionnaire ne lui agréerait guère mieux :

« Le Ciel ne m'a point fait, en me donnant le jour,
Une âme compatible avec l'air de la Cour ;
Je ne me trouve point les vertus nécessaires
Pour y bien réussir et faire mes affaires.
Être franc et sincère est mon plus grand talent ;
Je ne sais point jouer les hommes en parlant,
Et qui n'a pas le don de cacher ce qu'il pense
Doit faire en ce pays fort peu de résidence. »

MOLIÈRE,
1666, *Le Misanthrope,* acte III, scène 5.

« Tirons-nous de ce bois et de coupe-gorge.
Puisque entre humains ainsi vous vivez en vrais loups,
Traîtres, vous ne m'aurez de ma vie avec vous. »

Ibid, acte V, scène 1.

⟨2⟩ La peau diaphane ou la vision désirante.

Jean-Pierre Richard signale « l'attention patiente et passionnée » *que le regard balzacien* « attache au motif, pour lui névralgique, de la peau », *qu'il s'agira de* « diaphaniser, afin de pouvoir lire en sa surface les signes d'une émotivité profonde. Celle-ci se parlera souvent à travers les agitations du sang, ce fluide ardent ». *Cette vue est* « très satisfaisante parce qu'elle apporte à l'œil le message d'une vie tout à la fois débordante et contrôlée : les fonctions d'échange et d'alimentation y équilibrent heureusement, grâce au motif du quadrillage réticulaire, celles d'agitation et de simple dépense. C'est en tout cas là un type de vision, de vision désirante, propre à beaucoup de créatures balzaciennes. »

Op. cit. pp. 67-68.

Eugène, qui se trouvait pour la première fois chez le père Goriot, ne fut pas maître d'un mouvement de stupéfaction en voyant le bouge où vivait le père (1), après avoir admiré la toilette de la fille. La fenêtre était sans rideaux ; le papier de tenture collé sur les murailles s'en détachait en plusieurs endroits par l'effet de l'humidité, et se recroquevillait en laissant apercevoir le plâtre jauni par la fumée. Le bonhomme gisait sur un mauvais lit, n'avait qu'une maigre couverture et un couvre-pied ouaté fait avec les bons morceaux des vieilles robes de madame Vauquer. Le carreau était humide et plein de poussière. En face de la croisée se voyait une de ces vieilles commodes en bois de rose à ventre renflé, qui ont des mains en cuivre tordu en façon de sarments décorés de feuilles ou de fleurs ; un vieux meuble à tablette de bois sur lequel était un pot à eau dans sa cuvette et tous les ustensiles nécessaires pour se faire la barbe. Dans un coin, les souliers ; à la tête du lit, une table de nuit sans porte ni marbre ; au coin de la cheminée, où il n'y avait pas trace de feu, se trouvait la table carrée, en bois de noyer, dont la barre avait servi au père Goriot à dénaturer son écuelle en vermeil. Un méchant secrétaire sur lequel était le chapeau du bonhomme, un fauteuil foncé de paille et deux chaises complétaient ce mobilier misérable. La flèche du lit[1], attachée au plancher par une loque, soutenait une mauvaise bande d'étoffes à carreaux rouges et blancs. Le plus pauvre commissionnaire était certes moins mal meublé dans son grenier, que ne l'était le père Goriot chez madame Vauquer. L'aspect de cette chambre donnait froid et serrait le cœur, elle ressemblait au plus triste logement d'une prison. Heureusement Goriot ne vit pas l'expression qui se peignit sur la physionomie d'Eugène quand celui-ci posa sa chandelle sur la table de nuit. Le bonhomme se tourna de son côté en restant couvert jusqu'au menton.

— Eh ! bien, qui aimez-vous mieux de madame de Restaud ou de madame de Nucingen ?

— Je préfère madame Delphine, répondit l'étudiant, parce qu'elle vous aime mieux.

A cette parole chaudement dite, le bonhomme sortit son bras du lit et serra la main d'Eugène.

— Merci, merci, répondit le vieillard ému. Que vous a-t-elle donc dit de moi ?

L'étudiant répéta les paroles de la baronne en les embellis-

1. Tige qui soutient un rideau au-dessus du lit.

1 La paternité : les origines du thème.

Les commentateurs du *Père Goriot* ont recensé de nombreuses sources de ce thème. En voici une liste non exhaustive.

La première esquisse du sujet :

« Sujet du *Père Goriot* — un brave homme — pension bourgeoise — 600 fr. de rente — S'étant dépouillé pour ses filles, qui toutes deux ont 50 000 fr. de rente, mourant comme un chien. » Plus loin : *« Souffrances d'un père »*

Pensées, sujets, fragments, sans date.

Une mention préalable possible :

Dans *Les Dangers de l'inconduite* (premier titre de *Gobseck*, 1830) l'avoué, qui deviendra Derville, évoque un drame d'un « père (qui) s'asphyxie parce qu'il ne peut nourrir ses enfants ».

Les romans de jeunesse :

— Des personnages de pères aimants : Borgino dans *Falthurne* (1820) ; le roi Jean III dans *Clotilde de Lusignan* (1822) ; sir George dans *Wann-Chlore* (1825).

— Un père que la mort de sa fille rend fou : Gérard dans *Annette et le criminel* (1824).

Les œuvres signées Balzac :

— La jalousie paternelle de Bartholomeo di Piombo dans *La Vendetta* (1830), thème repris dans *Ferragus* (1833) ; Cambremer dans *Un drame au bord de la mer* (1834-1835).

— Les mères douloureuses : Mme de Dey meurt en apprenant l'exécution de son fils dans *le Réquisitionnaire* (1831) ; la Marana se prive de sa fille pour assurer son bonheur, et cette fille tue son mari pour sauver l'honneur de ses enfants dans *les Marana* (1832-1833).

— Les pères qui dépouillent leurs enfants : Grandet par avarice dans *Eugénie Grandet* (1833), Balthasar Claës pour poursuivre ses travaux dans *la Recherche de l'Absolu* (1834).

Inspirations littéraires :

— *Le Roi Lear* de Shakespeare (vers 1605 ?). La critique du temps avait déjà établi le rapport : « Shakespeare avait voulu représenter dans son vieux roi la paternité aveugle et folle, se dépouillant de tout, sceptre, grandeurs, fortune, au profit de deux filles dont la noire ingratitude le payait de ses sacrifices. Mais pour l'honneur de la nature humaine, en regard de deux filles perfides et barbares, Gonerill et Regane, Shakespeare avait placé Cordélia, fille pieuse et dévouée. Pour l'honneur de la paternité, autant le poète lui avait donné de la tendresse pour les enfants qui devaient le trahir, autant la trahison consommée, il l'avait embrasé de fureur contre ces indignes objets d'une passion non moins vive que malheureuse. M. de Balzac, au contraire, n'a rien accordé à l'honneur de la paternité ; le père Goriot n'a point d'Antigone qui le console, point de colère qui le venge. »

Le Courrier français, 15 avril 1835, cité par P.-G. Castex, *op. cit.* pp. XIII-XIV

Pierre Barbéris signale justement que Cordélia est représentée par Victorine, dépouillée par un père qui ne la mérite pas.

sant, et le vieillard l'écouta comme s'il eût entendu la parole de Dieu.

— Chère enfant ! oui, oui, elle m'aime bien. Mais ne la croyez pas dans ce qu'elle vous a dit d'Anastasie. Les deux sœurs se jalousent, voyez-vous ? c'est encore une preuve de leur tendresse. Madame de Restaud m'aime bien aussi. Je le sais. Un père est avec ses enfants comme Dieu est avec nous, il va jusqu'au fond des cœurs, et juge les intentions. Elles sont toutes deux aussi aimantes. Oh ! si j'avais eu de bons gendres, j'aurais été trop heureux. Il n'est sans doute pas de bonheur complet ici-bas. Si j'avais vécu chez elles ; mais rien que d'entendre leurs voix, de les savoir là, de les voir aller, sortir, comme quand je les avais chez moi, ça m'eût fait cabrioler le cœur[1]. Étaient-elles bien mises ?

— Oui, dit Eugène. Mais, monsieur Goriot, comment, en ayant des filles aussi richement établies que sont les vôtres, pouvez-vous demeurer dans un taudis pareil ?

— Ma foi, dit-il, d'un air en apparence insouciant, à quoi cela me servirait-il d'être mieux ? Je ne puis guère vous expliquer ces choses-là ; je ne sais pas dire deux paroles de suite comme il faut. Tout est là, ajouta-t-il en se frappant le cœur. Ma vie, à moi, est dans mes deux filles. Si elles s'amusent, si elles sont heureuses, bravement mises[2], si elles marchent sur des tapis, qu'importe de quel drap je sois vêtu, et comment est l'endroit où je me couche ? Je n'ai point froid si elles ont chaud, et je ne m'ennuie jamais si elles rient. Je n'ai de chagrins que les leurs. Quand vous serez père, quand vous vous direz, en oyant gazouiller vos enfants : C'est sorti de moi ! que vous sentirez ces petites créatures tenir à chaque goutte de votre sang, dont elles ont été la fine fleur, car c'est ça ! vous vous croirez attaché à leur peau, vous croirez être agité vous-même par leur marche. Leur voix me répond partout. Un regard d'elles, quand il est triste, me fige le sang. Un jour vous saurez que l'on est bien plus heureux de leur bonheur que du sien propre. Je ne peux pas vous expliquer ça : c'est des mouvements intérieurs qui répandent l'aise partout. Enfin, je vis trois fois. Voulez-vous que je vous dise une drôle de chose ? Eh bien ! quand j'ai été père, j'ai compris Dieu. Il est tout entier partout, puisque la création est sortie de lui. Monsieur, je suis ainsi avec mes filles. Seulement j'aime mieux mes filles que Dieu n'aime le monde, parce que le monde n'est pas si beau que Dieu, et que mes filles sont plus belles que moi. Elles me tiennent si bien à

1. Verbe familier pour bondir.

2. Mises avec élégance.

— Le père renié par ses enfants appartient à la littérature populaire des fabliaux ; le thème passe au théâtre, en particulier dans une compilation du XVIIIe siècle, *l'Esprit des conversations agréables ou Nouveau Mélange de pensées choisies en vers et en prose* de Gayot de Pitaval (1731) et dans l'œuvre d'un jésuite anonyme, *Conaxa,* dans laquelle Jean Conaxa, riche marchand, marie ses deux filles à des nobles qui le forcent à quitter son négoce et à se dépouiller en leur faveur. Ses enfants cherchent alors à se débarrasser de ce père inutile et encombrant, qui reconquiert leur faveur en leur laissant entendre qu'il a encore une fortune cachée. Or Balzac a pu lire ce récit dans la *Bibliothèque dramatique ou Répertoire universel du théâtre français* avec une comédie d'Étienne, *Les Deux Gendres* (1810) qui s'inspirait très largement de *Conaxa.*

Expérience personnelle :

Balzac est le père d'un enfant que la mystérieuse Maria, dédicataire d'*Eugénie Grandet*, met au monde le 4 juin 1834. Son amie Zulma Carraud a un enfant la même année et lui écrit : « Moi, je m'abîme tout entière en mes enfants, et il ne me reste que la vie extérieure, sans goûts, sans passions, presque sans pensées autres que celles qui peuvent leur être appliquées, soit immédiatement, soit dans l'avenir. » (Lettre du 14 novembre 1834, citée par Rose Fortassier, *op. cit.* p. 8.)

Quant à madame de Berny, amante de Balzac et quasi mère d'adoption pour lui, elle se meurt : « Qui a tué cette sublime créature ? Le chagrin, mon ami. Sa fille morte, sa fille folle, bien d'autres choses, et tout cela, coup sur coup (brûlez ma lettre), j'ai eu toutes ses douleurs, je les ai ressenties comme elle les ressentait. Ses deux fils et moi, nous l'entourons, pieusement. » (Lettre à Borget du 1er mars 1835, citée par Rose Fortassier, *ibid.*)

Loin de sa mère, angoissé par le sort de madame de Berny, Balzac s'éprouve comme Rastignac.

Une histoire vraie ?

« Quelques lecteurs ont traité *le Père Goriot* comme une calomnie envers les enfants ; mais l'événement qui a servi de modèle offrait des circonstances affreuses, et comme il ne s'en présente pas chez les Cannibales ; le pauvre père a crié pendant vingt heures d'agonie pour avoir à boire, sans que personne arrivât à son secours, et ses deux filles étaient, l'une au bal, l'autre au spectacle, quoiqu'elles n'ignorassent pas l'état de leur père. Ce vrai-là n'eût pas été croyable. »

Préface du *Cabinet des Antiques*, 1839.

Parfaitement conscient de l'importance du thème dans son œuvre, Balzac écrivait dans son *Album* :

« Il y a la paternité jalouse et terrible de Bartholomeo di Piombo, la paternité faible et indulgente du comte de Fontaine, la paternité partagée du comte de Granville, la paternité tout aristocratique du duc de Chaulieu, l'imposante paternité du baron du Guénic, la paternité douce, conseilleuse et bourgeoise de M. Mignon, la paternité dure de Grandet, la paternité nominale de M. de la Baudraye, la paternité noble et abusée du marquis d'Esgrignon, la paternité muette de M. de Mortsauf, la paternité d'instinct, de passion et à l'état de vice du père Goriot, la paternité partiale du vieux juge Blondet, la paternité bourgeoise de César Birotteau. »

l'âme, que j'avais idée que vous les verriez ce soir. Mon Dieu ! un homme qui rendrait ma petite Delphine aussi heureuse qu'une femme l'est quand elle est bien aimée ; mais je lui cirerais ses bottes, je lui ferais ses commissions. J'ai su par sa femme de chambre que ce petit monsieur de Marsay est un mauvais chien. Il m'a pris des envies de lui tordre le cou. Ne pas aimer un bijou de femme, une voix de rossignol, et faite comme un modèle ! Où a-t-elle eu les yeux d'épouser cette grosse souche d'Alsacien ? Il leur fallait à toutes deux de jolis jeunes gens bien aimables. Enfin, elles ont fait à leur fantaisie.

Le père Goriot était sublime. Jamais Eugène ne l'avait pu voir illuminé par les feux de sa passion paternelle. Une chose digne de remarque est la puissance d'infusion que possèdent les sentiments. Quelque grossière que soit une créature, dès qu'elle exprime une affection forte et vraie, elle exhale un fluide particulier qui modifie la physionomie, anime le geste, colore la voix. Souvent l'être le plus stupide arrive, sous l'effort de la passion, à la plus haute éloquence dans l'idée, si ce n'est dans le langage, et semble se mouvoir dans une sphère lumineuse. Il y avait en ce moment dans la voix, dans le geste de ce bonhomme, la puissance communicative qui signale le grand acteur. Mais nos beaux sentiments ne sont-ils pas les poésies de la volonté ?

— Eh ! bien, vous ne serez peut-être pas fâché d'apprendre, lui dit Eugène, qu'elle va rompre sans doute avec ce de Marsay. Ce beau-fils[1] l'a quittée pour s'attacher à la princesse Galathionne. Quant à moi, ce soir, je suis tombé amoureux de madame Delphine.

— Bah ! dit le père Goriot.

— Oui. Je ne lui ai pas déplu. Nous avons parlé amour pendant une heure, et je dois aller la voir après-demain samedi.

— Oh ! que je vous aimerais, mon cher monsieur, si vous lui plaisiez. Vous êtes bon, vous ne la tourmenteriez point. Si vous la trahissiez, je vous couperais le cou, d'abord. Une femme n'a pas deux amours, voyez-vous ? Mon Dieu ! mais je dis des bêtises, monsieur Eugène. Il fait froid ici pour vous. Mon Dieu ! vous l'avez donc entendue, que vous a-t-elle dit pour moi ?

— Rien, se dit en lui-même Eugène. Elle m'a dit, répondit-il à haute voix, qu'elle vous envoyait un bon baiser de fille.

1. « Faire le beau-fils : affecter du soin, de la recherche dans son ton, ses manières, ses vêtements. » (Dictionnaire de l'Académie, 1835) Un beau-fils est donc un dandy.

Les œuvres de référence sont dans l'ordre : *la Vendetta, le Bal de Sceaux, Une double famille, Splendeurs et Misères des courtisanes, Béatrix, Modeste Mignon, Eugénie Grandet, la Muse du département, le Cabinet des Antiques, le Lys dans la vallée, le Père Goriot, l'Envers de l'histoire contemporaine* et *le Cabinet des Antiques, César Birotteau.*

On peut conclure par ces lignes : « On sait la place que tient dans l'univers balzacien le thème du père. On pense à Goriot, à Goriot, « Christ de la paternité », à Goriot qui va se cacher derrière les arbres des Champs-Élysées pour voir passer les voitures de ses filles : « Ma vie, à moi, est dans mes deux filles [...] Enfin, je vis trois fois. Voulez-vous que je vous dise une drôle de chose ? Eh bien ! quand j'ai été père, j'ai compris Dieu[1] [...] » Oui, Goriot. Mais aussi la grosse mère Minoret qui ne vit, qui ne pense que pour son fils Désiré[2]. Mais aussi Philippe Bridau : « Mon fils, lui, sera plus heureux que moi, il sera grand seigneur. Le drôle souhaitera ma mort, je m'y attends bien, ou il ne sera pas mon fils[3] ». Mais aussi Crevel et sa joie à l'annonce de la grossesse de Mme Marneffe. Mais aussi, pourquoi pas, Maxime de Trailles soi-même, Maxime, le coupe-jarret, Maxime, le destructeur de ménages, le spoliateur d'enfants. Vieilli, demi-raté, il pense à se marier : « J'aurai peut-être un enfant, je serai sévère pour lui, sa mère sera riche, j'en ferai un diplomate, il pourra être ambassadeur[4] [...] ». Le thème est le même partout : il s'agit de vivre par personne interposée, de réussir dans un autre que soi ce qu'on n'a pu faire en une courte vie, de se prolonger, de s'achever. Il s'agit de triompher non surtout du temps, mais des obstacles sociaux, de tout ce qui brime l'élan vital et le vouloir-vivre, de tout ce qui ne s'apprend que par l'expérience. Maxime sera sévère pour son fils, qui sera ce que Maxime n'a pu être, lui qui vient maintenant mendier auprès de Rastignac. Ainsi Maxime aura laissé quelque chose derrière lui. Il aura le sentiment d'avoir employé sa force à quelque chose. Il aura créé.

Ce thème obsédant, c'est le thème humaniste par excellence, le thème de Prométhée, le thème de la lettre de Gargantua à Pantagruel. Ses filles pour Goriot, le village pour Benassis, le chef-d'œuvre inconnu pour Porbus, Lucien pour Vautrin, *la Comédie humaine* pour Balzac, c'est toujours la création magnifiant le créateur, faisant preuve pour le créateur, la création supérieure au créateur, plus complète. « Mes filles sont plus belles que moi », dit Goriot. Or, Vautrin parle comme Goriot : « Je suis un bon homme qui veut se crotter pour que vous soyez à l'abri de la boue pour le reste de vos jours », dit-il à Rastignac. A Lucien, plus tard, il dira la même chose, de manière encore plus explicite : « Je me ferai vous [...]. Je veux aimer ma créature, la façonner, la pétrir à mon usage, afin de l'aimer comme un père aime son enfant. Je roulerai dans ton tilbury, mon garçon [...] ». »

PIERRE BARBÉRIS,
1973,
Le Monde de Balzac,
Arthaud, pp. 434-435.

1. *Le Père Goriot.*
2. *Ursule Mirouët.*
3. *La Rabouilleuse.*
4. *Le Député d'Arcis.*

— Adieu, mon voisin, dormez bien, faites de beaux rêves ; les miens sont tout faits avec ce mot-là. Que Dieu vous protège dans tous vos désirs ! Vous avez été pour moi ce soir comme un bon ange, vous me rapportez l'air de ma fille. [1].

— Le pauvre homme, se dit Eugène en se couchant, il y a de quoi toucher des cœurs de marbre. Sa fille n'a pas plus pensé à lui qu'au Grand-Turc.

Depuis cette conversation, le père Goriot vit dans son voisin un confident inespéré, un ami. Il s'était établi entre eux les seuls rapports par lesquels ce vieillard pouvait s'attacher à un autre homme. Les passions ne font jamais de faux calculs [2] . Le père Goriot se voyait un peu plus près de sa fille Delphine, il s'en voyait mieux reçu, si Eugène devenait cher à la baronne. D'ailleurs il lui avait confié l'une de ses douleurs. Madame de Nucingen, à laquelle mille fois par jour il souhaitait le bonheur, n'avait pas connu les douceurs de l'amour. Certes, Eugène était, pour se servir de son expression, un des jeunes gens les plus gentils qu'il eût jamais vus, et il semblait pressentir qu'il lui donnerait tous les plaisirs dont elle avait été privée. Le bonhomme se prit donc pour son voisin d'une amitié qui alla croissant, et sans laquelle il eût été sans doute impossible de connaître le dénouement de cette histoire.

Le lendemain matin, au déjeuner, l'affectation avec laquelle le père Goriot regardait Eugène, près duquel il se plaça, les quelques paroles qu'il lui dit, et le changement de sa physionomie, ordinairement semblable à un masque de plâtre, surprirent les pensionnaires. Vautrin, qui revoyait l'étudiant pour la première fois depuis leur conférence, semblait vouloir lire dans son âme. En se souvenant du projet de cet homme, Eugène, qui, avant de s'endormir, avait, pendant la nuit, mesuré le vaste champ qui s'ouvrait à ses regards, pensa nécessairement à la dot de mademoiselle Taillefer, et ne put s'empêcher de regarder Victorine comme le plus vertueux jeune homme regarde une riche héritière. Par hasard, leurs yeux se rencontrèrent. La pauvre fille ne manqua pas de trouver Eugène charmant dans sa nouvelle tenue. Le coup d'œil qu'ils échangèrent fut assez significatif pour que Rastignac ne doutât pas d'être pour elle l'objet de ces confus désirs qui atteignent toutes les jeunes filles et qu'elles rattachent au premier être séduisant. Une voix lui criait : Huit cent mille francs ! Mais tout à coup il se rejeta

1 Le personnage balzacien : une atmosphère lumineuse.

Parmi les innombrables exemples de cette singulière diffusion lumineuse dont, comme les anges de Swedenborg, les personnages balzaciens ont la faculté de s'entourer, il n'en est pas de plus saisissant que celui du Père Goriot dévoilant à Rastignac toute l'ampleur de sa passion paternelle. A ce moment il s'illumine de feux qui non seulement sont perceptibles à l'interlocuteur, mais qui influent sur lui et propagent en lui l'émotion qui les fait briller, par cette puissance de contagion des sentiments dont Balzac connaît et aime à décrire l'immense action simplificatrice (...). »

G. POULET, 1961,
Les Métamorphoses du cercle, Plon, réédité dans la collection Champs, Flammarion, pp. 249-251.

2 Paternité et sexualité.

« Mais voici qu'explose un texte extraordinaire. On lit d'abord : « le père Goriot se voyait un peu plus près de sa fille Delphine, il s'en voyait mieux reçu, si Eugène devenait cher à la baronne. D'ailleurs il lui avait confié l'une de ses douleurs » ; puis le manuscrit continue : « Madame de Nucingen *n'avait pas connu les douceurs de l'amour.* Il lui avait mille fois souhaité le bonheur. » Il n'y a qu'arrangement stylistique sur épreuves : « Madame de Nucingen, à laquelle mille fois par jour il souhaitait le bonheur, n'avait pas connu les douceurs de l'amour » (...). Le texte est sans ambiguïté : « Les douceurs de l'amour », dans le vocabulaire traditionnel, ce sont les jouissances sexuelles. Delphine est donc une femme frustrée. On ne saura exactement jamais pourquoi de Marsay l'a abandonnée pour la princesse Galathione, mais ce qui est sûr c'est qu'il ne lui a pas donné ce que Maxime de Trailles a apporté à Anastasie de Restaud, toute rose dans le matin comme la comtesse de Montcornet dans *les Paysans.* Y a-t-il là la moindre équivoque ? Ne s'agit-il dans l'idée du père que de partage moral et de bonheur vague ? Balzac entend bien qu'on ne s'y trompe pas, et continuant à relire ses épreuves, là où le manuscrit disait : « Certes, Eugène était, pour se servir de son expression, un des jeunes gens les plus gentils qu'il eût jamais vus », il ajoute : « et il semblait pressentir qu'*il lui donnerait tous les plaisirs dont elle avait été privée* ». C'est absolument net. Et cela va plus loin qu'une révélation, déjà capitale, concernant le secret de Delphine. Goriot veut donner de l'amour à sa fille. Du côté Delphine, il est volé par de Marsay, qui, lui, est un amant susceptible de donner de la jalousie à un père ; elle continue à être proche de lui, à être sa petite fille, puisque aucun autre homme ne l'a réellement faite femme. Ainsi s'explique, et non par une gratuite disposition ou qualité d'âme, que Delphine continue à aimer son père alors qu'Anastasie s'en est éloignée ; ainsi s'explique que Delphine ait pu confier à son père — imaginer la scène à écrire ! — le secret de son lit conjugal *comme de son lit adultère.* On partage tout avec un père qui en est encore un. Aussi Goriot, qui a échoué en donnant seulement à sa fille de l'argent, pense que le plus grand plaisir qu'il puisse lui faire c'est de lui donner un amant. Mais pas n'importe quel amant. *Un amant de sa main. Et un amant qui soit un fils. Un amant qui soit tout neuf.* »

PIERRE BARBÉRIS,
1972,
Le Père Goriot, pp. 246-247.

dans ses souvenirs de la veille, et pensa que sa passion de commande pour madame de Nucingen était l'antidote de ses mauvaises pensées involontaires.

— L'on donnait hier aux Italiens *le Barbier de Séville* de Rossini[1]. Je n'avais jamais entendu de si délicieuse musique, dit-il. Mon Dieu ! est-on heureux d'avoir une loge aux Italiens.

1. Créé en 1819.

Le père Goriot saisit cette parole au vol comme un chien saisit un mouvement de son maître.

— Vous êtes comme des coqs-en-pâte, dit madame Vauquer, vous autres hommes, vous faites tout ce qui vous plaît.

— Comment êtes-vous revenu ? demanda Vautrin.

— A pied, répondit Eugène.

— Moi, reprit le tentateur, je n'aimerais pas de demi-plaisirs ; je voudrais aller là dans ma voiture, dans ma loge, et revenir bien commodément. Tout ou rien ! voilà ma devise.

— Et qui est bonne, reprit madame Vauquer.

— Vous irez peut-être voir madame de Nucingen, dit Eugène à voix basse à Goriot. Elle vous recevra, certes, à bras ouverts ; elle voudra savoir de vous mille petits détails sur moi. J'ai appris qu'elle ferait tout au monde pour être reçue chez ma cousine, madame la vicomtesse de Beauséant. N'oubliez pas de lui dire que je l'aime trop pour ne pas penser à lui procurer cette satisfaction.

Rastignac s'en alla promptement à l'École de droit, il voulait rester le moins de temps possible dans cette odieuse maison. Il flâna pendant presque toute la journée, en proie à cette fièvre de tête qu'ont connue les jeunes gens affectés de trop vives espérances. Les raisonnements de Vautrin le faisaient réfléchir à la vie sociale, au moment où il rencontra son ami Bianchon dans le jardin du Luxembourg.

— Où as-tu pris cet air grave ? lui dit l'étudiant en médecine en lui prenant le bras pour se promener devant le palais.

— Je suis tourmenté par de mauvaises idées.

— En quel genre ? Ça se guérit, les idées.

— Comment ?

— En y succombant.

— Tu ris sans savoir ce dont il s'agit. As-tu lu Rousseau ?

— Oui.

— Te souviens-tu de ce passage où il demande à son lec-

teur ce qu'il ferait au cas où il pourrait s'enrichir en tuant à la Chine par sa seule volonté un vieux mandarin, sans bouger de Paris[1] ?

— Oui.

— Eh bien ?

— Bah ! J'en suis à mon trente-troisième mandarin ⟨1⟩.

— Ne plaisante pas. Allons, s'il t'était prouvé que la chose est possible et qu'il te suffît d'un signe de tête, le ferais-tu ?

— Est-il bien vieux, le mandarin ? Mais, bah ! jeune ou vieux, paralytique ou bien portant, ma foi... Diantre ! Eh bien, non.

— Tu es un brave garçon, Bianchon. Mais si tu aimais une femme à te mettre pour elle l'âme à l'envers, et qu'il lui fallût de l'argent, beaucoup d'argent pour sa toilette, pour sa voiture, pour toutes ses fantaisies enfin ?

— Mais tu m'ôtes la raison, et tu veux que je raisonne.

— Eh bien ! Bianchon, je suis fou, guéris-moi. J'ai deux sœurs qui sont des anges de beauté, de candeur, et je veux qu'elles soient heureuses. Où prendre deux cent mille francs pour leur dot d'ici à cinq ans ? Il est, vois-tu, des circonstances dans la vie où il faut jouer gros jeu et ne pas user son bonheur à gagner des sous.

— Mais tu poses la question qui se trouve à l'entrée de la vie pour tout le monde, et tu veux couper le nœud gordien avec l'épée. Pour agir ainsi, mon cher, il faut être Alexandre, sinon l'on va au bagne[2]. Moi, je suis heureux de la petite existence que je me créerai en province, où je succéderai tout bêtement à mon père. Les affections de l'homme se satisfont dans le plus petit cercle aussi pleinement que dans une immense circonférence. Napoléon ne dînait pas deux fois, et ne pouvait pas avoir plus de maîtresses qu'en prend un étudiant en médecine quand il est interne aux Capucins. Notre bonheur, mon cher, tiendra toujours entre la plante de nos pieds et notre occiput ; et, qu'il coûte un million par an ou cent louis, la perception intrinsèque en est la même au-dedans de nous. Je conclus à la vie du Chinois.

— Merci, tu m'as fait du bien, Bianchon ! nous serons toujours amis.

— Dis donc, reprit l'étudiant en médecine, en sortant du cours de Cuvier au Jardin-des-Plantes[3] je viens d'apercevoir la Michonneau et le Poiret causant sur un banc avec un monsieur que j'ai vu dans les troubles de l'année dernière

1. Il semble qu'on chercherait en vain un tel passage chez Rousseau, alors qu'il a été signalé dans Le Génie du Christianisme *de Chateaubriand (I, VI, 2) : « Si tu pouvais, par un seul désir, tuer un homme à la Chine, et hériter de sa fortune en Europe, avec la conviction surnaturelle, qu'on n'en saurait jamais rien, consentirais-tu à former ce désir ? »*

2. Le nœud gordien attachait le joug du char de Gordius, roi de Phrygie. L'oracle avait promis l'empire de l'Asie à celui qui déferait ce nœud ; Alexandre, n'en pouvant venir à bout, le trancha avec son épée. Couper le nœud gordien signifie donc trancher une difficulté, mais non la résoudre.

3. Cuvier (1769-1832) : zoologiste et paléontologiste qui formula les principes de la subordination des organes (toute modification dans un organe se répercute dans les autres) et de la corrélation des formes. Fondateur de la paléontologie, il fut l'adversaire de Geoffroy Saint-Hilaire et de Lamarck. Une page de La Peau de chagrin *lui rend hommage : « Vous êtes-vous jamais lancé dans l'immensité de l'espace et du temps, en lisant les œuvres géologiques de Cuvier ? Emporté par son génie, avez-vous plané sur l'abîme sans bornes du passé, comme soutenu par la main d'un enchanteur ? »*

1 De Balzac à Dostoïevski.

« Dostoïevski, qui a lu dès seize ans une traduction abrégée du *Père Goriot*, a songé surtout à Rastignac. Des slavisants ont beau nous assurer que le héros de *Crime et Châtiment* emprunte son nom aux Vieux-Croyants (en russe *raskolniki*, schismatiques), on ne peut s'empêcher de percevoir en *Ras*kolnikov comme un écho de *Ras*tignac. De toute façon, la vie de l'étudiant pétersbourgeois s'inspire à l'évidence de celle de l'étudiant parisien : mêmes problèmes d'argent, même abandon du travail livresque (quoique pour d'autres raisons), même arrivée des subsides. Dans *Crime et Châtiment* aussi, une mère et une tendre sœur provinciales mettent tout leur espoir dans le grand fils et frère, se saignant aux quatre veines pour lui. Mais ce qui a retenti surtout de l'œuvre balzacienne dans l'imagination du romancier russe, c'est la demi-page où Rastignac propose à son ami le cas de conscience : peut-on presser le bouton qui tuera un mandarin au fond de la Chine, lorsqu'on est jeune et lorsque cette mort est la condition pour vivre ? Bianchon, dans sa discussion avec Rastignac, conclut à laisser la vie sauve au mandarin, fût-il laid et vieux. Dostoïevski, nous apprend A.C. Taylor[1], un an avant sa mort, lors de l'inauguration de la statue de Pouchkine à Moscou, citait encore, de mémoire, ce passage fameux. Il a mis un dialogue semblable dans la bouche d'un officier et d'un étudiant anonymes attablés dans une taverne, et qui raisonnent dans le vide. Mais ce dialogue ne laisse pas pour autant d'être dramatique, puisqu'il trouve un auditeur attentif en Raskolnikov, qui se demande encore si, pour survivre, il assassinera une vieille et horrible usurière, — Raskolnikov, à qui tout paraît alors prémonitoire, et qu'aucune voix amicale ne peut remettre dans le droit chemin.
C'est dire que Dostoïevski a parfaitement saisi dans *Le Père Goriot* son aspect le plus romanesque, au sens où Alain prend ce mot : il retient le moment où l'entrée dans la vie adulte arrache au héros ses illusions et lui impose des choix décisifs. »

ROSE FORTASSIER,
1976, Introduction au *Père Goriot*,
Pléiade, tome III, © Gallimard, p. 35.

1. « Non-French admirers and imitators of Balzac ».

aux environs de la Chambre des Députés, et qui m'a fait l'effet d'être un homme de la police déguisé en honnête bourgeois vivant de ses rentes ⟨1⟩. Étudions ce couple-là : je te dirai pourquoi. Adieu, je vais répondre à mon appel de quatre heures.

Quand Eugène revint à la pension, il trouva le père Goriot qui l'attendait.

— Tenez, dit le bonhomme, voilà une lettre d'elle. Hein, la jolie écriture !

Eugène décacheta la lettre et lut.

« Monsieur, mon père m'a dit que vous aimiez la musique italienne. Je serai heureuse si vous vouliez me faire le plaisir d'accepter une place dans ma loge. Nous aurons samedi la Fodor et Pellegrini[1], je suis sûre alors que vous ne me refuserez pas. Monsieur de Nucingen se joint à moi pour vous prier de venir dîner avec nous sans cérémonie. Si vous acceptez, vous le rendrez bien content de n'avoir pas à s'acquitter de sa corvée conjugale en m'accompagnant. Ne me répondez pas, venez, et agréez mes compliments.

D. DE N. »

— Montrez-la-moi, dit le bonhomme à Eugène quand il eut lu la lettre. Vous irez, n'est-ce pas ? ajouta-t-il après avoir flairé le papier. Cela sent-il bon ! Ses doigts ont touché ça, pourtant !

— Une femme ne se jette pas ainsi à la tête d'un homme, se disait l'étudiant. Elle veut se servir de moi pour ramener de Marsay. Il n'y a que le dépit qui fasse faire de ces choses-là.

— Eh bien ! dit le père Goriot, à quoi pensez-vous donc ?

Eugène ne connaissait pas le délire de vanité dont certaines femmes étaient saisies en ce moment, et ne savait pas que, pour s'ouvrir une porte dans le faubourg Saint-Germain, la femme d'un banquier était capable de tous les sacrifices. A cette époque, la mode commençait à mettre au-dessus de toutes les femmes celles qui étaient admises dans la société du faubourg Saint-Germain, dites les dames du Petit-Château[2], parmi lesquelles madame de Beauséant, son amie la duchesse de Langeais et la duchesse de Maufrigneuse tenaient le premier rang. Rastignac seul ignorait la fureur dont étaient saisies les femmes de la Chaussée-d'Antin pour entrer dans le cercle supérieur où brillaient les constellations de leur sexe. Mais sa défaillance le servit bien, elle lui donna de la froideur, et le triste pouvoir

1. Deux célèbres chanteurs de l'époque.

2. Les familiers du comte d'Artois, frère du roi et futur Charles X, qui habitait au Louvre le pavillon de Marsan, également appelé le Petit-Château. C'est désigner du même coup les royalistes ultras.

1 La trace de la politique.

Ces troubles qu'évoque Bianchon peuvent faire penser soit à la « Conspiration du bord de l'eau » de juin 1818, quand le ministère fut averti d'un projet de conspiration qui aurait été découvert par la police, et par lequel les ministres auraient été saisis, un nouveau gouvernement imposé à Louis XVIII, que l'on aurait déposé s'il avait refusé (il semble bien que tout cela ait été, sinon inventé, du moins considérablement exagéré par la police), soit aux quelques échauffourées d'octobre 1818, après la victoire des libéraux aux élections partielles, avec en particulier la rentrée parlementaire de La Fayette et de Manuel. Il y eut une crise ministérielle qui aboutit au gouvernement de Decazes.

Quoi qu'il en soit, la politique contemporaine ne figure dans le Père Goriot *que sous forme d'affleurements, comme la mention du journal libéral* Le Pilote *(p. 368) ou le « bulletin Villèle au lieu de Manuel » (p. 234), ou encore le nom de Laffitte (p. 347).*

Victor Hugo évoquera cette période dans une vision rétrospective au terme d'une exhumation quasi archéologique de l'année 1817 :

« Rien dans l'histoire n'a ressemblé à ce quart d'heure qui commence à 1814 et qui se termine vers 1820 à l'avènement de M. de Villèle, l'homme pratique de la droite. Ces six années furent un moment extraordinaire, à la fois bruyant et morne, riant et sombre, éclairé comme par le rayonnement de l'aube et tout couvert en même temps des ténèbres des grandes catastrophes qui emplissaient encore l'horizon et s'enfonçaient lentement dans le passé. Il y eut là, dans cette lumière et dans cette ombre, tout un petit monde nouveau et vieux, bouffon et triste, juvénile et sénile, se frottant les yeux; rien ne ressemble au réveil comme le retour : groupe qui regardait la France avec humeur et que la France regardait avec ironie ; de bons vieux hibous marquis plein les rues, les revenus et les revenants, des « ci-devant » stupéfaits de tout, de braves et nobles gentilshommes souriant d'être en France et en pleurant aussi, ravis de revoir leur patrie, désespérés de ne plus retrouver leur monarchie ; la noblesse des croisades conspuant la noblesse de l'Empire, c'est-à-dire la noblesse de l'épée ; les races historiques ayant perdu le sens de l'histoire ; les fils des compagnons de Charlemagne dédaignant les compagnons de Napoléon. Les épées, comme nous venons de le dire, se renvoyaient l'insulte ; l'épée de Fontenoy était risible et n'était qu'une rouillarde ; l'épée de Marengo était odieuse et n'était qu'un sabre. Jadis méconnaissait Hier. On n'avait plus le sentiment de ce qui était grand, ni le sentiment de ce qui était ridicule. Il y eut quelqu'un qui appela Bonaparte Scapin. Ce monde n'est plus. Rien, répétons-le, n'en reste aujourd'hui. Quand nous en tirons par hasard quelque figure et que nous essayons de le faire revivre par la pensée, il nous semble étrange comme un monde antédiluvien. C'est qu'en effet il a été lui aussi englouti par un déluge. Il a disparu sous deux révolutions. Quels flots que les idées ! Comme elles couvrent vite tout ce qu'elles ont mission de détruire et d'ensevelir, et comme elles font promptement d'effrayantes profondeurs ! »

Les Misérables, 1862.

de poser des conditions au lieu d'en recevoir.

— Oui, j'irai, répondit-il.

Ainsi la curiosité le menait chez madame de Nucingen, tandis que, si cette femme l'eût dédaigné, peut-être y aurait-il été conduit par la passion. Néanmoins il n'attendit pas le lendemain et l'heure de partir sans une sorte d'impatience. Pour un jeune homme, il existe dans sa première intrigue autant de charmes peut-être qu'il s'en rencontre dans un premier amour. La certitude de réussir engendre mille félicités que les hommes n'avouent pas, et qui font tout le charme de certaines femmes. Le désir ne naît pas moins de la difficulté que de la facilité des triomphes. Toutes les passions des hommes sont bien certainement excitées ou entretenues par l'une ou l'autre de ces deux causes, qui divisent l'empire amoureux. Peut-être cette division est-elle une conséquence de la grande question des tempéraments, qui domine, quoiqu'on en dise, la société. Si les mélancoliques ont besoin du tonique des coquetteries, peut-être les gens nerveux ou sanguins décampent-ils si la résistance dure trop. En d'autres termes, l'élégie est aussi essentiellement lymphatique que le dithyrambe est bilieux[1]. En faisant sa toilette, Eugène savoura tous ces petits bonheurs dont n'osent parler les jeunes gens, de peur de se faire moquer d'eux, mais qui chatouillent l'amour-propre. Il arrangeait ses cheveux en pensant que le regard d'une jolie femme se coulerait sous leurs boucles noires. Il se permit des singeries enfantines autant qu'en fait une jeune fille en s'habillant pour le bal. Il regarda complaisamment sa taille mince, en déplissant son habit. — Il est certain, se dit-il, qu'on en peut trouver de plus mal tournés ! Puis il descendit au moment où tous les habitués de la pension étaient à table, et reçut gaiement le hourra de sottises que sa tenue élégante excita. Un trait des mœurs particulières aux pensions bourgeoises est l'ébahissement qu'y cause une toilette soignée. Personne n'y met un habit neuf sans que chacun dise son mot.

— Kt, kt, kt, kt, fit Bianchon en faisant claquer sa langue contre son palais, comme pour exciter un cheval.

— Tournure de duc et pair ! dit madame Vauquer.

— Monsieur va en conquête ! fit observer mademoiselle Michonneau.

— Kocquériko ! cria le peintre.

— Mes compliments à madame votre épouse, dit l'employé au Muséum.

1. Balzac a ici recours à la théorie des humeurs selon laquelle l'individu est déterminé par le rapport entre les quatre humeurs cardinales, ou liquides organiques : bile, atrabile, flegme (ou lymphe) et sang. Chez le sanguin, le sang domine, et l'atrabile chez le mélancolique. Au début du XIXe siècle, cette théorie médicale, qui influe considérablement sur la psychologie, engendre celle des tempéraments, c'est-à-dire les complexes psychophysiologiques qui déterminent les comportements.

1 Du bon usage de la « tartine ».

« Ces quatre humeurs donnent, lorsqu'elles sont en excès, quatre types de tempéraments, quatre maladies-types de comportement pathologique :

1. sang → sanguins → enjouement, érotisme
2. lymphe ou → lymphatiques → douceur, froideur
3. bile → bilieux → colère
4. atrabile → acariâtres ou mélancoliques → hypocondrie

Les nerfs, on le voit, ne sont pas une humeur et les nerveux ne figurent pas au tableau. Le manuscrit marque d'ailleurs une hésitation significative : Balzac écrit d'abord, en opposition avec « les mélancoliques », « les sanguins », puis il barre et il met « les gens nerveux ou sanguins ». Dans le premier temps, il se réfère uniquement à la théorie des humeurs ; dans le second, il établit une espèce d'équivalence entre sanguins et nerveux, c'est-à-dire semble-t-il les élégiaques, les violents, ce qui est une extension de la théorie, mais qu'explique l'écriture romanesque. Au début du roman il a été dit que Rastignac avait « une sorte de beauté nerveuse à laquelle les femmes se laissent prendre volontiers ». Il est clair que Rastignac n'est ni un lymphatique (Lucien), ni un bilieux (Raphaël), ni un atrabilaire. Restent non mentionnés les bilieux et les lymphatiques. Mais la lacune est comblée dans la phrase suivante : les lymphatiques sont des élégiaques et les bilieux sont dithyrambiques. Ainsi le tableau est-il complet, mais, si l'on sait ce que donnent en littérature lymphatiques et bilieux, on ne sait pas ce que donnent sanguins (ou nerveux) et mélancoliques (ou atrabilaires). On sait seulement qu'en ce qui concerne la conduite les sanguins (ou nerveux) se fâchent lorsqu'on les mène en bateau, alors que les mélancoliques se complaisent, d'une manière plus ou moins masochiste, à souffrir des coquetteries de leur belle*.

Ce qu'on voit mal c'est l'articulation avec les types de femmes : celles qui opposent d'infranchissables barrières (Célimène, Foedora, la duchesse de Langeais) et celles qui disent oui (Delphine). Or, et ceci est capital, comportement et littérature dépendent aussi bien du tempérament que de la femme avec qui on est en rapport. Mais on est ici dans un roman, au détour d'un développement narratif, non pas dans une *Physiologie* ou dans un *Traité*. Toujours est-il qu'on y voit Balzac :

— soucieux de *rationaliser* et de *formaliser* son analyse du réel ; c'est l'héritage des *Traités* ;

— soucieux de tenir compte de la *complexité* du réel en son devenir en tenant compte de l'interaction tempéraments/situations ; c'est le langage du roman.

Le plan relatif de l'analyse, son caractère incomplet, laisse le héros relativement libre. Mais Balzac cède un peu à l'envie de glisser dans son roman « une tartine » philosophique, un morceau de bravoure pour conversation de salon. Comme dans son introduction, il n'en oriente pas moins son récit selon une idéologie ferme. »

P. BARBÉRIS,

1972, *Le Père Goriot...*, pp. 253-254.

Ajoutons que la médecine du temps mettait en évidence le tempérament nerveux, en particulier chez les femmes.

* On a donc le tableau (incomplet) suivant :

humeurs	tempéraments	conduite	exemples possibles	genre littéraire
sang ou nerfs	sanguin ou nerveux	colère et rupture	Montriveau	
lymphe	lymphatique		Lamartine	élégie
bile	bilieux			dithyrambe
atrabile	mélancolique	masochisme	Alceste	

— Monsieur a une épouse ? demanda Poiret.

— Une épouse à compartiments, qui va sur l'eau, garantie bon teint, dans les prix de vingt-cinq à quarante, dessins à carreaux du dernier goût, susceptible de se laver, d'un joli porter, moitié fil, moitié coton, moitié laine, guérissant le mal de dents, et autres maladies approuvées par l'Académie royale de Médecine ! excellente d'ailleurs pour les enfants ! meilleure encore contre les maux de tête, les plénitudes et autres maladies de l'œsophage, des yeux et des oreilles, cria Vautrin avec la volubilité comique et l'accentuation d'un opérateur. Mais combien cette merveille, me direz-vous, messieurs ? deux sous ? Non. Rien du tout. C'est un reste des fournitures faites au grand-Mogol, et que tous les souverains de l'Europe, y compris le grrrrrrand-duc de Bade, ont voulu voir ! Entrez droit devant vous ! et passez au petit bureau. Allez, la musique ! Brooum, là, là, trinn ! là, là, boum, boum ! Monsieur de la clarinette, tu joues faux, reprit-il d'une voix enrouée, je te donnerai sur les doigts [1].

— Mon Dieu ! que cet homme-là est agréable, dit madame Vauquer à madame Couture, je ne m'ennuierais jamais avec lui.

Au milieu des rires et des plaisanteries, dont ce discours comiquement débité fut le signal, Eugène put saisir le regard furtif de mademoiselle Taillefer qui se pencha sur madame Couture, à l'oreille de laquelle elle dit quelques mots.

— Voilà le cabriolet, dit Sylvie.

— Où dîne-t-il donc ? demanda Bianchon.

— Chez madame la baronne de Nucingen.

— La fille de monsieur Goriot, répondit l'étudiant.

A ce nom, les regards se portèrent sur l'ancien vermicellier, qui contemplait Eugène avec une sorte d'envie.

Rastignac arriva rue Saint-Lazare, dans une de ces maisons légères, à colonnes minces, à portiques mesquins, qui constituent le *joli* à Paris, une véritable maison de banquier, pleine de recherches coûteuses, des stucs, des paliers d'escalier en mosaïque de marbre [2]. Il trouva madame de Nucingen dans un petit salon à peintures italiennes, dont le décor ressemblait à celui des cafés. La baronne était triste. Les efforts qu'elle fit pour cacher son chagrin intéressèrent d'autant plus vivement Eugène qu'il n'y avait rien de joué. Il croyait rendre une femme joyeuse par sa présence, et la trouvait au désespoir. Ce désappointement piqua son amour-propre.

1 Boniment et signification.

« Le « discours comiquement débité » de Vautrin (est) un couplet-charge dans le style d'un bonimenteur de foire contre Rastignac et sa toilette « soignée » : « (...) cria Vautrin avec la volubilité comique et l'accentuation d'un opérateur ». « Volubilité comiqueoù et « accentuation » sont des additions de *La Revue de Paris.* Ces ajouts aident à comprendre que Balzac attache du prix à ces notations. Celle-ci illustre bien les conclusions de Pierre-Georges Castex sur l'ensemble des variantes du *Père Goriot* : elle « précise une attitude significative ». Le style du geste importe plus ici que le contenu de propos. Du reste, la réplique actuellement prêtée à Vautrin l'avait d'abord été à Bianchon, la médecine fournissant l'essentiel des plaisanteries sur l'épouse : « Guérissant le mal de dents, etc. » Le style de bonimenteur auquel s'était laissé aller Balzac convenait en fait mieux à Vautrin qu'à Bianchon. Dès l'appropriation de la réplique à Vautrin, Balzac a forcé encore sur la théâtralité. Les gestes constituent un langage de scène : ils disent l'essentiel du message de Vautrin, cet « opérateur », à savoir que « tout est théâtre », tout est dérision dans la société. Le « théâtre » enseigne le théâtre. »

MAURICE MÉNARD,
1983, *op. cit.* p. 132.

2 L'hôtel des Nucingen en 1818...

« Le parfumeur vint en fiacre et se fit arrêter à un pas de l'hôtel dont la cour était encombrée de voitures. Le pauvre honnête homme eut le cœur bien serré à l'aspect des splendeurs de cette maison célèbre.

— Il a pourtant liquidé deux fois, se dit-il en montant le superbe escalier garni de fleurs et en traversant les somptueux appartements par lesquels la baronne Delphine de Nucingen s'était rendue célèbre. La baronne avait la prétention de rivaliser les plus riches maisons du faubourg Saint-Germain, où elle n'était pas encore admise. »

Histoire de la grandeur et de la décadence de César Birotteau, 1837.

— J'ai bien peu de droits à votre confiance, madame, dit-il après l'avoir lutinée sur sa préoccupation ; mais si je vous gênais, je compte sur votre bonne foi, vous me le diriez franchement.

— Restez, dit-elle, je serais seule si vous vous en alliez. Nucingen dîne en ville, et je ne voudrais pas être seule, j'ai besoin de distraction.

— Mais qu'avez-vous ?

— Vous seriez la dernière personne à qui je le dirais, s'écria-t-elle.

— Je veux le savoir, je dois alors être pour quelque chose dans ce secret.

— Peut-être ! Mais non, reprit-elle, c'est des querelles de ménage qui doivent être ensevelies au fond du cœur. Ne vous le disais-je pas avant-hier ? je ne suis point heureuse. Les chaînes d'or sont les plus pesantes.

Quand une femme dit à un jeune homme qu'elle est malheureuse, si ce jeune homme est spirituel, bien mis, s'il a quinze cents francs d'oisiveté dans sa poche, il doit penser ce que se disait Eugène, et devient fat.

— Que pouvez-vous désirer ? répondit-il. Vous êtes belle, jeune, aimée, riche.

— Ne parlons pas de moi, dit-elle en faisant un sinistre mouvement de tête. Nous dînerons ensemble, tête à tête, nous irons entendre la plus délicieuse musique. Suis-je à votre goût ? reprit-elle en se levant et montrant sa robe en cachemire blanc à dessins perses de la plus riche élégance.

— Je voudrais que vous fussiez toute à moi, dit Eugène. Vous êtes charmante.

— Vous auriez une triste propriété, dit-elle en souriant avec amertume. Rien ici ne vous annonce le malheur, et cependant, malgré ces apparences, je suis au désespoir. Mes chagrins m'ôtent le sommeil, je deviendrai laide.

— Oh ! cela est impossible, dit l'étudiant. Mais je suis curieux de connaître ces peines qu'un amour dévoué n'effacerait pas ?

— Ah ! si je vous les confiais, vous me fuiriez, dit-elle. Vous ne m'aimez encore que par une galanterie qui est de costume chez les hommes[1], mais si vous m'aimiez bien, vous tomberiez dans un désespoir affreux. Vous voyez que je dois me taire. De grâce, reprit-elle, parlons d'autre chose. Venez voir mes appartements.

— Non, restons ici, répondit Eugène en s'asseyant sur

1. De coutume, comme l'indique une des variantes.

une causeuse devant le feu près de madame de Nucingen, dont il prit la main avec assurance.

Elle la laissa prendre et l'appuya même sur celle du jeune homme par un de ces mouvements de force concentrée qui trahissent de fortes émotions.

— Écoutez, lui dit Rastignac ; si vous avez des chagrins, vous devez me les confier. Je veux vous prouver que je vous aime pour vous. Ou vous parlerez et me direz vos peines afin que je puisse les dissiper, fallût-il tuer six hommes, ou je sortirai pour ne plus revenir.

— Eh ! bien, s'écria-t-elle saisie par une pensée de désespoir qui la fit se frapper le front, je vais vous mettre à l'instant même à l'épreuve. Oui, se dit-elle, il n'est plus que ce moyen. Elle sonna.

— La voiture de monsieur est-elle attelée ? dit-elle à son valet de chambre.

— Oui, madame.

— Je la prends. Vous lui donnerez la mienne et mes chevaux. Vous ne servirez le dîner qu'à sept heures.

— Allons, venez, dit-elle à Eugène, qui crut rêver en se trouvant dans le coupé de monsieur de Nucingen, à côté de cette femme.

— Au Palais-Royal, dit-elle au cocher, près du Théâtre-Français.

En route, elle parut agitée, et refusa de répondre aux mille interrogations d'Eugène, qui ne savait que penser de cette résistance muette, compacte, obtuse.

— En un moment elle m'échappe, se disait-il.

Quand la voiture s'arrêta, la baronne regarda l'étudiant d'un air qui imposa silence à ses folles paroles ; car il s'était emporté.

— Vous m'aimez bien ? dit-elle.

— Oui, répondit-il en cachant l'inquiétude qui le saisissait.

— Vous ne penserez rien de mal sur moi, quoi que je puisse vous demander ?

— Non.

— Êtes-vous disposé à m'obéir ?

— Aveuglément.

— Êtes-vous allé quelquefois au jeu ? dit-elle d'une voix tremblante.

— Jamais.

— Ah ! je respire. Vous aurez du bonheur. Voici ma bourse, dit-elle. Prenez donc ! il y a cent francs, c'est tout ce que possède cette femme si heureuse. Montez dans une maison de jeu, je ne sais où elles sont, mais je sais qu'il y en a au Palais-Royal. Risquez les cent francs à un jeu qu'on nomme la roulette, et perdez tout, ou rapportez-moi six mille francs. Je vous dirai mes chagrins à votre retour.

— Je veux bien que le diable m'emporte si je comprends quelque chose à ce que je vais faire, mais je vais vous obéir, dit-il avec une joie causée par cette pensée : « Elle se compromet avec moi, elle n'aura rien à me refuser. »

Eugène prend la jolie bourse, court au numéro NEUF[1], après s'être fait indiquer par un marchand d'habits la plus prochaine maison de jeu. Il y monte, se laisse prendre son chapeau[2], mais il entre et demande où est la roulette. A l'étonnement des habitués, le garçon de salle le mène devant une longue table. Eugène, suivi de tous les spectateurs, demande sans vergogne où il faut mettre l'enjeu.

— Si vous placez un louis sur un seul de ces trente-six numéros, et qu'il sorte, vous aurez trente-six louis, lui dit un vieillard respectable à cheveux blancs.

Eugène jette les cent francs sur le chiffre de son âge, vingt et un. Un cri d'étonnement part sans qu'il ait eu le temps de se reconnaître. Il avait gagné sans le savoir.

— Retirez donc votre argent, lui dit le vieux monsieur, l'on ne gagne pas deux fois dans ce système-là.

Eugène prend un râteau que lui tend le vieux monsieur, il tire à lui les trois mille six cents francs et, toujours sans rien savoir du jeu, les place sur la rouge. La galerie le regarde avec envie, en voyant qu'il continue à jouer. La roue tourne, il gagne encore, et le banquier lui jette encore trois mille six cents francs.

— Vous avez sept mille deux cents francs à vous, lui dit à l'oreille le vieux monsieur. Si vous m'en croyez, vous vous en irez, la rouge a passé huit fois. Si vous êtes charitable, vous reconnaîtrez ce bon avis en soulageant la misère d'un ancien préfet de Napoléon qui se trouve dans le dernier besoin.

Rastignac étourdi se laisse prendre dix louis par l'homme à cheveux blancs, et descend avec les sept mille francs, ne comprenant encore rien au jeu, mais stupéfié de son bonheur ⟨1⟩.

— Ah çà ! où me mènerez-vous maintenant, dit-il en

1. Cinq maisons de jeu étaient établies au Palais-Royal, aux numéros 9, 36, 113, 129 et 154.

2. On trouve déjà ce détail dans La Peau de chagrin. *Au numéro 36, Raphaël se voit demander son chapeau : « Quand vous entrez dans une maison de jeu, la loi commence par vous dépouiller de votre chapeau. »*

1 La soif de l'or et la fascination du jeu.

Si Delphine refuse de « corrompre » Rastignac (p. 306) et lui fait jurer de ne jamais jouer, elle n'en a pas moins recours à cet ultime expédient à forte valeur symbolique.

Dans la Peau de Chagrin, *le Rastignac n° 1 (cf. CONTEXTE p. 59) entraînait Raphaël dans une sarabande infernale :*

« (...) D'un coup de pied, Rastignac enfonça la porte de sa chambre, et s'écria : — « Victoire ! nous pourrons mourir à notre aise ! » Il me montra son chapeau plein d'or, le mit sur la table, et nous dansâmes autour comme deux Cannibales ayant une proie à manger, hurlant, trépignant, sautant, nous donnant des coups de poing à tuer un rhinocéros, et chantant à l'aspect de tous les plaisirs du monde contenus pour nous dans ce chapeau. (...)

Je me lançai dans un tourbillon de plaisirs creux et réels tout à la fois. Je jouais, gagnais et perdais tour à tour d'énormes sommes (...) »

L'association or/cannibalisme nous permet de citer Lucienne Frappier-Mazur, laquelle relève l'existence d'un « réseau cannibalique » qui identifie argent et nourriture :

« (Les images) les plus nombreuses et les plus nettes expriment ce phénomène directement. Elles sont centrées sur l'ambition naissante de Rastignac, laquelle passe obligatoirement par la quête de l'or. Après sa première visite chez Mme de Beauséant, « le démon du luxe le mordit au cœur, la fièvre du gain le prit, la soif de l'or lui sécha la gorge » ( ). Mais c'est Vautrin lui-même qui décrit dans les termes les plus crus l'instinct d'égoïsme auquel Rastignac voudrait obéir sans l'appeler par son nom. Le cliché bénin qu'utilise Goriot en arrivant à la pension Vauquer : « Je ne suis pas à plaindre, j'ai sur la planche du pain de cuit pour longtemps », s'il introduit le réseau thématique, n'indique guère sa tonalité dominante. Le voici repris et métamorphosé par Vautrin, qui annonce à Rastignac l'imminence du duel Taillefer :

« Le four est chaud, la farine est pétrie, le pain est sur la pelle ; demain nous en ferons sauter les miettes par-dessus notre tête en y mordant ; et nous empêcherions d'enfourner ?... non, non, tout cuira ! Si nous avons quelques petits remords, la digestion les emportera. »

Dans les autres exemples, la métaphore animale concourt à la brutalité de l'expression. L'homme en proie au désir de l'or est un chien, selon le narrateur ; une araignée, un dogue, un loup, selon Vautrin. Il se repaît d'une nourriture insuffisante,

« dans un trou de ville où le gouvernement [lui] jettera mille francs d'appointements, comme on jette une soupe à un dogue de boucher. »

Devenu loup, il lui faut passer à l'attaque :

« Nous avons une faim de loup, nos quenottes sont incisives, comment nous y prendrons-nous pour approvisionner la marmite ? »

Ce n'est pas un hasard enfin si le dernier tableau du roman traduit le défi de Rastignac à la société par une image de nourriture et d'ingestion :

« Il lança sur cette ruche bourdonnante un regard qui semblait par avance en pomper le miel, et dit ces mots grandioses : — A nous deux maintenant ! »

op. cit. pp. 269-270.

montrant les sept mille francs à madame de Nucingen quand la portière fut refermée.

Delphine le serra par une étreinte folle et l'embrassa vivement, mais sans passion. — Vous m'avez sauvée ! Des larmes de joie coulèrent en abondance sur ses joues. Je vais tout vous dire, mon ami. Vous serez mon ami, n'est-ce pas ? Vous me voyez riche, opulente, rien ne me manque ou je parais ne manquer de rien ! Eh bien ! sachez que monsieur de Nucingen ne me laisse pas disposer d'un sou : il paye toute la maison, mes voitures, mes loges ; il m'alloue pour ma toilette une somme insuffisante, il me réduit à une misère secrète par calcul. Je suis trop fière pour l'implorer. Ne serais-je pas la dernière des créatures si j'achetais son argent au prix où il veut me le vendre ! Comment, moi riche de sept cent mille francs, me suis-je laissé dépouiller ? par fierté, par indignation. Nous sommes si jeunes, si naïves, quand nous commençons la vie conjugale ! La parole par laquelle il fallait demander de l'argent à mon mari me déchirait la bouche ; je n'osais jamais, je mangeais l'argent de mes économies et celui que me donnait mon pauvre père ; puis je me suis endettée. Le mariage est pour moi la plus horrible des déceptions, je ne puis vous en parler ; qu'il vous suffise de savoir que je me jetterais par la fenêtre s'il fallait vivre avec Nucingen autrement qu'en ayant chacun notre appartement séparé. Quand il a fallu lui déclarer mes dettes de jeune femme, des bijoux, des fantaisies (mon pauvre père nous avait accoutumées à ne nous rien refuser), j'ai souffert le martyre ; mais enfin j'ai trouvé le courage de les dire. N'avais-je pas une fortune à moi ? Nucingen s'est emporté, il m'a dit que je le ruinerais, des horreurs ! J'aurais voulu être à cent pieds sous terre. Comme il avait pris ma dot, il a payé ; mais en stipulant désormais pour mes dépenses personnelles une pension à laquelle je me suis résignée, afin d'avoir la paix [1]. Depuis, j'ai voulu répondre à l'amour-propre de quelqu'un que vous connaissez, dit-elle. Si j'ai été trompée par lui, je serais mal venue à ne pas rendre justice à la noblesse de son caractère. Mais enfin il m'a quittée indignement ! *On* ne devrait jamais abandonner une femme à laquelle on a jeté, dans un jour de détresse, un tas d'or ! *On* doit l'aimer toujours ! Vous, belle âme de vingt et un ans, vous jeune et pur, vous me demanderez comment une femme peut accepter de l'or d'un homme ? Mon Dieu ! n'est-il pas naturel de tout partager avec l'être auquel nous

1 Delphine, épouse frustrée, femme piégée.

« Delphine ouvre les yeux à Rastignac : les souffrances de cette mal mariée ne sont que d'ordre affectif ou sensible. Sans doute, en ce domaine, Balzac va plus loin que Mme de La Fayette :

« M. de Clèves ne trouva pas que Mademoiselle de Chartres eût changé de sentiment en changeant de nom. »

« Qu'il vous suffise de savoir que je me jetterais par la fenêtre s'il fallait vivre avec Nucingen autrement qu'en ayant chacun notre appartement séparé.

Cet homme est un porc. » (...) Mais il n'est pas seulement cela. Nucingen est un monstre d'une espèce nouvelle. Nucingen n'est pas un avare : il donne six cents francs par mois à sa danseuse de l'Opéra. Harpagon n'était pas si large. Seulement, ces six cents francs, Nucingen ne les puise pas dans quelque cassette : *il les gagne.* La dot de sa femme, ce n'est ni au vent du plaisir ni à l'absurde et vain désir d'entasser qu'elle a été sacrifiée. Il l'a mise tout entière dans ses spéculations, et la malheureuse jeune femme (et, par son intermédiaire, tout le travail, tous les efforts de son père) a été happée par ce nouveau système qui, contrairement au système aristocratique, ne saurait admettre la pure et simple consommation, la vie pour la vie. Pour Delphine Goriot, la vie qu'elle rêvait, c'était autre chose que la grisaille de chez papa ; c'était les voitures, la toilette, le plaisir d'acheter soi-même. Nucingen a tout organisé, tout comptabilisé. Il a plié les fantaisies de sa femme à sa redoutable conception de l'existence. Pour lui, vivre et penser, jouir, c'est investir à bon escient, manœuvrer, créer des entreprises. Il n'y a pas là qu'un mari qui ne fait pas jouir sa femme ou qu'un ladre qui lésine sur les dépenses du ménage : il y a surtout un ordre nouveau, avec ses exigences nouvelles : la vie soumise au profit. Comment ne pas chercher à savoir comment fonctionne le système Nucingen ? Cette jeune femme qui se jette sur la poitrine de Rastignac, ce ne sont pas seulement les fantômes de l'amour insatisfait qui l'étouffent ; c'est l'humiliation de sa dignité devant une effrayante puissance, et, si Balzac fait vivre son héroïne dans un univers autre que purement affectif, comme Mme de La Fayette, c'est que les problèmes, en 1819, ne sont plus seulement des problèmes affectifs, *et surtout ne sont plus perçus comme purement affectifs.* »

PIERRE BARBÉRIS,
1971, *Mythes balzaciens,*
© A. Colin, pp. 133-134.

C'est pour les dames, mosssieu !

devons notre bonheur ? Quand on s'est tout donné, qui pourrait s'inquiéter d'une parcelle de ce tout ? L'argent ne devient quelque chose qu'au moment où le sentiment n'est plus. N'est-on pas lié pour la vie ? Qui de nous prévoit une séparation en se croyant bien aimée ? Vous nous jurez un amour éternel, comment avoir alors des intérêts distincts ? Vous ne savez pas ce que j'ai souffert aujourd'hui, lorsque Nucingen m'a positivement refusé de me donner six mille francs, lui qui les donne tous les mois à sa maîtresse, une fille de l'Opéra ! Je voulais me tuer. Les idées les plus folles me passaient par la tête. Il y a eu des moments où j'enviais le sort d'une servante, de ma femme de chambre. Aller trouver mon père, folie ! Anastasie et moi nous l'avons égorgé : mon pauvre père se serait vendu s'il pouvait valoir six mille francs. J'aurais été le désespérer en vain. Vous m'avez sauvée de la honte et de la mort, j'étais ivre de douleur. Ah ! monsieur, je vous devais cette explication : j'ai été bien déraisonnablement folle avec vous. Quand vous m'avez quittée, et que je vous ai eu perdu de vue, je voulais m'enfuir à pied... où ? je ne sais. Voilà la vie de la moitié des femmes de Paris : un luxe extérieur, des soucis cruels dans l'âme. Je connais de pauvres créatures encore plus malheureuses que je ne le suis. Il y a pourtant des femmes obligées de faire faire de faux mémoires par leurs fournisseurs. D'autres sont forcées de voler leurs maris : les uns croient que des cachemires de cent louis se donnent pour cinq cents francs, les autres qu'un cachemire de cinq cents francs vaut cent louis. Il se rencontre de pauvres femmes qui font jeûner leurs enfants, et grappillent pour avoir une robe. Moi, je suis pure de ces odieuses tromperies. Voici ma dernière angoisse. Si quelques femmes se vendent à leurs maris pour les gouverner, moi au moins je suis libre ! Je pourrais me faire couvrir d'or par Nucingen, et je préfère pleurer la tête appuyée sur le cœur d'un homme que je puisse estimer. Ah ! ce soir monsieur de Marsay n'aura pas le droit de me regarder comme une femme qu'il a payée. Elle se mit le visage dans ses mains, pour ne pas montrer ses pleurs à Eugène, qui lui dégagea la figure pour la contempler, elle était sublime ainsi. — Mêler l'argent aux sentiments, n'est-ce pas horrible ? Vous ne pourrez pas m'aimer, dit-elle.

Ce mélange de bons sentiments, qui rendent les femmes si grandes, et des fautes que la constitution actuelle de la société les force à commettre [1], bouleversait Eugène, qui

1 Le code civil contre la femme.

« Idéaliser et en même temps réprimer les femmes et les enfants fut l'un des moyens par lesquels la société française a développé son caractère particulier. On compensait et atténuait la répression en conférant aux femmes un pouvoir considérable dans quelques domaines strictement limités. Cette répression se heurta néanmoins à une résistance, qui prit deux formes, psychologique et politique. La première fut de loin la plus efficace et la plus répandue : le repli sur soi, les groupes de femmes, l'alliance avec l'Église et une multitude d'autres réactions personnelles constituaient autant de stratagèmes pour limiter la rigueur de la domination masculine et adulte. Les enfants n'avaient pas d'autres recours. Quelques femmes en revanche s'organisèrent et s'agitèrent pour exposer publiquement leurs revendications. Leur histoire est intéressante, particulièrement en ce que leur échec éclaire précieusement la nature ambivalente et complexe de leur position.

La situation légale des femmes était incontestablement inférieure à celle des hommes. La Révolution française avait fait peu de chose en leur faveur, en dehors de l'abolition du droit d'aînesse masculin. La loi exigeait toujours de la femme qu'elle obéisse à son mari ; en contrepartie, le mari lui devait sa « protection ». Elle devait résider à l'endroit qu'il avait choisi et il pouvait recourir à la force pour l'y contraindre. Si elle se rendait coupable d'adultère, elle était passible de peine de prison allant de 3 à 24 mois, alors que lui pouvait le commettre en toute impunité. Il commettait un crime seulement s'il installait effectivement une concubine au domicile conjugal ; il n'était passible, dans ce cas, que d'une amende allant de 100 à 2 000 F. S'il lui arrivait de surprendre sa femme commettant l'adultère et de la tuer, il n'était pas reconnu coupable de meurtre — elle, par contre, n'avait pas le droit de l'attaquer en semblable circonstance. Elle ne pouvait aller en justice sans sa permission, même si elle possédait en propre une affaire, et elle ne pouvait acheter ou vendre sans son autorisation. La loi, en fait, traitait les femmes comme des mineures. En règle générale, le mariage impliquait la communauté des biens mais non la communauté de leur gestion. Seul le mari avait le droit d'administrer la communauté. Il pouvait aliéner les biens personnels de sa femme bien qu'il n'ait que l'usufruit de ses propriétés. Même dans les mariages sous le régime de la séparation des biens, l'épouse ne pouvait aliéner son propre bien sans le consentement du mari. Et même si elle obtenait la séparation, elle avait encore besoin de la signature de son conjoint pour le règlement de toutes ses affaires ; tout ce qu'elle y gagnait, c'était le droit de vivre où elle voulait, avec qui elle voulait, mais elle ne pouvait pas vendre ses biens. Le mari avait tous les pouvoirs sur ses enfants ; à sa mort, la femme ne pouvait agir sans le consentement des deux plus proches parents du défunt. En tant que veuve, elle avait la garde de ses enfants, mais si elle se remariait, c'est le conseil de famille qui se réunissait pour décider si elle pouvait en conserver la garde. »

THÉODORE ZELDIN,
1973, traduction française
1978, *Histoire des passions françaises,* Encre, tome I, pp. 399-400.

disait des paroles douces et consolantes en admirant cette belle femme, si naïvement imprudente dans son cri de douleur.

— Vous ne vous armerez pas de ceci contre moi, dit-elle, promettez-le-moi.

— Ah, madame ! j'en suis incapable, dit-il.

Elle lui prit la main et la mit sur son cœur par un mouvement plein de reconnaissance et de gentillesse. — Grâce à vous me voilà redevenue libre et joyeuse. Je vivais pressée par une main de fer. Je veux maintenant vivre simplement, ne rien dépenser. Vous me trouverez bien comme je serai, mon ami, n'est-ce pas ? Gardez ceci, dit-elle en ne prenant que six billets de banque. En conscience je vous dois mille écus, car je me suis considérée comme étant de moitié avec vous. Eugène se défendit comme une vierge. Mais la baronne lui ayant dit : — Je vous regarde comme mon ennemi si vous n'êtes pas mon complice, il prit l'argent. — Ce sera une mise de fonds en cas de malheur, dit-il.

— Voilà le mot que je redoutais, s'écria-t-elle en pâlissant. Si vous voulez que je sois quelque chose pour vous, jurez-moi, dit-elle, de ne jamais retourner au jeu. Mon Dieu ! moi, vous corrompre ! j'en mourrais de douleur.

Ils étaient arrivés. Le contraste de cette misère et de cette opulence étourdissait l'étudiant, dans les oreilles duquel les sinistres paroles de Vautrin vinrent retentir.

— Mettez-vous là, dit la baronne en entrant dans sa chambre et montrant une causeuse auprès du feu, je vais écrire une lettre bien difficile ! Conseillez-moi.

— N'écrivez pas, lui dit Eugène, enveloppez les billets, mettez l'adresse, et envoyez-les par votre femme de chambre.

— Mais vous êtes un amour d'homme, dit-elle. Ah ! voilà, monsieur, ce que c'est que d'avoir été bien élevé ! Ceci est du Beauséant tout pur, dit-elle en souriant.

— Elle est charmante, se dit Eugène qui s'éprenait de plus en plus. Il regarda cette chambre où respirait la voluptueuse élégance d'une riche courtisane.

— Cela vous plaît-il ? dit-elle en sonnant sa femme de chambre.

— Thérèse, portez cela vous-même à monsieur de Marsay, et remettez-le à lui-même. Si vous ne le trouvez pas, vous me rapporterez la lettre.

Thérèse ne partit pas sans avoir jeté un malicieux coup

d'œil sur Eugène. Le dîner était servi. Rastignac donna le bras à madame de Nucingen, qui le mena dans une salle à manger délicieuse, où il retrouva le luxe de table qu'il avait admiré chez sa cousine.

— Les jours d'Italiens[1], dit-elle, vous viendrez dîner avec moi, et vous m'accompagnerez.

— Je m'accoutumerais à cette douce vie si elle devait durer ; mais je suis un pauvre étudiant qui a sa fortune à faire.

— Elle se fera, dit-elle en riant. Vous voyez, tout s'arrange : je ne m'attendais pas à être si heureuse.

Il est dans la nature des femmes de prouver l'impossible par le possible et de détruire les faits par des pressentiments. Quand madame de Nucingen et Rastignac entrèrent dans leur loge aux Bouffons, elle eut un air de contentement qui la rendait si belle, que chacun se permit de ces petites calomnies contre lesquelles les femmes sont sans défense, et qui font souvent croire à des désordres inventés à plaisir. Quand on connaît Paris, on ne croit à rien de ce qui s'y dit, et l'on ne dit rien de ce qui s'y fait. Eugène prit la main de la baronne, et tous deux se parlèrent par des pressions plus ou moins vives, en se communiquant les sensations que leur donnait la musique. Pour eux, cette soirée fut enivrante. Ils sortirent ensemble, et madame de Nucingen voulut reconduire Eugène jusqu'au Pont-Neuf, en lui disputant, pendant toute la route, un des baisers qu'elle lui avait si chaleureusement prodigués au Palais-Royal. Eugène lui reprocha cette inconséquence.

— Tantôt, répondit-elle, c'était de la reconnaissance pour un dévouement inespéré ; maintenant ce serait une promesse.

— Et vous ne voulez m'en faire aucune, ingrate. Il se fâcha. En faisant un de ces gestes d'impatience qui ravissent un amant, elle lui donna sa main à baiser, qu'il prit avec une mauvaise grâce dont elle fut enchantée.

— A lundi, au bal, dit-elle.

En s'en allant à pied, par un beau clair de lune, Eugène tomba dans de sérieuses réflexions. Il était à la fois heureux et mécontent : heureux d'une aventure dont le dénouement probable lui donnait une des plus jolies et des plus élégantes femmes de Paris, objet de ses désirs ; mécontent de voir ses projets de fortune renversés, et ce fut alors qu'il éprouva la réalité des pensées indécises auxquelles il s'était livré l'avant-

1. Les jours de représentation au Théâtre-Italien, le mardi, le jeudi et le samedi.

veille. L'insuccès nous accuse toujours la puissance de nos prétentions. Plus Eugène jouissait de la vie parisienne, moins il voulait demeurer obscur et pauvre. Il chiffonnait son billet de mille francs dans sa poche, en se faisant mille raisonnements captieux pour se l'approprier. Enfin il arriva rue Neuve-Sainte-Geneviève, et quand il fut en haut de l'escalier, il y vit de la lumière. Le père Goriot avait laissé sa porte ouverte et sa chandelle allumée, afin que l'étudiant n'oubliât pas de *lui raconter sa fille*, suivant son expression. Eugène ne lui cacha rien.

— Mais, s'écria le père Goriot dans un violent désespoir de jalousie, elles me croient ruiné : j'ai encore treize cents livres de rente ! Mon Dieu ! la pauvre petite, que ne venait-elle ici ! j'aurais vendu mes rentes, nous aurions pris sur le capital, et avec le reste je me serais fait du viager. Pourquoi n'êtes-vous pas venu me confier son embarras, mon brave voisin ? Comment avez-vous eu le cœur d'aller risquer au jeu ses pauvres petits cent francs ? c'est à fendre l'âme. Voilà ce que c'est que des gendres ! Oh ! si je les tenais, je leur serrerais le cou. Mon Dieu ! pleurer, elle a pleuré ?

— La tête sur mon gilet, dit Eugène.

— Oh ! donnez-le-moi, dit le père Goriot. Comment ! il y a eu là des larmes de ma fille, de ma chère Delphine, qui ne pleurait jamais étant petite ! Oh ! je vous en achèterai un autre, ne le portez plus, laissez-le-moi. Elle doit, d'après son contrat, jouir de ses biens. Ah ! je vais aller trouver Derville, un avoué, dès demain. Je vais faire exiger le placement de sa fortune. Je connais les lois, je suis un vieux loup, je vais retrouver mes dents.

— Tenez, père, voici mille francs qu'elle a voulu me donner sur notre gain. Gardez-les-lui, dans le gilet.

Goriot regarda Eugène, lui tendit la main pour prendre la sienne, sur laquelle il laissa tomber une larme.

— Vous réussirez dans la vie, lui dit le vieillard. Dieu est juste, voyez-vous ? Je me connais en probité, moi, et puis vous assurer qu'il y a bien peu d'hommes qui vous ressemblent. Vous voulez donc être aussi mon cher enfant ? Allez, dormez. Vous pouvez dormir, vous n'êtes pas encore père. Elle a pleuré, j'apprends ça, moi, qui étais là tranquillement à manger comme un imbécile pendant qu'elle souffrait ; moi, moi qui vendrais le Père, le Fils et le Saint-Esprit pour leur éviter une larme à toutes deux !

— Par ma foi, se dit Eugène en se couchant, je crois que

je serai honnête homme toute ma vie. Il y a du plaisir à suivre les inspirations de sa conscience.

Il n'y a peut-être que ceux qui croient en Dieu qui font le bien en secret, et Eugène croyait en Dieu. Le lendemain, à l'heure du bal, Rastignac alla chez madame de Beauséant, qui l'emmena pour le présenter à la duchesse de Carigliano. Il reçut le plus gracieux accueil de la maréchale, chez laquelle il retrouva madame de Nucingen. Delphine s'était parée avec l'intention de plaire à tous pour mieux plaire à Eugène, de qui elle attendait impatiemment un coup d'œil, en croyant cacher son impatience. Pour qui sait deviner les émotions d'une femme, ce moment est plein de délices. Qui ne s'est souvent plu à faire attendre son opinion, à déguiser coquettement son plaisir, à chercher des aveux dans l'inquiétude que l'on cause, à jouir des craintes qu'on dissipera par un sourire ? Pendant cette fête, l'étudiant mesura tout à coup la portée de sa position, et comprit qu'il avait un état dans le monde en étant cousin avoué de madame de Beauséant. La conquête de madame la baronne de Nucingen, qu'on lui donnait déjà, le mettait si bien en relief, que tous les jeunes gens lui jetaient des regards d'envie ; en en surprenant quelques-uns, il goûta les premiers plaisirs de la fatuité. En passant d'un salon dans un autre, en traversant les groupes, il entendit vanter son bonheur. Les femmes lui prédisaient toutes des succès. Delphine, craignant de le perdre, lui promit de ne pas lui refuser le soir le baiser qu'elle s'était tant défendue d'accorder l'avant-veille. A ce bal, Rastignac reçut plusieurs engagements. Il fut présenté par sa cousine à quelques femmes qui toutes avaient des prétentions à l'élégance, et dont les maisons passaient pour être agréables ; il se vit lancé dans le plus grand et le plus beau monde de Paris. Cette soirée eut donc pour lui les charmes d'un brillant début, et il devait s'en souvenir jusque dans ses vieux jours, comme une jeune fille se souvient du bal où elle a eu des triomphes. Le lendemain, quand, en déjeunant, il raconta ses succès au père Goriot devant les pensionnaires, Vautrin se prit à sourire d'une façon diabolique.

— Et vous croyez, s'écria ce féroce logicien, qu'un jeune homme à la mode peut demeurer rue Neuve-Sainte-Geneviève, dans la Maison-Vauquer ? pension infiniment respectable sous tous les rapports, certainement, mais qui n'est rien moins que fashionable[1]. Elle est cossue, elle est belle de son abondance, elle est fière d'être le manoir

1. *Mot anglais qui signifie à la mode (fashion), chic. Un fashionable est donc un dandy (on disait aussi un lion).*

momentané d'un Rastignac ; mais, enfin, elle est rue Neuve-Sainte-Geneviève, et ignore le luxe, parce qu'elle est purement *patriarchalorama*. Mon jeune ami, reprit Vautrin d'un air paternellement railleur, si vous voulez faire figure à Paris il vous faut trois chevaux et un tilbury pour le matin, un coupé pour le soir, en tout neuf mille francs pour le véhicule. Vous seriez indigne de votre destinée si vous ne dépensiez trois mille francs chez votre tailleur, six cents francs chez le parfumeur, cent écus chez le bottier, cent écus chez le chapelier. Quant à votre blanchisseuse, elle vous coûtera mille francs. Les jeunes gens à la mode ne peuvent se dispenser d'être très forts sur l'article du linge : n'est-ce pas qu'on examine le plus souvent en eux ? L'amour et l'église veulent de belles nappes sur leurs autels. Nous sommes à quatorze mille. Je ne vous parle pas de ce que vous perdrez au jeu, en paris, en présents ; il est impossible de ne pas compter pour deux mille francs l'argent de poche. J'ai mené cette vie-là, j'en connais les débours[1]. Ajoutez à ces nécessités premières, trois cents louis pour la pâtée, mille francs pour la niche. Allez, mon enfant, nous en avons pour nos petits vingt-cinq mille par an dans les flancs, ou nous tombons dans la crotte, nous nous faisons moquer de nous, et nous sommes destitué de notre avenir, de nos succès, de nos maîtresses ! J'oublie le valet de chambre et le groom ! Est-ce Christophe qui portera vos billets doux ? Les écrirez-vous sur le papier dont vous vous servez ? Ce serait vous suicider. Croyez-en un vieillard plein d'expérience ! reprit-il en faisant un *rinforzando*[2] dans sa voix de basse. Ou déportez-vous dans une vertueuse mansarde, et mariez-vous-y avec le travail, ou prenez une autre voie.

Et Vautrin cligna de l'œil en guignant mademoiselle Taillefer de manière à rappeler et résumer dans ce regard les raisonnements séducteurs qu'il avait semés au cœur de l'étudiant pour le corrompre (1). Plusieurs jours se passèrent pendant lesquels Rastignac mena la vie la plus dissipée. Il dînait presque tous les jours avec madame de Nucingen, qu'il accompagnait dans le monde. Il rentrait à trois ou quatre heures du matin, se levait à midi pour faire sa toilette, allait se promener au bois avec Delphine, quand il faisait beau, prodiguant ainsi son temps sans en savoir le prix, et aspirant tous les enseignements, toutes les séductions du luxe avec l'ardeur dont est saisi l'impatient calice d'un dattier femelle pour les fécondantes poussières de son hyménée. Il

1. Jeu de mots et parodie d'un vers de Racine : « Nourri dans le sérail, j'en connais les détours » (Bajazet, *IV, 7, vers 1424).*

2. Terme musical : en renforçant, en passant progressivement du piano au forte. On se souvient de Basile dans sa tirade de la calomnie : « Telle bouche le recueille, et piano, piano, vous le glisse en l'oreille adroitement, Le mal est fait ; il germe, il rampe, il chemine, et rinforzando de bouche à bouche il va le diable. » (Le Barbier de Séville, *II, 8)*

1 De la théâtralité au mauvais théâtre.

Les scènes entre Vautrin et Rastignac tirent une partie de leur force de l'utilisation magistrale de principes dramaturgiques : conflits entre deux personnages de signe opposé, tension entre deux potentiels, incertitude de l'issue, etc.

Balzac a toujours été tenté par l'écriture théâtrale, faisant, comme tant d'autres, de la scène, lieu privilégié de la consécration, un symbole prestigieux qui suscite tout un investissement fantasmatique.

La figure de Vautrin permet d'organiser une construction théâtrale efficace ; il écrit donc un Vautrin *dans lequel l'ancien bagnard enrichit par le vol Raoul de Frescas, son fils d'adoption, le fait reconnaître par son véritable géniteur, le duc de Montsorel, et choisit finalement la fidélité à ses compagnons de crime plutôt que l'existence tranquille qu'on lui offre.*

On reconnaîtra aisément dans l'extrait ci-après nombre de thèmes du Père Goriot *et bien des éléments du rapport entre Rastignac et Vautrin, mais l'écriture proprement théâtrale affaiblit l'intérêt de la relation Raoul/Vautrin : mécanisme du dialogue, grossissement des effets, redondance... tout conspire à banaliser la situation, à en désamorcer la virulence par le cumul des clichés et des stéréotypes mélodramatiques, présentés ici sans « érosion des contours » :*

« VAUTRIN, RAOUL DE FRESCAS.

Vautrin rentre vers la fin du monologue : Raoul, qui est sur le devant de la scène, ne le voit pas.

RAOUL. Avoir entrevu le ciel et rester sur la terre, voilà mon histoire ! je suis perdu : Vautrin, ce génie à la fois infernal et bienfaisant, cet homme, qui sait tout et qui semble tout pouvoir, cet homme, si dur pour les autres et si bon pour moi, cet homme qui ne s'explique que par la féerie, cette providence, je puis dire maternelle, n'est pas, après tout la providence.

Vautrin paraît, avec une perruque noire, simple, en habit bleu, pantalon de couleur grisâtre, gilet ordinaire, noir, la tenue d'un agent de change.

Oh ! je connaissais l'amour ; mais je ne savais pas encore ce que c'était que la vengeance, et je ne voudrais pas mourir sans m'être vengé de ces deux Montsorel !

VAUTRIN. Il souffre. Raoul, qu'as-tu, mon enfant ?

RAOUL. Eh ! je n'ai rien, laissez-moi.

VAUTRIN. Tu me rebutes encore ? tu abuses du droit que tu as de maltraiter ton ami... A quoi pensais-tu là ?

RAOUL. A rien.

VAUTRIN. A rien ! Ah, çà, monsieur, croyez-vous que celui qui vous a enseigné ce flegme anglais, sous lequel un homme de quelque valeur doit couvrir ses émotions, ne connaisse pas le défaut de cette cuirasse d'orgueil ? Dissimulez avec les autres ; mais avec moi, c'est plus qu'une faute ; en amitié, les fautes sont des crimes.

RAOUL. Ne plus jouer, ne plus rentrer ivre, quitter la ménagerie de l'Opéra, devenir un homme sérieux, étudier, vouloir une position, tu appelles cela dissimuler.

VAUTRIN. Tu n'es encore qu'un pauvre diplomate, tu seras grand quand tu m'auras trompé. Raoul, tu as commis la faute contre laquelle je t'avais mis le plus en garde. Mon enfant, qui devait prendre les femmes pour ce qu'elles sont, des êtres sans conséquence, enfin s'en servir et non les servir, est devenu un berger de monsieur de Florian ; mon Lovelace se heurte contre une Clarisse. Ah ! les jeunes gens doivent frapper longtemps sur ces idoles, avant d'en reconnaître le creux.

RAOUL. Un sermon ?

jouait gros jeu, perdait ou gagnait beaucoup, et finit par s'habituer à la vie exorbitante des jeunes gens de Paris. Sur ses premiers gains, il avait renvoyé quinze cents francs à sa mère et à ses sœurs, en accompagnant sa restitution de jolis présents. Quoiqu'il eût annoncé vouloir quitter la Maison-Vauquer, il y était encore dans les derniers jours du mois de janvier, et ne savait comment en sortir. Les jeunes gens sont soumis presque tous à une loi en apparence inexplicable, mais dont la raison vient de leur jeunesse même, et de l'espèce de furie avec laquelle ils se ruent au plaisir. Riches ou pauvres, ils n'ont jamais d'argent pour les nécessités de la vie, tandis qu'ils en trouvent toujours pour leurs caprices. Prodigues de tout ce qui s'obtient à crédit, ils sont avares de tout ce qui se paye à l'instant même, et semblent se venger de ce qu'ils n'ont pas, en dissipant tout ce qu'ils peuvent avoir. Ainsi, pour nettement poser la question, un étudiant prend bien plus de soin de son chapeau que de son habit. L'énormité du gain rend le tailleur essentiellement créditeur, tandis que la modicité de la somme fait du chapelier un des êtres les plus intraitables parmi ceux avec lesquels il est forcé de parlementer. Si le jeune homme assis au balcon d'un théâtre offre à la lorgnette des jolies femmes d'étourdissants gilets, il est douteux qu'il ait des chaussettes ; le bonnetier est encore un des charançons[1] de sa bourse. Rastignac en était là. Toujours vide pour madame Vauquer, toujours pleine pour les exigences de la vanité, sa bourse avait des revers et des succès lunatiques en désaccord avec les payements les plus naturels. Afin de quitter la pension puante, ignoble où s'humiliaient périodiquement ses prétentions, ne fallait-il pas payer un mois à son hôtesse, et acheter des meubles pour son appartement de dandy ? c'était toujours la chose impossible. Si, pour se procurer l'argent nécessaire à son jeu, Rastignac savait acheter chez son bijoutier des montres et des chaînes d'or chèrement payées sur ses gains, et qu'il portait au Mont-de-Piété, ce sombre et discret ami de la jeunesse, il se trouvait sans invention comme sans audace quand il s'agissait de payer sa nourriture, son logement, ou d'acheter les outils indispensables à l'exploitation de la vie élégante. Une nécessité vulgaire, des dettes contractées pour les besoins satisfaits, ne l'inspiraient plus. Comme la plupart de ceux qui ont connu cette vie de hasard, il attendait au dernier moment pour solder des créances sacrées aux yeux des bourgeois, comme faisait Mirabeau, qui ne

1. Coléoptère nuisible, destructeur de récoltes.

VAUTRIN. Comment ! moi qui t'ai formé la main au pistolet, qui t'ai montré à tirer l'épée, qui t'ai appris à ne pas redouter l'ouvrier le plus fort du faubourg, moi qui ai fait pour ta cervelle comme pour le corps, moi qui t'ai voulu mettre au-dessus de tous les hommes, enfin moi qui t'ai sacré roi, tu me prends pour une ganache ? Allons, un peu plus de franchise.

RAOUL. Voulez-vous savoir ce que je pensais ?... Mais non, ce serait accuser mon bienfaiteur.

VAUTRIN. Ton bienfaiteur ! Tu m'insultes. T'ai-je offert mon sang, ma vie ? suis-je prêt à tuer, à assassiner ton ennemi, pour recevoir de toi cet intérêt exorbitant appelé reconnaissance ? Pour t'exploiter, suis-je un usurier ? Il y a des hommes qui vous attachent un bienfait au cœur, comme on attache un boulet au pied des... suffit ! ces hommes-là, je les écraserais comme des chenilles sans croire commettre un homicide ! Je t'ai prié de m'adopter pour ton père, mon cœur doit être pour toi ce que le ciel est pour les anges, un espace où tout est bonheur et confiance ; tu peux me dire toutes tes pensées, même les mauvaises. Parle, je comprends tout, même une lâcheté. (...)

RAOUL. Suis-je entre les mains d'un démon ou d'un ange ? Tu m'instruis sans déflorer les nobles instincts que je sens en moi ; tu m'éclaires sans m'éblouir ; tu me donnes l'expérience des vieillards, et tu ne m'ôtes aucune des grâces de la jeunesse ; mais tu n'as pas impunément aiguisé mon esprit, étendu ma vue, éveillé ma perspicacité ? Dis-moi d'où vient ta fortune ? a-t-elle des sources honorables ? pourquoi me défends-tu d'avouer les malheurs de mon enfance ? pourquoi m'avoir imposé le nom du village où tu m'as trouvé ? pourquoi m'empêcher de chercher mon père ou ma mère ? Enfin, pourquoi me courber sous des mensonges ? On s'intéresse à l'orphelin, mais on repousse l'imposteur ! Je mène un train qui me fait l'égal d'un fils de duc et pair, tu me donnes une grande éducation et pas d'état, tu me lances dans l'empyrée du monde, et l'on m'y crache au visage qu'il n'y a plus de Frescas. On m'y demande une famille, et tu me défends toute réponse. Je suis à la fois un grand seigneur et un paria, je dois dévorer des affronts qui me poussent à déchirer vivants des marquis et des ducs ; j'ai la rage dans l'âme, je veux avoir vingt duels, et je périrai ! Veux-tu qu'on m'insulte encore ? Plus de secrets pour moi : Prométhée infernal, achève ton œuvre ou brise-la. (...)

VAUTRIN. Tu ne recules devant rien ? la magie et l'enfer ne t'effrayent pas.

RAOUL. Va pour l'enfer, s'il me donne le paradis.

VAUTRIN. L'enfer ! c'est le monde des bagnes et des forçats décorés par la justice et par la gendarmerie de marques et de menottes, conduits où ils vont par la misère, et qui ne peuvent jamais en sortir. Le paradis, c'est un bel hôtel, de riches voitures, des femmes délicieuses, des honneurs. Dans ce monde, il y a deux mondes ; je te jette dans le plus beau, je reste dans le plus laid ; et si tu ne m'oublies pas, je te tiens quitte.

RAOUL. Vous me donnez le frisson, et vous venez de faire passer devant moi le délire.

VAUTRIN, *lui frappant sur l'épaule.*
Tu es un enfant ! *(A part.)* Ne lui en ai-je pas trop dit ? »

Vautrin, 1840,
acte III, scène 10.

payait son pain que quand il se présentait sous la forme dragonnante[1] d'une lettre de change. Vers cette époque, Rastignac avait perdu son argent, et s'était endetté. L'étudiant commençait à comprendre qu'il lui serait impossible de continuer cette existence sans avoir des ressources fixes. Mais, tout en gémissant sous les piquantes atteintes de sa situation précaire, il se sentait incapable de renoncer aux jouissances excessives de cette vie, et voulait la continuer à tout prix. Les hasards sur lesquels il avait compté pour sa fortune devenaient chimériques, et les obstacles réels grandissaient. En s'initiant aux secrets domestiques de monsieur et madame de Nucingen, il s'était aperçu que, pour convertir l'amour en instrument de fortune, il fallait avoir bu toute honte et renoncer aux nobles idées qui sont l'absolution des fautes de la jeunesse. Cette vie extérieurement splendide, mais rongée par tous les *tœnias* du remords, et dont les fugitifs plaisirs étaient chèrement expiés par de persistantes angoisses, il l'avait épousée, il s'y roulait en se faisant, comme le Distrait de La Bruyère, un lit dans la fange du fossé ; mais, comme le Distrait, il ne souillait encore que son vêtement[2].

— Nous avons donc tué le mandarin ? lui dit un jour Bianchon en sortant de table.

— Pas encore, répondit-il, mais il râle.

L'étudiant en médecine prit ce mot pour une plaisanterie, et ce n'en était pas une. Eugène, qui, pour la première fois depuis longtemps, avait dîné à la pension, s'était montré pensif pendant le repas. Au lieu de sortir au dessert, il resta dans la salle à manger assis auprès de mademoiselle Taillefer, à laquelle il jeta de temps en temps des regards expressifs. Quelques pensionnaires étaient encore attablés et mangeaient des noix, d'autres se promenaient en continuant des discussions commencées. Comme presque tous les soirs, chacun s'en allait à sa fantaisie, suivant le degré d'intérêt qu'il prenait à la conversation, ou selon le plus ou le moins de pesanteur que lui causait sa digestion. En hiver, il était rare que la salle à manger fût entièrement évacuée avant huit heures, moment où les quatre femmes demeuraient seules et se vengeaient du silence que leur sexe leur imposait au milieu de cette réunion masculine. Frappé de la préoccupation à laquelle Eugène était en proie, Vautrin resta dans la salle à manger, quoiqu'il eût paru d'abord empressé de sortir, et se tint constamment de manière à n'être pas vu

1. Préoccupante, menaçante. Se dragonner se disait pour se créer des tourments.

2. Ce détail ne figure pas dans le portrait de Ménalque. Balzac pense ici à l'original du portrait, le comte de Brancas, duc de Villars (1618-1681).

d'Eugène, qui dut le croire parti. Puis, au lieu d'accompagner ceux des pensionnaires qui s'en allèrent les derniers, il stationna sournoisement dans le salon. Il avait lu dans l'âme de l'étudiant et pressentait un symptôme décisif. Rastignac se trouvait en effet dans une situation perplexe que beaucoup de jeunes gens ont dû connaître. Aimante ou coquette, madame de Nucingen avait fait passer Rastignac par toutes les angoisses d'une passion véritable, en déployant pour lui les ressources de la diplomatie féminine en usage à Paris. Après s'être compromise aux yeux du public pour fixer près d'elle le cousin de madame de Beauséant, elle hésitait à lui donner réellement les droits dont il paraissait jouir. Depuis un mois elle irritait si bien les sens d'Eugène, qu'elle avait fini par attaquer le cœur. Si, dans les premiers moments de sa liaison, l'étudiant s'était cru le maître, madame de Nucingen était devenue la plus forte, à l'aide de ce manège qui mettait en mouvement chez Eugène tous les sentiments, bons ou mauvais, des deux ou trois hommes qui sont dans un jeune homme de Paris. Était-ce en elle un calcul ? Non ; les femmes sont toujours vraies, même au milieu de leurs plus grandes faussetés, parce qu'elles cèdent à quelque sentiment naturel. Peut-être Delphine, après avoir laissé prendre tout à coup tant d'empire sur elle par ce jeune homme et lui avoir montré trop d'affection, obéissait-elle à un sentiment de dignité, qui la faisait ou revenir sur ses concessions, ou se plaire à les suspendre. Il est si naturel à une Parisienne, au moment même où la passion l'entraîne, d'hésiter dans sa chute, d'éprouver le cœur de celui auquel elle va livrer son avenir ! Toutes les espérances de madame de Nucingen avaient été trahies une première fois, et sa fidélité pour un jeune égoïste venait d'être méconnue. Elle pouvait être défiante à bon droit. Peut-être avait-elle aperçu dans les manières d'Eugène, que son rapide succès avait rendu fat, une sorte de mésestime causée par les bizarreries de leur situation. Elle désirait sans doute paraître imposante à un homme de cet âge, et se trouver grande devant lui après avoir été si longtemps petite devant celui par qui elle était abandonnée. Elle ne voulait pas qu'Eugène la crût une facile conquête, précisément parce qu'il savait qu'elle avait appartenu à de Marsay. Enfin, après avoir subi le dégradant plaisir d'un véritable monstre, un libertin jeune, elle éprouvait tant de douceur à se promener dans les régions fleuries de l'amour, que c'était sans doute un charme pour elle d'en admirer tous les aspects, d'en écouter longtemps les frémissements et de se laisser longtemps caresser par de chastes brises. Le véritable amour payait pour le mauvais. Ce contresens sera malheureusement fréquent tant que les hommes ne sauront pas combien de fleurs fauchent dans l'âme d'une jeune femme les premiers coups de la tromperie. Quelles que fussent ses raisons, Delphine se jouait de Rastignac, et se plaisait à se jouer de lui, sans doute parce qu'elle se savait aimée et sûre de faire cesser les chagrins de son amant, suivant son royal bon plaisir de femme. Par respect de lui-même, Eugène ne voulait pas que son premier combat se terminât par une défaite, et persistait dans sa poursuite, comme un chasseur qui veut absolument tuer une perdrix à sa première fête de Saint-Hubert[1]. Ses anxiétés, son amour-propre offensé, ses désespoirs, faux ou véritables, l'attachaient de plus en plus à cette femme. Tout Paris lui donnait madame de Nucingen, auprès de laquelle il n'était pas plus avancé que le premier jour où il l'avait vue. Ignorant encore que la coquetterie d'une femme offre quelquefois plus de bénéfices que son amour ne donne de plaisir, il tombait dans de sottes rages. Si la saison pendant laquelle une femme se dispute à l'amour offrait à Rastignac le butin de ses primeurs, elles lui devenaient aussi coûteuses qu'elles étaient vertes, aigrelettes et délicieuses à savourer. Parfois, en se voyant sans un sou, sans avenir, il pensait, malgré la voix de sa conscience, aux chances de fortune dont Vautrin lui avait démontré la possibilité dans un mariage avec mademoiselle Taillefer. Or il se trouvait alors dans un moment où sa misère parlait si haut, qu'il céda presque involontairement aux artifices du terrible sphinx par les regards duquel il était souvent fasciné. Au moment où Poiret et mademoiselle Michonneau remontèrent chez eux, Rastignac se croyant seul entre madame Vauquer et madame Couture, qui se tricotait des manches de laine en sommeillant auprès du poêle, regarda mademoiselle Taillefer d'une manière assez tendre pour lui faire baisser les yeux.

— Auriez-vous des chagrins, monsieur Eugène ? lui dit Victorine après un moment de silence.

— Quel homme n'a pas ses chagrins ! répondit Rastignac. Si nous étions sûrs, nous autres jeunes gens, d'être bien aimés, avec un dévouement qui nous récompensât des sacrifices que nous sommes toujours disposés à faire, nous

1. Saint patron des chasseurs.

n'aurions peut-être jamais de chagrins.

Mademoiselle Taillefer lui jeta, pour toute réponse, un regard qui n'était pas équivoque.

— Vous, mademoiselle, vous vous croyez sûre de votre cœur aujourd'hui ; mais répondriez-vous de ne jamais changer ?

Un sourire vint errer sur les lèvres de la pauvre fille comme un rayon jailli de son âme, et fit si bien reluire sa figure qu'Eugène fut effrayé d'avoir provoqué une aussi vive explosion de sentiment.

— Quoi ! si demain vous étiez riche et heureuse, si une immense fortune vous tombait des nues, vous aimeriez encore le jeune homme pauvre qui vous aurait plu durant vos jours de détresse ?

Elle fit un joli signe de tête.

— Un jeune homme bien malheureux ?

Nouveau signe.

— Quelles bêtises dites-vous donc là ? s'écria madame Vauquer.

— Laissez-nous, répondit Eugène, nous nous entendons.

— Il y aurait donc alors promesse de mariage entre monsieur le chevalier Eugène de Rastignac et mademoiselle Victorine Taillefer ? dit Vautrin de sa grosse voix en se montrant tout à coup à la porte de la salle à manger.

— Ah ! vous m'avez fait peur, dirent à la fois madame Couture et madame Vauquer.

— Je pourrais plus mal choisir, répondit en riant Eugène à qui la voix de Vautrin causa la plus cruelle émotion qu'il eût jamais ressentie.

— Pas de mauvaises plaisanteries, messieurs ! dit madame Couture. Ma fille, remontons chez nous.

Madame Vauquer suivit ses deux pensionnaires, afin d'économiser sa chandelle et son feu en passant la soirée chez elles. Eugène se trouva seul et face à face avec Vautrin ⟨1⟩.

— Je savais bien que vous y arriveriez, lui dit cet homme en gardant un imperturbable sang-froid. Mais, écoutez ! j'ai de la délicatesse tout comme un autre, moi. Ne vous décidez pas dans ce moment, vous n'êtes pas dans votre assiette ordinaire. Vous avez des dettes. Je ne veux pas que ce soit la passion, le désespoir, mais la raison qui vous détermine à venir à moi. Peut-être vous faut-il quelque millier d'écus.

⟨1⟩ De Télémaque à Rastignac (suite).

Le rapport établi précédemment (cf. CONTEXTE p. 45) entre le roman de Fénelon et celui de Balzac peut se poursuivre ici à propos de Vautrin :

« Il convient de rapprocher deux autres personnages : Mentor et Vautrin.

Mentor est, nous le savons, Minerve déguisée en précepteur. Il est sage, vertueux, et il connaît les affaires du monde. Voici comment Fénelon nous le présente :

« Mais, quoique les dieux surpassent de loin en connaissance tous les hommes, elle ne put découvrir qui était cet homme vénérable dont Télémaque était accompagné. »

Mystérieux, sûr de lui, il connaît le passé et l'avenir :

« La science que j'ai acquise des présages et de la volonté des dieux me fait connaître qu'avant que trois jours soient écoulés vous serez attaqué... »

Il est doux, courageux, raisonnable, sensé. Il joue auprès de Télémaque le rôle de guide et de censeur. C'est lui qui lui reproche son goût pour les beaux vêtements, lui montre le danger du luxe, la difficulté qu'il y a à quitter le mal. C'est lui qui lui donne des leçons sur l'art de gouverner les hommes :

« Souvenez-vous, ô Télémaque, qu'il y a deux choses pernicieuses, dans le gouvernement des peuples, auxquelles on n'apporte presque jamais aucun remède : la première est une autorité injuste et trop violente dans les rois ; la seconde est le luxe, qui corrompt les mœurs. »

Enfin, signalons une autre qualité de Mentor :

« En disant ces paroles, Mentor prit une lyre, et en joua avec tant d'art [...]. A peine osait-on respirer, de peur de troubler le silence, et de perdre quelque chose de ce chant divin. »

L'éducation de Télémaque terminée, Mentor abandonne son élève et disparaît dans les airs.

Par le choix de thèmes ainsi proposés, l'on aura reconnu des similitudes entre les personnes de Mentor et de Vautrin. Mystérieux, ayant une « épouvantable profondeur de [...] caractère », il connaît lui aussi les affaires et les hommes :

« Il connaissait tout d'ailleurs, les vaisseaux, la mer, la France, l'étranger, les affaires, les hommes, les événements, les lois, les hôtels et les prisons. »

Il se plaît à chanter des airs de vaudeville et il joue auprès de Rastignac le rôle de professeur de cynisme. Comme Mentor, Vautrin est un « lieu » où se dit la vérité. La sagesse dans la vertu est ici remplacée par la sagesse dans le crime. »

JEAN-JACQUES HAMM,
1977, *op. cit.* pp. 271-272.

Michel Butor conteste cette interprétation et situe la leçon de Mentor dans un autre passage du roman, les révélations de la duchesse de Langeais concernant l'histoire du père Goriot (pp. 190-194) :

« C'est la duchesse de Langeais qui est le vrai Mentor. C'est elle qui connaît le « monde » et en particulier le mystère du père Goriot. Vautrin, tel Balzac, sait seulement qu'il faut le connaître ; il l'étudie passionnément, rassemble toutes les informations fragmentaires qu'il peut dénicher. Incapable de donner à Rastignac les leçons de la duchesse, c'est lui qui peut lui faire comprendre qu'il faut écouter celle-ci. »

MICHEL BUTOR,
1983, préface du *Père Goriot*, Livre de Poche, p. XXXII.

Tenez, le voulez-vous ?

Ce démon prit dans sa poche un portefeuille et en tira trois billets de banque qu'il fit papilloter aux yeux de l'étudiant. Eugène était dans la plus cruelle des situations. Il devait au marquis d'Ajuda et au comte de Trailles cent louis perdus sur parole. Il ne les avait pas, et n'osait aller passer la soirée chez madame de Restaud, où il était attendu. C'était une de ces soirées sans cérémonie où l'on mange des petits gâteaux, où l'on boit du thé mais où l'on peut perdre six mille francs au whist[1].

— Monsieur, lui dit Eugène en cachant avec peine un tremblement convulsif ; après ce que vous m'avez confié, vous devez comprendre qu'il m'est impossible de vous avoir des obligations.

— Eh bien ! vous m'auriez fait de la peine de parler autrement, reprit le tentateur. Vous êtes un beau jeune homme, délicat, fier comme un lion et doux comme une jeune fille. Vous seriez une belle proie pour le diable. J'aime cette qualité de jeunes gens. Encore deux ou trois réflexions de haute politique, et vous verrez le monde comme il est. En y jouant quelques petites scènes de vertu, l'homme supérieur y satisfait toutes ses fantaisies aux grands applaudissements des niais du parterre. Avant peu de jours vous serez à nous. Ah ! si vous vouliez devenir mon élève, je vous ferais arriver à tout ⟨1⟩. Vous ne formeriez pas un désir qu'il ne fût à l'instant comblé, quoi que vous puissiez souhaiter : honneur, fortune, femmes. On vous réduirait toute la civilisation en ambroisie[2]. Vous seriez notre enfant gâté, notre Benjamin, nous nous exterminerions tous pour vous avec plaisir. Tout ce qui vous ferait obstacle serait aplati. Si vous conservez des scrupules, vous me prenez donc pour un scélérat ? Eh bien ! un homme qui avait autant de probité que vous croyez en avoir encore, M. de Turenne, faisait, sans se croire compromis, de petites affaires avec des brigands. Vous ne voulez pas être mon obligé, hein ? Qu'à cela ne tienne, reprit Vautrin en laissant échapper un sourire. Prenez ces chiffons, et mettez-moi là-dessus, dit-il en tirant un timbre, là, en travers : *Accepté pour la somme de trois mille cinq cents francs payable en un an*. Et datez ! L'intérêt est assez fort pour vous ôter tout scrupule ; vous pouvez m'appeler juif, et vous regarder comme quitte de toute reconnaissance. Je vous permets de me mépriser encore aujourd'hui, sûr que plus tard vous m'aimerez. Vous trouverez en moi de ces immen-

1. Jeu de cartes très pratiqué à l'époque. C'est l'ancêtre du bridge.

2. Nourriture des dieux de l'Olympe.

1 Vautrin ou la tentation sur la montagne Sainte-Geneviève.

« Le diable l'emmène encore sur une très haute montagne, lui montre tous les royaumes du monde avec leur gloire et lui dit : « Tout cela, je te le donnerai, si tu tombes à mes pieds et m'adores. » Alors Jésus lui dit : « Retire-toi, Satan... »

Évangile selon saint Matthieu.

Le thème satanique parcourt tout le Romantisme. Se constituent toute une littérature, toute une imagerie, qui pourront très vite dégénérer en poncifs, que l'opéra s'empressera de récupérer. On connaît l'air fameux de Méphistophélès dans le Faust *de Gounod (1859) :*

« Le veau d'or est toujours [debout ;
On encense
Sa puissance
D'un bout du monde à l'autre [bout !
Pour fêter l'infâme idole,
Peuples et rois confondus,
Au bruit sombre des écus
Dansent une ronde folle
Autour de son piédestal !
Et Satan conduit le bal !
Le veau d'or est vainqueur des [dieux ;
Dans sa gloire
Dérisoire
Le monstre abject insulte aux [cieux !
Il contemple, ô rage étrange !
A ses pieds le genre humain
Se ruant, le fer en main,
Dans le sang et dans la fange
Où brille l'ardent métal !
Et Satan conduit le bal ! »

Livret de Jules Barbier et Michel Carré.

ses abîmes, de ces vastes sentiments concentrés que les niais appellent des vices ; mais vous ne me trouverez jamais ni lâche ni ingrat. Enfin, je ne suis ni un pion ni un fou, mais une tour, mon petit[1] ⟨1⟩ .

— Quel homme êtes-vous donc ? s'écria Eugène, vous avez été créé pour me tourmenter.

— Mais non, je suis un bon homme qui veut se crotter pour que vous soyez à l'abri de la boue pour le reste de vos jours. Vous vous demandez pourquoi ce dévouement ? Eh bien ! je vous le dirai tout doucement quelque jour, dans le tuyau de l'oreille. Je vous ai d'abord surpris en vous montrant le carillon de l'ordre social et le jeu de la machine ; mais votre premier effroi se passera comme celui du conscrit sur le champ de bataille, et vous vous accoutumerez à l'idée de considérer les hommes comme des soldats décidés à périr pour le service de ceux qui se sacrent rois eux-mêmes. Les temps sont bien changés. Autrefois on disait à un brave[2] : Voilà cent écus, tue-moi monsieur un tel, et l'on soupait tranquillement après avoir mis un homme à l'ombre[3] pour un oui, pour un non. Aujourd'hui je vous propose de vous donner une belle fortune contre un signe de tête qui ne vous compromet en rien, et vous hésitez. Le siècle est mou.

Eugène signa la traite et l'échangea contre les billets de banque.

— Eh bien ! voyons, parlons raison, reprit Vautrin. Je veux partir d'ici à quelques mois pour l'Amérique, aller planter mon tabac. Je vous enverrai les cigares de l'amitié. Si je deviens riche, je vous aiderai. Si je n'ai pas d'enfants (cas probable, je ne suis pas curieux de me replanter ici par bouture), eh bien ! je vous léguerai ma fortune. Est-ce être l'ami d'un homme ? Mais je vous aime, moi. J'ai la passion de me dévouer pour un autre. Je l'ai déjà fait. Voyez-vous, mon petit, je vis dans une sphère plus élevée que celle des autres hommes. Je considère les actions comme des moyens, et ne vois que le but. Qu'est-ce qu'un homme pour moi ? Ça ! fit-il en faisant claquer l'ongle de son pouce sous une de ses dents. Un homme est tout ou rien. Il est moins que rien quand il se nomme Poiret : on peut l'écraser comme une punaise, il est plat et il pue. Mais un homme est un dieu quand il vous ressemble : ce n'est plus une machine couverte en peau ; mais un théâtre où s'émeuvent les plus beaux sentiments, et je ne vis que par les sentiments. Un sentiment, n'est-ce pas le monde dans une pensée ? Voyez

1. *Pièces du jeu d'échecs.*

2. *Homme de main.*

3. *Après l'avoir tué.*

1 Les échecs : jeu et société.

« Partout où il y a comédie sociale, donc lutte et rivalité, il y a jeu, au moins métaphoriquement (et le) nouvel ordre social justifie la révolte de l'individu. La règle du jeu c'est la révolte. Et telle est bien la signification la plus fréquente de la métaphore du jeu. Pour marquer les chances de succès de l'individu, Carlos Herrera (dans *Illusions perdues*) (...) choisit l'exemple d'un jeu qui, en mettant l'accent sur l'habileté du joueur, minimise le rôle du hasard.

Encore faut-il s'entendre sur les modalités de cette révolte : en fait, c'est la révolte de l'ordre nouveau contre l'ancien. Aux valeurs de droiture, d'honneur, de loyauté, de politesse, s'opposent les nouveaux préceptes : « dissimulation », « chacun pour soi » (...). Plusieurs métaphores du jeu nous montrent les hommes employant d'autres hommes comme des pions ou des cartes pour arriver à leurs fins :

> « Il (Rigou) tracassait le général comte de Montcornet, il faisait mouvoir les paysans par le jeu de fils cachés dont le maniement l'amusait comme une partie d'échecs où les pions vivaient, où les cavaliers couraient à cheval, où les fous comme Fourchon babillaient, où les tours féodales brillaient au soleil, où la Reine faisait malicieusement échec au Roi ! »
>
> *Les Paysans,* 1844.

Dans cet exemple, Balzac tire un parti habile des possibilités de jeu de mots offerts par le nom des pions aux échecs. L'adjonction de l'adjectif « féodales » pour les tours en dit long. Le bourgeois Rigou, prêtre défroqué, et enrichi par la Révolution française, représentant de l'ordre nouveau dans *les Paysans*, est l'agent de la chute de la grande propriété féodale, représentée par Montcornet.

C'est en appliquant cette nouvelle règle que réussissent tous les ambitieux de *la Comédie humaine.* Dans *le Père Goriot* et dans *Splendeurs et Misères*, Balzac utilise à propos de Vautrin l'image de la partie d'échecs, jeu individualiste par excellence, et qui annule le hasard, nous l'avons dit : « Enfin, je ne suis ni un pion, ni un fou, mais une tour, mon petit. » Carlos reprend l'image, mais pour admettre sa défaite, dans *La dernière incarnation de Vautrin* :

> « Vous avez obtenu, monsieur, un succès complet dans notre affaire, dit Jacques Collin. J'ai été battu..., ajouta-t-il légèrement et à la manière d'un joueur qui a perdu son argent ; mais vous avez laissé quelques hommes sur le carreau... C'est une victoire coûteuse... Oui, répondit Corentin, en acceptant la plaisanterie, si vous avez perdu votre reine, moi j'ai perdu deux tours... Oh ! Contenson n'est qu'un pion, répliqua railleusement Jacques Collin. »
>
> *Splendeurs et Misères des courtisanes,* 1847.

Si Jacques Collin échoue, entraînant Lucien dans sa chute, c'est qu'il a lui-même été bien au-delà de la règle du jeu qu'il énonçait. Sa révolte est allée jusqu'au crime. Sa lutte contre la société s'est jouée en dehors des lois, seule différence qu'il reconnaisse entre lui et les arrivistes heureux : « Nucingen (...) a été Jacques Collin légalement et dans le monde des écus. » (ibid.) Son attitude anarchique a donc été la cause de son échec. »

LUCIENNE FRAPPIER-MAZUR,
1976, *op. cit.* pp. 138-139.

le père Goriot : ses deux filles sont pour lui tout l'univers, elles sont le fil avec lequel il se dirige dans la création. Eh bien ! pour moi qui ai bien creusé la vie, il n'existe qu'un seul sentiment réel, une amitié d'homme à homme. Pierre et Jaffier, voilà ma passion. Je sais VENISE SAUVÉE[1] par cœur. Avez-vous vu beaucoup de gens assez poilus pour, quand un camarade dit : « Allons enterrer un corps ! » y aller sans souffler mot ni l'embêter de morale ? J'ai fait ça, moi. Je ne parlerais pas ainsi à tout le monde. Mais vous, vous êtes un homme supérieur, on peut tout vous dire, vous savez tout comprendre. Vous ne patouillerez[2] pas longtemps dans les marécages où vivent les crapoussins[3] qui nous entourent ici. Eh bien ! voilà qui est dit. Vous épouserez. Poussons chacun nos pointes ! La mienne est en fer et ne mollit jamais, hé, hé ! (1)

Vautrin sortit sans vouloir entendre la réponse négative de l'étudiant, afin de le mettre à son aise. Il semblait connaître le secret de ces petites résistances, de ces combats dont les hommes se parent devant eux-mêmes, et qui leur servent à se justifier leurs actions blâmables (2).

— Qu'il fasse comme il voudra, je n'épouserai certes pas mademoiselle Taillefer ! se dit Eugène.

Après avoir subi le malaise d'une fièvre intérieure que lui causa l'idée d'un pacte fait avec cet homme dont il avait horreur, mais qui grandissait à ses yeux par le cynisme même de ses idées et par l'audace avec laquelle il étreignait la société, Rastignac s'habilla, demanda une voiture et vint chez madame de Restaud. Depuis quelques jours, cette femme avait redoublé de soins pour un jeune homme dont chaque pas était un progrès au cœur du grand monde et dont l'influence paraissait devoir être un jour redoutable. Il paya messieurs de Trailles et d'Ajuda, joua au whist une partie de la nuit et regagna ce qu'il avait perdu. Superstitieux comme la plupart des hommes dont le chemin est à faire et qui sont plus ou moins fatalistes, il voulut voir dans son bonheur une récompense du ciel pour sa persévérance à rester dans le bon chemin. Le lendemain matin, il s'empressa de demander à Vautrin s'il avait encore sa lettre de change. Sur une réponse affirmative, il lui rendit les trois mille francs en manifestant un plaisir assez naturel.

— Tout va bien, lui dit Vautrin.

— Mais je ne suis pas votre complice, dit Eugène.

— Je sais, je sais, répondit Vautrin en l'interrompant. Vous faites encore des enfantillages. Vous vous arrêtez aux bagatelles de la porte[4] (3).

1. Tragédie d'Otway (1685) dans laquelle le héros Jaffier a pour ami le soldat étranger Pierre qui conspire contre la République de Venise. Cette pièce avait déjà été mise à contribution dans La Peau de chagrin, *lorsque Raphaël rencontre la courtisane Aquilina : « Comment te nommes-tu ? lui dit Raphaël. — Aquilina. — Oh ! oh ! tu viens de* Venise sauvée *(...) »*

2. Verbe de la langue populaire : patauger, tripoter (comme dans tripatouiller).

*3. « Crapoussin : terme populaire qui se dit par dérision en parlant de gens petits et contrefaits. » (*Dictionnaire de l'Académie, *1835)*

4. Les bagatelles de la porte : expression proverbiale qui désigne des choses sans importance auxquelles il ne faut pas s'arrêter (Littré).

1 Pacte démoniaque et jouissance par délégation.

Carlos Herrera-Vautrin déclare à Lucien :

« Jamais l'argent ne vous manquera. Vous brillerez, vous paraderez, pendant que, courbé dans la boue des fondations, j'assurerai le brillant édifice de votre fortune. J'aime le pouvoir pour le pouvoir, moi ! Je serai toujours heureux de vos jouissances qui me sont interdites. Enfin, je me ferai vous !... Eh bien !, le jour où ce pacte d'homme à démon, d'enfant à diplomate, ne vous conviendra plus, vous pourrez toujours aller chercher un petit endroit, comme celui dont vous parliez, pour vous noyer : vous serez un peu plus ou un peu moins ce que vous êtes aujourd'hui, malheureux ou déshonoré. »

Illusions perdues, 1837-1843.

On notera la complexité croissante du rapport Vautrin/Rastignac : paternité de substitution (« Si je n'ai pas d'enfants (...) je vous léguerai ma fortune »), *amitié virile, déclaration d'amour* (« Mais je vous aime, moi ») *et allusion érotique à peine voilée* (« Poussons chacun nos pointes ! La mienne est en fer et ne mollit jamais »).

2 Vautrin ou la poésie du mal.

« Si le mal consiste essentiellement dans la violation consciente d'une loi morale, il ne fait pas de doute que les grands rapaces de *La Comédie humaine*, qui ne reconnaissent aucune loi, se situent au-delà du bien et du mal et ignorent par conséquent le vertige de la transgression. Faut-il dire pour autant que leur poésie est plutôt une poésie de l'énergie qu'une poésie du mal, et retombons-nous dans le dilemme du héros byronien, qui ne pouvait pas être à la fois vraiment mauvais et vraiment grand ? Ce serait méconnaître qu'il existe, indépendamment du respect et de la violation de la loi morale, dont les limites peuvent toujours être contestées ou déplacées, une autre forme de mal, assurément plus profonde, qui consiste dans la haine ou le mépris de la vie en tant qu'œuvre divine. Le Dieu auquel on se heurte alors n'est pas un Dieu moraliste, mais un Dieu créateur et père de sa création.

C'est cette paternité divine que Vautrin refuse en se substituant au Dieu créateur, et il y a beaucoup plus dans cette attitude que dans la révolte du héros byronien contre un ordre qui n'est pas autre chose, au fond, qu'un ordre social injuste et oppressif. La poésie de son personnage n'est pas seulement celle d'une énergie effrénée, d'une animalité vigoureuse, d'une vitalité que rien n'arrête, c'est aussi la poésie d'un poète, et il n'est poète que dans la mesure où il a le mal pour objet. « Je suis ce que vous appelez un artiste... Je suis un grand poète. Mes poésies, je ne les écris pas, elles consistent en actions et en sentiment[1]. » Il faut prendre ces affirmations au pied de la lettre et voir tout ce qu'elles impliquent. Un poète est généralement un homme qui se donne l'illusion d'être Dieu en créant la seule chose qu'il soit à la portée de l'homme de créer : de l'imaginaire. Il joue à être Dieu. Aussi, quelque satanique que puisse être son propos, son œuvre, loin de porter ombrage au Créateur, est-elle toujours un reflet de la création. Vautrin ne veut pas créer un reflet, il ne veut pas être Dieu pour rire. Il crée donc des actions, les seules actions qui ne puissent pas avoir Dieu pour cause, des actions mauvaises. « Je ferai vouloir le Père éternel », dit-il, et il s'agit d'un assassinat.

De là le rôle de tentateur et de corrupteur qu'il assume par rapport à Rastignac et à Lucien de Rubempré. On aurait tort, bien sûr, de croire qu'il ne cherche, comme il l'explique au premier, qu'à se procurer des instruments pour réaliser ses desseins ambitieux. Il s'agit de s'emparer d'une âme, de la vider de sa liberté, qui est l'effigie de Dieu en elle, et de s'y loger à la place du Créateur. Pleinement satisfait de son œuvre, l'artiste satanique jouira alors des harmonies qu'il aura su tirer de son instrument humain, et ces harmonies, qui seront des sentiments *réels*, lui donneront non pas l'illusion, mais la réalité de la possession du monde : un homme comme vous, dit-il à Rastignac, « ce n'est plus une machine couverte en peau, mais un théâtre où s'émeuvent les plus beaux sentiments, et je ne vis que par les sentiments. Un sentiment, n'est-ce pas le monde dans une pensée ? »

MAX MILNER,
1963, « La poésie du mal chez Balzac », *L'Année balzacienne*, pp. 329-331.

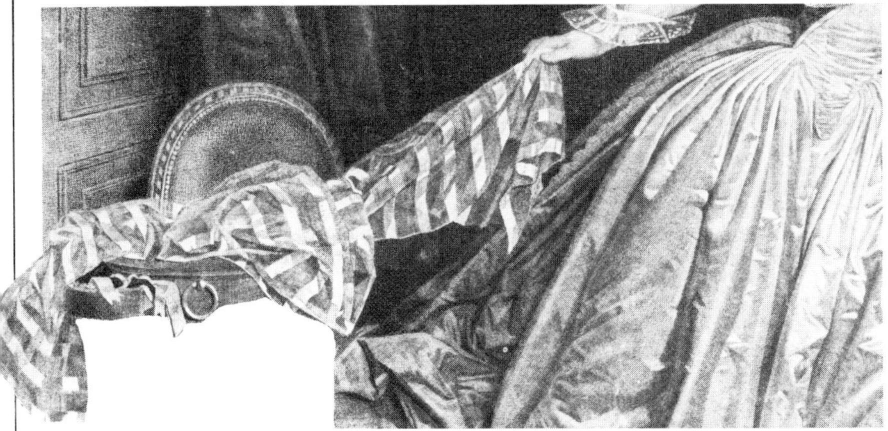

3 De l'importance de la bagatelle.

« Le second chapitre s'achève sur une phrase bien révélatrice :

— Tout va bien, lui dit Vautrin.

— Mais je ne suis pas votre complice, dit Eugène.

— Je sais, je sais, répondit Vautrin en l'interrompant. Vous faites encore des enfantillages.

Ce n'était pas assez net, et sur épreuves Balzac ajoute :

« Vous vous arrêtez aux bagatelles de la porte. »

P.-G. Castex note, à juste titre, que Balzac trouvait cette expression jolie et qu'il l'avait déjà employée dans une lettre à Mme Hanska à propos de Rome. Mais que veut dire « bagatelles de la porte », si ce n'est les amusettes et menues faveurs (baisers, caresses) qui précèdent la totale possession amoureuse ? On dit aussi, et encore aujourd'hui, « les plaisirs de la porte ». Et que signifie ici la phrase de Vautrin, qui est un commentaire, une addition, un renforcement apporté par Balzac à son propre texte ?

1. Vous n'osez pas séduire Victorine, qui est vierge (sens restreint).

2. Vous restez timide dans vos conquêtes mondaines : où en êtes-vous avec la comtesse ? En fait Rastignac en est encore à quelques baisers et serrements de main. Il n'a pas encore touché son chèque.

3. Mais surtout : vous restez jeune fille. Qu'attendez-vous ?

A noter que c'est sur ces « bagatelles de la porte » que se terminait primitivement le chapitre l'*Entrée dans le monde*. Ce découpage produisait son effet et Balzac coupait son chapitre sur une expression (c'est bien le cas de le dire) clé.

Vautrin, donc, le mâle, regarde Rastignac. Il faut y aller ! Rastignac va y aller. Mais pas tout seul et de son propre mouvement. Comme quoi ce n'est pas l'individu seul qui fait l'Histoire ni son histoire. Rastignac conduisait le roman et définissait l'intérêt en tant que conscience qui s'éveille et qui cherche. A partir d'ici, il cesse d'avoir toute l'initiative. »

PIERRE BARBÉRIS,
1972, *Le Père Goriot...*, pp. 265-266.

III

TROMPE-LA-MORT

Deux jours après, Poiret et mademoiselle Michonneau se trouvaient assis sur un banc, au soleil, dans une allée solitaire du Jardin-des-Plantes, et causaient avec le monsieur qui paraissait à bon droit suspect à l'étudiant en médecine.

— Mademoiselle, disait monsieur Gondureau, je ne vois pas d'où naissent vos scrupules. Son Excellence monseigneur le ministre de la police générale du royaume...

— Ah , Son Excellence monseigneur le ministre de la police générale du royaume... répéta Poiret.

— Oui, Son Excellence s'occupe de cette affaire, dit Gondureau[1].

A qui ne paraîtra-t-il pas invraisemblable que Poiret, ancien employé, sans doute homme de vertus bourgeoises, quoique dénué d'idées, continuât d'écouter le prétendu rentier de la rue de Buffon, au moment où il prononçait le mot de police en laissant ainsi voir la physionomie d'un agent de la rue de Jérusalem[2] à travers son masque d'honnête homme ? Cependant rien n'était plus naturel. Chacun comprendra mieux l'espèce particulière à laquelle appartenait Poiret, dans la grande famille des niais, après une remarque déjà faite par certains observateurs, mais qui jusqu'à présent n'a pas été publiée. Il est une nation plumigère[3], serrée au budget entre le premier degré de latitude qui comporte les traitements de douze cents francs, espèce de Groenland administratif, et le troisième degré, où commencent les traitements un peu plus chauds de trois à six mille francs, région tempérée, où s'acclimate la gratification, où elle fleurit malgré les difficultés de la culture. Un des traits caractéristiques qui trahit le mieux l'infirme étroitesse de cette gent subalterne, est une sorte de respect involontaire, machinal, instinctif, pour ce grand lama de tout ministère, connu de l'employé par une signature illisible et sous le nom de SON EXCELLENCE MONSEIGNEUR LE MINISTRE, cinq mots qui équivalent à l'*Il Bondo Cani* du Calife de Bagdad[4], et qui, aux yeux de ce peuple aplati, représente un pouvoir sacré, sans appel. Comme le pape pour les chrétiens, monseigneur est administrativement infaillible aux yeux de l'employé ; l'éclat qu'il jette se communique à ses actes, à ses paroles, à celles dites en son nom ; il couvre tout de sa broderie et légalise les

1. Il y eut jusqu'en 1818 un ministère de la Police, rattaché ensuite au ministère de l'Intérieur.

2. Siège des services de police. Cette rue, qui débouchait sur le quai des Orfèvres (1er arrondissement) où siège toujours la Police Judiciaire, a été englobée dans les agrandissements du Palais de Justice de 1843 à 1907.

3. Apparemment un autre néologisme balzacien : une nation de plumitifs.

4. Dans Le Calife de Bagdad, *opéra-comique de Boieldieu, créé en 1800, le calife parcourt la nuit les rues de Bagdad sous le nom d'Il Bondocani.*

actions qu'il ordonne ; son nom d'Excellence, qui atteste la pureté de ses intentions et la sainteté de ses vouloirs, sert de passeport aux idées les moins admissibles. Ce que ces pauvres gens ne feraient pas dans leur intérêt, ils s'empressent de l'accomplir dès que le mot Son Excellence est prononcé. Les bureaux ont leur obéissance passive, comme l'armée a la sienne : système qui étouffe la conscience, annihile un homme, et finit, avec le temps, par l'adapter comme une vis ou un écrou à la machine gouvernementale. Aussi monsieur Gondureau, qui paraissait se connaître en hommes, distingua-t-il promptement en Poiret un de ces niais bureaucratiques, et fit-il sortir le *Deus ex machina*[1], le mot talismanique de Son Excellence, au moment où il fallait, en démasquant ses batteries, éblouir le Poiret, qui lui semblait le mâle de la Michonneau, comme la Michonneau lui semblait la femme du Poiret.

— Du moment où Son Excellence elle-même, Son Excellence monseigneur le ! Ah ! c'est très différent, dit Poiret.

— Vous entendez monsieur, dans le jugement duquel vous paraissez avoir confiance, reprit le faux rentier en s'adressant à mademoiselle Michonneau. Eh bien ! Son Excellence a maintenant la certitude la plus complète que le prétendu Vautrin, logé dans la Maison Vauquer, est un forçat évadé du bagne de Toulon, où il est connu sous le nom de *Trompe-la-Mort.*

— Ah ! Trompe-la-Mort ! dit Poiret, il est bien heureux, s'il a mérité ce nom-là.

— Mais oui, reprit l'agent. Ce sobriquet est dû au bonheur qu'il a eu de ne jamais perdre la vie dans les entreprises extrêmement audacieuses qu'il a exécutées. Cet homme est dangereux, voyez-vous ! Il a des qualités qui le rendent extraordinaire. Sa condamnation est même une chose qui lui a fait dans sa partie un honneur infini...

— C'est donc un homme d'honneur, demanda Poiret.

— A sa manière. Il a consenti à prendre sur son compte le crime d'un autre, un faux commis par un très beau jeune homme qu'il aimait beaucoup, un jeune Italien assez joueur, entré depuis au service militaire, où il s'est d'ailleurs parfaitement comporté.

— Mais si Son Excellence le Ministre de la police est sûr que monsieur Vautrin soit Trompe-la-Mort, pourquoi donc aurait-il besoin de moi ? dit mademoiselle Michonneau.

1. Expression empruntée au théâtre : « un dieu descendu au moyen d'une machine ». Par extension, c'est un personnage ou un événement dont l'intervention apporte un dénouement inespéré à une situation sans issue ou tragique.

— Ah ! oui, dit Poiret, si en effet le Ministre, comme vous nous avez fait l'honneur de nous le dire, a une certitude quelconque...

— Certitude n'est pas le mot ; seulement on se doute. Vous allez comprendre la question. Jacques Collin, surnommé Trompe-la-Mort, a toute la confiance des trois bagnes qui l'ont choisi pour être leur agent et leur banquier [1]. Il gagne beaucoup à s'occuper de ce genre d'affaires, qui nécessairement veut un homme de marque.

— Ah ! ah ! comprenez-vous le calembour, mademoiselle ? dit Poiret. Monsieur l'appelle un homme de *marque*, parce qu'il a été marqué.

— Le faux Vautrin, dit l'agent en continuant, reçoit les capitaux de messieurs les forçats, les place, les leur conserve, et les tient à la disposition de ceux qui s'évadent, ou de leurs familles, quand ils en disposent par testament, ou de leurs maîtresses, quand ils tirent sur lui pour elles.

— De leurs maîtresses ! Vous voulez dire de leurs femmes, fit observer Poiret.

— Non, monsieur. Le forçat n'a généralement que des épouses illégitimes, que nous nommons des concubines.

— Ils vivent donc tous en état de concubinage ?

— Conséquemment.

— Eh bien ! dit Poiret, voilà des horreurs que Monseigneur ne devrait pas tolérer. Puisque vous avez l'honneur de voir Son Excellence, c'est à vous, qui me paraissez avoir des idées philanthropiques, à l'éclairer sur la conduite immorale de ces gens, qui donnent un très mauvais exemple au reste de la société.

— Mais, monsieur, le gouvernement ne les met pas là pour offrir le modèle de toutes les vertus.

— C'est juste. Cependant, monsieur, permettez...

— Mais, laissez donc dire monsieur, mon cher mignon, dit mademoiselle Michonneau.

— Vous comprenez, mademoiselle, reprit Gondureau. Le gouvernement peut avoir un grand intérêt à mettre la main sur une caisse illicite, que l'on dit monter à un total assez majeur. Trompe-la-Mort encaisse des valeurs considérables en recélant non seulement les sommes possédées par quelques-uns de ses camarades, mais encore celles qui proviennent de la Société des Dix mille...

— Dix mille voleurs ! s'écria Poiret effrayé.

— Non, la Société des Dix mille est une association de

1 Le nom de Vautrin : onomastique et emprunts à la réalité.

« il fallait (...)
montrer *un égout moral* de
Paris »
Lettre à Mme Hanska
22 novembre 1834

« votre Paris est donc un
bourbier » (p. 146)

SE VAUTRER

*VAU*trin *VAU*quer

WATRIN : faux-monnayeur cité dans l'*Histoire de Vidocq*, 1829
VAUTRIN, VAUTHERIN : nom de famille courant
VAUTRIN : acteur du Cirque-Olympique, puis de l'Ambigu-Comique sous la Restauration, qui joua quelquefois le rôle de Robert Macaire dans la célèbre *Auberge des Adrets*, créé par Frédérick Lemaître en 1823 (pour qui Balzac écrira *Vautrin* en 1840).
JACQUES COLLIN : Jacques-Albin-Simon Collin (1793-1881), auteur de nombreux livres dont un *Dictionnaire infernal.*
Anthelme *COL* let (1785-1840), célèbre bandit de l'époque.
TROMPE-LA-MORT : sobriquet que Balzac a trouvé dans un roman *Le Père Lantimèche ou Paris en caricature* (1805)

source de ce tableau : Wayne Conner, « Vautrin et ses noms », *Revue d'Histoire littéraire de la France,* 1959, n° 3.

hauts voleurs, de gens qui travaillent en grand, et ne se mêlent pas d'une affaire où il n'y a pas dix mille francs à gagner. Cette société se compose de tout ce qu'il y a de plus distingué parmi ceux de nos hommes qui vont droit en cour d'assises. Ils connaissent le Code et ne risquent jamais de se faire appliquer la peine de mort quand ils sont pincés. Collin est leur homme de confiance, leur conseil. A l'aide de ses immenses ressources, cet homme a su se créer une police à lui, des relations fort étendues qu'il enveloppe d'un mystère impénétrable. Quoique depuis un an nous l'ayons entouré d'espions, nous n'avons pas encore pu voir dans son jeu. Sa caisse et ses talents servent donc constamment à solder le vice, à faire les fonds au crime, et entretiennent sur pied une armée de mauvais sujets qui sont dans un perpétuel état de guerre avec la société. Saisir Trompe-la-Mort et s'emparer de sa banque, ce sera couper le mal dans sa racine. Aussi cette expédition est-elle devenue une affaire d'État et de haute politique, susceptible d'honorer ceux qui coopéreront à sa réussite. Vous-même, monsieur, pourriez être de nouveau employé dans l'administration, devenir secrétaire d'un commissaire de police, fonctions qui ne vous empêcheraient point de toucher votre pension de retraite.

— Mais pourquoi, dit mademoiselle Michonneau, Trompe-la-Mort ne s'en va-t-il pas avec la caisse ?

— Oh ! fit l'agent, partout où il irait, il serait suivi d'un homme chargé de le tuer, s'il volait le bagne. Puis une caisse ne s'enlève pas aussi facilement qu'on enlève une demoiselle de bonne maison. D'ailleurs, Collin est un gaillard incapable de faire un trait semblable, il se croirait déshonoré.

— Monsieur, dit Poiret, vous avez raison, il serait tout à fait déshonoré.

— Tout cela ne nous dit pas pourquoi vous ne venez pas tout bonnement vous emparer de lui, demanda mademoiselle Michonneau.

— Eh bien ! mademoiselle, je réponds... Mais, lui dit-il à l'oreille, empêchez votre monsieur de m'interrompre, ou nous n'en aurons jamais fini. Il doit avoir beaucoup de fortune pour se faire écouter, ce vieux-là. Trompe-la-Mort, en venant ici, a chaussé la peau d'un honnête homme, il s'est fait bon bourgeois de Paris, il s'est logé dans une pension sans apparence ; il est fin, allez ! on ne le prendra jamais sans vert[1]. Donc monsieur Vautrin est un homme considéré, qui fait des affaires considérables.

1. Prendre quelqu'un sans vert : le prendre au dépourvu (Littré).

— Naturellement, se dit Poiret à lui-même.

— Le ministre, si l'on se trompait en arrêtant un vrai Vautrin, ne veut pas se mettre à dos le commerce de Paris, ni l'opinion publique. M. le préfet de police branle dans le manche[1], il a des ennemis. S'il y avait erreur, ceux qui veulent sa place profiteraient des clabaudages et des criailleries libérales pour le faire sauter. Il s'agit ici de procéder comme dans l'affaire de Cogniard, le faux comte de Sainte-Hélène[2] ; si ç'avait été un vrai comte de Sainte-Hélène, nous n'étions pas propres. Aussi faut-il vérifier !

— Oui, mais vous avez besoin d'une jolie femme, dit vivement mademoiselle Michonneau.

— Trompe-la-Mort ne se laisserait pas aborder par une femme, dit l'agent. Apprenez un secret, il n'aime pas les femmes[3].

— Mais je ne vois pas alors à quoi je suis bonne pour une semblable vérification, une supposition que je consentirais à la faire pour deux mille francs.

— Rien de plus facile, dit l'inconnu. Je vous remettrai un flacon contenant une dose de liqueur préparée pour donner un coup de sang qui n'a pas le moindre danger et simule une apoplexie. Cette drogue peut se mêler également au vin et au café. Sur-le-champ vous transportez votre homme sur un lit, et vous le déshabillez afin de savoir s'il ne se meurt pas. Au moment où vous serez seule, vous lui donnerez une claque sur l'épaule, paf ! et vous verrez reparaître les lettres.

— Mais c'est rien du tout, ça, dit Poiret.

— Eh bien ! consentez-vous ? dit Gondureau à la vieille fille.

— Mais, mon cher monsieur, dit mademoiselle Michonneau, au cas où il n'y aurait point de lettres, aurais-je les deux mille francs ?

— Non.

— Quelle sera donc l'indemnité ?

— Cinq cents francs.

— Faire une chose pareille pour si peu. Le mal est le même dans la conscience, et j'ai ma conscience à calmer, monsieur.

— Je vous affirme, dit Poiret, que mademoiselle a beaucoup de conscience, outre que c'est une très aimable personne et bien entendue.

— Eh ! bien, reprit mademoiselle Michonneau, donnez-

1. Branler dans le manche : n'être pas solidement emmanché, en parlant d'un instrument, et, au sens figuré, être menacé dans sa position, sa fortune, etc. (Littré).

2. Arrêté en 1818 par Vidocq, le forçat évadé Pierre Coignard (et non Cogniard) était devenu lieutenant-colonel sous l'identité usurpée du comte de Sainte-Hélène. Il fut démasqué par son ancien compagnon de chaîne, Darius.

3. L'homosexualité de Vautrin est énoncée sans fard.

moi trois mille francs si c'est Trompe-la-Mort, et rien si c'est un bourgeois.

— Ça va, dit Gondureau, mais à condition que l'affaire sera faite demain.

— Pas encore, mon cher monsieur, j'ai besoin de consulter mon confesseur.

— Finaude ! dit l'agent en se levant. A demain alors. Et si vous étiez pressée de me parler, venez petite rue Sainte-Anne[1], au bout de la cour de la Sainte-Chapelle. Il n'y a qu'une porte sous la voûte. Demandez monsieur Gondureau.

Bianchon, qui revenait du cours de Cuvier, eut l'oreille frappée du mot assez original de Trompe-la-Mort, et entendit le ça va du célèbre chef de la police de sûreté ⟨1⟩.

— Pourquoi n'en finissez-vous pas, ce serait trois cents francs de rente viagère, dit Poiret à mademoiselle Michonneau.

— Pourquoi ? dit-elle. Mais il faut y réfléchir. Si monsieur Vautrin était ce Trompe-la-Mort, peut-être y aurait-il plus d'avantage à s'arranger avec lui. Cependant lui demander de l'argent, ce serait le prévenir, et il serait homme à décamper *gratis*. Ce serait un *puff* abominable[2].

— Quand il serait prévenu, reprit Poiret, ce monsieur ne nous a-t-il pas dit qu'il était surveillé ? Mais vous, vous perdriez tout.

— D'ailleurs, pensa mademoiselle Michonneau, je ne l'aime point, cet homme ! Il ne sait me dire que des choses désagréables.

— Mais, reprit Poiret, vous feriez mieux. Ainsi que l'a dit ce monsieur, qui me paraît fort bien, outre qu'il est très proprement couvert, c'est un acte d'obéissance aux lois que de débarrasser la société d'un criminel, quelque vertueux qu'il puisse être. Qui a bu boira. S'il lui prenait fantaisie de nous assassiner tous ? Mais, que diable ! nous serions coupables de ces assassinats, sans compter que nous en serions les premières victimes.

La préoccupation de mademoiselle Michonneau ne lui permettait pas d'écouter les phrases tombant une à une de la bouche de Poiret, comme les gouttes d'eau qui suintent à travers le robinet d'une fontaine mal fermée. Quand une fois ce vieillard avait commencé la série de ses phrases, et que mademoiselle Michonneau ne l'arrêtait pas, il parlait toujours, à l'instar d'une mécanique montée. Après avoir

1. Aujourd'hui disparue dans les agrandissements du Palais de Justice. Vidocq y avait les bureaux de sa Police de Sûreté.

2. Signifiant bouffée de vent, le mot anglais puff est à la mode avec le sens de goût de la réclame. On écrivait des puff articles pour faire de la publicité à tel ou tel livre, par exemple. Mais ici, le terme renvoie à échec, banqueroute.

1 Une rencontre au sommet : Balzac et Vidocq en 1834.

« En face de Balzac, (...) était un homme à figure bovine, large du front, bestiale du bas, solide, inquiétante, d'un caractère étrange, cheveux autrefois rouges assurément, aujourd'hui blancs-blonds, regard autrefois bleu, aujourd'hui gris d'hiver. Ensemble complexe, rustique et subtil, d'une expression peu facile à définir, d'un mot, d'un trait, du premier coup ; et calme cependant, mais calme à la manière redoutable des sphinx égyptiens. Il y a des griffes quelque part. Du reste, je dois dire ici que l'homme posa si habilement, pendant toute la soirée, son buste d'hercule, mais d'hercule après les douze travaux, fatigué et voûté, pendant tout le temps qu'il passa chez Balzac cette fois-là, qu'il me fut impossible de voir sa figure d'une manière assez suivie pour en retenir fermement les traits, pour pouvoir les grouper et les fixer plus tard sous la plume.

Ni à la lumière du jour qui déclinait déjà beaucoup, il est vrai, quand je fus introduit, ni à la clarté des lampes qu'on ne tarda pas à apporter, cette figure ne se dévoila une seule fois franchement à mon regard. Je n'en saisis jamais qu'un quartier. N'y eut-il que du hasard dans cet accident, y eut-il de la volonté du personnage, c'est ce que je ne saurais affirmer, mais par l'effet d'une cause ou d'une autre, ce masque m'échappa constamment sans qu'il y eût pourtant affectation apparente de sa part à se dérober à l'examen. Quel était donc cet homme ? C'est avec un simple mouvement de ses mains qui me parurent d'un beau moulage, d'une rare expression de souplesse et d'autorité, et qu'il agitait parfois avec la coquetterie qu'y aurait mise une femme, et qu'il laissait tomber parfois avec la lourdeur royale d'une patte de tigre, c'e st avec leur simple mouvement, dis-je, qu'il sut échapper à toute minutieuse analyse. Tantôt il les faisait se rencontrer sur son front comme un homme occupé à empêcher sa mémoire de s'évaporer, et, alors, son visage était à demi invisible, tantôt il plaçait l'une ou l'autre en écran au-dessus de ses sourcils, afin de garantir ses yeux du trop vif éclat de la lumière, ou bien il les croisait au repos sur sa bouche, ainsi qu'on fait dans les moments de profonde attention portée aux choses qu'on écoute. Et, singulière influence de cette individualité, je sentis, bien avant que Balzac m'eût présenté à ce convive nouveau pour moi, qu'il remplissait l'espace où nous nous trouvions de sa puissance translucide : enfin on éprouvait — c'est, du moins, une sensation personnelle, — qu'il n'y avait pas que le poids d'une seule planète souverainement intelligente dans le milieu où nous respirions. A côté de celle de Balzac, il y en avait assurément une autre, ce soir-là, qui gravitait et attirait. » (...)

« Le héros (...) valait la peine d'être connu à cause de tout le bruit amassé autour de son nom, à cause de grosses et ténébreuses affaires de police secrète qu'il avait conduites avec la pénétration du génie et souvent résolues avec une audace chevaleresque. Balzac, et, certes, il avait, en cela, grandement raison, tenait en très haute estime ces sortes d'aptitudes privilégiées commises à la surveillance des familles et à la sécurité publique. Il admirait surtout la divi-

entamé un premier sujet, il était conduit par ses parenthèses à en traiter de tout opposés, sans avoir rien conclu. En arrivant à la maison Vauquer, il s'était faufilé dans une suite de passages et de citations transitoires qui l'avaient amené à raconter sa déposition dans l'affaire du sieur Ragoulleau et de la dame Morin, où il avait comparu en qualité de témoin à décharge[1]. En entrant, sa compagne ne manqua pas d'apercevoir Eugène de Rastignac engagé avec mademoiselle Taillefer dans une intime causerie dont l'intérêt était si palpitant que le couple ne fit aucune attention au passage des deux vieux pensionnaires quand ils traversèrent la salle à manger.

— Ça devait finir par là, dit mademoiselle Michonneau à Poiret. Ils se faisaient des yeux à s'arracher l'âme depuis huit jours.

— Oui, répondit-il. Aussi fut-elle condamnée.

— Qui ?

— Madame Morin.

— Je vous parle de mademoiselle Victorine, dit la Michonneau en entrant, sans y faire attention, dans la chambre de Poiret, et vous me répondez par madame Morin. Qu'est-ce que c'est que cette femme-là ?

— De quoi serait donc coupable mademoiselle Victorine ? demanda Poiret.

— Elle est coupable d'aimer M. Eugène de Rastignac, et va de l'avant sans savoir où ça la mènera, pauvre innocente ! ⟨1⟩

Eugène avait été, pendant la matinée, réduit au désespoir par madame de Nucingen. Dans son for intérieur, il s'était abandonné complètement à Vautrin, sans vouloir sonder ni les motifs de l'amitié que lui portait cet homme extraordinaire, ni l'avenir d'une semblable union. Il fallait un miracle pour le tirer de l'abîme où il avait déjà mis le pied depuis une heure, en échangeant avec mademoiselle Taillefer les plus douces promesses. Victorine croyait entendre la voix d'un ange, les cieux s'ouvraient pour elle, la maison Vauquer se parait des teintes fantastiques que les décorateurs donnent aux palais de théâtre : elle aimait, elle était aimée, elle le croyait du moins ! Et quelle femme ne l'aurait cru comme elle en voyant Rastignac, en l'écoutant durant cette heure dérobée à tous les argus[2] de la maison ? En se débattant contre sa conscience, en sachant qu'il faisait mal et voulant faire mal, en se disant qu'il rachèterait ce péché véniel par le

1. Affaire criminelle en 1812 : Victoire Tarin, veuve Morin, avait été condamnée aux travaux forcés pour tentative d'assassinat sur la personne de Ragoulleau. P.-G. Castex rappelle que cet épisode criminel est mentionné dans Une ténébreuse affaire *(1841).*

2. Dans la mythologie, Argus était un prince argien aux cent yeux chargé par Junon de surveiller Io. Un argus est donc un espion ou un gardien vigilant.

nation de ces esprits subtils entre tous les esprits qui ont le flair aigu du sauvage pour suivre à la piste un criminel sur l'induction la plus fugitive, sans induction même. Une voix leur parle. Ils sont saisis d'un tremblement nerveux comme l'hydroscope sur le rocher qui recouvre la nappe d'eau à cent pieds sous terre, et ils s'écrient :

— Le crime est là ! Creusez, il y est !... »

LÉON GOZLAN,
1857, *Balzac intime.*

Gondureau n'est autre que Bibi-Lupin, le chef de la Sûreté, personnage directement inspiré par Vidocq.

1 Les blondes ont la parole.

Froides en apparence, les blondes balzaciennes possèdent dans leur âme passionnée un idéal amoureux. Exaltées, elles sont aussi libertines ; racées, elles se laissent emporter par leurs penchants romanesques. Voici une réponse, véritable plaidoyer pro domo, faite en mars 1835 par une lectrice du Père Goriot *ulcérée par une phrase de la Michonneau à propos de Victorine :*

« En lisant ces mots, Monsieur (une remarque sur les blondes dans le *Père Goriot* : « Toutes les blondes sont comme ça. La moindre frime les met aux genoux d'un homme. »), j'ai été saisie d'indignation ; moi blonde, je me suis sentie prête à changer de couleur ; plus calme pourtant, j'ai pensé qu'aucun auteur avant vous n'avait pris la liberté grande de parler ainsi ; j'ai fouillé dans ma mémoire, et j'ai trouvé ces deux vers tirés du *Jugement de l'amour*, sur les yeux bleus et les yeux noirs, et qui sont à notre avantage :

Les noirs prouvent un cœur plus vif, mais plus léger.

Les bleus, un cœur plus tendre, et moins prompt à changer.

Les femmes russes, presque toutes, sont blondes et (c'est une amie blonde et russe qui se joint à moi) n'ont pas la réputation de facilité que vous nous donnez, et les Espagnoles, les Italiennes, dont je ne fais pas la réputation, ne sont-elles pas toutes brunes ! Enfin, Monsieur, si vous voulez aller lundi, à l'Opéra, et vous placer, non pas en face des spectateurs, comme vous faites toujours, mais vis-à-vis le théâtre, vous verrez que presque toutes les danseuses sont brunes et ce n'est pas là, je suppose, que vous placez le système de résistance...

C'est parce que je reconnais la justesse de toutes vos observations, que je ne me rends pas compte d'une opinion aussi erronée. Cherchons donc dans le cœur humain ; vous avez été trompé par une femme blonde, avouez-le, Monsieur, et revenu de votre colère, vous supprimerez un passage dans votre prochaine édition, vous jugerez alors en homme impartial et vous vous direz : si j'ai été trompé par une blonde, je le serai peut-être demain par une brune.

Agréez, Monsieur, l'assurance des sentiments très distingués

bonheur d'une femme, il s'était embelli de son désespoir, et resplendissait de tous les feux de l'enfer qu'il avait au cœur. Heureusement pour lui, le miracle eut lieu : Vautrin entra joyeusement, et lut dans l'âme des deux jeunes gens qu'il avait mariés par les combinaisons de son infernal génie, mais dont il troubla soudain la joie en chantant de sa grosse voix railleuse :

Ma Fanchette est charmante
Dans sa simplicité...[1]

Victorine se sauva en emportant autant de bonheur qu'elle avait eu jusqu'alors de malheur dans sa vie. Pauvre fille ! un serrement de mains, sa joue effleurée par les cheveux de Rastignac, une parole dite si près de son oreille qu'elle avait senti la chaleur des lèvres de l'étudiant, la pression de sa taille par un bras tremblant, un baiser pris sur son cou, furent les accordailles[2] de sa passion, que le voisinage de la grosse Sylvie, menaçant d'entrer dans cette radieuse salle à manger, rendirent plus ardentes, plus vives, plus engageantes que les plus beaux témoignages de dévouement racontés dans les plus célèbres histoires d'amour. Ces *menus suffrages*[3], suivant une jolie expression de nos ancêtres[3] ⟨1⟩, paraissaient être des crimes à une pieuse jeune fille confessée tous les quinze jours ! En cette heure, elle avait prodigué plus de trésors d'âme que plus tard, riche et heureuse, elle n'en aurait donné en se livrant tout entière.

— L'affaire est faite, dit Vautrin à Eugène. Nos deux dandies se sont piochés[4]. Tout s'est passé convenablement. Affaire d'opinion. Notre pigeon a insulté mon faucon. A demain, dans la redoute de Clignancourt. A huit heures et demie, mademoiselle Taillefer héritera de l'amour et de la fortune de son père, pendant qu'elle sera là tranquillement à tremper ses mouillettes de pain beurré dans son café. N'est-ce pas drôle à se dire ? Ce petit Taillefer est très fort à l'épée, il est confiant comme un brelan carré[5], mais il sera saigné par un coup que j'ai inventé, une manière de relever l'épée et de vous piquer le front. Je vous montrerai cette botte-là, car elle est furieusement utile.

Rastignac écoutait d'un air stupide et ne pouvait rien répondre. En ce moment le père Goriot, Bianchon et quelques autres pensionnaires arrivèrent.

— Voilà comme je vous voulais, lui dit Vautrin. Vous savez ce que vous faites. Bien, mon petit aiglon ! vous gou-

1. Paroles d'une ariette de la comédie Les Deux Jaloux, *œuvre de Jean-Baptiste Vial (1813).*

2. Fiançailles.

3. A proprement parler, il s'agit de certaines formes d'oraison. Balzac en détourne plaisamment le sens.

4. Terme populaire pour se battre.

5. Trois cartes (le brelan) du même niveau que celle qui est retournée, donc une position très forte.

d'une femme blonde française et d'une femme blonde russe. »

Publiée par M. Bouteron dans les *Cahiers balzaciens* et citée par P. Abraham, *Créatures chez Balzac*, pp. 198-199.

La phrase incriminée ne figure pas dans les éditions revues et corrigées, mais on la trouve bien dans les premières. Balzac l'aurait-il supprimée à la suite de ces plaisantes réprimandes ? P.-G. Castex penche plutôt pour une mystification (Garnier, p. 347). Quoi qu'il en soit, la blondeur féminine est un signifiant important dans le tableau fictionnel de la féminité, et elle appartient à l'argumentation physiognomoniste. Si l'on admet que Balzac accorde un certain crédit à cette théorie, on peut penser que la suppression ressortit plutôt à un souci de cohérence : la blondeur de Victorine signale sans doute ses prédispositions amoureuses, mais la remarque fielleuse de la Michonneau, en la tirant du côté d'une sensualité trop affirmée et d'une exaltation passionnée, « ternit » sa pureté de jeune fille. Or il importe à l'économie du roman que Victorine soit une blanche victime immolée sur l'autel de la Société.

1 Menus suffrages et libertinage.

Le détournement de l'expression « menus suffrages » n'est pas propre à Balzac. La Fontaine, par exemple, le pratiquait déjà, dans un sens plus nettement érotique :

« Le compagnon, vous la tenant seulette,
La conduisit de fleurette en fleurette
Jusqu'au toucher, et puis un peu plus loin ;
Puis, tout à coup levant la collerette,
Prit un baiser dont l'époux fut témoin.
Jusque là passe : époux, quand ils sont sages
Ne prennent garde à ces menus suffrages,
Et d'en tenir registre c'est abus. »

LA FONTAINE,
1671, « Les Rémois » in *Contes et Nouvelles.*

vernerez les hommes ; vous êtes fort, carré, poilu ; vous avez mon estime.

Il voulut lui prendre la main. Rastignac retira vivement la sienne et tomba sur une chaise en pâlissant ; il croyait voir une mare de sang devant lui.

— Ah ! nous avons encore quelques petits langes tachés de vertu, dit Vautrin à voix basse. Papa d'Oliban a trois millions, je sais sa fortune. La dot vous rendra blanc comme une robe de mariée, et à vos propres yeux.

Rastignac n'hésita plus. Il résolut d'aller prévenir pendant la soirée messieurs Taillefer père et fils. En ce moment, Vautrin l'ayant quitté, le père Goriot lui dit à l'oreille : — Vous êtes triste, mon enfant ! je vais vous égayer, moi. Venez ! Et le vieux vermicellier allumait son rat-de-cave à une des lampes. Eugène le suivit tout ému de curiosité.

— Entrons chez vous, dit le bonhomme qui avait demandé la clef de l'étudiant à Sylvie. Vous avez cru ce matin qu'elle ne vous aimait pas, hein ! reprit-il. Elle vous a renvoyé de force, et vous vous en êtes allé fâché, désespéré. Nigaudinos ! elle m'attendait. Comprenez-vous ? Nous devions aller achever d'arranger un bijou d'appartement dans lequel vous irez demeurer d'ici à trois jours. Ne me vendez pas. Elle veut vous faire une surprise ; mais je ne tiens pas à vous cacher plus longtemps le secret. Vous serez rue d'Artois[1], à deux pas de la rue Saint-Lazare. Vous y serez comme un prince. Nous vous avons eu des meubles comme pour une épousée. Nous avons fait bien des choses depuis un mois, en ne vous disant rien. Mon avoué s'est mis en campagne, ma fille aura ses trente-six mille francs par an, l'intérêt de sa dot, et je vais faire exiger le placement de ses huit cent mille francs en bons biens au soleil.

Eugène était muet et se promenait, les bras croisés, de long en large, dans sa pauvre chambre en désordre. Le père Goriot saisit un moment où l'étudiant lui tournait le dos, et mit sur la cheminée une boîte en maroquin rouge, sur laquelle étaient imprimées en or les armes de Rastignac.

— Mon cher enfant, disait le pauvre bonhomme, je me suis mis dans tout cela jusqu'au cou. Mais, voyez-vous, il y avait à moi bien de l'égoïsme, je suis intéressé dans votre changement de quartier. Vous ne me refuserez pas, hein ! si je vous demande quelque chose ?

— Que voulez-vous ?

— Au-dessus de votre appartement, au cinquième, il y a

1. L'actuelle rue Laffitte (9e arrondissement).

une chambre qui en dépend, j'y demeurerai, pas vrai ? Je me fais vieux, je suis trop loin de mes filles. Je ne vous gênerai pas. Seulement je serai là. Vous me parlerez d'elle tous les soirs. Ça ne vous contrariera pas, dites ? Quand vous rentrerez, que je serai dans mon lit, je vous entendrai, je me dirai : Il vient de voir ma petite Delphine. Il l'a menée au bal, elle est heureuse par lui. Si j'étais malade, ça me mettrait du baume dans le cœur de vous écouter revenir, vous remuer, aller. Il y aura tant de ma fille en vous ⟨1⟩ ! Je n'aurai qu'un pas à faire pour être aux Champs-Élysées, où elles passent tous les jours, je les verrai toujours, tandis que quelquefois j'arrive trop tard. Et puis elle viendra chez vous peut-être ! je l'entendrai, je la verrai dans sa douillette[1] du matin, trottant, allant gentiment comme une petite chatte. Elle est redevenue, depuis un mois, ce qu'elle était, jeune fille, gaie, pimpante. Son âme est en convalescence, elle vous doit le bonheur. Oh ! je ferais pour vous l'impossible. Elle me disait tout à l'heure en revenant : « Papa, je suis bien heureuse ! » Quand elles me disent cérémonieusement : *Mon père,* elles me glacent ; mais quand elles m'appellent *papa*, il me semble encore les voir petites, elles me rendent tous mes souvenirs. Je suis mieux leur père. Je crois qu'elles ne sont encore à personne ! Le bonhomme s'essuya les yeux, il pleurait. Il y a longtemps que je n'avais entendu cette phrase, longtemps qu'elle ne m'avait donné le bras. Oh ! oui, voilà bien dix ans que je n'ai marché côte à côte avec une de mes filles. Est-ce bon de se frotter à sa robe, de se mettre à son pas, de partager sa chaleur ! Enfin, j'ai mené Delphine, ce matin, partout. J'entrais avec elle dans les boutiques. Et je l'ai reconduite chez elle. Oh ! gardez-moi près de vous. Quelquefois vous aurez besoin de quelqu'un pour vous rendre service, je serai là. Oh ! si cette grosse souche d'Alsacien mourait, si sa goutte avait l'esprit de remonter dans l'estomac, ma pauvre fille serait-elle heureuse ! Vous seriez mon gendre, vous seriez ostensiblement son mari. Bah ! elle est si malheureuse de ne rien connaître aux plaisirs de ce monde, que je l'absous de tout. Le bon Dieu doit être du côté des pères qui aiment bien. Elle vous aime trop ! dit-il en hochant la tête après une pause. En allant, elle causait de vous avec moi : « N'est-ce pas, mon père, il est bien ! il a bon cœur ! Parle-t-il de moi ? » Bah, elle m'en a dit, depuis la rue d'Artois jusqu'au passage des Panoramas, des volumes ! Elle m'a enfin versé son cœur dans le mien. Pendant toute cette

1. Robe de chambre ouatée.

1 Paternité et inceste.

Injustement soupçonné d'entretenir des relations galantes au début du roman, le père Goriot n'en éprouve pas moins une passion quasi incestueuse pour ses filles et se fait ici entremetteur et organisateur des plaisirs de Delphine et de Rastignac. Un critique de l'époque ne s'y est pas trompé, tout en pratiquant par ailleurs une lecture réductrice de l'œuvre :

« La conscience de l'autorité paternelle est ce qui manque le plus aux pères tels que les représente le roman moderne. Ils aiment leurs enfants, mais ils les aiment comme Triboulet aime sa fille ; leur amour tient de l'instinct, et, pour que nous ne puissions nous faire aucune illusion sur la nature de cette affection paternelle, on prend soin de la définir : « un sentiment irréfléchi qui s'élève jusqu'au sublime de la nature canine ».

Ne cherchez donc pas ici cet amour paternel, intelligent et grave, qui est à la fois une vertu et un bonheur, cet amour uni au commandement afin de rendre le commandement plus doux et l'obéissance plus facile, le père aime irrésistiblement et par instinct, aussi sa tendresse a tous les caractères de l'instinct...

Je ne puis avoir pour ce sentiment de paternité poussé « jusqu'à la déraison » qu'un sentiment de pitié pénible, car la monomanie attriste ou fait rire, selon les goûts, mais elle n'attire pas. Puis-je être plus touché quand, au lieu de ce langage emprunté au dictionnaire de la physiologie et de la médecine, l'auteur se sert, pour peindre l'amour paternel, de mots consacrés à peindre un autre amour ? Cette transposition de sentiments et de style me choque encore plus. Quand Mme Guyon exprimait combien elle aimait Dieu, elle empruntait aussi ses expressions au langage de la passion humaine : son style faisait de Dieu un amant, et Bossuet, s'indignant de cette confusion profane de paroles, demandait à Dieu d'envoyer le plus brûlant de ses Chérubins pour purifier avec un charbon ardent les lèvres qui parlaient de l'amour de Dieu comme on parle de l'amour des hommes.

Et moi aussi je demanderais volontiers le charbon ardent des chérubins pour purifier les lèvres d'un père qui parle de l'amour paternel comme on parle de l'amour des amants. »

SAINT-MARC GIRARDIN,

1843, *Cours de littérature dramatique,* tome I, p. 208 (cinq tomes parus de 1843 à 1863)

cité par Jules Bertaut, *op. cit.* pp. 34-35.

bonne matinée, je n'étais plus vieux, je ne pesais pas une once. Je lui ai dit que vous m'aviez remis le billet de mille francs. Oh ! la chérie, elle en a été émue aux larmes. Qu'avez-vous donc là sur votre cheminée ? dit enfin le père Goriot qui se mourait d'impatience en voyant Rastignac immobile.

Eugène tout abasourdi regardait son voisin d'un air hébété. Ce duel, annoncé par Vautrin pour le lendemain, contrastait si violemment avec la réalisation de ses plus chères espérances, qu'il éprouvait toutes les sensations du cauchemar. Il se tourna vers la cheminée, y aperçut la petite boîte carrée, l'ouvrit, et trouva dedans un papier qui couvrait une montre de Bréguet[1]. Sur ce papier étaient écrits ces mots : « Je veux que vous pensiez à moi à toute heure, *parce que...*

»DELPHINE. »

Ce dernier mot faisait sans doute allusion à quelque scène qui avait eu lieu entre eux, Eugène en fut attendri. Ses armes étaient intérieurement émaillées dans l'or de la boîte. Ce bijou si longtemps envié, la chaîne, la clef, la façon, les dessins répondaient à tous ses vœux. Le père Goriot était radieux. Il avait sans doute promis à sa fille de lui rapporter les moindres effets de la surprise que causerait son présent à Eugène, car il était en tiers dans ces jeunes émotions et ne paraissait pas le moins heureux. Il aimait déjà Rastignac et pour sa fille et pour lui-même.

— Vous irez la voir ce soir, elle vous attend. La grosse souche d'Alsacien soupe chez sa danseuse. Ah ! ah ! il a été bien sot quand mon avoué lui a dit son fait. Ne prétend-il pas aimer ma fille à l'adoration ? qu'il y touche et je le tue. L'idée de savoir ma Delphine à... (il soupira) me ferait commettre un crime ; mais ce ne serait pas un homicide, c'est une tête de veau sur un corps de porc. Vous me prendrez avec vous, n'est-ce pas ?

— Oui, mon bon père Goriot, vous savez bien que je vous aime...

— Je le vois, vous n'avez pas honte de moi, vous ! Laissez-moi vous embrasser. Et il serra l'étudiant dans ses bras. Vous la rendrez bien heureuse, promettez-le-moi ! Vous irez ce soir, n'est-ce pas ⟨1⟩ ?

— Oh, oui ! Je dois sortir pour des affaires qu'il est impossible de remettre.

1. Bréguet (1743-1823) était un horloger suisse très réputé et ses montres très recherchées.

⟨1⟩ La complaisance de Goriot : erreur psychologique ou logique passionnelle ?

Le comportement de Goriot à ce moment précis a surpris si l'on en juge par ce texte :

« Ne vous semble-t-il pas qu'avec le fanatisme d'amour paternel du père Goriot, il sorte de son caractère en se montrant plus complaisant que jaloux ? Je sais bien tous les sophismes de sa passion. C'est le seul moyen d'être encore quelque chose pour sa fille, mais enfin la jalousie est aussi dans la nature de la passion et son premier effet est d'annuler les calculs intéressés de la passion, même ceux qu'on ne s'avoue pas et qui sont comme l'effet de l'instinct de propre conservation d'un cœur voué tout entier à une affection. Il me semble qu'il y a des paroxysmes d'amour où la passion même nous porte à sacrifier l'intérêt de la passion et je ne sais pas si ce pauvre

père n'aurait pas dû un moment dans sa vie passer par cette terrible crise. »

ASTOLPHE DE CUSTINE,
1835, *Correspondance.*

Or, Goriot, en organisant la relation amoureuse entre sa fille et Rastignac, ne fait qu'obéir à sa passion : par Rastignac il retrouve une fille adorée qu'il rend heureuse du même coup.

— Puis-je vous être bon à quelque chose ?

— Ma foi, oui ! Pendant que j'irai chez madame de Nucingen, allez chez M. Taillefer le père, lui dire de me donner une heure dans la soirée pour lui parler d'une affaire de la dernière importance.

— Serait-ce donc vrai, jeune homme, dit le père Goriot en changeant de visage ; feriez-vous la cour à sa fille, comme le disent ces imbéciles d'en bas ? Tonnerre de Dieu ! vous ne savez pas ce que c'est qu'une tape à la Goriot. Et si vous nous trompiez, ce serait l'affaire d'un coup de poing. Oh ! ce n'est pas possible.

— Je vous jure que je n'aime qu'une femme au monde, dit l'étudiant, je ne le sais que depuis un moment.

— Ah, quel bonheur ! fit le père Goriot.

— Mais, reprit l'étudiant, le fils de Taillefer se bat demain, et j'ai entendu dire qu'il serait tué.

— Qu'est-ce que cela vous fait ? dit Goriot.

— Mais il faut lui dire d'empêcher son fils de se rendre... s'écria Eugène.

En ce moment il fut interrompu par la voix de Vautrin, qui se fit entendre sur le pas de sa porte, où il chantait :

O Richard, ô mon roi !
L'univers t'abandonne...[1]

Broum ! broum ! broum ! broum ! broum !

J'ai longtemps parcouru le monde,
Et l'on m'a vu...

Tra la, la, la, la...

— Messieurs, cria Christophe, la soupe vous attend, et tout le monde est à table.

— Tiens, dit Vautrin, viens prendre une bouteille de mon vin de Bordeaux.

— La trouvez-vous jolie, la montre ? dit le père Goriot. Elle a bon goût, hein !

Vautrin, le père Goriot et Rastignac descendirent ensemble et se trouvèrent, par suite de leur retard, placés à côté les uns des autres à table. Eugène marqua la plus grande froideur à Vautrin pendant le dîner, quoique jamais cet homme, si aimable aux yeux de madame Vauquer, n'eût déployé autant d'esprit. Il fut pétillant de saillies et sut mettre en train tous les convives. Cette assurance, ce sang-froid

1. *Air célèbre de* Richard Cœur de Lion, *opéra-comique de Grétry (1784), dont les royalistes firent un véritable hymne sous la Révolution.*

consternaient Eugène.

— Sur quelle herbe avez-vous donc marché aujourd'hui ? lui dit madame Vauquer. Vous êtes gai comme un pinson.

— Je suis toujours gai quand j'ai fait de bonnes affaires.

— Des affaires ? dit Eugène.

— Eh bien ! oui. J'ai livré une partie de marchandises qui me vaudra de bons droits de commission. Mademoiselle Michonneau, dit-il en s'apercevant que la vieille fille l'examinait, ai-je dans la figure un trait qui vous déplaise, que vous me faites l'*œil américain*[1] ? Faut le dire ! je le changerai pour vous être agréable.

— Poiret, nous ne nous fâcherons pas pour ça, hein ? dit-il en guignant le vieil employé.

— Sac à papier ! vous devriez poser pour un Hercule-Farceur, dit le jeune peintre à Vautrin.

— Ma foi, ça va ! si mademoiselle Michonneau veut poser en Vénus du Père-Lachaise, répondit Vautrin.

— Et Poiret ? dit Bianchon.

— Oh ! Poiret posera en Poiret. Ce sera le dieu des jardins ! s'écria Vautrin. Il dérive de poire...

— Molle ! reprit Bianchon. Vous seriez alors entre la poire et le fromage.

— Tout ça, c'est des bêtises, dit madame Vauquer, et vous feriez mieux de nous donner de votre vin de Bordeaux dont j'aperçois une bouteille qui montre son nez ! Ça nous entretiendra en joie, outre que c'est bon à l'*estomaque*.

— Messieurs, dit Vautrin, madame la présidente nous rappelle à l'ordre. Madame Couture et mademoiselle Victorine ne se formaliseront pas de vos discours badins ; mais respectez l'innocence du père Goriot. Je vous propose une petite bouteillorama de vin de Bordeaux, que le nom de Laffitte rend doublement illustre, soit dit sans allusion politique[2]. Allons, Chinois ! dit-il en regardant Christophe qui ne bougea pas. Ici, Christophe ! Comment, tu n'entends pas ton nom ? Chinois, amène les liquides !

— Voilà, monsieur, dit Christophe en lui présentant la bouteille.

Après avoir rempli le verre d'Eugène et celui du père Goriot, il s'en versa lentement quelques gouttes qu'il dégusta, pendant que ses deux voisins buvaient, et tout à coup il fit une grimace.

— Diable ! diable ! il sent le bouchon. Prends cela pour

1. Expression populaire : avoir l'œil inquisiteur.

2. En commandant une bouteille de Château-Lafite, un des grands crus du Bordelais, Vautrin joue sur le nom de Laffitte, banquier et homme politique libéral, qui deviendra président du Conseil après la Révolution de Juillet 1830 (1767-1844).

toi, Christophe, et va nous en chercher ; à droite, tu sais ? Nous sommes seize, descends huit bouteilles.

— Puisque vous vous fendez, dit le peintre, je paye un cent de marrons.

— Oh ! oh !

— Booououh !

— Prrrr !

Chacun poussa des exclamations qui partirent comme les fusées d'une girandole.

— Allons, maman Vauquer, deux de champagne, lui cria Vautrin.

— Quien, c'est cela ! Pourquoi pas demander la maison ? Deux de champagne ! mais ça coûte douze francs ! Je ne les gagne pas, non ! Mais si monsieur Eugène veut les payer, j'offre du cassis.

— V'là son cassis qui purge comme de la manne[1], dit l'étudiant en médecine à voix basse.

— Veux-tu te taire, Bianchon, s'écria Rastignac, je ne peux pas entendre parler de manne sans que le cœur... Oui, va pour le vin de champagne, je le paye, ajouta l'étudiant.

— Sylvie, dit madame Vauquer, donnez les biscuits et les petits gâteaux.

— Vos petits gâteaux sont trop grands, dit Vautrin, ils ont de la barbe. Mais quant aux biscuits, aboulez[2].

En un moment le vin de Bordeaux circula, les convives s'animèrent, la gaieté redoubla. Ce fut des rires féroces, au milieu desquels éclatèrent quelques imitations des diverses voix d'animaux. L'employé au Muséum s'étant avisé de reproduire un cri de Paris qui avait de l'analogie avec le miaulement du chat amoureux, aussitôt huit voix beuglèrent simultanément les phrases suivantes : — A repasser les couteaux ! — Mo-ron pour les p'tits oiseaux ! — Voilà le plaisir, mesdames, voilà le plaisir[3] ! — A raccommoder la faïence ! — A la barque, à la barque ! — Battez vos femmes, vos habits ! — Vieux habits, vieux galons, vieux chapeaux à vendre ! — A la cerise, à la douce ! La palme fut à Bianchon pour l'accent nasillard avec lequel il cria : — Marchand de parapluies ! En quelques instants ce fut un tapage à casser la tête, une conversation pleine de coqs-à-l'âne, un véritable opéra que Vautrin conduisait comme un chef d'orchestre, en surveillant Eugène et le père Goriot, qui semblaient ivres déjà. Le dos appuyé sur leur chaise, tous deux contemplaient ce désordre inaccoutumé d'un air grave, en buvant

1. Purgatif récolté sur une espèce de frêne.

2. Terme argotique pour donner.

3. Cri du marchand d'oublies, petites gaufres également appelées plaisirs.

LES CRIS DE PARIS.

PORTEUR D'EAU. A l'eau! à l'eau!

M^{de} DE POIRES D'ANGLETERRE. A deux liards tous les anglais

M^{d} D'HABITS. M^{d} d'habits, vieux galons!

M^{de} DE MARÉE. Ah! qu'il est beau le Maquereau!

M^{de} D'OEUFS. A trois desix blancs, les rouges et les blancs!

M^{de} D'HUITRES. A la barque! à la barque!

M^{d} DE SALADE. En voulez-vous de la salade!

M^{de} DE POIS. Pois ramés, pois écossés!

M^{de} DE CERNEAUX. Mes gros cerneaux!

M^{d} DE PARAPLUIES. Parapluies! Parasols!.

M^{de} DE CHIFFONS. Vieux bas, vieux souliers, vieux chiffons!

M^{d} DE TISANNE. A la fraiche, coco, qui veut boire!

M^{de} DE CERISES. A la douce cerise, à la douce!

M^{d} DE PEAUX DE LAPINS. Lapins! lapins! lapins!

M^{de} DE BOUQUETS. Mesdames de belles roses, achetez donc des roses

LE COMMISSAIRE. La paix! la paix!

peu ; tous deux étaient préoccupés de ce qu'ils avaient à faire pendant la soirée, et néanmoins ils se sentaient incapables de se lever. Vautrin, qui suivait les changements de leur physionomie en leur lançant des regards de côté, saisit le moment où leurs yeux vacillèrent et parurent vouloir se fermer, pour se pencher à l'oreille de Rastignac et lui dire : « Mon petit gars, nous ne sommes pas assez rusé pour lutter avec notre papa Vautrin, et il vous aime trop pour vous laisser faire des sottises. Quand j'ai résolu quelque chose, le bon Dieu seul est assez fort pour me barrer le passage. Ah ! nous voulions aller prévenir le père Taillefer, commettre des fautes d'écolier ! Le four est chaud, la farine est pétrie, le pain est sur la pelle ; demain nous en ferons sauter les miettes par-dessus notre tête en y mordant ; et nous empêcherions d'enfourner ?... non, non, tout cuira ! Si nous avons quelques petits remords, la digestion les emportera. Pendant que nous dormirons notre petit somme, le colonel comte Franchessini vous ouvrira la succession de Michel Taillefer avec la pointe de son épée. En héritant de son frère, Victorine aura quinze petits mille francs de rente. J'ai déjà pris des renseignements, et sais que la succession de la mère monte à plus de trois cent mille...

Eugène entendait ces paroles sans pouvoir y répondre : il sentait sa langue collée à son palais, et se trouvait en proie à une somnolence invincible ; il ne voyait déjà plus la table et les figures des convives qu'à travers un brouillard lumineux. Bientôt le bruit s'apaisa, les pensionnaires s'en allèrent un à un. Puis, quand il ne resta plus que madame Vauquer, madame Couture, mademoiselle Victorine, Vautrin et le père Goriot, Rastignac aperçut, comme s'il eût rêvé, madame Vauquer occupée à prendre les bouteilles pour en vider les restes de manière à en faire des bouteilles pleines.

— Ah ! sont-ils fous, sont-ils jeunes ! disait la veuve.

Ce fut la dernière phrase que put comprendre Eugène.

— Il n'y a que monsieur Vautrin pour faire de ces farces-là, dit Sylvie. Allons, voilà Christophe qui ronfle comme une toupie.

— Adieu, maman, dit Vautrin. Je vais au boulevard admirer M. Marty dans *le Mont Sauvage*, une grande pièce tirée du *Solitaire*[1]. Si vous voulez, je vous y mène ainsi que ces dames.

— Je vous remercie, dit madame Couture.

— Comment, ma voisine ! s'écria madame Vauquer,

1. Marty était un célèbre acteur de mélodrame. Le Mont Sauvage, *mélodrame de Pixérécourt, le maître du genre (1773-1844), tiré du* Solitaire, *roman fameux du vicomte d'Arlincourt (1789-1856) publié en 1821 et resté célèbre par ses inversions (« Bleue était la ceinture d'Élodie »), fut créé en 1821 et obtint un succès retentissant. Chateaubriand n'a évidemment rien à voir avec tout cela !*

vous refusez de voir une pièce prise dans le *Solitaire*, un ouvrage fait par Atala de Chateaubriand, et que nous aimions tant à lire, qui est si joli que nous pleurions comme des Madeleines d'Élodie[1] sous les *tyeuilles* cet été dernier, enfin un ouvrage moral qui peut être susceptible d'instruire votre demoiselle ?

— Il nous est défendu d'aller à la comédie, répondit Victorine.

— Allons, les voilà partis, ceux-là, dit Vautrin en remuant d'une manière comique la tête du père Goriot et celle d'Eugène.

En plaçant la tête de l'étudiant sur la chaise, pour qu'il pût dormir commodément, il le baisa chaleureusement au front, en chantant :

> Dormez, mes chères amours !
> Pour vous je veillerai toujours[2].

— J'ai peur qu'il ne soit malade, dit Victorine.

— Restez à le soigner alors, reprit Vautrin. C'est, lui souffla-t-il à l'oreille, votre devoir de femme soumise. Il vous adore, ce jeune homme, et vous serez sa petite femme, je vous le prédis. Enfin, dit-il à haute voix, *ils furent considérés dans tout le pays, vécurent heureux, et eurent beaucoup d'enfants.* Voilà comment finissent tous les romans d'amour. Allons, maman, dit-il en se tournant vers madame Vauquer, qu'il étreignit, mettez le chapeau, la belle robe à fleurs, l'écharpe de la comtesse. Je vais vous aller chercher un fiacre, soi-même. Et il partit en chantant :

> Soleil, soleil, divin soleil,
> Toi qui fais mûrir les citrouilles...[3]

— Mon Dieu ! dites donc, madame Couture, cet homme-là me ferait vivre heureuse sur les toits. Allons, dit-elle en se tournant vers le vermicellier, voilà le père Goriot parti. Ce vieux cancre-là[4] n'a jamais eu l'idée de me mener *nune* part, lui. Mais il va tomber par terre, mon Dieu ! C'est-y indécent à un homme d'âge de perdre la raison ! Vous me direz qu'on ne perd point ce qu'on n'a pas. Sylvie, montez-le donc chez lui.

Sylvie prit le bonhomme par-dessous le bras, le fit marcher, et le jeta tout habillé comme un paquet au travers de son lit.

1. *Autrement dit : nous pleurions comme des madeleines sur Élodie.*

2. *Refrain d'une romance à la mode (en fait : « Dormez, dormez, chères amours... ») composée par Amédée de Beauplan et insérée dans un vaudeville de Scribe et Delavigne,* La Somnambule *(1819).*

3. *Scie, ou rengaine, d'atelier en vogue sous la Restauration.*

4. *Ce mot pouvait avoir le sens d'avare dans la langue populaire. Mme Vauquer faisait-elle également un jeu de mots sur cancrelat ?*

— Pauvre jeune homme, disait madame Couture en écartant les cheveux d'Eugène qui lui tombaient dans les yeux, il est comme une jeune fille, il ne sait pas ce que c'est qu'un excès.

— Ah ! je peux bien dire que depuis trente et un ans que je tiens ma pension, dit madame Vauquer, il m'est passé bien des jeunes gens par les mains, comme on dit ; mais je n'en ai jamais vu d'aussi gentil, d'aussi distingué que monsieur Eugène. Est-il beau quand il dort ? Prenez-lui donc la tête sur votre épaule, madame Couture. Bah ! il tombe sur celle de mademoiselle Victorine : il y a un dieu pour les enfants. Encore un peu, il se fendait la tête sur la pomme de la chaise. A eux deux, ils feraient un bien joli couple.

— Ma voisine, taisez-vous donc, s'écria madame Couture, vous dites des choses…

— Bah ! fit madame Vauquer, il n'entend pas. Allons, Sylvie, viens m'habiller. Je vais mettre mon grand corset.

— Ah bien ! votre grand corset, après avoir dîné, madame, dit Sylvie. Non, cherchez quelqu'un pour vous serrer, ce ne sera pas moi qui serai votre assassin. Vous commettriez là une imprudence à vous coûter la vie.

— Ça m'est égal, il faut faire honneur à monsieur Vautrin.

— Vous aimez donc bien vos héritiers ?

— Allons, Sylvie, pas de raisons, dit la veuve en s'en allant.

— A son âge, dit la cuisinière en montrant sa maîtresse à Victorine.

Madame Couture et sa pupille, sur l'épaule de laquelle dormait Eugène, restèrent seules dans la salle à manger. Les ronflements de Christophe retentissaient dans la maison silencieuse, et faisaient ressortir le paisible sommeil d'Eugène, qui dormait aussi gracieusement qu'un enfant. Heureuse de pouvoir se permettre un de ces actes de charité par lesquels s'épanchent tous les sentiments de la femme, et qui lui faisait sans crime sentir le cœur du jeune homme battant sur le sien, Victorine avait dans la physionomie quelque chose de maternellement protecteur qui la rendait fière. A travers les mille pensées qui s'élevaient dans son cœur, perçait un tumultueux mouvement de volupté qu'excitait l'échange d'une jeune et pure chaleur.

— Pauvre chère fille ! dit madame Couture en lui pressant la main.

LA MARCHANDE DE PLAISIRS.

Duo.

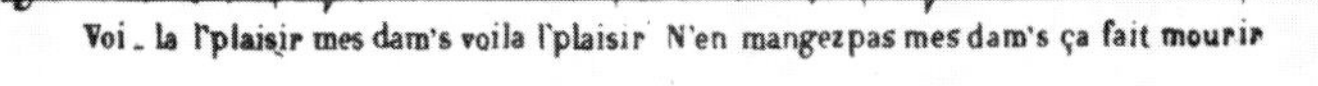

La vieille dame admirait cette candide et souffrante figure, sur laquelle était descendue l'auréole du bonheur. Victorine ressemblait à l'une de ces naïves peintures du moyen âge dans lesquelles tous les accessoires sont négligés par l'artiste, qui a réservé la magie d'un pinceau calme et fier pour la figure jaune de ton, mais où le ciel semble se refléter avec ses teintes d'or ①.

— Il n'a pourtant pas bu plus de deux verres, maman, dit Victorine en passant ses doigts dans la chevelure d'Eugène.

— Mais si c'était un débauché, ma fille, il aurait porté le vin comme tous ces autres. Son ivresse fait son éloge.

Le bruit d'une voiture retentit dans la rue.

— Maman, dit la jeune fille, voici monsieur Vautrin. Prenez donc monsieur Eugène. Je ne voudrais pas être vue ainsi par cet homme, il a des expressions qui salissent l'âme, et des regards qui gênent une femme comme si on lui enlevait sa robe.

— Non, dit madame Couture, tu te trompes ! Monsieur Vautrin est un brave homme, un peu dans le genre de défunt monsieur Couture, brusque, mais bon, un bourru bienfaisant.

En ce moment Vautrin entra tout doucement, et regarda le tableau formé par ces deux enfants que la lueur de la lampe semblait caresser.

— Eh ! bien, dit-il en se croisant les bras, voilà de ces scènes qui auraient inspiré de belles pages à ce bon Bernardin de Saint-Pierre, l'auteur de *Paul et Virginie*[1]. La jeunesse est bien belle, madame Couture. Pauvre enfant, dors, dit-il en contemplant Eugène, le bien vient quelquefois en dormant. Madame, reprit-il en s'adressant à la veuve, ce qui m'attache à ce jeune homme, ce qui m'émeut, c'est de savoir la beauté de son âme en harmonie avec celle de sa figure. Voyez, n'est-ce pas un chrétien posé sur l'épaule d'un ange ? il est digne d'être aimé, celui-là ! Si j'étais femme, je voudrais mourir (non, pas si bête !) vivre pour lui. En les admirant ainsi, madame, dit-il à voix basse et se penchant à l'oreille de la veuve, je ne puis m'empêcher de penser que Dieu les a créés pour être l'un à l'autre. La Providence a des voies bien cachées, elle sonde les reins et les cœurs, s'écria-t-il à haute voix. En vous voyant unis, mes enfants, unis par une même pureté, par tous les sentiments humains, je me dis qu'il est impossible que vous soyez jamais séparés dans l'avenir. Dieu est juste. Mais, dit-il à la jeune fille, il me semble avoir

1. Publié en 1787, Paul et Virginie *reste le livre le plus connu de Bernardin de Saint-Pierre (1737-1814), en raison notamment de ses scènes édifiantes et de l'édulcoration moralisante des rapports amoureux.*

1 Le trouble délicieux ou à quoi rêvent les jeunes filles ?

L'heure délicieuse :

« Dans la pure et monotone vie des jeunes filles, il vient une heure délicieuse où le soleil épanche ses rayons dans l'âme, où la fleur leur exprime des pensées, où les palpitations du cœur communiquent au cerveau leur chaude fécondance, et fondent les idées en un vague désir ; jour d'innocente mélancolie et de suaves joyeusetés ! Quand les enfants commencent à voir, ils sourient ; quand une fille entrevoit le sentiment dans la nature, elle sourit comme elle souriait enfant. Si la lumière est le premier amour de la vie, l'amour n'est-il pas la lumière du cœur ?

(...) Le peintre qui cherche ici-bas un type à la céleste pureté de Marie, qui demande à toute la nature féminine ces yeux modestement fiers devinés par Raphaël, ces lignes vierges souvent dues aux hasards de la conception, mais qu'une vie chrétienne et pudique peut seule conserver ou faire acquérir ; ce peintre, amoureux d'un si rare modèle, eût trouvé tout à coup dans le visage d'Eugénie la noblesse innée qui s'ignore ; il eût vu sous un front calme un monde d'amour ; et, dans la coupe des yeux, dans l'habitude[1] des paupières, le je ne sais quoi divin. Ses traits, les contours de sa tête que l'expression du plaisir n'avait jamais ni altérés ni fatigués, ressemblaient aux lignes d'horizon si doucement tranchées dans le lointain des lacs tranquilles. Cette physionomie calme, colorée, bordée de lueur comme une jolie fleur éclose, reposait l'âme, communiquait le charme de la conscience qui s'y reflétait, et commandait le regard. Eugénie était encore sur la rive de la vie où fleurissent les illusions enfantines, où se cueillent les marguerites avec des délices plus tard inconnues. »

Eugénie Grandet, 1833.

1. *Habitude signifie aspect dans ce contexte.*

La première méditation de l'amour :

« Les événements de cette journée furent comme un songe qu'elle se plut à reproduire dans sa pensée. Elle s'initia aux craintes, aux espérances, aux remords, à toutes ces ondulations de sentiment qui devaient bercer un cœur simple et timide comme le sien. Quel vide elle reconnut dans cette noire maison, et quel trésor elle trouva dans son âme ! Être la femme d'un homme de talent, partager sa gloire ! Quels ravages cette idée ne devait-elle pas faire au cœur d'une enfant élevée au sein de cette famille ? Quelle espérance ne devait-elle pas éveiller chez une jeune personne qui, nourrie jusqu'alors de principes vulgaires, avait désiré une vie élégante ? Un rayon de soleil était tombé dans cette prison. Augustine aima tout à coup. En elle tant de sentiments étaient flattés à la fois, qu'elle succomba sans rien calculer. A dix-huit ans, l'amour ne jette-t-il pas son prisme entre le monde et les yeux d'une jeune fille ? Incapable de deviner les rudes chocs qui résultent de l'alliance d'une femme aimante avec un homme d'imagination, elle crut être appelée à faire le bonheur de celui-ci, sans apercevoir aucune disparate entre elle et lui. Pour elle, le présent fut tout l'avenir. »

La Maison du chat-qui-pelote, 1830.

vu chez vous des lignes de prospérité. Donnez-moi votre main, mademoiselle Victorine ? je me connais en chiromancie[1], j'ai dit souvent la bonne aventure. Allons, n'ayez pas peur. Oh ! qu'aperçois-je ? Foi d'honnête homme, vous serez avant peu l'une des plus riches héritières de Paris. Vous comblerez de bonheur celui qui vous aime. Votre père vous appelle auprès de lui. Vous vous mariez avec un homme titré, jeune, beau, qui vous adore.

En ce moment, les pas lourds de la coquette veuve qui descendait interrompirent les prophéties de Vautrin.

— Voilà mamman Vauquerre[2] belle comme un astrrre, ficelée comme une carotte. N'étouffons-nous pas un petit brin ? lui dit-il en mettant sa main sur le haut du busc ; les avant-cœurs sont bien pressés, maman ⟨1⟩. Si nous pleurons, il y aura explosion ; mais je ramasserai les débris avec un soin d'antiquaire.

— Il connaît le langage de la galanterie française, celui-là ! dit la veuve en se penchant à l'oreille de madame Couture.

— Adieu, enfants, reprit Vautrin en se tournant vers Eugène et Victorine. Je vous bénis, leur dit-il en leur imposant ses mains au-dessus de leurs têtes. Croyez-moi, mademoiselle, c'est quelque chose que les vœux d'un honnête homme, ils doivent porter bonheur, Dieu les écoute.

— Adieu, ma chère amie, dit madame Vauquer à sa pensionnaire. Croyez-vous, ajouta-t-elle à voix basse, que monsieur Vautrin ait des intentions relatives à ma personne ?

— Heu ! heu !

— Ah ! ma chère mère, dit Victorine en soupirant et en regardant ses mains, quand les deux femmes furent seules, si ce bon monsieur Vautrin disait vrai !

— Mais il ne faut qu'une chose pour cela, répondit la vieille dame, seulement que ton monstre de frère tombe de cheval.

— Ah ! maman.

— Mon Dieu, peut-être est-ce un péché que de souhaiter du mal à son ennemi, reprit la veuve. Eh bien ! j'en ferai pénitence. En vérité, je porterai de bon cœur des fleurs sur sa tombe. Mauvais cœur ! il n'a pas le courage de parler pour sa mère, dont il garde à ton détriment l'héritage par des micmacs. Ma cousine avait une belle fortune. Pour ton malheur, il n'a jamais été question de son apport dans le

1. L'art de lire les lignes de la main.

2. D'origine tourangelle, le nom Vauquer se prononce Vauqué.

1 L'animalité, la chair et la viande.

« Avant-cœurs » *est un terme de boucherie et, à partir de lui, nous pouvons relever, d'une façon un peu ludique, l'existence d'un réseau métaphorique où se mêlent plaisamment animalité et ambivalence chair/viande.*
En effet, madame VAUquer, pour séduire Goriot, s'habille comme le BOEUF à la mode, et elle est très sensible aux hom*mages ironiques de VAUtrin, lequel affirmera, après sa syncope provoquée :* « J'ai, selon ces dames, soutenu victorieusement un coup de sang qui aurait dû tuer un BOEUF », *ce que madame Vauquer corrigera par :* « Ah ! vous pouvez bien dire un TAUREAU. » (p. 372) *Peut-être même l'intertexte balzacien peut-il être convoqué : quand les pensionnaires indignés par la trahison de la Michonneau menacent d'aller dîner chez Flicoteaux (p. 390), ils proposent en fait de troquer le lieu de la VAUquer pour celui où* « la femelle du bœuf (...) domine et son fils (...) foisonne sous les aspects les plus ingénieux » *(Illusions perdues). Serait-ce alors tomber de Charybde en Scylla ?*

contrat.

— Mon bonheur me serait souvent pénible à porter s'il coûtait la vie à quelqu'un, dit Victorine. Et s'il fallait, pour être heureuse, que mon frère disparût, j'aimerais mieux toujours être ici.

— Mon Dieu, comme dit ce bon monsieur Vautrin, qui, tu le vois, est plein de religion, reprit madame Couture, j'ai eu du plaisir à savoir qu'il n'est pas incrédule comme les autres, qui parlent de Dieu avec moins de respect que n'en a le diable. Eh bien ! qui peut savoir par quelles voies il plaît à la Providence de nous conduire ?

Aidées par Sylvie, les deux femmes finirent par transporter Eugène dans sa chambre, le couchèrent sur son lit, et la cuisinière lui défit ses habits pour le mettre à l'aise. Avant de partir, quand sa protectrice eut le dos tourné, Victorine mit un baiser sur le front d'Eugène avec tout le bonheur que devait lui causer ce criminel larcin ⟨1⟩. Elle regarda sa chambre, ramassa pour ainsi dire dans une seule pensée les mille félicités de cette journée, en fit un tableau qu'elle contempla longtemps, et s'endormit la plus heureuse créature de Paris. Le festoiement à la faveur duquel Vautrin avait fait boire à Eugène et au père Goriot du vin narcotisé[1] décida la perte de cet homme. Bianchon, à moitié gris, oublia de questionner mademoiselle Michonneau sur Trompe-la-Mort. S'il avait prononcé ce nom, il aurait certes éveillé la prudence de Vautrin, ou, pour lui rendre son vrai nom, de Jacques Collin, l'une des célébrités du bagne. Puis le sobriquet de Vénus du Père-Lachaise décida mademoiselle Michonneau à livrer le forçat au moment où, confiante en la générosité de Collin, elle calculait s'il ne valait pas mieux le prévenir et le faire évader pendant la nuit. Elle venait de sortir, accompagnée de Poiret, pour aller trouver le fameux chef de la police de sûreté, petite rue Sainte-Anne, croyant encore avoir affaire à un employé supérieur nommé Gondureau. Le directeur de la police judiciaire la reçut avec grâce. Puis, après une conversation où tout fut précisé, mademoiselle Michonneau demanda la potion à l'aide de laquelle elle devait opérer la vérification de la marque. Au geste de contentement que fit le grand homme de la petite rue Sainte-Anne, en cherchant une fiole dans un tiroir de son bureau, mademoiselle Michonneau devina qu'il y avait dans cette capture quelque chose de plus important que l'arrestation d'un simple forçat. A force de se creuser la cervelle, elle soupçonna que la

1. Narcotisé est probablement un néologisme.

1 Le baiser volé.

Un moment de pureté, d'innocence dans un contexte dramatique : le baiser dérobé par Victorine rappelle un peu celui d'Eugénie Grandet doucement déposé sur les cheveux de son cousin Charles endormi :

« Elle regarda Charles, lui prit doucement la tête, la posa sur le dos du fauteuil, et il se laissa faire comme un enfant qui, même en dormant, connaît encore sa mère et reçoit, sans s'éveiller, ses soins et ses baisers. Comme une mère, Eugénie releva la main pendante, et, comme une mère, elle baisa doucement les cheveux. »

Mais Victorine ne connaîtra pas comme Eugénie la joie du premier baiser librement consenti après cette première marque de tendresse encore « maternelle » mais déjà amoureuse :

« Charles (...) lui prit la main, l'attira sur son cœur, la saisit par la taille et l'appuya doucement sur lui. Eugénie ne résista plus, elle reçut et donna le plus pur, le plus suave, mais aussi le plus entier de tous les baisers. »

En fait, la logique dramatique du Père Goriot *exige que Victorine soit une victime. Il faut que lui soient interdits les plaisirs des « commencements de l'amour » :*

« N'y a-t-il pas de gracieuses similitudes entre les commencements de l'amour et ceux de la vie ? Ne berce-t-on pas l'enfant par de doux chants et de gentils regards ? Ne lui dit-on pas de merveilleuses histoires qui lui dorent l'avenir ? Pour lui l'espérance ne déploie-t-elle pas incessamment ses ailes radieuses ? Ne verse-t-il pas tour à tour des larmes de joie et de douleur ? Ne se querelle-t-il pas pour des riens, pour des cailloux avec lesquels il essaie de se bâtir un mobile palais, pour des bouquets aussitôt oubliés que coupés ? N'est-il pas avide de saisir le temps, d'avancer dans la vie ? L'amour est notre seconde transformation. L'enfance et l'amour furent même chose entre Eugénie et Charles : ce fut la passion première avec tous ses enfantillages.

(...) Cet amour n'en était d'ailleurs que mieux en harmonie avec la simplicité provinciale de cette maison en ruines. En échangeant quelques mots avec sa cousine au bord du puits, dans cette cour muette ; en restant dans ce jardinet, assis sur un banc moussu jusqu'à l'heure où le soleil se couchait, occupés à se dire de grands riens ou recueillis dans le calme qui régnait entre le rempart et la maison, comme on l'est sous les arcades d'une église, Charles comprit la sainteté de l'amour ; car sa grande dame, sa chère Annette, ne lui en avait fait connaître que les troubles orageux. Il quittait en ce moment la passion parisienne, coquette, vaniteuse, éclatante, pour l'amour pur et vrai. »

Eugénie Grandet, 1833.

Son exclusion de l'intrigue signifie aussi l'exclusion du sentiment plein, harmonieux, heureux, de la nature humaine réconciliée avec elle-même. Il n'a pas sa place dans la société.

police espérait, d'après quelques révélations faites par les traîtres du bagne, arriver à temps pour mettre la main sur des valeurs considérables. Quand elle eut exprimé ses conjectures à ce renard, il se mit à sourire, et voulut détourner les soupçons de la vieille fille.

— Vous vous trompez, répondit-il. Collin est la *sorbonne*[1] la plus dangereuse qui jamais se soit trouvée du côté des voleurs. Voilà tout. Les coquins le savent bien ; il est leur drapeau, leur soutien, leur Bonaparte enfin ; ils l'aiment tous. Ce drôle ne nous laissera jamais sa *tronche* en place de Grève.

Mademoiselle Michonneau ne comprenant pas, Gondureau lui expliqua les deux mots d'argot dont il s'était servi. *Sorbonne* et *tronche* sont deux énergiques expressions du langage des voleurs, qui, les premiers, ont senti la nécessité de considérer la tête humaine sous deux aspects. La *sorbonne* est la tête de l'homme vivant, son conseil, sa pensée. La *tronche* est un mot de mépris destiné à exprimer combien la tête devient peu de chose quand elle est coupée.

— Collin nous joue, reprit-il. Quand nous rencontrons de ces hommes en façon de barres d'acier trempées à l'anglaise, nous avons la ressource de les tuer si, pendant leur arrestation, ils s'avisent de faire la moindre résistance. Nous comptons sur quelques voies de fait pour tuer Collin demain matin. On évite ainsi le procès, les frais de garde, la nourriture, et ça débarrasse la société. Les procédures, les assignations aux témoins, leurs indemnités, l'exécution, tout ce qui doit légalement nous défaire de ces garnements-là coûte au-delà des mille écus que vous aurez. Il y a économie de temps. En donnant un bon coup de baïonnette dans la panse de Trompe-la-Mort, nous empêcherons une centaine de crimes, et nous éviterons la corruption de cinquante mauvais sujets qui se tiendront bien sagement aux environs de la correctionnelle. Voilà de la police bien faite. Selon les vrais philanthropes, se conduire ainsi, c'est prévenir les crimes.

— Mais c'est servir son pays, dit Poiret.

— Eh ! bien, répliqua le chef, vous dites des choses sensées ce soir, vous. Oui, certes, nous servons le pays. Aussi le monde est-il bien injuste à notre égard. Nous rendons à la société de bien grands services ignorés. Enfin, il est d'un homme supérieur de se mettre au-dessus des préjugés, et d'un chrétien d'adopter les malheurs que le bien entraîne

1. Dans l'argot du temps, la sorbonne est bien la tête qui pense comme il est dit ensuite. Plaisante utilisation de l'Université que l'on retrouve dans de nombreux textes du XIXe siècle qui mettent en scène des membres de la pègre.

après soi quand il n'est pas fait selon les idées reçues. Paris est Paris, voyez-vous ? Ce mot explique ma vie. J'ai l'honneur de vous saluer, mademoiselle. Je serai avec mes gens au Jardin-du-Roi[1] demain. Envoyez Christophe rue de Buffon, chez monsieur Gondureau, dans la maison où j'étais. Monsieur, je suis votre serviteur. S'il vous était jamais volé quelque chose, usez de moi pour vous le faire retrouver, je suis à votre service.

— Eh ! bien, dit Poiret à mademoiselle Michonneau, il se rencontre des imbéciles que ce mot de police met sens dessus dessous. Ce monsieur est très aimable, et ce qu'il vous demande est simple comme bonjour.

Le lendemain devait prendre place parmi les jours les plus extraordinaires de l'histoire de la Maison Vauquer. Jusqu'alors l'événement le plus saillant de cette vie paisible avait été l'apparition météorique de la fausse comtesse de l'Ambermesnil. Mais tout allait pâlir devant les péripéties de cette grande journée, de laquelle il serait éternellement question dans les conversations de madame Vauquer. D'abord Goriot et Eugène de Rastignac dormirent jusqu'à onze heures. Madame Vauquer, rentrée à minuit de la Gaîté[2], resta jusqu'à dix heures et demie au lit. Le long sommeil de Christophe, qui avait achevé le vin offert par Vautrin, causa des retards dans le service de la maison. Poiret et mademoiselle Michonneau ne se plaignirent pas de ce que le déjeuner se reculait. Quant à Victorine et à madame Couture, elles dormirent la grasse matinée. Vautrin sortit avant huit heures, et revint au moment même où le déjeuner fut servi. Personne ne réclama donc, lorsque, vers onze heures un quart, Sylvie et Christophe allèrent frapper à toutes les portes, en disant que le déjeuner attendait. Pendant que Sylvie et le domestique s'absentèrent, mademoiselle Michonneau, descendant la première, versa la liqueur dans le gobelet d'argent appartenant à Vautrin, et dans lequel la crème pour son café chauffait au bain-marie, parmi tous les autres. La vieille fille avait compté sur cette particularité de la pension pour faire son coup. Ce ne fut pas sans quelques difficultés que les sept pensionnaires se trouvèrent réunis. Au moment où Eugène, qui se détirait les bras, descendait le dernier de tous, un commissionnaire lui remit une lettre de madame de Nucingen. Cette lettre était ainsi conçue :

« Je n'ai ni fausse vanité ni colère avec vous, mon ami. Je vous ai attendu jusqu'à deux heures après minuit. Attendre

1. *Le Jardin-des-Plantes.*

2. *Théâtre du boulevard du Temple spécialisé dans les vaudevilles et les mélodrames.*

un être que l'on aime ! Qui a connu ce supplice ne l'impose à personne. Je vois bien que vous aimez pour la première fois. Qu'est-il donc arrivé ? L'inquiétude m'a prise. Si je n'avais craint de livrer les secrets de mon cœur, je serais allée savoir ce qui vous advenait d'heureux ou de malheureux. Mais sortir à cette heure, soit à pied, soit en voiture, n'était-ce pas se perdre ? J'ai senti le malheur d'être femme. Rassurez-moi, expliquez-moi pourquoi vous n'êtes pas venu, après ce que vous a dit mon père. Je me fâcherai, mais je vous pardonnerai. Êtes-vous malade ? pourquoi se loger si loin ? Un mot, de grâce. A bientôt, n'est-ce pas ? Un mot me suffira si vous êtes occupé. Dites : J'accours, ou je souffre. Mais si vous étiez mal portant, mon père serait venu me le dire ! Qu'est-il donc arrivé ?... »

— Oui, qu'est-il arrivé ? s'écria Eugène qui se précipita dans la salle à manger en froissant la lettre sans l'achever. Quelle heure est-il ?

— Onze heures et demie, dit Vautrin en sucrant son café.

Le forçat évadé jeta sur Eugène le regard froidement fascinateur que certains hommes éminemment magnétiques ont le don de lancer, et qui, dit-on, calme les fous furieux dans les maisons d'aliénés. Eugène trembla de tous ses membres. Le bruit d'un fiacre se fit entendre dans la rue, et un domestique à la livrée de monsieur Taillefer, et que reconnut sur-le-champ madame Couture, entra précipitamment d'un air effaré.

— Mademoiselle, s'écria-t-il, monsieur votre père vous demande. Un grand malheur est arrivé. Monsieur Frédéric s'est battu en duel, il a reçu un coup d'épée dans le front, les médecins désespèrent de le sauver ; vous aurez à peine le temps de lui dire adieu, il n'a plus sa connaissance.

— Pauvre jeune homme ! s'écria Vautrin. Comment se querelle-t-on quand on a trente bonnes mille livres de rente ? Décidément la jeunesse ne sait pas se conduire.

— Monsieur ! lui cria Eugène.

— Eh ! bien, quoi, grand enfant ? dit Vautrin en achevant de boire son café tranquillement, opération que mademoiselle Michonneau suivait de l'œil avec trop d'attention pour s'émouvoir de l'événement extraordinaire qui stupéfiait tout le monde. N'y a-t-il pas des duels tous les matins à Paris ?

— Je vais avec vous, Victorine, disait madame Couture.

Et ces deux femmes s'envolèrent sans châle ni chapeau.

Avant de s'en aller, Victorine, les yeux en pleurs, jeta sur Eugène un regard qui lui disait : Je ne croyais pas que notre bonheur dût me causer des larmes !

— Bah ! vous êtes donc prophète, monsieur Vautrin ? dit madame Vauquer.

— Je suis tout, dit Jacques Collin.

— C'est-y singulier ! reprit madame Vauquer en enfilant une suite de phrases insignifiantes sur cet événement. La mort nous prend sans nous consulter. Les jeunes gens s'en vont souvent avant les vieux. Nous sommes heureuses, nous autres femmes, de n'être pas sujettes au duel ; mais nous avons d'autres maladies que n'ont pas les hommes. Nous faisons les enfants, et le mal de mère dure longtemps ! Quel quine[1] pour Victorine ! Son père est forcé de l'adopter.

— Voilà ! dit Vautrin en regardant Eugène, hier elle était sans un sou, ce matin elle est riche de plusieurs millions.

— Dites donc, monsieur Eugène, s'écria madame Vauquer, vous avez mis la main au bon endroit.

A cette interpellation, le père Goriot regarda l'étudiant et lui vit à la main la lettre chiffonnée.

— Vous ne l'avez pas achevée ! qu'est-ce que cela veut dire ? seriez-vous comme les autres ? lui demanda-t-il.

— Madame, je n'épouserai jamais mademoiselle Victorine, dit Eugène en s'adressant à madame Vauquer avec un sentiment d'horreur et de dégoût qui surprit les assistants.

Le père Goriot saisit la main de l'étudiant et la lui serra. Il aurait voulu la baiser.

— Oh, oh ! fit Vautrin. Les Italiens ont un bon mot : *col tempo*[1] !

— J'attends la réponse, dit à Rastignac le commissionnaire de madame de Nucingen.

— Dites que j'irai.

L'homme s'en alla. Eugène était dans un violent état d'irritation qui ne lui permettait pas d'être prudent. — Que faire ? disait-il à haute voix, en se parlant à lui-même. Point de preuves !

Vautrin se mit à sourire. En ce moment la potion absorbée par l'estomac commençait à opérer. Néanmoins le forçat était si robuste qu'il se leva, regarda Rastignac, lui dit d'une voix creuse : — Jeune homme, le bien nous vient en dormant.

Et il tomba roide mort ⟨1⟩.

— Il y a donc une justice divine, dit Eugène.

1. Au loto, sortie d'un numéro qui permet de compléter une rangée, et à la loterie sortie de cinq numéros pris ensemble.

2. Avec le temps.

1 Complots, mouchards et tutti quanti.

« On se souvient que le projet de *Goriot* tenait en trois lignes sur l'album *Pensées, sujets, fragments* : « Un brave homme — pension bourgeoise — 600 frs de rente — s'étant dépouillé pour ses filles qui toutes deux ont 50 000 frs de rente — mourant comme un chien. »
Ce projet rend compte de l'histoire du père et de ses filles. Pour ce qui concerne la veuve Vauquer, Vautrin chef d'un complot, la moucharde Michonneau, l'atmosphère de la pension garnie de la solitaire rue Neuve-Sainte-Geneviève, et certaine vie nocturne avec ses singuliers visiteurs, on est tenté d'en trouver l'origine dans le *Livre Noir de Messieurs Delavau et Franchet ou répertoire alphabétique de la police politique sous le ministère déplorable* (1829, Moutardier, 4 vol. in-8°). (...)
Les pages 29 à 33 du t. IV rapportent des faits dont les analogies avec certains détails de l'intrigue du *Père Goriot* ne relèvent peut-être pas du hasard. Il s'agit de rapports effectués en juillet et août 1822 sur des « réunions » suspectes. La police des Bourbons traquait alors les complots bonapartistes qui se formaient un peu partout, et dans toute la France les tribunaux siégeaient. A Paris, les enquêtes se multipliaient qui aboutiront au procès des quatre sergents de La Rochelle en août. M. de Berny était l'un des conseillers à la Cour présidée par Monmerqué. Dès cette époque, Balzac a donc pu avoir des renseignements directs sur ces complots et sur les enquêtes de police, soit par la *Dilecta*, soit par son mari. Il avait donc aussi des raisons de s'intéresser à ces pages du *Livre noir* quand il parut. Voici ce qu'elles nous apprennent à propos de certain « Sort... » et de la « Veuve Flan... » : le 30 juillet, le préfet de police invita ses agents « à organiser une surveillance prudente et active » autour de certaine maison garnie et du « sieur Sort... » qui y reçoit des individus suspects : « le nombre et le genre de personnes qui se rendent dans cette maison, et les précautions dont elles s'entourent, doivent éveiller l'attention de l'autorité ». Le 8 août, les agents « Mar... Ma... Den... Ch... » envoient une « 1re réponse » : « Le sieur Sort... demeure bien réellement rue des Postes, n..., chez une dame veuve Fla..., qui loue clandestinement en garni, et tient une table d'hôte à laquelle nul ne peut être admis s'il n'est présenté par un des convives, qui tous demeurent dans la même maison... Cette maison est de la plus chétive apparence ; la porte d'entrée est constamment fermée ; toutes les lumières sont éteintes à dix heures du soir... » Une « 2e réponse » constate la difficulté d'introduire un mouchard dans cette maison, mais : « dans la même rue des Postes demeure une demoiselle ex-religieuse qui, il y a peu de temps, habitait la maison de la veuve Fl... Cette demoiselle paraît être animée des meilleurs sentiments ; elle a été témoin oculaire de beaucoup de choses qui se sont passées dans cette maison, et sa déclaration, qu'elle est prête à faire légalement, pourrait jeter un grand jour sur la conduite de Sort... et de ses affidés. Voici

— Eh ! bien, qu'est-ce qui lui prend donc, à ce pauvre cher monsieur Vautrin ?

— Une apoplexie, cria mademoiselle Michonneau.

— Sylvie, allons, ma fille, va chercher le médecin, dit la veuve. Ah ! monsieur Rastignac, courez donc vite chez monsieur Bianchon ; Sylvie peut ne pas rencontrer notre médecin, monsieur Grimprel.

Rastignac, heureux d'avoir un prétexte de quitter cette épouvantable caverne, s'enfuit en courant.

— Christophe, allons, trotte chez l'apothicaire demander quelque chose contre l'apoplexie.

Christophe sortit.

— Mais, père Goriot, aidez-nous à le transporter là-haut, chez lui.

Vautrin fut saisi, manœuvré à travers l'escalier et mis sur son lit.

— Je ne vous suis bon à rien, je vais voir ma fille, dit monsieur Goriot.

— Vieil égoïste ! s'écria madame Vauquer, va, je te souhaite de mourir comme un chien.

— Allez donc voir si vous avez de l'éther, dit à madame Vauquer mademoiselle Michonneau qui aidée par Poiret avait défait les habits de Vautrin.

Madame Vauquer descendit chez elle et laissa mademoiselle Michonneau maîtresse du champ de bataille.

— Allons, ôtez-lui donc sa chemise et retournez-le vite ! Soyez donc bon à quelque chose en m'évitant de voir des nudités, dit-elle à Poiret. Vous restez là comme Baba[1].

Vautrin retourné, mademoiselle Michonneau appliqua sur l'épaule du malade une forte claque, et les deux fatales lettres reparurent en blanc au milieu de la place rouge.

— Tiens, vous avez bien lestement gagné votre gratification de trois mille francs, s'écria Poiret en tenant Vautrin debout, pendant que mademoiselle Michonneau lui remettait sa chemise. — Ouf ! il est lourd, reprit-il en le couchant.

— Taisez-vous. S'il y avait une caisse ? dit vivement la vieille fille dont les yeux semblaient percer les murs, tant elle examinait avec avidité les moindres meubles de la chambre. — Si l'on pouvait ouvrir ce secrétaire, sous un prétexte quelconque ? reprit-elle.

— Ce serait peut-être mal, répondit Poiret.

— Non. L'argent volé, ayant été celui de tout le monde, n'est plus à personne. Mais le temps nous manque,

1. *Personnage des farces populaires.*

comment elle s'en explique : La femme Fl... est une ivrognesse... Sort... est un *monstre*, un *scélérat*, enfin un des plus grands ennemis du gouvernement, dont il ne parle jamais, ainsi que ses amis, qu'avec des expressions que je n'ose reproduire... Puis cette demoiselle ajoute : ...pendant la nuit des émissaires venaient rendre compte à Sort... de ce qui se passait au dehors, et lui demander des ordres ; mais pour tout cela ils se servaient d'un argot de convention ».

Les ressemblances ne manquent pas entre la réalité et la fiction balzacienne. L'affaire se passe dans le même quartier et pratiquement dans la même rue puisque le haut de la rue des Postes n'était autre que le prolongement de la rue Neuve-Sainte-Geneviève. Le cadre, une « chétive » maison garnie aux lumières tôt éteintes, avec sa table d'hôte, est le même. La tenancière est « Veuve » aussi, et si la Veuve Vauquer n'est pas tout à fait une « ivrognesse », Balzac évoque cependant à plusieurs reprises son goût pour « les liquides » en général et pour les petits verres de cassis en particulier. La moucharde est dans les deux cas une vieille fille, et bien que le lieu de leur clôture antérieure diffère quelque peu de la réalité à la fiction, celle du rapport semble provoquer l'imagination telle qu'elle apparaît en quelques lignes, déjà aigre, pleine de rancœurs, venimeuse et répugnante dans son dégoût hypocrite pour une certaine verdeur de langage et surtout dans son zèle à se mettre au service des gens de la rue de Jérusalem au nom de ses « meilleurs sentiments ». Notons que, ex-pensionnaire de la maison garnie, elle s'est installée dans le voisinage ; or, la Michonneau, chassée de la maison Vauquer s'installe chez une dame Buneaud, « cruelle injure » pour la Veuve Vauquer, car c'est « une maison avec laquelle elle rivalisait » : évidemment une maison voisine. Et plus tard, dans *Splendeurs et Misères*, Balzac l'aura installée rue des Poules : c'est-à-dire dans une rue située exactement entre le bas de la rue Neuve-Sainte-Geneviève au bas de la rue des Postes...

Quant au complot et à son chef, s'il est de fait que le pensionnaire de la maison garnie romanesque est chef « des Dix Mille » et non de conjurés politiques, ce fait a pu relever d'un choix du romancier, assez fondé à penser que des conjurés politiques offrent moins de champ que les Dix Mille. Restent cependant des points communs entre la réalité et la fiction : les visites nocturnes, « l'argot de convention ». Bref les complots. Or, bien qu'il s'agisse dans le roman de complots de la haute pègre, l'entretien du policier romanesque avec la Michonneau jette sur eux la lumière d'une véritable subversion : l'homme de la rue de Jérusalem ne dit-il pas qu'il s'agit d'une « affaire d'État et de haute politique » ? »

ANNE-MARIE MEININGER,
1973, « Sur *Le Père Goriot* », *L'Année balzacienne,* pp. 382-384.

répondit-elle. J'entends la Vauquer.

— Voilà de l'éther, dit madame Vauquer. Par exemple, c'est aujourd'hui la journée aux aventures. Dieu ! cet homme-là ne peut pas être malade, il est blanc comme un poulet.

— Comme un poulet ? répéta Poiret.

— Son cœur bat régulièrement, dit la veuve en lui posant la main sur le cœur.

— Régulièrement ? dit Poiret étonné.

— Il est très bien.

— Vous trouvez ? demanda Poiret.

— Dame ! il a l'air de dormir. Sylvie est allée chercher un médecin. Dites donc, mademoiselle Michonneau, il renifle à l'éther. Bah ! c'est un *se-passe* (un spasme). Son pouls est bon. Il est fort comme un Turc. Voyez donc, mademoiselle, quelle palatine[1] il a sur l'estomac ; il vivra cent ans, cet homme-là ! Sa perruque tient bien tout de même. Tiens, elle est collée, il a de faux cheveux, rapport à ce qu'il est rouge. On dit qu'ils sont tout bons ou tout mauvais, les rouges ! Il serait donc bon, lui ?

— Bon à pendre, dit Poiret.

— Vous voulez dire au cou d'une jolie femme, s'écria vivement mademoiselle Michonneau. Allez-vous-en donc, monsieur Poiret. Ça nous regarde, nous autres, de vous soigner quand vous êtes malades. D'ailleurs, pour ce à quoi vous êtes bon, vous pouvez bien vous promener, ajouta-t-elle. Madame Vauquer et moi, nous garderons bien ce cher monsieur Vautrin.

Poiret s'en alla doucement et sans murmurer, comme un chien à qui son maître donne un coup de pied. Rastignac était sorti pour marcher, pour prendre l'air, il étouffait. Ce crime commis à heure fixe, il avait voulu l'empêcher la veille. Qu'était-il arrivé ? Que devait-il faire ? Il tremblait d'en être le complice. Le sang-froid de Vautrin l'épouvantait encore.

— Si cependant Vautrin mourait sans parler ? se disait Rastignac.

Il allait à travers les allées du Luxembourg, comme s'il eût été traqué par une meute de chiens, et il lui semblait en entendre les aboiements.

— Eh ! bien, lui cria Bianchon, as-tu lu *le Pilote* ?

Le Pilote était une feuille radicale[2] dirigée par monsieur Tissot, et qui donnait pour la province, quelques heures

1. Collet de fourrure. Vautrin a donc une véritable toison sur la poitrine.

2. Cette feuille d'opposition radicale a effectivement paru de 1821 à 1827.

après les journaux du matin, une édition où se trouvaient les nouvelles du jour, qui alors avaient, dans les départements, vingt-quatre heures d'avance sur les autres feuilles.

— Il s'y trouve une fameuse histoire, dit l'interne de l'hôpital Cochin. Le fils Taillefer s'est battu en duel avec le comte Franchessini, de la vieille garde, qui lui a mis deux pouces de fer dans le front. Voilà la petite Victorine un des plus riches partis de Paris. Hein ! si l'on avait su cela ? Quel trente-et-quarante[1] que la mort ! Est-il vrai que Victorine te regardait d'un bon œil, toi ?

— Tais-toi, Bianchon, je ne l'épouserai jamais. J'aime une délicieuse femme, j'en suis aimé, je...

— Tu dis cela comme si tu te battais les flancs pour ne pas être infidèle. Montre-moi donc une femme qui vaille le sacrifice de la fortune du sieur Taillefer.

— Tous les démons sont donc après moi ? s'écria Rastignac.

— Après qui donc en as-tu ? es-tu fou ? Donne-moi donc la main, dit Bianchon, que je te tâte le pouls. Tu as la fièvre.

— Va donc chez la mère Vauquer, lui dit Eugène, ce scélérat de Vautrin vient de tomber comme mort.

— Ah ! dit Bianchon, qui laissa Rastignac seul, tu me confirmes des soupçons que je veux aller vérifier.

La longue promenade de l'étudiant en droit fut solennelle. Il fit en quelque sorte le tour de sa conscience (1). S'il flotta, s'il s'examina, s'il hésita, du moins sa probité sortit de cette âpre et terrible discussion éprouvée comme une barre de fer qui résiste à tous les essais. Il se souvint des confidences que le père Goriot lui avait faites la veille, il se rappela l'appartement choisi pour lui près de Delphine, rue d'Artois ; il reprit sa lettre, la relut, la baisa. — Un tel amour est mon ancre de salut, se dit-il. Ce pauvre vieillard a bien souffert par le cœur. Il ne dit rien de ses chagrins, mais qui ne les devinerait pas ! Eh bien ! j'aurai soin de lui comme d'un père, je lui donnerai mille jouissances. Si elle m'aime, elle viendra souvent chez moi passer la journée près de lui. Cette grande comtesse de Restaud est une infâme, elle ferait un portier de son père. Chère Delphine ! elle est meilleure pour le bonhomme, elle est digne d'être aimée. Ah ! ce soir je serai donc heureux ! Il tira la montre, l'admira. — Tout m'a réussi ! Quand on s'aime bien pour toujours, l'on peut s'aider, je puis recevoir cela. D'ailleurs je parviendrai, certes,

1. Jeu de hasard aux nombreux retournements de situation.

1 Les promenades de Rastignac ou le savoir péripatéticien.

« (D'une sphère à l'autre, entre) le faubourg Saint-Marceau et le monde (qui se subdivise entre le « vrai » monde, celui du faubourg Saint-Germain, et le « faux », déjà plus ambigu, de la Chaussée d'Antin). Il n'y a pas effectivement progression de l'une à l'autre (donc pas de véritable hétérogénéité), mais pas non plus d'assimilation (avec le phénomène d'identification que cela suppose). La véritable progression ne se fait pas horizontalement par un déplacement dans l'espace, mais VERTICALEMENT par un progrès intellectuel (de l'inintelligible à l'intelligible). Chacune des deux sphères n'est pourtant pas absolument indépendante de l'autre, non pas seulement parce que les renseignements recueillis ici peuvent servir à expliquer ce qui se passe là, mais surtout parce que la méthode d'explication est la même dans les deux cas. Le rapport entre elles est un parallélisme qui suppose à la fois la séparation et la ressemblance, avec priorité de la sphère de la Maison-Vauquer, où la connaissance est longue et difficile, sur la sphère du monde, où l'initiation est rapide. Dans l'intervalle au sens spatial, qui est rempli par les allées et venues de Rastignac, se situe tout ce qui précède la connaissance proprement dite, le désir de savoir d'une part, et la coordination des résultats acquis de l'autre. Rastignac ne marche que pour mieux imaginer ou réfléchir. »

NICOLE MOZET,
1972, « La description de la Maison-Vauquer », *L'Année balzacienne,* p. 121.

et pourrai tout rendre au centuple. Il n'y a dans cette liaison ni crime, ni rien qui puisse faire froncer le sourcil à la vertu la plus sévère. Combien d'honnêtes gens contractent des unions semblables ! Nous ne trompons personne ; et ce qui nous avilit, c'est le mensonge. Mentir, n'est-ce pas abdiquer ? Elle s'est depuis longtemps séparée de son mari. D'ailleurs, je lui dirai, moi, à cet Alsacien, de me céder une femme qu'il lui est impossible de rendre heureuse.

Le combat de Rastignac dura longtemps. Quoique la victoire dût rester aux vertus de la jeunesse, il fut néanmoins ramené par une invincible curiosité sur les quatre heures et demie, à la nuit tombante, vers la maison Vauquer, qu'il se jurait à lui-même de quitter pour toujours. Il voulait savoir si Vautrin était mort. Après avoir eu l'idée de lui administrer un vomitif, Bianchon avait fait porter à son hôpital les matières rendues par Vautrin, afin de les analyser chimiquement. En voyant l'insistance que mit mademoiselle Michonneau à vouloir les faire jeter, ses doutes se fortifièrent. Vautrin fut d'ailleurs trop promptement rétabli pour que Bianchon ne soupçonnât pas quelque complot contre le joyeux boute-en-train de la pension. A l'heure où rentra Rastignac, Vautrin se trouvait donc debout près du poêle dans la salle à manger. Attirés plus tôt que de coutume par la nouvelle du duel de Taillefer le fils, les pensionnaires, curieux de connaître les détails de l'affaire et l'influence qu'elle avait eue sur la destinée de Victorine, étaient réunis, moins le père Goriot, et devisaient de cette aventure. Quand Eugène entra, ses yeux rencontrèrent ceux de l'imperturbable Vautrin, dont le regard pénétra si avant dans son cœur et y remua si fortement quelques cordes mauvaises, qu'il en frissonna.

— Eh ! bien, cher enfant, lui dit le forçat évadé, la Camuse[1] aura longtemps tort avec moi. J'ai, selon ces dames, soutenu victorieusement un coup de sang qui aurait dû tuer un bœuf.

— Ah ! vous pouvez bien dire un taureau, s'écria la veuve Vauquer.

— Seriez-vous donc fâché de me voir en vie ? dit Vautrin à l'oreille de Rastignac dont il crut deviner les pensées. Ce serait d'un homme diantrement fort !

— Ah ! ma foi ! dit Bianchon, mademoiselle Michonneau parlait avant-hier d'un monsieur surnommé *Trompe-la-Mort* ; ce nom-là vous irait bien.

Ce mot produisit sur Vautrin l'effet de la foudre : il pâlit et

1. Appellation de la Mort. On dit également la Camarde. Ces deux expressions évoquent le trou béant à la place du nez sur la tête de mort qui représente allégoriquement la Mort.

chancela, son regard magnétique tomba comme un rayon de soleil sur mademoiselle Michonneau, à laquelle ce jet de volonté cassa les jarrets. La vieille fille se laissa couler sur une chaise. Poiret s'avança vivement entre elle et Vautrin, comprenant qu'elle était en danger, tant la figure du forçat devint férocement significative en déposant le masque bénin sous lequel se cachait sa vraie nature. Sans rien comprendre encore à ce drame, tous les pensionnaires restèrent ébahis. En ce moment, l'on entendit le pas de plusieurs hommes, et le bruit de quelques fusils que des soldats firent sonner sur le pavé de la rue. Au moment où Collin cherchait machinalement une issue en regardant les fenêtres et les murs, quatre hommes se montrèrent à la porte du salon. Le premier était le chef de la police de sûreté, les trois autres étaient des officiers de paix[1].

— Au nom de la loi et du roi, dit un des officiers dont le discours fut couvert par un murmure d'étonnement ⟨1⟩

Bientôt le silence régna dans la salle à manger, les pensionnaires se séparèrent pour livrer passage à trois de ces hommes, qui tous avaient la main dans leur poche de côté et y tenaient un pistolet armé. Deux gendarmes qui suivaient les agents occupèrent la porte du salon, et deux autres se montrèrent à celle qui sortait par l'escalier. Le pas et les fusils de plusieurs soldats retentirent sur le pavé caillouteux qui longeait la façade. Tout espoir de fuite fut donc interdit à Trompe-la-Mort, sur qui tous les regards s'arrêtèrent irrésistiblement. Le chef alla droit à lui, commença par lui donner sur la tête une tape si violemment appliquée qu'il fit sauter la perruque et rendit à la tête de Collin toute son horreur. Accompagnées de cheveux rouge-brique et courts qui leur donnaient un épouvantable caractère de force mêlée de ruse, cette tête et cette face, en harmonie avec le buste, furent intelligemment illuminées comme si les feux de l'enfer les eussent éclairées. Chacun comprit tout Vautrin, son passé, son présent, son avenir, ses doctrines implacables, la religion de son bon plaisir, la royauté que lui donnaient le cynisme de ses pensées, de ses actes, et la force d'une organisation faite à tout. Le sang lui monta au visage, et ses yeux brillèrent comme ceux d'un chat sauvage. Il bondit sur lui-même par un mouvement empreint d'une si féroce énergie, il rugit si bien qu'il arracha des cris de terreur à tous les pensionnaires ⟨2⟩ geste de lion, et s'appuyant de la clameur générale, les agents tirèrent leurs pistolets. Collin comprit

1. Magistrats chargés de veiller à la tranquillité publique. Ils n'existent plus depuis 1921.

1 Vive le mélodrame !

L'arrestation de Vautrin constitue l'un des moments privilégiés dans lesquels se donne à lire l'utilisation romanesque des procédures vulgarisées à l'époque par le mélodrame, que l'on a pu qualifier d'esthétique de l'étonnement. Le code mélodramatique fonctionne pleinement dans le roman réaliste, qui met à profit la rhétorique de ce genre éminemment populaire :

« Le parti pris selon lequel le mélodrame n'est qu'une tragédie vulgaire et dégradée, le théâtre romantique qu'une tragédie emphatique et manquée, et qui veut que Balzac, Dickens, Dostoïevski, voire Henry James, dérogent fréquemment au « réalisme sérieux » par leur penchant vers un réalisme exagéré empêche de comprendre les prémisses mêmes de cette littérature. Car ces écrivains qui continueront à croire à l'importance du grand drame éthique dans un univers désacralisé auront presque forcément recours au mélodramatique pour sa mise en scène. »

PETER BROOKS,
1974, « Une esthétique de l'étonnement : le mélodrame » in *Poétique*, n° 19, p. 356.

2 Vautrin ou l'éruption volcanique.

« De par tous leurs caractères physiques et moraux, hommes et femmes seront bien ici des flammes, des centres extatiques d'action et de fascination, des foyers d'être.

Rien certes de plus gratifiant, voire de plus triomphal qu'un tel mode de la manifestation vitale. L'être s'y déclare, et cela de la façon la plus littérale, la plus concrète, comme un feu d'artifice. La pulsion du désir y apparaît merveilleusement irrésistible. Mais une telle inflammation comporte aussi bien des traits inquiétants, et d'abord son caractère d'explosivité, c'est-à-dire de brutalité, de discontinuité violente. L'homme balzacien sera plus en effet fusée que braise, ou que tison. Le plus souvent l'ardeur ne se plie pas en lui au rythme d'une émanation égale ; elle se manifeste par jets successifs, par spasmes. Sa norme, ce sera la crise, son style favori l'à-coup. Il agira, tel le militaire — l'une des figures préférées de l'action selon Balzac — par rapides accès, entrecoupés de longues périodes de latence. Son feu devra donc se recueillir, s'amasser, couver en lui avant de se décharger brusquement à l'extérieur. Ce déséquilibre temporel de l'agir se traduit souvent en un thème sensible favori, celui du *volcanisme.* Toute grande passion ici est éruptive : ainsi l'amour chez Montriveau, « volcanique éruption » qui lui brûle le cœur, ou, exemple meilleur encore, la rage chez Vautrin. On sait qu'au moment où celui-ci se voit trahi et surpris par la police dans la salle à manger de la pension Vauquer, sa fureur est sur le point de le faire, à la lettre, éclater : "Le sang lui monta au visage et ses yeux brillèrent comme ceux d'un chat sauvage, il bondit sur lui-même par un mouvement d'une si féroce énergie, il rugit si bien qu'il arracha des cris de terreur à tous les pensionnaires." »

JEAN-PIERRE RICHARD,
1970, *op. cit.* p. 9.

son danger en voyant briller le chien de chaque arme, et donna tout à coup la preuve de la plus haute puissance humaine. Horrible et majestueux spectacle ! sa physionomie présenta un phénomène qui ne peut être comparé qu'à celui de la chaudière pleine de cette vapeur fumeuse qui soulèverait des montagnes, et que dissout en un clin d'œil une goutte d'eau froide. La goutte d'eau qui froidit sa rage fut une réflexion rapide comme un éclair. Il se mit à sourire et regarda sa perruque.

— Tu n'es pas dans tes jours de politesse, dit-il au chef de la police de sûreté. Et il tendit ses mains aux gendarmes en les appelant par un signe de tête. Messieurs les gendarmes, mettez-moi les menottes ou les poucettes[1]. Je prends à témoin les personnes présentes que je ne résiste pas. Un murmure admiratif, arraché par la promptitude avec laquelle la lave et le feu sortirent et rentrèrent dans ce volcan humain, retentit dans la salle. — Ça te la coupe, monsieur l'enfonceur[2], reprit le forçat en regardant le célèbre directeur de la police judiciaire.

— Allons, qu'on se déshabille, lui dit l'homme de la petite rue Sainte-Anne d'un air plein de mépris.

— Pourquoi ? dit Collin, il y a des dames. Je ne nie rien, et je me rends.

Il fit une pause, et regarda l'assemblée comme un orateur qui va dire des choses surprenantes ⟨1⟩ .

— Écrivez, papa Lachapelle, dit-il en s'adressant à un petit vieillard en cheveux blancs qui s'était assis au bout de la table après avoir tiré d'un portefeuille le procès-verbal de l'arrestation. Je reconnais être Jacques Collin, dit Trompe-la-Mort, condamné à vingt ans de fers ; et je viens de prouver que je n'ai pas volé mon surnom. Si j'avais seulement levé la main, dit-il aux pensionnaires, ces trois mouchards-là répandaient tout mon *raisiné*[3] sur le *trimar*[4] domestique de maman Vauquer. Ces drôles se mêlent de combiner des guet-apens !

Madame Vauquer se trouva mal en entendant ces mots. — Mon Dieu ! c'est à en faire une maladie ; moi qui étais hier à la Gaîté avec lui, dit-elle à Sylvie.

— De la philosophie, maman, reprit Collin. Est-ce un malheur d'être allée dans ma loge hier, à la Gaîté ? s'écria-t-il. Êtes-vous meilleure que nous ? Nous avons moins d'infamie sur l'épaule que vous n'en avez dans le cœur, membres flasques d'une société gangrenée : le meilleur

1. Les poucettes sont constituées d'une chaînette qui attache ensemble les pouces d'un prisonnier.

2. Un enfoncé est un condamné en argot. Un enfonceur serait alors celui qui condamne ou arrête.

3. En argot, le raisiné désigne le sang.
4. Le sol en argot.

1 Le contresens de la table ronde ou comment mettre en scène le Père Goriot ?

Pendant 14 ans (1932-1946), Eisenstein a enseigné la mise en scène cinématographique. Voici un extrait de son cours sur l'arrestation de Vautrin :

« Si donc nous voulons trouver un moyen de rendre sensible sur scène le contenu intellectuel de notre scène, il nous faut d'abord constater que ce serait une erreur de réunir sans différenciation les pensionnaires autour d'une table ronde. Au contraire, lorsqu'un personnage est assis au haut bout d'une table, et un autre au bas bout, c'est déjà une façon de donner une image sensible des différenciations sociales. Madame Vauquer, cela va de soi, est assise au haut bout de la grande table, et par là même, elle préside ; celui qui possède ne serait-ce qu'une serviette de plus que les autres se voit attribuer la place d'honneur à son côté. Les pensionnaires qui ne sont intéressants ni par leur situation financière, ni par leurs relations influentes, ont leur place à distance respectueuse de Madame Vauquer. Au bas bout de la table s'assied enfin l'extrême misère. C'est là que le père Goriot aura sa place. »

Eisenstein explique ensuite qu'une table ronde rendrait difficile de disposer les personnages autour de la table selon leur position sociale, que par contre une table rectangulaire offre de nombreuses possibilités pour accentuer la position d'un personnage à l'intérieur de cette société, et ce, uniquement par l'ordre de préséance des places à table. Il souligne que la distance entre les places des différents personnages pourrait servir à rendre immédiatement visibles les rapports existant entre eux. En choisissant pour le père Goriot une place au bas bout de la table, et en laissant une ou deux places vides à côté de lui, on donnerait déjà au spectateur un moyen d'interpréter des traits essentiels de ce personnage, et de tout le roman en général.

« Par la façon dont vous disposez la tablée, vous reproduisez le principe de la différenciation des pensionnaires, tel que Balzac, lui, le réalise par la répartition des chambres ; ainsi Goriot par exemple habite une mansarde. Rien que par leur disposition, leur ordre autour de la table, vous montrez le sens de leurs rapports mutuels. Et tel est précisément notre but. L'essentiel pour nous, ce n'est pas la mise en scène à effet, mais l'explicitation de la pensée de Balzac selon laquelle l'inimitié est la loi fondamentale de tous les rapports qui existent entre ces gens. C'est précisément cet esprit d'inimitié qui définit l'atmosphère de la pension Vauquer que nous devons exprimer par notre mise en scène. Certains d'entre vous ont dit tout à l'heure que l'arrestation de Vautrin « déchire » cette société. C'est faux ! Il est vrai qu'après cette arrestation, tout le monde quitte la pension de Madame Vauquer ; mais même avant cet événement, il n'y avait aucune espèce d'union entre ces gens, ils n'éprouvaient aucune solidarité à l'intérieur de cette pension. Si vous deviez monter une scène où on montre une famille paisible se réunir le soir à la lumière tranquille d'une chandelle, dans une maison confortable et intime pour écouter les récits d'un père ou d'un grand-père plein d'affection — et que le cours de l'action révèle que ce grand-père qui paraissait si aimable est le pire des gredins, alors, oui, une table ronde serait le moyen scénique le plus judicieux. On aurait sur la scène une atmosphère de paix, de bien-être — et tout à coup, quelque chose de terrible arriverait, qui détruirait cette harmonie !... Dans ce cas, une table ronde serait bien venue. Mais dans la pension Vauquer, c'est une tout autre atmosphère qui règne. Ses habitants vivent dans des querelles perpétuelles, ils ne restent pas ensemble par estime, ni même par amour, mais par haine ; c'est là une forme de communication qui est strictement du domaine de l'humain. Obligés par les circonstances à vivre ensemble, liés les uns aux autres, ces gens font tous leurs efforts pour se séparer aussi radicalement que possible les uns des autres. »

Un étudiant : « Ils se conduisent les uns envers les autres comme des carnassiers ! »

Eisenstein : « Exactement !... Mais si vous vous êtes aperçu de cela, pourquoi ne le mettez-vous pas en valeur dans vos projets de décors ? Si vous enfermez tous les personnages dans un cercle, comment exprimerez-vous ce caractère sauvage de leur comportement ? La disposition circulaire évoque plutôt une mangeoire pour des porcs ou des lapins, où bien sûr, de temps en temps, on en vient à se disputer, mais jamais à l'impitoyable lutte pour l'existence. Je suis très étonné de voir dans quelle proportion vous avez adopté l'idée d'une table ronde, bien que votre raisonnement conduise à des conclusions diamétralement opposées à celles que vous avez développées. »

EISENSTEIN/NIJNY,
traduction française 1973,
Mettre en scène, U.G.E. et
Cahiers du cinéma, 10/18,
pp. 54-56.

d'entre vous ne me résistait pas. Ses yeux s'arrêtèrent sur Rastignac, auquel il adressa un sourire gracieux qui contrastait singulièrement avec la rude expression de sa figure. — Notre petit marché va toujours, mon ange, en cas d'acceptation, toutefois ! Vous savez ? Il chanta :

Ma Fanchette est charmante
Dans sa simplicité.

— Ne soyez pas embarrassé, reprit-il, je sais faire mes recouvrements. L'on me craint trop pour me *flouer*, moi !

Le bagne avec ses mœurs et son langage, avec ses brusques transitions du plaisant à l'horrible, son épouvantable grandeur, sa familiarité, sa bassesse, fut tout à coup représenté dans cette interpellation et par cet homme, qui ne fut plus un homme, mais le type de toute une nation dégénérée, d'un peuple sauvage et logique, brutal et souple (1). En un moment Collin devint un poème infernal où se peignirent tous les sentiments humains, moins un seul, celui du repentir. Son regard était celui de l'archange déchu qui veut toujours la guerre. Rastignac baissa les yeux en acceptant ce cousinage criminel comme une expiation de ses mauvaises pensées.

— Qui m'a trahi ? dit Collin en promenant son terrible regard sur l'assemblée (2). Et l'arrêtant sur mademoiselle Michonneau : C'est toi, lui dit-il, vieille cagnotte[1], tu m'as donné un faux coup de sang, curieuse ! En disant deux mots, je pourrais te faire scier le cou dans huit jours. Je te pardonne, je suis chrétien. D'ailleurs ce n'est pas toi qui m'as vendu. Mais qui ? — Ah ! ah ! vous fouillez là-haut, s'écria-t-il en entendant les officiers de la police judiciaire qui ouvraient ses armoires et s'emparaient de ses effets. Dénichés les oiseaux, envolés d'hier. Et vous ne saurez rien. Mes livres de commerce sont là, dit-il en se frappant le front. Je sais qui m'a vendu maintenant. Ce ne peut être que ce gredin de Fil-de-Soie. Pas vrai, père l'empoigneur ? dit-il au chef de police. Ça s'accorde trop bien avec le séjour de nos billets de banque là-haut. Plus rien, mes petits mouchards. Quant à Fil-de-Soie, il sera *terré*[2] sous quinze jours, lors même que vous le feriez garder par toute votre gendarmerie. — Que lui avez-vous donné, à cette Michonnette ? dit-il aux gens de la police, quelque millier d'écus ? Je valais mieux que ça, Ninon cariée, Pompadour en loques, Vénus du Père-Lachaise. Si tu m'avais prévenu, tu aurais eu six

1. Féminin de l'argot cagne : policier. On connaît la forme cogne, toujours usitée.

2. Tué.

1 Les quatre cercles de l'enfer.

« Avec l'histoire de Vautrin, Balzac nous entraîne dans une descente à travers des cercles infernaux, hiérarchisés comme chez Dante : toujours plus avant plongés dans la nuit.

Cercle n° 1 : le « monde », celui que l'on appelle le grand, le beau monde. La politesse, les préjugés, le bon ton, la bienséance — la main devant sa bouche, tiens-toi droite, attention à ne pas être démonstratif, va faire ta cour à la vieille dame — se chargent de veiller à l'obscurité. Les liaisons se cachent, les maris sourient aux amants de leurs femmes, on se déchiquette à coup de menues allusions. Mais l'appétit de puissance, le désir de l'or, la terreur fomentent les mêmes drames qu'ailleurs : Ajuda-Pinto *assassine galamment* Mme de Beauséant en épousant une grosse fortune. « Vous tueriez quelqu'un pour moi? » demande la femme courtisée au prétendant. Entre les dorures circulent de cruels insectes de luxe voilant sous les courbettes et les mots d'esprit leur froide résolution de se toujours tenir prêts à tout : on raconte de M. de Trailles qu'il se laissait insulter pour avoir le droit de tirer le premier et abattre son homme. « Je suis en enfer », constate Rastignac au bal de sa cousine. Cette jungle sauve seulement la face. Le grand monde possède aussi son argot : « Mais cet argot s'appelle le style. »

Cercle n° 2 : le féroce milieu des affaires de bourse : le royaume de l'argent dont les « loups-cerviers » aussi implacables que Nucingen se disputent la couronne.

Cercle n° 3 : la Justice et la Police — « sentine puante et sanglante », « flot de boue humaine » que cette troupe d'agents grossiers, insultants, ricaneurs, brutaux, bottés, le chapeau vissé sur le crâne.

Enfin cercle n° 4. Et là, Balzac s'arrête. Nous voici aux portes de l'univers ténébreux par excellence : celui des hors-la-loi, courtisanes et bagnards, que chante *l'Opéra de quat'sous.* Pour ces monstres (socialement parlant), l'espace, l'obscurité, la terreur jouent à plein. L'argot acquiert ici un poids singulier (...). Fourmillement démoniaque, soigneusement organisé (d'où la crainte ténébreuse qu'il inspire) avec son code d'honneur, ses lois, sa langue, ses finances, son gouvernement, ses femmes et ses amitiés particulières. Haute et basse pègre, aristocratie des Dix Mille, en un mot toute une société dont Vautrin est le représentant, le délégué dans le monde — des — autres. (...)

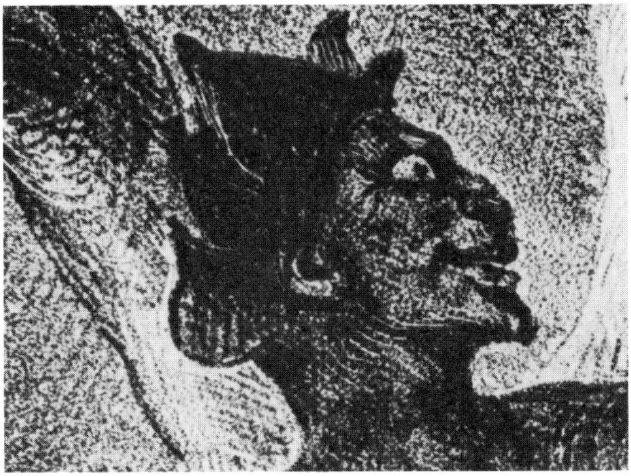

Cette société en marge de la Société, et par conséquent dressée contre elle, voit forcément s'opposer à elle-même la police, à laquelle la Société recourt pour sa défense. Autre armée souterraine, autre fourmillement démoniaque lui aussi minutieusement organisé et hiérarchisé. (...) Ces deux forces antagonistes, sans ligne de démarcation bien nette, se cherchent et s'évitent la plupart du temps. Mais parfois la guerre éclate, les maisons se transforment en forteresse, les escarmouches se multiplient, inconnues du public, et les grandes batailles se livrent, secrètes elles aussi. Tel camp gagne la première manche, l'autre gagne la deuxième, à qui la belle ? C'est l'histoire de Vautrin. »

JEAN-LOUIS BORY, 1960, *op. cit.* pp. 45-47.

2 Vautrin ou le réalisme fantastique.

« C'est donc précisément la profondeur du réalisme qui éloigne tant Balzac de la reproduction photographique de la réalité moyenne. Car cette concentration déterminée par le contenu donne déjà, sans ingrédient romantique quelconque, à l'ensemble du tableau un aspect fantastique aussi sinistre qu'inquiétant. Dans ses œuvres importantes et réussies, Balzac ne retient les suggestions romantiques que dans ce sens et cela n'en fait pas un romantique. L'aspect fantastique n'est chez lui qu'une réflexion, menée radicalement jusqu'à son terme, sur les nécessités de la réalité sociale, et cela en dépassant les limites de leurs possibilités quotidiennes, ou même réelles, de réalisation ; c'est le cas, par exemple, lorsque Balzac, dans *Melmoth réconcilié*, fait du salut de l'âme un article de Bourse dont le cours, à la suite d'offres en série, baisse rapidement à partir du niveau d'origine.

Le personnage de Vautrin est la concentration même de cet aspect fantastique chez Balzac. Ce n'est sûrement pas un hasard si ce « Cromwell du bagne » apparaît précisément dans les romans de Balzac où les représentants les plus typiques de la jeune génération postérieure à la Révolution accomplissent leur conversion de l'idéal à la réalité. Ainsi Vautrin apparaît dans la petite pension où Rastignac subit sa crise idéologique ; il surgit aussi à la fin des *Illusions perdues* lorsque Lucien, trompé dans tous ses espoirs, matériellement et moralement anéanti, veut se suicider. Il se manifeste ici avec la même soudaineté, à la fois justifiée et injustifiée, avec laquelle Méphisto dans le *Faust* de Goethe et Lucifer dans le *Caïn* de Byron apparaissent en scène. La fonction de Vautrin dans la *Comédie humaine* correspond à celle de Méphisto et de Lucifer dans les mystères de Goethe et de Byron. Mais la marche du temps a non seulement dépouillé le diable, le principe négatif, de sa grandeur et de son auréole surhumaines, ne l'a pas seulement rabaissé au niveau terrestre, mais a aussi transformé la nature de sa « séduction » et les méthodes de celle-ci. Pour Goethe, qui, bien que sa vieillesse se déroule à l'époque postérieure à la Révolution et bien qu'il ait représenté si

remarquablement les problèmes fondamentaux de cette période, considère encore le grand bouleversement du monde depuis la Renaissance comme positif, Méphisto est « une partie de cette force qui veut toujours le Mal, qui fait toujours le Bien ». Chez Balzac, cet aspect positif ne vit plus que dans des rêves fantastiques. La critique méphistophélique de Vautrin n'est que l'expression brutale et cynique de ce que chacun fait ou doit faire dans ce monde s'il ne veut pas se condamner lui-même au naufrage. « Vous n'avez rien », dit-il à Lucien, « vous êtes dans la situation des Médicis, de Richelieu, de Napoléon au début de leur ambition. Ces gens-là, mon petit, ont estimé leur avenir au prix de l'ingratitude, de la trahison et des contradictions les plus violentes. Il faut tout oser pour tout avoir. Raisonnons. Quand vous vous asseyez à une table de bouillote, en discutez-vous les conditions ? Les règles sont là, vous les acceptez. » Le profond cynisme de cette conception de la société ne réside pourtant que dans son contenu. De tels contenus furent déjà souvent exprimés avant Balzac. Mais la séduction essentielle de Vautrin consiste en ceci qu'il énonce sans illusion, sans garniture idéologique, cette sagesse que toute personne avisée possède. La « séduction » consiste en ceci que la sagesse de Vautrin égale celle des plus pures et des plus sublimes figures du monde balzacien. (...)

De même que Rastignac constate également avec étonnement que la sagesse cynique de Vautrin a le même contenu que les aphorismes spirituels de la vicomtesse de Beauséant. Cette concordance dans le jugement porté sur la nature de la réalité capitaliste entre la fine fleur des intellectuels aristocrates et le forçat évadé remplace les attributs théâtraux et mystiques de l'essence méphistophélique de ce dernier. Ce n'est pas sans raison que celui-ci est appelé « Trompe-la-mort » dans le jargon du bagne et des mouchards.

Avec le rictus diabolique de l'amère sagesse balzacienne il se dresse réellement là sur le cimetière de toutes les illusions d'une évolution glorieuse qui dura plusieurs siècles, et il constate que les hommes sont ou bien des crétins ou bien des canailles. »

GEORG LUKÁCS, 1935, trad. franç. 1967, *Balzac et le réalisme français,* Maspéro, pp. 63-65.

mille francs. Ah ! tu ne t'en doutais pas, vieille vendeuse de chair, sans quoi j'aurais eu la préférence. Oui, je les aurais donnés pour éviter un voyage qui me contrarie et qui me fait perdre de l'argent, disait-il pendant qu'on lui mettait les menottes. Ces gens-là vont se faire un plaisir de me traîner un temps infini pour m'*otolondrer*[1]. S'ils m'envoyaient tout de suite au bagne, je serais bientôt rendu à mes occupations, malgré nos petits badauds du quai des Orfèvres. Là-bas, ils vont tous se mettre l'âme à l'envers pour faire évader leur général, ce bon Trompe-la-Mort ! Y a-t-il un de vous qui soit, comme moi, riche de plus de dix mille frères prêts à tout faire pour vous ? demanda-t-il avec fierté. Il y a du bon là, dit-il en se frappant le cœur ; je n'ai jamais trahi personne ! Tiens, cagnotte, vois-les, dit-il en s'adressant à la vieille fille. Ils me regardent avec terreur, mais toi tu leur soulèves le cœur de dégoût. Ramasse ton lot. Il fit une pause en contemplant les pensionnaires. — Êtes-vous bêtes, vous autres ! n'avez-vous jamais vu de forçat ? Un forçat de la trempe de Collin, ici présent, est un homme moins lâche que les autres, et qui proteste contre les profondes déceptions du contrat social, comme dit Jean-Jacques, dont je me glorifie d'être l'élève. Enfin, je suis seul contre le gouvernement avec son tas de tribunaux, de gendarmes, de budgets, et je les roule ⟨1⟩.

— Diantre ! dit le peintre, il est fameusement beau à dessiner.

— Dis-moi, menin[2] de monseigneur le bourreau, gouverneur de la Veuve (nom plein de terrible poésie que les forçats donnent à la guillotine), ajouta-t-il en se tournant vers le chef de la police de sûreté, sois bon enfant, dis-moi si c'est Fil-de-Soie qui m'a vendu ! Je ne voudrais pas qu'il payât pour un autre, ce ne serait pas juste.

En ce moment les agents qui avaient tout ouvert et tout inventorié chez lui rentrèrent et parlèrent à voix basse au chef de l'expédition. Le procès-verbal était fini.

— Messieurs, dit Collin en s'adressant aux pensionnaires, ils vont m'emmener. Vous avez été tous très aimables pour moi pendant mon séjour ici, j'en aurai de la reconnaissance. Recevez mes adieux. Vous me permettrez de vous envoyer des figures de Provence[3]. Il fit quelques pas, et se retourna pour regarder Rastignac. Adieu, Eugène, dit-il d'une voix douce et triste qui contrastait singulièrement avec le ton brusque de ses discours. Si tu étais gêné, je t'ai laissé un ami

1. Ennuyer.

2. En France jeune gentilhomme attaché à la personne du dauphin. En Espagne jeune homme ou jeune fille noble au service d'une maison princière. Un des plus célèbres tableaux de Velasquez s'appelle Les Menines.

3. Vautrin devrait être reconduit au bagne de Toulon d'où il s'est évadé. Il ira en fait à Rochefort, comme il est dit dans Splendeurs et misères des courtisanes *(écrit de 1838 à 1847).*

1 Vautrin ou la sublimation des sources.

En dépit des assurances données par Balzac :

« Je puis vous assurer que le modèle existe, qu'il est d'une épouvantable grandeur et qu'il a trouvé sa place dans le monde de notre temps. Cet homme était tout ce qu'est Vautrin, moins la passion que je lui ai prêtée. Il était le génie du mal utilisé d'ailleurs. »

Lettre à Hippolyte Castille, parue dans *La Semaine* du 11 octobre 1846.

on peut penser que la figure de Vautrin combine un grand nombre de modèles réels ou littéraires, pour les transmuer et accéder à la stature du mythe. Voici une liste, non exhaustive, de ces sources :

1) ***Ascendance romantique :***

Karl Moor dans les Brigands *de Schiller, 1781 ;* Conrad *de Byron ; Cleveland, dans* le Pirate *de Walter Scott ; le squire Falkland dans* Caleb Williams *de Godwin ;* Jean Sbogar *de Nodier, 1818 ; les romans noirs de Walpole, d'Ann Radcliffe, de Lewis, de Maturin ; Lindhorst dans* le Vase d'or *d'Hoffmann.*

2) ***Le dix-huitième siècle :***

Le Neveu de Rameau *de Diderot ; Gaudet d'Arras dans* le Paysan perverti *de Restif de la Bretonne.*

3) ***Les premiers romans de Balzac :***

Argow le pirate dans Annette et le criminel, *1824 ;* Le Centenaire, *1822.*

4) ***Les personnages réels :***

le forçat Pierre Coignard ; le forçat Anthelme Collet.

5) ***Vidocq :***

Balzac l'a rencontré chez le philanthrope Benjamin Appert, avec le bourreau Sanson, dans les années 1833-1834 ; mais, on l'a vu, Vidocq a beaucoup plus à voir avec Gondureau-Bibi-Lupin qu'avec Vautrin.

6) ***Balzac lui-même :***

« D'une façon plus générale, Balzac portait en lui, plus ou moins émoussé par la vie sociale, ce double instinct de jouissance et de puissance qui donne à la figure de Vautrin sa terrible grandeur. Quand il avait vingt ans, il rêvait de dominer la société tout entière par l'exercice d'un pouvoir magnétique. A ce rêve, il n'a jamais complètement renoncé, mais Vautrin le vit dans sa plénitude et tend à le transformer en réalité, grâce au concours d'une énergie surhumaine et d'un génie infernal. Qu'importe, dès lors, que ce personnage doive tel ou tel trait à un modèle réel ou à une tradition littéraire ? Balzac vit en lui et l'anime de son souffle. L'écrivain *« est criminel, conçoit le crime, ou l'appelle et le contemple », déclarait-il à propos de Lara* de Byron ; mais il songeait à lui-même, lorsqu'il confiait à Victor Ratier : *« Oh ! mener une vie de Mohican ! Oh ! que j'ai admirablement compris les corsaires, les aventuriers, les vies d'opposition ! »* Des amis l'ont reconnu dans son prestigieux forçat. *« Cher Vautrin »,* lui écrivait Gaspard de Pons. »

P.-G. CASTEX, 1963,
introduction à l'édition Garnier, p. XXXVII.

La source principale de ce tableau est l'article de Paul Vernière : « Balzac et la genèse de Vautrin », Revue d'Histoire littéraire de la France, *1948, n° 1, pp. 53-68.*

dévoué. Malgré ses menottes, il put se mettre en garde, fit un appel de maître d'armes, cria : Une, deux ! et se fendit. En cas de malheur, adresse-toi là. Homme et argent, tu peux disposer de tout [1].

Ce singulier personnage mit assez de bouffonnerie dans ces dernières paroles pour qu'elles ne pussent être comprises que de Rastignac et de lui. Quand la maison fut évacuée par les gendarmes, par les soldats et par les agents de police, Sylvie, qui frottait de vinaigre les tempes de sa maîtresse, regarda les pensionnaires étonnés [2].

— Eh ! bien, dit-elle, c'était un bon homme tout de même.

Cette phrase rompit le charme que produisaient sur chacun l'affluence et la diversité des sentiments excités par cette scène. En ce moment, les pensionnaires, après s'être examinés entre eux, virent tous à la fois mademoiselle Michonneau grêle, sèche et froide autant qu'une momie, tapie près du poêle, les yeux baissés, comme si elle eût craint que l'ombre de son abat-jour ne fût pas assez forte pour cacher l'expression de ses regards. Cette figure, qui leur était antipathique depuis si longtemps, fut tout à coup expliquée [3] Un murmure, qui, par sa parfaite unité de son, trahissait un dégoût unanime, retentit sourdement. Mademoiselle Michonneau l'entendit et resta. Bianchon, le premier, se pencha vers son voisin.

— Je décampe si cette fille doit continuer à dîner avec nous, dit-il à demi-voix.

En un clin d'œil chacun, moins Poiret, approuva la proposition de l'étudiant en médecine, qui, fort de l'adhésion générale, s'avança vers le vieux pensionnaire.

— Vous qui êtes lié particulièrement avec mademoiselle Michonneau, lui dit-il, parlez-lui, faites-lui comprendre qu'elle doit s'en aller à l'instant même.

— A l'instant même ? répéta Poiret étonné.

Puis il vint auprès de la vieille, et lui dit quelques mots à l'oreille.

— Mais mon terme est payé, je suis ici pour mon argent comme tout le monde, dit-elle en lançant un regard de vipère sur les pensionnaires.

— Qu'à cela ne tienne, nous nous cotiserons pour vous le rendre, dit Rastignac.

— Monsieur soutient Collin, répondit-elle en jetant sur l'étudiant un regard venimeux et interrogateur, il n'est pas

1 Quatre ans après, au bal de l'Opéra...

« Rastignac (...) se laissa mener dans l'embrasure d'une fenêtre par une main de fer, qu'il lui fut impossible de secouer.
— Jeune coq sorti du poulailler de maman Vauquer, vous à qui le cœur a failli pour saisir les millions du papa Taillefer quand le plus fort de l'ouvrage était fait, sachez, pour votre sûreté personnelle, que si vous ne vous comportez pas avec Lucien comme avec un frère que vous aimeriez, vous êtes dans nos mains sans que nous soyons dans les vôtres. Silence et dévouement, où j'entre dans votre jeu pour y renverser vos quilles. Lucien de Rubempré est protégé par le plus grand pouvoir d'aujourd'hui, l'Église. Choisissez entre la vie et la mort. Votre réponse ?
Rastignac eut le vertige comme un homme endormi dans une forêt, et qui se réveille à côté d'une lionne affamée. Il eut peur, mais sans témoins : les hommes les plus courageux s'abandonnent alors à la peur.
— Il n'y a que *lui* pour savoir... et pour oser..., se dit-il à lui-même.
Le masque lui serra la main pour l'empêcher de finir sa phrase : — Agissez comme si c'était *lui*, dit-il. »

Splendeurs et Misères des courtisanes, 1838-1847.

2 La contradiction de Vautrin.

Contrairement à Nucingen, criminel légal, Vautrin ne peut investir son capital. Exclu de la société, dont il dit cependant la vérité, il doit déléguer son énergie pour s'approprier la sphère du social :

« Le personnage de Vautrin, si abondant en contradictions, si difficile à dévoiler, renferme toutes les contradictions idéologiques et les valeurs contradictoires du monde vu et senti par Balzac. Vautrin est un homme double. Il y a chez lui un côté romantique aussi bien que réaliste, un homme de bien et de mal, sauvage et surhomme. Sa nature ambiguë est surtout l'effet de deux tensions. En tant que connaissance et activité aliénées, les pouvoirs potentiels de Vautrin (et, par extension, sa puissance sociale) ne trouvent d'issue ou de réalisation que dans la mesure où il exerce sa domination sur lui-même, les choses et les autres. Cette puissance de domination est elle-même compromise par la contradiction chez lui, entre la révolte, le refus d'accepter le monde social de la réification, et un désir aussi fort de pousser jusqu'au bout ses rapports avec lui, Vautrin *explique* le monde en termes réalistes, en termes de dépendance des choses, mais Vautrin *vit* le monde en termes de dépendance personnelle. Cette coupure se révèle d'ailleurs dans le contenu idéologique de sa propre pensée. Bien que sa raison lui représente sans illusion la véritable nature de la réalité sociale, il ne peut qu'opposer à cette réalité, des actes autonomes, isolés, indépendants. (...)
Or le conflit chez Vautrin se

situe, comme pour les autres personnages, dans l'effort de se faire valoir dans la sphère sociale. Tant qu'il fonctionne en marge de la société, comme chef du bagne, il a la possibilité d'une vie fondée sur des rapports non réifiés. La supériorité morale de la position de révolte est de ne pas « amoindrir » l'âme, de maintenir une vie en harmonie avec des principes de reconnaissance, de loyauté, et de dévouement de l'homme pour l'homme. A la « société gangrenée », au « désordre social », au monde de la réification totale, les exclus ont le mérite d'opposer une société d'interdépendance personnelle et d'intérêt commun. Le « Je n'ai jamais trahi personne » de Vautrin est un véritable défi à la société bourgeoise. Disciple de Rousseau, en « rage contre les déceptions du contrat social », Vautrin se vante de son intégrité personnelle et de la justice supérieure de sa révolte qui est celle « de l'état naturel contre l'état social » *(Illusions perdues).* Ses crimes se justifient par leur nécessité (à l'opposé des crimes légaux d'intérêt) et expriment une protestation vivante pour rentrer dans son bien.

Pourtant sa lutte contre la société révèle certaines contradictions : une incapacité de diriger et d'employer son énorme puissance d'une façon créatrice et productive, le sacrifice de la jouissance directe et personnelle au profit de la vie par procuration ; l'homosexualité qui représente un retrait stérile des relations sexuelles productives. *Toute la problématique de Vautrin se fonde sur son incapacité de se reproduire.* (...)

Ainsi Vautrin a besoin d'un « complice de sa destinée » *(Illusions perdues)* ; il ne peut pas agir seul. Son énergie créatrice ne trouvant pas d'issue dans le crime, Vautrin ressent le besoin presque primordial de se voir reproduire dans la vie sociale par un fils qui possède lui-même toutes les vertus sociales qui lui manquent : la beauté, les relations aristocratiques, l'élégance, etc. « Contraint à vivre en dehors du monde... dévoré surtout par la fièvre de vie... il voulait absolument revivre sous une forme sociale et satisfaire des passions aussi étranges que lui. » *(Splendeurs et Misères...)*

Vu de cette façon, le désir quasi perverti de Vautrin de diriger en secret le destin de Rastignac, de mettre à son service sa fortune et sa puissance paraissent comme un effort naturel pour compenser l'impuissance de sa propre énergie. Son besoin de dominer exprime à la fois une réaction contre l'aliénation sociale et les limites imposées par cette aliénation. Si le dédoublement et la procuration semblent permettre, au niveau des apparences, la réunion de la forme et la forme, c'est une harmonie instable et pervertie. Au fond, une telle alliance ne peut pas durer, parce que Vautrin lui-même désire se maintenir en tant que valeur en soi. D'où son besoin de se démasquer, de se dévoiler à Rastignac, et plus tard, avec Lucien, de vivre en franchise complète. Cela paraît aussi dans la forme de domination qu'il exerce, qui est celle de la domination personnelle, de l'échange de valeurs d'usage, au niveau de la vie privée, d'un pacte qui, au lieu d'élargir l'activité de Vautrin, le condamne davantage aux actions souterraines et aux dépendances personnelles sentimentales. »

LINDA RUDICH,
op. cit. pp. 91-93.

3 Le roman : un système logique.

« Balzac écrira dans son compte rendu enthousiaste de *La Chartreuse de Parme*, dans sa *Revue parisienne* du 25 septembre 1840 : « Il faut vous laisser le plaisir de lire les admirables détails de cette trame continue où l'auteur mène de front cent personnages sans être plus embarrassé qu'un habile cocher ne l'est des rênes d'un attelage à dix chevaux. Tout est à sa place, il n'y a pas la moindre confusion... Le drame est étourdissant d'habileté, de faire, de netteté. L'air joue dans le tableau, pas un personnage n'est oisif. » On ne pourrait mieux caractériser le drame du *Père Goriot* que par cette appréciation que Balzac a donnée lui-même de l'œuvre de Stendhal.

L'intrigue, le conflit dramatique naissent, chez Balzac, de la logique des événements et des caractères, chaque personnage y occupant une place importante, chaque mot prononcé le caractérisant et développant l'action. On peut prendre pour exemple la mémorable journée dans la maison de Mme Vauquer. Rastignac est déchiré entre son amour pour Delphine et pour Victorine – ce n'est pas seulement de l'amour qu'il s'agit, c'est plutôt un conflit entre une forme voilée ou brutale du crime –, il est consterné par le crime commis par Vautrin, tout en éprouvant le sentiment d'en être le complice, il hait Vautrin, tout en étant, cependant, entraîné par lui. Voilà venir le père Goriot avec son dévouement passif pour sa fille (il remercie Eugène de ne pas la trahir, bien que la résolution de Rastignac résulte de son propre conflit tout à fait différent). Et, au-dessus d'eux c'est Vautrin qui triomphe, sûr de lui-même, ayant fait ce qu'il voulait, mais ne se doutant pas que la vieille Mlle Michonneau, avide de récompense, est en train de le surprendre et de préparer sa chute. Il n'y a que l'auteur et le lecteur à tout connaître et à tout voir. Chaque personnage vit de sa propre logique, pense de sa propre manière, mené par ses propres intérêts – et voilà un drame qui se développe, un conflit dramatique provoqué justement par l'action de ces différends logiques, caractères et intentions s'entrechoquant, pour déboucher sur une grandiose leçon balzacienne sur toute la société représentée. Car, en dévoilant toute cette société, de l'aristocratie s'embourgeoisant et des banquiers tout-puissants, des égoïstes, des ambitieux et des victimes jusqu'aux petites figures bornées avides d'argent, on sent qu'il ne s'agit pas là de maux et de perversités individuels, mais d'une certaine force qui les domine et les déforme tous. Ce n'est pas que Balzac « donnerait le succès » aux méchants, comme le lui reprochaient E. Faguet et d'autres, ce n'est pas qu'il donnerait des portraits ou des autoportraits subjectifs, comme d'autres ont voulu les voir dans ses personnages. Son art réaliste crée et présente des personnages qui ne sont pas seulement tels ou autres en tant qu'individus, mais qui sont formés et déformés par les lois et rapports sociaux qui, bon gré mal gré, pénètrent dans leurs efforts et s'introduisent, en les modifiant, dans leurs caractères. »

JAN O. FISCHER,
1977, *Époque romantique et réalisme,* Université Charles IV, Prague, pp. 139-140.

difficile de savoir pourquoi.

A ce mot, Eugène bondit comme pour se ruer sur la vieille fille et l'étrangler. Ce regard, dont il comprit les perfidies, venait de jeter une horrible lumière dans son âme.

— Laissez-la donc, s'écrièrent les pensionnaires.

Rastignac se croisa les bras et resta muet.

— Finissons-en avec mademoiselle Judas, dit le peintre en s'adressant à madame Vauquer. Madame, si vous ne mettez pas à la porte la Michonneau, nous quittons tous votre baraque, et nous dirons partout qu'il ne s'y trouve que des espions et des forçats. Dans le cas contraire, nous nous tairons tous sur cet événement, qui, au bout du compte, pourrait arriver dans les meilleures sociétés, jusqu'à ce qu'on marque les galériens au front, et qu'on leur défende de se déguiser en bourgeois de Paris et de se faire aussi bêtement farceurs qu'ils le sont tous.

A ce discours, madame Vauquer retrouva miraculeusement la santé, se redressa, se croisa les bras, ouvrit ses yeux clairs et sans apparence de larmes.

— Mais, mon cher monsieur, vous voulez donc la ruine de ma maison ? Voilà monsieur Vautrin... Oh ! mon Dieu, se dit-elle en s'interrompant elle-même, je ne puis pas m'empêcher de l'appeler par son nom d'honnête homme ! Voilà, reprit-elle, un appartement vide, et vous voulez que j'en aie deux de plus à louer dans une saison où tout le monde est casé.

— Messieurs, prenons nos chapeaux, et allons dîner place Sorbonne, chez Flicoteaux[1], dit Bianchon.

Madame Vauquer calcula d'un seul coup d'œil le parti le plus avantageux, et roula jusqu'à mademoiselle Michonneau.

— Allons, ma chère petite belle, vous ne voulez pas la mort de mon établissement, hein ? Vous voyez à quelle extrémité me réduisent ces messieurs ; remontez dans votre chambre pour ce soir.

— Du tout, du tout, crièrent les pensionnaires, nous voulons qu'elle sorte à l'instant.

— Mais elle n'a pas dîné, cette pauvre demoiselle, dit Poiret d'un ton piteux.

— Elle ira dîner où elle voudra, crièrent plusieurs voix.

— A la porte, la moucharde !

— A la porte, les mouchards !

— Messieurs, s'écria Poiret, qui s'éleva tout à coup à la

1. Restaurant très bon marché qui existait alors place de la Sorbonne (5ᵉ arrondissement) et que fréquentaient surtout les étudiants. Balzac l'utilise dans Illusions perdues *pour la rencontre de Lucien et de Lousteau : « Flicoteaux est un nom inscrit dans bien des mémoires. Il est peu d'étudiants logés au quartier latin pendant les douze premières années de la Restauration qui n'aient fréquenté ce temple de la faim et de la misère. »*

hauteur du courage que l'amour prête aux béliers, respectez une personne du sexe.

— Les mouchards ne sont d'aucun sexe, dit le peintre.

— Fameux sexorama !

— A la portorama !

— Messieurs, ceci est indécent. Quand on renvoie les gens, on doit y mettre des formes. Nous avons payé, nous restons, dit Poiret en se couvrant de sa casquette et se plaçant sur une chaise à côté de mademoiselle Michonneau, que prêchait madame Vauquer.

— Méchant, lui dit le peintre d'un air comique, petit méchant, va !

— Allons, si vous ne vous en allez pas, nous nous en allons, nous autres, dit Bianchon.

Et les pensionnaires firent en masse un mouvement vers le salon.

— Mademoiselle, que voulez-vous donc ? s'écria madame Vauquer, je suis ruinée. Vous ne pouvez pas rester, ils vont en venir à des actes de violence.

Mademoiselle Michonneau se leva.

— Elle s'en ira ! — Elle ne s'en ira pas ! — Elle s'en ira ! — Elle ne s'en ira pas ! Ces mots dits alternativement, et l'hostilité des propos qui commençaient à se tenir sur elle, contraignirent mademoiselle Michonneau à partir, après quelques stipulations faites à voix basse avec l'hôtesse.

— Je vais chez madame Buneaud, dit-elle d'un air menaçant.

— Allez où vous voudrez, mademoiselle, dit madame Vauquer, qui vit une cruelle injure dans le choix qu'elle faisait d'une maison avec laquelle elle rivalisait, et qui lui était conséquemment odieuse. Allez chez la Buneaud, vous aurez du vin à faire danser les chèvres, et des plats achetés chez les regrattiers[1].

Les pensionnaires se mirent sur deux files dans le plus grand silence. Poiret regarda si tendrement mademoiselle Michonneau, il se montra si naïvement indécis, sans savoir s'il devait la suivre ou rester, que les pensionnaires, heureux du départ de mademoiselle Michonneau, se mirent à rire en se regardant.

— Xi, xi, xi, Poiret, lui cria le peintre. Allons, houpe là, haoup !

L'employé au Muséum se mit à chanter comiquement ce début d'une romance connue :

1. Revendeurs de denrées de seconde main, par exemple les restes des restaurants.

Partant pour la Syrie,
Le jeune et beau Dunois...[2]

2. *Romance dite de la reine Hortense qui en composa les paroles. Chant bonapartiste sous la Restauration dont on essaya de faire un hymne national sous le Second Empire.*

— Allez donc, vous en mourez d'envie, *trahit sua quemque voluptas*[1], dit Bianchon.

1. *« Chacun est entraîné par la passion qui lui est propre » (Virgile,* Bucoliques, *II, vers 65).*

— Chacun suit sa particulière, traduction libre de Virgile, dit le répétiteur.

Mademoiselle Michonneau ayant fait le geste de prendre le bras de Poiret en le regardant, il ne put résister à cet appel, et vint donner son appui à la vieille. Des applaudissements éclatèrent, et il y eut une explosion de rires. — Bravo, Poiret ! — Ce vieux Poiret ! — Apollon-Poiret. — Mars-Poiret. — Courageux Poiret !

En ce moment, un commissionnaire entra, remit une lettre à madame Vauquer qui se laissa couler sur sa chaise, après l'avoir lue.

— Mais il n'y a plus qu'à brûler ma maison, le tonnerre y tombe. Le fils Taillefer est mort à trois heures. Je suis bien punie d'avoir souhaité du bien à ces dames au détriment de ce pauvre jeune homme. Madame Couture et Victorine me redemandent leurs effets, et vont demeurer chez son père. Monsieur Taillefer permet à sa fille de garder la veuve Couture comme demoiselle de compagnie. Quatre appartements vacants, cinq pensionnaires de moins ! Elle s'assit et parut près de pleurer. Le malheur est entré chez moi, s'écria-t-elle.

Le roulement d'une voiture qui s'arrêtait retentit tout à coup dans la rue.

— Encore quelque chape-chute[2], dit Sylvie.

2. *Aubaine due à la négligence de quelqu'un, puis malheur, mésaventure.*

Goriot montra soudain une physionomie brillante et colorée de bonheur, qui pouvait faire croire à sa régénération.

— Goriot en fiacre, dirent les pensionnaires, la fin du monde arrive.

Le bonhomme alla droit à Eugène, qui restait pensif dans un coin, et le prit par le bras : — Venez, lui dit-il d'un air joyeux.

— Vous ne savez donc pas ce qui se passe ? lui dit Eugène. Vautrin était un forçat que l'on vient d'arrêter, et le fils Taillefer est mort.

— Eh bien ! qu'est-ce que ça nous fait ? répondit le père Goriot. Je dîne avec ma fille, chez vous, entendez-vous ? Elle vous attend, venez !

Il tira si violemment Rastignac par le bras, qu'il le fit marcher de force, et parut l'enlever comme si c'eût été sa maîtresse.

— Dînons, cria le peintre.

En ce moment chacun prit sa chaise et s'attabla.

— Par exemple, dit la grosse Sylvie, tout est malheur aujourd'hui, mon haricot de mouton s'est attaché. Bah ! vous le mangerez brûlé, tant pire !

Madame Vauquer n'eut pas le courage de dire un mot en ne voyant que dix personnes au lieu de dix-huit autour de sa table ; mais chacun tenta de la consoler et de l'égayer. Si d'abord les externes s'entretinrent de Vautrin et des événements de la journée, ils obéirent bientôt à l'allure serpentine de leur conversation, et se mirent à parler des duels, du bagne, de la justice, des lois à refaire, des prisons. Puis ils se trouvèrent à mille lieues de Jacques Collin, de Victorine et de son frère. Quoiqu'ils ne fussent que dix, ils crièrent comme vingt, et semblaient être plus nombreux qu'à l'ordinaire ; ce fut toute la différence qu'il y eut entre ce dîner et celui de la veille. L'insouciance habituelle de ce monde égoïste qui, le lendemain, devait avoir dans les événements quotidiens de Paris une autre proie à dévorer, reprit le dessus, et madame Vauquer elle-même se laissa calmer par l'espérance, qui emprunta la voix de la grosse Sylvie.

Cette journée devait être jusqu'au soir une fantasmagorie[1] pour Eugène, qui, malgré la force de son caractère et la bonté de sa tête, ne savait comment classer ses idées, quand il se trouva dans le fiacre à côté du père Goriot dont les discours trahissaient une joie inaccoutumée, et retentissaient à son oreille, après tant d'émotions, comme les paroles que nous entendons en rêve.

— C'est fini de ce matin. Nous dînons tous les trois ensemble, ensemble ! comprenez-vous ? Voici quatre ans que je n'ai dîné avec ma Delphine, ma petite Delphine. Je vais l'avoir à moi pendant toute une soirée. Nous sommes chez vous depuis ce matin. J'ai travaillé comme un manœuvre, habit bas. J'aidais à porter les meubles. Ah ! ah ! vous ne savez pas comme elle est gentille à table, elle s'occupera de moi : « Tenez, papa, mangez donc de cela, c'est bon. » Et alors je ne peux pas manger. Oh ! y a-t-il longtemps que je n'ai été tranquille avec elle comme nous allons l'être !

— Mais, lui dit Eugène, aujourd'hui le monde est donc renversé ?

— Renversé ? dit le père Goriot. Mais à aucune époque

1. A l'origine, la fantasmagorie désigne un spectacle optique, comme le Diorama.

le monde n'a si bien été. Je ne vois que des figures gaies dans les rues, des gens qui se donnent des poignées de main, et qui s'embrassent ; des gens heureux comme s'ils allaient tous dîner chez leurs filles, y *gobichonner*[1] un bon petit dîner qu'elle a commandé devant moi au chef du café des Anglais[2]. Mais, bah ! près d'elle le chicotin[3] serait doux comme miel.

— Je crois revenir à la vie, dit Eugène.

— Mais marchez donc, cocher, cria le père Goriot en ouvrant la glace de devant. Allez donc plus vite, je vous donnerai cent sous pour boire si vous me menez en dix minutes là où vous savez. En entendant cette promesse, le cocher traversa Paris avec la rapidité de l'éclair.

— Il ne va pas, ce cocher, disait le père Goriot.

— Mais où me conduisez-vous donc, lui demanda Rastignac.

— Chez vous, dit le père Goriot.

La voiture s'arrêta rue d'Artois. Le bonhomme descendit le premier et jeta dix francs au cocher, avec la prodigalité d'un homme veuf qui, dans le paroxysme de son plaisir, ne prend garde à rien.

— Allons, montons, dit-il à Rastignac en lui faisant traverser une cour et le conduisant à la porte d'un appartement situé au troisième étage, sur le derrière d'une maison neuve et de belle apparence. Le père Goriot n'eut pas besoin de sonner. Thérèse, la femme de chambre de madame de Nucingen, leur ouvrit la porte. Eugène se vit dans un délicieux appartement de garçon, composé d'une antichambre, d'un petit salon, d'une chambre à coucher et d'un cabinet ayant vue sur un jardin. Dans le petit salon, dont l'ameublement et le décor pouvaient soutenir la comparaison avec ce qu'il y avait de plus joli, de plus gracieux, il aperçut, à la lumière des bougies, Delphine, qui se leva d'une causeuse, au coin du feu, mit son écran sur la cheminée, et lui dit avec une intonation de voix chargée de tendresse : — Il a donc fallu vous aller chercher, monsieur qui ne comprenez rien.

Thérèse sortit. L'étudiant prit Delphine dans ses bras, la serra vivement et pleura de joie. Ce dernier contraste entre ce qu'il voyait et ce qu'il venait de voir, dans un jour où tant d'irritations avaient fatigué son cœur et sa tête, détermina chez Rastignac un accès de sensibilité nerveuse.

— Je savais bien, moi, qu'il t'aimait, dit tout bas le père Goriot à sa fille pendant qu'Eugène abattu gisait sur la cau-

1. *Terme familier pour « bien manger ».*

2. *Le Café Anglais était réputé pour sa cuisine. Françoise dans* A l'ombre des jeunes filles en fleurs *lui concédera quelques vertus : « Un restaurant où c'est qu'il y avait l'air d'avoir une bien bonne cuisine bourgeoise (...) Le restaurant dont elle parlait avec cette équité mêlée d'orgueil et de bonhomie, c'était... le Café Anglais. » Il se trouvait boulevard des Italiens.*

3. *Le chicotin est un suc très amer extrait d'un aloès.*

seuse sans pouvoir prononcer une parole ni se rendre compte encore de la manière dont ce dernier coup de baguette avait été frappé.

— Mais venez donc voir, lui dit madame de Nucingen en le prenant par la main et l'emmenant dans une chambre dont les tapis, les meubles et les moindres détails lui rappelèrent, en de plus petites proportions, celle de Delphine.

— Il y manque un lit, dit Rastignac.

— Oui, monsieur, dit-elle en rougissant et lui serrant la main.

Eugène la regarda, et comprit, jeune encore, tout ce qu'il y avait de pudeur vraie dans un cœur de femme aimante.

— Vous êtes une de ces créatures que l'on doit adorer toujours, lui dit-il à l'oreille. Oui, j'ose vous le dire, puisque nous nous comprenons si bien : plus vif et sincère est l'amour, plus il doit être voilé, mystérieux. Ne donnons notre secret à personne.

— Oh ! je ne serai pas quelqu'un, moi, dit le père Goriot en grognant.

— Vous savez bien que vous êtes *nous*, vous...

— Ah ! voilà ce que je voulais. Vous ne ferez pas attention à moi, n'est-ce pas ? J'irai, je viendrai comme un bon esprit qui est partout, et qu'on sait être là sans le voir ! Eh bien ! Delphinette, Ninette, Dedel ! n'ai-je pas eu raison de te dire : « Il y a un joli appartement rue d'Artois, meublons-le pour lui ! » Tu ne voulais pas. Ah ! c'est moi qui suis l'auteur de ta joie, comme je suis l'auteur de tes jours. Les pères doivent toujours donner pour être heureux. Donner toujours, c'est ce qui fait qu'on est père.

— Comment ? dit Eugène.

— Oui, elle ne voulait pas, elle avait peur qu'on ne dît des bêtises, comme si le monde valait le bonheur ! Mais toutes les femmes rêvent de faire ce qu'elle fait...

Le père Goriot parlait tout seul, madame de Nucingen avait emmené Rastignac dans le cabinet où le bruit d'un baiser retentit, quelque légèrement qu'il fût pris. Cette pièce était en rapport avec l'élégance de l'appartement, dans lequel d'ailleurs rien ne manquait.

— A-t-on bien deviné vos vœux ? dit-elle en revenant dans le salon pour se mettre à table.

— Oui, dit-il, trop bien. Hélas ! ce luxe si complet, ces beaux rêves réalisés, toutes les poésies d'une vie jeune, élégante, je les sens trop pour ne pas les mériter ; mais je ne puis les accepter de vous, et je suis trop pauvre encore pour…

— Ah ! ah ! vous me résistez déjà, dit-elle d'un petit air d'autorité railleuse en faisant une de ces jolies moues que font les femmes quand elles veulent se moquer de quelque scrupule pour le mieux dissiper.

Eugène s'était trop solennellement interrogé pendant cette journée, et l'arrestation de Vautrin, en lui montrant la profondeur de l'abîme dans lequel il avait failli rouler, venait de trop bien corroborer ses sentiments nobles et sa délicatesse pour qu'il cédât à cette caressante réfutation de ses idées généreuses. Une profonde tristesse s'empara de lui.

— Comment ! dit madame de Nucingen, vous refuseriez ? Savez-vous ce que signifie un refus semblable ? Vous doutez de l'avenir, vous n'osez pas vous lier à moi. Vous avez donc peur de trahir mon affection ? Si vous m'aimez, si je… vous aime, pourquoi reculez-vous devant d'aussi minces obligations ? Si vous connaissiez le plaisir que j'ai eu à m'occuper de tout ce ménage de garçon, vous n'hésiteriez pas, et vous me demanderiez pardon. J'avais de l'argent à vous, je l'ai bien employé, voilà tout. Vous croyez être grand, et vous êtes petit. Vous demandez bien plus… (Ah ! dit-elle en saisissant un regard de passion chez Eugène) et vous faites des façons pour des niaiseries. Si vous ne m'aimez point, oh ! oui, n'acceptez pas. Mon sort est dans un mot. Parlez ! Mais, mon père, dites-lui donc quelques bonnes raisons, ajouta-t-elle en se tournant vers son père après une pause. Croit-il que je ne sois pas moins chatouilleuse que lui sur notre honneur ?

Le père Goriot avait le sourire fixe d'un thériaki[1] en voyant, en écoutant cette jolie querelle.

— Enfant ! vous êtes à l'entrée de la vie, reprit-elle en saisissant la main d'Eugène, vous trouvez une barrière insurmontable pour beaucoup de gens, une main de femme vous l'ouvre, et vous reculez ! Mais vous réussirez, vous ferez une brillante fortune, le succès est écrit sur votre beau front. Ne pourrez-vous pas alors me rendre ce que je vous prête aujourd'hui ? Autrefois les dames ne donnaient-elles pas à leurs chevaliers des armures, des épées, des casques, des cottes de mailles, des chevaux, afin qu'ils pussent aller combattre en leur nom dans les tournois ⟨1⟩ ? Eh bien ! Eugène, les choses que je vous offre sont les armes de l'époque, des outils nécessaires à qui veut être quelque chose. Il est joli, le

1. *Fumeur d'opium.*

1 La chevalerie moderne.

Balzac reprendra cette idée du rapport entre les mœurs de la chevalerie et la modernité tel qu'il s'établit dans l'imaginaire des dames du monde saisies par la passion :

« La comtesse avait été prise par des idées dignes du temps de la chevalerie, mais complètement modernisées. (...) Quelle douce pensée ! soutenir de sa main blanche et faible ce colosse à qui elle ne voulait pas voir des pieds d'argile, jeter la vie là où elle manquait, être secrètement la créatrice d'une grande fortune, aider un homme de génie à lutter avec le sort et à le dompter, lui broder son écharpe pour le tournoi, lui procurer des armes, lui donner l'amulette contre les sortilèges et le baume pour les blessures ! »

Une fille d'Ève, 1838-1839.

2 Le grenier : de la vérité au mythe.

Le grenier où habite le jeune homme pauvre fait partie des thèmes obligés, et correspond d'ailleurs à une réalité : Balzac lui-même dut se contenter d'une mansarde au début de sa vie parisienne. Béranger récupérera ce thème pour en faire une chanson qui l'édulcore singulièrement en gommant la misère, douloureuse toujours, sordide parfois, qui régnait sous les toits de Paris :

« Je viens revoir l'asile où ma jeunesse
De la misère a subi les leçons.
J'avais vingt ans, une folle maîtresse,
De francs amis et l'amour des chansons.
Bravant le monde et les sots et les sages,
Sans avenir, riche de mon printemps,
Leste et joyeux je montais six étages.
Dans un grenier qu'on est bien à vingt ans !

C'est un grenier, point ne veux qu'on l'ignore.
Là fut mon lit bien chétif et bien dur ;
Là fut ma table ; et je retrouve encore
Trois pieds d'un vers charbonnés sur le mur.
Apparaissez, plaisirs de mon bel âge,
Que d'un coup d'aile a fustigés le Temps.
Vingt fois pour vous j'ai mis ma montre en gage.
Dans un grenier qu'on est bien à vingt ans !
(...)

Quittons ce toit où ma raison s'enivre.
Oh ! qu'ils sont loin ces jours si regrettés !
J'échangerais ce qu'il me reste à vivre
Contre un des mois qu'ici Dieu m'a comptés.
Pour rêver gloire, amour, plaisir, folie,
Pour dépenser sa vie en peu d'instants,
D'un long espoir pour la voir embellie,
Dans un grenier qu'on est bien à vingt ans ! »

Le Grenier.

grenier où vous êtes, s'il ressemble à la chambre de papa ⟨2⟩. Voyons, nous ne dînerons donc pas ? Voulez-vous m'attrister ? Répondez donc ! dit-elle en lui secouant la main. Mon Dieu, papa, décide-le donc, ou je sors et ne le revois jamais.

— Je vais vous décider, dit le père Goriot en sortant de son extase. Mon cher monsieur Eugène, vous allez emprunter de l'argent à des juifs, n'est-ce pas ?

— Il le faut bien, dit-il.

— Bon, je vous tiens, reprit le bonhomme en tirant un mauvais portefeuille en cuir tout usé. Je me suis fait juif, j'ai payé toutes les factures, les voici. Vous ne devez pas un centime pour tout ce qui se trouve ici. Ça ne fait pas une grosse somme, tout au plus cinq mille francs. Je vous les prête, moi ! Vous ne me refuserez pas, je ne suis pas une femme. Vous m'en ferez une reconnaissance sur un chiffon de papier, et vous me les rendrez plus tard.

Quelques pleurs roulèrent à la fois dans les yeux d'Eugène et de Delphine, qui se regardèrent avec surprise. Rastignac tendit la main au bonhomme et la lui serra.

— Eh bien ! quoi ! n'êtes-vous pas mes enfants ? dit Goriot.

— Mais, mon pauvre père, dit madame de Nucingen, comment avez-vous donc fait ?

— Ah ! nous y voilà, répondit-il. Quand je t'ai eu décidée à le mettre près de toi, que je t'ai vue achetant des choses comme pour une mariée, je me suis dit : « Elle va se trouver dans l'embarras ! » L'avoué prétend que le procès à intenter à ton mari, pour lui faire rendre ta fortune, durera plus de six mois. Bon. J'ai vendu mes treize cent cinquante livres de rente perpétuelle ; je me suis fait, avec quinze mille francs, douze cents francs de rentes viagères bien hypothéquées, et j'ai payé vos marchands avec le reste du capital, mes enfants. Moi, j'ai là-haut une chambre de cinquante écus par an, je peux vivre comme un prince avec quarante sous par jour, et j'aurai encore du reste. Je n'use rien, il ne me faut presque pas d'habits. Voilà quinze jours que je ris dans ma barbe en me disant : « Vont-ils être heureux ! » Eh ! bien, n'êtes-vous pas heureux ?

— Oh ! papa, papa ! dit madame de Nucingen en sautant sur son père qui la reçut sur ses genoux. Elle le couvrit de baisers, lui caressa les joues avec ses cheveux blonds, et versa des pleurs sur ce vieux visage épanoui, brillant. — Cher père, vous êtes un père ! Non, il n'existe pas deux

TAMISIER Sc.

pères comme vous sous le ciel. Eugène vous aimait bien déjà, que sera-ce maintenant !

— Mais, mes enfants, dit le père Goriot qui depuis dix ans n'avait pas senti le cœur de sa fille battre sur le sien, mais, Delphinette, tu veux donc me faire mourir de joie ! Mon pauvre cœur se brise. Allez, monsieur Eugène, nous sommes déjà quittes ! Et le vieillard serrait sa fille par une étreinte si sauvage, si délirante qu'elle dit : — Ah ! tu me fais mal. — Je t'ai fait mal ! dit-il en pâlissant. Il la regarda d'un air surhumain de douleur. Pour bien peindre la physionomie de ce Christ de la Paternité (1), il faudrait aller chercher des comparaisons dans les images que les princes de la palette ont inventées pour peindre la passion soufferte au bénéfice des mondes par le Sauveur des hommes. Le père Goriot baisa bien doucement la ceinture que ses doigts avaient trop pressée. — Non, non, je ne t'ai pas fait mal ; non, reprit-il en la questionnant par un sourire ; c'est toi qui m'as fait mal avec ton cri. Ça coûte plus cher, dit-il à l'oreille de sa fille en la lui baisant avec précaution, mais il faut l'attraper, sans quoi il se fâcherait.

Eugène était pétrifié par l'inépuisable dévouement de cet homme, et le contemplait en exprimant cette naïve admiration qui, au jeune âge, est de la foi.

— Je serai digne de tout cela, s'écria-t-il.

— Ô mon Eugène, c'est beau ce que vous venez de dire là. Et madame de Nucingen baisa l'étudiant au front.

— Il a refusé pour toi mademoiselle Taillefer et ses millions, dit le père Goriot. Oui, elle vous aimait, la petite ; et, son frère mort, la voilà riche comme Crésus.

— Oh ! pourquoi le dire ? s'écria Rastignac.

— Eugène, lui dit Delphine à l'oreille, maintenant j'ai un regret pour ce soir. Ah ! je vous aimerai bien, moi ! et toujours.

— Voilà la plus belle journée que j'aie eue depuis vos mariages, s'écria le père Goriot. Le bon Dieu peut me faire souffrir tant qu'il lui plaira, pourvu que ce ne soit pas par vous, je me dirai : En février de cette année, j'ai été pendant un moment plus heureux que les hommes ne peuvent l'être pendant toute leur vie. Regarde-moi, Fifine ! dit-il à sa fille. Elle est bien belle, n'est-ce pas ? Dites-moi donc, avez-vous rencontré beaucoup de femmes qui aient ses jolies couleurs et sa petite fossette ? Non, pas vrai ? Eh bien ! c'est moi qui ai fait cet amour de femme. Désormais, en se trouvant heu-

1 Goriot et la Passion : un mot à double entente.

« Christ de la Paternité », Goriot parcourt son chemin de croix. Père, il s'éprouve comme Dieu (cf. p. 282), martyr, il sublime sa douleur en souffrance mystique. La monomanie se transcende ; grâce à ses « anges », Goriot touche déjà à l'au-delà :

« (...) *le Père Goriot,* une maîtresse œuvre ! La peinture d'un sentiment si grand que rien ne l'épuise, ni les froissements, ni les blessures, ni l'injustice ; un homme qui est *père* comme un *saint*, un *martyr* est chrétien. »

Lettre à Mme Hanska du 18 octobre 1834. Bibliophiles de l'Originale, 1967, tome 1, p. 257.

Le fluide qui émane de ce personnage pénétré, habité (possédé ?) (Cf. CONTEXTE 287) rappelle celui que Raphaël de Valentin perçoit en contemplant le portrait du Christ :

« La tête du Sauveur des hommes paraissait sortir des ténèbres figurées par un fond noir ; une auréole de rayons étincelait vivement autour de sa chevelure d'où cette lumière voulait sortir : sous le front, sous les chairs, il y avait une éloquente conviction qui s'échappait de chaque trait par de pénétrantes effluves. »

La Peau de Chagrin, 1831.

reuse par vous, elle deviendra mille fois mieux. Je puis aller en enfer, mon voisin, dit-il, s'il vous faut ma part de paradis, je vous la donne. Mangeons, mangeons, reprit-il en ne sachant plus ce qu'il disait, tout est à nous.

— Ce pauvre père !

— Si tu savais, mon enfant, dit-il en se levant et allant à elle, lui prenant la tête et la baisant au milieu de ses nattes de cheveux, combien tu peux me rendre heureux à bon marché ! viens me voir quelquefois, je serai là-haut, tu n'auras qu'un pas à faire. Promets-le-moi, dis !

— Oui, cher père.

— Dis encore.

— Oui, mon bon père.

— Tais-toi, je te le ferais dire cent fois si je m'écoutais. Dînons.

La soirée tout entière fut employée en enfantillages, et le père Goriot ne se montra pas le moins fou des trois. Il se couchait aux pieds de sa fille pour les baiser ; il la regardait longtemps dans les yeux ; il frottait sa tête contre sa robe ; enfin il faisait des folies comme en aurait fait l'amant le plus jeune et le plus tendre.

— Voyez-vous ? dit Delphine à Eugène, quand mon père est avec nous, il faut être tout à lui. Ce sera pourtant bien gênant quelquefois.

Eugène, qui s'était senti déjà plusieurs fois des mouvements de jalousie, ne pouvait pas blâmer ce mot, qui renfermait le principe de toutes les ingratitudes.

— Et quand l'appartement sera-t-il fini ? dit Eugène en regardant autour de la chambre. Il faudra donc nous quitter ce soir ?

— Oui, mais demain vous viendrez dîner avec moi, dit-elle d'un air fin. Demain est un jour d'Italiens.

— J'irai au parterre, moi, dit le père Goriot.

Il était minuit. La voiture de madame de Nucingen attendait. Le père Goriot et l'étudiant retournèrent à la Maison Vauquer en s'entretenant de Delphine avec un croissant enthousiasme qui produisit un curieux combat d'expressions entre ces deux violentes passions. Eugène ne pouvait pas se dissimuler que l'amour du père, qu'aucun intérêt personnel n'entachait, écrasait le sien par sa persistance et par son étendue. L'idole était toujours pure et belle pour le père, et son adoration s'accroissait de tout le passé comme de l'avenir. Ils trouvèrent madame Vauquer seule au coin de son poêle, entre Sylvie et Christophe. La vieille hôtesse était là comme Marius sur les ruines de Carthage[1]. Elle attendait les deux seuls pensionnaires qui lui restassent, en se désolant avec Sylvie. Quoique lord Byron ait prêté d'assez belles lamentations au Tasse[1], elles sont bien loin de la profonde vérité de celles qui échappaient à madame Vauquer.

— Il n'y aura donc que trois tasses de café à faire demain matin, Sylvie. Hein ! ma maison déserte, n'est-ce pas à fendre le cœur ? Qu'est-ce que la vie sans mes pensionnaires ? Rien du tout. Voilà ma maison démeublée de ses hommes. La vie est dans les meubles. Qu'ai-je fait au ciel pour m'être attiré tous ces désastres ? Nos provisions de haricots et de pommes de terre sont faites pour vingt personnes. La police chez moi ! Nous allons donc ne manger que des pommes de terre ! Je renverrai donc Christophe !

Le savoyard, qui dormait, se réveilla soudain et dit : — Madame ?

— Pauvre garçon ! c'est comme un dogue, dit Sylvie.

— Une saison morte, chacun s'est casé. D'où me tombera-t-il des pensionnaires ? J'en perdrai la tête. Et cette sibylle[2] de Michonneau qui m'enlève Poiret ! Qu'est-ce qu'elle lui faisait donc pour s'être attaché cet homme-là, qui la suit comme un toutou ?

— Ah ! dame ! fit Sylvie en hochant la tête, ces vieilles filles, ça connaît les rubriques[3].

— Ce pauvre monsieur Vautrin dont ils ont fait un forçat, reprit la veuve, eh bien ! Sylvie, c'est plus fort que moi, je ne le crois pas encore. Un homme gai comme ça, qui prenait du gloria pour quinze francs par mois, et qui payait rubis sur l'ongle !

— Et qui était généreux ! dit Christophe.

— Il y a erreur, dit Sylvie.

— Mais non, il a avoué lui-même, reprit madame Vauquer. Et dire que toutes ces choses-là sont arrivées chez moi, dans un quartier où il ne passe pas un chat ! Foi d'honnête femme, je rêve. Car, vois-tu, nous avons vu Louis XVI avoir son accident, nous avons vu tomber l'Empereur, nous l'avons vu revenir et retomber, tout cela c'était dans l'ordre des choses possibles ; tandis qu'il n'y a point de chances contre des pensions bourgeoises : on peut se passer de roi, mais il faut toujours qu'on mange ; et quand une honnête femme, née de Conflans, donne à dîner avec toutes bonnes choses, mais à moins que la fin du monde n'arrive… Mais,

1. Marius vaincu par Sylla s'était réfugié en Afrique et s'était arrêté sur les ruines de Carthage pour méditer sur son propre sort.

1. Les Lamentations du Tasse, *poème de Byron (1788-1824) sur le Tasse, l'auteur de* La Jérusalem délivrée, *dans sa prison de Ferrare (1544-1595).*

2. Si la sibylle était une devineresse, il s'agit ici d'un sens péjoratif : sorcière.

3. Elle connaît toutes les ruses.

c'est ça, c'est la fin du monde.

— Et penser que mademoiselle Michonneau, qui vous fait tout ce tort, va recevoir, à ce qu'on dit, mille écus de rente, s'écria Sylvie.

— Ne m'en parle pas, ce n'est qu'une scélérate ! dit madame Vauquer. Et elle va chez la Buneaud, par-dessus le marché ! Mais elle est capable de tout, elle a dû faire des horreurs, elle a tué, volé dans son temps. Elle devait aller au bagne à la place de ce pauvre cher homme...

En ce moment Eugène et le père Goriot sonnèrent.

— Ah ! voilà mes deux fidèles, dit la veuve en soupirant.

Les deux fidèles, qui n'avaient qu'un fort léger souvenir des désastres de la pension bourgeoise, annoncèrent sans cérémonie à leur hôtesse qu'ils allaient demeurer à la Chaussée-d'Antin.

— Ah, Sylvie ! dit la veuve, voilà mon dernier atout. Vous m'avez donné le coup de la mort, messieurs ! ça m'a frappée dans l'estomac. J'ai une barre là. Voilà une journée qui me met dix ans de plus sur la tête. Je deviendrai folle, ma parole d'honneur ! Que faire des haricots ? Ah ! bien, si je suis seule ici, tu t'en iras demain, Christophe. Adieu, messieurs, bonne nuit.

— Qu'a-t-elle donc ? demanda Eugène à Sylvie.

— Dame ! voilà tout le monde parti par suite des affaires. Ça lui a troublé la tête. Allons, je l'entends qui pleure. Ça lui fera du bien de *chigner*[1]. Voilà la première fois qu'elle se vide les yeux depuis que je suis à son service.

Le lendemain, madame Vauquer s'était, suivant son expression, *raisonnée*. Si elle parut affligée comme une femme qui avait perdu tous ses pensionnaires, et dont la vie était bouleversée, elle avait toute sa tête, et montra ce qu'était la vraie douleur, une douleur profonde, la douleur causée par l'intérêt froissé, par les habitudes rompues. Certes, le regard qu'un amant jette sur les lieux habités par sa maîtresse, en les quittant, n'est pas plus triste que ne le fut celui de madame Vauquer sur sa table vide. Eugène la consola en lui disant que Bianchon, dont l'internat finissait dans quelques jours, viendrait sans doute le remplacer ; que l'employé du Muséum avait souvent manifesté le désir d'avoir l'appartement de madame Couture, et que dans peu de jours elle aurait remonté son personnel.

— Dieu vous entende, mon cher monsieur ! mais le malheur est ici. Avant dix jours, la mort y viendra, vous verrez,

1. *Pleurer.*

lui dit-elle en jetant un regard lugubre sur la salle à manger. Qui prendra-t-elle ?

— Il fait bon déménager, dit tout bas Eugène au père Goriot.

— Madame, dit Sylvie en accourant effarée, voici trois jours que je n'ai vu Mistigris.

— Ah ! bien, si mon chat est mort, s'il nous a quittés, je...

La pauvre veuve n'acheva pas, elle joignit les mains et se renversa sur le dos de son fauteuil accablée par ce terrible pronostic.

Vers midi, heure à laquelle les facteurs arrivaient dans le quartier du Panthéon, Eugène reçut une lettre élégamment enveloppée, cachetée aux armes de Beauséant. Elle contenait une invitation adressée à monsieur et à madame de Nucingen pour le grand bal annoncé depuis un mois, et qui devait avoir lieu chez la vicomtesse. A cette invitation était joint un petit mot pour Eugène :

« J'ai pensé, monsieur, que vous vous chargeriez avec plaisir d'être l'interprète de mes sentiments auprès de madame de Nucingen ; je vous envoie l'invitation que vous m'avez demandée, et serai charmée de faire la connaissance de la sœur de madame de Restaud. Amenez-moi donc cette jolie personne, et faites en sorte qu'elle ne prenne pas toute votre affection, vous m'en devez beaucoup en retour de celle que je vous porte.

Vicomtesse de BEAUSÉANT. »

— Mais, se dit Eugène en relisant ce billet, madame de Beauséant me dit assez clairement qu'elle ne veut pas du baron de Nucingen. Il alla promptement chez Delphine, heureux d'avoir à lui procurer une joie dont il recevrait sans doute le prix. Madame de Nucingen était au bain. Rastignac attendit dans le boudoir, en butte aux impatiences naturelles à un jeune homme ardent et pressé de prendre possession d'une maîtresse, l'objet de deux ans de désirs. C'est des émotions qui ne se rencontrent pas deux fois dans la vie des jeunes gens. La première femme réellement femme à laquelle s'attache un homme, c'est-à-dire celle qui se présente à lui dans la splendeur des accompagnements que veut la société parisienne, celle-là n'a jamais de rivale L'amour à Paris ne ressemble en rien aux autres amours. Ni les hommes ni les femmes n'y sont dupes des montres[1] pavoisées de lieux communs que chacun étale par décence

1. *Démonstrations.*

sur ses affections soi-disant désintéressées. En ce pays, une femme ne doit pas satisfaire seulement le cœur et les sens, elle sait parfaitement qu'elle a de plus grandes obligations à remplir envers les mille vanités dont se compose la vie. Là surtout l'amour est essentiellement vantard, effronté, gaspilleur, charlatan et fastueux. Si toutes les femmes de la cour de Louis XIV ont envié à mademoiselle de La Vallière[1] l'entraînement de passion qui fit oublier à ce grand prince que ses manchettes coûtaient chacune mille écus quand il les déchira pour faciliter au duc de Vermandois[2] son entrée sur la scène du monde, que peut-on demander au reste de l'humanité ? Soyez jeunes, riches et titrés, soyez mieux encore si vous pouvez ; plus vous apporterez de grains d'encens à brûler devant l'idole, plus elle vous sera favorable, si toutefois vous avez une idole. L'amour est une religion, et son culte doit coûter plus cher que celui de toutes les autres religions ; il passe promptement, et passe en gamin qui tient à marquer son passage par des dévastations. Le luxe du sentiment est la poésie des greniers ; sans cette richesse, qu'y deviendrait l'amour ? S'il est des exceptions à ces lois draconiennes du code parisien, elles se rencontrent dans la solitude, chez les âmes qui ne se sont point laissé entraîner par les doctrines sociales, qui vivent près de quelque source aux eaux claires, fugitives, mais incessantes ; qui, fidèles à leurs ombrages verts, heureuses d'écouter le langage de l'infini, écrit pour elles en toute chose et qu'elles retrouvent en elles-mêmes, attendent patiemment leurs ailes en plaignant ceux de la terre. Mais Rastignac, semblable à la plupart des jeunes gens, qui, par avance, ont goûté les grandeurs, voulait se présenter tout armé dans la lice du monde ; il en avait épousé la fièvre, et se sentait peut-être la force de le dominer, mais sans connaître ni les moyens ni le but de cette ambition. A défaut d'un amour pur et sacré, qui remplit la vie, cette soif du pouvoir peut devenir une belle chose ; il suffit de dépouiller tout intérêt personnel et de se proposer la grandeur d'un pays pour objet. Mais l'étudiant n'était pas encore arrivé au point d'où l'homme peut contempler le cours de la vie et la juger. Jusqu'alors il n'avait même pas complètement secoué le charme des fraîches et suaves idées qui enveloppent comme d'un feuillage la jeunesse des enfants élevés en province. Il avait continuellement hésité à franchir le Rubicon parisien[3]. Malgré ses ardentes curiosités, il avait toujours conservé quelques arrière-pensées de la vie

1. Une des favorites de Louis XIV (1644-1710).

*2. Louis de Bourbon, duc de Vermandois, fils légitimé de Louis XIV et de Mlle de La Vallière. L'anecdote, racontée par Bussy-Rabutin dans l'*Histoire amoureuse des Gaules *(1665), concerne en fait le premier enfant de Louise de La Vallière.*

3. César transgressa l'interdiction faite à un général romain de franchir sans la permission du Sénat le Rubicon, rivière qui traçait la frontière entre la Gaule et l'Italie.

heureuse que mène le vrai gentilhomme dans son château. Néanmoins ses derniers scrupules avaient disparu la veille, quand il s'était vu dans son appartement. En jouissant des avantages matériels de la fortune, comme il jouissait depuis longtemps des avantages moraux que donne la naissance, il avait dépouillé sa peau d'homme de province, et s'était doucement établi dans une position d'où il découvrait un bel avenir. Aussi, en attendant Delphine, mollement assis dans ce joli boudoir qui devenait un peu le sien, se voyait-il si loin du Rastignac venu l'année dernière à Paris, qu'en le lorgnant par un effet d'optique morale, il se demandait s'il se ressemblait en ce moment à lui-même.

— Madame est dans sa chambre, vint lui dire Thérèse qui le fit tressaillir.

Il trouva Delphine étendue sur sa causeuse, au coin du feu, fraîche, reposée. A la voir ainsi étalée sur des flots de mousseline, il était impossible de ne pas la comparer à ces belles plantes de l'Inde dont le fruit vient dans la fleur (1).

— Eh ! bien, nous voilà, dit-elle avec émotion.

— Devinez ce que je vous apporte, dit Eugène en s'asseyant près d'elle et lui prenant le bras pour lui baiser la main.

Madame de Nucingen fit un mouvement de joie en lisant l'invitation. Elle tourna sur Eugène ses yeux mouillés, et lui jeta ses bras au cou pour l'attirer à elle dans un délire de satisfaction vaniteuse.

— Et c'est vous (toi, lui dit-elle à l'oreille ; mais Thérèse est dans mon cabinet de toilette, soyons prudents !), vous à qui je dois ce bonheur ? Oui, j'ose appeler cela un bonheur. Obtenu par vous, n'est-ce pas plus qu'un triomphe d'amour-propre ? Personne ne m'a voulu présenter dans ce monde. Vous me trouverez peut-être en ce moment petite, frivole, légère comme une Parisienne ; mais pensez, mon ami, que je suis prête à tout vous sacrifier, et que, si je souhaite plus ardemment que jamais d'aller dans le faubourg Saint-Germain, c'est que vous y êtes.

— Ne pensez-vous pas, dit Eugène, que madame de Beauséant a l'air de nous dire qu'elle ne compte pas voir le baron de Nucingen à son bal ?

— Mais oui, dit la baronne en rendant la lettre à Eugène. Ces femmes-là ont le génie de l'impertinence. Mais n'importe, j'irai. Ma sœur doit s'y trouver, je sais qu'elle prépare une toilette délicieuse. Eugène, reprit-elle à voix basse,

1 Portrait et peinture.

« L'éclairage est souvent projeté sur un personnage dont la pose est notée. C'est là un autre aspect de la tentative picturale dans le portrait, qui implique également la vision d'un spectateur (contribuant ainsi à un effet de réel) et une certaine conception de la peinture. Les poses (...) sont décrites, sans que le mot soit explicite, dans le cas de jolies femmes. (...) Ailleurs, le mot lui-même souligne l'attitude (...). La pose peut traduire l'humilité, la volupté, l'assurance, la classe sociale. En ce sens, elle constitue un indice qui remplit une fonction dans la structure narrative. Dans la description, elle n'en demeure pas moins l'un des éléments visant à la picturalité du discours. »

BERNARD VANNIER,
1972,
op. cit., pp. 58-59.

Soit par exemple le portrait de la duchesse de Carigliano dans la Maison du chat-qui-pelote :

« Augustine s'avança timidement. Au fond de ce frais boudoir, elle vit la duchesse voluptueusement couchée sur une ottomane en velours vert placée au centre d'une espèce de demi-cercle dessiné par les plis moelleux d'une mousseline tendue sur un fond jaune. Des ornements de bronze doré, disposés avec un goût exquis, rehaussaient encore cette espèce de dais sous lequel la duchesse était posée comme une statue antique. La couleur foncée du velours ne lui laissait perdre aucun moyen de séduction. Un demi-jour, ami de sa beauté, semblait être plutôt un reflet qu'une lumière. »

Ou bien encore celui de la marquise d'Aiglemont dans la Femme de trente ans :

« La manière dont la marquise tenait ses deux coudes appuyés sur les bras de son fauteuil, et joignait les extrémités des doigts de chaque main en ayant l'air de jouer ; la courbure de son cou, le laisser-aller de son corps fatigué mais souple, qui paraissait élégamment brisé dans le fauteuil, l'abandon de ses jambes, l'insouciance de sa pose, ses mouvements pleins de lassitude, tout révélait une femme sans intérêt dans la vie, qui n'a point connu les plaisirs de l'amour, mais qui les a rêvés, et qui se courbe sous les fardeaux dont l'accable sa mémoire ; une femme qui depuis longtemps a désespéré de l'avenir ou d'elle-même ; une femme inoccupée qui prend la vie pour le néant. Charles de Vandenesse admira ce magnifique tableau, mais comme le produit d'un *faire* plus habile que ne l'est celui des femmes ordinaires. »

Plus largement, Roland Barthes pose une équivalence entre la description et la peinture :

« Toute description littéraire est une *vue*. On dirait que l'énonciateur, avant de décrire, se poste à la fenêtre, non tellement pour bien voir, mais pour fonder ce qu'il voit par son cadre même : l'embrasure fait le spectacle. Décrire,

elle y va pour dissiper d'affreux soupçons. Vous ne savez pas les bruits qui courent sur elle ? Nucingen est venu me dire ce matin qu'on en parlait hier au Cercle sans se gêner. A quoi tient, mon Dieu ! l'honneur des femmes et des familles ! Je me suis sentie attaquée, blessée dans ma pauvre sœur. Selon certaines personnes, monsieur de Trailles aurait souscrit des lettres de change montant à cent mille francs, presque toutes échues, et pour lesquelles il allait être poursuivi. Dans cette extrémité, ma sœur aurait vendu ses diamants à un juif, ces beaux diamants que vous avez pu lui voir, et qui viennent de madame de Restaud la mère. Enfin, depuis deux jours, il n'est question que de cela. Je conçois alors qu'Anastasie se fasse faire une robe lamée, et veuille attirer sur elle tous les regards chez madame de Beauséant, en y paraissant dans tout son éclat et avec ses diamants. Mais je ne veux pas être au-dessous d'elle. Elle a toujours cherché à m'écraser, elle n'a jamais été bonne pour moi, qui lui rendais tant de services, qui avais toujours de l'argent pour elle quand elle n'en avait pas. Mais laissons le monde, aujourd'hui je veux être tout heureuse.

Rastignac était encore à une heure du matin chez madame de Nucingen, qui, en lui prodiguant l'adieu des amants, cet adieu plein des joies à venir, lui dit avec une expression de mélancolie : — Je suis si peureuse, si superstitieuse, donnez à mes pressentiments le nom qu'il vous plaira, que je tremble de payer mon bonheur par quelque affreuse catastrophe.

— Enfant, dit Eugène.

— Ah ! c'est moi qui suis l'enfant ce soir, dit-elle en riant.

Eugène revint à la Maison-Vauquer avec la certitude de la quitter le lendemain, il s'abandonna donc pendant la route à ces jolis rêves que font tous les jeunes gens quand ils ont encore sur les lèvres le goût du bonheur.

— Eh bien ? lui dit le père Goriot quand Rastignac passa devant sa porte.

— Eh bien ! répondit Eugène, je vous dirai tout demain.

— Tout, n'est-ce pas ? cria le bonhomme. Couchez-vous. Nous allons commencer demain notre vie heureuse (1).

c'est donc placer le cadre vide que l'auteur réaliste transporte toujours avec lui (...), devant une collection ou un continu d'objets inaccessibles à la parole sans cette opération maniaque (...) ; pour pouvoir en parler, il faut que l'écrivain, par un rite initial, transforme d'abord le « réel » en objet peint (encadré) ; après quoi il peut décrocher cet objet, le *tirer* de sa peinture : en un mot : le dépeindre (dépeindre, c'est faire avaler le tapis des codes, c'est référer, non d'un langage à un référent, mais d'un code à un autre code). Ainsi le réalisme (bien mal nommé, en tout cas souvent mal interprété) consiste, non à copier le réel, mais à copier une copie (peinte) du réel (...) »

ROLAND BARTHES,
1970,
S/Z, Seuil, p. 61.

1 Temps, drame et roman (suite).

« L'entrée dans le monde » et « Trompe-la-mort » obéissent aux mêmes lois temporelles que l'exposition. En voici le schéma chronologique :

Journée 1 : *le premier jeudi de décembre pp. 216-286 : arrivée des « galions », grande leçon de Vautrin, promenade aux Tuileries, dîner chez madame de Beauséant, présentation à Delphine aux Italiens, conversation avec le père Goriot.*

Journée 2 : *le lendemain pp. 286-294 : conversation avec Bianchon, réception de la lettre de Delphine l'invitant à l'accompagner le lendemain aux Italiens.*

Journée 3 : *le lendemain pp. 294-308 : chez Delphine, le jeu au Palais-Royal, dîner rue Saint-Lazare, conversation avec le père Goriot rue Neuve-Sainte-Geneviève.*

Journée 4 : *le lendemain pp. 308-310 : bal chez la duchesse de Carigliano (erreur de Balzac : nous sommes dimanche et le bal se tient le lundi suivant); nouvelle leçon de Vautrin.*

Chronologie imprécise et tempo relâché : *pp. 310-316 : Rastignac n'est* « pas plus avancé que le premier jour » *avec Delphine (p. 316).*

Redémarrage d'un tempo haletant :

Soirée du 12 février : *pp. 316-324 : scène d'amour avec Victorine, nouvelle conversation avec Vautrin, partie de whist chez madame de Restaud (qui ne ferme donc plus sa porte à Eugène).*

Journée du 14 : *pp. 328-361 : complot Michonneau-Poiret-Gondureau au Jardin-des-Plantes, annonce par Goriot de l'installation de l'appartement de la rue d'Artois, sommeil de Rastignac dû au somnifère administré par Vautrin pour qu'il ne révèle pas le complot contre le fils Taillefer, Vautrin emmène madame Vauquer au théâtre, la Michonneau va chercher la fiole.*

Journée du 15 *qui* « devait prendre place parmi les jours les plus extraordinaires de l'histoire de la maison Vauquer » *pp. 361-404 : lettre de reproches de Delphine, annonce du duel fatal, arrestation de Vautrin, expulsion de Poiret et de la Michonneau, visite par Rastignac et Goriot du nouvel appartement, retour à la pension.*

Journée du 16 : *pp. 404-410 : Delphine se donne probablement à Eugène qui lui apporte l'invitation au bal de madame de Beauséant, retour à la pension* « avec la certitude de la quitter le lendemain ».

Tout est en place pour le dénouement.

IV

LA MORT DU PÈRE

Le lendemain, Goriot et Rastignac n'attendaient plus que le bon vouloir d'un commissionnaire pour partir de la pension bourgeoise, quand vers midi le bruit d'un équipage qui s'arrêtait précisément à la porte de la Maison Vauquer retentit dans la rue Neuve-Sainte-Geneviève. Madame de Nucingen descendit de sa voiture, demanda si son père était encore à la pension. Sur la réponse affirmative de Sylvie, elle monta lestement l'escalier. Eugène se trouvait chez lui sans que son voisin le sût. Il avait, en déjeunant, prié le père Goriot d'emporter ses effets, en lui disant qu'ils se retrouveraient à quatre heures rue d'Artois. Mais, pendant que le bonhomme avait été chercher des porteurs, Eugène, ayant promptement répondu à l'appel de l'école, était revenu sans que personne l'eût aperçu, pour compter[1] avec madame Vauquer, ne voulant pas laisser cette charge à Goriot, qui, dans son fanatisme, aurait sans doute payé pour lui. L'hôtesse était sortie. Eugène remonta chez lui pour voir s'il n'y oubliait rien, et s'applaudit d'avoir eu cette pensée en voyant dans le tiroir de sa table l'acceptation en blanc, souscrite à Vautrin, qu'il avait insouciamment jetée là le jour où il l'avait acquittée. N'ayant pas de feu, il allait la déchirer en petits morceaux quand, en reconnaissant la voix de Delphine, il ne voulut faire aucun bruit, et s'arrêta pour l'entendre, en pensant qu'elle ne devait avoir aucun secret pour lui. Puis, dès les premiers mots, il trouva la conversation entre le père et la fille trop intéressante pour ne pas l'écouter.

— Ah ! mon père, dit-elle, plaise au ciel que vous ayez eu l'idée de demander compte de ma fortune assez à temps pour que je ne sois pas ruinée ! Puis-je parler ?

— Oui, la maison est vide, dit le père Goriot d'une voix altérée.

— Qu'avez-vous donc, mon père ? reprit madame de Nucingen.

— Tu viens, répondit le vieillard, de me donner un coup de hache sur la tête. Dieu te pardonne, mon enfant ! Tu ne sais pas combien je t'aime ; si tu l'avais su, tu ne m'aurais pas dit brusquement de semblables choses, surtout si rien n'est désespéré. Qu'est-il donc arrivé de si pressant pour que

1. *Pour régler son compte.*

tu sois venue me chercher ici quand dans quelques instants nous allions être rue d'Artois ?

— Eh ! mon père, est-on maître de son premier mouvement dans une catastrophe ? Je suis folle ! Votre avoué nous a fait découvrir un peu plus tôt le malheur qui sans doute éclatera plus tard. Votre vieille expérience commerciale va nous devenir nécessaire, et je suis accourue vous chercher comme on s'accroche à une branche quand on se noie. Lorsque monsieur Derville[1] a vu Nucingen lui opposer mille chicanes, il l'a menacé d'un procès en lui disant que l'autorisation du président du tribunal serait promptement obtenue. Nucingen est venu ce matin chez moi pour me demander si je voulais sa ruine et la mienne. Je lui ai répondu que je ne me connaissais à rien de tout cela, que j'avais une fortune, que je devais être en possession de ma fortune, et que tout ce qui avait rapport à ce démêlé regardait mon avoué, que j'étais de la dernière ignorance et dans l'impossibilité de rien entendre à ce sujet. N'était-ce pas ce que vous m'aviez recommandé de dire ?

— Bien, répondit le père Goriot.

— Eh bien ! reprit Delphine, il m'a mise au fait de ses affaires. Il a jeté tous ses capitaux et les miens dans des entreprises à peine commencées, et pour lesquelles il a fallu mettre de grandes sommes en dehors. Si je le forçais à me représenter ma dot, il serait obligé de déposer son bilan ; tandis que, si je veux attendre un an, il s'engage sur l'honneur à me rendre une fortune double ou triple de la mienne en plaçant mes capitaux dans des opérations territoriales à la fin desquelles je serai maîtresse de tous les biens ⟨1⟩. Mon cher père, il était sincère, il m'a effrayée. Il m'a demandé pardon de sa conduite, il m'a rendu ma liberté, m'a permis de me conduire à ma guise, à la condition de le laisser entièrement maître de gérer les affaires sous mon nom. Il m'a promis, pour me prouver sa bonne foi, d'appeler monsieur Derville toutes les fois que je le voudrais pour juger si les actes en vertu desquels il m'instituerait propriétaire seraient convenablement rédigés. Enfin il s'est remis entre mes mains pieds et poings liés. Il demande encore pendant deux ans la conduite de la maison, et m'a suppliée de ne rien dépenser pour moi de plus qu'il ne m'accorde. Il m'a prouvé que tout ce qu'il pouvait faire était de conserver les apparences, qu'il avait renvoyé sa danseuse, et qu'il allait être contraint à la plus stricte mais à la plus sourde[2] économie, afin d'atteindre

1. *L'avoué du père Goriot. Il reparaît dans plusieurs romans.*

2. *Discrète.*

1 La dot, un enjeu conjugal.

« La dot ne constituait pas simplement un moyen pour les hommes d'acquérir des biens. En règle générale, toute union impliquait un contrat de mariage — non seulement chez les riches mais parfois même chez des domestiques et des manœuvres où chacun n'apportait guère que quelques centaines de francs. Les modalités d'établissement de ce contrat étaient décisives pour déterminer la nature du foyer qui allait en résulter.

Quoique le Code Napoléon ait fait du mari le gardien et l'administrateur des biens de sa femme, de nombreux obstacles pouvaient se dresser devant lui et l'épouse pouvait exercer contre lui des droits puissants. Au départ, les usages étaient différents dans le nord et le sud de la France. Là où le droit romain avait prévalu, le *régime dotal* accordait au mari la jouissance des revenus de la dot, mais le capital était inaliénable. Il constituait en quelque sorte une garantie contre le veuvage et pouvait demeurer sous le contrôle de la famille de l'épouse. Dans le Nord, où le droit coutumier était en vigueur, de telles restrictions n'existaient pas et le mari pouvait même vendre la dot pour payer ses dettes. »

THÉODORE ZELDIN,
1973,
traduction française 1978, *op. cit.*, Encres, tome I, p. 338.

au terme de ses spéculations sans altérer son crédit. Je l'ai malmené, j'ai tout mis en doute afin de le pousser à bout et d'en apprendre davantage : il m'a montré ses livres, enfin il a pleuré. Je n'ai jamais vu d'homme en pareil état. Il avait perdu la tête, il parlait de se tuer, il délirait. Il m'a fait pitié.

— Et tu crois à ces sornettes, s'écria le père Goriot. C'est un comédien ! J'ai rencontré des Allemands en affaires : ces gens-là sont presque tous de bonne foi, pleins de candeur ; mais, quand, sous leur air de franchise et de bonhomie, ils se mettent à être malins et charlatans, ils le sont alors plus que les autres. Ton mari t'abuse. Il se sent serré de près, il fait le mort, il veut rester plus maître sous ton nom qu'il ne l'est sous le sien. Il va profiter de cette circonstance pour se mettre à l'abri des chances de son commerce. Il est aussi fin que perfide ; c'est un mauvais gars. Non, non, je ne m'en irai pas au Père-Lachaise en laissant mes filles dénuées de tout. Je me connais encore un peu aux affaires. Il a, dit-il, engagé ses fonds dans les entreprises, eh bien ! ses intérêts sont représentés par des valeurs, par des reconnaissances, par des traités[1] ! qu'il les montre, et liquide[2] avec toi. Nous choisirons les meilleures spéculations, nous en courrons les chances, et nous aurons les titres recognitifs[3] en notre nom de *Delphine Goriot, épouse séparée quant aux biens du baron de Nucingen*. Mais nous prend-il pour des imbéciles, celui-là ? Croit-il que je puisse supporter pendant deux jours l'idée de te laisser sans fortune, sans pain ? Je ne la supporterais pas un jour, pas une nuit, pas deux heures ! Si cette idée était vraie, je n'y survivrais pas. Eh quoi ! j'aurai travaillé pendant quarante ans de ma vie, j'aurai porté des sacs sur mon dos, j'aurai sué des averses, je me serai privé pendant toute ma vie pour vous, mes anges, qui me rendiez tout travail, tout fardeau léger ; et aujourd'hui ma fortune, ma vie s'en iraient en fumée ! Ceci me ferait mourir enragé. Par tout ce qu'il y a de plus sacré sur terre et au ciel, nous allons tirer ça au clair, vérifier les livres, la caisse, les entreprises ! Je ne dors pas, je ne me couche pas, je ne mange pas, qu'il ne me soit prouvé que ta fortune est là tout entière. Dieu merci, tu es séparée de biens ; tu auras maître Derville pour avoué, un honnête homme heureusement. Jour de Dieu ! tu garderas ton bon petit million, tes cinquante mille livres de rente, jusqu'à la fin de tes jours, ou je fais un tapage dans Paris, ah ! ah ! Mais je m'adresserais aux chambres si les tribunaux nous victimaient[4]. Te savoir tranquille et heureuse

1. Le traité est une convention entre particuliers.
2. Liquider signifie dans cette acception : déterminer la part de chaque époux sur les biens de la communauté conjugale.
3. Titres par lesquels on reconnaît une obligation ou un droit.

4. Victimer : rendre victime.

du côté de l'argent, mais cette pensée allégeait tous mes maux et calmait mes chagrins. L'argent, c'est la vie. Monnaie fait tout. Que nous chante-t-il donc, cette grosse souche d'Alsacien ? Delphine, ne fais pas une concession d'un quart de liard à cette grosse bête, qui t'a mise à la chaîne et t'a rendue malheureuse. S'il a besoin de toi, nous le tricoterons ferme[1], et nous le ferons marcher droit. Mon Dieu, j'ai la tête en feu, j'ai dans le crâne quelque chose qui me brûle. Ma Delphine sur la paille ! Oh ! ma Fifine, toi ! Sapristi ! où sont mes gants ? Allons, partons, je veux aller tout voir, les livres, les affaires, la caisse, la correspondance, à l'instant. Je ne serai calme que quand il me sera prouvé que ta fortune ne court plus de risques, et que je la verrai de mes yeux.

— Mon cher père ! allez-y prudemment. Si vous mettiez la moindre velléité de vengeance en cette affaire, et si vous montriez des intentions trop hostiles, je serais perdue. Il vous connaît, il a trouvé tout naturel que, sous votre inspiration, je m'inquiétasse de ma fortune ; mais, je vous le jure, il la tient en ses mains, et a voulu la tenir. Il est homme à s'enfuir avec tous les capitaux, et à nous laisser là, le scélérat ! Il sait bien que je ne déshonorerai pas moi-même le nom que je porte en le poursuivant. Il est à la fois fort et faible. J'ai bien tout examiné. Si nous le poussons à bout, je suis ruinée.

— Mais c'est donc un fripon ?

— Eh ! bien, oui, mon père, dit-elle en se jetant sur une chaise en pleurant. Je ne voulais pas vous l'avouer pour vous épargner le chagrin de m'avoir mariée à un homme de cette espèce-là ! Mœurs secrètes et conscience, l'âme et le corps, tout en lui s'accorde ! c'est effroyable : je le hais et le méprise. Oui, je ne puis plus estimer ce vil Nucingen après tout ce qu'il m'a dit. Un homme capable de se jetér dans les combinaisons commerciales dont il m'a parlé n'a pas la moindre délicatesse, et mes craintes viennent de ce que j'ai lu parfaitement dans son âme. Il m'a nettement proposé, lui, mon mari, la liberté, vous savez ce que cela signifie ? si je voulais être, en cas de malheur, un instrument entre ses mains, enfin si je voulais lui servir de prête-nom.

— Mais les lois sont là ! Mais il y a une place de Grève[2] pour les gendres de cette espèce-là, s'écria le père Goriot ; mais je le guillotinerais moi-même s'il n'y avait pas de bourreau.

— Non, mon père, il n'y a pas de lois contre lui. Écoutez en deux mots son langage, dégagé des circonlocutions dont

1. *Verbe formé sur tricot : bâton gros et court.*

2. *Ancien nom de la place de l'Hôtel-de-Ville (4e arrondissement). Les exécutions publiques y avaient lieu.*

il l'enveloppait : « Ou tout est perdu, vous n'avez pas un liard, vous êtes ruinée ; car je ne saurais choisir pour complice une autre personne que vous ; ou vous me laisserez conduire à bien mes entreprises. » Est-ce clair ? Il tient encore à moi. Ma probité de femme le rassure ; il sait que je lui laisserai sa fortune, et me contenterai de la mienne. C'est une association improbe et voleuse à laquelle je dois consentir sous peine d'être ruinée. Il m'achète ma conscience et la paye en me laissant être à mon aise la femme d'Eugène. « Je te permets de commettre des fautes, laisse-moi faire des crimes en ruinant de pauvres gens ! » Ce langage est-il encore assez clair ? Savez-vous ce qu'il nomme faire des opérations ? Il achète des terrains nus sous son nom, puis il y fait bâtir des maisons par des hommes de paille. Ces hommes concluent les marchés pour les bâtisses avec tous les entrepreneurs, qu'ils payent en effets à longs termes, et consentent, moyennant une légère somme, à donner quittance à mon mari, qui est alors possesseur des maisons, tandis que ces hommes s'acquittent avec les entrepreneurs dupés en faisant faillite. Le nom de la maison de Nucingen a servi à éblouir les pauvres constructeurs [1]. J'ai compris cela. J'ai compris aussi que, pour prouver, en cas de besoin, le payement de sommes énormes, Nucingen a envoyé des valeurs considérables à Amsterdam, à Londres, à Naples, à Vienne. Comment les saisirions-nous [2] ?

Eugène entendit le son lourd des genoux du père Goriot, qui tomba sans doute sur le carreau de sa chambre.

— Mon Dieu, que t'ai-je fait ? Ma fille livrée à ce misérable, il exigera tout d'elle s'il le veut. Pardon, ma fille ! cria le vieillard.

— Oui, si je suis dans un abîme, il y a peut-être de votre faute, dit Delphine. Nous avons si peu de raison quand nous nous marions ! Connaissons-nous le monde, les affaires, les hommes, les mœurs ? Les pères devraient penser pour nous. Cher père, je ne vous reproche rien, pardonnez-moi ce mot. En ceci la faute est toute à moi. Non, ne pleurez point, papa, dit-elle en baisant le front de son père.

— Ne pleure pas non plus, ma petite Delphine. Donne tes yeux, que je les essuie en les baisant. Va ! je vais retrouver ma caboche, et débrouiller l'écheveau d'affaires que ton mari a mêlé.

— Non, laissez-moi faire ; je saurai le manœuvrer. Il m'aime, eh ! bien, je me servirai de mon empire sur lui pour

1 Les dents de la pierre ou les requins de l'immobilier.

« *La spéculation immobilière à Paris.*
A partir de 1821, une fièvre de construction saisit Paris. « On ne voit partout, écrit *le Constitutionnel* en septembre 1824, qu'échafauds dressés, échelles suspendues et matériaux amoncelés. Le Parisien lui-même, pour peu qu'il ait été absent, reconnaît à peine son propre quartier. » Ouvrard, dans ses *Mémoires*, dit qu'on « acheta à la toise Beaujon, le jardin de Tivoli, les marais des Champs-Élysées, Marbeuf, la plaine Monceau. Paris ressemblait à une ville prise d'assaut par des architectes et des maçons ». Thiers écrit, le 30 août 1826 : « Un genre de spéculation a été poussé à Paris jusqu'à la folie et peut amener des retours dangereux : c'est la spéculation sur les terrains et les bâtisses. On avait peu bâti à Paris depuis la Révolution. A peine la Restauration est-elle venue ramener les spéculations qu'on s'est mis à démolir les vieux manoirs pour faire de jolies maisons ; les terrains à bâtir ont rapidement augmenté et on a vu des fortunes énormes faites par la rapide élévation des prix. Certainement, les premiers terrains vendus en 1821 sont montés aujourd'hui au centuple de leur valeur première. Tout le monde s'est jeté avec fureur sur ce genre de spéculation et de simples bourgeois se sont engagés eux-mêmes dans la démolition et la bâtisse. On a fait plus de *trois mille maisons nouvelles.* »
Les recherches de Mme Pronteau ont montré que les grandes spéculations portent sur le quartier de l'Europe, de la rue de Clichy à la rue de Valois, où le principal agent est le banquier Hagerman ; sur le quartier Poissonnière, fief de la banque Laffitte ; sur le quartier François-Ier où une société fut constituée pour l'achat et la revente des terrains. »

Nouvelle Histoire de France, 1967, Tallandier, tome 26, pp. 3246-3247.

La prophylaxie par la spéculation.

« (...) Dans le quartier sinistre nommé autrefois la *Petite-Pologne*, et que circonscrivent la rue du Rocher, la rue de la Pépinière et la rue de Miromesnil. Il existe là comme une succursale du faubourg Saint-Marceau. Pour peindre ce quartier, il suffira de dire que les propriétaires de certaines maisons habitées par des industriels sans industries, par de dangereux ferrailleurs, par des indigents livrés à des métiers périlleux, n'osent pas y réclamer leurs loyers, et ne trouvent pas d'huissiers qui veuillent expulser les locataires insolvables. En ce moment, la Spéculation, qui tend à changer la face de ce coin de Paris et à bâtir l'espace en friche qui sépare la rue d'Amsterdam de la rue du Faubourg-du-Roule, en modifiera sans doute la population car la truelle est, à Paris, plus civilisatrice qu'on ne le pense ! En bâtissant de belles et d'élégantes maisons à concierges, les bordant de trot-

toirs et y pratiquant des boutiques, la Spéculation écarte, par le prix du loyer, les gens sans aveu, les ménages sans mobilier et les mauvais locataires. Ainsi les quartiers se débarrassent de ces populations sinistres et de ces bouges où la police ne met le pied que quand la justice l'ordonne. »

La Cousine Bette, 1846.

Pertes et profits.

César Birotteau se ruine dans la spéculation sur les terrains de la Madeleine que lui propose Roguin, son notaire :
« Nous allons acheter aux environs de la Madeleine des terrains que, suivant le calcul de Roguin, nous aurons pour le quart de la valeur à laquelle ils doivent arriver d'ici à trois ans, époque à laquelle, les baux étant expirés, nous deviendrons maîtres d'exploiter (...) Les terrains payés, nous n'aurons qu'à nous croiser les bras, et dans trois ans d'ici nous serons riches d'un million. »

Histoire de la grandeur et de la décadence de César Birotteau, 1837.

Roguin fera faillite et emportera la mise de fonds de César. Ce dernier a-t-il commis une erreur fondamentale ? Non, une simple erreur d'appréciation, car :
« Un notaire de Paris s'est associé avec un architecte, et ils ont acheté des terrains, ils ont bâti dessus ; il y a dans ce moment-ci une dégringolade ;... ils se sont trompés dans leurs calculs... ; ne nous occupons pas de tout ça... Parmi les maisons que leur compagnie illicite, car les notaires ne doivent pas faire d'affaires, a bâties, il y en a une qui, n'étant pas achevée, éprouve une si grande dépréciation qu'elle sera mise à prix à cent mille francs, quoique le terrain et la construction aient coûté quatre mille francs. Comme il n'y a que des intérieurs à faire, et que rien n'est plus facile à évaluer ; que, d'ailleurs, ces choses-là sont prêtes chez les entrepreneurs, qui les donneraient à meilleur marché, la somme à dépenser ne dépassera pas cinquante mille francs. Or, par sa position, la maison rapportera plus de quarante mille francs, impôts payés. Elle est toute en pierre de taille, les murs de refend en moellons ; la façade est couverte des plus riches sculptures, on y a dépensé plus de vingt mille francs ; les fenêtres sont en glaces, avec des ferrures à nouveau système, dit *crémone*.
— Eh ! bien, en quoi consiste la difficulté ?
— Oh ! la voici : le notaire s'est réservé cette part dans le gâteau qu'il abandonne, et il est, sous le nom de ses amis, l'un des prêteurs qui regardent vendre l'immeuble par le syndic de la faillite : on n'a pas poursuivi, cela coûterait trop cher, l'on vend sur publications volontaires ; or, ce notaire s'est adressé pour acquérir à l'un de mes clients en lui demandant son nom, mon client est un pauvre diable, et il m'a dit : « Il y a là une fortune, en la soufflant au notaire... »
— Dans le commerce, cela se fait !... dit vivement Brigitte.

— S'il n'y avait que cette difficulté, reprit Théodose, ce serait, comme disait un de mes amis à un de ses élèves, qui se plaignait de la peine que présentent les chefs-d'œuvre à faire en peinture : « Ah ! mon petit, si ça n'était pas ainsi, les laquais en feraient ! » Mais, mademoiselle, si l'on attrape cet affreux notaire, qui, croyez-le bien, mérite d'être attrapé, car il a compromis bien des fortunes particulières, comme c'est un homme très fin, quoique notaire, il sera peut-être très difficile de le pincer deux fois. Quand on achète un immeuble, si ceux qui ont prêté de l'argent dessus ne sont pas contents de le perdre par l'insuffisance du prix, ils ont la faculté, dans un certain délai, de surenchérir, en offrant plus et en gardant l'immeuble pour soi. Si l'on ne peut pas abuser cet abuseur jusqu'à l'expiration du délai donné pour surenchérir, il faut substituer une nouvelle ruse à la première. Mais cette affaire est-elle bien légale ?... Peut-on la conduire au profit de la famille où l'on désire entrer ?... Voilà ce que depuis trois jours je me demande...

Brigitte, il faut l'avouer, hésitait, et Théodose mit alors en avant sa dernière ressource.

— Prenez la nuit pour réflexion ; demain, nous en causerons...

— Écoutez, mon petit, dit Brigitte en regardant l'avocat d'un air presque amoureux, avant tout il faudrait voir la maison. Où est-elle ?

— Aux environs de la Madeleine ! ce sera le cœur de Paris dans dix ans ! Et, si vous saviez, on pensait à ces terrains-là dès 1819 ! La fortune de Du Tillet, le banquier, vient de là... La fameuse faillite du notaire Roguin, qui porta tant d'effroi dans Paris et un si grand coup à la considération de ce corps, qui a entraîné le célèbre parfumeur Birotteau, n'a pas eu d'autre cause ; ils spéculaient un peu trop tôt sur ces terrains-là.

— Je me souviens de cela, répondit Brigitte.

— La maison pourra, sans aucun doute, être terminée à la fin de cette année, et les locations commenceront vers le milieu de l'an prochain.

— Pouvons-nous y aller demain ?

— Belle tante, je suis à vos ordres. »

Les Petits Bourgeois, ouvrage posthume commencé en 1843, publié en 1856-1857.

2 Nucingen story ou l'art de faire fortune.

« La prospérité de la maison Nucingen est un des phénomènes les plus extraordinaires de notre époque, reprit Blondet. En 1804, Nucingen était peu connu, les banquiers d'alors auraient tremblé de savoir sur la place cent mille écus de ses acceptations. Ce grand financier sent alors son infériorité. Comment se faire connaître ? Il suspend ses paiements. Bon ! Son nom, restreint à Strasbourg et au quartier Poissonnière, retentit sur toutes les places ! Il désintéresse son monde avec des valeurs mortes, et reprend ses paiements ; aussitôt son papier se fait dans toute la France. Par une circonstance inouïe, les valeurs revivent, reprennent faveur, donnent des bénéfices. Le Nucingen est très recherché. L'année 1815 arrive, mon gars réunit ses capitaux, achète des fonds avant la bataille de Waterloo, suspend ses paiements au moment de la crise, liquide avec des actions dans les mines de Wortschin qu'il s'était procurées à vingt pour cent au-dessous de la valeur à laquelle il les émettait lui-même ! oui, messieurs ! Il prend à Grandet cent cinquante mille bouteilles de vin de Champagne pour se couvrir en prévoyant la faillite de ce vertueux père du comte d'Aubrion actuel, et autant à Duberghe en vins de Bordeaux. Ces trois cent mille bouteilles *acceptées*, acceptées, mon cher, à trente sous, il les a fait boire aux Alliés, à six francs, au Palais-Royal de 1817 à 1819. Le papier de la maison Nucingen et son nom deviennent européens. Cet illustre baron s'est élevé sur l'abîme où d'autres auraient sombré. Deux fois, sa liquidation a produit d'immenses avantages à ses créanciers : il a voulu les rouer, impossible ! Il passe pour le plus honnête homme du monde. A la troisième suspension, le papier de la maison Nucingen se fera en Asie, au Mexique, en Australasie, chez les Sauvages. Ouvrard est le seul qui ait deviné cet Alsacien, fils de quelque juif converti par ambition : « Quand Nucingen lâche son or, disait-il, croyez qu'il saisit des diamants ! »

(...)

Chez lui, la banque est un très petit département : il y a les fournitures du gouvernement, les vins, les laines, les indigos, enfin tout ce qui donne matière à un gain quelconque. Son génie embrasse tout. Cet éléphant de la Finance vendrait les Députés au Ministère, et les Grecs aux Turcs. Pour lui le commerce est, disait Cousin, la totalité des variétés, l'unité des spécialités. La Banque envisagée ainsi devient toute une politique, elle exige une tête puissante, et porte alors un homme bien trempé à se mettre au-dessus des lois de la probité dans lesquelles il se trouve à l'étroit. »

La Maison Nucingen, 1838.

(N°67)

très humbles, très soumis, très obéissans
et surtout très voraces **Sujets.**

l'amener à me placer promptement quelques capitaux en propriétés. Peut-être lui ferai-je racheter sous mon nom Nucingen, en Alsace, il y tient. Seulement venez demain pour examiner ses livres, ses affaires. Monsieur Derville ne sait rien de ce qui est commercial. Non, ne venez pas demain. Je ne veux pas me tourner le sang. Le bal de madame de Beauséant a lieu après-demain, je veux me soigner pour y être belle, reposée, et faire honneur à mon cher Eugène ! Allons donc voir sa chambre.

En ce moment une voiture s'arrêta dans la rue Neuve-Sainte-Geneviève, et l'on entendit dans l'escalier la voix de madame de Restaud, qui disait à Sylvie : — Mon père y est-il ? Cette circonstance sauva heureusement Eugène, qui méditait déjà de se jeter sur son lit et de feindre d'y dormir.

— Ah ! mon père, vous a-t-on parlé d'Anastasie ? dit Delphine en reconnaissant la voix de sa sœur. Il paraîtrait qu'il lui arrive aussi de singulières choses dans son ménage.

— Quoi donc ! dit le père Goriot : ce serait donc ma fin. Ma pauvre tête ne tiendra pas à un double malheur.

— Bonjour, mon père, dit la comtesse en entrant. Ah ! te voilà, Delphine.

Madame de Restaud parut embarrassée de rencontrer sa sœur.

— Bonjour, Nasie, dit la baronne. Trouves-tu donc ma présence extraordinaire ? Je vois mon père tous les jours, moi.

— Depuis quand ?

— Si tu y venais, tu le saurais.

— Ne me taquine pas, Delphine, dit la comtesse d'une voix lamentable. Je suis bien malheureuse, je suis perdue, mon pauvre père ! oh ! bien perdue cette fois !

— Qu'as-tu, Nasie ? cria le père Goriot. Dis-nous tout, mon enfant. Elle pâlit. Delphine, allons, secours-la donc, sois bonne pour elle, je t'aimerai encore mieux, si je peux, toi !

— Ma pauvre Nasie, dit madame de Nucingen en asseyant sa sœur, parle. Tu vois en nous les deux seules personnes qui t'aimeront toujours assez pour te pardonner tout. Vois-tu, les affections de famille sont les plus sûres. Elle lui fit respirer des sels, et la comtesse revint à elle.

— J'en mourrai, dit le père Goriot. Voyons, reprit-il en remuant son feu de mottes, approchez-vous toutes les deux. J'ai froid. Qu'as-tu, Nasie ? dis vite, tu me tues...

— Eh bien, dit la pauvre femme, mon mari sait tout. Figurez-vous, mon père, il y a quelque temps, vous souvenez-vous de cette lettre de change de Maxime ? Eh ! bien, ce n'était pas la première. J'en avais déjà payé beaucoup. Vers le commencement de janvier, monsieur de Trailles me paraissait bien chagrin. Il ne me disait rien ; mais il est si facile de lire dans le cœur des gens qu'on aime, un rien suffit : puis il y a des pressentiments. Enfin il était plus aimant, plus tendre que je ne l'avais jamais vu, j'étais toujours plus heureuse. Pauvre Maxime ! dans sa pensée, il me faisait ses adieux, m'a-t-il dit ; il voulait se brûler la cervelle. Enfin je l'ai tant tourmenté, tant supplié, je suis restée deux heures à ses genoux. Il m'a dit qu'il devait cent mille francs ! Oh ! papa, cent mille francs ! Je suis devenue folle. Vous ne les aviez pas, j'avais tout dévoré...

— Non, dit le père Goriot, je n'aurais pas pu les faire, à moins d'aller les voler. Mais j'y aurais été, Nasie ! J'irai.

A ce mot lugubrement jeté, comme un son du râle d'un mourant, et qui accusait l'agonie du sentiment paternel réduit à l'impuissance, les deux sœurs firent une pause. Quel égoïsme serait resté froid à ce cri de désespoir qui, semblable à une pierre lancée dans un gouffre, en révélait la profondeur ?

— Je les ai trouvés en disposant de ce qui ne m'appartenait pas, mon père, dit la comtesse en fondant en larmes.

Delphine fut émue et pleura en mettant la tête sur le cou de sa sœur.

— Tout est donc vrai, lui dit-elle.

Anastasie baissa la tête, madame de Nucingen la saisit à plein corps, la baisa tendrement, et l'appuyant sur son cœur : — Ici, tu seras toujours aimée sans être jugée, lui dit-elle.

— Mes anges, dit Goriot d'une voix faible, pourquoi votre union est-elle due au malheur ?

— Pour sauver la vie de Maxime, enfin pour sauver tout mon bonheur, reprit la comtesse encouragée par ces témoignages d'une tendresse chaude et palpitante, j'ai porté chez cet usurier que vous connaissez, un homme fabriqué par l'enfer, que rien ne peut attendrir, ce monsieur Gobseck, les diamants de famille auxquels tient tant monsieur de Restaud, les siens, les miens, tout, je les ai vendus. Vendus ! comprenez-vous ? il a été sauvé ! Mais, moi, je suis morte. Restaud a tout su.

— Par qui ? comment ? Que je le tue ! cria le père Goriot.

— Hier, il m'a fait appeler dans sa chambre. J'y suis allée... « Anastasie, m'a-t-il dit d'une voix... (oh ! sa voix a suffi, j'ai tout deviné), où sont vos diamants ? » Chez moi. « Non, m'a-t-il dit en me regardant, ils sont là, sur ma commode. » Et il m'a montré l'écrin qu'il avait couvert de son mouchoir. « Vous savez d'où ils viennent ? » m'a-t-il dit. Je suis tombée à ses genoux... j'ai pleuré, je lui ai demandé de quelle mort il voulait me voir mourir.

— Tu as dit cela ! s'écria le père Goriot. Par le sacré nom de Dieu, celui qui vous fera mal à l'une ou à l'autre, tant que je serai vivant, peut être sûr que je le brûlerai à petit feu ! Oui, je le déchiquetterai comme...

Le père Goriot se tut, les mots expiraient dans sa gorge.

— Enfin, ma chère, il m'a demandé quelque chose de plus difficile à faire que de mourir. Le ciel préserve toute femme d'entendre ce que j'ai entendu !

— J'assassinerai cet homme, dit le père Goriot tranquillement.

Mais il n'a qu'une vie, et il m'en doit deux. Enfin, quoi ? reprit-il en regardant Anastasie.

— Eh bien, dit la comtesse en continuant, après une pause il m'a regardée : « Anastasie, m'a-t-il dit, j'ensevelis tout dans le silence, nous resterons ensemble, nous avons des enfants. Je ne tuerai pas monsieur de Trailles, je pourrais le manquer, et pour m'en défaire autrement je pourrais me heurter contre la justice humaine. Le tuer dans vos bras, ce serait déshonorer *les* enfants. Mais pour ne voir périr ni vos enfants, ni leur père, ni moi, je vous impose deux conditions. Répondez : Ai-je un enfant à moi ? » J'ai dit oui. « Lequel ? » a-t-il demandé. Ernest, notre aîné. « Bien, a-t-il dit. Maintenant, jurez-moi de m'obéir désormais sur un seul point. » J'ai juré. « Vous signerez la vente de vos biens quand je vous le demanderai [1] . »

— Ne signe pas, cria le père Goriot. Ne signe jamais cela. Ah ! ah ! monsieur de Restaud, vous ne savez pas ce que c'est que de rendre une femme heureuse, elle va chercher le bonheur là où il est, et vous la punissez de votre niaise impuissance ?... Je suis là, moi, halte là ! il me trouvera dans sa route. Nasie, sois en repos. Ah, il tient à son héritier ! bon, bon. Je lui empoignerai son fils, qui, sacré tonnerre, est mon petit-fils. Je puis bien le voir, ce marmot ? Je

1 Le monde et le mariage.

Plusieurs études se sont attachées à analyser le tableau que fait Balzac du mariage dans la Comédie humaine *et la fonction romanesque qu'il lui assigne. On se reportera en particulier à Arlette Michel,* Le mariage et l'amour dans l'œuvre romanesque d'Honoré de Balzac *(service de reproduction des thèses, Lille III, diffusion Champion, 1976), et à Rose Fortassier qui consacre un chapitre aux « Époux du grand monde » dans son ouvrage* Les Mondains de la Comédie humaine *(Klincksieck, 1974).*

« Raison sociale », « association », le mariage mondain fonctionne grâce à un contrat implicite dans lequel chacune des parties se voit attribuer des obligations, inégalement réparties, puisque la femme assume les fonctions capitales de représentation et de promotion de son mari dans sa carrière, alors que le mari se contente d'éviter de trop compromettre le nom qu'il porte et de ruiner le ménage.

Le bon goût doit régner et régir les rapports dans le couple et dans le monde. Le divorce de fait est permis si la vie commune ne peut maintenir les exigences imposées par les conventions. L'adultère obéit également à des règles de tolérance et d'indulgence, illustrées ici par le comportement de messieurs de Beauséant et de Restaud, qui s'accommodent du « triangle équilatéral des Italiens », selon la formule d'Eugène Sue, reprise par Rose Fortassier. Nucingen, quant à lui, ira jusqu'à favoriser l'adultère de Delphine pour se débarrasser de la « corvée conjugale » (cf. CONTEXTE *p. 520).*

Le Père Goriot *incorpore dans la fiction ce constat désabusé de Balzac, dont les convictions idéologiques impliquent une haute conception du mariage comme fondement inaliénable de la société. La crise du couple Restaud qui éclate lors de l'affaire des diamants, en faisant apparaître la bassesse odieuse de monsieur de Restaud qui dépouille son épouse et ses enfants illégitimes, illustre exemplairement la contradiction moderne du mariage : il est certes des intérêts à défendre, mais la dégradation de l'institution (pour ne pas parler du sacrement !) et l'assujettissement de la femme défini par un Code civil inique provoquent nécessairement la violence, puisque le mariage n'est plus qu'un rapport conflictuel.*

le mets dans mon village, j'en aurai soin, sois bien tranquille. Je le ferai capituler, ce monstre-là, en lui disant : A nous deux ! Si tu veux avoir ton fils, rends à ma fille son bien, et laisse-la se conduire à sa guise.

— Mon père !

— Oui, ton père ! Ah ! je suis un vrai père. Que ce drôle de grand seigneur ne maltraite pas mes filles ⟨1⟩. Tonnerre ! je ne sais pas ce que j'ai dans les veines. J'y ai le sang d'un tigre, je voudrais dévorer ces deux hommes. Ô mes enfants ! voilà donc votre vie ? Mais c'est ma mort. Que deviendrez-vous donc quand je ne serai plus là ? Les pères devraient vivre autant que leurs enfants. Mon Dieu, comme ton monde est mal arrangé ! Et tu as un fils cependant, à ce qu'on nous dit. Tu devrais nous empêcher de souffrir dans nos enfants. Mes chers anges, quoi ! ce n'est qu'à vos douleurs que je dois votre présence. Vous ne me faites connaître que vos larmes. Eh bien ! oui, vous m'aimez, je le vois. Venez, venez vous plaindre ici ! mon cœur est grand, il peut tout recevoir. Oui, vous aurez beau le percer, les lambeaux feront encore des cœurs de père. Je voudrais prendre vos peines, souffrir pour vous. Ah ! quand vous étiez petites, vous étiez bien heureuses...

— Nous n'avons eu que ce temps-là de bon, dit Delphine. Où sont les moments où nous dégringolions du haut des sacs dans le grand grenier ?

— Mon père ! ce n'est pas tout, dit Anastasie à l'oreille de Goriot qui fit un bond. Les diamants n'ont pas été vendus cent mille francs. Maxime est poursuivi. Nous n'avons plus que douze mille francs à payer. Il m'a promis d'être sage, de ne plus jouer. Il ne me reste plus au monde que son amour, et je l'ai payé trop cher pour ne pas mourir s'il m'échappait. Je lui ai sacrifié fortune, honneur, repos, enfants. Oh ! faites qu'au moins Maxime soit libre, honoré, qu'il puisse demeurer dans le monde où il saura se faire une position. Maintenant il ne me doit pas que le bonheur, nous avons des enfants qui seraient sans fortune. Tout sera perdu s'il est mis à Sainte-Pélagie[1].

— Je ne les ai pas, Nasie. Plus, plus rien, plus rien ! C'est la fin du monde. Oh ! le monde va crouler, c'est sûr. Allez-vous-en, sauvez-vous avant ! Ah ! j'ai encore mes boucles d'argent, six couverts, les premiers que j'aie eus dans ma vie. Enfin, je n'ai plus que douze cents francs de rente viagère...

1. Démolie en 1898, la prison de Sainte-Pélagie (rue de la Clef, 5e arrondissement) recevait les débiteurs qui ne pouvaient rembourser leurs créanciers. Elle devint après 1831 une prison politique.

1 Retour à une certaine Révolution.

« ...Que ce drôle de grand seigneur ne maltraite pas mes filles ! » Et : « J'assassinerai cet homme. » Si Goriot avait mis « ma fille » (ce qui eût mieux correspondu à la réalité, Restaud n'ayant rien à voir avec Delphine de Nucingen) la phrase eût eu une portée bien différente. C'est la vie même de Goriot, identifiée avec celle de ses filles, qu'il oppose ici au comte. C'est du délire, sans doute, mais pas tant au sens médical (Goriot n'est pas encore entré en crise) qu'au sens passionnel. C'est du délire d'interprétation. Restaud veut empêcher Goriot d'être *par* ses filles. Goriot ne sait pas que Delphine souffre de n'être pas encore admise dans le monde de Mme de Beauséant... et de sa propre sœur, qu'elle est rongée par cette pensée, qu'elle ne vit pas, à cause de cette pensée. Mais, pour le lecteur, qui sait, la colère de Goriot prend une signification plus forte encore. Restaud et les aristocrates sont pires que Goriot même ne l'imagine. Pour entrer chez Mme de Beauséant, toutefois, il est, et il sera des moyens propres au monde moderne, à l'arrivisme, à l'ambition, que ne soupçonne pas Goriot. Pour lui, les choses sont plus simples. Restaud mérite la mort. Nucingen aussi, sans doute : « il y a une place de Grève pour les gendres de cette espèce-là ; je le guillotinerais moi-même s'il n'y avait pas de bourreau ». On remarque, toutefois, que, pour Nucingen, qui est un homme d'argent, un homme de commerce et de chicane, *comme lui,* un homme qui a fait valoir la dot de Delphine, Goriot pense d'abord à des procédures, à un combat juridique, pour le battre avec ses propres armes : « les lois sont là ». Pour Restaud, c'est autre chose. On le force. On le saisit à la gorge. On le tue. Et vous voulez jouter ! C'est le vieux cri de Figaro, mais plus âpre, plus sûr de lui, plus sauvage. *C'est un cri d'après la Révolution et d'après la guillotine.* Spontanément, Goriot, qui a fait sa Commune, retrouve de vieilles colères qui structurent sa passion. Ou plutôt, cette passion, au double sens de souffrance et d'ardeur volontaire, elle *est*, et dès longtemps, ces colères et ces haines. Il faut ici corriger une vieille erreur.

Parce que Goriot, en effet, a été un homme d'argent, parce qu'il est à cent lieues de l'idéal révolutionnaire tel qu'on nous l'a enseigné, on est tenté de ne voir dans ses paroles que camouflage, sous de nobles dehors, d'un simple égoïsme *privé*. C'est oublier — on ne le répétera jamais assez — que la Révolution française — peut-être pas celle qu'a fait Hoche, mais sûrement celle qu'a faite Goriot, celle qui a duré — s'est faite dans une perspective individualiste et de libération des intérêts, non dans une perspective spartiate, romaine ou sociale. La haine plébéienne fut une haine d'hommes que l'ancien régime ne laissait pas gagner leur vie comme ils le pouvaient et l'entendaient. Parce que Goriot, depuis le début du roman, est un homme de la vie privée, on est surpris de le voir recourir à un langage qui n'est pas le sien. C'est oublier les coordonnées historiques du personnage ; c'est oublier qu'il a présidé une section et spéculé sur les grains. Il y a donc là une admirable résurrection, une fidélité du personnage à des origines le plus souvent laissées dans l'ombre, parce que l'on veut, à tout prix, annexer Goriot à l'univers des psychologues et des moralistes (le christ de la paternité). »

PIERRE BARBÉRIS, 1971,
Mythes balzaciens, A. Colin,
pp. 118-119.

On peut également souligner le parallélisme entre la décadence de Goriot et celle de l'Empire :

« Il y a du Napoléon chez Goriot. Pas le vainqueur d'Austerlitz, bien entendu, mais le prisonnier de Sainte-Hélène, lui aussi en butte aux tracasseries de son geôlier. L'irrésistible déchéance du vieillard, qui fait pendant à la résurrection splendide et éphémère de la noblesse d'Ancien Régime, emprunte d'ailleurs les mêmes dates que le calvaire de l'Empereur déchu. Goriot abandonne son fonds de commerce en 1813, au moment de Leipzig, la première grande défaite subie par Napoléon, et c'est en 1815, en même temps que Waterloo que le bonhomme entame son exil personnel à l'intérieur de la Maison Vauquer, en passant du premier au second étage de l'inhospitalière pension de famille. Quant à sa mort, en 1821, elle coïncide exactement avec celle de Napoléon. C'est pourquoi la paternité pathologique et méconnue du vieil homme a aussi une signification politique. »

NICOLE MOZET, 1983,
Commentaires de l'édition du
Livre de poche, p. 354.

N.B. : On peut certes objecter que Goriot meurt en 1820 (voir CONTEXTE p. 453) mais ce détail ne remet pas en cause l'intérêt de ces remarques.

— Qu'avez-vous donc fait de vos rentes perpétuelles ?

— Je les ai vendues en me réservant ce petit bout de revenu pour mes besoins. Il me fallait douze mille francs pour arranger un appartement à Fifine.

— Chez toi, Delphine ? dit madame de Restaud à sa sœur.

— Oh ! qu'est-ce que cela fait ! reprit le père Goriot, les douze mille francs sont employés.

— Je devine, dit la comtesse. Pour monsieur de Rastignac. Ah ! ma pauvre Delphine, arrête-toi. Vois où j'en suis.

— Ma chère, monsieur de Rastignac est un jeune homme incapable de ruiner sa maîtresse.

— Merci, Delphine. Dans la crise où je me trouve, j'attendais mieux de toi ; mais tu ne m'as jamais aimée.

— Si, elle t'aime, Nasie, cria le père Goriot, elle me le disait tout à l'heure. Nous parlions de toi, elle me soutenait que tu étais belle et qu'elle n'était que jolie, elle !

— Elle ! répéta la comtesse, elle est d'un beau froid.

— Quand cela serait, dit Delphine en rougissant, comment t'es-tu comportée envers moi ? Tu m'as reniée, tu m'as fait fermer les portes de toutes les maisons où je souhaitais aller, enfin tu n'as jamais manqué la moindre occasion de me causer de la peine. Et moi, suis-je venue, comme toi, soutirer à ce pauvre père, mille francs à mille francs, sa fortune, et le réduire dans l'état où il est ? Voilà ton ouvrage, ma sœur. Moi, j'ai vu mon père tant que j'ai pu, je ne l'ai pas mis à la porte, et ne suis pas venue lui lécher les mains quand j'avais besoin de lui. Je ne savais seulement pas qu'il eût employé ces douze mille francs pour moi. J'ai de l'ordre, moi ! tu le sais. D'ailleurs, quand papa m'a fait des cadeaux, je ne les ai jamais quêtés.

— Tu étais plus heureuse que moi : monsieur de Marsay était riche, tu en sais quelque chose. Tu as toujours été vilaine[1] comme l'or. Adieu, je n'ai ni sœur, ni...

— Tais-toi, Nasie ! cria le père Goriot.

— Il n'y a qu'une sœur comme toi qui puisse répéter ce que le monde ne croit plus, tu es un monstre, lui dit Delphine.

— Mes enfants, mes enfants, taisez-vous, ou je me tue devant vous.

— Va, Nasie, je te pardonne, dit madame de Nucingen en continuant, tu es malheureuse. Mais je suis meilleure que tu ne l'es. Me dire cela au moment où je me sentais capable

1. *Avare.*

de tout pour te secourir, même d'entrer dans la chambre de mon mari, ce que je ne ferais ni pour moi ni pour... Ceci est digne de tout ce que tu as commis de mal contre moi depuis neuf ans.

— Mes enfants, mes enfants, embrassez-vous ! dit le père. Vous êtes deux anges.

— Non, laissez-moi, cria la comtesse que Goriot avait prise par le bras et qui secoua l'embrassement de son père. Elle a moins de pitié pour moi que n'en aurait mon mari. Ne dirait-on pas qu'elle est l'image de toutes les vertus !

— J'aime encore mieux passer pour devoir de l'argent à monsieur de Marsay que d'avouer que monsieur de Trailles me coûte plus de deux cent mille francs, répondit madame de Nucingen.

— Delphine ! cria la comtesse en faisant un pas vers elle.

— Je te dis la vérité quand tu me calomnies, répliqua froidement la baronne.

— Delphine ! tu es une...

Le père Goriot s'élança, retint la comtesse et l'empêcha de parler en lui couvrant la bouche avec sa main.

— Mon Dieu ! mon père, à quoi donc avez-vous touché ce matin ? lui dit Anastasie.

— Eh ! bien, oui, j'ai tort, dit le pauvre père en s'essuyant les mains à son pantalon. Mais je ne savais pas que vous viendriez, je déménage.

Il était heureux de s'être attiré un reproche qui détournait sur lui la colère de sa fille.

— Ah ! reprit-il en s'asseyant, vous m'avez fendu le cœur. Je me meurs, mes enfants ! Le crâne me cuit intérieurement comme s'il avait du feu. Soyez donc gentilles, aimez-vous bien ! Vous me feriez mourir. Delphine, Nasie, allons, vous aviez raison, vous aviez tort toutes les deux. Voyons, Dedel, reprit-il en tournant sur la baronne des yeux pleins de larmes, il lui faut douze mille francs, cherchons-les. Ne vous regardez pas comme ça. Il se mit à genoux devant Delphine. — Demande-lui pardon pour me faire plaisir, lui dit-il à l'oreille, elle est la plus malheureuse, voyons ?

— Ma pauvre Nasie, dit Delphine épouvantée de la sauvage et folle expression que la douleur imprimait sur le visage de son père, j'ai eu tort, embrasse-moi...

— Ah ! vous me mettez du baume sur le cœur, cria le père Goriot. Mais où trouver douze mille francs ? Si je me proposais comme remplaçant[1] ?

1. La loi autorisait le remplacement de tout individu pour les obligations militaires. On achetait alors un remplaçant. L'âge du père Goriot semble exclure une telle possibilité !

— Ah ! mon père ! dirent les deux filles en l'entourant, non, non.

— Dieu vous récompensera de cette pensée, notre vie n'y suffirait point ! n'est-ce pas, Nasie ? reprit Delphine.

— Et puis, pauvre père, ce serait une goutte d'eau, fit observer la comtesse.

— Mais on ne peut donc rien faire de son sang ? [1] cria le vieillard désespéré. Je me voue à celui qui te sauvera, Nasie ! je tuerai un homme pour lui, je ferai comme Vautrin, j'irai au bagne ! je... Il s'arrêta comme s'il eût été foudroyé. Plus rien ! dit-il en s'arrachant les cheveux. Si je savais où aller pour voler, mais il est encore difficile de trouver un vol à faire. Et puis il faudrait du monde et du temps pour prendre la Banque. Allons, je dois mourir, je n'ai plus qu'à mourir. Oui, je ne suis plus bon à rien, je ne suis plus père ! non. Elle me demande, elle a besoin ! et moi, misérable, je n'ai rien. Ah ! tu t'es fait des rentes viagères, vieux scélérat, et tu avais des filles ! Mais tu ne les aimes donc pas ? Crève, crève comme un chien que tu es ! Oui, je suis au-dessous d'un chien, un chien ne se conduirait pas ainsi ! Oh ! ma tête ! elle bout !

— Mais, papa, crièrent les deux jeunes femmes qui l'entouraient pour l'empêcher de se frapper la tête contre les murs, soyez donc raisonnable.

Il sanglotait. Eugène, épouvanté, prit la lettre de change souscrite à Vautrin, et dont le timbre comportait une plus forte somme ; il en corrigea le chiffre, en fit une lettre de change régulière de douze mille francs à l'ordre de Goriot et entra.

— Voici tout votre argent, madame, dit-il en présentant le papier. Je dormais, votre conversation m'a réveillé, j'ai pu savoir ainsi ce que je devais à monsieur Goriot. En voici le titre que vous pouvez négocier, je l'acquitterai fidèlement.

La comtesse, immobile, tenait le papier.

— Delphine, dit-elle pâle et tremblante de colère, de fureur, de rage, je te pardonnais tout, Dieu m'en est témoin, mais ceci ! Comment, monsieur était là, tu le savais ! tu as eu la petitesse de te venger en me laissant lui livrer mes secrets, ma vie, celle de mes enfants, ma honte, mon honneur ! Va, tu ne m'es plus rien, je te hais, je te ferai tout le mal possible, je... La colère lui coupa la parole, et son gosier se sécha.

— Mais, c'est mon fils, notre enfant, ton frère, ton sau-

Tel le pélican, Goriot…

Lorsque le pélican, lassé d'un long voyage,
Dans les brouillards du soir retourne à ses roseaux,
Ses petits affamés courent sur le rivage
En le voyant au loin s'abattre sur les eaux.
Déjà, croyant saisir et partager leur proie,
Ils courent à leur père avec des cris de joie
En secouant leurs becs sur leurs goîtres hideux.
Lui, gagnant à pas lents une roche élevée,
De son aile pendante abritant sa couvée,
Pêcheur mélancolique, il regarde les cieux.
Le sang coule à longs flots de sa poitrine ouverte ;
En vain il a des mers fouillé la profondeur ;
L'Océan était vide et la plage déserte ;
Pour toute nourriture il apporte son cœur.
Sombre et silencieux, étendu sur la pierre,
Partageant à ses fils ses entrailles de père,
Dans son amour sublime il berce sa douleur,
Et, regardant couler sa sanglante mamelle,
Sur son festin de mort il s'affaisse et chancelle,
Ivre de volupté, de tendresse et d'horreur.
Mais parfois, au milieu du divin sacrifice,
Fatigué de mourir dans un trop long supplice,
Il craint que ses enfants ne le laissent vivant ;
Alors il se soulève, ouvre son aile au vent,
Et, se frappant le cœur avec un cri sauvage,
Il pousse dans la nuit un si funèbre adieu,
Que les oiseaux des mers désertent le rivage,
Et que le voyageur attardé sur la plage,
Sentant passer la mort, se recommande à Dieu.

ALFRED DE MUSSET, 1835,
La Nuit de Mai.

veur, criait le père Goriot. Embrasse-le donc, Nasie ! Tiens, moi je l'embrasse, reprit-il en serrant Eugène avec une sorte de fureur. Oh ! mon enfant ! je serai plus qu'un père pour toi, je veux être une famille. Je voudrais être Dieu, je te jetterais l'univers aux pieds. Mais, baise-le donc, Nasie ? ce n'est pas un homme, mais un ange, un véritable ange.

— Laissez-la, mon père, elle est folle en ce moment, dit Delphine.

— Folle ! folle ! Et toi, qu'es-tu ? demanda madame de Restaud.

— Mes enfants, je meurs si vous continuez, cria le vieillard en tombant sur son lit comme frappé par une balle. — Elles me tuent ! se dit-il.

La comtesse regarda Eugène, qui restait immobile, abasourdi par la violence de cette scène : — Monsieur, lui dit-elle en l'interrogeant du geste, de la voix et du regard, sans faire attention à son père dont le gilet fut rapidement défait par Delphine.

— Madame, je payerai et je me tairai, répondit-il sans attendre la question.

— Tu as tué notre père, Nasie ! dit Delphine en montrant le vieillard évanoui à sa sœur, qui se sauva.

— Je lui pardonne bien, dit le bonhomme, en ouvrant les yeux, sa situation est épouvantable et tournerait une meilleure tête. Console Nasie, sois douce pour elle, promets-le à ton pauvre père, qui se meurt, demanda-t-il à Delphine en lui pressant la main.

— Mais qu'avez-vous ? dit-elle tout effrayée.

— Rien, rien, répondit le père, ça passera. J'ai quelque chose qui me presse le front, une migraine. Pauvre Nasie, quel avenir !

En ce moment la comtesse rentra, se jeta aux genoux de son père : — Pardon ! cria-t-elle.

— Allons, dit le père Goriot, tu me fais encore plus de mal maintenant.

— Monsieur, dit la comtesse à Rastignac, les yeux baignés de larmes, la douleur m'a rendue injuste. Vous serez un frère pour moi ? reprit-elle en lui tendant la main.

— Nasie, lui dit Delphine en la serrant, ma petite Nasie, oublions tout.

— Non, dit-elle, je m'en souviendrai, moi !

— Les anges, s'écria le père Goriot, vous m'enlevez le rideau que j'avais sur les yeux, votre voix me ranime.

Embrassez-vous encore. Eh ! bien, Nasie, cette lettre de change te sauvera-t-elle ?

— Je l'espère. Dites donc, papa, voulez-vous y mettre votre signature ?

— Tiens, suis-je bête, moi, d'oublier ça ! Mais je me suis trouvé mal, Nasie, ne m'en veux pas. Envoie-moi dire que tu es hors de peine. Non, j'irai. Mais non, je n'irai pas, je ne puis plus voir ton mari, je le tuerais net. Quant à dénaturer tes biens, je serai là. Va vite, mon enfant, et fais que Maxime devienne sage.

Eugène était stupéfait.

— Cette pauvre Anastasie a toujours été violente, dit madame de Nucingen, mais elle a bon cœur.

— Elle est revenue pour l'endos[1], dit Eugène à l'oreille de Delphine.

— Vous croyez ?

— Je voudrais ne pas le croire. Méfiez-vous d'elle, répondit-il en levant les yeux comme pour confier à Dieu des pensées qu'il n'osait exprimer.

— Oui, elle a toujours été un peu comédienne, et mon pauvre père se laisse prendre à ses mines.

— Comment allez-vous, mon bon père Goriot ? demanda Rastignac au vieillard.

— J'ai envie de dormir, répondit-il.

Eugène aida Goriot à se coucher. Puis, quand le bonhomme se fut endormi en tenant la main de Delphine, sa fille se retira.

— Ce soir aux Italiens, dit-elle à Eugène, et tu me diras comment il va. Demain, vous déménagerez, monsieur. Voyons votre chambre. Oh ! quelle horreur ! dit-elle en y entrant. Mais vous étiez plus mal que n'est mon père. Eugène, tu t'es bien conduit. Je vous aimerais davantage si c'était possible ; mais, mon enfant, si vous voulez faire fortune, il ne faut pas jeter comme ça des douze mille francs par les fenêtres. Le comte de Trailles est joueur. Ma sœur ne veut pas voir ça. Il aurait été chercher ses douze mille francs là où il sait perdre ou gagner des monts d'or.

Un gémissement les fit revenir chez Goriot, qu'ils trouvèrent en apparence endormi ; mais quand les deux amants approchèrent, ils entendirent ces mots : — Elles ne sont pas heureuses ! Qu'il dormît ou qu'il veillât, l'accent de cette phrase frappa si vivement le cœur de sa fille, qu'elle s'approcha du grabat sur lequel gisait son père, et le baisa au front. Il

1. Signature au dos d'une lettre de change par laquelle le porteur enjoint à celui qui doit la payer d'effectuer le paiement à une tierce personne. On transfère ainsi la propriété de la lettre.

ouvrit les yeux en disant : — C'est Delphine !

— Eh ! bien, comment vas-tu ? demanda-t-elle.

— Bien, dit-il. Ne sois pas inquiète, je vais sortir. Allez, allez, mes enfants, soyez heureux.

Eugène accompagna Delphine jusque chez elle ; mais, inquiet de l'état dans lequel il avait laissé Goriot, il refusa de dîner avec elle, et revint à la Maison Vauquer. Il trouva le père Goriot debout et prêt à s'attabler. Bianchon s'était mis de manière à bien examiner la figure du vermicellier. Quand il lui vit prendre son pain et le sentir pour juger de la farine avec laquelle il était fait, l'étudiant, ayant observé dans ce mouvement une absence totale de ce que l'on pourrait nommer la conscience de l'acte, fit un geste sinistre.

— Viens donc près de moi, monsieur l'interne à Cochin, dit Eugène.

Bianchon s'y transporta d'autant plus volontiers qu'il allait être près du vieux pensionnaire.

— Qu'a-t-il ? demanda Rastignac.

— A moins que je ne me trompe, il est flambé ! Il a dû se passer quelque chose d'extraordinaire en lui, il me semble être sous le poids d'une apoplexie séreuse[1] imminente. Quoique le bas de la figure soit assez calme, les traits supérieurs du visage se tirent vers le front malgré lui, vois ! Puis les yeux sont dans l'état particulier qui dénote l'invasion du sérum dans le cerveau. Ne dirait-on pas qu'ils sont pleins d'une poussière fine ? Demain matin j'en saurai davantage.

— Y aurait-il quelque remède ?

— Aucun. Peut-être pourra-t-on retarder sa mort si l'on trouve les moyens de déterminer une réaction vers les extrémités, vers les jambes ; mais si demain soir les symptômes ne cessent pas, le pauvre bonhomme est perdu. Sais-tu par quel événement la maladie a été causée ? il a dû recevoir un coup violent sous lequel son moral aura succombé.

— Oui, dit Rastignac en se rappelant que les deux filles avaient battu sans relâche sur le cœur de leur père.

— Au moins, se disait Eugène, Delphine aime son père, elle (1) !

Le soir, aux Italiens, Rastignac prit quelques précautions afin de ne pas trop alarmer madame de Nucingen.

— N'ayez pas d'inquiétude, répondit-elle aux premiers mots que lui dit Eugène, mon père est fort. Seulement, ce matin, nous l'avons un peu secoué. Nos fortunes sont en question, songez-vous à l'étendue de ce malheur ? Je ne

1. Congestion cérébrale avec épanchement de liquide séreux dans le cerveau.

1 L'amour : ambiguïtés et contradictions.

Si au départ Rastignac désire les femmes, très vite ce désir se combine avec l'ambition, la volonté de ne pas s'abandonner à la passion et les justifications morales : « Je préfère madame Delphine, parce qu'elle vous aime mieux » *(p. 280).*

Une liaison avec Delphine de Nucingen lui permet de concilier plusieurs impératifs : il peut connaître l'amour et la jouissance sexuelle, il se rapproche de la maison Nucingen et de sa puissance dynamique, il reste fidèle au père Goriot et à une certaine estime de soi. Le seul problème à résoudre reste à amener Delphine dans ce lit qui manque encore dans l'appartement de la rue d'Artois (p. 395). Ainsi la revanche sur de Marsay et sur ce qu'il représente est complète : Rastignac s'intègre à la société parisienne et se place.

Dans ce parcours, le jeu constitue une véritable épreuve initiatique. D'emblée, Rastignac entre dans les secrets de Delphine, et, symboliquement, dans son intimité, et il triomphe. Les baisers de Delphine (y a-t-il eu plus ?) valent alors comme promesse de jouissance. Cet épisode fonde l'accord du couple sur autre chose que la passion, qui n'est que folie et illusion dans l'univers balzacien puisqu'elle prétend refaire le monde ou l'exclure.

De plus, Rastignac sert les intérêts de Goriot, qui retrouve sa fille par lui, en jouit par procuration, et ceux de Delphine qui rêve de fréquenter le faubourg Saint-Germain. L'amour permet donc la mise en branle d'une dynamique, d'autant que Delphine va connaître, elle aussi, la jouissance dont elle a été frustrée jusqu'ici.

Cependant cette harmonie ne peut durer : il faut exclure le père, qui, d'agent nécessaire, devient présence encombrante : « Quand mon père est avec nous, il faut être tout à lui. Ce sera pourtant bien gênant. » *(p. 402) C'est que Goriot est un être de passion, donc un être déséquilibré et dangereux. Le bonheur exceptionnel de la rue d'Artois, lieu retiré du monde, ne réapparaîtra plus. En dépit de remords, d'atermoiements, du sentiment de culpabilité, Rastignac intègre à son expérience l'épreuve initiatique finale de la mort du père, abandonné par sa fille toute à la joie du bal, promotion sociale qui, ironiquement, parachève les ambitions paternelles initiales.*

L'amour pour Delphine n'aura donc été qu'une étape et jamais, d'ailleurs, il n'aura été vraiment « pur », ni « romantique ». La vie moderne peut commencer.

« C'est le terrible « dénouement ». Dans le manuscrit on a simplement :

> « A nous deux, maintenant ! », et il revint à pied rue d'Artois. (I)

C'est-à-dire simplement « chez lui ». *Il n'est pas question de Delphine.* Sur épreuves, on a :

> « A nous deux, maintenant ! » Puis il revint à pied rue d'Artois et alla dîner chez madame de Nucingen [II ; simple variante de style dans VII : « il revint à pied »].

Dans VIII *[Furne corrigé]* le texte prendra toute son ampleur :

> Et pour premier acte du défi qu'il lançait à la Société, Rastignac alla dîner chez Madame de Nucingen.

Ne l'oublions pas : Rastignac n'a plus un sou. Après cette journée éprouvante, après cet enterrement, Rastignac aussi a faim. Pourquoi pas ? Il faut bien dès lors que quelqu'un le nourrisse. Mais l'idée est cette fois plus forte qu'au premier retour de chez Mme de Beau-

vivrais pas si votre affection ne me rendait pas insensible à ce que j'aurais regardé naguère comme des angoisses mortelles. Il n'est plus aujourd'hui qu'une seule crainte, un seul malheur pour moi, c'est de perdre l'amour qui m'a fait sentir le plaisir de vivre. En dehors de ce sentiment tout m'est indifférent, je n'aime plus rien au monde. Vous êtes tout pour moi. Si je sens le bonheur d'être riche, c'est pour mieux vous plaire. Je suis, à ma honte, plus amante que je ne suis fille. Pourquoi ? je ne sais. Toute ma vie est en vous. Mon père m'a donné un cœur, mais vous l'avez fait battre. Le monde entier peut me blâmer, que m'importe ! si vous, qui n'avez pas le droit de m'en vouloir, m'acquittez des crimes auxquels me condamne un sentiment irrésistible ? Me croyez-vous une fille dénaturée ? oh, non, il est impossible de ne pas aimer un père aussi bon que l'est le nôtre. Pouvais-je empêcher qu'il ne vît enfin les suites naturelles de nos déplorables mariages ? Pourquoi ne les a-t-il pas empêchés ? N'était-ce pas à lui de réfléchir pour nous ? Aujourd'hui, je le sais, il souffre autant que nous ; mais que pouvions-nous y faire ? Le consoler ! nous ne le consolerions de rien. Notre résignation lui faisait plus de douleur que nos reproches et nos plaintes ne lui causeraient de mal. Il est des situations dans la vie où tout est amertume.

Eugène resta muet, saisi de tendresse par l'expression naïve d'un sentiment vrai. Si les Parisiennes sont souvent fausses, ivres de vanité, personnelles, coquettes, froides, il est sûr que quand elles aiment réellement, elles sacrifient plus de sentiments que les autres femmes à leurs passions ; elles se grandissent de toutes leurs petitesses, et deviennent sublimes. Puis Eugène était frappé de l'esprit profond et judicieux que la femme déploie pour juger les sentiments les plus naturels, quand une affection privilégiée l'en sépare et la met à distance. Madame de Nucingen se choqua du silence que gardait Eugène.

— A quoi pensez-vous donc ? lui demanda-t-elle.

— J'écoute encore ce que vous m'avez dit. J'ai cru jusqu'ici vous aimer plus que vous ne m'aimiez.

Elle sourit et s'arma contre le plaisir qu'elle éprouva, pour laisser la conversation dans les bornes imposées par les convenances. Elle n'avait jamais entendu les expressions vibrantes d'un amour jeune et sincère. Quelques mots de plus, elle ne se serait plus contenue.

— Eugène, dit-elle en changeant de conversation, vous

séant, et il s'agit de bien plus que de manger. Laissons de côté l'ampleur enfin conquise du style après plus de quinze ans. Rastignac ne passe plus rue d'Artois, chez lui, ou la rue d'Artois n'est-elle plus déjà que du passé ? Mais il va rue Saint-Lazare. Or, là il n'y aura pas seulement Delphine. Il y aura ce mari, qui accepte que Delphine « soit la femme d'Eugène », comme avait dit Goriot, pourvu qu'il conserve le gouvernement de sa fortune. Des invités ? C'est peu probable, vu le deuil. On ne reçoit personne, mais on imagine assez bien Rastignac arrivant au milieu d'une brillante assemblée et regardant Delphine, cet autre lui-même, dans les yeux... Ce n'est pas chez Delphine, la femme et l'amante enfin conquise, que se rend Rastignac ; ce n'est pas chez l'héroïne de roman, que se rend Rastignac. C'est *chez Mme de Nucingen*, la femme du banquier, qui ne peut plus rien lui refuser, dont le mari va l'aider à faire sa fortune, et qui est son associée. La lune de miel est finie. Rastignac ne sera pas piégé par l'amour romantique. Il ne rêvera pas plus qu'il ne fera rêver. Les beaux ténébreux, bannis ou triomphants, sont finis. Rastignac signe un roman qui est celui non de la complaisance à ses propres profondeurs, mais de l'engagement dans l'Histoire. »

PIERRE BARBÉRIS, 1972, *Le Père Goriot...*, pp. 286-287.

ne savez donc pas ce qui se passe ? Tout Paris sera demain chez madame de Beauséant. Les Rochefide et le marquis d'Ajuda se sont entendus pour ne rien ébruiter ; mais le roi signe demain le contrat de mariage, et votre pauvre cousine ne sait rien encore. Elle ne pourra pas se dispenser de recevoir, et le marquis ne sera pas à son bal. On ne s'entretient que de cette aventure.

— Et le monde se rit d'une infamie, et il y trempe ! Vous ne savez donc pas que madame de Beauséant en mourra ?

— Non, dit Delphine en souriant, vous ne connaissez pas ces sortes de femmes-là. Mais tout Paris viendra chez elle, et j'y serai ! Je vous dois ce bonheur-là pourtant.

— Mais, dit Rastignac, n'est-ce pas un de ces bruits absurdes comme on en fait tant courir à Paris ?

— Nous saurons la vérité demain.

Eugène ne rentra pas à la Maison Vauquer. Il ne put se résoudre à ne pas jouir de son nouvel appartement. Si, la veille, il avait été forcé de quitter Delphine, à une heure après minuit, ce fut Delphine qui le quitta vers deux heures pour retourner chez elle. Il dormit le lendemain assez tard, attendit vers midi madame de Nucingen, qui vint déjeuner avec lui. Les jeunes gens sont si avides de ces jolis bonheurs, qu'il avait presque oublié le père Goriot. Ce fut une longue fête pour lui que de s'habituer à chacune de ces élégantes choses qui lui appartenaient. Madame de Nucingen était là, donnant à tout un nouveau prix. Cependant, vers quatre heures, les deux amants pensèrent au père Goriot en songeant au bonheur qu'il se promettait à venir demeurer dans cette maison. Eugène fit observer qu'il était nécessaire d'y transporter promptement le bonhomme, s'il devait être malade, et quitta Delphine pour courir à la Maison Vauquer. Ni le père Goriot ni Bianchon n'étaient à table.

— Eh ! bien, lui dit le peintre, le père Goriot est éclopé[1]. Bianchon est là-haut près de lui. Le bonhomme a vu l'une de ses filles, la comtesse de Restaurama. Puis il a voulu sortir et sa maladie a empiré. La société va être privée d'un de ses beaux ornements.

Rastignac s'élança vers l'escalier.

— Hé ! monsieur Eugène !

— Monsieur Eugène ! madame vous appelle, cria Sylvie.

— Monsieur, lui dit la veuve, monsieur Goriot et vous, vous deviez sortir le quinze de février. Voici trois jours que le quinze est passé, nous sommes au dix-huit ; il faudra me

1. Terme familier : mal en point. On l'utilise généralement pour dire estropié.

payer un mois pour vous et pour lui, mais, si vous voulez garantir le père Goriot, votre parole me suffira.

— Pourquoi ? n'avez-vous pas confiance ?

— Confiance ? si le bonhomme n'avait plus sa tête et mourait, ses filles ne me donneraient pas un liard, et toute sa défroque ne vaut pas dix francs. Il a emporté ce matin ses derniers couverts, je ne sais pourquoi. Il s'était mis en jeune homme. Dieu me pardonne, je crois qu'il avait du rouge, il m'a paru rajeuni.

— Je réponds de tout, dit Eugène en frissonnant d'horreur et appréhendant une catastrophe.

Il monta chez le père Goriot. Le vieillard gisait sur son lit, et Bianchon était auprès de lui.

— Bonjour, père, lui dit Eugène.

Le bonhomme lui sourit doucement, et répondit en tournant vers lui des yeux vitreux : — Comment va-t-elle ?

— Bien. Et vous ?

— Pas mal.

— Ne le fatigue pas, dit Bianchon en entraînant Eugène dans un coin de la chambre.

— Eh bien ? lui dit Rastignac.

— Il ne peut être sauvé que par un miracle. La congestion séreuse a eu lieu, il a les sinapismes[1] ; heureusement il les sent, ils agissent.

— Peut-on le transporter ?

— Impossible. Il faut le laisser là, lui éviter tout mouvement physique et toute émotion…

— Mon bon Bianchon, dit Eugène, nous le soignerons à nous deux.

— J'ai déjà fait venir le médecin en chef de mon hôpital.

— Eh bien ?

— Il prononcera demain soir. Il m'a promis de venir après sa journée. Malheureusement ce fichu bonhomme a commis ce matin une imprudence sur laquelle il ne veut pas s'expliquer. Il est entêté comme une mule. Quand je lui parle, il fait semblant de ne pas entendre, et dort pour ne pas me répondre ; ou bien, s'il a les yeux ouverts, il se met à geindre. Il est sorti vers le matin, il a été à pied dans Paris, on ne sait où. Il a emporté tout ce qu'il possédait de vaillant, il a été faire quelque sacré trafic pour lequel il a outrepassé ses forces ! Une de ses filles est venue.

— La comtesse ? dit Eugène. Une grande brune, l'œil vif et bien coupé, joli pied, taille souple ?

1. Cataplasmes à base de farine de moutarde utilisés comme révulsif.

— Oui.

— Laisse-moi seul un moment avec lui, dit Rastignac. Je vais le confesser, il me dira tout, à moi.

— Je vais aller dîner pendant ce temps-là. Seulement tâche de ne pas trop l'agiter ; nous avons encore quelque espoir.

— Sois tranquille.

— Elles s'amuseront bien demain, dit le père Goriot à Eugène quand ils furent seuls. Elles vont à un grand bal.

— Qu'avez-vous donc fait ce matin, papa, pour être si souffrant ce soir qu'il vous faille rester au lit ?

— Rien.

— Anastasie est venue ? demanda Rastignac.

— Oui, répondit le père Goriot.

— Eh ! bien, ne me cachez rien, que vous a-t-elle encore demandé ?

— Ah ! reprit-il en rassemblant ses forces pour parler, elle était bien malheureuse, allez, mon enfant ! Nasie n'a pas un sou depuis l'affaire des diamants. Elle avait commandé, pour ce bal, une robe lamée qui doit lui aller comme un bijou. Sa couturière, une infâme, n'a pas voulu lui faire crédit, et sa femme de chambre a payé mille francs en acompte sur la toilette. Pauvre Nasie, en être venue là ! Ça m'a déchiré le cœur. Mais la femme de chambre, voyant ce Restaud retirer toute sa confiance à Nasie, a eu peur de perdre son argent, et s'entend avec la couturière pour ne livrer la robe que si les mille francs sont rendus. Le bal est demain, la robe est prête, Nasie est au désespoir. Elle a voulu m'emprunter mes couverts pour les engager[1]. Son mari veut qu'elle aille à ce bal pour montrer à tout Paris les diamants qu'on prétend vendus par elle. Peut-elle dire à ce monstre : « Je dois mille francs, payez-les ? » Non. J'ai compris ça, moi. Sa sœur Delphine ira là dans une toilette superbe. Anastasie ne doit pas être au-dessous de sa cadette. Et puis elle est si noyée de larmes, ma pauvre fille ! J'ai été si humilié de n'avoir pas eu douze mille francs hier, que j'aurais donné le reste de ma misérable vie pour racheter ce tort-là. Voyez-vous ? j'avais eu la force de tout supporter, mais mon dernier manque d'argent m'a crevé le cœur. Oh ! oh ! je n'en ai fait ni une ni deux, je me suis rafistolé, requinqué ; j'ai vendu pour six cents francs de couverts et de boucles, puis j'ai engagé, pour un an, mon titre de rente viagère contre quatre cents francs une fois payés, au papa Gobseck.

1. Les mettre en gage, par exemple au Mont-de-Piété.

Bah ! je mangerai du pain ! ça me suffisait quand j'étais jeune, ça peut encore aller. Au moins elle aura une belle soirée, ma Nasie. Elle sera pimpante. J'ai le billet de mille francs là sous mon chevet. Ça me réchauffe d'avoir là sous la tête ce qui va faire plaisir à la pauvre Nasie. Elle pourra mettre sa mauvaise Victoire à la porte. A-t-on vu des domestiques ne pas avoir confiance dans leurs maîtres ! Demain je serai bien, Nasie vient à dix heures. Je ne veux pas qu'elles me croient malades, elles n'iraient point au bal, elles me soigneraient. Nasie m'embrassera demain comme son enfant, ses caresses me guériront. Enfin, n'aurais-je pas dépensé mille francs chez l'apothicaire ? J'aime mieux les donner à mon Guérit-Tout, à ma Nasie. Je la consolerai dans sa misère, au moins. Ça m'acquitte du tort de m'être fait du viager. Elle est au fond de l'abîme, et moi je ne suis plus assez fort pour l'en tirer. Oh ! je vais me remettre au commerce. J'irai à Odessa[1] pour y acheter du grain. Les blés valent là trois fois moins que les nôtres ne coûtent. Si l'introduction des céréales est défendue en nature, les braves gens qui font les lois n'ont pas songé à prohiber les fabrications dont les blés sont le principe. Hé, hé !... j'ai trouvé cela, moi, ce matin ! Il y a de beaux coups à faire dans les amidons.

— Il est fou, se dit Eugène en regardant le vieillard. Allons, restez en repos, ne parlez pas...

Eugène descendit pour dîner quand Bianchon remonta. Puis tous deux passèrent la nuit à garder le malade à tour de rôle, en s'occupant, l'un à lire ses livres de médecine, l'autre à écrire à sa mère et à ses sœurs. Le lendemain, les symptômes qui se déclarèrent chez le malade furent, suivant Bianchon, d'un favorable augure ; mais ils exigèrent des soins continuels dont les deux étudiants étaient seuls capables, et dans le récit desquels il est impossible de compromettre la pudibonde phraséologie de l'époque. Les sangsues mises sur le corps appauvri du bonhomme furent accompagnées de cataplasmes, de bains de pied, de manœuvres médicales pour lesquelles il fallait d'ailleurs la force et le dévouement des deux jeunes gens. Madame de Restaud ne vint pas ; elle envoya chercher sa somme par un commissionnaire.

— Je croyais qu'elle serait venue elle-même. Mais ce n'est pas un mal, elle se serait inquiétée, dit le père en paraissant heureux de cette circonstance.

A sept heures du soir, Thérèse vint apporter une lettre de

1. *Grand port à blé ukrainien.*

Delphine.

« Que faites-vous donc, mon ami ? A peine aimée, serais-je déjà négligée ? Vous m'avez montré, dans ces confidences versées de cœur à cœur, une trop belle âme pour n'être pas de ceux qui restent toujours fidèles en voyant combien les sentiments ont de nuances. Comme vous l'avez dit en écoutant la prière de Mosé : « Pour les uns c'est une même note, pour les autres c'est l'infini de la musique »[1] ! Songez que je vous attends ce soir pour aller au bal de madame de Beauséant. Décidément le contrat de monsieur d'Ajuda a été signé ce matin à la cour, et la pauvre vicomtesse ne l'a su qu'à deux heures. Tout Paris va se porter chez elle, comme le peuple encombre la Grève quand il doit y avoir une exécution. N'est-ce pas horrible d'aller voir si cette femme cachera sa douleur, si elle saura bien mourir ? Je n'irais certes pas, mon ami, si j'avais été déjà chez elle ; mais elle ne recevra plus sans doute, et tous les efforts que j'ai faits seraient superflus. Ma situation est bien différente de celle des autres. D'ailleurs, j'y vais pour vous aussi. Je vous attends. Si vous n'étiez pas près de moi dans deux heures, je ne sais si je vous pardonnerais cette félonie. »

Rastignac prit une plume et répondit ainsi :

« J'attends un médecin pour savoir si votre père doit vivre encore. Il est mourant. J'irai vous porter l'arrêt, et j'ai peur que ce ne soit un arrêt de mort. Vous verrez si vous pouvez aller au bal. Mille tendresses. »

Le médecin vint à huit heures et demie, et, sans donner un avis favorable, il ne pensa pas que la mort dût être imminente. Il annonça des mieux et des rechutes alternatives d'où dépendraient la vie et la raison du bonhomme.

— Il vaudrait mieux qu'il mourût promptement, fut le dernier mot du docteur.

Eugène confia le père Goriot aux soins de Bianchon, et partit pour aller porter à madame de Nucingen les tristes nouvelles qui, dans son esprit encore imbu des devoirs de famille, devaient suspendre toute joie.

— Dites-lui qu'elle s'amuse tout de même, lui cria le père Goriot qui paraissait assoupi mais qui se dressa sur son séant au moment où Rastignac sortit.

Le jeune homme se présenta navré de douleur à Delphine, et la trouva coiffée, chaussée, n'ayant plus que sa robe de bal à mettre. Mais, semblable aux coups de pinceau par lesquels les peintres achèvent leurs tableaux, les derniers

1. *Mosé in Egitto* (Moïse en Egypte), *opéra de Rossini créé en 1822. Balzac l'analyse longuement dans* Massimilla Doni *(1839).*

apprêts voulaient plus de temps que n'en demandait le fond même de la toile.

— Eh quoi, vous n'êtes pas habillé ? dit-elle.

— Mais, madame, votre père…

— Encore mon père, s'écria-t-elle en l'interrompant. Mais vous ne m'apprendrez pas ce que je dois à mon père. Je connais mon père depuis longtemps. Pas un mot, Eugène. Je ne vous écouterai que quand vous aurez fait votre toilette. Thérèse a tout préparé chez vous ; ma voiture est prête, prenez-la ; revenez. Nous causerons de mon père en allant au bal. Il faut partir de bonne heure, si nous sommes pris dans la file des voitures, nous serons bien heureux de faire notre entrée à onze heures.

— Madame !

— Allez ! pas un mot, dit-elle courant dans son boudoir pour y prendre un collier.

— Mais, allez donc, monsieur Eugène, vous fâcherez madame, dit Thérèse en poussant le jeune homme épouvanté de cet élégant parricide.

Il alla s'habiller en faisant les plus tristes, les plus décourageantes réflexions. Il voyait le monde comme un océan de boue dans lequel un homme se plongeait jusqu'au cou, s'il y trempait le pied. — Il ne s'y commet que des crimes mesquins ! se dit-il. Vautrin est plus grand. Il avait vu les trois grandes expressions de la société : l'Obéissance, la Lutte et la Révolte ; la Famille, le Monde et Vautrin. Et il n'osait prendre parti. L'Obéissance était ennuyeuse, la Révolte impossible, et la Lutte incertaine. Sa pensée le reporta au sein de sa famille. Il se souvint des pures émotions de cette vie calme, il se rappela les jours passés au milieu des êtres dont il était chéri. En se conformant aux lois naturelles du foyer domestique, ces chères créatures y trouvaient un bonheur plein, continu, sans angoisses. Malgré ses bonnes pensées, il ne se sentit pas le courage de venir confesser la foi des âmes pures à Delphine, en lui ordonnant la Vertu au nom de l'Amour. Déjà son éducation commencée avait porté ses fruits. Il aimait égoïstement déjà. Son tact lui avait permis de reconnaître la nature du cœur de Delphine. Il pressentait qu'elle était capable de marcher sur le corps de son père pour aller au bal, et il n'avait ni la force de jouer le rôle d'un raisonneur, ni le courage de lui déplaire, ni la vertu de la quitter. — Elle ne me pardonnerait jamais d'avoir eu raison contre elle dans cette circonstance, se dit-il. Puis il commenta les paroles des médecins, il se plut à penser que le père Goriot n'était pas aussi dangereusement malade qu'il le croyait ; enfin, il entassa des raisonnements assassins pour justifier Delphine. Elle ne connaissait pas l'état dans lequel était son père. Le bonhomme lui-même la renverrait au bal, si elle l'allait voir. Souvent la loi sociale, implacable dans sa formule, condamne là où le crime apparent est excusé par les innombrables modifications qu'introduisent au sein des familles la différence des caractères, la diversité des intérêts et des situations [1]. Eugène voulait se tromper lui-même, il était prêt à faire à sa maîtresse le sacrifice de sa conscience. Depuis deux jours, tout était changé dans sa vie. La femme y avait jeté ses désordres, elle avait fait pâlir la famille, elle avait tout confisqué à son profit. Rastignac et Delphine s'étaient rencontrés dans les conditions voulues pour éprouver l'un par l'autre les plus vives jouissances. Leur passion bien préparée avait grandi par ce qui tue les passions, par la jouissance [2]. En possédant cette femme, Eugène s'aperçut que jusqu'alors il ne l'avait que désirée, il ne l'aima qu'au lendemain du bonheur : l'amour n'est peut-etre que la reconnaissance du plaisir. Infâme ou sublime, il adorait cette femme pour les voluptés qu'il lui avait apportées en dot, et pour toutes celles qu'il en avait reçues ; de même que Delphine aimait Rastignac autant que Tantale aurait aimé l'ange qui serait venu satisfaire sa faim, ou étancher la soif de son gosier desséché.

— Eh bien !, comment va mon père ? lui dit madame de Nucingen quand il fut de retour et en costume de bal.

— Extrêmement mal, répondit-il, si vous voulez me donner une preuve de votre affection, nous courrons le voir.

— Eh bien, oui, dit-elle, mais après le bal. Mon bon Eugène, sois gentil, ne me fais pas de morale, viens.

Ils partirent. Eugène resta silencieux pendant une partie du chemin.

— Qu'avez-vous donc ? dit-elle.

— J'entends le râle de votre père, répondit-il avec l'accent de la fâcherie. Et il se mit à raconter avec la chaleureuse éloquence du jeune âge la féroce action à laquelle madame de Restaud avait été poussée par la vanité, la crise mortelle que le dernier dévouement du père avait déterminée, et ce que coûterait la robe lamée d'Anastasie. Delphine pleurait.

— Je vais être laide, pensa-t-elle. Ses larmes se séchè-

1 Valeurs familiales et déchéance mondaine.

Lucien, plus faible que Rastignac, fragile et velléitaire, confesse à sa sœur la profondeur de son échec, qui prend le sens d'une transgression des valeurs familiales :

« Pendant que je menais à Paris une vie sans dignité, pleine de plaisirs et de misères, prenant la camaraderie pour l'amitié, laissant de véritables amis pour des gens qui voulaient et devaient m'exploiter, vous oubliant et ne me souvenant de vous que pour vous causer du mal, vous suiviez l'humble sentier du travail, allant péniblement mais sûrement à cette fortune que je tentais si follement de surprendre. Pendant que vous deveniez meilleurs, moi je mettais dans ma vie un élément funeste. Oui, j'ai des ambitions démesurées, qui m'empêchent d'accepter une vie humble. J'ai des goûts, des plaisirs dont la souvenance empoisonne les jouissances qui sont à ma portée et qui m'eussent jadis satisfait. O ma chère Ève, je me juge plus sévèrement que qui que ce soit, car je me condamne absolument et sans pitié pour moi-même. La lutte à Paris exige une force constante, et mon vouloir ne va que par accès : ma cervelle est intermittente. L'avenir m'effraye tant, que je ne veux pas de l'avenir, et le présent m'est insupportable. J'ai voulu vous revoir, j'aurais mieux fait de m'expatrier à jamais. Mais l'expatriation, sans moyens d'existence, serait une folie, et je ne l'ajouterai pas à toutes les autres. La mort me semble préférable à une vie incomplète ; et, dans quelque position que je me suppose, mon excessive vanité me ferait commettre des sottises. »

Illusions perdues, 1837-1843.

2 Jouir avec la fille ou soigner le père : il faut choisir.

La seconde nuit d'amour de Rastignac et de Delphine a eu lieu après les premiers symptômes de la maladie du père (voir p. 442). Rien ne pourra faire, désormais, que cette nuit n'ait pas eu lieu : le père a été sacrifié au plaisir. Certes, Rastignac va tenter de dissuader Delphine de se rendre au bal, mais, déjà transformé par l'expérience de la volupté, il se contentera d'une promesse : « J'irai garder mon père, je ne quitterai pas son chevet » *(p. 452). Ainsi, Delphine remporte une victoire temporaire : elle fait taire la morale :* « Sois gentil, ne me fais pas de morale, viens. » *C'est le prix à payer pour la jouissance, comme* « reconnaissance du plaisir ». *L'éducation de Rastignac porte effectivement ses fruits. Mais on peut estimer que Delphine remporte une victoire à la Pyrrhus : non seulement Rastignac reviendra au père* in extremis, *mais surtout, il ne tombera plus dans le piège de l'amour (voir CONTEXTE 439). il continuera de jouir de et avec Delphine, mais il séparera cette jouissance de sa véritable ambition, et il se servira de sa maîtresse, comme celle-ci se servait de son père. Les ultimes soins donnés au père Goriot, la marche au Père-Lachaise, le dernier emprunt à Christophe pour le pourboire des fossoyeurs, autant de gestes d'adieu aux illusions qui voilaient le réel, et parmi elles, l'amour-passion.*

rent. J'irai garder mon père, je ne quitterai pas son chevet, reprit-elle.

— Ah ! te voilà comme je te voulais, s'écria Rastignac.

Les lanternes de cinq cents voitures éclairaient les abords de l'hôtel de Beauséant ⟨1⟩. De chaque côté de la porte illuminée piaffait un gendarme. Le grand monde affluait si abondamment, et chacun mettait tant d'empressement à voir cette grande femme au moment de sa chute, que les appartements, situés au rez-de-chaussée de l'hôtel, étaient déjà pleins quand madame de Nucingen et Rastignac s'y présentèrent ⟨2⟩. Depuis le moment où toute la cour se rua chez la grande Mademoiselle à qui Louis XIV arrachait son amant[1], nul désastre de cœur ne fut plus éclatant que ne l'était celui de madame de Beauséant. En cette circonstance, la dernière fille de la quasi royale maison de Bourgogne se montra supérieure à son mal, et domina jusqu'à son dernier moment le monde dont elle n'avait accepté les vanités que pour les faire servir au triomphe de sa passion. Les plus belles femmes de Paris animaient les salons de leurs toilettes et de leurs sourires. Les hommes les plus distingués de la cour, les ambassadeurs, les ministres, les gens illustrés en tout genre, chamarrés de croix, de plaques, de cordons multicolores, se pressaient autour de la vicomtesse. L'orchestre faisait résonner les motifs de sa musique sous les lambris dorés de ce palais, désert pour sa reine ⟨3⟩. Madame de Beauséant se tenait debout devant son premier salon pour recevoir ses prétendus amis. Vêtue de blanc, sans aucun ornement dans ses cheveux simplement nattés, elle semblait calme, et n'affichait ni douleur, ni fierté, ni fausse joie. Personne ne pouvait lire dans son âme. Vous eussiez dit d'une Niobé de marbre[2]. Son sourire à ses intimes amis fut parfois railleur ; mais elle parut à tous semblable à elle-même, et se montra si bien ce qu'elle était quand le bonheur la parait de ses rayons, que les plus insensibles l'admirèrent, comme les jeunes Romaines applaudissaient le gladiateur qui savait sourire en expirant. Le monde semblait s'être paré pour faire ses adieux à l'une de ses souveraines.

— Je tremblais que vous ne vinssiez pas, dit-elle à Rastignac.

— Madame, répondit-il d'une voix émue en prenant ce mot pour un reproche, je suis venu pour rester le dernier.

— Bien, dit-elle en lui prenant la main. Vous êtes peut-être ici le seul auquel je puisse me fier. Mon ami, aimez une

1. Après avoir autorisé le mariage de Mademoiselle de Montpensier, la grande Mademoiselle, avec le duc de Lauzun, Louis XIV changea d'avis et fit enfermer le duc en forteresse.

2. Figure mythologique qui symbolise la douleur inconsolable. Fille de Tantale et épouse d'Amphion, roi de Thèbes, elle eut quatorze enfants et s'affirma de ce fait supérieure à Léto, mère d'Apollon et d'Artémis, lesquels vengèrent leur mère offensée en tuant les enfants de Niobé, sauf Chloris, la future mère de Nestor. Elle fut changée en une statue de marbre d'où les larmes, continuant de couler, formèrent une source.

1 Vraisemblance et vérité.

La chronologie du Père Goriot, *facile à reconstituer comme nous l'avons vu, permet de placer ce bal le 19 février 1820. Or le duc de Berry, fils du comte d'Artois, avait été assassiné par Louvel le 13, ce qui avait entraîné le deuil pour la Cour et toute la bonne société. Remarquons d'ailleurs que les théâtres avaient dû fermer, et que Vautrin ne pouvait emmener madame Vauquer à la Gaîté le 14. (Il est vrai que Balzac avait d'abord situé l'intrigue en 1824.)*

Les événements fictionnels du Père Goriot *se situent en marge du cours événementiel de l'Histoire et leur véritable et profonde inscription historique se place à la fois dans « l'esprit du temps » (le Zeitgeist) et dans la compréhension des tensions sociales, des enjeux réels et des mentalités. Balzac nous offre un texte qui permet de décrypter l'idéologie du temps et la matière même de l'Histoire. (Cf. CONTEXTE 293.)*

La notion de vraisemblance nous permet de revenir sur la question de la motivation réaliste dans le roman balzacien. Gérard Genette montre que les formulations du type : « car, parce que, donc... » ne font que souligner l'arbitraire du récit :

« Balzac, on le sait, a « des théories sur tout », mais ces théories ne sont pas là pour le seul plaisir de théoriser, elles sont d'abord au service du récit : elles lui servent à chaque instant de caution, de justification, de *captatio benevolentiae*, elles bouchent toutes ses fissures, elles balisent tous ses carrefours.

Car le récit balzacien est souvent assez loin de cet infaillible enchaînement qu'on lui prête sur la foi de son assurance et de ce que Maurice Bardèche appelle son « apparente rigueur » (...)

N'importe quel sentiment pouvant aussi bien, au niveau de la psychologie romanesque, justifier n'importe quelle conduite, les déterminations sont presque toujours, ici, de pseudo-déterminations ; et tout se passe comme si Balzac, conscient et inquiet de cette compromettante liberté, avait tenté de la dissimuler en multipliant un peu au hasard les *parce que*, les *car*, les *donc*, toutes ces motivations que l'on dirait volontiers *pseudo-subjectives* (...), et dont l'abondance suspecte ne fait pour nous que souligner, en fin de compte, ce qu'elles voudraient masquer : l'*arbitraire du récit*.

A cette tentative désespérée, nous devons du moins un des exemples les plus saisissants de ce que l'on pourrait appeler l'invasion du récit par le discours. Certes, chez Balzac, le discours explicatif et moraliste est encore, le plus souvent (et quelque plaisir qu'y prenne l'auteur, et accessoirement le lecteur), étroitement subordonné aux intérêts du récit, et l'équilibre semble à peu près maintenu entre ces deux formes de la parole romanesque ; cependant, même tenu en lisière par un auteur très bavard mais aussi très attaché au mouvement dramatique, le discours s'étale, prolifère et paraît souvent sur le point d'étouffer le cours des événements qu'il a pour fonction d'éclairer. Si bien que la prédominance du narratif se trouve déjà, sinon contestée, du moins menacée, dans cette œuvre pourtant réputée synonyme de « roman traditionnel ». Un pas-de plus, et l'action dramatique passera au second plan, le récit perdra sa pertinence au profit du discours : prélude à la dissolution du genre romanesque et à l'avènement de la *littérature*, au sens moderne du mot. De Balzac à Proust par exemple, il y a moins loin qu'on ne pense — et Proust, d'ailleurs, le savait mieux que personne. »

GÉRARD GENETTE,
1969,
« Vraisemblance et motivation », in *Figures II*, Éd. du Seuil, pp. 81-86.

2 De l'étude des variantes à l'analyse stylistique.

Selon les auteurs, l'étude minutieuse des variantes se révèle plus ou moins féconde. Nombreuses, importantes, les variantes accumulées montrent comment le texte se construit peu à peu, permettent de suivre pas à pas le travail de l'écrivain qui élabore difficilement, douloureusement parfois, la matière textuelle. Elles déroulent pour nous le fascinant procès de la création. Rares et ne portant que sur des détails, elles démontrent la manière qu'adopte l'auteur pour peaufiner un texte très largement constitué dès le premier jet. C'est le cas dans le passage qui va de « Eh ! bien, comment va mon père ? » *à* « quand madame de Nucingen et Rastignac s'y présentèrent » *tel que l'analyse Henri Mitterand :*

« (Pour cette partie), M. Castex a relevé huit variantes. La première est une addition du texte publié dans *la Revue de Paris* : *« quand il fut de retour et en costume de bal »* ; elle ajoute un détail d'enchaînement et un détail descriptif. La seconde est une correction de l'édition Werdet originale : *« nous courrons le voir »* pour « nous allons l'aller voir » : elle supprime une gaucherie, et ajoute une nuance affective. La 3e est une addition de *la Revue de Paris* : « Mon bon Eugène, *sois gentil,* ne me fais pas de morale, viens » ; elle confère à la réplique de Delphine un ton de familiarité intime, qui est à la fois une promesse et une menace. La quatrième est de même une addition de *la Revue de Paris* : « J'entends le râle de votre père, répondit-il avec *l'accent de la fâcherie* » ; là encore se trouve précisée la couleur du dialogue, et l'on devine mieux qu'en cet instant Eugène n'est pas fier de lui-même ni de sa maîtresse. La cinquième variante est une suppression : de « cinq cents voitures élégantes », texte du manuscrit, *la Revue de Paris* n'a gardé que le substantif *voitures*, l'élégance, dans un tel décor, allant de soi. Pour la phrase suivante, tandis que le manuscrit proposait : « De chaque côté de la porte était un gendarme des chasses », *la Revue de Paris* et tous les textes ulté-

rieurs ont imprimé : *« piaffait un gendarme »* : suppression d'un détail technique jugé inutile, substitution, à un verbe plat, d'un verbe de mouvement, imagé et expressif. La septième variante a remplacé, dans l'édition Charpentier, *une* par *cette*, dans « chacun mettait tant d'empressement à voir *une* grande femme au moment de sa chute », singularisant ainsi, un peu plus, l'épisode. J'en arrive à la dernière : elle est d'importance puisqu'elle a ajouté, dans *la Revue de Paris*, tout ce passage : « Le grand monde affluait *si abondamment et chacun mettait tant d'empressement à voir une grande femme au moment de sa chute, que* les appartements, etc.

Il vaudrait la peine de constituer de manière exhaustive un tel inventaire commenté, d'identifier la valeur, l'effet, le trait pertinent, de chacune des variantes, puis de le classer, et — peut-être — de les soumettre à une interprétation statistique. On en tirerait, pour chaque roman, une vue précise et ordonnée des tendances, sinon des intentions conscientes auxquelles Balzac a obéi en corrigeant l'ensemble de son texte. Ce serait là un matériau indispensable pour connaître moins les opinions littéraires de Balzac que, disons, son esthétique pratique. Mais, s'il peut y avoir loin d'une théorie du style à une pratique de l'écriture, il y a encore plus loin des deux ensemble au style proprement dit, au « vrai style » de l'écrivain. Et je crois que le profit des études de variantes, quoi qu'on fasse, reste mince sur le plan stylistique. Je reviens à la page que j'ai prise pour exemple, sans me dissimuler qu'un exemple unique et aussi bref peut n'avoir qu'une faible valeur démonstrative. Le texte primitif, tel qu'on peut le reconstituer à partir des variantes indiquées, devait être le suivant :

— Eh bien ! comment va mon père ? lui dit madame de Nucingen.

— Extrêmement mal, répondit-il, si vous voulez me donner une preuve de votre affection, nous allons l'aller voir.

— Eh bien, oui, dit-elle, mais après le bal. Mon bon Eugène, ne me fais pas de morale, viens.

Ils partirent. Eugène resta silencieux pendant une partie du chemin.

— Qu'avez-vous donc ? dit-elle.

— J'entends le râle de votre père, répondit-il. Et il se mit à raconter avec la chaleureuse éloquence du jeune âge la féroce action à laquelle madame de Restaud avait été poussée par la vanité, la crise mortelle que le dernier dévouement du père avait déterminée, et ce que coûterait la robe lamée d'Anastasie. Delphine pleurait.

— Je vais être laide, pensa-t-elle. Ses larmes se séchèrent. J'irai garder mon père, je ne quitterai pas son chevet, reprit-elle.

— Ah ! te voilà comme je te voulais, s'écria Rastignac. Les lanternes de cinq cents voitures élégantes éclairaient les abords de l'hôtel de Beauséant. De chaque côté de la porte illuminée était un gendarme des chasses. Le grand monde affluait, les appartements, situés au rez-de-chaussée de l'hôtel, étaient déjà pleins quand madame de Nucingen et Rastignac s'y présentèrent.

D'une version à l'autre, il est bien difficile, même à des oreilles ou à des yeux avertis, de déceler un changement sensible des structures narratives et stylistiques. Et encore, un changement serait-il perceptible, que chacun des deux textes mériterait alors d'être étudié en lui-même, et pour lui-même. Mais ici, il se trouve que le *style* de cette page est établi, sous tous ses aspects dès le premier état du texte. Il demeure le même, fondamentalement, dans le texte définitif, et c'est là, non ailleurs, qu'il faut aller en chercher les traits.

Dans cette page, Balzac raconte un épisode du cheminement de Rastignac à travers la société parisienne, et il suggère en même temps de quels abandons, de quelles compromissions, de quelle débâcle morale s'accompagne ce chemin ; il montre son impuissance devant l'ingénuité instinctivement, foncièrement égoïste, de Delphine — *« après le bal... »*, devant son tutoiement si prometteur, devant le chantage de ses supplications — *« sois gentil »*. C'est une question de correspondances intérieures entre les mots, les tons, les rythmes du passage. Eugène et Delphine, chacun à sa manière, se donnent bonne conscience au meilleur compte possible, l'un par son éloquence, l'autre par ses pleurs. *« Je vais être laide, pensa-t-elle. Ses larmes se séchèrent. »* Cette courte phrase frappe d'un point d'ironie la futilité d'une cervelle vide, tout entière occupée par l'appétit du plaisir immédiat.

Et ce mot de Rastignac : *« Ah ! te voilà comme je te voulais ! »* Eugène est-il rendu totalement idiot par sa passion ? Sinon, il faut bien conclure qu'il atteint ici au raffinement dans l'hypocrisie à l'égard de soi-même. Mais tout cela est enlevé à toute allure, tout cela tient dans les mots d'une demi-douzaine de répliques. L'instant d'après, par un changement de plan — au sens cinématographique du terme — d'une hardiesse toute moderne, voici le décor de la dolce vita parisienne en 1820 : *« Les lanternes de cinq cents voitures éclairaient les abords de l'hôtel de Beauséant... »* L'art de Balzac consistera alors à décrire en même temps le cœur d'une femme et les réjouissances d'une société, à conduire, en contrepoint réciproque, l'analyse intime et l'évocation pittoresque. C'est assez dire que les structures de la composition ordonneront l'emploi du vocabulaire et des tours. Il y aura dans cette page comme un pastiche à demi volontaire de Mme de La Fayette. Mais on y sent sourdre, de tous les mots, de tous les détours de phrase, en même temps que le bruit de la foule et de la musique, une atmosphère comme glacée, insincère et cruelle, et, en profondeur, la tragédie de l'abandon :

Les plus belles femmes de Paris animaient les salons de leurs toilettes et de leurs sourires. Les hommes les plus distingués de la cour, les ambassadeurs, les ministres, les gens illustres en tout genre, chamarrés de croix, de plaques, de cordons multicolores, se pressaient autour de la vicomtesse. L'orchestre faisait résonner les motifs de sa musique sous les lambris dorés de ce palais, désert pour sa reine. Madame de Beauséant se tenait debout devant son premier salon pour recevoir ses prétendus amis. Vêtue de blanc, sans aucun ornement dans ses cheveux simplement nattés, elle semblait calme, et n'affichait ni douleur, ni fierté, ni fausse joie. Personne ne pouvait lire dans son âme. Vous eussiez dit d'une Niobé de marbre. »

HENRI MITTERAND,
1965,
« A propos du style de Balzac »
Europe, n° 429-430, pp. 152-154.

3 Le bal et ses prestiges.

Si la description du bal est focalisée sur madame de Beauséant dans le Père Goriot, *on trouve dans* la Comédie humaine *des passages où se donne à lire toute la fascination que peut exercer ce grand événement mondain ; par exemple :*

« Les salons offraient à l'œil un spectacle magique : des fleurs, des diamants, des chevelures brillantes, tous les écrins vidés, toutes les ressources de la toilette mises à contribution. Le salon pouvait se comparer à l'une des serres coquettes où de riches horticulteurs rassemblent les plus magnifiques raretés. Même éclat, même finesse de tissus. L'industrie humaine semblait aussi vouloir lutter avec les créations animées. Partout des gazes blanches ou peintes comme les ailes des plus jolies libellules, des crêpes, des dentelles, des blondes, des tulles variés comme les fantaisies de la nature entomologique, découpés, ondés, dentelés, des fils d'arachnéide en or, en argent, des brouillards de soie, des fleurs brodées par les fées ou fleuries par des génies emprisonnés, des plumes colorées par les feux de tropique, en saule pleureur au-dessus des têtes orgueilleuses, des perles tordues en nattes, des étoffes laminées, côtelées, déchiquetées, comme si le génie des arabesques avait conseillé l'industrie française. Ce luxe était en harmonie avec les beautés réunies là comme pour réaliser un *keepsake*. L'œil embrassait les plus blanches épaules, les unes de couleur d'ambre, les autres d'un lustré qui faisait croire qu'elles avaient été cylindrées, celles-ci satinées, celles-là mates et grasses comme si Rubens en avait préparé la pâte, enfin toutes les nuances trouvées par l'homme dans le blanc. C'était des yeux étincelants comme des onyx ou des turquoises bordées de velours noir ou de franges blondes ; des coupes de figures variées qui rappelaient les types les plus gracieux des différents pays, des fronts sublimes et majestueux, ou doucement bombés comme si la pensée y abondait, ou plats comme si la résistance y siégeait invaincue ; puis, ce qui donne tant d'attrait à ces fêtes préparées pour le regard, des gorges repliées comme les aimait Georges IV, ou séparées à la mode du dix-huitième siècle, ou tendant à se rapprocher, comme les voulait Louis XV ; mais montrées avec audace, sans voiles, ou sous ces jolies gorgerettes froncées des portraits de Raphaël, le triomphe de ses patients élèves. Les plus jolis pieds tendus pour la danse, les tailles abandonnées dans les bras de la valse, stimulaient l'attention des plus indifférents. Les bruissements des plus douces voix, le frôlement des robes, les murmures de la danse, les chocs de la valse accompagnaient fantastiquement la musique. La baguette d'une fée semblait avoir ordonné cette sorcellerie étouffante, cette mélodie de parfums, ces lumières irisées dans les cristaux où pétillaient les bougies, ces tableaux multipliés par les glaces.

Cette assemblée des plus jolies femmes et des plus jolies toilettes se détachait sur la masse noire des hommes, où se remarquaient les profils élégants, fins, corrects des nobles, les moustaches fauves et les figures graves des Anglais, les visages gracieux de l'aristocratie française. Tous les ordres de l'Europe scintillaient sur les poitrines, pendus au cou, en sautoir, ou tombant à la hanche. En examinant ce monde, il ne présentait pas seulement les brillantes couleurs de la parure, il avait une âme, il vivait, il pensait, il sentait. Des passions cachées lui donnaient une physionomie : vous eussiez surpris des regards malicieux échangés, de blanches jeunes filles étourdies et curieuses trahissant un désir, des femmes jalouses se confiant des méchancetés dites sous l'éventail, ou se faisant des compliments exagérés. La Société parée, frisée, musquée se laissait aller à une folie de fête qui portait au cerveau comme une fumée capiteuse. Il semblait que de tous les fronts, comme de tous les cœurs, il s'échappât des sentiments et des idées qui se condensaient et dont la masse réagissait sur les personnes les plus froides pour les exalter. »

Une fille d'Ève, 1838-1839.

NB. Le trait balzacien qui consiste à magnifier les produits de l'industrie a été admirablement pastiché par Marcel Proust : « Mme Firmiani suait dans ses pantoufles, un des chefs-d'œuvre de l'industrie polonaise. » *(Pastiches et Mélanges, 1919.)*

Emma Bovary verra dans le bal à la Vaubyessard l'enivrante réalisation de ses fantasmes :

« Quand la contredanse fut finie, le parquet resta libre pour les groupes d'hommes causant debout et les domestiques en livrée qui apportaient de grands plateaux. Sur la ligne des femmes assises, les éventails peints s'agitaient, les bouquets cachaient à demi le sourire des visages, et les flacons à bouchon d'or tournaient dans des mains entrouvertes dont les gants blancs marquaient la forme des ongles et serraient la chair au poignet. Les garnitures de dentelles, les broches de diamants, les bracelets à médaillon frissonnaient aux corsages, scintillaient aux poitrines, bruissaient sur les bras nus. Les chevelures, bien collées sur les fronts et tordues à la nuque, avaient, en couronnes, en grappes ou en rameaux, des myosotis, du jasmin, des fleurs de grenadier, des épis ou des bleuets. Pacifiques à leurs places, des mères à figure renfrognée portaient des turbans rouges.

Le cœur d'Emma lui battit un peu lorsque, son cavalier la tenant par le bout des doigts, elle vint se mettre en ligne et attendit le coup d'archet pour partir. Mais bientôt l'émotion disparut ; et, se balançant au rythme de l'orchestre, elle glissait en avant, avec des mouvements légers du cou. Un sourire lui montait aux lèvres à certaines délicatesses du violon, qui jouait seul, quelquefois, quand les autres instruments se taisaient ; on entendait le bruit clair des louis d'or qui se versaient à côté, sur le tapis des tables ; puis tout reprenait à la fois, le cornet à pistons lançant un éclat sonore. Les pieds retombaient en mesure, les jupes se bouffaient et frôlaient, les mains se donnaient, se quittaient ; les mêmes yeux s'abaissant devant vous revenaient se fixer sur les vôtres.

Quelques hommes (une quinzaine) de vingt-cinq à quarante ans, disséminés parmi les danseurs ou causant à l'entrée des portes, se distinguaient de la foule par un air de famille, quelles que fussent leurs différences d'âge, de toilette ou de figure.

Leurs habits, mieux faits, semblaient d'un drap plus souple, et leurs cheveux, ramenés en boucles vers les tempes, lustrés par des pommades plus fines. Ils avaient le teint de la richesse, ce teint blanc que rehaussent la pâleur des porcelaines, les moires du satin, le vernis des beaux meubles, et qu'entretient dans sa santé un régime discret de nourritures exquises. Leur cou tournait à l'aise sur des cravates basses ; leurs favoris longs tombaient sur des cols rabattus ; ils s'essuyaient les lèvres à des mouchoirs brodés d'un large chiffre, d'où sortait une odeur suave. Ceux qui commençaient à vieillir avaient l'air jeune, tandis que quelque chose de mûr s'étendait sur le visage des jeunes. Dans leurs regards indifférents flottait la quiétude de passions journellement assouvies ; et, à travers leurs manières douces, perçait cette brutalité particulière, que communique la domination de choses à demi faciles, dans lesquelles la force s'exerce et où la vanité s'amuse, le maniement des chevaux de race et la société des femmes perdues. »

FLAUBERT, 1857,
Madame Bovary.

femme que vous puissiez aimer toujours. N'en abandonnez aucune.

Elle prit le bras de Rastignac et le mena sur un canapé, dans le salon où l'on jouait.

— Allez, lui dit-elle, chez le marquis. Jacques, mon valet de chambre, vous y conduira et vous remettra une lettre pour lui. Je lui demande ma correspondance. Il vous la remettra tout entière, j'aime à le croire. Si vous avez mes lettres, montez dans ma chambre. On me préviendra.

Elle se leva pour aller au-devant de la duchesse de Langeais, sa meilleure amie, qui venait aussi. Rastignac partit, fit demander le marquis d'Ajuda à l'hôtel de Rochefide, où il devait passer la soirée, et où il le trouva. Le marquis l'emmena chez lui, remit une boîte à l'étudiant, et lui dit : — Elles y sont toutes. Il parut vouloir parler à Eugène, soit pour le questionner sur les événements du bal et sur la vicomtesse, soit pour lui avouer que déjà peut-être il était au désespoir de son mariage, comme il le fut plus tard ; mais un éclair d'orgueil brilla dans ses yeux, et il eut le déplorable courage de garder le secret sur ses plus nobles sentiments. — Ne lui dites rien de moi, mon cher Eugène. Il pressa la main de Rastignac par un mouvement affectueusement triste, et lui fit signe de partir. Eugène revint à l'hôtel de Beauséant, et fut introduit dans la chambre de la vicomtesse, où il vit les apprêts d'un départ. Il s'assit auprès du feu, regarda la cassette en cèdre, et tomba dans une profonde mélancolie. Pour lui, madame de Beauséant avait les proportions des déesses de l'Iliade.

— Ah ! mon ami, dit la vicomtesse en entrant et appuyant sa main sur l'épaule de Rastignac [1].

Il aperçut sa cousine en pleurs, les yeux levés, une main tremblante, l'autre levée. Elle prit tout à coup la boîte, la plaça dans le feu et la vit brûler.

— Ils dansent ! ils sont venus tous bien exactement, tandis que la mort viendra tard. Chut ! mon ami, dit-elle en mettant un doigt sur la bouche de Rastignac prêt à parler. Je ne verrai plus jamais ni Paris ni le monde. A cinq heures du matin, je vais partir pour aller m'ensevelir au fond de la Normandie. Depuis trois heures après midi, j'ai été obligée de faire mes préparatifs, signer des actes, voir à des affaires ; je ne pouvais envoyer personne chez... Elle s'arrêta. Il était sûr qu'on le trouverait chez... Elle s'arrêta encore accablée de douleur. En ces moments tout est souffrance, et certains

1 Rastignac : c'est encore l'état de grâce.

« La chance de Rastignac fut cette indignation d'enfant que le malheur et le courage d'une belle jeune femme lui inspirèrent chez Mme de Beauséant. Ce que le roué n'aurait pas trouvé, ce naïf élan du cœur le sauve. *« L'affection superstitieuse »* dont se prend pour lui Mme de Beauséant, c'est la récompense secrète d'un instant de naïveté, d'une des dernières naïvetés de Rastignac, peut-être. Son destin est là tout entier. Rastignac est un être jeune et beau que la vie ne parvient pas encore à flétrir. Et c'est peut-être à cause de cet entêtement de la jeunesse à rester elle-même, à cause de cet état de grâce de la jeunesse devant la vie que Rastignac occupe, parmi les créatures de Balzac, une place privilégiée, qu'il est entouré d'une sorte d'attrait poétique. »

MAURICE BARDÈCHE,
1964,
Une lecture de Balzac, Les Sept Couleurs, pp. 111-112.

Rastignac se caractérise dans tout le roman par sa sensibilité : piété filiale, affection pour Goriot, amitié pour Bianchon... mais la dégradation morale commence, et ce avec la demande d'argent à la famille..., d'où les remords qui le torturent (cf. p. 217).

mots sont impossibles à prononcer. — Enfin, reprit-elle, je comptais sur vous ce soir pour ce dernier service. Je voudrais vous donner un gage de mon amitié. Je penserai souvent à vous, qui m'avez paru bon et noble, jeune et candide au milieu de ce monde où ces qualités sont si rares. Je souhaite que vous songiez quelquefois à moi. Tenez, dit-elle en jetant les yeux autour d'elle, voici le coffret où je mettais mes gants. Toutes les fois que j'en ai pris avant d'aller au bal ou au spectacle, je me sentais belle, parce que j'étais heureuse, et je n'y touchais que pour y laisser quelque pensée gracieuse : il y a beaucoup de moi là-dedans, il y a toute une madame de Beauséant qui n'est plus, acceptez-le ; j'aurai soin qu'on le porte chez vous, rue d'Artois. Madame de Nucingen est fort bien ce soir, aimez-la bien. Si nous ne nous voyons plus, mon ami, soyez sûr que je ferai des vœux pour vous, qui avez été bon pour moi. Descendons, je ne veux pas leur laisser croire que je pleure. J'ai l'éternité devant moi, j'y serai seule, et personne ne m'y demandera compte de mes larmes. Encore un regard à cette chambre. Elle s'arrêta. Puis, après s'être un moment caché les yeux avec sa main, elle se les essuya, les baigna d'eau fraîche, et prit le bras de l'étudiant. Marchons ! dit-elle.

Rastignac n'avait pas encore senti d'émotion aussi violente que le fut le contact de cette douleur si noblement contenue. En rentrant dans le bal, Eugène en fit le tour avec madame de Beauséant, dernière et délicate attention de cette gracieuse femme.

Bientôt il aperçut les deux sœurs, madame de Restaud et madame de Nucingen. La comtesse était magnifique avec tous ses diamants étalés, qui, pour elle, étaient brûlants sans doute, elle les portait pour la dernière fois. Quelques puissants que fussent son orgueil et son amour, elle ne soutenait pas bien les regards de son mari. Ce spectacle n'était pas de nature à rendre les pensées de Rastignac moins tristes. S'il avait revu Vautrin dans le colonel italien ⟨1⟩, il revit alors, sous les diamants des deux sœurs, le grabat sur lequel gisait le père Goriot. Son attitude mélancolique ayant trompé la vicomtesse, elle lui retira son bras.

— Allez ! je ne veux pas vous coûter un plaisir, dit-elle.

Eugène fut bientôt réclamé par Delphine, heureuse de l'effet qu'elle produisait, et jalouse de mettre aux pieds de l'étudiant les hommages qu'elle recueillait dans ce monde, où elle espérait être adoptée.

1 Une révision imparfaite.

Balzac avait finalement décidé de supprimer un passage dans lequel apparaissaient le colonel Franchessini, qui avait si bien « résolu » le problème de Victorine Taillefer sur les instances de Vautrin, et lady Brandon, l'héroïne de La Grenadière. *Cependant, il a oublié d'ôter ce membre de phrase devenu incompréhensible sans son contexte que voici, juste après « cette gracieuse femme » :*

« En entrant dans la galerie où l'on dansait, Rastignac fut surpris de rencontrer un de ces couples que la réunion de toutes les beautés humaines rend sublimes à voir. Jamais il n'avait eu l'occasion d'admirer de telles perfections. Pour tout exprimer en un mot, l'homme était un Antinoüs vivant, et ses manières ne détruisaient pas le charme qu'on éprouvait à le regarder. La femme était une fée, elle enchantait le regard, elle fascinait l'âme, irritait les sens les plus froids. La toilette s'harmonisait chez l'un et chez l'autre avec la beauté. Tout le monde les contemplait avec plaisir et enviait le bonheur qui éclatait dans l'accord de leurs yeux et de leurs mouvements.

— Mon Dieu, quelle est cette femme ? dit Rastignac.

— Oh ! la plus incontestablement belle, répondit la vicomtesse. C'est lady Brandon, elle est aussi célèbre par son bonheur que par sa beauté. Elle a tout sacrifié à ce jeune homme. Ils ont, dit-on, des enfants. Mais le malheur plane toujours sur eux. On dit que lord Brandon a juré de tirer une effroyable vengeance de sa femme et de cet amant. Ils sont heureux, mais ils tremblent sans cesse.

— Et lui ?

— Comment ! vous ne connaissez pas le beau colonel Franchessini ?

— Celui qui s'est battu...

— Il y a trois jours, oui. Il avait été provoqué par le fils d'un banquier. Il ne voulait que le blesser, mais par malheur il l'a tué.

— Oh !

— Qu'avez-vous donc ? vous frissonnez, dit la vicomtesse.

— Je n'ai rien, répondit Rastignac.

Une sueur froide lui coulait dans le dos. Vautrin lui apparaissait avec sa figure de bronze. Le héros du bagne donnant la main au héros du bal changeait pour lui l'aspect de la société. Bientôt il aperçut les deux sœurs [*etc.*]. »

Cité par ***P.-G. CASTEX,*** 1963, *Le Père Goriot,* Garnier, p. 448.

— Comment trouvez-vous Nasie ? lui dit-elle.

— Elle a, dit Rastignac, escompté jusqu'à la mort de son père.

Vers quatre heures du matin, la foule des salons commençait à s'éclaircir. Bientôt la musique ne se fit plus entendre. La duchesse de Langeais et Rastignac se trouvèrent seuls dans le grand salon. La vicomtesse, croyant n'y rencontrer que l'étudiant, y vint après avoir dit adieu à monsieur de Beauséant, qui s'alla coucher en lui répétant : — Vous avez tort, ma chère, d'aller vous enfermer à votre âge ! Restez donc avec nous.

En voyant la duchesse, madame de Beauséant ne put retenir une exclamation.

— Je vous ai devinée, Clara, dit madame de Langeais (1). Vous partez pour ne plus revenir ; mais vous ne partirez pas sans m'avoir entendue et sans que nous nous soyons comprises. Elle prit son amie par le bras, l'emmena dans le salon voisin, et là, la regardant avec des larmes dans les yeux, elle la serra dans ses bras et la baisa sur les joues. — Je ne veux pas vous quitter froidement, ma chère, ce serait un remords trop lourd. Vous pouvez compter sur moi comme sur vous-même. Vous avez été grande ce soir, je me suis sentie digne de vous, et veux vous le prouver. J'ai eu des torts envers vous, je n'ai pas toujours été bien, pardonnez-moi, ma chère : je désavoue tout ce qui a pu vous blesser, je voudrais reprendre mes paroles. Une même douleur a réuni nos âmes, et je ne sais qui de nous sera la plus malheureuse. Monsieur de Montriveau n'était pas ici ce soir, comprenez-vous ? Qui vous a vue pendant ce bal, Clara, ne vous oubliera jamais. Moi, je tente un dernier effort. Si j'échoue, j'irai dans un couvent ! Où allez-vous, vous?

— En Normandie, à Courcelles, aimer, prier, jusqu'au jour où Dieu me retirera de ce monde[1].

— Venez, monsieur de Rastignac, dit la vicomtesse d'une voix émue, en pensant que ce jeune homme attendait. L'étudiant plia le genou, prit la main de sa cousine et la baisa. — Antoinette, adieu ! reprit madame de Beauséant, soyez heureuse. Quant à vous, vous l'êtes, vous êtes jeune, vous pouvez croire à quelque chose, dit-elle à l'étudiant. A mon départ de ce monde, j'aurai eu, comme quelques mourants privilégiés, de religieuses, de sincères émotions autour de moi !

1. *Au début de* La Femme abandonnée, *Madame de Beauséant se trouve à Courcelles.*

1 Madame de Beauséant ou la femme héroïque.

« Chez Mme de Beauséant se réunissent sous des formes qualitatives toutes les valeurs qui constituent objectivement l'idéal des êtres moins privilégiés (la haute naissance dans la bonne aristocratie, la richesse, la beauté et l'éloquence, la politesse, etc.). En plus, son âge et sa position dans la société parisienne la dotent des deux autres qualités indispensables ; une connaissance jugée et éprouvée de la véritable nature du bourbier social et l'intelligence complète des usages de ce monde. En bref, la perfection « beauséant » est d'avoir réalisé la totalité des valeurs recherchées comme les plus désirables à un moment donné de l'évolution sociale. La seule qualité qui lui manque est celle d'être un homme. En tant que femme seule elle peut incarner le cas pur de l'individu qui ne dépend pas des médiations pour se valoriser. Cela parce que, par son sexe, elle ne peut satisfaire son besoin de réalisation dans l'activité sociale. Mme de Beauséant, comme toute autre femme de son époque, doit se contenter de se valoriser dans le seul domaine qui lui soit réservé, le rapport intime de l'amour. Or, c'est justement cette surdépendance des affaires de cœur qui rend les femmes plus vulnérables et qui démontre en même temps, par la trahison romantique de d'Ajuda-Pinto en faveur d'un mariage d'argent, l'impossibilité pour tout rapport pur et désintéressé de durer, même dans la haute société, l'impossibilité même pour des « belles âmes de rester longtemps en ce monde ».

Il y a donc deux drames chez Mme de Beauséant, celui de la femme abandonnée et un autre, d'une signification plus large : son incapacité de vivre un amour compromis, sa soif des émotions véritables. En définitive, Mme de Beauséant, bien que possédant toutes les valeurs quantitatives de l'époque, ne peut avoir qu'un ennemi, la société moderne parisienne. Cela explique en partie également le défi fameux de Rastignac à la fin du livre. Non sans raison, l'éducation de Rastignac « s'achève » au moment où Mme de Beauséant livre sa dernière bataille à la société parisienne.

Pourquoi la société parisienne, dont elle est la reine, représente-t-elle une force hostile ? C'est parce que ses valeurs sentimentales, sa liaison d'amour, presque chevaleresque (surtout dans la mesure où elle veut régner comme la femme-maîtresse et non pas être une femme-objet), sa sincérité et son souci de maintenir sa gloire sont des qualités de noblesse dépassées qui l'opposent à « une société mesquine, petite et superficielle ».

En révélant l'insuffisance de la vie privée à répondre aux besoins sentimentaux, le mariage de son amant joue chez Mme de Beauséant le même rôle que les mariages des filles avaient joué chez Goriot. Ils montrent que l'aliénation est inévitable[1]. Mais la différence entre leurs capacités à faire face, à sublimer leurs passions déçues forme un contraste total. Mme de Beauséant, personnalité complète, n'ayant pas d'illusion sur la nature du monde et des choses, a le pouvoir de dominer son mal et d'en faire une arme sociale. « Qui vous a vue, pendant ce bal, ne vous oubliera jamais. »

La force de caractère qui permet à Mme de Beauséant de n'afficher « ni douleur, ni fierté, ni fausse joie (« Personne ne pouvait lire dans son âme ») fait contraste avec Goriot dont les sentiments s'impriment toujours sur son visage, et est la conséquence du règne ancestral de sa classe sur les autres. C'est l'art de contrôler ses propres sentiments, ses intérêts personnels, au nom d'un devoir social, d'un intérêt général. « Cette douleur si noblement contenue », résultat d'une unité complète de forme et de force, donne la preuve de la supériorité des valeurs intrinsèques qu'incarne Mme de Beauséant. Son refus de l'aliénation est un acte héroïque, parce que devant la société elle étale ses qualités humaines, « elle reste semblable à elle-même », tout en se conformant aux meilleures exigences qu'avait produites ce monde.

Il n'en est pas moins vrai que son défi à la société individualiste, aussi digne et sublime soit-il, est le prélude à un départ, à un exil. Si Mme de Beauséant a le pouvoir de garder sa propre intégrité, cette force de caractère est insuffisante vis-à-vis des valeurs dégradées. Sa grandeur touche même ce monde mesquin, mais le sentiment qu'elle éveille est le souvenir d'une noblesse humaine dépassée (la cour de Louis XIV, l'*Iliade*). Au fond, à cette grande dame il manque, comme à tous les êtres purs, la capacité de se vendre, de se voir comme une marchandise pour pouvoir se maintenir en société. C'est « le chemin de la vertu et elle ne se scinde pas... à Paris, l'honnête homme se tait ou ne partage pas ». La seule leçon que Rastignac peut en tirer est celle donnée par Vautrin, pour parvenir au plus haut de l'échelle sociale : « La corruption est en force, le talent est rare... Il faudra lutter contre l'envie, la calomnie, la médiocrité, contre tout le monde. Voyez si vous pouvez vous lever tous les matins avec plus de volonté que vous en aviez la veille. »

LINDA RUDICH, 1973,
op. cit., pp. 88-90.

Une autre explication de la grandeur de Madame de Beauséant réside peut-être dans son équilibre intérieur où s'harmonisent le cœur et la raison : être sensible, elle est aussi une femme de tête :

« La déformation la plus courante dans la vie parisienne est un surdéveloppement de l'intellect aux dépens des autres traits de caractère, surtout du cœur. C'est le diagnostic que Balzac fait pour les femmes du monde : Foedora dans la *Peau de Chagrin* (...) et la duchesse de Langeais dans le roman qui porte son nom. La grandeur de Madame de Beauséant (cf. son nom) est par contre dans l'harmonie et l'équilibre intérieurs qu'elle ne perd jamais. »

P. NYKROG, 1965,
La Pensée de Balzac dans la Comédie humaine, Esquisse de quelques concepts clés,
Copenhague, Munksgaard ; Paris, Klincksieck, p. 114.

Quant au prestige de cette noble figure, il procède d'un phénomène psychologique que Balzac explique ainsi :
« Il existe un prestige inconcevable dans toute espèce de célébrité, à quelque titre qu'elle soit due. Il semble que, pour les femmes comme jadis pour les familles, la gloire d'un crime en efface la honte. De même que telle maison s'enorgueillit de ses têtes tranchées, une jolie, une jeune femme devient plus attrayante par la fatale renommée d'un amour heureux ou d'une affreuse trahison. Plus elle est à plaindre, plus elle excite de sympathies. Nous ne sommes impitoyables que pour les choses, pour les sentiments et les aventures vulgaires. En attirant les regards, nous paraissons grands. Ne faut-il pas en effet s'élever au-dessus des autres pour en être vu ? Or, la foule éprouve involontairement un sentiment de respect pour tout ce qui s'est grandi, sans trop demander compte des moyens. »

La Femme abandonnée, 1832.

Rastignac s'en alla vers cinq heures, après avoir vu madame de Beauséant dans sa berline de voyage, après avoir reçu son dernier adieu mouillé de larmes qui prouvaient que les personnes les plus élevées ne sont pas mises hors de la loi du cœur et ne vivent pas sans chagrins, comme quelques courtisans du peuple voudraient le lui faire croire. Eugène revint à pied vers la Maison-Vauquer, par un temps humide et froid. Son éducation s'achevait [1].

— Nous ne sauverons pas le pauvre Goriot, lui dit Bianchon quand Rastignac entra chez son voisin.

— Mon ami, lui dit Eugène après avoir regardé le vieillard endormi, va, poursuis la destinée modeste à laquelle tu bornes tes désirs. Moi, je suis en enfer, et il faut que j'y reste. Quelque mal que l'on te dise du monde, crois-le ! il n'y a pas de Juvénal qui puisse en peindre l'horreur couverte d'or et de pierreries.

Le lendemain, Rastignac fut éveillé sur les deux heures après midi par Bianchon, qui, forcé de sortir, le pria de garder le père Goriot, dont l'état avait fort empiré pendant la matinée.

— Le bonhomme n'a pas deux jours, n'a peut-être pas six heures à vivre, dit l'élève en médecine, et cependant nous ne pouvons pas cesser de combattre le mal. Il va falloir lui donner des soins coûteux. Nous serons bien ses gardes-malades ; mais je n'ai pas le sou, moi. J'ai retourné ses poches, fouillé ses armoires : zéro au quotient. Je l'ai questionné dans un moment où il avait sa tête, il m'a dit ne pas avoir un liard à lui. Qu'as-tu, toi ?

— Il me reste vingt francs, répondit Rastignac ; mais j'irai les jouer, je gagnerai.

— Si tu perds ?

— Je demanderai de l'argent à ses gendres et à ses filles.

— Et s'ils ne t'en donnent pas ? reprit Bianchon. Le plus pressé dans ce moment n'est pas de trouver de l'argent, il faut envelopper le bonhomme d'un sinapisme bouillant depuis les pieds jusqu'à la moitié des cuisses. S'il crie, il y aura de la ressource. Tu sais comment cela s'arrange. D'ailleurs, Christophe t'aidera. Moi, je passerai chez l'apothicaire répondre de tous les médicaments que nous y prendrons. Il est malheureux que le pauvre homme n'ait pas été transportable à notre hospice, il y aurait été mieux. Allons, viens que je t'installe, et ne le quitte pas que je ne sois revenu.

Les deux jeunes gens entrèrent dans la chambre où gisait le vieillard. Eugène fut effrayé du changement de cette face

1 Que peut la théorie greimasienne du récit ? ou heurs et malheurs du schéma actantiel.

En 1966, A.J. Greimas définissait dans sa Sémantique structurale *un modèle théorique du récit dans lequel* « l'existence du contrat (de l'ordre établi) correspond à l'absence du contrat (de l'ordre) comme l'aliénation correspond à la pleine jouissance des valeurs » *(op. cit.* Larousse, p. 208*), le but de tout récit étant de combler une situation initiale de manque, par absence de contrat $\overline{A}$ et de communication $\overline{C}$, d'où une restitution finale du contrat A et de la communication C. La première séquence du récit est donc $\overline{A} + \overline{C}$, la dernière A + C, d'où le rapport d'équivalence ≃ :*

$$\frac{\overline{A}}{A} \simeq \frac{\overline{C}}{C}$$

Il proposait également un schéma actantiel du récit, reliant les six actants, ou unités constitutives d'un récit :

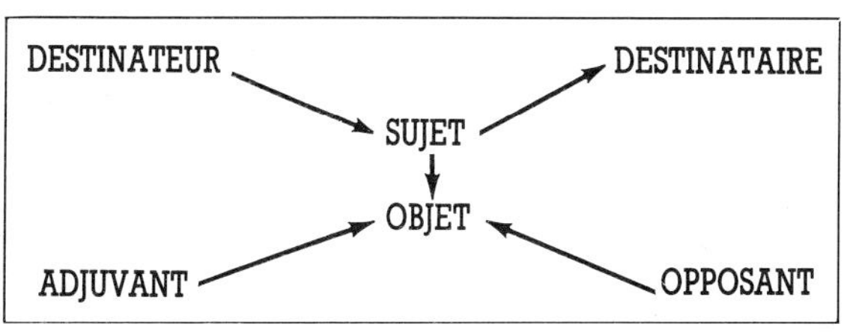

« (...) Peut-on vraiment dire qu'il y a, dans le P.G., un « contrat » quelconque ?

Pour répondre à cette question, il est nécessaire de rappeler brièvement la liste des « actants » que propose Greimas :

1) le Sujet (qui correspond au « héros » de Propp),

2) l'Objet (= le personnage recherché, la « princesse »),

3) le Destinateur (= celui qui envoie le héros en quête, qui est souvent, dans le conte, le « père de la princesse »),

4) le Destinataire (= le bénéficiaire de la quête, qui le plus souvent, du moins dans le conte populaire, se confond avec le Sujet).

S'ajoutent deux autres catégories d'actants moins importants, appelés aussi « circonstants », l'Adjuvant et l'Opposant, plus utiles dans l'analyse des différentes péripéties de la lutte que dans l'analyse d'ensemble que nous tentons ici.

Si l'on essaie d'appliquer ces modèles au P.G., on s'aperçoit très vite que le véritable problème se situe au niveau du Destinateur, c'est-à-dire du personnage qui doit être à l'origine du contrat. En effet, il est très possible de voir en Rastignac le Sujet (et aussi le Destinataire, comme dans le conte populaire) ; l'Objet de la quête est lui aussi aisément repérable, quoique représenté par plusieurs « acteurs », Mme de Restaud, Mme de Beauséant, Victorine, et enfin Delphine. Mais qui est le Destinateur ? Il y a bien un candidat à ce titre, à savoir Vautrin, mais Rastignac, après une hésitation, refuse le contrat que celui-ci lui propose avec trop de cynisme. C'est un épisode essentiel du point de vue de la structure du récit, ce contrat ostensiblement repoussé nous invitant à rechercher ailleurs le véritable contrat, sans doute moins visible. Mais le résultat est également négatif du côté du père Goriot, qui se caractérise justement par le fait qu'on lui conteste cette paternité à laquelle il tient tant : le crime de Rastignac chez les Restaud est précisément d'avoir donné au vieillard, l'auteur jouant sur le double sens du mot, le titre de « père ». Celui-ci est donc bien incapable d'imposer sa volonté à qui que ce soit : « Si Eugène avait manifesté le désir de voir madame de Nucingen, CE N'ÉTAIT PAS QU'IL COMPTÂT SUR LE VIEILLARD POUR ÊTRE INTRODUIT PAR LUI CHEZ ELLE ; mais il espérait qu'une indiscrétion pourrait le bien servir. » Nous avons ici le cas particulier d'un personnage à qui sa position aurait dû donner le rôle de Destinateur et qui se trouve réduit à celui d'Adjuvant, et encore très secondaire. Cela évidemment ne nous apprend rien de nouveau sur le personnage lui-même, ce qui n'est pas notre propos, mais nous permet, après avoir détecté cette « anomalie » dans la structure du récit, de cerner de plus près la cause première de l'échec du héros : Rastignac échoue (ce qui signifie aussi qu'il n'est pas le vrai Destinataire) pour n'avoir pas eu en face de lui de répondant avec qui passer le contrat et qui donne son sens à sa quête, si bien qu'il est acculé à passer avec lui-même une sorte de contrat, ce qui l'oblige à assumer le rôle supplémentaire de Destinateur. Mais les cartes sont alors complètement brouillées : un seul acteur pour trois actants, Rastignac assumant de façon plus ou moins satisfaisante le triple rôle du Sujet, du Destinateur et du Destinataire, trois ou quatre acteurs pour un seul actant (l'Objet) ; on est amené à se demander si, en l'absence de Destinateur véritable, en l'absence même de véritable Objet, on peut encore parler d'un Sujet-héros.

Faut-il donc renoncer à employer les modèles actantiels, ou bien conclure que c'est sur leur utilisation paradoxale que repose la structure du récit, lequel, à partir d'une situation initiale très traditionnelle (A + C), refuserait, malgré certaines apparences trompeuses qui tenteraient de faire croire le contraire, de progresser « normalement », et aboutirait de ce fait à un dénouement purement négatif, où aucun manque ne serait comblé ? On est alors amené à adopter la lecture exactement opposée de celle qui postule la « réussite » de Rastignac et à dire que le déplacement de Rastignac n'est qu'un faux transfert, puisqu'il est indifférent d'habiter rue d'Artois plutôt que rue Neuve-Sainte-Geneviève. Cette lecture a évidemment l'avantage d'être en accord avec la phrase de Balzac qui nous a servi de point de départ, et qui alors signifierait tout simplement que le grand monde est aussi infect moralement que la pension est sale, mais il faut bien avouer que cette interprétation, déjà décevante dans sa banalité, laisse aussi de côté bien des aspects du roman. »

NICOLE MOZET, 1972,
« La description de la Maison-Vauquer »
L'Année Balzacienne, pp. 101-103.

(...)

« Mais, puisque c'est l'histoire elle-même du père Goriot et des autres personnages qui fournit la matière du contrat, on peut essayer de redistribuer les rôles en juxtaposant les deux modèles que nous avons successivement obtenus :

— *modèle n° 1* — d'après le récit au sens étroit du terme, c'est-à-dire la seule histoire des personnages fictifs.
— Sujet : Rastignac
— Objet : ?
— Destinateur : ?
— Destinataire : ?

– *modèle n° 2* – à partir du contrat initial entre l'auteur et le lecteur.
- Sujet : ?
- Objet : la Vérité
- Destinateur : l'Auteur
- Destinataire : le Lecteur

– *modèle n° 3* – d'après l'ensemble du récit.
- Sujet : Rastignac
- Objet : la Vérité
- Destinateur : l'Auteur
- Destinataire : le Lecteur

Le dernier modèle, le seul qui tienne compte de l'ensemble du récit, situe d'emblée l'analyse au-delà du vraisemblable, du seul fait qu'il met sur le même plan un personnage « fictif » et le couple « réel » auteur-lecteur. Cette séparation entre la fiction et la réalité, que suppose le vraisemblable, n'est-ce pas elle justement que refuse Balzac lorsqu'il affirme que « TOUT est vrai » ? N'est-ce pas une façon de suggérer qu'il refuse de laisser mesurer son œuvre selon des critères qui lui sont extérieurs ? Si l'on adopte le postulat structuraliste, duquel nous sommes partie, qui pose l'œuvre comme un système cohérent, on peut proposer de traduire le « all is true » par « tout est signifiant », c'est-à-dire intégré à une même chaîne signifiante, dont chacune des parties ne peut être interprétée qu'en fonction de la totalité. »

Ibid., pp. 107-108.

(...)
« Nous avons donc désormais tous les éléments constitutifs du contrat, qui porte sur le processus même de la connaissance. Alors que notre première tentative, faute d'un contrat, n'avait déniché que des Actants sans consistance et des Objets illusoires, mettant en péril la réalité même du récit, nous pouvons maintenant établir sur une base solide le circuit de la communication, qui fonctionne normalement du Destinateur au Destinataire par l'intermédiaire du Sujet. Le manque initial (l'« inconnu ») est bien comblé au terme de la quête, par l'ascension au Père Lachaise, dont M. Castex signale le parallélisme avec la plongée dans les Catacombes des premières pages. Si le dénouement n'est pour Rastignac qu'un demi-triomphe sur le plan de la réussite sociale et sentimentale, c'est une victoire complète (au bénéfice du lecteur) sur le plan de la connaissance, avec une véritable progression d'un pôle négatif vers un pôle positif. *Le Père Goriot* est une éducation intellectuelle. »

Ibid., p. 109.

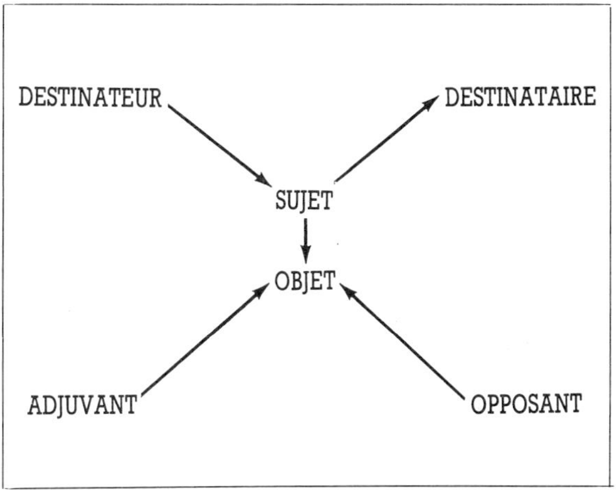

convulsée, blanche et profondément débile.

— Eh ! bien, papa ? lui dit-il en se penchant sur le grabat.

Goriot leva sur Eugène des yeux ternes et le regarda fort attentivement sans le reconnaître. L'étudiant ne soutint pas ce spectacle, des larmes humectèrent ses yeux.

— Bianchon, ne faudrait-il pas des rideaux aux fenêtres ?

— Non. Les circonstances atmosphériques ne l'affectent plus. Ce serait trop heureux s'il avait chaud ou froid. Néanmoins il nous faut du feu pour faire les tisanes et préparer bien des choses. Je t'enverrai des falourdes[1] qui nous serviront jusqu'à ce que nous ayons du bois. Hier et cette nuit, j'ai brûlé le tien et toutes les mottes du pauvre homme. Il faisait humide, l'eau dégouttait des murs. A peine ai-je pu sécher la chambre. Christophe l'a balayée, c'est vraiment une écurie. J'y ai brûlé du genièvre, ça puait trop.

— Mon Dieu ! dit Rastignac, mais ses filles !

— Tiens, s'il demande à boire, tu lui donneras de ceci, dit l'interne en montrant à Rastignac un grand pot blanc. Si tu l'entends se plaindre et que le ventre soit chaud et dur, tu te feras aider par Christophe pour lui administrer... tu sais. S'il avait, par hasard, une grande exaltation, s'il parlait beaucoup, s'il avait enfin un petit brin de démence, laisse-le aller. Ce ne sera pas un mauvais signe. Mais envoie Christophe à l'hospice Cochin. Notre médecin, mon camarade ou moi, nous viendrions lui appliquer des moxas[2]. Nous avons fait ce matin, pendant que tu dormais, une grande consultation avec un élève du docteur Gall, avec un médecin en chef de l'Hôtel-Dieu et le nôtre. Ces messieurs ont cru reconnaître de curieux symptômes, et nous allons suivre les progrès de la maladie, afin de nous éclairer sur plusieurs points scientifiques assez importants. Un de ces messieurs prétend que la pression du sérum, si elle portait plus sur un organe que sur un autre, pourrait développer des faits particuliers. Écoute-le donc bien, au cas où il parlerait, afin de constater à quel genre d'idées appartiendraient ses discours : si c'est des effets de mémoire, de pénétration, de jugement ; s'il s'occupe de matérialités, ou de sentiments ; s'il calcule, s'il revient sur le passé ; enfin sois en état de nous faire un rapport exact. Il est possible que l'invasion ait lieu en bloc, il mourra imbécile comme il l'est en ce moment. Tout est bien bizarre dans ces sortes de maladies ! Si la bombe crevait par ici, dit Bianchon en montrant l'occiput du malade, il y a des exemples de phénomènes singuliers : le cerveau recouvre

1. *Fagots de bûches liées ensemble.*

2. *En général des boules de coton enflammées qu'on faisait brûler sur la peau en guise de cautérisation.*

quelques-unes de ses facultés, et la mort est plus lente à se déclarer. Les sérosités peuvent se détourner du cerveau, prendre des routes dont on ne connaît le cours que par l'autopsie. Il y a aux Incurables un vieillard hébété chez qui l'épanchement a suivi la colonne vertébrale ; il souffre horriblement, mais il vit ⟨1⟩.

— Se sont-elles bien amusées ? dit le père Goriot, qui reconnut Eugène.

— Oh ! il ne pense qu'à ses filles, dit Bianchon. Il m'a dit plus de cent fois cette nuit : Elles dansent ! Elle a sa robe. Il les appelait par leurs noms. Il me faisait pleurer, diable m'emporte ! avec ses intonations : Delphine ! ma petite Delphine ! Nasie ! Ma parole d'honneur, dit l'élève en médecine, c'était à fondre en larmes.

— Delphine, dit le vieillard, elle est là, n'est-ce pas ? Je le savais bien. Et ses yeux recouvrèrent une activité folle pour regarder les murs et la porte.

— Je descends dire à Sylvie de préparer les sinapismes, cria Bianchon, le moment est favorable.

Rastignac resta seul près du vieillard, assis au pied du lit, les yeux fixés sur cette tête effrayante et douloureuse à voir.

— Madame de Beauséant s'enfuit, celui-ci se meurt, dit-il. Les belles âmes ne peuvent pas rester longtemps en ce monde. Comment les grands sentiments s'allieraient-ils, en effet, à une société mesquine, petite, superficielle ?

Les images de la fête à laquelle il avait assisté se représentèrent à son souvenir et contrastèrent avec le spectacle de ce lit de mort. Bianchon reparut soudain.

— Dis donc, Eugène, je viens de voir notre médecin en chef, et je suis revenu toujours courant. S'il se manifeste des symptômes de raison, s'il parle, couche-le sur un long sinapisme, de manière à l'envelopper de moutarde depuis la nuque jusqu'à la chute des reins, et fais-nous appeler.

— Cher Bianchon, dit Eugène.

— Oh ! il s'agit d'un fait scientifique, reprit l'élève en médecine avec toute l'ardeur d'un néophyte[1].

— Allons, dit Eugène, je serai donc le seul à soigner ce pauvre vieillard par affection.

— Si tu m'avais vu ce matin, tu ne dirais pas cela, reprit Bianchon sans s'offenser du propos. Les médecins qui ont exercé ne voient que la maladie ; moi, je vois encore le malade, mon cher garçon.

Il s'en alla, laissant Eugène seul avec le vieillard, et dans

1. Nouveau converti à une religion, et par extension : qui fait preuve d'un zèle extrême.

⟨1⟩ Bianchon ou le clinicien moderne.

Le regard médical de Bianchon, son art du diagnostic, son rapport au malade et à la maladie correspondent à l'émergence en ce début du XIXe siècle de ce que Michel Foucault appelle « une mutation essentielle dans le savoir médical » :

« (...) Considérée dans sa disposition d'ensemble, la clinique apparaît comme un nouveau profil, pour l'expérience du médecin, du perceptible et de l'énonçable : nouvelle distribution des éléments discrets de l'espace corporel (isolement, par exemple, du *tissu* plage fonctionnelle à deux dimensions, qui s'oppose à la masse fonctionnante de l'organe et constitue le paradoxe d'une « surface intérieure »), réorganisation des éléments constituant le phénomène pathologique (une grammaire des signes s'est substituée à une botanique des symptômes), définition des séries linéaires d'événements morbides (par opposition au buissonnement des espèces nosologiques), articulation de la maladie sur l'organisme (disparition des entités morbides générales qui groupaient des symptômes en une figure logique, au profit d'un statut local qui situe l'être de la maladie avec ses causes et ses effets dans un espace à trois dimensions). L'apparition de la clinique, comme fait historique, doit être identifiée au système de ces réorganisations. Cette nouvelle structure est signalée, mais n'est pas épuisée bien sûr, par le changement infime et décisif qui a substitué à la question : « Qu'avez-vous ? », par quoi s'inaugurait au XVIIIe siècle le dialogue du médecin et du malade avec sa grammaire et son style propres, cette autre où nous reconnaissons le jeu de la clinique et le principe de tout son discours : « Où avez-vous mal ? » A partir de là, tout le rapport du signifiant au signifié se redistribue, et ceci à tous les niveaux de l'expérience médicale : entre les symptômes qui signifient et la maladie qui est signifiée, entre la description et ce qu'elle décrit, entre l'événement et ce qu'il pronostique, entre la lésion et le mal qu'elle signale, etc. La clinique, invoquée sans cesse pour son empirisme, la modestie de son attention et le soin avec lequel elle laisse venir silencieusement les choses sous le regard, sans les troubler d'aucun discours, doit sa réelle importance au fait qu'elle est une réorganisation en profondeur non seulement des connaissances médicales, mais de la possibilité même d'un discours sur la maladie. La *retenue* du discours clinique (proclamée par les médecins : refus de la théorie, abandon des systèmes, non-philosophie) renvoie aux conditions non verbales à partir de quoi il peut parler : la structure commune qui découpe et articule ce qui se *voit* et ce qui se *dit.* »

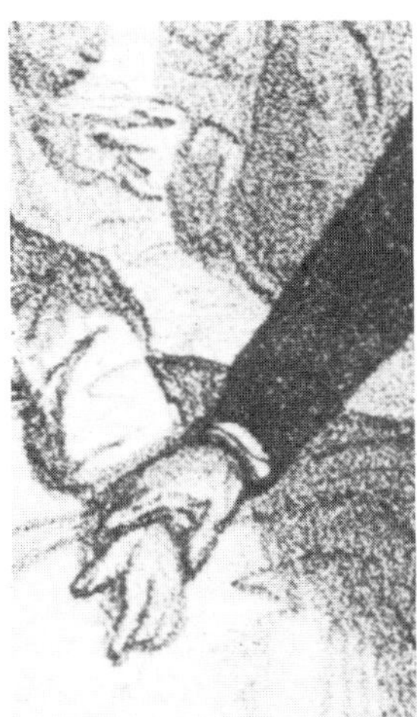

MICHEL FOUCAULT,
1963,
Naissance de la clinique,
PUF,
préface, pp. XIV-XV.

l'appréhension d'une crise qui ne tarda pas à se déclarer.

— Ah ! c'est vous, mon cher enfant, dit le père Goriot en reconnaissant Eugène.

— Allez-vous mieux ? demanda l'étudiant en lui prenant la main.

— Oui, j'avais la tête serrée comme dans un étau, mais elle se dégage. Avez-vous vu mes filles ? Elles vont venir bientôt, elles accourront aussitôt qu'elles me sauront malade, elles m'ont tant soigné rue de la Jussienne ! Mon Dieu ! je voudrais que ma chambre fût propre pour les recevoir. Il y a un jeune homme qui m'a brûlé toutes mes mottes.

— J'entends Christophe, lui dit Eugène, il vous monte du bois que ce jeune homme vous envoie.

— Bon ! mais comment payer le bois ? je n'ai pas un sou, mon enfant. J'ai tout donné, tout. Je suis à la charité. La robe lamée était-elle belle au moins ? (Ah ! je souffre !) Merci, Christophe. Dieu vous récompensera, mon garçon ; moi, je n'ai plus rien.

— Je te payerai bien, toi et Sylvie, dit Eugène à l'oreille du garçon.

— Mes filles vous ont dit qu'elles allaient venir, n'est-ce pas, Christophe ? Vas-y encore, je te donnerai cent sous. Dis-leur que je ne me sens pas bien, que je voudrais les embrasser, les voir encore une fois avant de mourir. Dis-leur cela, mais sans trop les effrayer.

Christophe partit sur un signe de Rastignac.

— Elles vont venir, reprit le vieillard. Je les connais. Cette bonne Delphine, si je meurs, quel chagrin je lui causerai ! Nasie aussi. Je ne voudrais pas mourir, pour ne pas les faire pleurer. Mourir, mon bon Eugène, c'est ne plus les voir. Là où l'on s'en va, je m'ennuierai bien. Pour un père, l'enfer, c'est d'être sans enfants, et j'ai déjà fait mon apprentissage depuis qu'elles sont mariées. Mon paradis était rue de la Jussienne. Dites donc, si je vais en paradis, je pourrai revenir sur terre en esprit autour d'elles. J'ai entendu dire de ces choses-là. Sont-elles vraies ? Je crois les voir en ce moment telles qu'elles étaient rue de la Jussienne. Elles descendaient le matin. Bonjour, papa, disaient-elles. Je les prenais sur mes genoux, je leur faisais mille agaceries, des niches. Elles me caressaient gentiment. Nous déjeunions tous les matins ensemble, nous dînions, enfin j'étais père, je jouissais de mes enfants. Quand elles étaient rue de la Jussienne, elles ne raisonnaient pas, elles ne savaient rien du

« Dans la critique de « l'ontologie » médicale, la notion de « souffrance » organique va plus loin sans doute et plus profondément que celle d'irritation. Celle-ci impliquait encore une conceptualisation abstraite : l'universalité qui lui permettait de tout expliquer formait pour le regard posé sur l'organisme un dernier écran d'abstraction. La notion d'une « souffrance » des organes ne comporte que l'idée d'un rapport de l'organe à un agent ou à un milieu, celle d'une réaction à l'attaque, celle d'un fonctionnement anormal, celle enfin de l'influence perturbatrice de l'élément attaqué sur les autres organes. Désormais le regard médical ne se posera plus que sur un espace rempli par les formes de composition des organes. L'espace de la maladie est, sans résidu ni glissement, l'espace même de l'organisme. Percevoir le morbide est une certaine manière de percevoir le corps.

La médecine des maladies a fini son temps ; commence une médecine des réactions pathologiques, structure d'expérience qui a dominé le XIXe siècle et jusqu'à un certain point le XXe puisque, non sans modifications méthodologiques, la médecine des agents pathogènes viendra s'y emboîter. »

Ibid., p. 196.

monde, elles m'aimaient bien. Mon Dieu ! pourquoi ne sont-elles pas toujours restées petites ? (Oh ! je souffre, la tête me tire.) Ah ! ah ! pardon, mes enfants ! je souffre horriblement, et il faut que ce soit de la vraie douleur, vous m'avez rendu bien dur au mal. Mon Dieu ! si j'avais seulement leurs mains dans les miennes, je ne sentirais point mon mal. Croyez-vous qu'elles viennent ? Christophe est si bête ! J'aurais dû y aller moi-même. Il va les voir, lui. Mais vous avez été hier au bal. Dites-moi donc comment elles étaient ? Elles ne savaient rien de ma maladie, n'est-ce pas ? Elles n'auraient pas dansé, pauvres petites ! Oh ! je ne veux plus être malade. Elles ont encore trop besoin de moi. Leurs fortunes sont compromises. Et à quels maris sont-elles livrées ! Guérissez-moi, guérissez-moi ! (Oh ! que je souffre ! Ah ! ah ! ah !) Voyez-vous, il faut me guérir, parce qu'il leur faut de l'argent, et je sais où aller en gagner. J'irai faire de l'amidon en aiguilles[1] à Odessa. Je suis un malin, je gagnerai des millions. (Oh ! je souffre trop !)

Goriot garda le silence pendant un moment, en paraissant faire tous ses efforts pour rassembler ses forces afin de supporter la douleur.

— Si elles étaient là, je ne me plaindrais pas, dit-il. Pourquoi donc me plaindre ?

1. Amidon sous forme de prismes.

Un léger assoupissement survint et dura longtemps. Christophe revint. Rastignac, qui croyait le père Goriot endormi, laissa le garçon lui rendre compte à haute voix de sa mission.

— Monsieur, dit-il, je suis d'abord allé chez madame la comtesse, à laquelle il m'a été impossible de parler, elle était dans de grandes affaires avec son mari. Comme j'insistais, monsieur de Restaud est venu lui-même, et m'a dit comme ça : Monsieur Goriot se meurt, eh bien ! c'est ce qu'il a de mieux à faire. J'ai besoin de madame de Restaud pour terminer des affaires importantes, elle ira quand tout sera fini. Il avait l'air en colère, ce monsieur-là. J'allais sortir, lorsque madame est entrée dans l'antichambre par une porte que je ne voyais pas, et m'a dit : Christophe, dis à mon père que je suis en discussion avec mon mari, je ne puis pas le quitter ; il s'agit de la vie ou de la mort de mes enfants ; mais aussitôt que tout sera fini, j'irai. Quant à madame la baronne, autre histoire ! je ne l'ai point vue, et je n'ai pas pu lui parler. Ah ! me dit la femme de chambre, madame est rentrée du bal à cinq heures un quart, elle dort ; si je l'éveille avant midi, elle

me grondera. Je lui dirai que son père va plus mal quand elle me sonnera. Pour une mauvaise nouvelle, il est toujours temps de la lui dire. J'ai eu beau prier ! Ah ouin ! J'ai demandé à parler à monsieur le baron, il était sorti.

— Aucune de ses filles ne viendrait ! s'écria Rastignac. Je vais écrire à toutes deux [1].

— Aucune, répondit le vieillard en se dressant sur son séant. Elles ont des affaires, elles dorment, elles ne viendront pas. Je le savais. Il faut mourir pour savoir ce que c'est que des enfants. Ah ! mon ami, ne vous mariez pas, n'ayez pas d'enfants ! Vous leur donnez la vie, ils vous donnent la mort. Vous les faites entrer dans le monde, ils vous en chassent. Non, elles ne viendront pas ! Je sais cela depuis dix ans. Je me le disais quelquefois, mais je n'osais pas y croire.

Une larme roula dans chacun de ses yeux, sur la bordure rouge, sans en tomber.

— Ah ! si j'étais riche, si j'avais gardé ma fortune, si je ne la leur avais pas donnée, elles seraient là, elles me lècheraient les joues de leurs baisers ! je demeurerais dans un hôtel, j'aurais de belles chambres, des domestiques, du feu à moi ; et elles seraient tout en larmes, avec leurs maris, leurs enfants. J'aurais tout cela. Mais rien. L'argent donne tout, même des filles [2]. Oh ! mon argent, où est-il ? Si j'avais des trésors à laisser, elles me panseraient, elles me soigneraient ; je les entendrais, je les verrais. Ah ! mon cher enfant, mon seul enfant, j'aime mieux mon abandon et ma misère ! Au moins quand un malheureux est aimé, il est bien sûr qu'on l'aime. Non, je voudrais être riche, je les verrais. Ma foi, qui sait ? Elles ont toutes les deux des cœurs de roche. J'avais trop d'amour pour elles pour qu'elles en eussent pour moi. Un père doit être toujours riche, il doit tenir ses enfants en bride comme des chevaux sournois. Et j'étais à genoux devant elles. Les misérables ! elles couronnent dignement leur conduite envers moi depuis dix ans. Si vous saviez comme elles étaient aux petits soins pour moi dans les premiers temps de leur mariage ! (Oh ! je souffre un cruel martyre !) Je venais de leur donner à chacune près de huit cent mille francs, elles ne pouvaient pas, ni leurs maris non plus, être rudes avec moi. L'on me recevait : « Mon bon père, par-ci ; mon cher père, par-là. » Mon couvert était toujours mis chez elles. Enfin je dînais avec leurs maris, qui me traitaient avec considération. J'avais l'air d'avoir encore quelque chose. Pourquoi ça ? Je n'avais rien dit de mes

⟨1⟩ Rastignac : un personnage central.

Parvenus à ce point du roman, nous pouvons établir un bilan des structures qui organisent le texte. Tout d'abord, on ne peut que constater la position centrale de Rastignac dont la circulation permet un parcours de toute la société :

PROVINCE / FAMILLE → pureté, simplicité

PARIS

FAUBOURG SAINT-MARCEAU
FAUBOURG SAINT-GERMAIN
CHAUSSEE-D'ANTIN } dominés du Père Lachaise

maison VAUQUER

étudiants
Bianchon } → avenir refusé

père Goriot → filles → avenir choisi

Vautrin
Victorine } → avenir possible mais par un pacte démoniaque

Faubourg Saint-Germain + Chaussée-d'Antin + Maison-Vauquer
= éducation intellectuelle et sociale qui anéantit l'éducation familiale
= choix décisif

Les seules intrigues qui échappent totalement à Rastignac sont :

— l'affaire Vautrin → mort du fils Taillefer
complot Michonneau-Poiret-Gondureau et arrestation

— l'affaire Beauséant → abandon de madame de Beauséant par d'Ajuda-Pinto
relations entre Mme de Beauséant et la duchesse de Langeais
le retrait de Mme de Beauséant

Par comparaison, Goriot et Vautrin tissent moins de liens :

passé raconté et aboli
↓
GORIOT
↕
incompris et torturé dans la Maison-Vauquer, sauf par Rastignac et Christophe

Anastasie → Restaud : noblesse, conflit financier et politique
Anastasie → Maxime de Trailles, d'où Gobseck

Delphine → Nucingen : banque, conflit financier et juridique, d'où Derville
Delphine → de Marsay : insatisfaction, d'où Rastignac → fils, amant de la fille, chargé de rendre la fille au père

condamné à rester prisonnier du faubourg Saint-Marceau, sauf pendant l'embellie de la rue d'Artois (→ GORIOT)

passé révélé d'où complot et police → avenir problématique
VAUTRIN → boute-en-train de la Maison-Vauquer
VAUTRIN → intrigue Taillefer → crime
VAUTRIN → projet Rastignac → échec
VAUTRIN ↓ juge toute la société

Enfin, des incommunicabilités apparaissent :

Bianchon	/	Faubourg Saint-Germain
Bianchon	/	Chaussée-d'Antin
Vautrin	/	Faubourg Saint-Germain
Vautrin	/	Chaussée-d'Antin
Bianchon	/	Vautrin (ils sont ensemble seulement à table)
Mme Vauquer	/	Faubourg Saint-Germain
Mme Vauquer	/	Chaussée-d'Antin
Mme Vauquer	/	la vérité dans sa propre pension

Ces rapports d'« étrangeté » ne revêtent pas les mêmes significations. Bianchon a choisi la voie de l'étude, du savoir. Son *modus vivendi* avec le monde exclut la compromission et la perversion. Lucide et chaleureux, il incarne une certaine pureté, qui se traduit par son libéralisme en politique (il lit *Le Pilote*).

Vautrin n'a pas besoin de fréquenter le monde, il en connaît les lois fondamentales (« J'ai longtemps parcouru le monde » chantonne-t-il). C'est par Rastignac qu'il entend exercer son pouvoir, et se retirer dans un monde neuf, libéré de l'étouffante multiplicité des codes sociaux, et régi par la seule loi de l'argent, vérité de la société parisienne, mais vérité compliquée par le poids de l'Histoire, par la complexité des circuits et la diversité des comportements. Comme le bagne, l'Amérique est un univers simple.

Madame Vauquer, nous l'avons vu (cf. CONTEXTES 105), ne comprend rien. La société parisienne n'est pour elle qu'une opacité irréductible, et sa propre pension un tissu de mystères. Tout n'est qu'équivoque pour la Vauquer.

2 La monnaie comme équivalent général ou « monnaie fait tout » (p. 417).

« (...) C'est la passion paternelle du père Goriot qui illustre le mieux l'union du cœur et de la caisse, soit l'homologie entre l'ordre des rapports intersubjectifs, l'ordre des pulsions et l'ordre des marchandises. L'action centralisatrice de sa passion est d'abord mise en parallèle avec l'acquisition de sa fortune :

> Deux sentiments exclusifs [son amour pour sa femme et ses filles] avaient rempli le cœur du vermicellier, en avaient absorbé l'humide comme le commerce des grains employait toute l'intelligence de sa cervelle.

Cette concentration intense de passion et de richesse va bientôt être compensée par une dépense excessive de sentiment qui provoque en même temps la ruine matérielle du père Goriot :

> Notre cœur est un trésor, videz-le d'un coup, vous êtes ruiné. Nous ne pardonnons pas plus à un sentiment de s'être montré tout entier qu'à un homme de ne pas avoir un sou à lui. Ce père avait tout donné. Il avait donné, pendant vingt ans, ses entrailles, son amour ; il avait donné sa fortune en un jour.

L'argent du père Goriot devient un symbole de sa substance vitale, et même sexuelle :

> Le bonhomme [il va voir sa fille] descendit le premier et jeta dix francs au cocher, avec la prodigalité d'un homme veuf qui, dans le paroxysme de son plaisir, ne prend garde à rien.

Pour rester riche, il faut contrôler ses passions. Goriot est l'antithèse des commerçants de *La Maison du chat-qui-pelote.* L'épuisement de sa fortune illustre le lien inextricable entre argent et sexualité. Il coïncide avec le désespoir et la déchéance où le jette l'abandon de ses filles. *« Homme à passions »* selon Vautrin, il vendrait tout pour elles : « ... Moi, moi qui vendrais le Père, le Fils et le Saint-Esprit pour leur éviter une larme à toutes deux ! » Ce sentiment trouve son corollaire dans l'attitude mercenaire de ses filles :

> Je les aime tant, que j'avalais tous les affronts par lesquels elles me vendaient une pauvre petite jouissance honteuse.

Madame de Restaud a « escompté jusqu'à la mort de son père ». L'équilibre du *Tout se paie* se manifeste doublement dans le cas de Goriot : ayant tout donné — sa vie comme son argent — il meurt. En même temps, tout ce qu'il a donné est passé du côté de ses filles. Le principe des vases communicants s'applique là aussi. »

LUCIENNE FRAPPIER-MAZUR,
op. cit., pp. 210-211.

affaires. Un homme qui donne huit cent mille francs à ses filles était un homme à soigner. Et l'on était aux petits soins, mais c'était pour mon argent. Le monde n'est pas beau. J'ai vu cela, moi ! L'on me menait en voiture au spectacle, et je restais comme je voulais aux soirées. Enfin elles se disaient mes filles, et elles m'avouaient pour leur père. J'ai encore ma finesse, allez, et rien ne m'est échappé. Tout a été à son adresse et m'a percé le cœur. Je voyais bien que c'était des frimes ; mais le mal était sans remède. Je n'étais pas chez elles aussi à l'aise qu'à la table d'en bas. Je ne savais rien dire. Aussi quand quelques-uns de ces gens du monde demandaient à l'oreille de mes gendres : — Qui est-ce que ce monsieur-là ? — C'est le père aux écus, il est riche. — Ah, diable ! disait-on, et l'on me regardait avec le respect dû aux écus. Mais si je les gênais quelquefois un peu, je rachetais bien mes défauts ! D'ailleurs, qui donc est parfait ? (Ma tête est une plaie !) Je souffre en ce moment ce qu'il faut souffrir pour mourir, mon cher monsieur Eugène, eh bien ! ce n'est rien en comparaison de la douleur que m'a causée le premier regard par lequel Anastasie m'a fait comprendre que je venais de dire une bêtise qui l'humiliait ; son regard m'a ouvert toutes les veines. J'aurais voulu tout savoir, mais ce que j'ai bien su, c'est que j'étais de trop sur terre. Le lendemain je suis allé chez Delphine pour me consoler, et voilà que j'y fais une bêtise qui me l'a mise en colère. J'en suis devenu comme fou. J'ai été huit jours ne sachant plus ce que je devais faire. Je n'ai pas osé les aller voir, de peur de leurs reproches. Et me voilà à la porte de mes filles. Ô mon Dieu ! puisque tu connais les misères, les souffrances que j'ai endurées, puisque tu as compté les coups de poignard que j'ai reçus, dans ce temps qui m'a vieilli, changé, tué, blanchi, pourquoi me fais-tu donc souffrir aujourd'hui ? J'ai bien expié le péché de les trop aimer. Elles se sont bien vengées de mon affection, elles m'ont tenaillé comme des bourreaux. Eh ! bien, les pères sont si bêtes ! je les aimais tant que j'y suis retourné comme un joueur au jeu. Mes filles, c'était mon vice à moi ; elles étaient mes maîtresses, enfin tout ! Elles avaient toutes les deux besoin de quelque chose, de parures ; les femmes de chambre me le disaient, et je les donnais pour être bien reçu ! Mais elles m'ont fait tout de même quelques petites leçons sur ma manière d'être dans le monde. Oh ! elles n'ont pas attendu le lendemain. Elles commençaient à rougir de moi. Voilà ce que c'est que de

La Malédiction Paternelle (Greuze)

bien élever ses enfants. A mon âge je ne pouvais pourtant pas aller à l'école. (Je souffre horriblement, mon Dieu ! les médecins ! les médecins ! Si l'on m'ouvrait la tête, je souffrirais moins.) Mes filles, mes filles, Anastasie, Delphine ! je veux les voir ⟨1⟩ . Envoyez-les chercher par la gendarmerie, de force ! la justice est pour moi, tout est pour moi, la nature, le code civil. Je proteste. La patrie périra si les pères sont foulés aux pieds. Cela est clair. La société, le monde roulent sur la paternité, tout croule si les enfants n'aiment pas leurs pères. Oh ! les voir, les entendre, n'importe ce qu'elles me diront, pourvu que j'entende leur voix, ça calmera mes douleurs, Delphine surtout. Mais dites-leur, quand elles seront là, de ne pas me regarder froidement comme elles font. Ah ! mon bon ami, monsieur Eugène, vous ne savez pas ce que c'est que de trouver l'or du regard changé tout à coup en plomb gris[1]. Depuis le jour où leurs yeux n'ont plus rayonné sur moi, j'ai toujours été en hiver ici ; je n'ai plus eu que des chagrins à dévorer, et je les ai dévorés ! J'ai vécu pour être humilié, insulté. Je les aime tant, que j'avalais tous les affronts par lesquels elles me vendaient une pauvre petite jouissance honteuse. Un père se cacher pour voir ses filles ! Je leur ai donné ma vie, elles ne me donneront pas une heure aujourd'hui ! J'ai soif, j'ai faim, le cœur me brûle, elles ne viendront pas rafraîchir mon agonie, car je meurs, je le sens. Mais elles ne savent donc pas ce que c'est que de marcher sur le cadavre de son père ! Il y a un Dieu dans les cieux, il nous venge malgré nous, nous autres pères. Oh ! elles viendront ! Venez, mes chéries, venez encore me baiser, un dernier baiser, le viatique[2] de votre père, qui priera Dieu pour vous, qui lui dira que vous avez été de bonnes filles, qui plaidera pour vous ! Après tout, vous êtes innocentes. Elles sont innocentes, mon ami ! Dites-le bien à tout le monde, qu'on ne les inquiète pas à mon sujet. Tout est de ma faute, je les ai habituées à me fouler aux pieds. J'aimais cela, moi. Ça ne regarde personne, ni la justice humaine, ni la justice divine. Dieu serait injuste s'il les condamnait à cause de moi. Je n'ai pas su me conduire, j'ai fait la bêtise d'abdiquer mes droits. Je me serais avili pour elles ! Que voulez-vous ! le plus beau naturel, les meilleures âmes auraient succombé à la corruption de cette facilité paternelle. Je suis un misérable, je suis justement puni. Moi seul ai causé les désordres de mes filles, je les ai gâtées. Elles veulent aujourd'hui le plaisir, comme elles voulaient autre-

*1. Souvenir d'*Athalie *: « Comment en un plomb vil l'or pur s'est-il changé ? » (III, 7, vers 1142)*

2. Provisions données à un voyageur et, dans la religion catholique, communion donnée à un mourant.

1 La douleur d'un père.

Jean Valjean combine les figures de Vautrin et de Goriot. Ancien bagnard, il connaît une véritable rédemption ; père adoptif, après le mariage de sa Cosette et de Marius, il s'abandonne à sa douleur : comme Goriot, il a perdu un ange :

« Jean Valjean rentra chez lui. Il alluma sa chandelle et monta. L'appartement était vide. Toussaint elle-même n'y était plus. Le pas de Jean Valjean faisait dans les chambres plus de bruit qu'à l'ordinaire. Toutes les armoires étaient ouvertes. Il pénétra dans la chambre de Cosette. Il n'y avait pas de draps au lit. L'oreiller de coutil, sans taie et sans dentelles, était posé sur les couvertures pliées au pied du matelas dont on voyait la toile et où personne ne devait plus coucher. Tous les petits objets féminins auxquels tenait Cosette avaient été emportés ; il ne restait que les gros meubles et les quatre murs. (...)

Il s'approcha de son lit, et ses yeux s'arrêtèrent, fut-ce par hasard ? fut-ce avec intention ? sur l'*inséparable*, dont Cosette avait été jalouse, sur la petite malle qui ne le quittait jamais. Le 4 juin, en arrivant rue de l'Homme-Armé, il l'avait déposée sur un guéridon près de son chevet. Il alla à ce guéridon avec une sorte de vivacité, prit dans sa poche une clef, et ouvrit la valise.

Il en tira lentement les vêtements avec lesquels, dix ans auparavant, Cosette avait quitté Montfermeil ; d'abord la petite robe noire, puis le fichu noir, puis les bons gros souliers d'enfant que Cosette aurait presque pu mettre encore, tant elle avait le pied petit, puis la brassière de futaine bien épaisse, puis le jupon de tricot, puis le tablier à poches, puis les bas de laine. Ces bas, où était encore gracieusement marquée la forme d'une petite jambe, n'étaient guère plus longs que la main de Jean Valjean. Tout cela était de couleur noire. C'était lui qui avait apporté ces vêtements pour elle à Montfermeil. A mesure qu'il les ôtait de la valise, il les posait sur le lit. Il pensait. Il se rappelait. C'était en hiver, un mois de décembre très froid, elle grelottait à demi nue dans des guenilles, ses pauvres petits pieds tout rouges dans des sabots. Lui Jean Valjean, il lui avait fait quitter ces haillons pour lui faire mettre cet habillement de deuil. La mère avait dû être contente dans sa tombe de voir sa fille porter son deuil, et surtout de voir qu'elle était vêtue et qu'elle avait chaud. Il pensait à cette forêt de Montfermeil ; ils l'avaient traversée ensemble ; Cosette et lui ; il pensait au temps qu'il faisait, aux arbres sans feuilles, au bois sans oiseaux, au ciel sans soleil ; c'est égal, c'était charmant. Il rangea les petites nippes sur le lit, le fichu près du jupon, les bas à côté des souliers, la

brassière à côté de la robe, et il les regarda l'une après l'autre. Elle n'était pas plus haute que cela, elle avait sa grande poupée dans ses bras, elle avait mis son louis d'or dans la poche de ce tablier, elle riait, ils marchaient tous les deux se tenant par la main, elle n'avait que lui au monde. Alors sa vénérable tête blanche tomba sur le lit, ce vieux cœur stoïque se brisa, sa face s'abîma pour ainsi dire dans les vêtements de Cosette, et si quelqu'un eût passé dans l'escalier en ce moment, on eût entendu d'effrayants sanglots. »

VICTOR HUGO, 1862,
Les Misérables.

Comme Goriot, il en mourra, et le roman s'achève, lui aussi, au Père-Lachaise :

« L'HERBE CACHE ET LA PLUIE EFFACE

Il y a, au cimetière du Père-Lachaise, aux environs de la fosse commune, loin du quartier élégant de cette ville des sépulcres, loin de tous ces tombeaux de fantaisie qui étalent en présence de l'éternité les hideuses modes de la mort, dans un angle désert, le long d'un vieux mur, sous un grand if auquel grimpent, parmi les chiendents et les mousses, les liserons, une pierre. Cette pierre n'est pas plus exempte que les autres des lèpres du temps, de la moisissure, du lichen, et des fientes d'oiseaux. L'eau la verdit, l'air la noircit. Elle n'est voisine d'aucun sentier, et l'on n'aime pas aller de ce côté-là, parce que l'herbe est haute et qu'on a tout de suite les pieds mouillés. Quand il y a un peu de soleil, les lézards y viennent. Il y a, tout autour, un frémissement de folles avoines. Au printemps, les fauvettes chantent dans l'arbre.

Cette pierre est toute nue. On n'a songé en la taillant qu'au nécessaire de la tombe, et l'on n'a pris d'autre soin que de faire cette pierre assez longue et assez étroite pour couvrir un homme.

On n'y lit aucun nom.

Seulement, voilà de cela bien des années déjà, une main y a écrit au crayon ces quatre vers qui sont devenus peu à peu illisibles sous la pluie et la poussière, et qui probablement sont aujourd'hui effacés :

Il dort. Quoique le sort fût pour lui bien étrange,
Il vivait. Il mourut quand il n'eut plus son ange ;
La chose simplement d'elle-même arriva.
Comme la nuit se fait lorsque le jour s'en va. »

Ibid.

fois du bonbon. Je leur ai toujours permis de satisfaire leurs fantaisies de jeunes filles. A quinze ans, elles avaient voiture ! Rien ne leur a résisté. Moi seul suis coupable, mais coupable par amour. Leur voix m'ouvrait le cœur. Je les entends, elles viennent. Oh ! oui, elles viendront. La loi veut qu'on vienne voir mourir son père, la loi est pour moi. Puis ça ne coûtera qu'une course. Je la payerai. Écrivez-leur que j'ai des millions à leur laisser ! Parole d'honneur. J'irai faire des pâtes d'Italie à Odessa. Je connais la manière. Il y a, dans mon projet, des millions à gagner. Personne n'y a pensé. Ça ne se gâtera point dans le transport comme le blé ou comme la farine. Eh, eh, l'amidon ? il y aura là des millions ! Vous ne mentirez pas, dites-leur des millions, et quand même elles viendraient par avarice, j'aime mieux être trompé, je les verrai. Je veux mes filles ! je les ai faites ! elles sont à moi ! dit-il en se dressant sur son séant, en montrant à Eugène une tête dont les cheveux blancs étaient épars et qui menaçait par tout ce qui pouvait exprimer la menace.

— Allons, lui dit Eugène, recouchez-vous, mon bon père Goriot, je vais leur écrire. Aussitôt que Bianchon sera de retour, j'irai si elles ne viennent pas.

— Si elles ne viennent pas ? répéta le vieillard en sanglotant. Mais je serai mort, mort dans un accès de rage, de rage ! La rage me gagne ! En ce moment, je vois ma vie entière. Je suis dupe ! elles ne m'aiment pas, elles ne m'ont jamais aimé ! cela est clair [1]. Si elles ne sont pas venues, elles ne viendront pas. Plus elles auront tardé, moins elles se décideront à me faire cette joie. Je les connais. Elles n'ont jamais su rien deviner de mes chagrins, de mes douleurs, de mes besoins, elles ne devineront pas plus ma mort ; elles ne sont seulement pas dans le secret de ma tendresse. Oui, je le vois, pour elles, l'habitude de m'ouvrir les entrailles a ôté du prix à tout ce que je faisais. Elles auraient demandé à me crever les yeux, je leur aurais dit : « Crevez-les ! » Je suis trop bête. Elles croient que tous les pères sont comme le leur ! Il faut toujours se faire valoir. Leurs enfants me vengeront. Mais c'est dans leur intérêt de venir ici. Prévenez-les donc qu'elles compromettent leur agonie. Elles commettent tous les crimes en un seul. Mais allez donc, dites-leur donc que, ne pas venir, c'est un parricide ! Elles en ont assez commis sans ajouter celui-là. Criez donc comme moi : « Hé, Nasie ! hé, Delphine ! venez à votre père qui a été si bon pour vous et qui souffre ! » Rien, personne. Mourrai-je donc

1 Goriot ou l'autodestruction.

« Nous touchons ici à une des idées fondamentales de Balzac, souvent exprimée et encore plus souvent mise en œuvre. C'est d'abord que toute tendance ou toute aspiration, si justifiée et louable qu'elle soit, mène inévitablement à sa négation et à la destruction de son but ou de son porteur dès qu'elle est isolée et poursuivie exclusivement : « ... il n'existe pas en morale un principe qui ne mène à l'absurde ou ne soit contredit par l'évidence », « Tout pouvoir sans contrepoids, sans entraves, autocratique, mène à l'abus, à la folie. » C'est cette idée qui est à la base de toute la théorie balzacienne de la connaissance, où l'attitude du savant, également justifiées et également nécessaires, sont autodestructives à l'état pur ; la vie, c'est-à-dire la fécondité, n'est que dans le jeu combiné des deux. De même le conseil d'amour conjugal ou maternel à propos duquel Balzac formule le principe dans la *Pysiologie* reflète la complémentarité entre amour et calcul : « Plus on juge, moins on aime. » Le père Goriot comprend, dans son agonie, qu'il meurt pour avoir refusé de tempérer son amour par le calcul, qui est la négation de l'amour. »

P. NYKROG,
op. cit., p. 185.

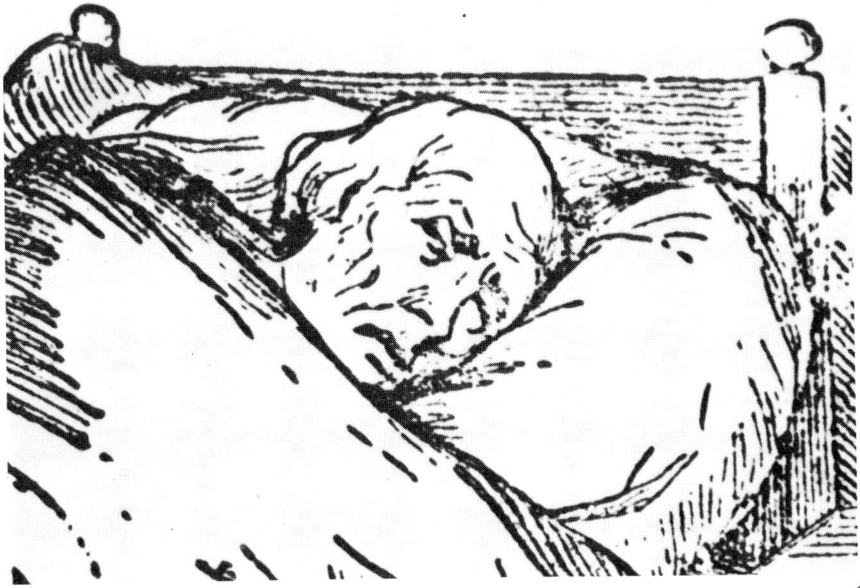

comme un chien ? Voilà ma récompense, l'abandon. Ce sont des infâmes, des scélérates ; je les abomine, je les maudis ; je me relèverai, la nuit, de mon cercueil pour les remaudire, car, enfin, mes amis, ai-je tort ? elles se conduisent bien mal ! hein ? Qu'est-ce que je dis ? Ne m'avez-vous pas averti que Delphine est là ? C'est la meilleure des deux. Vous êtes mon fils, Eugène, vous ! aimez-la, soyez un père pour elle. L'autre est bien malheureuse. Et leurs fortunes ! Ah, mon Dieu ! J'expire, je souffre un peu trop ! Coupez-moi la tête, laissez-moi seulement le cœur.

— Christophe, allez chercher Bianchon, s'écria Eugène épouvanté du caractère que prenaient les plaintes et les cris du vieillard, et ramenez-moi un cabriolet.

— Je vais aller chercher vos filles, mon bon père Goriot, je vous les ramènerai.

— De force, de force ! Demandez la garde, la ligne, tout ! tout, dit-il en jetant à Eugène un dernier regard où brilla la raison. Dites au gouvernement, au procureur du roi, qu'on me les amène, je le veux !

— Mais vous les avez maudites.

— Qui est-ce qui a dit cela ? répondit le vieillard stupéfait. Vous savez bien que je les aime, je les adore ! Je suis guéri si je les vois... Allez, mon bon voisin, mon cher enfant, allez, vous êtes bon, vous ; je voudrais vous remercier, mais je n'ai rien à vous donner que les bénédictions d'un mourant. Ah ! je voudrais au moins voir Delphine pour lui dire de m'acquitter envers vous. Si l'autre ne peut pas, amenez-moi celle-là. Dites-lui que vous ne l'aimerez plus si elle ne veut pas venir. Elle vous aime tant qu'elle viendra. A boire, les entrailles me brûlent ! Mettez-moi quelque chose sur la tête. La main de mes filles, ça me sauverait, je le sens... Mon Dieu ! qui refera leurs fortunes si je m'en vais ? Je veux aller à Odessa pour elles, à Odessa, y faire des pâtes.

— Buvez ceci, dit Eugène en soulevant le moribond et le prenant dans son bras gauche tandis que de l'autre il tenait une tasse pleine de tisane.

— Vous devez aimer votre père et votre mère, vous ! dit le vieillard en serrant de ses mains défaillantes la main d'Eugène. Comprenez-vous que je vais mourir sans les voir, mes filles ? Avoir soif toujours, et ne jamais boire, voilà comment j'ai vécu depuis dix ans... Mes deux gendres ont tué mes filles. Oui, je n'ai plus eu de filles après qu'elles ont été mariées. Pères, dites aux chambres de faire une loi sur le

mariage ! Enfin, ne mariez pas vos filles si vous les aimez. Le gendre est un scélérat qui gâte tout chez une fille, il souille tout. Plus de mariages ! C'est ce qui nous enlève nos filles, et nous ne les avons plus quand nous mourons. Faites une loi sur la mort des pères. C'est épouvantable, ceci ! Vengeance ! Ce sont mes gendres qui les empêchent de venir. Tuez-les ! A mort le Restaud, à mort l'Alsacien, ils sont mes assassins ! La mort ou mes filles ! Ah ! c'est fini, je meurs sans elles ! Elles ! Nasie, Fifine, allons, venez donc ! Votre papa sort...

— Mon bon père Goriot, calmez-vous, voyons, restez tranquille, ne vous agitez pas, ne pensez pas.

— Ne pas les voir, voilà l'agonie !

— Vous allez les voir.

— Vrai ! cria le vieillard égaré. Oh ! les voir ! je vais les voir, entendre leur voix. Je mourrai heureux. Eh bien ! oui, je ne demande plus à vivre, je n'y tenais plus, mes peines allaient croissant. Mais les voir, toucher leurs robes, ah ! rien que leurs robes, c'est bien peu ; mais que je sente quelque chose d'elles ! Faites-moi prendre les cheveux... veux..

Il tomba la tête sur l'oreiller comme s'il recevait un coup de massue. Ses mains s'agitèrent sur la couverture comme pour prendre les cheveux de ses filles.

— Je les bénis, dit-il en faisant un effort, bénis.

Il s'affaissa tout à coup. En ce moment Bianchon entra.

— J'ai rencontré Christophe, dit-il, il va t'amener une voiture. Puis il regarda le malade, lui souleva de force les paupières, et les deux étudiants lui virent un œil sans chaleur et terne. — Il n'en reviendra pas, dit Bianchon, je ne crois pas. Il prit le pouls, le tâta, mit la main sur le cœur du bonhomme.

— La machine va toujours ; mais, dans sa position, c'est un malheur, il vaudrait mieux qu'il mourût !

— Ma foi, oui, dit Rastignac.

— Qu'as-tu donc ? tu es pâle comme la mort.

— Mon ami, je viens d'entendre des cris et des plaintes. Il y a un Dieu ! Oh ! oui ! il y a un Dieu, et il nous a fait un monde meilleur, ou notre terre est un non-sens. Si ce n'avait pas été si tragique, je fondrais en larmes, mais j'ai le cœur et l'estomac horriblement serrés.

— Dis donc, il va falloir bien des choses ; où prendre de l'argent ?

Rastignac tira sa montre.

Essai de commentaire composé.

Soit la fin de la grande tirade de Goriot agonisant, commencée après le retour d'Eugène du bal chez madame de Beauséant (p. 476), et dans laquelle Balzac déploie toute la technique de l'expression du pathétique au service d'un discours à la fois déliré et lucide des tourments de la passion.

Après avoir récapitulé toute sa vie dans une sorte de vision panoramique, le père Goriot, au comble de la douleur, brûle toute l'énergie qui lui reste dans une ultime exigence désespérée : « Je veux mes filles ! »

Nous commenterons le texte à partir de « Si elles ne viennent pas ? » jusqu'à « Il s'affaissa tout à coup. »

LE DÉLIRE DE LA PASSION

La composition du passage oppose d'abord le discours de Goriot et les interventions de Rastignac qui scindent la profération du mourant, lui permettent de repartir, de se renourrir : « Si elles ne viennent pas ? », « Qui est-ce qui a dit cela ? », « Vrai ! (...) Oh ! les voir ! », ou de se rattacher à une présence : « Vous devez aimer votre père et votre mère, vous ! » Elles mettent également en évidence les contradictions générées par l'exaltation passionnelle et les souffrances de l'agonie : « Mais vous les avez maudites. » Y aurait-il le contraste entre déraison : « Demandez la garde, la ligne, tout ! », et résignation implorante : « Dites-lui que vous ne l'aimerez plus si elle ne peut pas venir », entre l'imprécation : « Criez donc comme moi » et le constat désespéré : « Avoir soif toujours, et ne jamais boire, voilà comment j'ai vécu depuis dix ans » ? En fait, le discours mêle les accents de la passion exacerbée, les hurlements d'un cœur blessé, le délire fiévreux de la maladie mortelle (signalons que la rédaction primitive comportait de nombreuses interjections incises qui hachaient le texte pour mimer les hoquets de l'agonie : « heun ! heun ! hâan ! haye ! », etc.), les cris de rage et les malédictions, ainsi que le bilan tragique d'une vieillesse frustrée, préparée par une vie d'amour fou.

On ne saurait donc distinguer on ne sait quel plan dans ce passage. Plus intéressant est le système des scansions : le père Goriot maudit d'abord ses filles, puis, par un transfert à la fois passionnel — les êtres adorés ne peuvent être vraiment coupables — et logique — l'institution du mariage a tranché dans sa chair vive — ses gendres. Également, il accuse Nasie et Fifine de parricide (écho de « l'élégant parricide », formule attribuable au narrateur, p. 449), puis il traite « le Restaud » et « l'Alsacien » d'assassins, réclamant pour eux la peine de mort, ce qui conclut le thème de la loi : « Dites (...) au procureur du roi qu'on me les amène. » On peut aussi relever la récurrence obsessionnelle : « Je veux aller à Odessa », et l'objurgation qui se transforme en hallucination : « Hé, Nasie ! hé, Delphine ! venez à votre père », « Nasie, Fifine, allons, venez donc ! Votre papa sort... » ; ainsi que le jeu sur le verbe « voir » : « Je vois ma vie entière », « Oui, je le vois », « Je suis guéri si je les vois », « Je voudrais au moins voir Delphine », « Ne pas les voir, voilà l'agonie », « Oh ! les voir ! je vais les voir », « Mais les voir », jeu qui combine lucidité, angoisse de la déréliction, extase, prière, illumination... en un complexe psycho-pathologique et pathético-expressif.

Une autre scansion remarquable est celle du lexique de la mort : « je serai mort, mort dans un accès de rage », « elles ne devineront pas plus ma mort », « elles compromettent leur agonie », « Mourrai-je donc comme un chien ? », « je me relèverai (...) de mon cercueil », « Coupez-moi la tête », « je n'ai rien à vous donner que les bénédictions d'un mourant », « le moribond », « je vais mourir sans les voir », « Mes deux gendres ont tué mes filles », « Tuez-les ! », « je meurs sans elles ! », « voilà l'agonie ! », « Je mourrai heureux », « je ne demande plus à vivre ». L'univers de l'agonisant n'est plus peuplé que de morts, dépouilles d'une vie sacrifiée, consumée par une passion non partagée, et le délire entraîne tout dans un vertige de l'anéantissement.

Il conviendrait de ne pas oublier le thème de la fortune, à la fois actualisation pratique de l'amour fou, symbole du lien sacrificiel et obsession du père, puisque seule possibilité de vrai rapport : « l'habitude de m'ouvrir les entrailles a ôté du prix à tout ce que je faisais », « Et leurs fortunes ! », « Je veux aller à Odessa pour elles », non plus que celui du contact charnel, allant jusqu'au fétichisme : « La main de mes filles, ça me sauverait, je le sens », « toucher leurs robes », « que je sente quelque chose d'elles », « Faites-moi prendre les cheveux ».

Cet ensemble de reprises, de variations, de dérives s'organise en fonction d'une tension qui devient paroxystique, pour aboutir à l'épuisement quasi mortel : « il tomba la tête sur l'oreiller ». Le feu qui brûle les entrailles du père prend, en plus de sa valeur dénotative — la souffrance physiologique — une valeur métaphorique — la chair de sa chair l'a dévoré, carbonisé, mais elle était aussi le feu vital qui l'animait, et son absence le torture plus cruellement encore. Par un paradoxe subtil, le père Goriot s'éteint à cause d'un feu intérieur allumé par l'ingratitude de celles par qui la flamme de la passion n'a plus été alimentée, véritable chiasme symbolique, voire oxymore qui dit la contradiction fondamentale de la paternité devenue folle.

L'alternance des « moments » du discours se marque syntaxiquement par le jeu des phrases fortement organisées : « Si elles ne sont pas venues, elles ne viendront pas », « Si l'autre ne peut pas, amenez-moi celle-là », et des phrases où l'asyndète (absence de liaison entre deux mots, deux groupes de mots ou deux propositions) prédomine : « Ce sont des infâmes, des scélérates ; je les abomine, je les maudis ; je me relèverai, la nuit, de mon cercueil pour les remaudire, car, enfin, mes amis, ai-je tort ? elles se conduisent bien mal ! » Mais surtout, on remarque la tendance à la déstructuration du discours, que l'on voit en particulier dans l'évolution des phrases nominales : « Rien, personne », « Voilà ma récompense, l'abandon », « Et leurs fortunes », « Vengeance ! », « La mort ou mes filles ! » « Elles ! »..., dans les ruptures : « hein ? Qu'est-ce que je dis ? », « A boire, les entrailles me brûlent ! », « je le sens... Mon Dieu ! qui refera leurs fortunes si je m'en vais ? », et naturellement dans les répétitions bégayées de la fin : « Faites-moi prendre les cheveux... veux... », « Je les bénis (...) bénis. »

Pourtant, alors même que se décompose la raison de Goriot, son discours fait sens, non seulement parce que le délire et la passion obéissent à leur logique, mais aussi parce que le père parle lucidement de sa folie et de la force moderne de l'intérêt qui tue les relations familiales.

LA LUCIDITÉ PATHÉTIQUE DU CONDAMNÉ

Le début de notre passage continue un thème largement abordé auparavant : Goriot comprend qu'il n'a pas su élever ses filles, et qu'en les gâtant, il les a pourries (voir pp. 480-486) : « Je suis dupe ! elles ne m'aiment pas, elles ne m'ont jamais aimé », « Je suis trop bête. » En fait, il voit maintenant que l'ordre familial ne saurait reposer sur le seul amour ; cette vertu nécessaire doit se tempérer par un certain calcul, du jugement, de la réserve. L'éducation procède autant de l'autorité et de la vigilance prévoyante — vertus sociales — que de l'amour — vertu morale. La passion exclusive, incontrôlée, corrompt la cellule familiale et compromet l'avenir des enfants : les malheurs de ses enfants et le sien propre, voilà ce qu'a engendré la folie déstabilisatrice de Goriot, père exemplaire, en ce sens qu'il illustre ce que le Père ne doit pas être.

Ainsi, le père raté a la prescience du destin de ses filles qui seront punies comme mères : « Leurs enfants me vengeront. » La description quasi clinique des derniers moments de ce héros pitoyable s'articule avec des préoccupations idéologiques précises (voir CONTEXTE p. 491). Le parricide commis par les filles se retournera contre elles en matricide. Peu importe l'avenir romanesque de cette prophétie : elle nous intéresse ici comme inscription de principes chers au légitimiste Balzac, lecteur de théoriciens contre-révolutionnaires comme Louis de Bonald, pour qui la société repose sur la famille, définie comme entité inaliénable.

Significativement, cette rationalisation idéologique du thème de la paternité est immédiatement contredite par le retour du discours passionnel : la lucidité *in extremis*, la compréhension à l'article de la mort est recouverte par la marée de l'amour qui engloutit temporairement cette raison refoulée qui avait resurgi. Mais peut-être subit-elle une métamorphose par le véritable transfert de paternité qu'opère Goriot sur Rastignac : « Vous êtes mon fils, Eugène, vous ! aimez-la, soyez un père pour elle », les « bénédictions », la mission : « amenez-moi celle-là », la demande d'identification : « Criez donc comme moi » sont autant de délégations : Goriot veut revivre en Rastignac, et lui assigne une tâche : être le bon Père qu'il n'a pas su être. Notons que le transfert est d'autant plus intéressant qu'Eugène est le fils — amant, celui qui fait l'amour à Delphine à la place du père et grâce à lui. En Rastignac se réalise peut-être le fantasme incestueux, et la Loi qu'il est ainsi chargé d'incarner se tempère-t-elle peut-être, ou s'incarne-t-elle d'autant mieux, par le lien charnel.

Le couplet contre les gendres, quant à lui, continue ce thème familial. Nous avons déjà mentionné qu'il se substitue à l'acte d'accusation contre les filles. Ce réquisitoire, qui s'achève par des cris de mort et par une haine quasi raciste (« à mort l'Alsacien ») et anti-aristocratique (« A mort *le* Restaud »), constitue le terme ultime de la dégradation des idées révolutionnaires dont Goriot a su tirer profit. La reprise du célèbre « Les aristocrates à la lanterne ! » dans un tel contexte, et l'« argument » xénophobe, ne sont que simples formulations d'une violence individuelle et dépolitisée.

Mais cette partie du texte présente un autre intérêt. En effet, il s'agit d'un écho fidèle des paroles de la duchesse de Langeais : « Dites-moi, ma chère, avez-vous pensé jamais à ce qu'est un gendre ? Un gendre est un homme pour qui nous élèverons, vous ou moi, une chère petite créature à laquelle nous tiendrons par mille liens, qui sera pendant dix-sept ans la

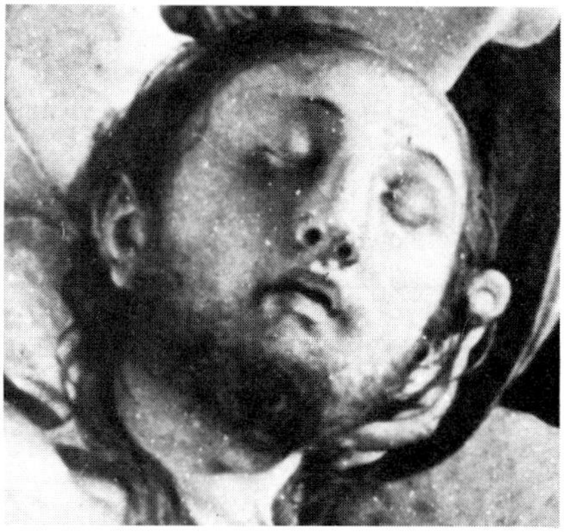

joie de la famille (...) et qui en deviendra la peste. Quand cet homme nous l'aura prise, il commencera par saisir son amour comme une hache, afin de couper dans le cœur et au vif de cet ange tous les sentiments par lesquels elle s'attachait à sa famille. (...) J'entends demander ce qu'il y a de tragique aujourd'hui dans la société ; mais le drame du gendre est effrayant » (p 189). Ainsi, le père parle comme une mère, le bourgeois comme la duchesse, le pauvre exclu comme une reine des salons : le mariage moderne est devenu une fatalité monstrueuse : « Nos mariages (...) sont devenus de fort sottes choses » (p. 190), « Pères, dites aux chambres de faire une loi sur le mariage ! » Le mariage, fondement de la société, se retourne contre elle, et Goriot d'aller jusqu'au bout de son « raisonnement » qui redevient délire horrifié : « Plus de mariages ! », et même de vouloir interdire la mort ; en effet la phrase « Faites une loi sur la mort des pères », si elle procède de « nous ne les avons plus quand nous mourons » et signifie « contraignez les filles à assister à la mort de leur père », dérive, grâce à son ambiguïté sémantique, vers « supprimez la mort des pères ».

En fait, la modernité délétère du mariage se lit dans la nouvelle « morale » des intérêts. Épousées pour leur dot, condamnées à chercher dans l'adultère les satisfactions que leur refusent des maris eux-mêmes pourvus de maîtresses, contraintes au mensonge permanent, les filles apprennent la dure loi du calcul. En voulant refaire leur fortune, Goriot entend restituer à ses enfants leur indépendance en même temps qu'il pense restaurer leur dépendance affective à son égard. Il s'agit pour lui d'effacer symboliquement autant que pratiquement la coupure imposée par le gendre, qui castre le père, le dépossède de sa puissance paternelle et le réduit au rôle de pourvoyeur clandestin, d'amant caché, honteux, inavouable. Exilé dans le « secret de (sa) tendresse », le père est déjà symboliquement mort, « tué » par les gendres, expulsé du cœur de ses filles. L'or chasse les sentiments, et l'erreur du père Goriot a été de traduire son amour en or, de le monnayer. Il avait ainsi déjà préparé ses filles à la jungle du mariage moderne. Paradoxalement, il a, sur ce point, réussi leur éducation.

Cependant ses fautes passées et son tourment présent lui confèrent une autre dimension : c'est bien le « Christ de la Paternité » qui agonise ici.

LA PASSION DU CHRIST DE LA PATERNITÉ

Le père Goriot meurt de ses péchés et des « crimes » de ses filles, qu'il prend sur lui. Abandonné par elles, il se trouve dans la situation du Christ sur la croix : « Mon Dieu, pourquoi m'avez-vous abandonné ? », cet *Eli, Eli, lema sabachtani* se retrouve dans « Voilà ma récompense, l'abandon ». D'ailleurs ce n'est pas la seule des célèbres Sept paroles du Christ sur la croix qui soit réutilisée : le « Sitio » (« j'ai soif ») est repris par « A boire » et l'on peut rapprocher « c'est la meilleure des deux » et « L'autre est bien malheureuse » — qui reprennent en la modulant l'affirmation « Elles sont innocentes » (p. 486) — de « Mon Dieu, pardonnez-leur, car ils ne savent pas ce qu'ils font », et « Ah ! c'est fini » de « Tout est consommé ».

Bien entendu, se récupère l'identification du Père à Dieu, et c'est Dieu qui meurt en Goriot, qui parle pour toute une humanité souffrante, pour la part sublime de l'âme humaine, tuée par la part maudite : « laissez-moi seulement le cœur ». De plus, la nature divine de la paternité transmet aux enfants un pouvoir thaumaturgique : « je suis guéri si je les vois », « La main de mes filles, ça me sauverait ».

Avant de mourir, le père remet en quelque sorte son esprit entre les mains de Rastignac

(« In manus tuas, Domine... ») : « aimez-la, soyez un père pour elle », « allez, vous êtes bon, vous ; je voudrais vous remercier ». Mais en même temps, le thème divin se laïcise : « Il faut toujours se faire valoir » : le trajet christique de Goriot est incompatible avec le monde réel. La sublimation procède de cette contradiction. L'amour infini (« je les adore ») est à la mesure de celui que Dieu prodigue aux hommes, mais ce que la religion affirme, la société le nie, ou plus exactement Goriot a vécu sans vouloir admettre la réalité, en créateur qui veut garder sa créature : « ne mariez pas vos filles si vous les aimez » ; il ne peut être totalement sublime, et accepter l'inéluctable séparation. En dépit de ses pathétiques désirs (« rien que leurs robes, c'est bien peu ; mais que je sente quelque chose d'elles »), malgré cette concession sacrificielle, Goriot revendique l'absolu, et c'est en définitive son moi qui attire tout à lui : « Elles n'ont jamais su rien deviner de *mes* chagrins, de *mes* douleurs, de *mes* besoins. »

Toutefois, cet égoïsme ne referme pas les significations du texte. Le rejet (« je les maudis ») cède la place à la mansuétude : « Je les bénis », qui réactive le lexique religieux. Le désir forcené de possession se transmue en une ultime abnégation, et, dans la mort, le père emportera ces boucles de cheveux qu'il réclame comme viatique.

Vaincu par la douleur tant physique que morale, Goriot « s'affaiss(e) ». *Au grand cri final qu'avait jeté le Christ répond le dernier effort d'une parole articulée. Une question demeure : qu'en est-il des assistants ? Christophe représente la pitié solidaire des humbles (serait-il le bon larron ?). Rastignac accomplit une de ses toutes dernières* « bonnes actions » *; il n'écoute que sa compassion et se dévoue paternellement (maternellement ?) :* « Je vais aller chercher vos filles », « Buvez ceci », « ne vous agitez pas », « Vous allez les voir ». *Mais, nous l'avons déjà dit, il subit sa presque dernière épreuve initiatique avant de se conformer aux lois du monde, celles-là mêmes qui ont tué Goriot. Sans en faire le mauvais larron, on peut voir en Rastignac un personnage qui accomplit un acte de charité, peut-être pour se pardonner lui-même des péchés qu'il devra désormais commettre dans la réalisation de son ambition. D'une certaine manière, il doit lui aussi tuer le père pour s'accomplir totalement. Les leçons de madame de Beauséant et de Vautrin l'emportent sur celles du père Goriot, dont aucune volonté posthume ne s'effectuera.*

Dès lors, l'on voit où s'arrête l'identification de Goriot à une figure christique. Le sacrifice divin rachète l'humanité. La mort rend la vraie vie possible. Celle de Goriot est absurde autant que sa vie, et d'ailleurs, il renonce, il demande à mourir : « Eh bien ! oui, je ne demande plus à vivre, je n'y tenais plus, les peines allaient croissant. » *Pour Rastignac, cette leçon sera aussi décisive que les précédentes ; l'exemple de Goriot, pour pathétique et tragique qu'il soit, prouve que la vérité du cœur n'a pas pour s'exprimer de lieu autre que la marginalité. Le galetas dans lequel expire ce misérable n'est que la niche concédée à ce* « chien » *qui croyait à la fidélité amoureuse, à la reconnaissance du cœur — même si elle doit passer par celle du*

ventre — et à l'harmonie entre des êtres liés par le sang.

En conclusion, on pourrait dire que cette quasi-mort du père Goriot illustre ce qu'entend Balzac par « drame moderne ». *Dramatique, ce passage l'est, incontestablement. Scène à faire, morceau de bravoure, développement obligé, il combine l'écriture d'un langage qui parle la douleur et l'appel frénétique — fréquence des exclamatifs, rythme saccadé, voire haletant, inscription du corps grâce aux ralentissements, aux ruptures, aux mentions de la gestuelle — et des marques stylistiques qui rappellent les clichés du mélodrame ou du roman populaire, en particulier les épithètes :* « épouvanté », « stupéfait », « défaillantes », « égaré », *les gérondifs :* « en sanglotant », « en jetant (...) un dernier regard », *les comparaisons :* « comme s'il recevait un coup de massue ».

La modernité, elle, apparaît dans la situation. Si le thème du père abandonné n'a rien d'original, il est renouvelé par sa portée idéologique, par l'accumulation et la synthèse des réseaux de signification mis en place par tout le roman : la pension Vauquer, les parcours sociaux, l'ambition, l'amour... Structurellement, la mort de Goriot est une résultante, et thématiquement, une confirmation logique. Il meurt à cause de lui et des autres, à cause du monde tel qu'il est, de l'histoire telle qu'elle s'est développée. *« C'est fini » :* ces mots font écho à *« son éducation s'achevait »* (p. 468). Goriot peut désormais prendre place parmi les victimes de la passion, cette force nécessaire et fatale (voir CONTEXTE p. 145), victimes modernes, et Rastignac parmi les conquérants qui convertissent leur énergie en ambition pratique, héros modernes. L'antithèse, la contradiction de ces figures déterminent un champ de forces, dont la circulation organise la société moderne.

— Tiens, mets-la vite en gage. Je ne veux pas m'arrêter en route, car j'ai peur de perdre une minute, et j'attends Christophe. Je n'ai pas un liard, il faudra payer mon cocher au retour.

Rastignac se précipita dans l'escalier, et partit pour aller rue du Helder chez madame de Restaud. Pendant le chemin, son imagination, frappée de l'horrible spectacle dont il avait été témoin, échauffa son indignation. Quand il arriva dans l'antichambre et qu'il demanda madame de Restaud, on lui répondit qu'elle n'était pas visible.

— Mais, dit-il au valet de chambre, je viens de la part de son père qui se meurt.

— Monsieur, nous avons de monsieur le comte les ordres les plus sévères...

— Si monsieur de Restaud y est, dites-lui dans quelle circonstance se trouve son beau-père et prévenez-le qu'il faut que je lui parle à l'instant même.

Eugène attendit pendant longtemps.

— Il se meurt peut-être en ce moment, pensait-il.

Le valet de chambre l'introduisit dans le premier salon, où monsieur de Restaud reçut l'étudiant debout, sans le faire asseoir, devant une cheminée où il n'y avait pas de feu.

— Monsieur le comte, lui dit Rastignac, monsieur votre beau-père expire en ce moment dans un bouge infâme, sans un liard pour avoir du bois ; il est exactement à la mort et demande à voir sa fille...

— Monsieur, lui répondit avec froideur le comte de Restaud, vous avez pu vous apercevoir que j'ai fort peu de tendresse pour monsieur Goriot. Il a compromis son caractère avec madame de Restaud, il a fait le malheur de ma vie, je vois en lui l'ennemi de mon repos. Qu'il meure, qu'il vive, tout m'est parfaitement indifférent. Voilà quels sont mes sentiments à son égard. Le monde pourra me blâmer, je méprise l'opinion. J'ai maintenant des choses plus importantes à accomplir qu'à m'occuper de ce que penseront de moi des sots ou des indifférents. Quant à madame de Restaud, elle est hors d'état de sortir. D'ailleurs, je ne veux pas qu'elle quitte sa maison. Dites à son père qu'aussitôt qu'elle aura rempli ses devoirs envers moi, envers mon enfant, elle ira le voir. Si elle aime son père, elle peut être libre dans quelques instants...

— Monsieur le comte, il ne m'appartient pas de juger de votre conduite, vous êtes le maître de votre femme ; mais je puis compter sur votre loyauté ? eh bien ! promettez-moi seulement de lui dire que son père n'a pas un jour à vivre, et l'a déjà maudite en ne la voyant pas à son chevet !

— Dites-le-lui vous-même, répondit monsieur de Restaud frappé des sentiments d'indignation que trahissait l'accent d'Eugène.

Rastignac entra, conduit par le comte, dans le salon où se tenait habituellement la comtesse : il la trouva noyée de larmes, et plongée dans une bergère comme une femme qui voulait mourir. Elle lui fit pitié. Avant de regarder Rastignac, elle jeta sur son mari de craintifs regards qui annonçaient une prostration complète de ses forces écrasées par une tyrannie morale et physique. Le comte hocha la tête, elle se crut encouragée à parler.

— Monsieur, j'ai tout entendu. Dites à mon père que s'il connaissait la situation dans laquelle je suis, il me pardonnerait. Je ne comptais pas sur ce supplice, il est au-dessus de mes forces, monsieur, mais je résisterai jusqu'au bout, dit-elle à son mari. Je suis mère. Dites à mon père que je suis irréprochable envers lui, malgré les apparences, cria-t-elle avec désespoir à l'étudiant.

Eugène salua les deux époux, en devinant l'horrible crise dans laquelle était la femme, et se retira stupéfait. Le ton de monsieur de Restaud lui avait démontré l'inutilité de sa démarche, et il comprit qu'Anastasie n'était plus libre. Il courut chez madame de Nucingen, et la trouva dans son lit.

— Je suis souffrante, mon pauvre ami, lui dit-elle. J'ai pris froid en sortant du bal, j'ai peur d'avoir une fluxion de poitrine, j'attends le médecin...

— Eussiez-vous la mort sur les lèvres, lui dit Eugène en l'interrompant, il faut vous traîner auprès de votre père. Il vous appelle ! si vous pouviez entendre le plus léger de ses cris, vous ne vous sentiriez point malade.

— Eugène, mon père n'est peut-être pas aussi malade que vous le dites ; mais je serais au désespoir d'avoir le moindre tort à vos yeux, et je me conduirai comme vous le voudrez. Lui, je le sais, il mourrait de chagrin si ma maladie devenait mortelle par suite de cette sortie. Eh bien ! j'irai dès que mon médecin sera venu. Ah ! pourquoi n'avez-vous plus votre montre ? dit-elle en ne voyant plus la chaîne. Eugène rougit. Eugène ! Eugène, si vous l'aviez déjà vendue, perdue... oh ! cela serait bien mal.

L'étudiant se pencha sur le lit de Delphine, et lui dit à

l'oreille : — Vous voulez le savoir ? eh ! bien, sachez-le ! Votre père n'a pas de quoi s'acheter le linceul dans lequel on le mettra ce soir. Votre montre est en gage, je n'avais plus rien.

Delphine sauta tout à coup hors de son lit, courut à son secrétaire, y prit sa bourse, la tendit à Rastignac. Elle sonna et s'écria : J'y vais, j'y vais, Eugène. Laissez-moi m'habiller ; mais je serais un monstre ! Allez, j'arriverai avant vous ! Thérèse, cria-t-elle à sa femme de chambre, dites à monsieur de Nucingen de monter me parler à l'instant même.

Eugène, heureux de pouvoir annoncer au moribond la présence d'une de ses filles, arriva presque joyeux rue Neuve-Sainte-Geneviève. Il fouilla dans la bourse pour pouvoir payer immédiatement son cocher. La bourse de cette jeune femme, si riche, si élégante, contenait soixante-dix francs. Parvenu en haut de l'escalier, il trouva le père Goriot maintenu par Bianchon, et opéré par le chirurgien de l'hôpital, sous les yeux du médecin. On lui brûlait le dos avec des moxas, dernier remède de la science, remède inutile.

— Les sentez-vous ? demandait le médecin.

Le père Goriot, ayant entrevu l'étudiant, répondit :

— Elles viennent, n'est-ce pas ?

— Il peut s'en tirer, dit le chirurgien, il parle.

— Oui, répondit Eugène, Delphine me suit.

— Allons ! dit Bianchon, il parlait de ses filles, après lesquelles il crie comme un homme sur le pal crie, dit-on, après l'eau…

— Cessez, dit le médecin au chirurgien, il n'y a plus rien à faire, on ne le sauvera pas.

Bianchon et le chirurgien replacèrent le mourant à plat sur son grabat infect.

— Il faudrait cependant le changer de linge, dit le médecin. Quoiqu'il n'y ait aucun espoir, il faut respecter en lui la nature humaine. Je reviendrai, Bianchon, dit-il à l'étudiant. S'il se plaignait encore, mettez-lui de l'opium sur le diaphragme.

Le chirurgien et le médecin sortirent.

— Allons, Eugène, du courage, mon fils ! dit Bianchon à Rastignac quand ils furent seuls, il s'agit de lui mettre une chemise blanche et de changer son lit. Va dire à Sylvie de monter des draps et de venir nous aider.

Eugène descendit, et trouva madame Vauquer occupée à mettre le couvert avec Sylvie. Aux premiers mots que lui dit

Rastignac, la veuve vint à lui, en prenant l'air aigrement doucereux d'une marchande soupçonneuse qui ne voudrait ni perdre son argent, ni fâcher le consommateur.

— Mon cher monsieur Eugène, répondit-elle, vous savez tout comme moi que le père Goriot n'a plus le sou. Donner des draps à un homme en train de tortiller de l'œil, c'est les perdre, d'autant qu'il faudra bien en sacrifier un pour le linceul. Ainsi, vous me devez déjà cent quarante-quatre francs, mettez quarante francs de draps, et quelques autres petites choses, la chandelle que Sylvie vous donnera, tout cela fait au moins deux cents francs, qu'une pauvre veuve comme moi n'est pas en état de perdre. Dame ! soyez juste, monsieur Eugène, j'ai bien assez perdu depuis cinq jours que le guignon[1] s'est logé chez moi. J'aurais donné dix écus pour que ce bonhomme-là fût parti ces jours-ci, comme vous le disiez. Ça frappe mes pensionnaires. Pour un rien, je le ferais porter à l'hôpital. Enfin, mettez-vous à ma place. Mon établissement avant tout, c'est ma vie, à moi.

Eugène remonta rapidement chez le père Goriot.

— Bianchon, l'argent de la montre ?

— Il est là sur la table, il en reste trois cent soixante et quelques francs. J'ai payé sur ce qu'on m'a donné tout ce que nous devions. La reconnaissance du Mont-de-Piété est sous l'argent.

— Tenez, madame, dit Rastignac après avoir dégringolé l'escalier avec horreur, soldez nos comptes. Monsieur Goriot n'a pas longtemps à rester chez vous, et moi...

— Oui, il en sortira les pieds en avant, pauvre bonhomme, dit-elle en comptant deux cents francs, d'un air moitié gai, moitié mélancolique.

— Finissons, dit Rastignac.

— Sylvie, donnez les draps, et allez aider ces messieurs, là-haut.

— Vous n'oublierez pas Sylvie, dit madame Vauquer à l'oreille d'Eugène, voilà deux nuits qu'elle veille.

Dès qu'Eugène eut le dos tourné, la vieille courut à sa cuisinière : — Prends les draps retournés, numéro sept. Par Dieu, c'est toujours assez bon pour un mort, lui dit-elle à l'oreille.

Eugène, qui avait déjà monté quelques marches de l'escalier, n'entendit pas les paroles de la vieille hôtesse.

— Allons, lui dit Bianchon, passons-lui sa chemise. Tiens-le droit.

1. A l'origine, le guignon désigne la mauvaise chance, principalement au jeu. Dans Les Fleurs du Mal, *Baudelaire l'utilisera pour exprimer une malédiction qui écrase les êtres d'exception :*
Maint joyau dort enseveli
Dans les ténèbres et l'oubli,
Bien loin des pioches et des sondes ;
Mainte fleur épanche à regret
Son parfum doux comme un secret
Dans les solitudes profondes.
(Le Guignon)

Eugène se mit à la tête du lit, et soutint le moribond auquel Bianchon enleva sa chemise, et le bonhomme fit un geste comme pour garder quelque chose sur sa poitrine, et poussa des cris plaintifs et inarticulés, à la manière des animaux qui ont une grande douleur à exprimer.

— Oh ! oh ! dit Bianchon, il veut une petite chaîne de cheveux et un médaillon que nous lui avons ôtés tout à l'heure pour lui poser ses moxas. Pauvre homme ! il faut la lui remettre. Elle est sur la cheminée.

Eugène alla prendre une chaîne tressée avec des cheveux blond-cendré, sans doute ceux de madame Goriot. Il lut d'un côté du médaillon : Anastasie ; et de l'autre : Delphine. Image de son cœur qui reposait toujours sur son cœur. Les boucles contenues étaient d'une telle finesse qu'elles devaient avoir été prises pendant la première enfance des deux filles. Lorsque le médaillon toucha sa poitrine, le vieillard fit un *han* prolongé qui annonçait une satisfaction effrayante à voir. C'était un des derniers retentissements de sa sensibilité, qui semblait se retirer au centre inconnu d'où partent et où s'adressent nos sympathies. Son visage convulsé prit une expression de joie maladive. Les deux étudiants, frappés de ce terrible éclat d'une force de sentiment qui survivait à la pensée, laissèrent tomber chacun des larmes chaudes sur le moribond qui jeta un cri de plaisir aigu.

— Nasie ! Fifine ! dit-il.

— Il vit encore, dit Bianchon.

— A quoi ça lui sert-il ? dit Sylvie.

— A souffrir, répondit Rastignac.

Après avoir fait à son camarade un signe pour lui dire de l'imiter, Bianchon s'agenouilla pour passer ses bras sous les jarrets du malade, pendant que Rastignac en faisait autant de l'autre côté du lit afin de passer les mains sous le dos. Sylvie était là, prête à retirer les draps quand le moribond serait soulevé, afin de les remplacer par ceux qu'elle apportait. Trompé sans doute par les larmes, Goriot usa ses dernières forces pour étendre les mains, rencontra de chaque côté de son lit les têtes des étudiants, les saisit violemment par les cheveux, et l'on entendit faiblement : — « Ah ! mes anges ! » Deux mots, deux murmures accentués par l'âme qui s'envola sur cette parole.

— Pauvre cher homme, dit Sylvie attendrie de cette exclamation où se peignit un sentiment suprême que le plus

G.Doré

horrible, le plus involontaire des mensonges exaltait une dernière fois.

Le dernier soupir de ce père devait être un soupir de joie. Ce soupir fut l'expression de toute sa vie, il se trompait encore. Le père Goriot fut pieusement replacé sur son grabat. A compter de ce moment, sa physionomie garda la douloureuse empreinte du combat qui se livrait entre la mort et la vie dans une machine qui n'avait plus cette espèce de conscience cérébrale d'où résulte le sentiment du plaisir et de la douleur pour l'être humain. Ce n'était plus qu'une question de temps pour la destruction [1].

— Il va rester ainsi quelques heures, et mourra sans que l'on s'en aperçoive, il ne râlera même pas. Le cerveau doit être complètement envahi.

En ce moment on entendit dans l'escalier un pas de jeune femme haletante.

— Elle arrive trop tard, dit Rastignac.

Ce n'était pas Delphine, mais Thérèse, sa femme de chambre.

— Monsieur Eugène, dit-elle, il s'est élevé une scène violente entre monsieur et madame, à propos de l'argent que cette pauvre madame demandait pour son père. Elle s'est évanouie, le médecin est venu, il a fallu la saigner, elle criait : — Mon père se meurt, je veux voir papa ! Enfin, des cris à fendre l'âme.

— Assez, Thérèse. Elle viendrait que maintenant ce serait superflu, monsieur Goriot n'a plus de connaissance.

— Pauvre cher monsieur, est-il mal comme ça ! dit Thérèse.

— Vous n'avez plus besoin de moi, faut que j'aille à mon dîner, il est quatre heures et demie, dit Sylvie qui faillit se heurter sur le haut de l'escalier avec madame de Restaud.

Ce fut une apparition grave et terrible que celle de la comtesse. Elle regarda le lit de mort, mal éclairé par une seule chandelle, et versa des pleurs en apercevant le masque de son père où palpitaient encore les derniers tressaillements de la vie. Bianchon se retira par discrétion.

— Je ne me suis pas échappée assez tôt, dit la comtesse à Rastignac.

L'étudiant fit un signe de tête affirmatif plein de tristesse. Madame de Restaud prit la main de son père, la baisa.

— Pardonnez-moi, mon père ! Vous disiez que ma voix vous rappellerait de la tombe ; eh bien, revenez un moment

1 La mort édifiante.

Celle d'Henriette de Mortsauf :

« La mourante pencha la tête, une faiblesse survint, elle agita les mains pour dire de faire entrer le clergé, ses enfants et ses domestiques ; puis elle me montra par un geste impérieux le comte anéanti et ses enfants qui survinrent. La vue de ce père de qui seuls nous connaissions la secrète démence, devenu le tuteur de ces êtres si délicats, lui inspira de muettes supplications qui tombèrent dans mon âme comme un feu sacré. Avant de recevoir l'extrême-onction, elle demanda pardon à ses gens de les avoir quelquefois brusqués ; elle implora leurs prières, et les recommanda tous individuellement au comte ; elle avoua noblement avoir proféré, durant ce dernier mois, des plaintes peu chrétiennes qui avaient pu scandaliser ses gens ; elle avait repoussé ses enfants, elle avait conçu des sentiments peu convenables ; mais elle rejeta ce défaut de soumission aux volontés de Dieu sur ses intolérables douleurs. Enfin elle remercia publiquement avec une touchante effusion de cœur l'abbé Birotteau de lui avoir montré le néant des choses humaines. Quand elle eut cessé de parler, les prières commencèrent ; puis le curé de Saché lui donna le viatique. Quelques moments après, sa respiration s'embarrassa, un nuage se répandit sur ses yeux qui bientôt se rouvrirent, elle me lança un dernier regard, et mourut aux yeux de tous, en entendant peut-être le concert de nos sanglots. Par un hasard assez naturel à la campagne, nous entendîmes alors le chant alternatif de deux rossignols qui répétèrent plusieurs fois leur note unique, purement filée comme un tendre appel. »

Le Lys dans la vallée,
1835-1836.

Celle de Véronique Graslin :

« — Chrétiens, dit l'archevêque, vous avez entendu la confession de cette pénitente ; elle confirme l'arrêt de la Justice humaine, et peut en calmer les scrupules ou les inquiétudes. Vous devez avoir trouvé en ceci de nouveaux motifs pour joindre vos prières à celles de l'Église, qui offre à Dieu le saint sacrifice de la messe, afin d'implorer sa miséricorde en faveur d'un si grand repentir.

L'office fut repris, Véronique le suivit d'un air qui peignait un tel contentement intérieur, qu'elle ne parut plus être la même femme à tous les yeux. Il y eut sur son visage une expression candide, digne de la jeune fille naïve et pure qu'elle avait été dans la vieille maison paternelle. L'aube de l'éternité blanchissait déjà son front, et dorait son visage de teintes célestes. Elle entendait sans doute de mystiques harmonies, et puisait la force de vivre dans son désir de s'unir une dernière fois à Dieu ; le curé Bonnet vint auprès du lit et lui donna l'absolution ; l'archevêque lui administra les saintes huiles avec un sentiment paternel qui montrait à tous les assistants combien cette brebis égarée, mais revenue, lui était chère. Le prélat ferma aux choses de la terre, par une sainte onction, ces yeux qui avaient causé tant de mal, et mit le cachet de l'Église sur ces lèvres trop éloquentes. Les oreilles, par où les mauvaises inspirations avaient pénétré, furent à jamais closes. Tous les sens, amortis par la pénitence, furent ainsi sanctifiés, et l'esprit du mal dut être sans pouvoir sur cette âme. Jamais assistance ne comprit mieux la grandeur et la profondeur d'un sacrement, que ceux qui voyaient les soins de l'Église justifiés par les aveux de cette femme mourante.

à la vie pour bénir votre fille repentante. Entendez-moi. Ceci est affreux ! votre bénédiction est la seule que je puisse recevoir ici-bas désormais. Tout le monde me hait, vous seul m'aimez. Mes enfants eux-mêmes me haïront. Emmenez-moi avec vous, je vous aimerai, je vous soignerai. Il n'entend plus, je suis folle. Elle tomba sur ses genoux, et contempla ce débris avec une expression de délire. Rien ne manque à mon malheur, dit-elle en regardant Eugène. Monsieur de Trailles est parti, laissant ici des dettes énormes, et j'ai su qu'il me trompait. Mon mari ne me pardonnera jamais, et je l'ai laissé le maître de ma fortune. J'ai perdu toutes mes illusions. Hélas ! pour qui ai-je trahi le seul cœur (elle montra son père) où j'étais adorée ! Je l'ai méconnu, je l'ai repoussé, je lui ai fait mille maux, infâme que je suis !

— Il le savait, dit Rastignac.

En ce moment le père Goriot ouvrit les yeux, mais par l'effet d'une convulsion. Le geste qui révélait l'espoir de la comtesse ne fut pas moins horrible à voir que l'œil du mourant.

— M'entendrait-il ? cria la comtesse. Non, se dit-elle en s'asseyant auprès du lit.

Madame de Restaud ayant manifesté le désir de garder son père, Eugène descendit pour prendre un peu de nourriture. Les pensionnaires étaient déjà réunis.

— Eh ! bien, lui dit le peintre, il paraît que nous allons avoir un petit mortorama là-haut ?

— Charles, lui dit Eugène, il me semble que vous devriez plaisanter sur quelque sujet moins lugubre.

— Nous ne pourrons donc plus rire ici ? reprit le peintre. Qu'est-ce que cela fait, puisque Bianchon dit que le bonhomme n'a plus sa connaissance ?

— Eh ! bien, reprit l'employé au Muséum, il sera mort comme il a vécu.

— Mon père est mort [1] cria la comtesse !

A ce cri terrible, Sylvie, Rastignac et Bianchon montèrent, et trouvèrent madame de Restaud évanouie. Après l'avoir fait revenir à elle, ils la transportèrent dans le fiacre qui l'attendait. Eugène la confia aux soins de Thérèse, lui ordonnant de la conduire chez madame de Nucingen.

— Oh ! il est bien mort, dit Bianchon en descendant.

— Allons, messieurs, à table, dit madame Vauquer, la soupe va se refroidir.

Les deux étudiants se mirent à côté l'un de l'autre.

Ainsi préparée, Véronique reçut le corps de Jésus-Christ avec une expression d'espérance et de joie qui fondit les glaces de l'incrédulité contre laquelle le curé s'était tant de fois heurté. Roubaud confondu devint catholique en un moment ! Ce spectacle fut touchant et terrible à la fois ; mais il fut solennel par la disposition des choses, à un tel point que la peinture y aurait trouvé peut-être le sujet d'un de ses chefs-d'œuvre.

Quand, après ce funèbre épisode, la mourante entendit commencer l'évangile de saint Jean, elle fit signe à sa mère de lui ramener son fils, qui avait été emmené par le précepteur. Quand elle vit Francis agenouillé sur l'estrade, la mère pardonnée se crut le droit d'imposer ses mains à cette tête pour la bénir, et rendit le dernier soupir. »

Le Curé de village, 1839.

1 Mort et réconciliation.

Contrairement à Goriot, Jean Valjean meurt en harmonie avec son ange, dans une scène pathétique et sublime, où l'ordre terrestre et l'ordre spirituel se rejoignent :

« Je vais donc m'en aller, mes enfants. Aimez-vous bien toujours. Il n'y a guère autre chose que cela dans le monde : s'aimer. Vous penserez quelquefois au pauvre vieux qui est mort ici. Ô ma Cosette ! ce n'est pas ma faute, va, si je ne t'ai pas vue tous ces temps-ci, cela me fendait le cœur ; j'allais jusqu'au coin de ta rue, je devais faire un drôle d'effet aux gens qui me voyaient passer, j'étais comme un fou, une fois je suis sorti sans chapeau. Mes enfants, voici que je ne vois plus très clair, j'avais encore des choses à dire, mais c'est égal. Pensez un peu à moi. Vous êtes des êtres bénis. Je ne sais pas ce que j'ai, je vois de la lumière. Approchez encore. Je meurs heureux. Donnez-moi vos chères têtes bien-aimées, que je mette mes mains dessus. »

Cosette et Marius tombèrent à genoux, éperdus, étouffés de larmes, chacun sur une des mains de Jean Valjean. Ces mains augustes ne remuaient plus. Il était renversé en arrière, la lueur des deux chandeliers l'éclairait ; sa face blanche regardait le ciel, il laissait Cosette et Marius couvrir ses mains de baisers ; il était mort.

La nuit était sans étoiles et profondément obscure. Sans doute, dans l'ombre, quelque ange immense était debout, les ailes déployées, attendant l'âme. »

VICTOR HUGO, 1862,
Les Misérables.

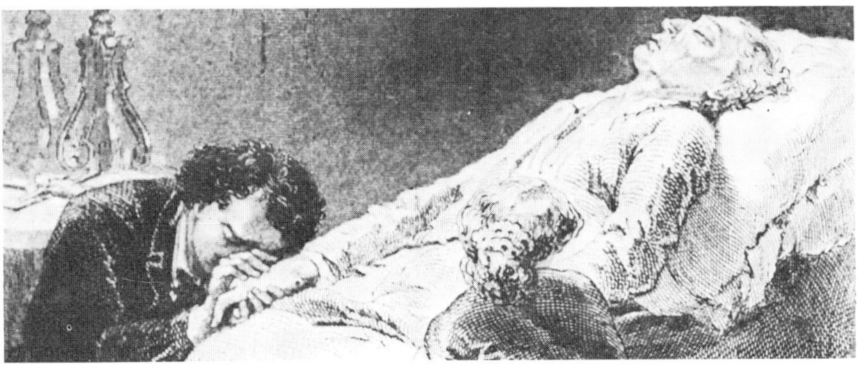

— Que faut-il faire maintenant ? dit Eugène à Bianchon.

— Mais je lui ai fermé les yeux, et je l'ai convenablement disposé. Quand le médecin de la mairie aura constaté le décès que nous irons déclarer, on le coudra dans un linceul et on l'enterrera. Que veux-tu qu'il devienne ?

— Il ne flairera plus son pain comme ça, dit un pensionnaire en imitant la grimace du bonhomme.

— Sacrebleu, messieurs, dit le répétiteur, laissez donc le père Goriot, et ne nous en faites plus manger, car on l'a mis à toute sauce depuis une heure. Un des privilèges de la bonne ville de Paris, c'est qu'on peut y naître, y vivre, y mourir sans que personne fasse attention à vous. Profitons donc des avantages de la civilisation. Il y a soixante morts aujourd'hui, voulez-vous vous apitoyer sur les hécatombes parisiennes ? Que le père Goriot soit crevé, tant mieux pour lui ! Si vous l'adorez, allez le garder, et laissez-nous manger tranquillement, nous autres.

— Oh ! oui, dit la veuve, tant mieux pour lui qu'il soit mort ! Il paraît que le pauvre homme avait bien du désagrément, sa vie durant.

Ce fut la seule oraison funèbre d'un être qui, pour Eugène, représentait la Paternité (1). Les quinze pensionnaires se mirent à causer comme à l'ordinaire. Lorsque Eugène et Bianchon eurent mangé, le bruit des fourchettes et des cuillères, les rires de la conversation, les diverses expressions de ces figures gloutonnes et indifférentes, leur insouciance, tout les glaça d'horreur. Ils sortirent pour aller chercher un prêtre qui veillât et priât pendant la nuit près du mort. Il leur fallut mesurer les derniers devoirs à rendre au bonhomme sur le peu d'argent dont ils pourraient disposer. Vers neuf heures du soir, le corps fut placé sur un fond sanglé, entre deux chandelles, dans cette chambre nue, et un prêtre vint s'asseoir auprès de lui. Avant de se coucher, Rastignac, ayant demandé des renseignements à l'ecclésiastique sur le prix du service à faire et sur celui des convois, écrivit un mot au baron de Nucingen et au comte de Restaud en les priant d'envoyer leurs gens d'affaires afin de pourvoir à tous les frais de l'enterrement. Il leur dépêcha Christophe, puis il se coucha et s'endormit accablé de fatigue. Le lendemain matin Bianchon et Rastignac furent obligés d'aller déclarer eux-mêmes le décès, qui vers midi fut constaté. Deux heures après aucun des deux gendres n'avait envoyé d'argent, personne ne s'était présenté en leur nom, et Rastignac avait

1 *Le Père Goriot :* roman polycentrique ou profondément unitaire ?

Trois héros ou un seul ? y a-t-il un sujet principal ? Ces questions peuvent se replacer dans une interprétation générale du roman balzacien :

« La valeur générale est donc chez Balzac toujours concrète, réelle, authentique. Elle repose surtout sur la compréhension profonde de ce qui est typique chez les personnages pris à part ; sur cette compréhension profonde qui, d'une part, n'édulcore pas les traits individuels, ne les supprime pas, mais au contraire les souligne et les rend plus concrets, qui, d'autre part, fait apparaître de façon très compliquée, mais cependant claire et accessible, les rapports du personnage particulier avec l'environnement social dont il est le produit, dans lequel et contre lequel il agit. Mais ni l'aspect typique du personnage ni celui de ses relations avec le milieu social ne se laissent réduire à un schéma quelconque. Un caractère pleinement élaboré agit dans une réalité sociale concrètement variée : c'est toujours l'ensemble de l'évolution sociale qui est lié à l'ensemble d'un caractère. Le côté génial du don d'invention de Balzac réside justement dans un choix et un mouvement des personnages tels que chaque fois on trouve au centre de l'action celui de ces personnages dont les particularités individuelles sont les plus aptes à éclairer aussi diversement que possible, et en rapport avec le processus d'ensemble, l'aspect du processus social déterminant dans le cas précis. En tant qu'histoires de destins individuels, les parties du cycle deviennent donc autonomes et vivantes. Mais cette individualité dispense toujours la lumière de ce qui est socialement typique, socialement général, que l'on ne peut cependant détacher de l'individualité en question que d'une façon abstraite, par une analyse ultérieure. Dans l'œuvre elle-même, les deux choses sont indissolublement liées, comme le feu et la chaleur qu'il dispense (...).

Un tel mode de composition suppose une ampleur extraordinaire dans la mise en place des caractères et des intrigues. Cette ampleur est également nécessaire pour ôter son caractère fortuit au hasard qui préside à la rencontre des personnages et des événements, et avec lequel Balzac, comme tout grand narrateur, joue avec une aisance tout à fait souveraine ; cette ampleur est en un mot nécessaire pour élever le hasard au niveau de nécessité. Seules l'ampleur et la variété des relations offrent cette latitude dans laquelle le hasard peut se montrer littérairement productif et dans laquelle il peut ensuite être malgré tout aboli. »

GEORG LUKÁCS, 1935,
trad. franç. 1967,
op. cit., pp. 56-57.

et être examinées plus précisément :

« (...) En dernière analyse *Le Père Goriot* se présente essentiellement comme une sorte de drame manichéen (qu'on se rappelle la lutte intérieure de Rastignac après les propositions de Vautrin). Dans cette perspective, l'unité de l'intrigue apparaît en pleine évidence. Non seulement l'amour passionné de Goriot pour ses filles, son abnégation, sa sanctification (Goriot deviendra aux yeux d'Eugène un « Christ de la Paternité »)

été forcé déjà de payer les frais du prêtre. Sylvie ayant demandé dix francs pour ensevelir le bonhomme et le coudre dans un linceul, Eugène et Bianchon calculèrent que si les parents du mort ne voulaient se mêler de rien, ils auraient à peine de quoi pourvoir aux frais. L'étudiant en médecine se chargea donc de mettre lui-même le cadavre dans une bière de pauvre qu'il fit apporter de son hôpital, où il l'eut à meilleur marché.

— Fais une farce à ces drôles-là, dit-il à Eugène. Va acheter un terrain, pour cinq ans, au Père-Lachaise, et commande un service de troisième classe à l'église et aux Pompes-Funèbres. Si les gendres et les filles se refusent à te rembourser, tu feras graver sur la tombe : « Ci-gît monsieur Goriot, père de la comtesse de Restaud et de la baronne de Nucingen, enterré aux frais de deux étudiants. »

Eugène ne suivit le conseil de son ami qu'après avoir été infructueusement chez monsieur et madame de Nucingen et chez monsieur et madame de Restaud. Il n'alla pas plus loin que la porte. Chacun des concierges avait des ordres sévères.

— Monsieur et madame, dirent-ils, ne reçoivent personne ; leur père est mort et ils sont plongés dans la plus vive douleur.

Eugène avait assez l'expérience du monde parisien pour savoir qu'il ne devait pas insister. Son cœur se serra étrangement quand il se vit dans l'impossibilité de parvenir jusqu'à Delphine.

« *Vendez une parure,* lui écrivit-il chez le concierge, *et que votre père soit décemment conduit à sa dernière demeure.* »

Il cacheta ce mot, et pria le concierge du baron de le remettre à Thérèse pour sa maîtresse ; mais le concierge le remit au baron de Nucingen qui le jeta dans le feu. Après avoir fait toutes ses dispositions, Eugène revint vers trois heures à la pension bourgeoise, et ne put retenir une larme quand il aperçut à cette porte bâtarde la bière à peine couverte d'un drap noir, posée sur deux chaises dans cette rue déserte. Un mauvais goupillon, auquel personne n'avait encore touché, trempait dans un plat de cuivre argenté plein d'eau bénite. La porte n'était pas même tendue de noir. C'était la mort des pauvres, qui n'a ni faste, ni suivants, ni amis, ni parents. Bianchon, obligé d'être à son hôpital, avait écrit un mot à Rastignac pour lui rendre compte de ce qu'il

sont un exemple constant pour Rastignac et commandent en grande partie la réalisation de son ambition et de ses désirs, au point que les deux actions se combinent sans cesse ; mais cet amour et cet exemple auraient-ils toute leur signification s'il n'y avait constamment devant Rastignac une tentation opposée incarnée en Vautrin ? Si donc, sur le plan des événements, l'intrigue du *Père Goriot* apparaît triple, sur le plan des principes elle est bien une : c'est la lutte, autour d'une âme qui se forme, des forces du Bien et des forces du Mal. (...)

« Dans le cadre du roman, l'aventure de Rastignac et l'aventure de Vautrin ne comptent qu'en fonction de l'histoire de Goriot. Tout y converge et aboutit à cette mise au tombeau devant les deux carrosses vides. Mais, à la dernière page, le roman rebondit encore une fois. Seulement, cette fois, c'est pour se dépasser et comme pour sortir de lui-même. « Rastignac, resté seul... » Nous ne sommes déjà plus dans les limites du *Père Goriot* : nous débouchons sur la *Comédie humaine.* »

GUY MICHAUD, 1957,
L'œuvre et ses techniques,
Nizet, p. 148 et p. 150.

« (...) On reconnaît, dans le *Père Goriot*, un sujet complexe qui offre, en étroite symbiose, exploration de sphères (par Rastignac), luttes entre sphères autour d'un enjeu (argent : la fortune du père, et personne : Rastignac), oscillation d'un personnage lucide entre plusieurs attraits (Rastignac entre Delphine, Vautrin, et son idéal de jeunesse personnifié par Bianchon) et enfin passage d'un personnage d'une sphère à une autre (les filles Goriot et, par là, le père, mais aussi Rastignac relevant le défi pour devenir le Rastignac corrupteur et roué des autres romans). »

P. NYKROG, 1965,
op. cit., p. 152.

« (...) Il est finalement un peu vain de se demander si *Le Père Goriot* est un roman de la paternité ou un roman de formation. Certes Balzac a insisté sur la paternité en faisant figurer le mot « père » dans le titre ; mais si Goriot donne son nom au roman, c'est qu'il est le seul des trois protagonistes dont le destin soit achevé à la fin du livre : ceux de Rastignac et de Vautrin restent ouverts et se prolongeront ailleurs. En réalité, *Le Père Goriot* est un roman de formation par la paternité, par deux paternités spirituelles, faites à la fois de leçons et d'exemples, et que Rastignac rejettera d'ailleurs l'une et l'autre après en avoir assimilé l'enseignement profond qui lui permettra de les dépasser. »

PIERRE CITRON, 1966,
préface à l'édition Garnier-Flammarion du *Père Goriot*,
p. 19.

avait fait avec l'église. L'interne lui mandait qu'une messe était hors de prix, qu'il fallait se contenter du service moins coûteux des vêpres, et qu'il avait envoyé Christophe avec un mot aux Pompes-Funèbres. Au moment où Eugène achevait de lire le griffonnage de Bianchon, il vit entre les mains de madame Vauquer le médaillon à cercle d'or où étaient les cheveux des deux filles.

— Comment avez-vous osé prendre ça ? lui dit-il.

— Pardi ! fallait-il l'enterrer avec ? répondit Sylvie, c'est en or.

— Certes ! reprit Eugène avec indignation, qu'il emporte au moins avec lui la seule chose qui puisse représenter ses deux filles.

Quand le corbillard vint, Eugène fit remonter la bière, la décloua, et plaça religieusement sur la poitrine du bonhomme une image qui se rapportait à un temps où Delphine et Anastasie étaient jeunes, vierges et pures, et *ne raisonnaient pas*, comme il l'avait dit dans ses cris d'agonisant. Rastignac et Christophe accompagnèrent seuls, avec deux croque-morts, le char qui menait le pauvre homme à Saint-Étienne-du-Mont, église peu distante de la rue Neuve-Sainte-Geneviève. Arrivé là, le corps fut présenté à une petite chapelle basse et sombre, autour de laquelle l'étudiant chercha vainement les deux filles du père Goriot ou leurs maris. Il fut seul avec Christophe, qui se croyait obligé de rendre les derniers devoirs à un homme qui lui avait fait gagner quelques bons pourboires. En attendant les deux prêtres, l'enfant de chœur et le bedeau, Rastignac serra la main de Christophe, sans pouvoir prononcer une parole.

— Oui, monsieur Eugène, dit Christophe, c'était un brave et honnête homme, qui n'a jamais dit une parole plus haut que l'autre, qui ne nuisait à personne et n'a jamais fait de mal.

Les deux prêtres, l'enfant de chœur et le bedeau vinrent et donnèrent tout ce qu'on peut avoir pour soixante-dix francs dans une époque où la religion n'est pas assez riche pour prier gratis. Les gens du clergé chantèrent un psaume, le *Libera*, le *De profundis*. Le service dura vingt minutes. Il n'y avait qu'une seule voiture de deuil pour un prêtre et un enfant de chœur, qui consentirent à recevoir avec eux Eugène et Christophe.

— Il n'y a point de suite, dit le prêtre, nous pourrons aller vite, afin de ne pas nous attarder, il est cinq heures et

1 Temps, drame et roman (fin).

La mort du père conclut une agonie de cinq jours. En voici la trame :

Journée 1, le 17 février : pp. 412-442 : *visites de Delphine, puis d'Anastasie qui achèvent de ruiner leur père et le désespèrent en se querellant, premiers symptômes de l'apoplexie, soirée de Delphine et Eugène aux Italiens, retour rue d'Artois.*

Journée 2, le 18 février : *pp. 442-446 : Eugène trouve le père Goriot au plus mal, diagnostic pessimiste de Bianchon, ils se relaient au chevet de l'agonisant toute la nuit.*

Journée 3, le 19 février : *pp. 446-468 : les deux étudiants continuent de veiller leur malade, bal chez madame de Beauséant pendant la soirée et la nuit.*

Journée 4, le 20 février : *pp. 468-512 : Eugène rentre à cinq heures du matin, le père Goriot meurt vers l'heure du dîner.*

Journée 5, le 21 février : *pp. 512-518 : service funèbre et enterrement. Eugène a encore le temps d'aller dîner chez madame de Nucingen.*

« (...) Chaque partie a son rythme propre. Si, pour la majeure partie du roman (le début de la première partie excepté), l'unité de temps est la journée, par la façon dont sont décrites ces journées, par les changements de rythme, toute monotonie est évitée : après une longue partie descriptive où le temps semble figé, comme il l'est à la pension Vauquer, le récit est embrayé par l'entrée d'Eugène dans le monde de la haute société parisienne. A partir de ce moment se produit un mouvement d'accélération : le temps passe de plus en plus rapidement pour Eugène qui n'a plus conscience que de ce qui n'est pas la pension Vauquer. Dans la troisième partie, le temps est morcelé, les différentes journées n'étant pas vues à partir d'un seul personnage. Cela crée un sentiment d'incohérence qui correspond à la situation dans laquelle se trouvent les différents personnages, victimes de coups de théâtre, d'événements imprévisibles. La quatrième partie, par contre, forme un tout qui traduit par l'enchaînement des cinq journées la lenteur de l'agonie de Goriot. »

CLAUDINE VERCOLLIER, 1978,
« Le temps dans *le Père Goriot* »,
L'Année balzacienne, p. 147.

« On voit à quelle concentration dramatique Balzac aboutit, comme il sait jouer du temps, gazant certaines périodes ou racontant par le menu les journées que semble dilater la multiplicité des événements. Une autre particularité de structure se remarque ici, qui rappelle, malgré des différences évidentes, les premiers drames de Hugo : chacun des trois protagonistes, Rastignac, Vautrin, Goriot, a en quelque manière son acte (ceci étant plus sensible dans le découpage primitif en chapitres, qui disparaît en 1839 avec l'édition Charpentier). Au dénouement, Rastignac reste seul, les comparses eux-mêmes l'ayant abandonné ; mais les souvenirs de Vautrin, de Mme de Beauséant, des sœurs ennemies et de Goriot l'entourent et lui inspirent son défi. En somme, tous les drames auxquels il lui a été donné d'assister lui tiennent lieu de ces *nouvelles exemplaires* dont le dix-septième siècle farcissait les romans, et qui, dans *La Princesse de Clèves*, merveilleusement incorporées au texte, font l'éducation d'une très jeune héroïne. »

ROSE FORTASSIER, 1976,
présentation du *Père Goriot*
dans l'édition de la Pléiade,
tome III, pp. 29-30.

demie [1].

Cependant, au moment où le corps fut placé dans le corbillard, deux voitures armoriées, mais vides, celle du comte de Restaud et celle du baron de Nucingen, se présentèrent et suivirent le convoi jusqu'au Père-Lachaise. A six heures, le corps du père Goriot fut descendu dans sa fosse, autour de laquelle étaient les gens de ses filles, qui disparurent avec le clergé aussitôt que fut dite la courte prière due au bonhomme pour l'argent de l'étudiant. Quand les deux fossoyeurs eurent jeté quelques pelletées de terre sur la bière pour la cacher, ils se relevèrent, et l'un d'eux, s'adressant à Rastignac, lui demanda leur pourboire. Eugène fouilla dans sa poche et n'y trouva rien, il fut forcé d'emprunter vingt sous à Christophe. Ce fait, si léger en lui-même, détermina chez Rastignac un accès d'horrible tristesse. Le jour tombait, un humide crépuscule agaçait les nerfs, il regarda la tombe et y ensevelit sa dernière larme de jeune homme, cette larme arrachée par les saintes émotions d'un cœur pur, une de ces larmes qui, de la terre où elles tombent, rejaillissent jusque dans les cieux. Il se croisa les bras, contempla les nuages, et le voyant ainsi, Christophe le quitta.

Rastignac, resté seul, fit quelques pas vers le haut du cimetière et vit Paris [1] tortueusement couché le long des deux rives de la Seine, où commençaient à briller les lumières. Ses yeux s'attachèrent presque avidement entre la colonne de la place Vendôme et le dôme des Invalides, là où vivait ce beau monde dans lequel il avait voulu pénétrer [2]. Il lança sur cette ruche bourdonnant un regard qui semblait par avance en pomper le miel, et dit ces mots grandioses : — A nous deux maintenant !

Et pour premier acte du défi qu'il portait à la Société, Rastignac alla dîner chez madame de Nucingen [3] [4].

Saché, septembre 1834 [5].

1 Au Père-Lachaise, avant Rastignac…

« C'est une infâme comédie ! C'est encore tout Paris avec ses rues, ses enseignes, ses industries, ses hôtels ; mais vu par le verre dégrossissant de la lorgnette, un Paris microscopique réduit aux petites dimensions des ombres, des larves, des morts, un genre humain qui n'a plus rien de grand que sa vanité. Puis Jules aperçut à ses pieds, dans la longue vallée de la Seine, entre les coteaux de Vaugirard, de Meudon, entre ceux de Belleville et de Montmartre, le véritable Paris, enveloppé d'un voile bleuâtre, produit par ses fumées, et que la lumière du soleil rendait alors diaphane. Il embrassa d'un coup d'œil furtif ces quarante mille maisons, et dit, en montrant l'espace compris entre la colonne de la place Vendôme et la coupole d'or des Invalides : « Elle m'a été enlevée là, par la funeste curiosité de ce monde qui s'agite et se presse, pour se presser et s'agiter. »

Ferragus, 1833.

A la différence du Père Goriot, Ferragus *se termine sur le désespoir : Clémence et Maulincour sont morts, Ferragus, vaincu, n'est plus qu'une épave, Jules quitte un Paris dont Rastignac entreprend la conquête.*

2 Le roman ou un délire encyclopédique.

L'étude de l'organisation dramatique du Père Goriot *n'épuise pas, il s'en faut, l'extraordinaire richesse des lignes de force du texte. En ne nous en tenant qu'aux seules situations, nous pouvons procéder à l'esquisse d'un tableau des symétries et des superpositions pour revenir sur l'ensemble du texte.*

BAGNE ET PATERNITÉ :

— La Maison-Vauquer est un bagne, madame Vauquer un garde-chiourme ;

— La Michonneau a gardé un vieillard abandonné par ses enfants ;

— Goriot est prêt à aller au bagne pour ses filles ;

— Vautrin prépare le bonheur de Rastignac en faisant tuer le fils Taillefer, Goriot lui aménage un nid d'amour ;

— Rastignac est pour Goriot et Vautrin un ange ;

— Victorine chérit un père indigne, Anastasie et Delphine sont ingrates, et elles tuent leur père en lui demandant de l'argent, comme Rastignac tuerait sa mère en lui demandant plus.

COUPLE, AMOUR, ARGENT :

— L'ingratitude des filles Goriot ressemble à celle de d'Ajuda-Pinto ;

— Beauséant et Nucingen confient leurs femmes à Rastignac pour qu'il les emmène au théâtre, se déchargeant ainsi d'une pénible « corvée conjugale » ;

— Madame Taillefer, la mère de Victorine, a été victime d'un contrat de mariage mal fait, comme Delphine ;

— Anastasie entretient son amant, Delphine reçoit de l'argent du sien ;

— Vautrin recommande à Rastignac d'avouer sa dette à Victorine sur l'oreiller, après le mariage. Ce comportement est presque celui de Nucingen envers Delphine ;
— Trois femmes abandonnées : Mme de Langeais, Mme de Beauséant, Anastasie, une jeune fille cruellement déçue : Victorine.

Pour reprendre l'heureuse expression de Rose Fortassier, toutes les situations particulières prolifèrent dans une sorte de « délire encyclopédique » qui contient toute la société parisienne : tout renvoie à tout, c'est le jeu des métamorphoses, la dialectique du même et de l'autre. Il suffit pour le constater de relever la liste des métaphores et comparaisons qui caractérisent Rastignac tout au long du roman.
Continuons :

LES VAINCUS :

« Tous ont suivi une voix en eux qui n'écoutait aucune raison. Ils accusent le monde, mais ils sont aussi, à leur manière, des mangeurs d'opium. Ils ont tous voulu agir selon leurs fantômes. Et c'est ce qui explique pourquoi une même punition atteint Goriot pour qui rien n'existait au monde que son amour de père et d'autres qui sont si loin de lui et que rien ne semble rapprocher entre eux, Vautrin *« en guerre contre la société »* qui succombe sous cette guerre même qui est en lui, et Mme de Beauséant qui ne mène aucune guerre, qui, au contraire, occupe au sommet de la société la place qui lui était dévolue de tout temps et que toute société lui aurait reconnue.

Vautrin a imaginé une lutte impossible, le serment du « milieu » contre les chiens de garde de la société : il chercher un « double » qui accepte de pratiquer pour lui ce braconnage

toléré que sa marque à l'épaule l'empêche d'entreprendre. Il succombe parce qu'il a laissé flairer sa piste. Particularité trop peu remarquée du *Père Goriot*, la chute de Vautrin ne comporte aucune leçon, elle est un incident technique. Ce sont les autres vies qui enseignent, le rêve fait par Mme de Beauséant, par exemple. Elle a imaginé l'amour que poursuivent toutes les femmes : il aurait trente-cinq ans, il serait grand, brun, un peu grave, il porterait un grand nom étranger, il aurait une tenue parfaite de grand seigneur bien élevé, et il serait pour elle seule, elle serait pour lui comme une sultane, et elle dresserait ainsi au milieu de Paris et sous les regards de tous la tente bien close de ce bonheur oriental. Cela non plus n'est pas permis. Et pas davantage le rêve de Goriot qui veut voir ses filles régnant au milieu des salons les plus beaux, vêtues de soie et d'or, vedettes adulées de ce monde fascinant dont il ne voit que les lumières et les lustres, et qui pense pouvoir rester en même temps leur père et leur amour secret, un Roméo septuagénaire qu'on remercie avec ivresse de cette moisson de bonheur, un bon doux vieillard associé à ces fêtes, choyé, dorloté par des reines, entouré et béni comme un vieux roi bien-aimé. Ils ont tous voulu être dieu. Ils ont tous pensé qu'on pouvait être dieu. Ils ont tous voulu animer quelque image qu'ils s'étaient faite, quelque chère image plus chère que leur vie et à laquelle ils voulaient donner tout leur sang. Mais personne ne peut être dieu. La nature ne permet pas qu'on s'amuse au jeu de Prométhée. Ils meurent tous écrasés par leur statue d'argile. »

MAURICE BARDÈCHE, 1964,
op. cit., pp. 108-109.

LA PASSION :

— La passion amoureuse détermine les comportements de madame de Beauséant et d'Anastasie et, en partie, celui de Delphine. Madame de Langeais n'y échappe pas ;
— Goriot ne vit que pour et par la passion ;
— Madame Vauquer s'investit totalement dans « son établissement » qui est « sa vie » (p. 403).

PARCOURS PARALLÈLES :

— Si l'on suit de près le récit des visites de Rastignac chez mesdames de Restaud et de Beauséant, on constate qu'elles suivent un déroulement sinon identique, du moins analogue :
mépris affiché des domestiques
situation d'infériorité
voiture attelée dans la cour
attente dans l'antichambre ou dans l'appartement
présence de l'amant
fausse sortie de celui-ci
puis départ
mention du nom de Goriot qui produit des effets contraires : rejet chez madame de Restaud, leçon chez madame de Beauséant
rage de Rastignac contre lui-même et la société.
— Plusieurs autres trajets pourraient être examinés ; ajoutons simplement la mise en parallèle des rapports de Rastignac avec mesdames de Beauséant et de Nucingen (pp. 262-290 et 296-314) :
sortie euphorique
accueil plus froid que prévu
promenade avant le dîner : il faut à tout prix se faire inviter (Beauséant), il faut entrer dans l'inti-

mité de Delphine (le jeu)
dîner dans le luxe
théâtre (présentation à Delphine, seul avec elle)
retour à pied qui est l'occasion de réflexions
conversation avec Goriot
confidences
leçons de Vautrin
échange avec Bianchon

Contrastes, symétries, parallélismes, répétitions..., Balzac utilise tous ces procédés pour fortement structurer un texte et faciliter la production du sens : le roman se fait totalité, sorte de microcosme dont chaque élément, chaque rapport renvoie au macrocosme social. La cohérence profonde du Père Goriot *impressionne, mieux, elle fascine. Explique-t-elle en partie le succès qu'il rencontra dès sa parution ? Peut-etre... En tout cas, Balzac s'en réjouit, et évoquera plaisamment la popularisation du héros éponyme, qui deviendra figure carnavalesque :*

« Il n'y a pas de succès comparable à celui de Goriot. Ce stupide Paris, qui a négligé *l'Absolu*, vient d'acheter la 1re édition de *Goriot* à 1 200 exemplaires avant les annonces. Il y en a 2 autres éditions sous presse. »

Lettre à Mme Hanska du 11 mars 1835, Bibliophiles de l'Originale, 1967, tome 1, p. 310.

« Tu sais qu'on a nommé le bœuf-gras de cette année *le Père Goriot* et qu'à ce propos il y a eu force calembours et *puffs* à mon endroit. »

Lettre à Mme Hanska du 15 février 1845, Bibliophiles de l'Originale, 1968, tome 2, p. 578.

3 Rastignac : la dégradation du modèle.

Rastignac passe très vite du statut de personnage romanesque à celui de mythe pour toute une génération. Il est donc destiné à figurer comme élément intertextuel dans la littérature.
Dans ce roman de la dérision démythificatrice qu'est l'Éducation sentimentale, *ce bilan destructeur du romantisme, ce* « vaste poème de la fragmentation et de l'indétermination » *selon l'heureuse formule de Victor Brombert, Gustave Flaubert fait évoquer Rastignac par Deslauriers pour inciter Frédéric Moreau à parvenir par les femmes :*

« Tu devrais prier ce vieux de t'introduire chez les Dambreuse ; rien n'est utile comme de fréquenter une maison riche ! Puisque tu as un habit noir et des gants blancs, profites-en ! Il faut que tu ailles dans ce monde-là ! Tu m'y mèneras plus tard. Un homme à millions, pense donc ! Arrange-toi pour lui plaire, et à sa femme aussi. Deviens son amant !
Frédéric se récriait.
— Mais je te dis là des choses classiques, il me semble ? Rappelle-toi Rastignac dans *la Comédie humaine* ! Tu réussiras, j'en suis sûr ! »

L'Éducation sentimentale, 1869.

Mais dans ces années 1840, Frédéric, velléitaire, faible, pris au piège d'une passion idéalisée pour Madame Arnoux, ne réussira pas. Tra-

vaillé par l'ambition, mais d'une façon passive, il est victime des leurres de l'apparence. Il tente d'imiter Rastignac, mais se contente de signes, d'attitudes, de trajets symboliques : un « Rastignac-puff » en quelque sorte, qui manque sa vie par « défaut de ligne droite ».

Plus tard, Maupassant reprend le thème dans Bel-Ami *(1885). Georges Du Roy (Duroy en réalité) utilise ses dons de séduction pour « arriver par les femmes » et s'élever peu à peu dans la haute société parisienne. Pauvre provincial à l'origine, il épouse à la fin du roman la fille de son patron de presse, Suzanne Walter, en présence de sa maîtresse du moment, madame de Marelle :*

« Bel-Ami, à genoux à côté de Suzanne, avait baissé le front. Il se sentait en ce moment presque croyant, presque religieux, plein de reconnaissance pour la divinité qui l'avait ainsi favorisé, qui le traitait avec ces égards. Et sans savoir au juste à qui il s'adressait, il la remerciait de son succès (...).

Soudain il aperçut Mme de Marelle ; et le souvenir de tous les baisers qu'il lui avait donnés, qu'elle lui avait rendus, le souvenir de toutes leurs caresses, de ses gentillesses, du son de sa voix, du goût de ses lèvres, lui fit passer dans le sang le désir brusque de la reprendre. Elle était jolie, élégante, avec son air gamin et ses yeux vifs. Georges pensait : « Quelle charmante maîtresse, tout de même. »

Elle s'approcha, un peu timide, un peu inquiète, et lui tendit la main. Il la reçut dans la sienne et la garda. Alors il sentit l'appel discret de ces doigts de femme, la douce pression qui pardonne et reprend. Et lui-même il la serrait, cette petite main, comme pour dire : « Je t'aime toujours, je suis à toi ! »

Leurs yeux se rencontrèrent, souriants, brillants, pleins d'amour. Elle murmura de sa voix gracieuse : — A bientôt, monsieur.

Il répondit gaiement : — A bientôt, madame.

Et elle s'éloigna (...).

Georges reprit le bras de Suzanne pour retraverser l'église.

Elle était pleine de monde, car chacun avait regagné sa place, afin de les voir passer ensemble. Il allait lentement, d'un pas calme, la tête haute, les yeux fixés sur la grande baie ensoleillée de la porte. Il sentait sur sa peau courir de légers frissons, ces frissons froids que donnent les immenses bonheurs. Il ne voyait personne. Il ne pensait qu'à lui.

Lorsqu'il parvint sur le seuil, il aperçut la foule amassée, une foule noire, bruissante, venue là pour lui, pour lui Georges Du Roy. Le peuple de Paris le contemplait et l'enviait.

Puis, relevant les yeux, il découvrit là-bas, derrière la place de la Concorde, la Chambre des députés. Et il lui sembla qu'il allait faire un bond du portique de la Madeleine au portique du Palais-Bourbon.

Il descendit avec lenteur les marches du haut perron entre deux haies de spectateurs. Mais il ne les voyait point ; sa pensée maintenant revenait en arrière, et devant ses yeux éblouis par l'éclatant soleil flottait l'image de Mme de Marelle rajustant en face de la glace les petits cheveux frisés de ses tempes, toujours défaits au sortir du lit. »

Bel Ami, 1885 (fin).

Les différences avec Rastignac apparaissent nettement. Le succès politique prévisible ne constitue nullement une valeur en soi. Du Roy est parvenu par le mensonge, la trahison, la corruption ; accéder au Pouvoir, c'est accéder à une corruption supérieure. Il ne s'agit plus du bourbier du Père Goriot, *il manque la dimension énergétique, la complexité fascinante de l'univers balzacien.*

De plus, la seule énergie de Du Roy se consume et se dégrade en sensualité. Le roman se clôt sur le lit, d'où est partie l'ascension de ce Rastignac de la IIIe République bourgeoise, interprétée en définitive par Maupassant comme un monde relativement sommaire, régi par des lois simples, où un médiocre peut réaliser pleinement son ambition : « Voulant analyser une crapule, je l'ai développée dans un milieu digne d'elle », *écrit-il.*

4 Le triangle harmonieux ou l'art du ménage à trois.

« — Rastignac est l'héritier direct de feu de Marsay, il fera son chemin en politique comme dans le monde, dit Blondet.

— Mais comment a-t-il fait sa fortune ? demanda Couture. Il était en 1819 avec l'illustre Bianchon, dans une misérable pension du quartier latin ; sa famille mangeait des hannetons rôtis et buvait le vin du cru, pour pouvoir lui envoyer cent francs par mois ; le domaine de son père ne valait pas mille écus ; il avait deux sœurs et un frère sur les bras, et maintenant...

— Maintenant, il a quarante mille livres de rente, reprit Finot ; chacune de ses sœurs a été richement dotée, noblement mariée, et il a laissé l'usufruit du domaine à sa mère...

— En 1827, dit Blondet, je l'ai encore vu sans le sou.

— Oh ! en 1827, dit Bixiou.

— Eh ! bien, reprit Finot, aujourd'hui nous le voyons en passe de devenir ministre, pair de France et tout ce qu'il voudra être ! Il a depuis trois ans fini convenablement avec Delphine, il ne se mariera qu'à bonnes enseignes, et il peut épouser une fille noble, lui ! Le gars a eu le bon esprit de s'attacher à une femme riche.

— Mes amis, tenez-lui compte des circonstances atténuantes, dit Blondet, il est tombé dans les pattes d'un homme habile en sortant des griffes de la misère.

— Tu connais bien Nucingen, dit Bixiou, dans les premiers temps, Delphine et Rastignac le trouvaient *bon* ; une femme semblait être, pour lui, dans sa maison, un joujou, un ornement. Et voilà ce qui, pour moi, rend cet homme carré de base comme de hauteur : Nucingen ne se cache pas pour dire que sa femme est la représentation de sa fortune, *une chose* indispensable, mais secondaire dans la vie à haute pression des hommes politiques et des grands financiers. Il a dit, devant moi, que Bonaparte avait été bête comme un bourgeois dans ses premières relations avec Joséphine, et qu'après avoir eu le courage de la prendre comme un marchepied, il avait été ridicule en voulant faire d'elle une compagne.

— Tout homme supérieur doit avoir, sur les femmes, les opinions de l'Orient, dit Blondet.
— Le baron a fondu les doctrines orientales et occidentales en une charmante doctrine parisienne. Il avait en horreur de Marsay qui n'était pas maniable, mais Rastignac lui a plu beaucoup et il l'a exploité sans que Rastignac s'en doutât : il lui a laissé toutes les charges de son ménage. Rastignac a endossé tous les caprices de Delphine, il la menait au Bois, il l'accompagnait au spectacle. Ce grand petit homme politique d'aujourd'hui a longtemps passé sa vie à lire et à écrire de jolis billets. Dans les commencements, Eugène était grondé pour des riens, il s'égayait avec Delphine quand elle était gaie, s'attristait quand elle était triste, il supportait le poids de ses migraines, de ses confidences, il lui donnait tout son temps, ses heures, sa précieuse jeunesse pour combler le vide de l'oisiveté de cette Parisienne. Delphine et lui tenaient de grands conseils sur les parures qui allaient le mieux, il essuyait le feu des colères et la bordée des boutades ; tandis que, par compensation, elle se faisait charmante pour le baron. Le baron riait à part lui ; puis, quand il voyait Rastignac pliant sous le poids de ses charges, il avait l'*air de soupçonner quelque chose*, et reliait les deux amants par une peur commune. »

La Maison Nucingen, 1838.

5 Le roman, épopée moderne.

Ce texte célèbre de Hegel, où il oppose l'épopée au roman, éclaire le roman balzacien et le définit comme genre moderne :

« Il en est tout autrement du *roman*, cette épopée bourgeoise moderne. Ici, nous voyons réapparaître la richesse et la variété d'intérêts, d'états, de caractères, de conditions de vie, ainsi que tout le vaste arrière-fond d'un monde total, ainsi que la description épique d'événements. Mais ce qui manque au roman, c'est la poésie du monde primitif qui est la source de l'épopée. Le roman, au sens moderne du mot, présuppose une réalité déjà devenue prosaïque et sur le terrain de laquelle il cherche, pour autant que cet état prosaïque du monde le permet, à restituer aux événements, ainsi qu'aux individus et à leurs destinées, la poésie dont la réalité les a dépouillés. Un des conflits le plus souvent traités par le roman, et qui est un sujet qui lui convienne le mieux, est celui qui se joue entre la poésie du cœur et la prose des circonstances ; conflit qui peut se résoudre d'une façon tragique ou comique, ou de l'une des deux manières suivantes : tantôt les caractères qui étaient en état de rébellion contre l'ordre du monde finissent par reconnaître ce qu'il y a de vrai et de substantiel, se résignent à ses conditions et s'y insèrent d'une façon active ; tantôt, ils dépouillent de sa forme prosaïque ce qu'ils font et accomplissent, pour mettre à la place de la réalité prosaïque dans laquelle ils sont plongés une réalité transformée par l'art et approchant de la beauté. »

HEGEL, publication posthume (1770-1831)
Esthétique, La poésie,
Aubier-Montaigne, 1965, tome 2, pp. 213-214.

MOLIÈRE

MOLIERE

LA COMÉDIE HUMAINE

	ÉTUDES ANALYTIQUES	ÉTUDES PHILOSOPHIQUES	SCÈNES DE LA VIE PRIVÉE	SCÈNES DE LA VIE DE PROVINCE
1829	la Physiologie du mariage.			
1830		Adieu. l'Élixir de longue vie.	Gobseck. la Maison du chat-qui-pelote. le Bal de Sceaux.	
1831		la Peau de chagrin. Jésus-Christ en Flandre. le Chef-d'œuvre inconnu. l'Auberge rouge. les Proscrits.	la Femme de trente ans, I.	
1832			le Colonel Chabert.	le Curé de Tours.
				Eugénie Grandet. l'Illustre Gaudissart.
1835				
1836		l'Enfant maudit.		
1837				

ŒUVRES PRINCIPALES

ÉTUDE DE MŒURS

SCÈNES DE LA VIE PARISIENNE	SCÈNES DE LA VIE POLITIQUE	SCÈNES DE LA VIE MILITAIRE	SCÈNES DE LA VIE DE CAMPAGNE	
		les Chouans.		1829
	Un Épisode sous la Terreur.	Une Passion dans le désert.		1830
Sarrasine.				1831
			le Médecin de campagne.	1833
Ferragus. la Duchesse de Langeais.				1834
la Fille aux yeux d'or.				1835
Facino Cane.				1836
César Birotteau. les Employés.				1837

ÉTUDES ANALYTIQUES	ÉTUDES PHILOSOPHIQUES	SCÈNES DE LA VIE PRIVÉE	SCÈNES DE LA VIE DE PROVINCE
			le Cabinet des Antiques, II.
	Massimilla Doni.	Béatrix.	le Cabinet des Antiques, III. les Illusions perdues, II.
	Sur Catherine de Médicis.	la Fausse Maîtresse.	Ursule Mirouët.
		Mémoires de deux jeunes mariées. Albert Savarus.	La Rabouilleuse.
		Modeste Mignon.	
Petites Misères de la vie conjugale.			

— 91 ouvrages sur 137 prévus.
— 2 000 personnages sur 3 000 à 4 000 prévus.
— Procédé du retour des personnages imaginé en 1833.

ÉTUDE DE MŒURS

SCÈNES DE LA VIE PARISIENNE	SCÈNES DE LA VIE POLITIQUE	SCÈNES DE LA VIE MILITAIRE	SCÈNES DE LA VIE DE CAMPAGNE	
la Maison Nucingen.			le Curé de village, I.	1838
Splendeurs et Misères des courtisanes, I.			le Curé de village, II.	1839
	Z. Marcas.			1840
	Une Ténébreuse affaire.			1841
l'Envers de l'histoire contemporaine, I.				1842
				1843
Gaudissart II.			les Paysans, I.	1844
Un Homme d'affaires.				1845
la Cousine Bette.				1846
le Cousin Pons. Splendeurs et Misères des courtisanes. II.	le Député d'Arcis.			1847
Splendeurs et Misères des courtisanes, III. l'Envers de l'histoire contemporaine, II. les Petits Bourgeois.			les Paysans, II.	Posthumes

- **Préface en 1842.**
- **Plan général conçu en 1845.**
- **Procédé de retour des personnages utilisé pour la 1re fois en 1834 avec le Père Goriot.**

Index des personnages reparaissants

Il ne peut s'agir ici que de notes succinctes. On se reportera pour de plus amples informations à l'index qui fait désormais autorité, celui de l'édition de la Pléiade, tome XII, paru en 1981, établi par Pierre Citron et Anne-Marie Meininger à partir du *Dictionnaire* de François Lotte.

AIGLEMONT **(Marquise d')** : sa vie privée est racontée dans *la Femme de trente ans*, rappelée dans *Le Lys dans la vallée* et *La Maison Nucingen*, sa vie mondaine est évoquée dans *Le Bal de Sceaux, Les Employés, Le Contrat de mariage, Ursule Mirouet* et *Le Cabinet des Antiques.*

AJUDA-PINTO **(Marquis d')** : mentionné dans *Gobseck, Illusions perdues,* évoqué dans *La Duchesse de Langeais, La Femme abandonnée, Le Lys dans la vallée* et *Les Secrets de la Princesse de Cadignan*, il épouse une Grandlieu dans *Splendeurs et Misères*... et joue un rôle dans *Béatrix*.

BEAUSÉANT **(Vicomtesse de)** : elle finit par céder à la flamme de Gaston de Nueil dans *La Femme abandonnée*, mais cette idylle aura une fin tragique *(Albert Savarus).* Elle est évoquée dans plusieurs romans.

BEAUSÉANT **(Vicomte de)** : cité dans plusieurs romans.

BIANCHON **(Horace)** : présent dans 29 romans où il incarne le type de grand médecin, qui accumule les succès professionnels, et il est également un habile conteur. Fidèle en amitié, il a une vie sentimentale assez mystérieuse.

BRANDON **(Lady)** : victime d'un drame obscur, elle se réfugie à la Grenadière.

CARIGLIANO **(Duchesse de)** : assez souvent citée, elle apparaît surtout dans *La Maison du chat-qui-pelote.*

DERVILLE : il raconte dans *Gobseck* le drame de la famille de Restaud. On le retrouve dans plusieurs romans, dont *Le Colonel Chabert, César Birotteau* et *Une ténébreuse affaire.*

ESPARD **(Marquise d')** : type de la mondaine politique, elle figure souvent dans *la Comédie humaine*, en particulier dans *L'Interdiction, Illusions perdues, Splen-*

deurs et Misères..., Le Contrat de mariage, Les Secrets de la Princesse de Cadignan et *Béatrix*.

FERRAUD (Comtesse) : ancienne prostituée du Palais-Royal, elle se débarrasse vers 1819 de son premier mari, le colonel Chabert.

FIL-DE-SOIE : Vautrin le retrouvera dans *Splendeurs et Misères...*

FIRMIANI (Madame) : elle mène une vie discrète mais le monde lui prête une vie dissolue *(Madame Firmiani)*. Très souvent présente dans les salons.

FRANCHESSINI (Colonel) : aventurier ami de Maxime de Trailles dans *Gobseck*.

GALATHIONNE (Princesse) : citée dans *Une fille d'Ève*.

GOBSECK : sa vie est racontée dans *Gobseck* et il est souvent mentionné. Sa fille, Esther, est la courtisane La Torpille.

GONDUREAU : pseudonyme de Bibi-Lupin, chef de la Sûreté. Vautrin le retrouvera dans *Splendeurs et Misères...* et lui succédera.

GORIOT : cité dans quelques romans.

GRANDLIEU (Les) : famille qui symbolise la vieille noblesse et que l'on retrouve dans de nombreux romans.

JACQUES : valet de chambre de Mme de Beauséant qui la suit dans *La Femme abandonnée*.

KERGAROUET (Comtesse de) : son mariage constitue l'intrigue principale du *Bal de Sceaux*.

LANGEAIS (Duchesse de) : voir le CONTEXTE 40.

LANTY (Mme de) : nièce du castrat Zambinella *(Sarrasine)*.

LISTOMÈRE (Marquise de) : type de la marquise prude que l'on retrouve dans de nombreux romans.

MARSAY (Comte Henri de) : une des grandes figures de *la Comédie humaine*, dandy achevé, ayant la stature d'un homme d'État, poursuivant une activité secrète parmi les Treize, il devient président du Conseil sous la Monarchie de Juillet. Il reparaît dans 27 romans.

MAUFRIGNEUSE (Duchesse de) : grande dame accomplie aux nombreuses aventures amoureuses *(Le Cabinet des Antiques, Splendeurs et Misères..., Modeste Mignon)*. Ruinée, elle sera la princesse de Cadignan à la mort de son beau-père. Souvent citée.

MAULINCOUR (Baron de) : noble, officier de cavalerie, il figure dans *Ferragus* et *la Duchesse de Langeais*.

MAURICE : serviteur du comte de Restaud que l'on revoit dans *Gobseck*.

MICHONNEAU (Mlle) : elle épousera Poiret et deviendra logeuse de garnis. Bibi-Lupin la convoquera pour identifier Vautrin *(Splendeurs et Misères...)*.

MONTRIVEAU (Marquis de) : colonel qui éprouve une grande passion pour la duchesse de Langeais, et connaît toute une série d'aventures.

NUCINGEN (Baron de) : le récit de ses opérations financières constitue l'un des nombreux axes de *la Comédie humaine*. Présent dans 31 romans, il ne connaît qu'une faiblesse : sa passion pour Esther Gobseck *(Splendeurs et Misères...)*.

NUCINGEN (Baronne de) : sa liaison avec de Marsay est racontée dans *César Birotteau* et *Autre Étude de femme*, celle avec Rastignac est naturellement évoquée dans plusieurs romans, d'autant qu'elle dure assez longtemps. Lancée dans le monde, elle n'est cependant pas reçue partout *(L'Interdiction)*. Elle finira par rompre avec Rastignac qui épouse sa fille, et elle sera enfin reçue par la marquise d'Espard *(Le Député d'Arcis)*.

POIRET (l'aîné) : voir le CONTEXTE 14/15.

RASTIGNAC (Baron et baronne de) : les parents d'Eugène sont cités dans *Illusions perdues* et *la Maison Nucingen*.

RASTIGNAC (Eugène de) : après la réussite par les femmes, il va connaître le succès par les hommes ; relations, liens politiques, affairisme, il se lance véritablement et devient ministre et pair de France.
On le trouve dans *Melmoth réconcilié, le Bal de Sceaux, Ursule Mirouet, Illusions perdues, Étude de femme, Les Secrets de la Princesse de Cadignan, L'Interdiction, Le Cabinet des Antiques, Le Contrat de mariage, La Maison Nucingen, Splendeurs et Misères... La Rabouilleuse, Autre étude de femme, Une ténébreuse affaire, Une Fille d'Ève, La Cousine Bette, Le Député d'Arcis, La Fausse Maîtresse, Un Prince de la Bohême, Béatrix, Les Comédiens sans le savoir.*

RASTIGNAC (Laure de) : citée dans *Illusions perdues* et *Une fille d'Ève*.

RASTIGNAC (Mgr Gabriel de) : évêque dans *Le Curé de village*.

RESTAUD (Comte de) : *Gobseck* relate sa ruine et sa fin.

RESTAUD (Comtesse de) : *Gobseck* raconte sa liaison avec Maxime de Trailles. Elle est citée plusieurs fois dans d'autres romans.

ROCHEFIDE (Berthe de) : son mariage avec Ajuda-Pinto est évoqué dans *Béatrix*, ainsi que sa mort.

RONQUEROLLES (Marquis de) : très souvent cité dans *la Comédie humaine*. Il devient ministre *(La Fausse Maîtresse)*.

SERISY (Comtesse de) : grande mondaine aux nombreuses aventures, elle éprouvera une folle passion pour Lucien de Rubempré *(Splendeurs et Misères...)* et Vautrin la sauvera après le suicide de Lucien.

SERISY (Comte de) : haut fonctionnaire et homme politique, on le voit évoluer dans plusieurs romans.

TAILLEFER (Jean-Frédéric) : le crime qui l'a enrichi est raconté dans *l'Auberge rouge*. *La Peau de chagrin* décrit une orgie qui a lieu chez lui. Il reparaît dans *la Maison Nucingen*.

TAILLEFER (Victorine) : présente dans *l'Auberge rouge*, elle est citée dans *Splendeurs et Misères...*

THÉRÈSE : elle est toujours la femme de chambre de Delphine dans *Une fille d'Ève*.

TRAILLES (Comte Maxime de) : type du corsaire à gants jaunes ou du loup-cervier, il parcourt une bonne partie de *la Comédie humaine*. Entretenu, joueur, tireur d'élite, il cherche à se ranger et se voit confier par Rastignac une mission secrète dans *Le Député d'Arcis*. Il devient député dans *Les Comédiens sans le savoir*.

VANDENESSE (Les) : famille noble qui reparaît dans de nombreux romans.

VAUTRIN (Jacques Collin dit) : forçat évadé qui prendra l'identité de l'abbé Carlos Herrera dans *Illusions perdues* et sauvera Lucien sur la route d'Angoulême, afin de réussir avec lui ce qu'il a manqué avec Rastignac. *Splendeurs et Misères des courtisanes* raconte la tentative de conquête de Paris. Arrêté avec Lucien, il retrouve Bibi-Lupin et la Michonneau. Après le suicide de Lucien à la Conciergerie, il remplace Bibi-Lupin comme chef de la Sûreté, poste qu'il occupera pendant quinze ans.

Index des auteurs cités

Index thématique

Table des illustrations

p. 103 *Les galeries de bois du Palais-Royal*, Carnavalet, Édimedia (détail).

p. 105 Étiquette, cornichons Maille.

pp. 111-113-115 *Les Boulevards de Paris*, 1846, BN.

pp. 116-117 *Madame Vauquer*, BN. Grandville, *Pour un autre monde*, BN, Édimedia.

p. 120 *Paris, rue de Grenelle : Hôtel de Crequy*, Paris, Carnavalet, Édimedia.

p. 121 Litho. de Chéyère, *Les amoureux*, Paris, Carnavalet, Édimedia.

p. 123 Ingres, *Le songe d'Ossian*, Louvre, Paris, Giraudon.

p. 125 Ill. *Le Père Goriot, Mémoires de deux jeunes mariés*, Édimedia.

p. 129 Ill. *Le Père Goriot, Christophe et la grosse Sylvie*, Giraudon.

p. 143 Chasseriau, *Tépidarium*, 1853, Paris, Louvre, Lauros-Giraudon.

p. 147 Ill. *Le Père Goriot*, Édimedia.

p. 151 Grandville, *Les Disciples de Gall*, illustration pour *Jérôme Paturot*.

p. 159 *Un bal*, 1819, Paris, Carnavalet, Édimedia.

pp. 163-164-165 *Un bal*, 1819, Paris, Carnavalet, Édimedia (détail).

p. 166 *Un prince de Bohème*, ill. Balzac, Édimedia.

p. 169 H. Daumier, *Le Narcisse*, BN, Estampes, Édimedia.

p. 171 Affiche de Ch. Lévy pour le spectacle *« Le Vengeur »*, Roger-Viollet. *Le vaisseau de l'État Le Vengeur, coulant bas dans le combat du 13 prairial de l'An II*, Bulloz.

p. 173 V. Adam, litho. de Lemercier, *Passe-temps*, Paris, Carnavalet.

p. 175 *La Famille Stamaty*, dessin par Ingres, 1818, coll. part. Bulloz (détail).

p. 177 Ill. *Le Père Goriot : Une facture de Bodier*, BN, Imp.

pp. 182-183 *Les Boulevards de Paris*, 1846, BN.

pp. 184-185 *Les Boulevards de Paris*, 1846, BN.

p. 191 V. Adam, litho. de Lemercier, *Passe-temps*, Paris, Carnavalet, Édimedia.

p. 192 *Talleyrand sous l'Empire*, Paris, BN, Édimedia.

p. 193 *Le Triomphe de Marat*, Giraudon.

p. 197 Fragonard, *La déclaration*, coll. E. Bovet, Édimedia.

p. 199 Lavater, *L'art de connaître les hommes par la physionomie*, 1806, BN.

pp. 200-201 Ch. Vernier, *Le jardin des Tuileries* in *La Lanterne magique*, Paris, Carnavalet, Édimedia.

p. 207 *Le gastronome satisfait*, Paris, Carnavalet, Édimedia.

p. 211 *Armes des Rastignac et des Nucingen*.

p. 223 *Eugène de Rastignac* par Gavarni, Bulloz.

p. 225 *Nu de Balzac*, 1892, Musée Rodin.

p. 227 *Vue de la maison de Mlle Guimard*, Paris, Carnavalet, Édimedia.

p. 229 *Dessin*, Pierre Delvincourt.

p. 237 *Balzac, Diderot*, Roger-Viollet.

p. 239 H. Daumier, *Le Narcisse*, BN, Estampes, Édimedia.

p. 240 V. Adam, litho. de Lemercier, *Passe-temps*, Paris, Carnavalet, Édimedia.

p. 243 *Napoléon Ier à Ste-Hélène*, Snark, BN Est. (détail).

pp. 244-245 Paul de Rock, *La Grande Ville, Nouveau tableau de Paris comique, critique et philosophique*, Paris, Carnavalet, Édimedia.

p. 247 Bouhot E., *Vue de l'hôtel Bullion*, Paris, Carnavalet, Lauros-Giraudon (détail).

p. 249 *Plan de Paris en 1829*, Archives Snark, coll. part., Édimedia. *Les Boulevards de Paris*, 1846, BN.

p. 251 *La Girouette politique et littéraire ou passe-temps de la fortune*, BN.

p. 253 (à droite) Portrait de *La Fayette*, dessin d'Eugène Devéria, BN Est. (à gauche) *Talleyrand* par Mullard, Paris, BN.

p. 255 V. Adam, litho. de Lemercier, *Passe-temps*, Paris, Carnavalet, Édimedia.

p. 257 Lavater, *L'art de connaître les hom-*

mes par la physionomie, 1806, BN.

p. 259 Ibid.

p. 261 *Mode de printemps, Messieurs,* 1836, BN, Édimedia.

p. 263 *Vidocq* d'après Brandt, BN Est.

p. 265 *Le gastronome satisfait,* Paris, Carnavalet, Édimedia.

p. 267 *Les Boulevards de Paris,* 1846, BN.

p. 269 V. Adam, litho. de Lemercier, *Passe-temps,* Paris, Carnavalet, Édimedia.

p. 271 *Eugène de Rastignac présenté à Madame de Nucingen par le marquis d'Ajuda,* ill. pour *Le Père Goriot,* Giraudon.

p. 273 *Bal au pavillon des Hanovre* par J. Lara, Paris, Carnavalet, Édimedia (détail).

p. 279 *Madame de Nucingen,* ill. pour *Le Père Goriot,* Giraudon (détail).

p. 289 *Une loge au théâtre italien,* dessin de Gavarni, litho. de Frey, BN Est.

p. 291 Ill. pour *Le Père Goriot,* Édimedia.

p. 293 *Vue de l'Hôtel Bullion,* Paris, Carnavalet, Lauros-Giraudon (détail).

p. 297 *Vue de la maison de Mlle Guimard,* Paris, Carnavalet, Édimedia.

p. 303 H. Emy, litho. de Belin, *Desagréments du bal,* Paris, Carnavalet, Édimedia.

p. 317 *Vautrin, Rastignac et Victorine Taillefer,* Édimedia.

p. 321 Delacroix, 1828, lithographie pour *Faust,* Archives Snark, coll. part., Édimedia.

p. 325 Ibid. (détail).

p. 326 Fragonard, *Le baiser à la dérobée,* BN, Giraudon.

p. 327 Fragonard, *Le baiser à la dérobée,* BN, Giraudon (détail).

p. 331 *Vidocq* d'après Brandt, BN Est. (détail).

p. 337 V. Adam, litho. de Lemercier, *Passe-Temps,* Paris, Carnavalet, Édimedia.

p. 339 H. Emy, litho. de Belin, *Desagréments du bal,* Paris, Carnavalet, Édimedia.

p. 341 *Armes des Rastignac et des Nucingen.*

p. 343 *Fête de l'Amour* (détail), Londres, Wallace coll., Archives Snark, Édimedia.

p. 345 Greuze, *L'Accordée de village,* Louvre, Édimedia.

p. 349 *Les cris de Paris,*BN.

p. 353 *La marchande de plaisirs,* BN.

p. 357 Greuze, esquisse pour *Le Boucher,* coll. part., CdA/Guillot, Édimedia.

p. 359 Fragonard, *Le baiser à la dérobée,* BN, Giraudon (détail).

p. 363 *Théâtre de l'Ambigu comique* et de la Gaîté, BN.
Paul de Rock, *La Grande Ville, Nouveau tableau de Paris,* Paris, Carnavalet, Édimedia.

p. 365 V. Adam, litho. de Lemercier, *Passe-temps,* Paris, Carnavalet, Édimedia.

p. 367 Ibid.

p. 369 *Le jardin et le palais du Luxembourg,* en 1840, R.-Viollet.

p. 371 *Boulevards de Paris,* ill. pour Balzac, Édimedia.

p. 373 *La comédie de la mort,* Bresdin, Archives Snark, coll. part., Édimedia.

pp. 378-379 Ill. pour *Le Père Goriot,* Édimedia.

p. 381 Delacroix, 1828, lithographie pour *Faust,* Archives Snark, coll. part., Édimedia (détail).

p. 385 Ill. pour *Faust* de Goethe, 1828, BN, Édimedia.

p. 397 *Chevalier à genoux,* Archives Snark, British Museum, Édimedia.

p. 399 Balzac, *Gobseck,* gravure de Tamisier, Édimedia.

p. 401 William Blake, *La Crucifixion,* Édimedia (détail).

pp. 406-407 *Cinq pour une !* 1817, Paris, BN, Édimedia.

p. 409 Ill. pour Balzac, *La maison du chat qui pelote,* Édimedia.

p. 413 *Conditions des femmes à New York,* USA, 1888, gravure extraite de *Frank Leslie's newspaper,* Archives Snark, Édimedia.

p. 415 Ill. pour Balzac, *Petites misères de la vie conjugale,* Édimedia.
p. 419 *Les Boulevards de Paris,* 1846, BN.
pp. 420-421 Laisné, *César Birotteau* de Balzac, BN, Imp., Édimedia.
pp. 422-423 Daumier, *Extrait de la « Caricature »* de 1832, Archives Snark, Édimedia.
p. 427 Litho. de Maurin, 1830, *Mariage,* Snark international, Édimedia.
p. 429 Daumier, caricature parue dans le *Charivari,* 1838, Archives Snark, coll. part.
p. 430 William Blake, *La Crucifixion,* Édimedia.
p. 431 *Napoléon à Ste-Hélène* par Gerasch, Archives Snark, Édimedia.
p. 435 Stradanus, *Pêche aux poissons avec pélican,* coll. Snark colothèque, Édimedia.
p. 441 Gravure de A. Pages, *L'attente,* coll. E. Bovet, Édimedia.
p. 445 Marinus van Romerval, *Les compteurs d'argent,* Nancy, Giraudon.
p. 447 Daumier, *Les gens de médecine,* 1833, Archives Snark, Édimedia.
p. 453 Dessin de Baron in *La Mythologie illustrée,* 1842, *Niobé,* coll. G. Namur, Édimedia.
p. 454 Beardsley, *Portrait de Balzac pour la couverture de la Comédie Humaine,* 1900, BN, Édimedia.
p. 455 *Marcel Proust* vers 1902, Archives Snark, coll. part.
p. 457 Ill. pour Balzac, *César Birotteau,* gravure de Laisné, Édimedia.
pp. 458-459 *Le Ranelagh,* Musée Carnavalet, Paris, Édimedia.
p. 461 *Danse,* 1844, Musée des Arts déco., Archives Snark, Édimedia.
p. 463 *Danse,* 1844, Musée des Arts déco., Archives Snark, Édimedia.
pp. 466-467 Bouhot E., *Les ruines de St-Louis du Louvre et l'entrée du Musée en 1822,* Paris, Carnavalet, Lauros-Giraudon.
p. 473 *Visite des étudiants de médecine dans une clinique,* XIXe s., Archives Snark, Édimedia.
pp. 475-477 Ibid. (détail).
pp. 478-479 Lithographie de Mailet, XIXe s., *Le pauvre malade conduit à l'hôpital,* Archives Snark, Édimedia.
p. 485 Greuze, *La malédiction paternelle,* Roger-Viollet (détail).
p. 487 Ibid.
p. 489 Ill. *Le Père Goriot,* Édimedia.
p. 491 Ill. *Le Père Goriot,* Édimedia (détail).
p. 493 Ill. *Le Père Goriot,* Édimedia.
p. 497 Pontormo, 1526, *Déposition de croix,* Florence, Archives Snark, Édimedia (détail).
p. 499 Ibid. (détail).
pp. 500-501 Ibid. (détail).
p. 507 Illustration de la *Divine Comédie* de Dante, dessin par G. Doré, Roger-Viollet.
p. 511 *La Mort de Jean Valjean,* illustration des *Misérables* de V. Hugo, gravure de Onthwaite d'après de Neuville.
p. 515 Pontormo, 1526, *Déposition de croix,* Florence, Archives Snark, Édimedia (détail).
p. 519 Ill. pour *Le Père Goriot : Rastignac resté seul fit quelques pas vers le haut du cimetière,* Paris, BN, Giraudon.
p. 527 *Vue du Père Lachaise,* Carnavalet, Édimedia (détail).
pp. 528-529 *Vue du Père Lachaise,* Carnavalet, Édimedia (détail).

LITTÉRATURE

Volumes parus

TEXTES ET CONTEXTES

- *Littératures de l'Europe médiévale* (Gally, Marchello-Nizia)

- *XVIe-XVIIe siècles*
- *XVIIe-XVIIIe siècles*
- *XIXe siècle*
- *XXe siècle*
- *Index des 4 volumes*

(Biet, Brighelli, Rispail)

TEXTE ET CONTEXTES

- *Candide* de Voltaire (Goldzink)
- *Le Père Goriot* de Balzac (Gengembre)
- *Les Fleurs du mal* de Baudelaire (Delabroy)

à paraître (86)

- *Littératures anciennes* (Martin, Saïd)
- *Littératures occitanes*

- *Phèdre* de Racine (Croquette)
- *Le Rouge et le Noir* de Stendhal (Marmande)
- *Claude Gueux* de Hugo (Vernier)
- *Madame Bovary* de Flaubert (Gengembre)

TEXTES ET CONTEXTES

PHILOSOPHIE

TEXTES ET CONTEXTES PÉRIPHÉRIQUES

PETITE FABRIQUE de Littérature
(Duchêne, Leguay)

- *Petite fabrique de littérature* N° 2
(Poésie)
(Duchêne, Leguay)

- *PHILOSOPHIE, la Philosophie comme débat entre les textes.*
(Médina, Morali Sénik)

TEXTE ET CONTEXTES

- *La Trinité* de saint Augustin (Lamarre)
- *Le Contrat social* de Rousseau (Médina)
- *La Conscience et la vie, Le Possible et le réel* de Bergson (Chomienne)

- *La Genèse* I à IV (Birman)
- *Gorgias* de Platon (Sénik)
- *La Naissance de la tragédie* de Nietzsche (Chomienne)

Collection dirigée par Christian Biet, Jean-Paul Brighelli, Jean-Luc Rispail

UNE PRODUCTION LOUIS MAGNARD

MISE EN SCENE ET REALISEE PAR LE STUDIO 115
AVEC
POUR LA CONCEPTION GRAPHIQUE ET LA COUVERTURE DE l'OUVRAGE LE STUDIO 115
AUX EDITIONS MAGNARD L'AIDE DE BEATRICE GALLO ET PASCALE GAUBERT
A LA PHOTOCOMPOSITION, AU LABORATOIRE ET AU MONTAGE PARIS PHOTOCOMPO
ET TOUT PARTICULIEREMENT ANAÏK BROUSSINE
AVEC
GENEVIEVE DE TARRAGON ET HELENE KOUZA DOCUMENTALISTES
DOMINIQUE REGNIER RELECTEUR
ET
I.M.E. A L'IMPRESSION

Impression I.M.E. - 25-Baume-les-Dames - Dépôt légal Août 1989 - N° éditeur 8086